근대이행기 민중운동의 사회사

동학농민전쟁·항조·활빈당

근대이행기 민중운동의 사회사

동학농민전쟁·항조·활빈당

박 찬 승

景仁文化社

서 문

이 책은 1890년대와 1900년대 초반 이 땅에서 전개된 민중들의 저항운동을 정리한 것이다. 이 시기는 한국사회가 전근대에서 근대로 이행하는 시기였으며, 동시에 반식민지적인 상황으로 전락해가던 시기였다. 따라서 이 시기 민중운동에는 그러한 시대적 상황이 잘 반영되어 있다.

학계에서는 흔히 이 시기의 민중운동을 동학농민전쟁을 중심으로 모든 것을 설명하거나, 그 이후의 영학당운동이나 활빈당과 같은 민중저항도 모두 동학농민전쟁에서 파생되어 나온 것으로 설명해왔다. 하지만 필자는 이 시기에의 민중운동에는 세 가지 흐름이 있었다고 생각한다. 첫째는 민란에서 농민전쟁으로 이어지고 그리고 다시 영학당운동으로 이어지는 움직임이다. 둘째는 명화적에서 활빈당으로 이어지는 움직임이다. 셋째는 개별적인 도조 거납에서 집단적인 도조 거납, 즉 항조운동으로 이어지는 움직임이다. 이러한 운동들은 참여계층이나 지향점에서 그 성격이 서로 다른 운동들이었다. 첫 번째의 '민란－농민전쟁－영학당운동'은 빈농층을 기반으로 하면서도 부농, 중농, 몰락양반 등 다양한 계층이 참여하여 삼정문란의 시정과 부패한 정권의 타도, 나아가 신분제의 폐지 등 사회변혁과 조선을 침략한 외세의 축출 등을 내건 '의거'의 성격을 띠고 있었다. 두 번째의 '명화적－활빈당' 운동은 실업자, 행상, 고용인 등 토지로부터 축출된 몰락계층이 주축을 이루면서 부호가와 관아, 외국인 등을 습격하고, 가난한 계층에게 돈을 나누어줌으로써 활빈을 실천하는 것을 목표로 하는 운동이었다. 세 번째의 '개별적인 거납－집단적인 항조'로 이어지는 운동은 농사를 짓는 농민들이 도조 인상에 대항하여 도조 납부를 거부하거나, 도조의 금납화를 꾀함으로써 소상품생산자로서 성장하고자 하는 지향을 보여주는 운동이었다. 이렇게 볼 때, 세 가지 운동은 그 성격에서 상당한 차이를 보여주고 있었다고 할 수 있다. 앞의 첫 번째와 두 번째 운동이 봉건말기 민중 저항의 모습을 보여주고 있다고 한다면, 마지막 세 번째 운동은 근대 초기 성장을 지향하는 민중 운동의 모습을 보여주고 있었다고 말할 수 있다.

이 책의 제1부는 동학농민전쟁, 즉 1893년부터 1894년까지의 동학교 도들과 동학농민군의 움직임을 사회사적인 시각에서 정리한 것이다. 필 자는 1893년 이른바 교조신원운동 이후 동학교도들이 어떻게 저항집단 으로 세력화되어 갔는가, 그리고 이를 주도한 이들은 누구였는가에 주로 관심을 갖고 이를 정리하였다. 그리고 1894년 전봉준과 손화중, 김개남 등이 동학교도와 일반 농민들을 규합하여 봉기를 선언하게 되기까지의 과정, 1차 봉기 이후 집강소시기와 2차 봉기까지의 농민군의 동향을 정 리하였다. 필자는 특히 전봉준, 손화중, 김개남 등 농민군의 상층 지도부 와 함께 중간급 지도자들에 대해서도 관심을 가졌다. 이를 분석하기 위 해 고창, 남원, 전라남도 일대의 동학농민군의 상층 및 중간급 지도자들 의 계층을 분석하는 데 힘을 기울였다. 특히 그들이 향촌사회 내에서 어 떤 위치에 있었는지에 주목하였다. 또 일본군이 동학농민군을 전라도 서 남해안쪽으로 몰아서 어떻게 학살하였는지 그 과정을 정리하였다. 그리 고 마지막으로 동학농민군의 정치적, 경제적, 사회적 지향점을 분석하였 다. 이와 관련해서는 필자가 이미 썼던 글을 상당 부분 수정하였다. 특히 그동안 학계에서는 이 부분을 오지영의 『동학사』에 크게 의존해 왔다고 할 수 있는데, 이 자료가 가진 한계를 고려할 때, 제한적으로만 이용해야 한다는 점을 명기하였다.

이상과 같은 작업에는 1994년 동학 100주년을 전후하여 새로 발굴된 자료들이 큰 도움이 되었다. 새로운 자료를 모아 『동학농민전쟁사료대 계』를 펴낸 이이화선생, 고 우윤선생 등 관계자 여러분께 진심으로 사의를 표한다. 한편 필자는 문헌자료만으로 만족할 수 없는 내용들을 채우기 위해 수없이 많은 현지답사를 다녔다. 1990년대 내내 진행된 현지답사에서 필자는 의외로 많은 정보를 얻을 수 있었다. 중간급 접주들의 후손들을 많이 만날 수 있었고, 또 접주들의 이름을 아직도 기억하고 있는 노인들도 많이 만났다. 고창의 홍낙관, 함평의 정안면, 광양의 서윤약 형제, 해남의 백장안 등이 어떠한 인물이었는지 그러한 과정을 통해 확인할 수 있었다. 또 사료상에서 나오는 동학 교도의 주요 거점들을 직접 찾아갔을 때에는 여러 감회를 느낄 수 있었다. 손화중이 봉기 전에 살고 있던 고창 무장의 사기동에는 아직도 깨어진 사금파리들이 널려 있었다. 전봉준이 손화중을 만나 봉기를 논의한 무장의 구수마을은 이제는 이를 기념하는 커다란 비석이 서 있지만 처음 찾았을 때에는 한적하기 이를 데 없는 평범한 마을이었다. 동학의 소굴로 일컬어지던 남원의 부동, 담양의 용구동, 무안의 대월리 마을들은 평야에서 산으로 이어지는 곳이나 바닷가에 자리잡은 빈촌들이었다. 고창의 홍낙관이 살던 은사리 마을은 골짜기에 숨어 있는 그야말로 빈촌으로서 아직도 그의 집자리가 남아 있었다.

농민군과 관군의 싸움이 진행되던 고부의 황토현, 장성의 황룡강변, 나주의 영산강변과 고막원 부근을 답사하면서는 이곳이 바로 치열한 전투가 벌어진 곳이었구나 하는 감회에 젖을 수 있었다. 장흥의 석대들 앞에 섰을 때에는 아직도 농민군의 함성이 들려오는 듯하였다. 하지만 다산초당에서 강진만 건너 바라다 보이는 천관산 밑의 마을들은 장흥 전투에서 패한 농민군이 수백 명씩 붙잡혀 처형된 곳이었다. 강진의 한 마을 주민은 농민군이 화형으로 처형되던 장소를 지목하여 가르쳐 주기도 했다.

이러한 답사 과정에서 많은 분들이 도움을 주셨다. 정읍의 최현식선생, 고창의 이기화선생, 김제 원평의 최순식선생, 장흥의 강수의선생, 함평의 이현석선생, 나주의 박경중·김희규선생 등 많은 분들에게 너무나 많은 신세를 졌다. 이 자리를 빌려 감사의 뜻을 전한다. 또 동학 유적지 답사를 떠날 때마다 동행해 주었던 목포대 사학과 학생들, 특히 송태갑 군에게 고마움을 전한다.

이 책의 제2부는 1890년대 후반부터 1910년까지 역토와 둔토에서 전개된 항조와, 의적집단을 표방하고 활동한 화적집단 '활빈당'에 대해 정리한 것이다. 항조는 식민지시기에는 '소작쟁의'라고 불리는 농민운동이었지만, 한말에는 주로 '거납'이라고 불리고 있었다. 하지만 동아시아권에서 전근대에 소작료 납부를 거부하는 운동을 일반적으로 '항조'라고 부르기 때문에 이 책에서는 이 용어를 사용하였다. 역토와 둔토의 제도는 1894년 이후 역의 폐지, 국가 재정의 일원화와 함께 폐지되었다. 이에 따라 탁지부, 궁내부 내장원 등으로 관리처가 바뀌면서 점차 도조를 인상하는 등 지주경영이 크게 강화되었고, 이에 대해 경작농민들이 강력히 저항하는 모습을 보였던 것이다. 이러한 항조는 조선후기에도 간간이 나타나고 있었지만, 한말 역토와 둔토에서 지속적이고 집단적으로 나타나고 있었다. 이는 1920년대 중반 본격화되는 소작쟁의의 전사로서 그의미가 적지 않다고 여겨져 분석의 대상으로 삼은 것이다. 한말 역토와 둔토의 지주경영 강화와 항조에 대해서는 규장각에 다수의 자료들이 보관되어 있어 이를 정리할 수 있었다. 필자는 특히 당시에 항조를 주도하던 이들이 어떤 계층에 속하는 이들이었는가 하는 점에 관심을 가졌는데, 이를 분석하는 데에는 마침 해당 지역의 광무양안이 남아 있어 큰 도움이 되었다.

활빈당은 조선초기부터 간간이 나타나던 화적집단이 대한제국 시기에 들어 오히려 크게 집단화되어 활빈당을 표방하면서 전국적인 활동을 벌인 사건을 다룬 것이다. 화적집단은 나름대로 오랜 역사와 전통, 조직적 기반을 가지고 있었는데, 대한제국 시기 들어 농민층의 몰락이 가속화되면서 보다 많은 몰락계층이 화적집단에 가세하면서 활빈당으로 조직화된 것으로 보인다. 필자가 활빈당에 관해 관심을 갖게 된 것은 작가 김주영선생이 '활빈도'라는 소설을 신문에 연재한다고 광고한 것이 계기가 되었다. 필자는 혹시나 하여 규장각에 보관되어 있는 『사법품보』를 뒤져 보았더니 그곳에는 1천 장이 넘는 활빈당 관련자들의 재판기록이 있었다. 이 자료에는 특히 그들의 직업 혹은 신분이 기록되어 있어, 어떤 계층이 이에 참여하였는지를 분석할 수 있었다. 한편 당시 발간되던 『황성신문』에도 활빈당과 관련된 기사들이 많이 실려 있어 역시 도움이 되었다. 건국대 김일근 교수는 보관하고 있던 『활빈당 발령』을 필자에게 복사해 주었다. 이 자리를 빌려 감사의 뜻을 표한다.

이상에서 말한 것처럼 필자는 이 시기의 세 갈래 민중운동이 어떻게 전개되었는가 하는 점뿐만 아니라, 각각 어떠한 계층에 의해 주도되었으며, 무엇을 지향하였는지에 대해 더 관심을 갖고 분석을 시도했다. 또 농민군 주도층·참여층과 반농민군 세력은 향촌사회에서 각각 어떠한 위치를 차지하고 있었는지에 관심을 가졌다. 즉 사회사적인 시각에서 이 주제를 다루고자 하였던 것이다. 물론 만족할만한 분석은 되지 못했다고 생각한다. 이 책에 실린 글들은 1980년대 중반부터 최근까지 약 20 년에 걸쳐 쓰인 것들이다. 워낙 오랜 시일에 걸쳐 쓰인 글들이라 문투도 상당히 달라 이를 수정해야 했고, 발표 이후 나온 새로운 연구 성과들도 누락되어 있어 이를 최대한 반영하여 수정했다. 원고 정리를 도와준 한양대 대학원생 양지혜·임현수군에게 고마움을 표한다.

최근 동학농민전쟁과 한말의 민중운동에 대한 한국사학계의 관심은 점차 엷어져 가고 있는 것으로 보인다. 동학농민전쟁에 관한 연구는 1994년 동학농민전쟁 100주년을 전후하여 절정에 이른 뒤에 최근에는 새로운 논문도 거의 나오지 않고 있는 실정이다. 민중운동은 이미 낡은 주제가 되어 버린 모양이다. 하지만 이 시기 역사를 이끌어간 중요한 동력이었던 민중운동에 대한 관심은 여전히 필요하다고 생각된다. 부족하지만 이 책이 근대 이행기 민중운동사에 대한 관심을 다시 촉발하는 계기가 되었으면 한다.

2008년은 한국현대사에서 또 하나의 분수령이 될 것으로 예상되고 있다. 1987년 이후 '민주화'를 중심으로 진행되어 오던 한국사회의 변화가 일단락되고, 이제 신자유주의를 기반으로 한 한국사회의 보수화가 본격적으로 진행될 전망이다. 2008년 이후 불어 닥칠 보수화의 물결 속에서 민중의 삶은 더욱 고달파지지 않을까 우려된다. 1894년 농민전쟁이 실패로 돌아간 이후 대한제국 시기에도 보수화, 반동화의 물결이 거세게 몰아쳤다. 이 책에서 다룬 항조와 활빈당과 같은 저항운동은 바로 그 시기에 출현하였다. 2008년 이후 한국사회가 백년 전의 역사에서 교훈을 얻기를 바라면서 이 책을 세상에 내놓는다.

끝으로 이 책을 이 땅의 민주화를 위해 갖은 고초를 겪다가 불의의 병을 얻어 유명을 달리한 나의 벗 고 조남일군과 그의 가족들에게 바치고자 한다.

2008년 정월

행당동산에서 **박 찬 승** 씀

<목 차>

제1부

동학농민전쟁

제1장 동학교도들의 신원운동과 척왜양운동

1. 머리말

1892, 1893년의 동학교도들과 농민들의 움직임은 1894년 농민전쟁의 직접적인 전사로서 매우 중요한 의미를 지닌다. 1894년의 농민전쟁을 수행할 수 있었던 주체세력과 지도부는 어떻게 형성되었는가, 그리고 농민전쟁을 추진해 나갈 수 있었던 사상적 기반은 어떻게 마련되었는가 하는 문제는 1892, 1893년 동학교도들과 농민들의 움직임을 통해서만 살필 수 있기 때문이다. 물론 농민전쟁의 전사는 1860년대 이래의 숱한 농민항쟁, 그리고 동학교단의 세력 확장 등에서부터 찾아야 하겠지만, 직접적 전사는 역시 1892, 1893년의 동학교도들과 농민들의 움직임에서 찾아야 할 것이다. 이 장에서는 이 가운데 1892, 1893년의 동학교도들의 움직임을 살핌으로써 농민전쟁 전사의 일부분을 검토하고자 하는 것이다.

1892년, 1893년의 동학교도들의 움직임으로는 1892년 10월, 11월 공주, 삼례집회에서의 최제우 신원운동, 1893년 2월의 복합상소와 '척왜양' 방문 게시운동, 1893년 3월의 보은집회와 금구집회에서의 '척왜양 창의' 운동 등을 대표적으로 들 수 있다.[1] 이들 운동에 대해서는 그동안

---

1) 1893년 11월 고부에서의 '사발통문' 작성은 이듬해의 고부농민봉기의 준비과정으로서 검토되어야 할 문제이기 때문에 이 장에서는 다루지 않기로 한다.

어느 정도 연구가 진척되어 새로운 사실들이 많이 밝혀졌다.[2] 우선 보은 집회 당시 금구집회가 동시에 열리고 있었다는 사실, 그리고 금구집회를 주도한 이들이 전봉준 등으로 추정된다는 것, 따라서 1893년 단계에서 이미 전봉준은 호남지방 동학교도들의 지도세력으로 등장하여 1894년의 농민전쟁을 준비하고 있었다는 것 등이 새로이 밝혀졌다.

그러나 이들 연구 가운데서도 몇 가지 쟁점이 드러나고 있다. 첫째, 1892, 1893년의 단계에서 동학교단과 보은집회를 주도하는 세력간의 관계가 어떻게 설정될 수 있는가, 즉 양자간의 관계는 이미 이때부터 대립적이었는가 아니면 이때는 상호 협조적이었는가 하는 문제이다. 둘째, 보은집회와 금구집회의 성격, 즉 보은집회는 비정치적인 교조신원운동이고, 금구집회는 정치적인 척왜양운동으로서 양자는 대립적이었는가, 아니면 양자 모두 같은 척왜양운동이었는가 하는 문제이다. 셋째, 위의 문제와 연결되는 것이지만, 전봉준이 호남지방 동학교도들의 지도자로 부각되는 시점이 언제부터인가, 즉 금구집회부터인가 아니면 그 이전의 삼례집회부터인가 하는 문제이다. 넷째, 복합상소시 척왜양 방문을 게시

---

2) 대표적인 연구 성과를 보면 다음과 같다.

　　김의환, 1982, 「1892·3년의 동학농민운동과 그 성격－삼례취회·복합상소·보은취
　　회를 중심으로」『근대조선의 민중운동』, 풀빛

　　趙景達, 1982, 「東學農民運動と甲午農民戰爭の歷史的性格」『朝鮮史硏究會論文
　　集』 19

　　정창렬, 1985, 「고부민란의 연구」(상)『한국사연구』 48

　　이이화, 1989, 「전봉준과 동학농민전쟁(1)」『역사비평』 1989년 겨울호

　　장영민, 1991, 「동학의 대선생신원운동에 관한 일고찰」『백산박성수교수회갑기념
　　논총 한국독립운동사의 인식』

　　신용하, 1992, 「동학과 갑오농민전쟁의 결합」『한국학보』 67집

　　신용하, 조경달, 장영민은 위의 글들을 아래 책들에 옮겨 실었다.

　　신용하, 1993, 『동학과 갑오농민전쟁 연구』, 일조각

　　조경달, 1998, 『異端の民衆反亂－東學と甲午農民戰爭』, 岩波書店

　　장영민, 2004, 『동학의 정치사회운동』, 경인문화사

한 이들이 후일 금구집회를 여는 호남지방의 동학교도들이었는가 여부의
문제이다. 이러한 쟁점들은 전체적으로 1894년 농민전쟁의 주체세력이
구체적으로 어떻게 형성되어갔는가 하는 데에 관한 것으로서 대단히 중
요한 의미를 갖고 있다. 이 글에서는 이와 같은 쟁점들을 염두에 두면서
공주·삼례집회, 복합상소, 척왜양 방문운동, 보은·금구집회 등에 관하여
차례로 검토하고자 한다.

2. 최제우 신원운동과 공주·삼례집회

1892년 동학교단 지도부는 교조 최제우의 신원운동을 전개하기 시작
하였다. 1892년 7월 서인주徐仁周와 서병학徐丙鶴은 최시형에게 동학교단
의 급무는 최제우의 신원에 있다고 주장하고, 각지의 교도들이 복합상소
를 올릴 것을 건의하였다.[3] 이들이 이 시기 최제우 신원운동을 주장한
것은 1880년대 동학의 교세가 호서와 호남지방으로 급속히 확산되면서
이에 대한 관의 탄압도 더욱 가중되어 교인들의 피해가 더 이상 견디기
어려운 정도에 다다랐기 때문이었다. 그러나 최시형은 1871년 이필제
등의 주장에 따라 전개했던 최제우 신원운동이 영해와 문경에서의 작변
으로 발전하고, 그것이 교단에 대한 철저한 탄압으로 이어졌던 경험을
갖고 있었기 때문에 이들의 건의를 쉽게 받아들이지 아니하였다.

다만 최시형은 10월 17일 밤 작성하여 발표한 「입의통문立義通文」을
통하여 자신의 뜻을 다음과 같이 완곡하게 표시하였다.

> 이제 선생이 화를 입은 지 벌써 30년이 되었다. 제자된 자들로서는 마땅
> 히 힘을 다하고 정성을 다하여 伸寃의 방법을 찾아야 할 것이다. (중략) 슬프
> 다. 우리 道儒들은 그동안 모두 大義를 잊고 利慾만 좇았고, 자기 몸만 살찌

---

3) 「天道教會史 草稿」『東學思想資料集』 1(아세아문화사, 1978), 439쪽

우고 재산을 늘리는 일에만 관심을 쏟았으며, 병이 낫는 효험이 있기만을 축원해왔다. (중략) 바라건대 첨군자께서는 아무쪼록 선생 신원의 방법을 도모하고, 밤낮으로 이에 힘써 게을리 하지 않는다면 이는 곧 修人事待天命의 일일 것이다.[4]

최시형은 여기서 동학교도들에게 교조신원은 동학교도들의 의무임을 지적하고, 교조신원의 방법을 보다 적극적으로 모색할 것을 지시하였다. 신원운동을 허락한 것이다. 그러나 그는 구체적인 방법을 지시하지는 않았다. 다만, 최시형은 이 단계에서 서인주나 서병학이 처음 제시했던 복합상소는 극력 반대한 것으로 보인다.

최시형이 「입의통문」을 발한 시점을 전후하여[5] 서인주와 서병학 등은 공주에서 각지의 동학교도들을 불러 모아 집회를 가졌다. 여기서 그들은 각 읍의 수령들이 동학교도들을 침학하고 사람을 해치며 재물을 빼앗는 일이 자행되고 있으니 이를 금단해줄 것을 요청하는 소장을 충청감영에 내기로 의견을 모았다.[6] 이에 따라 그들은 충청감사 조병식趙秉式에게 「의송議送」을 제출하였다. 조병식은 그해 1월 동학금령을 발하여 동학교도들에 대한 탄압을 가중시키고 있는 장본인이었기 때문이다.[7]

이때 동학교도들이 조병식에게 제출한 「각도동학유생의송단자各道東學儒生議送單子」의 내용은 크게 네 부분으로 이루어져 있었다. 첫째 동학은 유불선 3교의 장점만을 취하여 합일한 것으로서 결코 이단이 아니라는 것, 둘째 밖으로는 서학이 들어와 그 해독이 엄청나며 일본인들이 들어

---

4) 「大先生文集」『한국민중운동사자료대계』(이하 『민중운동사자료』로 약함) 1(여강출판사, 1986), 57~60쪽
5) 공주집회의 날짜와 최시형의 「입의통문」이 나온 날짜의 선후는 분명치 않다. 다만 최시형의 통문이 나온 10월 17일경 공주집회가 열리고 있었을 가능성이 더 크다. 왜냐하면 충청감사의 題音이 나온 날짜가 10월 22일임을 미루어보아 적어도 10월 17일경에는 이미 집회가 열리고 있었을 가능성이 크기 때문이다.
6) 「本教歷史」『천도교회월보』245(1912년 7월호), 23쪽
7) 「천도교회사 초고」『동학사상자료집』1, 436쪽

와 통상을 하면서 경제적 이익을 독점하고 있고, 안으로는 무뢰배들이
취당하여 화적행위를 일삼아 조선의 백성들은 큰 어려움에 직면해 있다
는 것, 셋째 동학교도들은 각 읍에서 이단의 무리로 몰려 옥에 갇히는
신세가 되었으니 이들을 모두 풀어달라는 것, 넷째 교조 최제우의 신원
을 조정에 계달啓達해달라는 것 등이었다.[8] 여기서 특히 주목되는 것은
서학과 일본인들에 대한 경계를 다음과 같이 강조한 부분이다.

> 이제 서양오랑캐의 學(西學)이 우리나라에 들어오고 倭酋의 毒이 外鎭에
> 다시 넘쳐나니 망극하기 그지없으며, 兇逆의 무리들이 서울에서 일어나니 이
> 는 저희가 절치부심하는 것들입니다. 심지어 倭國의 상인들이 각 항구에 들
> 어와 무역의 이익을 독차지하고 錢穀을 蕩渴시키고 있으니 백성들은 지탱하
> 기가 어렵습니다.[9]

여기서 이들 동학교도들은 일본인들, 특히 일본상인들의 침투에 대해
크게 우려하고 있었음을 볼 수 있다. 이들은 이 「의송」에서 "저희들이
성심으로 수도하고 밤낮으로 하늘에 축원하는 것은 광제창생廣濟蒼生과
보국안민保國安民의 대원大願입니다"라고 하여, 동학교도들의 우국충정을
강조하였다. 우리는 이 「의송」에서 이미 1893년 보은집회, 금구집회 등
에서 등장한 '척왜양' '보국안민' 등의 구호 내용을 확인할 수 있다. 이
러한 점에서 공주집회는 상당한 역사적 의미를 갖는다고 할 수 있다.
이러한 「의송」에 대해 충청감사 조병식은 10월 22일 동학은 어디까
지나 이단일 뿐이라는 「제음題音」을 내렸다. 즉 "동학은 정학正學이 아니
라 이단異端이며, 양묵楊墨이 아니라 하지만 이 또한 필경 사학邪學의 여파
餘派일 것"이라고 규정하고, 각 영문營門에서 동학을 금하는 것은 조정의
금령에 따라서 하는 것이지 결코 마음대로 하는 것이 아니라고 강조하였

---

8) 『민중운동사자료』 1, 60~66쪽
9) 같은 책, 64쪽

다. 아울러 "동학을 금하고 금하지 않는 것은 오직 조정에서만 처분을 내릴 수 있으며 감영에서는 조정의 명령을 받들어 시행할 수 있을 뿐이기 때문에, 이 문제는 본 감영에 와서 호소할 일이 아니다"고 지적하였다.[10] 이는 동학의 금령은 정부의 지시에 따른 것이기 때문에 취소할 수 없다는 것을 분명히 하는 한편, 교조의 신원, 즉 동학의 포교 공인을 조정에 계달해 달라는 요구를 모두 거절한 것이다.

그러나 조병식은 10월 24일 각 읍이 「감결甘結」을 내려 동학금단의 과정에서 빚어지고 있는 각종 폐단을 일체 중지할 것을 지시하였다. 즉 "동학을 금하는 것은 그들을 다시 양민으로 만들기 위한 것인데, 이제 각 읍의 수령된 자가 몰래 요민饒民을 협박하여 뇌물을 받는가 하면, 각 읍의 교예校隷가 양민을 침학하는 빌미로 삼고 있다"고 지적하였다. 「감결」은 이어서 "이들 동학도들도 성상聖上의 교화를 받아야 할 백성들"이므로, "이 이후로는 교예들에게 지시하여 일절 횡침橫侵하는 일이 없도록 하여 안업安業할 수 있게 하고, 동학도로서 잘못을 깨우쳐 돌아오는 이는 마땅히 상을 내리고 끝내 깨우치지 못하는 자도 깨우칠 때까지 기다리면서 깨우칠 길을 열어주도록 하라"는 지시를 내렸다.[11] 이는 동학교도들이 올린 소장에서 동학 금령을 빙자한 동학교도들에 대한 지방관의 토색을 금단해 달라는 요구를 수용한 것이었다. 이것은 서병학, 서인주 등이 올린 소장이 최소한의 성과는 거두었음을 의미한다. 그리고 이와 같은 결과는 최시형에게는 의외의 일이었다.

이러한 결과에 최시형 등 교단 지도부는 상당히 고무되었던 것으로 보인다. 최시형은 충청감영에서의 일정한 성과에 고무되어 전라감영에도 「의송」을 제출하기로 결정하고, 이를 위해 전라도 삼례에서 교도들의 집회를 갖기로 하고, 10월 27일 교도들에게 보내는 「통문通文」을 발

---

10) 같은 책, 67~68쪽
11) 같은 책, 69~70쪽

하여 다음과 같이 말하였다.[12]

> 大先生의 제자로서 누가 신원을 하여 분을 풀고 싶지 않은 자가 있겠는가.
> 그러나 지금까지 39년 동안 지목을 받으면서 죄인처럼 엎드려왔던 것은 天運
> 이 그러했기 때문이다. 이제 충청감영에 呼冤하고 전라감영에 議送을 내는
> 일도 또한 天命이다. 각 包의 제 接長은 일제히 와서 모일 일이다. 만일 알고
> 서도 와서 모이지 않는다면 어찌 가히 修道하고 五倫을 講한다고 할 수 있겠
> 는가.[13]

최시형은 각지의 동학교도들에게 삼례에 모두 모일 것을 지시하고 있
는데, 이 「통문」의 어조는 10월 17일에 나온 「통문」과 비교해볼 때 대
단히 강한 것이었다. 즉 10월 17일의 「통문」에서는 교조신원의 방법을
강구해볼 것만을 지시하고 있었는데 반하여, 27일의 「통문」에서는 삼례
에 교도들이 모여 세력을 과시하면서 전라감영에 「의송」을 낸다는 구체
적인 방법을 제시하는 한편, 이를 따르지 않는 교도들에게는 뒤에 마땅
히 별도의 조처가 있을 것이라는 경고까지 하였던 것이다.[14]

11월 2일 전라도 삼례에서는 각지의 포주包主가 이끄는 교도 수천 명
이 집결하여 집회를 가졌다.[15] 그들은 논의를 거쳐 전라감영에 역시 「의
송」을 제출하였다. 이 「의송」은 충청감영에 냈던 「의송」과 대동소이한
내용으로 되어 있었고, 부분적으로는 같은 어구로 구성되기도 하였다.
다만 다른 것은 여기서는 "(동학교도들을) 서학西學의 여파餘派로 지목하여 열
읍列邑의 수령들이 잡아가두고 매를 때려 전재錢財를 토색하고 심지어 죽
는 일까지 나타나고 있으며, 향곡鄕谷의 호민豪民들이 이를 듣고 교도들의

---

12) 이 통문은 최시형이 孫天民에게 명하여 기초하게 한 것이었다고 한다(「본교역사」
   『천도교회월보』 제25호(1912년 8월호), 23쪽).
13) 『민중운동사자료』 1, 70쪽
14) 같은 책, 71쪽 ; 「천도교회사 초고」 『동학사상자료집』 1, 440~441쪽
15) 삼례집회의 날짜에 대해 「교회역사」 『천도교회월보』 제26호(1912년 9월호)에는
   11월 2일로 「천도교회사 초고」에는 11월 3일로 되어 있다.

집을 부수고 재물을 빼앗아 유리탕패流離蕩敗하는 이들까지 나타나고 있
다"고 구체적으로 지적하고 있는 부분이다. 충청감영에 올린「의송」에
서는 이러한 부분을 구체적으로 지적하지 않았던 것에 비하여16) 전라감
영에 올린「의송」은 이를 구체적으로 지적하였던 것이다.

전라감사 이경직李耕稙은 이에 대해 11월 5, 6일경「제결題決」을 내려
"동학은 조가朝家의 금하는 바라. 이성기구彛性旣具하엿거니 엇지 정正을
사捨하고 이異에 취就하야 스스로 범과犯科하리오. 경更히 미매迷昧치 말라"
고 하고 즉시 퇴거할 것을 명하여, 동학도들의 요구를 정면으로 거부하
였다. 이에 삼례에 모여있던 동학교도들은 크게 격앙되었고, 7일 재차
「의송」을 제출하였다. 여기서 그들은 다시 한 번 자신들이 뜻하는 바는
교조 최제우의 원을 푸는 것일 뿐이며, 자신들이 최제우로부터 배운 것
은 오직 유불선의 도道를 합하여 충군효친하는 것일 뿐이기 때문에 자신
들의 도는 결코 이단이 아니라고 강조하였다. 또 각 읍의 수령, 서리, 군
교, 향곡 토호들의 동학교도들에 대한 침학을 지적하고 이를 금단해줄
것을 호소하였다.17)

그러나 이경직은 9일 내린「제결」을 통해 "이미 제결을 내린 바 있다"
고 일축하였다.18) 다만 그는 11월「감결」을 각 읍에 내려 동학도들에 대
한 관속배의 토색을 일체 금단하라고 지시하였다.19) 이러한「감결」이 나
오자 삼례집회의 지도부에서는 12월,「통문」을 통해 동학도들의 해산을
지시하고 앞으로 일체의 행동은 최시형의 지휘를 받도록 하라고 명하였
다. 그리고 이「통문」에서는 비록 전라·충청 감영이「감결」을 통하여

---

16) 단 현재「대선생문집」에 전해지고 있는 충청감영에의「의송」은 그것이 전문인지
    아닌지 확실하지 않다. 혹 이「의송」외에 또 다른 訴狀이 있었는지도 알 수 없다.
17)『민중운동사자료』 1, 76~77쪽 ;「천도교회사 초고」『동학사상자료집』 1, 442~
    443쪽
18)『민중운동사자료』 1, 77쪽
19) 같은 책, 78쪽

각 읍 관속배의 토색을 금단하라고 명하였지만, 만일 앞으로도 그러한 일이 있을 경우, 작은 일의 경우에는 각 접接을 통하여 관에 호소하고, 큰 일의 경우에는 도소都所에 고하여 법헌이 감영에 의송토록 하라고 지시하였다.[20]

그러나 교도들은 해산하지 않았다. 그것은 "동학은 어디까지나 이단에 불과하다"고 한 전라감사 이경직의 「제결」이 충청감사 조병식의 경우보다 훨씬 강경한 것이었고, 또 각 읍에 보낸 「감결」이 얼마나 효과가 있을지 미지수였기 때문이다. 당시 삼례에 모인 교도들 가운데는 이미 현안으로 대두되고 있던 복합상소를 결행하자는 주장을 펴고 있는 이들이 있었다. 그것은 어차피 교조신원의 문제는 각 도의 감영 차원에서 풀 수 있는 문제가 아니라는 「제결」이 나왔기 때문에 곧바로 복합상소로 행동을 옮겨야 한다는 주장이었던 것이다. 앞의 12일자 최시형의 「통문」에서도 이러한 분위기 때문에 "앞으로의 행동은 일체 법헌의 지시에 따르라"고 지시하였던 것이다. 교도들이 해산하지 않고 복합상소 문제가 초미의 현안으로 대두하자 최시형은 19일 손천민을 시켜 「통문」을 발하여 "복합상소의 건은 바야흐로 다시 논의할 터이니 마땅히 하회를 기다려 지시에 따르라"고 하여 교도들을 무마시키려 하였다.[21]

이 「통문」이 나온 이후 삼례집회는 공식적으로는 해산되었지만 일부 동학교도들은 바로 귀향하지 않았던 것으로 보인다. 왜냐하면 21일 전라감영에서 다시 「감결」을 각 읍에 보내 동학교도들이 아직 고향으로 돌아가 안접安接하지 않고 있음을 지적하면서 "각 읍 교예배校隸輩가 진가眞假를 가리지 않고 동학東學이라고 통칭하면서 주구誅求에만 뜻을 두어 저들이 취당聚黨하고 훤소喧騷하는 지경에 이르렀으니 일일이 효유하여 사교邪教를 버리고 안전安奠하도록 읍속배邑屬輩의 토색을 금하도록 하라"고

---

20) 같은 책, 79~80쪽
21) 같은 책, 81~82쪽

지시하였기 때문이다.[22]

한편 이즈음 각지의 동학교도들 사이에서는 서학의 무리들이 취당하여 동학교도들을 해치려 한다는 소문이 나돌았던 듯하다. 이에 최시형은 또 다른 「통유문通喩文」을 내어 이는 무뢰배들이 지어낸 말에 불과할 터이니 동요치 말라고 당부하기도 하였다.[23] 또한 당시 '남도어사南道御使'를 자칭하는 가짜 어사들이 각지에 나타나 동학교도들로부터 재물을 빼앗는 등 불법을 자행하는 일이 빈발하자 최시형은 이에 대한 주의를 당부하는 「통유문」을 아울러 내기도 하였다.[24]

이상에서 살핀 것처럼 1892년 11월 삼례집회에 참여한 동학교도들은 전라감사에게 두 차례에 걸쳐 「의송」을 제출하였으며, 그에 대한 답변이 불만족스럽자 이에 항의하는 뜻으로 해산명령을 받고서도 해산하지 않고 일종의 시위를 하고 있었다. 이는 이들 동학교도들 사이에서 이제는 소극적인 은둔과 현실로부터의 도피가 아닌 적극적이고 능동적인 행동으로써 문제를 풀어가야 한다는 분위기가 크게 고조되어가고 있었음을 반영하는 것이었다. 이는 분명 동학교단 내부에서도 새로운 일이었다. 그리고 이러한 새로운 상황은 분명 이를 주도하는 새로운 지도자들이 나타나고 있었음을 반영하는 것이었다.

그러면 당시 삼례집회를 주도한 이들은 누구였을까. 최시형이 삼례집회를 지시한 것이 10월 27일이었고, 삼례집회가 열린 것이 불과 5일 후인 11월 2일이었음을 비추어볼 때, 그리고 집회의 목적이 전라감사에게 「의송」을 내기 위한 것이었음을 비추어볼 때 삼례집회에 모인 이들은 주로 전라도지방의 교도들이었을 것이다.[25] 그리고 이들 교도들은 '각 포包의 접장接長'들에 의해 인솔되어 온 것으로 되어 있다. 따라서 삼례집

---

22) 같은 책, 85쪽
23) 「천도교회사 초고」『동학사상자료집』1, 445쪽
24) 위와 같음.
25) 장영민, 앞의 글, 248쪽

회는 이들 호남지방의 주요 동학지도자들에 의해 주도되었던 것임이 틀림없다. 당시 호남지방의 동학지도자로서 꼽히고 있던 인물들은 1891년 최시형에 의해 전라좌우도 편의장便義長에 임명된 남계천南啓天과, 그에 못지않은 명망을 갖고 있었던 윤상오尹相五, 그리고 그 외에 김영조金永祚·김낙철金洛喆·김낙삼金洛三·김낙봉金洛鳳·손화중孫和仲·김개남金開南·김덕명金德明·허내원許乃元·서영도徐永道·장경운張敬雲 등이었다.26) 11월의 삼례집회는 아마도 이들에 의해 주도되었을 것이다.27) 물론 이들 외에도 비록 호서인이지만 특히 윤상오와 가까웠던 것으로 보이는 서인주徐仁周가 삼례집회에서 적극 활동하였을 것으로 보인다.28)

그런데 이들 호남지방의 동학지도자들은 1891년 최시형이 남계천·허내원·장경운 등에게 "너희들은 실심수도實心修道하야 천부天賦의 성性을 통通케 하라"고 당부할 정도로 "도道를 아는 자가 드문" 실정이었다고 한다.29) 호남지방의 동학교도들은 1890년대에 들어와 급증하는 추세를 보이고 있었지만, 그들의 종교적 신심은 아직 취약한 편이었던 것이다. 이들이 종교적 신심보다 오히려 정치사회 의식이 더 강한 이들이었다고 단정하기는 힘들지만, 충청감영과 전라감영에 올린 「의송」에서 등장한 '척왜양'과 '보국안민'에 크게 공감하는 이들이었을 것은 틀림없다. 이와 같이 정치 사회의식이 강한 호남지방 동학교도들은 1892년 복합상소와

---

26) 「천도교회사 초고」『동학사상자료집』 1, 434~435쪽
27) 1892년 11월 삼례집회에서 전봉준이 이미 서인주 등과 같은 수준의 주요 지도자로 부각되었을 것이라는 추측이 일부 있으나(우윤, 1993, 『전봉준과 갑오농민전쟁』, 창작과 비평사, 127쪽), 입교한 지 얼마 안되는 전봉준이 그렇게 빨리 주요 지도자로 부각되었으리라고 보기는 어려울 것이다(전봉준의 입교시기에 대해서는 1890년 설과 1892년 설이 있다). 다만 전봉준이 이 집회에 참석하였을 가능성은 충분하고 그가 일정한 역할을 하였을 가능성도 있다.
28) 윤상오는 1890년 서인주가 체포되어 옥에 갇혔을 때 최시형에게 뇌물을 바치고서라도 서인주를 보석으로 석방시킬 것을 간청한 바 있었다(「천도교회사 초고」『동학사상자료집』 1, 434쪽).
29) 「천도교회사 초고」『동학사상자료집』 1, 436쪽

금구, 보은집회에서 커다란 파문을 일으키게 되며, 마침내는 1894년 '남접南接'을 구성하여 농민전쟁을 일으키게 되는 것이다.

3. 복합상소와 '척왜양' 방문 게시

1892년 11월 삼례집회가 해산된 뒤 얼마 지나지 않아 12월 6일 최시형은 삼례집회에서 초미의 현안이 되었던 복합상소 문제를 논의하기 위해 보은報恩 장내리帳內里에 도소都所를 정하였다. 이 소식이 퍼져 나가자 각지에서 동학교도들이 구름처럼 몰려들었는데, 최시형은 각 포包의 인서認署를 받은 자에 한하여 입소入所토록 하라는 지시를 내리지 않으면 안될 정도였다.[30] 그러나 최시형은 복합상소에 대해서 쉽게 결론을 내리지 못하였다. 대신 도소에서 「조가회통朝家回通」의 이름으로 정부에 글을 보냈다. 여기서도 역시 동학은 이단이 아니라고 주장하고 그 이유에 대하여 설명하였으며, 특히 충청감영이 타도에서 볼 수 없을 정도로 동학 금령을 심하게 한 것은 충청감영의 주장처럼 조정의 명에 의한 것이 결코 아닐 것이라고 주장하였다. 또 여기서는 관官의 학민탐재虐民貪財가 심한 곳으로서 구체적으로 충청도 영동永同, 옥천沃川, 청산靑山과 전라도의 김제金堤, 만경萬頃, 무장茂長, 정읍井邑, 여산礪山 등지를 들었다. 그리고 동학교도들에 대해서도 보부상의 예와 같이 특별한 사회집단으로 공식 인정해줄 것을 요청하였다.[31] 「조가회통」이 구체적으로 어떤 정부기관에 보내졌는지는 알 수 없다. 또 어떠한 이유로 이러한 글을 정부에 보냈는지도 확실치 않다. 다만 복합상소가 여러 가지 어려운 문제점을 안고 있어 쉽사리 복합상소를 결정하지 못하고 있던 시점에서, 정부에 이와 같

---

30) 같은 책, 446~447쪽
31) 「천도교회사 초고」『동학사상자료집』1, 447~448쪽 ; 「朝家回通」『민중운동사
    자료』1, 86~91쪽

은 글을 보내 동학교도들에 대한 관 측의 탄압을 완화시켜 보려 하였던
것이 아닌가 짐작된다.[32]

　그러나 당시 동학교도들 사이에서는 이러한 미봉책으로는 사태를 해
결할 수 없다는 분위기가 더욱 강했고, 1893년 1월 서병학徐丙鶴 등이 복
합상소를 다시 강력히 주장함으로써 최시형도 대세에 밀려 결국 복합상
소를 허락하고 말았다. 이에 따라 상소를 준비하기 위한 봉소도소奉疏都所
가 청주군清州郡 송산리松山里 손천민孫天民의 집에 설치되었다.[33] 여기서
소수疏首에는 박광호朴光浩, 제소製疏에는 손천민, 서사書寫에는 남홍원南弘
源, 봉소奉疏에는 손병희孫秉熙·박인호朴寅浩·김연국金演局·박석규朴錫奎·임국
호任局鎬·김낙봉金洛鳳·권병덕權秉悳·박덕칠朴德七·김석도金錫道·이근상李根尚
등으로 정해졌다. 준비를 마친 이들은 2월 8일 강시원姜時元·손병희·김연
국·손천민·박인호 등의 인솔 하에 많은 교도들이 과거科擧를 보러 가는
선비처럼 가장하고 일제히 상경하였다.[34] 당시 2월 8일(양력 3월 25일)은 세
자의 탄신일을 기념하는 '경과慶科'라는 과거가 열릴 예정이었다.[35]

　서울로 올라온 이들은 남산동南山洞 최창한崔昌漢의 집에 봉소도소를 정
하고 절차를 협의하였다. 그런데 이때 서병학과 서인주가 상소하여 진정
하는 대신 교도들로 하여금 병복兵服으로 갈아입게 하고 대병隊兵과 협동
하여 정부 간당을 소탕하고 조정을 개혁할 것을 주장하였다고 한다. 물
론 이러한 주장은 이번 상소운동을 총책임지고 상경한 손병희·김연국·
손천민 등에 의하여 거절당하였다.[36] 손병희 등 40여 명은 마침내 2월

---

32) 장영민, 앞의 글, 248~249쪽
33) 「천도교회사 초고」『동학사상자료집』 1, 448쪽
34) 같은 책, 449쪽
35) 「東學黨上京建白書ヲ奉呈ノ件」 1893년 4월 1일 『日本外交文書』 5(韓國篇, 泰東
　　文化社刊本, 1981, 이하 같음), 413쪽
36) 「천도교회사 초고」『동학사상자료집』 1, 449쪽 ; 李敦化, 「천도교창건사」『동학
　　사상자료집』 2, 143쪽. 한편 鄭喬의 『大韓季年史』 고종 30년 4월조에는 복합상
　　소시 대원군이 몰래 동학당 수만 명을 경성으로 불러 올려 민씨 정권을 내몰고,

10일 치성식을 거행하고 11일(양력 3월 29일) 광화문 앞에 나아가 상소를 올리고 무릎을 꿇고 앉아 국왕의 답을 기다리는 복합상소를 시작하였다. 손천민이 지은 상소에는 동학은 결코 이단이 아니라는 것과 동학에 대한 탄압을 중지하여 달라는 것 외에 특별한 내용은 없었다.[37]

이러한 상소에 대해 정부에서는 13일「사알司謁」을 통하여 "사마司馬의 표票가 없다"는 식으로 상소의 격식을 문제삼아 이를 접수할 수 없다는 태도를 보였고, 이에 동학도들이 격식을 다시 갖추어 상소를 올리려 하자, 14일 국왕은 구전口傳으로 "너희들이 귀가하여 안업하면 소원에 따라 해주겠다"고 하면서 해산을 명하였다. 이러한 국왕의 답을 들은 교도들은 곧 해산하였다.[38] 복합상소는 사흘만에 끝난 것이다. 그리고 최시형은 복합상소 직후 교도들에 대한「통유문」을 통하여 국왕으로부터 "각안기업各安其業하라"는 답을 들은 것은 상당한 성과라고 자평하고, 자중자애하면서 더욱 수도에 전념하라고 지시하였다.[39]

그러나 국왕의 비답은 기만적인 것이었다. 2월 26일(양력 4월 12일) 국왕은 동학도들의 복합상소를 "감히 사악한 설로써 방자하게 대궐문 앞에서 절규한 것은 말할 것도 없고 꺼리는 것도 없는 것이 극에 달한 것"이라고 규정하고, "이른바 상소의 두령이라고 하는 자는 경외京外에 칙서를 내려 기한을 엄격히 정하여 붙잡도록 하라. 나머지 사람들에게는 법에서 금하는 바를 교육시켜 각기 안업하도록 하라"고 지시하고, 만일 이러한 일을 게을리하는 법사法司와 지방관들에 대해서는 엄한 문책이 있을 것

___

손자 이준용을 왕으로 추대하려 하였다가 실패하였다고 쓰고 있다(『대한계년사』 상, 68쪽). 이 기록은 아마도 1894년 제2차 농민전쟁시 전봉준과 대원군의 연락관계를 근거로 미루어 추정한 것이 아닌가 여겨지지만, 복합상소를 전후하여 대원군 세력과 서인주·서병학 세력이 어떤 연락관계를 갖고 있었을 가능성도 전혀 없는 것은 아니다.

37)「대선생문집」『민중운동사자료』1, 91~97쪽
38)「천도교회사 초고」『동학사상자료집』1, 452쪽
39) 같은 책, 452~453쪽

이라고 경고하였다.[40] 그리고 같은 날 정부는 동학교도를 금단하지 못한 책임을 물어 한성부 판윤 신정희申正熙와 전라감사 이경직에 대해 진소자인陳疏自引케 하는 문책 처분을 내렸다.[41] 이로써 동학교도들의 서울 복합상소운동은 완전히 실패로 끝났을 뿐만 아니라 교도들에 대한 탄압을 오히려 가중시키는 결과만을 가져왔다. 결국 이는 동학교도들을 더욱 격앙시켜 집단적인 실력행사를 위한 보은집회로 치닫게 하였다.

한편 복합상소를 전후한 시점에서 두 가지 주목할 만한 일이 있었다. 그 하나는 서울의 외국인 학당과 교회 등에 '척왜양斥倭洋'의 방문이 붙었으며, 이를 둘러싸고 각국 공사관측이 민감한 반응을 보였다는 사실이다. 2월 14일(양력 3월 31일) 밤 서울의 미국인 기포드Gifford 학당의 문에 서학西學은 '경천敬天'이 아니라 '패천悖天'일 뿐이라는 방문이 붙었으며,[42] 18일(양력 4월 4일)에는 미국인 존스H. J. Jones의 교회당에 다음과 같은 더욱 강경한 방문이 붙었다.

> 教頭 등을 효유하노라. (중략) 교회를 세우고 포교하는 것은 和約에서도 허용하지 않은 일인데 너희들 교두들은 방자하게 잇따라 들어와서 겉으로는 上帝를 공경한다고 하면서 기도만 할 뿐이고, 또 예수를 믿는다고 하면서 단지 찬송만 할 뿐이며, 正心·誠意의 學은 전혀 없고, 말을 실천하고 행실을 돈독히 하는 實은 전혀 없다. (중략) 이와 같이 타일러 이르노니 너희들은 빨리 짐을 꾸려 본국으로 돌아가라. 그렇지 않으면 忠信·仁義한 우리는 갑옷·투구·방패를 갖추어 오는 3월 7일에 너희들을 성토하겠노라.[43]

또 2월 20일(양력 4월 6일)에는 프랑스공관에도 방문이 붙어 "우리나라

---

40) 『日省錄』 고종 30년 2월 26일
41) 위와 같음.
42) 「奇包學堂門前耶蘇教排斥榜文帖付에 關한 件」 高宗 39년 2월 28일 『舊韓國外交文書』 10(美案 1), 고려대 아세아문제연구소, 1967, 718~719쪽
43) 「榜(東學黨耶蘇教並外國人攻擊揭示)」 『日本外交文書』 5 (한국편), 416~417쪽 ; 정창렬, 앞의 글, 133쪽 참조

의 국법을 범하여 교당을 세우고 포교하는데, 만일 짐을 꾸려서 돌아가지 않으면 3월 7일에 우리 당은 당연히 너희 공관에 처들어가 초멸하겠다"고 하였다 한다.[44] 이처럼 각국 공관 등에 동학당으로 추정되는 이들의 '척왜양' 방문이 나붙자 조선주재 일본변리공사 오오이시 마사이大石正는 2월 24일(양력 4월 10일) 일본외무대신 무쯔 무네미쯔陸奧宗光에게 다음과 같이 일본군함의 파견을 상신하였다.

> 동학당은 다중의 힘을 믿고 그 결합이 완고하기 때문에 폭력에 호소하지 않으리라고 보장하기 어렵다. 만일 그들이 일단 폭력에 호소하게 된다면 도저히 조선정부의 힘으로써는 이를 진압할 수 없고, 재류 외국인의 보호도 기대한다는 것은 지금까지의 경험으로 보아 곤란하다는 결론이다. 지금 경성에 있는 일본인은 거의 7백 명에 달하여 갑자기 참화를 당할 우려가 있다. 지금 경비함 1척이 인천에 繫泊中이지만 소형이기 때문에 그 乘組 인원의 수는 적어 유사시 충분한 보호를 할 수 없다. 따라서 차제에 군함 1척을 증파하는 것이 가장 필요한 시점이다. 각국의 군함이 이즈음 속속 인천에 출입하고 있는 것만 보아도 본건의 심각성을 짐작할 수 있을 것이다.[45]

이 보고서는 당시 일본인들이 느끼고 있던 위기감이 어떠한 것이었는가 하는 것을 짐작케 한다. 오오이시의 군함파견 요청은 곧 받아들여져 2월 28일(양력 4월 14일) 일본군함 1척八重山號이 추가로 인천에 파견되어 3월 1일(양력 4월 16일) 인천에 도착하였다.[46] 그러면 이 보고서에 나타나 있는 외국함대의 인천 출입이란 무엇을 말하는 것일까. 2월 11일 동학교도들의 복합상소로 인해 서울의 인심이 흉흉하게 되자 주차조선총리교섭

---

44) 金允植, 「沔陽行遣日記」 癸巳 2월 24일 『續陰晴史』 上, 卷7, 257쪽
45) 「東學黨ノ擧動ニ關スル軍艦派遣方上申ノ件」(4월 10일) 『일본외교문서』 5 (한국편), 453쪽
46) 서울대학교 인문대학 독일학연구소 옮김, 1992, 『한국근대사에 대한 자료-오스트리아 헝가리제국 외교보고서』, 신원문화사, 124쪽, 콘덴호버의 1893년 4월 29일자 보고서(동경)

사무駐箚朝鮮總理交涉事務로 있던 원세개袁世凱는 국왕과 조선정부에게 동학
교도들을 엄징하도록 종용하는 한편 북양대신 이홍장李鴻章에게 타전하
여 유력 군함을 파견하도록 상신하였다. 이에 따라 이홍장은 북양해군
소속 순양함 '내원來遠' '정원靖遠' 2척을 파견하였으며, 이들 군함은 2월
22일(양력 4월 8일) 인천에 도착하였다. 또 영국총영사 워터 하일러Water C.
Hilier는 원세개를 찾아가 조선재류 영국인들의 신변안전 문제와 영국군
함의 정박문제에 대해 상의하였다. 이에 원세개는 조선에 내란이 일어난
다면 청국은 종주국으로서 책임이 있으므로 자신이 책임을 지고 조선재
류 외국인의 생명과 재산의 안전을 보증하겠다고 언명하였다.[47] 당시
영국순양함 세븐호는 상해를 4월 3일(양력) 출발하여 나가사키와 거문도
를 거쳐 4월 14일(음력 2월 28일) 인천에 도착하였다. 이 배는 인천에 도착
할 때까지 조선의 정세에 대하여 특별한 연락을 받고 온 것은 아니었다.
세븐호는 4월 19일 인천을 출항하여 북중국 방면으로 향하였다 한다. 또
미국군함 1척도 4월 10일(양력) 요코스카를 출발하여 4월 18일(음력 3월 3일)
인천에 입항하였는데, 이 배는 경성주재 미국공사관으로부터 경성의 불
온한 상황을 우려하여 인천 입항을 요청받고 온 것이었다.[48] 당시 미국
변리공사 겸 총영사 어거스틴 허드Augustine Heard는 방문사건이 일어나자
2월 27일경(양력 4월 13일) 독판교섭통상사무 조병직趙秉稷을 찾아가 항의하
였고, 조병직은 외국인에게는 결코 위험이 없을 것이라고 보장하였지만
이에 안심할 수는 없었던 것이다.[49]

앞서도 살핀 것처럼 일본공사관 측은 사태의 심각성을 훨씬 절실하게
느끼고 있었다. 일본영사 스기무라 후카시杉村濬는 2월 27일(양력 4월 13일)
서울의 일본 거류민들에게 유사시 행동요령을 시달하는 내유內諭를 발하

---

47) 김의환, 앞의 글, 41쪽
48) 「東學黨ノ擧動ニ關スル軍艦派遣方上申ノ件」(4월 20일)『일본외교문서』5 (한국
    편), 464~465쪽
49) 『統理衙門日記』권35, 계사년 2월 27일, 28일 ; 김의환, 앞의 글, 38쪽 참조.

였다. 여기서 일본영사는 동학당원의 거동을 탐지하는 대로 일본공사관
에 알릴 것과 불의의 사태에 대비하여 식량을 준비할 것, 형세가 절박할
때는 노약자와 부녀자를 먼저 인천으로 피신시킬 마음의 준비를 해둘
것, 거류민 가운데 장년자들은 일본영사관 경찰관과 함께 방비에 전력할
것 등을 지시하였다.[50]

이러한 상황 속에서 3월 2일(양력 4월 17일)에는 마침내 일본공사관 앞
벽에도 다음과 같은 방문에 붙었다.

> 일본 상인들은 보아라
> 하늘과 땅이 처음 열리고 그 사이에 인간이 위치하면서 경계가 만들어져
> 나라가 생기니 이때부터 三綱이 정해지고 五倫이 만들어졌다. 그런데 세상에
> 서 중앙에 거처하며 살아가는 데 있어 인륜을 아는 것을 사람이라 이르고, 인
> 륜을 모르는 것은 夷狄이라고 일컬었다. 때문에 중국의 문물은 멀리 夷狄에
> 까지 통하고 聖人의 敎化는 땅끝까지 미쳤다. 天道는 지극히 공변되어 善
> 한 자는 돕고 악한 자는 벌하는데 너희도 비록 변방이지만 天道를 똑같이 받
> 았음을 아는가 모르는가, 이미 人道에 처하였으면 각기 나라를 다스리고 각
> 기 생산을 보존하여 강토를 영구히 보전하며 위로는 임금을 받들고 아래로는
> 백성을 양육하는 것이 마땅하거늘, 탐람된 마음을 품고 남의 나라에 들어와
> 공격으로써 장기를 삼고 살육으로써 근본을 삼는 것은 진실로 무슨 마음이며
> 종국에는 무엇을 하려는가. (중략) 하늘이 이미 너희를 미워하고 우리의 스승
> 이 이미 너희를 경계하라 하였으니 죽느냐 사느냐는 너희에게 달려 있다. 뒤
> 늦게 후회하지 말고 다시 말하노니 급히 너희 나라로 돌아가라.
> 癸巳 3월 초 2일 子時
> 朝鮮國三師員羽艸

일본인들이 조선에 다시 온 것에 대해 크게 경계하면서 철수를 강력
히 요구하는 이 방문이 붙자, 일본공사관 측은 비록 이것이 '일시의 악
희惡戲'에 지나지 않는 것이라고 보면서도, 이같은 일로써 일본상인들이
불안에 싸여 영업상 지장을 초래할 것을 우려하여 조선정부에 강력히 항

---

50) 「居留人民へ內諭」(4월 13일) 『일본외교문서』 5 (한국편), 466~467쪽

의하기로 하고 통리아문에 공한을 보내 엄중한 수사를 요구하는 한편, 좌포청 신정희申正熙 포도대장에게도 공관원을 보내 범인 체포를 촉구하였다.51) 이에 3월 4일(양력 4월 19일) 독판교섭통상사무 조병직은 회한回翰을 일본공사에게 보내 유감의 뜻을 표하고 지금 정부에서 포청捕廳 등에 지시하여 범인을 속히 체포하도록 하였으니 이러한 뜻을 일본인들에게 전달하여 안심하도록 해달라고 하였다.52)

방문에서 언급된 3월 7일이 다가오면서 서울 시내의 공기는 자못 긴장되었던 것으로 보인다. 당시 김윤식金允植은 "서울 시내는 동학당이 양관洋館에 괘서掛書하여 초 7일에 구축하겠다는 설 때문에 자못 소요를 이루었다"고 기록하였다.53) 앞서 본 것처럼 일본변리공사가 본국 외국대신에게 군함 파견을 상신하였던 것도 동학당이 "각 곳에 격문을 보내어 음력 3월 7일을 기하여 경성에 그 무리들을 모이게 하여 일대 운동을 시도하려는 일이 있어 이 때문에 성내城內의 인심이 크게 불온해지는 경향이 생겼"기 때문이었다.54)

그러나 3월 7일 동학당의 특별한 움직임은 없었다. 따라서 이러한 방문을 붙인 이들이 어떤 구체적인 계획을 갖고 방문을 붙였다고 보기는 어렵다. 또 이러한 방문을 붙인 이들이 동학교도 내의 어떠한 세력이었는지도 불분명하다.55) 일부에서는 서인주·서병학 세력이라는 설도 있고, 호남지방의 동학교도들이라는 설도 있으나 확실치 않다. 이에 대해서는 뒤에 다시 검토하기로 한다.

---

51) 「朝鮮國東學黨ノ擧動ニツキ情報ノ件」(4월 20일) 『일본외교문서』 5 (한국편), 423쪽
52) 「日案」 권22 ; 김의환, 앞의 글, 40쪽
53) 金允植, 「沔陽行遣日記」 癸巳 3월 6일조 『續陰晴史』 上, 257쪽
54) 「東學黨擧動ニ關スル軍艦派遣方申ノ件」(4월 10일) 『일본외교문서』 5 (한국편), 453쪽
55) 당시 외국인들 가운데는 방문을 붙인 이들이 동학교도가 아니라 선교사들에게 개인적으로 불만을 가진 자 혹은 일본인들이라는 주장도 있었다 한다(『일본외교문서』 5 (한국편), 465쪽).

이 시기 또 하나 주목할 만한 일은 복합상소가 열린 시점을 전후하여 호남지방의 동학교도들이 전라감사에게 다시 소장을 제출하였다는 사실이다. 「천도교회사 초고」에는 삼례에서 동학교도 4천여 명이 집회를 갖고 전라감사에게 소장을 제출하였다고 하였는데,56) 집회가 열린 날짜나 소장을 제출한 날짜는 확실치 않다. 이때의 삼례집회에 관해서는 「천도교회사 초고」외에 다른 기록이 없기 때문에 그 사실 여부에 대해서도 학계에서 이견이 있다.57) 당시 조선주재 일본변리공사 오오이시 마사이가 일본 외부대신에게 4월 12일(음력 2월 26일) 제출한 보고서에 원문이 실려 있고,58) 조선주재 미국 변리공사 겸 총영사 어거스틴 허드가 4월 20일(음력 3월 5일)에 미국무장관에게 제출한 보고서에 원문을 영역하여 실으면서 수일 전에 동학교도들이 전라감영 영문에 붙인 것이라고 쓰고 있는 것으로 보아,59) 이 소장이 복합상소가 있는 2월 11일부터 2월 26일 사이에 제출된 것은 확실하다고 여겨진다. 다만 이 소장을 제출하기 위해 다수 동학교도들의 집회가 열렸는지는 확실하지 않다.

호남지방의 교도들이 이때 전라감영에 제출한 소장은 대단히 중요한 내용을 담고 있었다. 소장의 주요 부분을 보면 다음과 같다.

이제 倭洋의 賊이 心腹에 들어와 大亂이 극에 달하였습니다. 우리의 國都를 보시오. 이미 夷狄의 소굴이 되었습니다. 가만히 생각건대 임진년의 원수와 병자년의 치욕을 어찌 차마 말할 수 있고, 어찌 차마 잊을 수 있겠습니까. 지금 우리나라 삼천리 강토가 짐승의 근거지가 되어 오백 년 종사가 장차 망하고 그 터전이 기장 밭이 되고 말 것이니, 인의예지 효제충신은 이제 어디에

---

56) 「천도교회사 초고」『동학사상자료집』 1, 453쪽
57) 이이화, 우윤 등은 삼례집회를 사실로 인정하고 있다(이이화, 앞의 글 210쪽; 우윤, 앞의 책, 133쪽). 장영민은 약간의 단서가 붙이고 있으나 집회가 열렸을 가능성이 높다고 보았다(장영민, 앞의 글, 249쪽). 한편 김의환은 복합상소 뒤 귀향한 동학교도들이 전라감영 영문에 괘서를 붙인 것이라고 보았다(김의환, 앞의 글, 42쪽).
58) 「東學派擧動情報ノ件」『日本外交文書』 5 (한국편), 455쪽
59) 정창렬, 앞의 글, 141쪽 참조.

있습니까. 하물며 왜적이 뉘우치는 마음이 없어 재앙을 일으킬 마음만을 품고 있어 바야흐로 그 毒를 뿌려 위험이 닥쳤왔는데도 불구하고 이를 대수롭게 여기지 않고 별일 없다고 하고 있는데, 지금의 형세는 장작불 위에 있는 것과 다른 것이 무엇입니까. (중략) 우리가 비록 보잘것없는 백성이나 선왕의 법을 이어받고, 나라의 땅을 경작하여 부모를 봉양해왔으니 비록 귀천은 다르나 충효가 어찌 다를 것입니까. 원컨대 국가에 미미한 충성을 다하고자 하나 구구한 우리의 생각을 上達할 길이 없습니다. 생각컨대 巡相閤下는 대대로 忠良한 가문으로서 오랫동안 국록을 받아왔으니 애군충국의 정성을 저희들이 어찌 비길 수 있겠습니까. (중략) 生等 數百萬은 同力誓死하여 倭洋을 쳐부숨으로써 개가 주인에게 보답하는 義를 본받고자 하오니 엎드려 원컨대 閤下께서도 동지와 협력하여 忠義의 士吏를 모아 함께 국가의 願을 보좌하기를 천만 祈懇합니다.[60]

여기서 주목되는 부분은 일본의 침략에 대한 위기의식과 경계의식이 강하게 표출되어 있다는 점과, "죽음으로써 맹세하여 왜양을 축출하겠다"고 하여 척왜양의 의지를 행동으로 옮길 것을 선언하고 있다는 점이다. 이는 단순한 교조신원이 아니라 '척왜양'이라는 정치적 구호를 내건 세력이 동학 내부에서 특히 호남지방을 중심으로 하여 강력히 대두하였음을 의미하는 것이었다.

한편 음력 2월 26일경 전라감사는 동학당 6만여 명이 서울로 올라간다는 소문이 있다고 보고하였다.[61] 물론 이는 소문이었을 뿐 사실은 아니었다. 음력 3월 3, 4일경에는 서울의 좌포청에서는 동학교도들을 붙잡아 신문을 하고 있었다.[62] 이들은 2월 26일에 있었던 국왕의 동학교도

---

60) 『일본외교문서』 5 (한국편), 457쪽. 이 소장과 거의 같은 내용이 1893년 음력 3월 11일 보은 관아의 3문에 내걸렸다고 「聚語」에 기록되어 있다. 따라서 아마도 전라 감영에 이 소장을 게시한 이들이 보은집회에 참여하여 보은관아에도 같은 소장을 게시한 것으로 보인다. 다만 이때의 소장에는 전라감영에 제출할 때의 상대인 전라 감사를 지칭하는 '巡相'의 지칭이 빠졌다(「聚語」, 『東學亂記錄』 上, 108~109쪽).

61) 『일본외교문서』 5 (한국편), 455쪽

62) 「朝鮮國東學黨ノ擧動ニツキ情報ノ件」 『일본외교문서』 5 (한국편), 461쪽. 이 보고서가 4월 20일(음력 3월 5일) 작성되었고, 일본공사관에 방문이 붙은 것이 4월

체포령에 의하여 서울에서 검거된 이들이었다. 이때 포청에 검거된 이들이 얼마나 되었는지는 정확히 알 수 없다. 이와 관련하여 당시 동경일일신문東京日日新聞 4월 18일(음력 3월 3일)자는 전라도 전주 근방에 모였던 동학교도 4천여 명이 전라감사에게 ① 동학에 대한 사도邪道 지목의 시정, ② 외국 선교사와 상인의 축출, ③ 지방관아의 탐관오리들의 처벌 등 3개조를 요구하였다가, 이들 문제는 중앙정부에서 처리할 사안이라는 말을 듣고 총대 20여 명을 경성에 파견하였는데, 이들은 3월 31일(음력 2월 14일) 입경하여 3개조의 요구를 정부에 요청하였지만 정부는 그 거동을 불온하다 하여 20여 명을 포도청에 구류하였다고 보도하였다.63) 그런데 당시 재부산 일본총영사가 외무대신에게 보낸 보고서에 따르면 2월 14일 복합상소에 참여한 동학교도들은 1892년 음력 11월 전라감사에게 소장을 제출했던 동학교도들의 대표 20명이며, 서울에서 척왜양 방문이 나붙은 것은 이들 20명의 대표들이 서울을 떠난 뒤의 일이었다고 한다.64) 따라서 위 신문에서 밝힌 20명의 대표는 아마도 복합상소의 대표를 지칭하는 것으로 보이며, 이들 대표들이 포청에 붙잡혔다는 위 신문의 보도는 사실이 아닌 것으로 보인다. 당시 포청에 붙들린 동학교도는 복합상소를 전후하여 상경했다가 복합상소가 끝난 뒤에도 아직 경성에 남아 있던 동학교도들 가운데 일부로 추정된다.

　3월 7일을 사나흘 앞둔 3월 3, 4일(양력 4월 18, 19일)경 좌포청의 대장 신정희가 동학도를 취조하는 장면이 일본공사관의 보고에 아래와 같이 기록되어 있다.

　　▫ 申: 너희들은 宗徒 수만 명 혹은 수천 명을 경성에 모아 疏願할 계획이라

　　17일이었기 때문에 이 신문은 4월 18, 19일경에 있었던 것으로 추정된다.
63)『東京日日新聞』명치 26년 4월 22일『新聞集成明治編年史』8, 406쪽 ; 정창렬, 앞의 글, 135~136쪽 참조
64)「東學黨ノ動靜ニ關ツ報告ノ件」『일본외교문서』5 (한국편), 470~471쪽

고 들었다. 경성에 어찌 너희들을 당할 한 사람의 병사도 없다고 생각하느
냐. 너희들의 생각이 모자라는 것이 어찌 이리 심한가.

▫ 東: 결코 이와 같은 무모한 거동을 할 생각은 없다. 무엇인가 잘못 전해진
　것 같다.

▫ 申: 너희들의 巨魁로서 전주에 있는 자를 불러올 수 있겠느냐.

▫ 東: 우리들이 한 번 전보를 전라도 전주에 쳐서 상경하라고 하면 그는 반
　드시 곧 올라올 것이다. 결코 회피하지 않을 것이다.[65]

　위 동학교도의 진술을 신빙한다면 이 동학교도는 호남지방에서 올라
온 동학교도일 것이다.[66] 그리고 전라도 전주에는 이들 호남지방의 동학
교도들을 이끌고 있던 지도자가 있었다. 당시 포도대장 신정희는 체포된
동학교도의 신문을 근거로 "그들(호남지방 동학교도)의 수령으로 생각되는 자
들이 전라도에 3, 4인 있는데, 목하의 상황으로 보아 그들이 폭력에 호소
하여 그들의 희망을 이루려고 할 만큼의 용기는 없고 시일이 지나면 저
절로 진정될 것임에 틀림없다"고 일본공사관 고쿠분國分 서기생에게 말하
였다 한다.[67] 여기서 보면 호남지방 동학교도들의 지도자는 3, 4명 정도
로 추정되고 있었다. 그리고 이들은 척왜양의 의지를 굳게 다지면서도 아
직은 충분한 세력을 모은 상태가 아니었기 때문에 구체적인 행동계획은
갖고 있지 못한 상태로 파악되고 있었다. 그러면 당시 호남지방 동학교도
의 지도자들은 누구였을까. 학계 일부에서는 그 대표적인 인물로서 전봉
준을 거론하기도 하지만,[68] 1893년 2월의 시점에서 전봉준이 호남지방
의 동학교도들을 대표하는 지도적인 인물로 등장하였다고 단정하기는

---

65) 「朝鮮國東學黨ノ擧動ニツキ情報ノ件」(4월 20일) 『일본외교문서』 5 (한국편),
　　461~462쪽

66) 이 동학교도를 일본공사관에 방문을 써붙인 이로 보는 견해가 있으나 이는 속단
　　하기 어렵다. 당시 신정희나 일본공사관 측에서도 그가 방문을 써붙인 범인이라
　　고는 전혀 말하지 않았다.

67) 「朝鮮國東學黨ノ擧動ニツキ情報ノ件」(4월 20일) 『일본외교문서』 5 (한국편),
　　462쪽

68) 정창렬, 앞의 글, 140~141쪽

쉽지 않다. 당시 호남지방의 동학교도들을 이끌고 있던 대표적인 인물로
서는 남계천, 김낙철, 손화중, 김개남, 김덕명 등이 주로 거명되고 있었
기 때문이다. 사료 상에서 나오고 있는 것처럼 3월 금구집회 때부터 전
봉준이 지도자의 한 사람으로 부각되지 않았나 여겨진다.

그러면 당시 서울에서 척왜양의 방문을 써 붙인 이들은 어떤 세력의
구성원일까. 학계 일부에서는 위에서 신문을 받았던 이와 같은 호남지방
의 동학교도들이라고 파악하고 있다.[69] 그러나 앞의 동학교도는 답변에
서 방문榜文에 나오는 것과 같은 3월 7일 서울에서의 왜양 성토·공격설
에 대해 그럴 계획도 없고 무엇인가 잘못 전해진 것 같다고 하였다. 그
렇다면 '3월 7일 운운'한 척왜양 방문을 써붙인 이들은 다른 세력이었을
까. 여기서 몇 가지 가능성을 생각해볼 수 있다. 첫번째는 호남지방의
동학교도들로서 상경한 이들 가운데 누군가 조직의 통제없이 개별적으
로 방문을 써붙였을 가능성이다. 두번째는 교단의 온건한 복합상소에 불
만을 품은 서인주·서병학 등의 세력이었을 가능성이다. 세번째는 비동
학교도였을 가능성이다.[70] 네번째는 '3월 7일 운운'이 나오는 미국인 교
회당과 프랑스공사관에 붙은 방문을 쓴 이와 '3월 7일 운운'이 나오지
않는 일본공사관에 붙은 방문을 쓴 이가 다른 세력일 수도 있는 가능성
이다. 즉 전자는 비동학교도이고 후자만 동학교도일 가능성이다. 이밖에
도 몇 가지 가능성을 상정해볼 수 있지만, 현재로서는 단정적인 결론을
내리기 어렵다. 또 '3월 7일 운운'의 방문을 써붙인 이들이 호남지방의
동학교도들이라고 추정하는 것도 근거가 충분치 않다. 다만 앞서 전라감
사에게 제출한 소장에서 본 것처럼 호남지방의 동학교도들 사이에서 '척
왜양'과 '탐관오리 축출' 등 정치적 구호를 내걸고 이를 실행에 옮기고
자 하는 세력이 급격히 형성되어가고 있었음은 사실이라 하겠다.

---

69) 같은 글, 137쪽
70) 장영민, 앞의 글, 250~251쪽

4. '척왜양 창의'와 보은·금구집회

1893년 2월의 복합상소가 국왕의 기만적인 답변으로 인하여 하등의
성과를 거두지 못하였을 뿐만 아니라, 뒤이어 국왕의 동학지도자들에 대
한 체포지시가 내림으로써 교단지도부를 비롯한 전체 동학교도들은 큰
충격과 함께 위기의식을 갖게 되었다. 동학교도들 내부에서는 이 문제를
둘러싸고 다시 한번 커다란 소용돌이가 일어났고, 결국 교단 지도부는
이 문제를 해결하기 위해 3월 11일 보은 장내리에서 이른바 '보은집회'
를 열게 되었다.

그러면 복합상소가 있은 지 불과 한 달도 안 되는 3월 11일 '보은집
회'를 열게 된 이유는 무엇이었을까. 3월 26일 보은 장내리에 모인 동학
교도들은 그들을 대표하여 교단지도부가 선유사 어윤중魚允中에게 제출한
「문장文狀」에서 보은집회를 갖게 된 목적을 다음과 같이 설명하고 있다.

> 2월 복합상소시에 국왕이 司謁을 통해 口傳으로 내린 傳教에서 "너희들
> 이 스스로 퇴거한 즉 마땅히 安頓處分이 있을 것이다"라고 하셨기에 감히 명
> 을 어길 수 없어 즉시 退歸하였고 우리 임금의 德化가 盛함을 다시 보게 되
> 었다고 서로들 경하해 했습니다. 그런데 전해 들으니 洋倭가 저희들의 저들
> 과의 斥和주장을 구실로 임금을 위협하고 동학인들을 모두 쓸어버릴 것을 强
> 請하였다고 합니다. 창생이 도탄에 빠져 호곡하고 있는 것도 오히려 부족한
> 데 臣民이 되어서 夷狄의 凌侵을 당한 즉 "군주가 욕을 당하면 신하는 죽는
> 것이 의"라 하였으니 어찌 가히 사는 것을 탐하여 의를 버리오리까. 저희가
> 이번에 창의한 것은 오로지 왜양을 소멸코자 하는 데 그 뜻이 있을 따름입니
> 다.[71]

즉 복합상소 직후 동학교도들은 "너희들이 귀가안업歸家安業하면 소원
대로 해주겠다"는 답변에 동학이 사실상 공인된 것으로 믿고 크게 고무

---

71) 「聚語」『동학란기록』상, 117쪽

되었던 것이다. 그러나 불과 10여 일 뒤에 국왕은 상소의 두령들을 체포
하라는 지시와 함께 동학교도 금단의 엄령을 내렸다. 이에 동학교도들은
사태가 이와 같이 역전된 데 대한 커다란 의구심을 가지게 되었다. 때마
침 그들은 일본과 서양의 조선주재 공사들이 동학교도들의 상소와 척왜
양 방문 문제로 국왕을 위협하고 국왕에게 동학교도들을 탄압할 것을 요
구하였다는 전문傳聞을 듣게 되었고, 이에 동학교도들은 '주욕신사主辱臣
死'의 의리에 따라 '척양척왜' 운동을 통해 '왜양' 세력을 이 땅에서 몰아
내야 한다고 생각하게 되었다는 것이다.

이는 당시 보은군수가 보은취회의 도회소都會所에 가서 취회의 이유를
물은 데 대한 답변에서 "이번 창의倡義는 다른 이유가 없고 오로지 척왜
양하려는 뜻에 있다"거나[72] 혹은 "우리의 이번 일은 오로지 왜양을 쳐
부수고 충성을 다해 나라를 부지하려는 데 있다"고 한 데서도 잘 드러나
있다. 이와 같이 보은집회의 일차적 목적은 '척양척왜'에 있었고, 여기서
그들은 '척왜양 창의斥倭洋 倡義'라는 대기大旗를 내걸었던 것이다.[73] 이들
의 공식적인 뜻은 3월 16일자로 나온 아래의 「동학인령東學人令」에 잘 나
타나 있다.

> 이번의 이 斥倭洋의 義理는 忠義의 士民이라면 누구도 감히 불가하다 말
> 할 수 없을 것이다. (중략) 우리나라가 비록 동쪽 바닷가에 처해 있으나 천하
> 의 동쪽이라. 단군이 나라를 연 이후 箕聖(箕子-필자)에 이르기까지 天時의
> 정해짐과 인륜의 질서가 바꿀 수 없는 규범이 되었다. 이후로도 聖主와 賢臣
> 이 차례대로 나와 典章 法度 禮樂 敎化가 밝게 빛나, 천하에서 인륜이 가장
> 빛난 곳으로 일컬어졌다. 그런데 어찌하여 中年 이후 천하가 크게 어지러워
> 져 기강이 무너지고 法約이 문란해졌으며, 夷狄의 學이 中國에 침범해 들어
> 오더니 우리나라에까지 들어와 널리 퍼져 횡행하고 있는데, 들으니 恬然하고
> 보건대 尋常하여 그 끝을 모르겠다. 聖人이 있어 이를 걱정하고 大道를 가르

---

72) 같은 책, 111쪽
73) 같은 책, 110쪽

치니 무릇 우리 道人은 一心을 지켜온 지 여러 해가 되었다. 충효에 뜻을 세워 죽음으로써 맹세함이 변함이 없으니 齊家治國의 마음으로 책임을 맡은 자들이 상응함이 당연할 것이다. 하물며 倭賊은 해와 달을 같이 할 수 없는 불구대천의 원수로서 이러한 무리들에게 곤욕을 당하고 있으니 어찌 차마 말할 수 있으랴. 이제 國勢가 거꾸로 매달려 있는 위급한 지경인데 이를 어떻게 해결할 것인지 알지 못하니 나라를 위하는 사람이 있다고 말할 수 있겠는가. 우리는 비록 초야의 백성이나 先王의 祿을 먹고 조상을 보존하며, 임금의 땅을 갈아 부모를 봉양해왔으니 신하와 백성이 비록 職은 다르나 義는 하나이다. 어찌 함께 늙으면서 죽음으로써 맹세하는 義가 없겠는가. 이제 皇天이 실로 穢氛을 싫어하고 無極의 조화를 주었으니 이는 진실로 志士 男兒가 節義를 세울 때이다. (중략) 時乎時乎 時哉時哉 이제 우리 聖上의 純德仁柔가 萬機를 總察하나 안으로 賢良한 臣이 없고 밖으로 雄勇한 장수가 없어 外賊이 이러한 틈을 엿보고 있으니 위험이 朝夕에 달려 있다. 엎드려 원컨대 僉員道儒는 일심동지로써 天氣를 소청하고 宗社를 다시 세워 重光의 日月을 보고자 하니 이 어찌 군자의 충효하는 도가 아니겠는가.(중략) 원컨대 첨군자는 본연의 義氣를 克勵하여 국가에 大忠大功을 세우기 바란다.[74]

이 글에서 주목할 것은 '교조신원'에 관한 내용이 전혀 들어있지 않다는 점이다. 여기서 잠시 '우리 도'라는 표현을 통하여 동학이 '이적夷狄의 학學'에 대한 대응으로서 나온 것임을 말하고 있지만, 교조의 신원을 강조하는 구절은 찾아볼 수 없다. 오히려 여기서는 동학교도들이 국가에 충성하고자 하는 마음을 갖고 있으며, 이제 국가가 위기에 처한 시점에서 외적外敵을 물리침으로써 종사宗社를 다시 세우고자 하는 것이 이번 창의의 근본 뜻이라는 점만을 강조하고 있다. 그런데 여기서 거론되고 있는 '척왜양'의 논리는 보수유생들의 '척사론'의 논리구조와 대단히 유사함을 볼 수 있다. 다만 보수유생들의 척사론에는 '위정衛正', 즉 정학正學儒敎을 지켜야 한다는 것이 전제되어 있었지만, 동학교도들의 척왜양론에는 충효와 인륜의 고수가 강조되고 있을 뿐이라는 점에서 차이가 난다. 동학교도들은 유학만을 정학으로 인정하지는 않았기 때문이다.[75]

---

74) 같은 책, 113~114쪽

한편 보은집회에 모인 동학교도들은 이번 창의의 또 하나의 목적으로 탐학한 관리의 숙청을 들고 있었다. 3월 22일의 「동학인방東學人榜」에서는 "이제 생령이 거의 구렁텅이에 빠지고 방백 수령의 탐학무도와 호세가들의 무단은 끝이 없어 백성들은 도탄에 빠졌다. 만약 이번에 이를 소청掃淸하지 않는다면 언제 국태민안을 얻겠는가"라고 하였던 것이다.

결국 보은집회에서 명분으로 내건 것은 밖으로는 '척왜양', 안으로는 '탐관오리의 축출', 이 두 가지였다. 그리고 이 가운데서도 그들은 '척왜양'을 더 전면에 내걸었다. 그들이 이 시기 '교조신원'이나 '탐관오리의 축출'보다 '척왜양'을 전면에 내건 것은 무슨 이유에서였을까. 거기에는 나름대로의 숨은 의도가 있었다. 즉 교조신원이나 탐관오리의 축출보다 척왜양이라는 명분은 정부나 보수유림도 인정하고 동조할 수밖에 없는 명분이라는 판단이 있었던 것이다. 그리하여 그들은 동학교도들도 단순한 '이단의 집단'이 아닌 '충효를 아는 집단'이라는 인정을 정부와 보수유림으로부터 끌어내려 하였던 것이다. 즉 '척왜양'이라는 명분을 내걸음으로써 조정과 유림들로부터 그 명분을 인정받아 궁극적으로는 동학의 포교를 공인받고자 한 것이다.

동학교단의 이러한 숨은 의도는 3월 26일 제출된 「문장文狀」에서도 어느 정도 읽을 수 있다.

> 生等은 王朝의 化育을 받아온 赤字입니다. 천지간에 무고한 창생으로서 修道하고 倫理 綱常의 밝음을 알고 겉과 속에 華夷의 구별이 있어 倭洋이 개나 羊과 같음을 비록 五尺의 아이라도 알고 있기 때문에 그들과 더불어 하기를 수치스럽게 생각하는 바입니다. 史記에 이르되 以夷制夷를 중국의 장기라 하였는데 이제 조선이 조선을 공격하게 함을 倭洋의 장기로 하고 있으니 한심하여 통곡할 일입니다. 閤下의 明察로써 어찌 이를 밝히지 못합니까. 그러나 倡義는 倭洋을 치는 데 목적이 있으니 이 어찌 大罪가 되리오. (중략) 또

---

75) 「東學人榜」 같은 책, 112쪽,

倭洋이 우리 임금을 위협함이 극에 달하였는데 조정에 이를 부끄러워하는 사
람이 하나도 없는 즉 '主辱臣死'의 義는 어디에 있습니까. (중략) 生等은 비록
鄕曲의 賤品이나 어찌 倭洋이 强賊임을 모르겠습니까. 그러나 列聖朝崇儒의
교화를 받아 모두 "倭洋을 치고 죽는다면 죽음이 삶보다 낫다"고 하니 이는
국가가 경하할 일이지 걱정할 일은 아닙니다.[76]

여기서 왜양이 "조선이 조선을 공격하게 하고 있다"는 것은 '왜양'이
조선정부로 하여금 동학교도들을 탄압하도록 강요하고 있다는 것을 뜻한
다. 동학교단에서는 '왜양'이 이렇게 국왕을 위협하고 있으므로 '주욕신
사主辱臣死'의 의에 따라 비록 저들 '왜양'이 강적强賊인 줄 알고 있지만 '왜
양'을 치지 않을 수 없음을 강조하고 있다. 그러면서 이러한 자신들의 뜻
은 국가가 걱정할 일이 아니라 경하할 일이라고 말하고 있는 것이다.

그러면 보은취회는 구체적으로 어떻게 진행되었는가. 「천도교회사 초
고」에 의하면 3월 10일 최시형이 청산군靑山郡 김연국의 집에 이르러 향
례享禮를 치렀을 때 참례參禮한 손병희, 이관영, 권재조, 임정준, 이원팔
등이 최시형에게 교조의 신원과 교도의 보호를 위해 대책을 지시해줄 것
을 요청하였고, 이에 최시형은 "보은 장내리에 갈 터이니 제군은 각지에
발문發文하여 팔역도인八域道人을 장내리로 제회齊會케 하라"고 지시하였다
한다. 그리고 다음날인 11일 보은 장내리로 가니 이미 모여든 자가 수만
명이었다고 한다.[77] 그러나 순병영巡兵營의 보고에 의하면 보은 장내리에
동학교도들이 본격적으로 모여든 것은 3월 13일부터였다고 한다. 따라
서 「천도교회사 초고」에서 11일에 이미 수만 명이 모였다는 기록은 사
실과 거리가 먼 것이다.

그런데 최시형이 보은에 도착한 3월 11일 이미 보은관아의 삼문에는
앞서 말한 호남지방 교도들의 「보은관아통고」라는 방문이 내걸린 상태

---

76) 같은 책, 116~117쪽
77) 「천도교회사 초고」 『동학사상자료집』 1, 453쪽

였다. 이는 물론 동학교단 지도부와의 하등의 상의없이 이루어진 일이었다. 3월 13일부터 각지에서 동학교도들이 본격적으로 보은군 속내면 장내리에 모여들기 시작하여, 낮에는 장내리 뒤편 천변에 진을 치고 밤에는 장내리 및 인근의 민가에 유숙하였다. 15일에는 보은관아의 공형公兄들이 도회소로 찾아가 동학도들에게 하필이면 왜 장내리와 같은 협읍잔촌峽邑殘村에서 도회를 갖게 되었는지를 묻자 이곳이 각처의 동학도들이 모이기 편한 곳, 즉 교통이 편한 곳이기 때문이라고 답하였다 한다. 또 언제쯤 집회가 파하게 될 것인지를 묻자 각처의 유생이 모이는 데는 상당한 시일이 걸릴 것이라고 답하였다고 한다.78)

18일에도 여전히 수백 명씩 도회소로 들어오고 있었으며, 이들은 산 아래 평지에 성城을 쌓았는데 길이가 1백여 보, 넓이가 1백여 보, 높이는 반 길半丈 남짓이었고, 사방으로 문을 내고 성이 완성되자 그 안에 들어가 반거盤據하면서 기치를 세우고 대오를 정비하는 등79) 취회는 점차 조직적 정비를 더하면서 장기농성의 채비를 갖추어가고 있었던 것이다.

20일에는 마침내 '척왜양창의斥倭洋倡義'라는 큰 깃발이 세워졌고, 또 충의忠義·선의善義·상공尙功·청의淸義·수의水義·광의廣義·홍경洪慶·청의靑義·광의光義·함의咸義·죽의竹義·진의振義·옥의沃義·무경茂慶·용의龍義·양의楊義·황풍黃豊·금의金義·충암忠岩·강경江慶 등의 글자를 쓴 작은 오색기들이 세워졌으며, 그밖의 수많은 작은 깃발들이 휘날렸다. 이날 모인 사람의 숫자는 약 2만여 명으로 추산되었다. 이들 가운데 약 반수가 그들이 쌓은 성 안에 수용되었고, 나머지는 성 밖에 산재해 있었다. 그리고 교도들은 접별로 집합하여 낮에는 주문을 외우고, 밤에는 장내리 및 부근 각동에서 숙박을 하였다 한다.80) 또 이날 전라도 도회에는 22일 사람들이 올라

---

78) 「취어」『동학란기록』상, 110쪽, 3월 16일 發報
79) 같은 책, 110쪽, 3월 19일 發報
80) 같은 책, 110쪽, 3월 20일 탐지, 21일 發報

올 것이라는 말이 떠돌았다고 한다. 이때의 전라도 도회란 후술하는 금구집회를 말하는 것이었다.

이날 보은관아에 탐지된 바에 의하면 이번 집회의 수령은 최시형이고, 차좌次座는 서병학徐丙鶴·이국빈李國彬·손병희·손사문孫士文＝孫天民·강가姜哥·신가申哥 등 경기·강원·충청·경상의 접장接長들과 황하일黃河一·서인주 등 전라도 접장이었으며, 운량도감運糧都監은 이름을 알 수 없는 전도사全都士였다고 한다.[81] 한편 교단 쪽의 기록에 의하면, 보은집회에서 최시형은 충경대접주忠慶大接主에 임규호任奎鎬, 청의대접주淸義大接主에 손천민, 충의대접주忠義大接主에 손병희, 문청대접주文淸大接主에 임정준任情準, 옥의대접주沃義大接主에 박석규朴錫奎, 관동대접주關東大接主에 이원팔李元八, 호남대접주湖南大接主에 남계천, 상공대접주尙功大接主에 이관영李觀永, 덕의대접주德義大接主에 박인호 등을 임명하였다고 한다.[82]

3월 22일 보은군수는 직접 도회소로 찾아가 "이번 도회소는 이름은 창의倡義이지만 가만히 보니 그렇지 않은 것 같다. 동학금단의 일로 조칙朝飭과 영관營關이 누차에 걸쳐 엄중하였음에도 이를 전혀 따르지 않고 도당徒黨을 불러모아 이번 도회를 연 것은 실로 조칙을 완강히 거부한 것으로서 변괴에 해당하는 것이니 모름지기 회오하여 즉시 퇴산하여 스스로 죄를 짓는 데 빠지지 말라"고 하였다. 이에 도회소 측은 "금번 창의는 오로지 척왜양에 뜻이 있으니 비록 순영巡營의 감칙甘飭과 군수의 면유面諭가 있더라도 중지할 수 없다. 또 동학은 처음부터 사술邪術이 아니며 설사 사술이라 하더라도 군욕신사君辱臣死의 뜻은 마찬가지이다. 각처의 유생은 같은 심지이며 죽음으로써 맹세하여 충성을 다하고자 한다"고 답하였다.[83] 그리고 이날 앞서 본 바 있는 「동학인방東學人榜」이 발표되

---

81) 같은 책, 110~11쪽, 3월 21일 보고. 김윤식은 「沔陽行遣日記」에서 全都事가 충주 사람이라 하였다(「면양행견일기」 계사 3월 26일 『속음청사』 상, 262쪽).
82) 「천도교회사 초고」 『동학사상자료집』 1, 454쪽 ; 「시천교역사」 『동학사상자료집』 3, 610쪽

었던 것이다.

보은군수는 23일에도 도회소를 찾아가 "이름은 창의이지만 조칙이 누차에 걸쳐 엄중하였는데 일체 따르지 않고 도당을 불러 모았으니, 이 어찌 창의라 할 수 있겠는가. 더욱이 흉년이 든 이 봄에 민심을 선동하고 경향을 소동케 하여 군부君父에게 걱정을 끼치니 신민臣民으로서 어찌 황름惶懍한 일이 아니겠는가. 의義의 일자一字는 과연 어디에 있는가"하고 물었다. 이에 도회소 측은 "극히 황름하다는 것을 모르는 바가 아니다. 그러나 하정下情이 상달上達치 못하니 우리의 이번 거사는 오로지 왜양을 쳐서 진충부국盡忠扶國하고자 할 따름이다"라고 답하였다. 이에 군수는 다시 "너희들은 무슨 재능이 있어 왜양을 물리칠 수 있다고 하느냐"고 묻자 다음과 같이 대답하였다고 한다.

> 우리 道는 弓乙의 道인데 凡人들은 알 바 아니니 어찌 길게 말하겠는가. 폐일언하고 가히 물리칠 수 있는 길이 있으니 이와 같이 聚會한 것이다. 우리 道 중에서는 3척동자도 斥倭洋의 소리를 들은즉 흔연히 附從하지 않는 이가 없다. 팔도에서 우리 道에 들어온 이는 몇백만이 되는지 알 수 없다. 그 중에 는 사대부가 몇만 명이고 관작을 받은 이도 수천 명이다. 그러하니 巡營에서 甘飭을 내리고 군수가 面諭를 하면서 우리 도를 邪術이라 지목하고 있는데, 설사 邪術이라 해도 '主辱臣死'의 처지에서 忠義는 하나이다. 각처의 유생은 같은 心志로서 죽음으로써 충성을 다하기로 하였으니 巡營의 甘飭과 군수의 面諭가 있다해도 어찌 가히 중지하겠는가. 지금 백성들이 거의 구렁텅이에 빠져 있는데도 방백수령들은 탐학무도하고 세력있는 토호들은 武斷이 끝이 없으니 이러한 도탄의 지경에서 만약 지금 이들을 쓸어버리지 않는다면 언제 국태민안을 얻을 수 있겠는가.[84]

여기서도 '척왜양'의 의지가 다시 표명되고 있는데, 주목할 만한 것은 그 방법이 '궁을의 도弓乙之道'라는 막연한 표현으로만 제시되고 있다는

---

83) 「취어」『동학란기록』상, 111쪽, 3월 23일 보고
84) 같은 책, 111쪽, 3월 23일 發報

것이다. 현실적인 척왜양의 방법은 무력으로 대항하는 길밖에는 없었을 것이다. 그러나 보은취회에 모인 이들은 어윤중이 쓴 보고서에도 나타나 있듯이 하등의 무기를 소지하지 않고 있었다.[85] 3월 24일 도회소에서는 성찰省察 등을 시켜 교도들 사이에 "내일 읍에서 군대가 올 것이다. 만약 겁이 나서 귀가하고 싶은 자는 귀가하고, 그렇지 않은 자는 남아라. 비록 수만 군병이 온다 해도 우리는 이를 막아낼 대비책이 있다. 각 접은 이를 잘 알리도록 하라"는 말을 퍼뜨렸다고 한다. 그리고 이날 일부 접接에서 봉장棒杖을 만들기도 하였지만 도소都所에서는 이를 엄히 금하였다. 물론 군대가 온다는 말은 사실이 아니었다. 그런데 문제는 수만 군병이 온다고 하면서도 무장을 일절 금지시켰다는 점이다. 이는 보은집회 지도부의 경우 취회의 목적을 '척왜양'의 의지를 과시하는 데 두고 있었을 뿐 무력을 동원한다든가 하여 실제적으로 '척왜양'을 실행할 의사는 없었음을 의미한다. 교단 지도부는 어디까지나 평화적인 시위로써 '척왜양'의 의지를 과시하여, 궁극적으로 동학포교의 자유를 공인받는 것에 목적을 두고 있었을 뿐이다.

한편 조정에서는 충청도 관찰사 조병식과 보은군수로부터 보은집회의 동정에 관하여 매일 보고를 받고 있었으며, 3월 17일(양력 5월 2일)에는 호조참판 어윤중을 양호도어사兩湖都御史로 임명하여(3월 25일 兩湖宣撫使로 고쳐 임명) 호서와 호남 동학교도들의 집회를 해산시키도록 지시하였다.[86] 여기서 호서의 집회는 보은집회를 지칭하고 호남의 집회는 후술하는 금구집회를 가리키는 것이었다.

국왕의 명을 받은 어윤중은 3월 26일 보은에 내려와 공주영장公州營將 이승원李承遠, 보은군수 이중익李重益, 순영무관巡營武官 이주덕李周德을 대동하고 장내리 취회 장소에 도착하여 국왕의 「칙유문飭諭文」을 선포하고 해

---

85) 「宣撫使再次狀啓」 같은 책, 122쪽
86) 「狀啓草」 같은 책, 115쪽

산을 종용하였다.[87] 이에 대해 도회소 측은 앞서 언급한 바 있는 「문장文狀」을 제출하면서 국왕의 명에 따라 퇴산하겠다고 대답하였다. 앞서 「문장」의 중요 부분을 전재한 바 있었지만, 어윤중은 이 「문장」의 내용을 "우리의 뜻은 한가지로 척양척왜로써 국가에 충성하고자 하는 것일 뿐이거늘 방백方伯 장리長吏들이 우리를 비류匪類로 대하고 침략 학대함이 끝이 없다. 이제 만약 우리가 갑자기 해산한다면 사람들이 우리를 반드시 비류로 알게 될 것이다. 원컨대 이 하정下情을 조정에 상달하여 조정에서 우리도 적자赤子라고 인정하는 뜻의 글을 내려준다면 삼가 마땅히 퇴산 안업하겠다"는 것으로 요약하였다.[88] 여기서 '해산' 문제와 관련된 동학도회소 측의 답변은 "(국왕께서-필자) 양호도어사를 임명하여 사방의사四方義士들을 퇴거하도록 선유하셨으나 생등生等이 만일 금일 왕명에 따라 즉시 퇴산한다면 와언訛言을 사실로 믿고 봉기한 것에 지나지 않게 되니, 엎드려 바라건대 다시 저희의 창의의 이유를 밝히는 계啓를 올려주시어 저희의 뜻을 받아주시는 회계回啓가 내려오기를 삼가 기다렸다가 곡전지택曲全之澤를 입는다면 비록 척화의 본의를 얻지 못한다 할지라도 어찌 감히 명을 어기고 퇴산하지 않을 수 있겠습니까"라는 것이었다.[89] 즉 동학도들이 「문장」에서 '왜양'이 국왕을 위협하여 동학금단령을 다시 내리게 되었다는 소문을 듣고 '척왜양'을 위한 창의를 하게 되었다고 설명하자, 어윤중은 이는 '무엇인가 잘못 전해진 것'으로서 사실이 아니라고 해명하였고, 여기서 창의의 구실을 사실상 잃게 된 도회소 측이 그렇다면 동학교도들의 충성심이라도 인정한다는 회계를 내려주면 해산하겠다고 한 것이었다.[90]

---

87) 위와 같음.
88) 「狀啓草」 같은 책, 116쪽
89) 같은 책, 118쪽
90) 도회소 측의 이러한 태도는 27일 이후에도 마찬가지여서 "回啓가 내려오면 곧 모두 해산하겠다"고 하는 것이었다(같은 책, 118쪽, 27일 發報 등).

또 당시 어윤중은 동학교도들이 '양이攘夷'를 내세우면서 "외이外夷들이 국도國都에 들어와 우리의 이익을 빼앗아 가니 이는 다른 나라에서는 찾아볼 수 없는 일이다. 원컨대 일국의 의병들과 함께 협력하여 외이들을 몰아내자"고 하자 "이 일은 이미 정부에서 충분히 논의하여 결정한 일이며, 중국으로부터 군대가 와서 용산에 주둔하고 있는 것도 정약訂約에 따른 것인데 어찌 번거롭게 너희들이 끼어들어 국체를 손상시키려 하는가"하고 꾸짖었다고 한다.91)

이런 가운데도 각지에서 동학교도들은 계속하여 모여들었다. 26일에는 수원·용인에서 3백여 명이, 27일 아침에는 호남의 영광 등지에서 백여 명이, 29일에는 상주·선산에서 백여 명이, 태안에서 수십 명이, 경주에서 수백 명이, 그밖에 천안·직산·덕산 등지에서도 동학교도들이 계속하여 집결하였다.

도어사 어윤중은 이러한 동학도회소 측의 움직임을 도회소 측에서 제시한 「문장」을 첨부하여 「장계狀啓」로써 조정에 보고하였고, 국왕은 3월 28일 「윤음」을 다시 내려보냈다. 이 「윤음」에서 국왕은 아래와 같이 말하였다.

> 너희들이 돌을 쌓아 陣을 만들고 장대를 세워 旗를 만들고 칭하여 가로되 '倡義'라 하면서 통문을 돌리고 방을 써붙여 인심을 선동하니 너희들이 비록 頑冥하다 해도 세계의 大義와 조정의 訂約을 듣지 못하고 어찌 감히 말을 만들어 마침내 화를 일으키고자 하는가. 잘 사는 사람들을 蕩産하게 만들고 농민들의 농사일의 때를 놓치게 하니, 이것은 이름은 비록 倡義이나 실제로는 倡亂이다. 너희들이 盤據屯聚하여 숫자가 많음을 믿고 방자하게 조정의 명령을 듣지 않으니 고금에 이러한 것을 어찌 義라 하겠느냐. 이는 모두 나 한 사람이 너희들을 안락하게 이끌지 못한 탓이며, 또 列郡의 수령들이 재물을 빼앗는다든가 하여 너희들을 괴롭힌 때문이다. 앞으로 탐학한 수령과 탐욕한 이서배들을 모두 懲創하겠다.92)

---

91) 「宣撫使再次狀啓」 같은 책, 122쪽

여기서는 '척왜양'은 조선정부가 외국과 맺은 조약에 배치되는 것이라는 점을 지적하여, 그 정당성을 인정하지 않았다. 또 동학교도들의 '창의'를 인정하지 않고 이를 '창란倡亂'으로 규정하였다. 다만 탐학한 수령과 이서배들의 동학도들에 대한 침학을 징계하겠다고 약속하였다. 동학교도들의 도회소 측에서 희망하던 '창의'의 정당성 인정은 무산된 셈이다. 국왕은 또 「윤음」에서 다시 한번 해산할 것을 명하고 퇴귀退歸한 자에 대해서는 관속에 탈취당한 재산이 있는 경우 이를 환퇴하여 안업할 수 있게 해주겠다고 약속하고, 만일 이러한 효유가 있은 후에도 해산하지 않는다면 그에 대한 대처분이 있을 것이라고 경고하였다.[93]

어윤중은 3월 1일 청주진 영장淸州鎭 營將 백남석白南奭, 병영군관兵營軍官 조기명趙基命 및 보은군수 이중익을 대동하고 도회소에 나아가 국왕의 「윤음」을 읽어 전달하고 즉시 해산할 것을 명하였다. 이에 도회소 측은 왕명에 따라 해산하겠다고 승복하고 5일간 말미를 줄 것을 청하였고, 어윤중은 3일간 말미를 주겠다고 하여 도회소 측이 이를 받아들였다.[94] 한편 3월 2일에는 청주에 있던 병영의 병정 1백 명이 보은군으로 이동하여 읍내에 주둔하였다. 이는 보은 장내리에서 집회가 열린 이후 처음 있는 군대 이동으로서, 장내리에 있는 동학교도들을 압박하여 해산토록 유도하기 위한 것이었다.[95] 이러한 병영군의 이동은 상당한 효과를 거두었다. 동학도회소 측은 3일간의 기한으로 해산할 것을 약속했었다. 그러나 병영군의 이동이 있었던 2일 오후, 도회소를 이끌던 최시형과 서병학 등 동학교단지도부는 병영군의 이동을 급박한 사태 진전으로 받아들여 바로 교도들에게 해산명령을 내리고 자신들도 장내리를 빠져나갔다.[96] 북

---

92) 「윤음」, 같은 책, 120쪽
93) 같은 책, 121쪽
94) 같은 책, 120쪽, 4월 초 1일 申時
95) 같은 책, 121쪽
96) 같은 책, 121쪽. 흔히 최시형과 서병학 등이 몰래 밤을 타고 도주하여 이튿날 동

면北面 구치九峙 장리將吏의 보고에 의하면 동학교도들은 2일 신시申時(오후 4시경)부터 해산하기 시작하여 3일 오전 사시巳時(오전 10시경) 사이에 모두 해산하였다고 한다.[97] 따라서 보은군수는 3일 오시午時(정오경)에 "당중 수만黨衆 數萬이 모두 환산渙散하여 남아 있는 자는 다만 와병인臥病人이거나 식채食債로 인해 붙들려 있는 자일 뿐"이라고 보고하였다.[98] 그리고 어윤중은 이날 신시申時(오후 4시경)에 이미 금구집회 해산을 위해 보은군을 떠나 전라도 방면으로 향할 수 있었다.[99]

이렇게 하여 보은집회는 도회소 측으로서는 아무런 성과없이 해산하게 된 셈이었다. 그런데 주목되는 것은 선무사 어윤중이 3일 국왕에 올려보낸 「장계」였다. 여기서 어윤중은 몇 가지 중요한 지적을 하고 있다. 첫째는 보은집회에 모여든 이들의 성분에 관한 것이다. 어윤중은 다음과 같이 보고하였다.

그 黨으로서 모여든 자들이 聚會 이후에 매일 수천을 헤아렸는데 골짜기에 물이 모여드는 것과 같았고 요원에 불이 붙은 것과 같아 막을 수가 없었습니다. 처음에는 부적과 주문으로써 사람들을 현혹시키고 참위로써 세상을 속이려 했다가 끝내는 지략과 포부와 재주는 있으나 뜻을 얻지 못한 자가 들어왔으나, 이후 탐묵한 관리의 횡행에 분개하여 백성을 위해 목숨을 바치고자 하는 자, 外夷가 우리의 이익을 빼앗는 것을 통분히 여겨 이를 내쫓겠다고 큰소리치는 자, 탐묵한 수령과 이서배들의 침학을 당하고서도 호소할 길이 없는 자, 京鄕에서 세력가들의 무단위협을 받아 스스로를 보전할 길이 없는 자, 京外에서 죄를 짓고 도망한 자, 營邑屬으로서 의지할 곳이 없어 흩어진 자, 농민으로서 곡식을 남기지 못한 자나 상인으로서 이익을 남기지 못한 자, 무지

학교도들이 뒤늦게 이 사실을 알고 해산하기 시작하였다고 알려져 왔다. 그러나 사료에서는 이미 2일 오후부터 동학교도들이 해산하기 시작하였고, 3월 정오경에는 거의 남아있지 않았다는 것으로 보아, 교단 지도부가 2일 오후 해산명령을 내리고 집회장소를 빠져나갔다고 보는 것이 타당할 것이다.
97) 같은 책, 124쪽
98) 같은 책, 121쪽
99) 같은 책, 124쪽

몽매한 무리로 樂地에 들어가는 것으로 풍문을 듣고 온 자, 빚을 지고 모진
독촉을 견디지 못하는 자, 상놈이나 천민으로서 한번 출세해보려는 자가 이곳
에 몰려들어와 한 나라에 가득 찬 불평의 기운을 규합하여 일단의 부락을 형
성하였습니다.[100]

즉 보은집회에는 각계각층에서 소외된 자, 불우한 처지에 있는 자, 불
만을 가진 자, 그리고 세상을 한번 바꾸어보려는 자들이 참여하였다는
것이다. 그런데 이들이 비동학교도를 지칭하는 것으로 보이지는 않는다.
아마도 이는 보은집회에 참여한 동학교도들의 사회적 성격을 의미하는
것일 것이다. 어윤중의 보고는 당시 동학교도들의 사회적 성격이 어떠하
였는지를 짐작케 해준다.

또 어윤중의 보고에 의하면 당시 보은집회에 모여든 이들이 "우리의
이 회會는 척촌尺寸의 무기도 손에 쥐지 않았으니 민회民會라 할 만하다.
일찍이 들으니 각국에 또한 민회라는 것이 있어서 조정의 정령政令이 민
국에 불편한 것이 있으면 회의를 열어 강정講定한다 하니 이번 일을 어찌
비류匪類들의 일이라 하겠는가"라고 말하였다 한다.[101] 이는 당시 보은
집회를 열고 있던 이들의 정치의식이 '민권의식'에까지 접근하고 있었음
을 말해주는 것이다.[102]

한편 이미 언급한 바 있는 것처럼 보은에서 동학교도들의 집회가 열
리고 있을 즈음 전라도 금구에서도 역시 동학교도들의 집회가 열리고 있
었다.[103] 금구집회에 관한 첫 기록은 1893년 3월 21일 『일성록』에 실린
고종과 전라감사 김문현의 다음과 같은 문답에서 발견된다.

---

100) 「宣撫使再次狀啓」 같은 책, 122쪽
101) 「선무사재차장계」 같은 책, 123쪽
102) 정창렬, 앞의 글, 127쪽
103) 경상도 밀양에서도 집회가 열리고 있었다고 『嶺上日記』는 기록하고 있다(우윤,
     앞의 책, 142쪽 참조).

▫ 문(고종) : 호남에서는 (동학의 무리가 – 필자) 금구에 가장 많다고 하는데,
전주감영에서 어느 정도의 거리인가. 먼저 그 소굴을 둘러빼서 금단하고
일소하도록 해야 할 것이다.
▫ 답(김문현) : 금구는 전주에서 30리가량 됩니다. 금구 원평에 정말 聚黨하
고 있다고 합니다.[104]

이 문답은 금구취당이 적어도 3월 21일 이전에 이미 이루어지고 있었
다는 것을 전한다. 또 고종이 3월 17일 어윤중을 양호도어사로 임명하고
18일 임명장을 줄 때, "소위 동학의 무리가 (중략) 다시 양호지간兩湖之間
에 둔취하고 있다하니"라고 하면서 어윤중을 '호서도어사' 아닌 '양호도
어사'로 임명하였던 것으로 보아, 3월 17일에는 이미 전라도 금구에서
동학교도들이 집회를 연 사실이 국왕에게까지 보고되었음을 알 수 있다.
그렇다면 적어도 3월 10일경에는 금구에서 집회가 열리고 있었을 가능
성이 높다고 하겠다. 이는 3월 10일 최시형이 보은취회를 지시하는 「통
문」을 발한 날짜와 거의 비슷한 시기이다. 또 금구집회는 오히려 보은집
회보다 먼저 열렸을 가능성도 없지 않다. 왜냐하면 3월 11일 보은관아에
통고문을 게시한 이들이 만약 전라도에서 올라온 동학교도들이었다면
그들은 이미 금구집회에서 파견된 이들이었을 가능성도 있기 때문이다.

3월 27일 현재 금구에 모인 동학교도들은 전라감영 군사마軍司馬 최영
년崔永年의 보고에 따르면 '거의 만여 명'에 달하였다고 한다.[105] 또 김윤
식도 "전라도는 금구 원평에서 도회하였는데, (중략) 1만여 명을 거느리
고 21일에 보은에 온다고 사통하였다 한다"고 기록하였다.[106] 이러한
기록으로 미루어 당시 금구에는 약 1만 명가량의 교도들이 집결하였던
것으로 보인다. 앞의 보은집회 규모가 약 2만 명이었던 것과 비교하면
금구집회도 결코 작은 규모의 집회는 아니었다.

---

104) 『일성록』 30(고종 편), 고종 30년 3월 21일
105) 최영년, 「東徒問辨」『동학란기록』 상, 155쪽
106) 金允植, 「沔陽行遣日記」 고종 30년 4월 5일 『續陰晴史』 상, 264쪽

그러면 금구집회의 성격은 어떠한 것이었을까. 금구집회에 모였던 이들은 나중에 어윤중에게 "이번 취당은 도주道主 최시형의 분부에 따라 척왜양을 하게 된 것이며, 또 수령의 침학을 견딜 수 없어 한 것이다"라고 말하였다.[107] 곧 최시형의 지시를 받아 이루어졌다는 것이다. 그러나 앞서 말한 것처럼 금구집회가 보은집회보다 먼저 열렸을 가능성이 크다. 또 3월 10일 현재 설사 '집회'가 열리지 않았더라도 금구에는 이미 상당한 정도로 세력화된 동학교도 집단의 근거지가 마련되었던 것으로 보인다. 위에서 최시형의 명을 받아 이루어졌다고 한 것은 아마도 3월 10일 최시형의 「통문」으로 금구의 세력이 내세우고 있던 '척왜양'의 명분이 교단으로부터 정식 인정받았음을 말하는 것일 것이다. 만약 금구집회가 보은집회보다 먼저 열렸다면 보은집회는 호남지방의 동학교도들이 금구집회를 통하여 먼저 '척왜양'을 들고 나와 교단지도부에 압력을 가하여 보은집회를 열도록 유도하였을 가능성이 크다. 왜냐하면 '척왜양론'은 복합상소를 전후한 시점에서 호남지방의 동학교도들이 전라감영에 제출한 소장에서 본격적으로 제시되었고, 따라서 이후 '척왜양론'은 그들에 의하여 주도되었을 가능성이 크기 때문이다. 3월 11일 보은관아 삼문에 전라감영에 제출된 소장과 같은 내용의 방문이 내걸린 것은 당시 이미 호남지방의 동학교도들이 교단 지도부의 근거지인 보은으로 북상하여 '척왜양'을 내건 보은집회의 주장을 통해 동학교단 지도부에 압력을 가하고 있었음을 보여주는 증거가 아닐까 한다.

그러면 보은집회와 금구집회는 이후 구체적으로 어떤 연관을 갖고 진행되었을까. 3월 20일경 보은집회에서는 "전라도 도회가 22일 내도來到한다"는 소문이 돌았다고 한다.[108] 또 김윤식도 금구집회 1만여 명이 21일 보은에 온다고 사통하였다고 하는 소문을 기록하였다. 고종도 4월 5

---

107) 김윤식, 「면양행견일기」 계사 4월 22일 『속음청사』, 269쪽
108) 「취어」 『동학란기록』 상, 111쪽, 3월 21일 발보

일 시원임대신時元任大臣 소견召見에서 "보은취회와 금구취당은 성기聲氣를 통하고 있었다"고 말하였다. 이러한 자료들은 금구집회는 궁극적으로 보은집회에 합류하기 위한 예비집회의 성격을 띤 것임을 보여준다고 생각된다.

그러면 보은집회와 금구집회는 그 지향점이 동일한 것이었을까, 아니면 어떤 차이가 있었을까. 앞서 금구집회에 모인 동학교도들은 자신들의 지향을 '척왜양'과 '탐관오리의 숙청'으로 요약하여 표현하였다. 이는 보은집회의 경우에도 마찬가지였다. 또, 보은집회와 금구집회 모두 양자의 목적 가운데 전자에 더 비중이 실려 있었다. 즉 양자가 표방한 슬로건 자체에는 큰 차이가 없었다는 것이다. 그런데 김윤식은 "금구 원평 취당 수만이 장차 인천 제물포로 곧 달려가겠다고 성언聲言하였다고 한다"는 소문을 기록하였다.[109] 이로 미루어볼 때 금구집회에 모인 이들은 충분한 준비를 갖추어 북상했고, 보은집회의 동학교도들과 합세하여 인천 제물포로 가서 일본인들을 직접 축출하겠다는 계획을 갖고 있었던 것으로 보인다. 그리고 이때의 '충분한 준비'는 아마도 무장력과 군량미의 준비, 그리고 조직의 정비 등을 의미하는 것이었을 것이다. 이 점은 보은집회와 상당한 차이가 있는 것이었다. 보은집회를 이끌고 있던 교단 지도부는 '북상'의 계획은 결코 없었다. 또 그들은 어디까지나 평화적인 시위 방법을 통하여 '척왜양'의 의지를 과시함으로써 궁극적으로 동학의 포교를 공인받으려 하였다. 이에 반하여 금구집회의 지도부는 실력행사를 통하여 실질적으로 '왜양'을 축출하고자 하였던 것이다. 곧 금구집회 지도부는 보다 강한 정치적 지향성을 갖고 있었던 것이다. 양자간에 입장차이가 있었던 것은 보은집회를 이끌고 있던 서병학이 선무사 어윤중에게 은밀히 "호남취당은 얼핏 보면 우리(보은취회-필자)와 같지만 종류가 다르다. 통문을 돌리고 방문을 게시한 것은 모두 그들의 소행이다. 그들의

---

109) 金允植,「沔陽行遣日記」고종 30년 계사 3월 28일『續陰晴史』상, 262쪽

정형은 극히 수상하니 원컨대 공께서는 자세히 살피고 조사 판단하여 우리를 그들과 혼동하지 말고 옥석을 구별해달라"고 말하였던 데서도 나타난다.110)

금구집회는 이러한 계획을 성사시키기 위해 호남지방의 교도들을 선발대로 먼저 보은 집회에 파견하였던 것으로 보인다. 3월 24일에는 전주사람 30여 명이 보은으로 올라왔다는 기록이 있다.111) 또 27일에는 호남의 영광 등지에서 1백여 명이 올라왔다고 한다.112) 그런데 실지로는 이보다 훨씬 많은 이들이 호남지방에서 올라와 보은집회에 참석하였음이 나중에 밝혀졌다. 곧 4월 3일 해산 당시 보은군 남면 방향으로 빠져나간 전라도 동학교도들은 5천 6백여 명에 달하였다 하며, 동면 방향으로 빠져나간 전라도지방(함평·남원·순창·무산(무장?)·태인·영광 등지) 동학교도들이 2백여 명이었다고 한다.113) 물론 이들 호남지방에서 올라온 교도들이 모두 금구집회의 지도자들과 노선을 같이하고 있었다고 볼 수는 없을 것이다. 그러나 이들 가운데 상당수의 호남지방 교도들은 금구집회에서 선발대로 보은집회에 파견되어 앞서 서병학이 말하였던 것처럼 '발문게방' 하면서 보은집회의 분위기를 고조시켜 보은집회에 모인 교도들을 뒤에 금구에서 올라올 동학교도들과 합세시켜 북상하려는 계획을 갖고 있었던 것이다.

그러나 금구집회의 계획은 수포로 돌아갔다. 그 이유로서 대체로 두가지 정도를 들 수 있을 것이다. 하나는 금구집회의 경우에도 아직 충분한 지도력과 노선이 확립되지 못했기 때문이다. 당시 금구집회의 지도자로는 서인주, 황하일(보은 출신)과 손화중(무장접주), 그리고 전봉준 등이 꼽히고 있었다.114) 그런데 이 가운데 서인주와 황하일은 보은집회에서 전라

---

110) 「선무사재차징계」 『동학란기록』 상, 123쪽
111) 같은 책, 114쪽, 25일 發報
112) 같은 책, 118쪽, 27일 探知 卽發報
113) 같은 책, 124~125쪽

도 접장으로 나오고 있기 때문에[115] 실제로 금구에서 집회를 주도하고 있었던 인물은 손화중과 전봉준이었을 가능성이 크다. 전봉준은 아마도 당시 금구집회의 방향을 '척왜양'을 위한 실력행사의 방향으로 이끄는 데 주도적인 구실을 하고 있었을 것으로 보인다. 그러나 그는 아직 교문에 입교한 지 얼마 안 되는 시점이어서 교도들 사이에서 충분한 리더십을 확보하기 어려운 상황이었다. 반면 손화중은 호남지방의 동학교도들 사이에서 상당한 영향력을 갖고 있는 접주였지만, 실력행사에 대해서는 훨씬 신중한 입장을 취했을 것으로 보인다.[116] 따라서 금구집회에서 비록 전봉준 등의 주장 아래 '척왜양'을 목표로 한 실력행사를 행동방침으로 정했다 하더라도, 전봉준의 지도력이 아직 충분히 확보되지 못하였기 때문에 이를 위한 준비작업은 상당히 지지부진하였을 것으로 보인다. 또 일부 신중론자들이 행동방침 자체에 대하여 제동을 걸었을 가능성도 있다.

금구집회가 중도에 해산하지 않을 수 없었던 또 하나의 이유는 금구집회에서 충분한 준비가 갖추어지지 않은 가운데 4월 3일 보은집회가 해산하게 되었기 때문이었다. 이에 관해 김윤식은 다음과 같이 기록하였다.

들건대 (4월 — 필자) 초 5일 선무사가 珍山郡에 도착하였는데, 동학도 4백여 명이 金溝 會所에서 올라왔다고 한다. (어윤중이 — 필자) 그들을 객사 문밖에서 효유하였다. (중략) 都御史가 거듭 타이르고 왕의 윤음을 선포하니, 그

---

114) 『일성록』 30(고종 편) 고종 30년 4월 10일 ; 김윤식, 「면양행견일기」 계사 4월 22일조 ; 오지영. 『동학사』, 86쪽. 자료상으로는 손화중은 孫海中, 전봉준은 金鳳集으로 나오는데 이들이 손화중과 전봉준임은 정창렬의 논문에서 확인되었다 (정창렬, 앞의 글, 122~125쪽 참조).

115) 이 책, 33쪽 참조.

116) 손화중의 신중한 성격은 1894년 1월 전봉준이 고부에서 봉기에 성공한 뒤 곧 손화중에게 연락하여 봉기에 호응해줄 것을 요청하였지만 3월 중순까지 결단을 미루다가 3월 하순에 이르러서야 봉기를 결심, 전봉준과 함께 무장에서 봉기하였던 데에서 잘 나타난다.

들은 모두 명에 복종하여 즉시 해산하였고, 금구에서 취당한 대중도 역시 잇따라 해산하였다고 한다.117)

즉 보은집회가 해산하였다는 소식을 들은 금구집회의 일부 교도들은 자세한 사정을 알기 위해 북상하다가 진산에서 선무사 어윤중을 만나게 되었던 것이다. 여기서 그들은 보은집회의 해산 사실을 확인하게 되었다. 결국 금구집회가 아직 독자적인 역량으로 실력행사를 할 만한 단계에 이르지 못한 상태에서 보은집회의 해산은 금구집회 세력들에게도 후일을 기약할 수밖에 없게 만들었던 것이다.

이후의 상황에 대해서 동학교문의 사료는 다음과 같이 전하고 있다.

> A. 전봉준은 교도들을 모아 전라도 금구군 원평에 주재하고 있었다. (중략) 이때 전봉준·김개남은 호남지방에서 교도대중을 이끌고 혹은 모였다가 혹은 흩어지고 하였다.118)
>
> B. 교도들이 만나는 곳을 따로 정하지 않았던 것을 처음으로 정하여 법소 혹은 도소라 하였다. (중략) 이는 교도들의 난동을 금하기 위한 것이었다. 왜냐하면 전봉준이 사사로이 교도들을 빼앗아 전라도 금구 원평에 주둔하고 있었기 때문이다. (중략) 이때 전봉준과 김개남은 호남지방에서 스스로 教衆을 이끌고 혹은 모이고 혹은 흩어지면서 갑오년까지 내려왔다.119)

이 두 사료는 이후 호남지방의 동학교도들이 전봉준 등의 지도 아래 점차 조직화되어가는 과정, 바꾸어 말하면 호남지방의 동학교도들 사이에 전봉준과 김개남의 영향력이 확대되어가는 과정을 보여준다. 그러나 위 사료는 사실을 약간 과장하여 기록한 것으로 보인다. 왜냐하면 1894년 초 고부봉기에 성공한 직후 전봉준이 각지의 동학교도들에게 거국적인 봉기를 호소하였을 때는 호남지방의 교도들이 아무런 호응을 보이지

---

117) 김윤식, 「면양행견일기」 계사 4월 22일 『속음청사』 상, 269쪽
118) 『侍天敎宗繹史』(1915) 2권 하, 계사 10월조
119) 「侍天敎歷史」 하, 계사 11월조 『동학사상자료집』 3, 610쪽

않고 있다가, 고부봉기 해산 이후 무장접주 손화중이 전봉준에 호응하여 봉기를 선언하고 나섰을 때야 비로소 각지의 교도들이 호응하여 백산에 집결하였는데, 이는 1894년초의 시점까지도 전봉준의 지도력이 아직 확고하지 못하였다는 것을 보여주기 때문이다.

5. 맺음말

1892년 10월의 공주집회와 11월의 삼례집회는 교조 최시형의 신원과 동학교도에 대한 관 측의 침학 중지를 충청감영과 전라감영에 각각 호소하였던 것으로서, 궁극적인 목표는 동학포교의 공인에 두고 있었다. 그러나 이들 감영에서는 동학교도에 대한 수령과 이서배들의 침학의 중지를 지시하는 선에만 응답을 하였다. 동학포교의 공인 여부는 중앙정부에서 결정할 사항일 뿐이라는 것이 이들 감영의 답변이었다. 그런데 주목되는 것은 이러한 교조신원을 호소하는 운동을 진행시키는 가운데 동학교도들은 자신들의 동학이 서양과 일본의 침략에 맞선 '보국안민'의 대원大願에서 나온 것이라는 점을 부각시키면서, 비록 아직은 '척왜양'이라는 정치적 구호로 다듬어지지는 않았지만, 내용적으로는 '왜양'에 대한 강한 배척의지를 드러내고 있었다는 점이다.

전라감영과 충청감영에 대한 동학포교 공인 호소가 무위로 돌아가자, 교도들 사이에서는 자연스럽게 중앙정부에 호소하는 복합상소를 결행하자는 의론이 일어났고, 교단 지도부가 이를 수용하여 1893년 2월 복합상소가 실행되었다. 그러나 복합상소는 국왕의 기만적인 답변에 의하여 역시 무위로 돌아가고 오히려 정부당국의 더 강력한 탄압만을 불러오게 되었다. 한편 복합상소가 진행되는 가운데 동학교도를 자처하는 이들이 서울의 외국공사관 등지에 '왜양' 세력을 배척하는 방문을 내걸어 외국공관원과 상인들을 긴장시켰다. 외국공관들은 이러한 방문을 내건 동학교도들에 대한 강력한 단속을 조선정부에 요구하였다. 이때 '척왜양' 방문을 내건 이들이 동학교도 내의 어떤 세력이었는지는 불명확하다. 그러나 척왜양 방문 게시운동은 당시 동학교도들 사이에서 '척왜양'의 의지가 보다 구체화되고 있음을 보여주는 사건이었다.

또 거의 같은 시기 호남지방의 동학교도들은 전라감영에 소장을 제출하였는데, 여기서는 "죽음으로써 맹세하여 왜양을 쳐부수겠다"고 하여 이제 '척왜양'의 의지를 행동으로 옮기겠다고 선언하였다. 물론 이 선언이 당장 실천에 옮겨지지는 않았지만, 이러한 선언은 척왜양의 실천을 지향하는 세력이 호남지방의 동학교도 내에서 강력히 대두하고 있음을 의미하는 것이었다.

호남지방의 동학교도들이 척왜양의 실천을 주장하는 가운데, 동학교도들 사이에서는 복합상소 뒤 국왕이 번의하여 동학에 대한 탄압을 다시 지시한 것은 '왜양' 세력의 협박에 의한 것이라는 풍문이 돌면서, '척왜양 창의'를 주장하는 교도들이 늘어갔다. 이에 동학교단 지도부는 '척왜양'을 표방한 보은집회를 열어 동학도 충효를 아는 집단이라는 인정을 정부와 보수유림으로부터 끌어낼 수 있다는 계산을 하게 되었다. 즉 '척왜양'이라는 명분을 내걸음으로써 정부와 유림들로부터 그 명분을 인정받아 궁극적으로는 동학의 포교를 공인받고자 한 것이다. 따라서 그들은 어디까지나 평화적인 시위를 통해 '척왜양'의 의지를 과시한다는 전략을 세웠다. 1893년 3월의 보은집회는 이렇게 하여 열리게 되었다.

그런데 같은 시기 호남지방의 동학교도들은 금구에서 잇따라 집회를 갖고, 세력을 결집하여 보은집회에 참여해 그곳의 교도들과 합세하여 제물포로 북상하여 직접 '왜양' 세력을 내몰겠다는 계획을 세우고 있었다. 즉 금구집회의 지도부는 보은집회의 지도부가 평화적인 시위의 선에서 집회를 끝내려 하였던 데 반하여, '척왜양'을 위한 실력행사를 기도하고 있었던 것이다. 이와 같이 보다 정치지향적인 방향으로 호남지방의 동학

교도들을 이끌고 있던 이는 다름 아닌 전봉준이었다. 그러나 금구집회
세력은 아직 충분히 조직화된 세력은 아니었다. 또 독자적으로 척왜양운
동을 밀고나갈 준비가 되어 있는 것도 아니었다. 따라서 보은집회가 4월
2일 오후 갑자기 해산해버렸을 때, 금구집회도 후일을 기약하고 해산하
지 않을 수 없었다. 아직은 호남지방의 동학교도들 내부에서도 전봉준의
지도력이 충분히 확립된 것은 아니었다. 그의 지도력이 충분히 확립되고
교도대중의 정치의식이 가일층 고양되기 위해서는 시간이 필요하였다.
1893년 4월 금구집회 해산부터 1894년 3월 백산봉기까지가 바로 이에
필요한 시간이었다.

제2장 전봉준·손화중의 茂長起包와 반농민군의 동향

1. 머리말

1990년대 초 역사학계에서는 동학농민군의 전국적인 봉기의 기점을 어디에서 잡을 것인가를 둘러싸고 논쟁이 진행되었다. 고부봉기에 기점을 둘 것인가 아니면 무장봉기에 기점을 둘 것인가에 대한 논쟁이었다. 그런데 사실은 1894년 봄 고부봉기와 무장봉기가 있기까지의 구체적인 상황 자체도 제대로 밝혀진 것은 아니었다.

또한, 고부의 농민들이 해산하게 된 시점에서 왜 전봉준은 무장으로 가서 봉기를 도모하였는가 하는 문제도 해결되지 않았다. 단순히 손화중의 도움을 받기 위해서였을까. 또 손화중도 원래 무장 출신이 아닌데 왜 무장에 그 근거지를 마련하고 있었을까. 전봉준은 왜 김개남 등이 있던 태인이나 김덕명이 있던 금구로 가지 않고 무장으로 갔을까. 전봉준 스스로도 이곳과 어떤 연관이 있기 때문은 아니었을까. 이 장에서 필자는 이런 의문들을 해결해보고자 한다.

손화중의 근거지였던 무장은 이웃한 고창이나 흥덕과 비교하여 유달리 동학도가 많은 곳이었다. 왜 이 지역에는 동학도들이 많았을까. 이는 당시 이 지역 향촌사회의 모습과 관련하여 살펴야 할 문제이다. 오늘날의 고창에 속해있는 무장·고창·흥덕의 향촌사회는 어떤 모습이었을까.

토호 양반층은 어떻게 구성되어 있었고, 향리층은 어떻게 생활하고 있었
을까. 그리고 1894년 동학농민군의 봉기시에 이 지역 농민군의 주요 지
도자가 되는 이들은 이 지역의 주요 성씨들과 어떤 연관을 갖고 있었으
며, 농민군이 패퇴하던 시기 만들어진 수성군은 이 지역의 양반층, 향리
층 가운데 주로 어떤 이들에 의해 구성되었을까. 결론적으로 농민전쟁
당시 농민군과 반농민군 간의 대립은 향촌사회 세력 가운데 어느 지점에
서 전선이 형성되었던 것일까. 이러한 문제들을 조금이나마 풀어보고자
하는 것이 이 장의 목표이다.

2. 茂長起包와 동학농민군 지도부

1894년 동학농민봉기가 무장기포로부터 본격적으로 시작되었다는 주
장은 이제 학계에서 상당한 설득력을 얻고 있다. 그러나 고부봉기와 무
장기포 사이의 연관성을 어떻게 설명할 것인가 하는 데 대해서는 여러
의견이 있다고 할 수 있다. 신용하는 고부민란과 무장기포의 차별성을
부각시켜 고부민란은 아직 '민요民擾'의 단계에 불과하였고, 농민전쟁은
무장기포로부터 비로소 시작된다고 주장했다.[1] 정창렬은 "고부민란은
기왕의 민란과는 여러면에서 성격을 달리하였으나 아직까지도 기본적으
로 민란의 성격에서 벗어나지 보하였다"고 말하고 '고을'단위가 아닌
'전국'차원의 농민전쟁, '체제내 개량'이 아닌 '체제변혁'을 지향한 농민
전쟁은 무장봉기부터 시작되는 것으로 보았다[2]

그 뒤 김인걸은 양자 사이의 연계성을 다시 지적하고 나섰다. 그는

---

1) 신용하, 1985, 「갑오농민전쟁의 제1차 농민전쟁」『한국학보』 40 ; 1993『동학과
   갑오농민전 쟁』, 일조각, 130쪽
2) 정창렬, 1991, 「갑오농민전쟁연구-전봉준의 사상과 행동을 중심으로-」, 연세대
   사학과 박사논문, 126쪽.

1894년 1월부터 3월 사이의 '고부민란'은 과거의 민란과는 질적으로 다른 것이었다고 강조하였다. 그는 특히 전봉준이 '고부민란'을 이끌면서 항쟁을 한 차원 높이기 위해 백산으로 진을 옮기기 직전인 2월 20일경 전라도 모든 읍에 격문을 띄웠던 사실을 중시한다. 그 격문은 부여 유생 이복영李復榮의 일기 『남유수록南遊隨錄』에 나오는 것이다. 2월 20일자 일기에서 그는 박일오라는 사람이 와서 고부민란이 크게 일어나 각 읍에 격문을 띄웠는데 그 내용은 대략 다음과 같은 것이었다고 말하였다는 것이다.

> 백성을 지키고 길러야 할 지방관은 치민의 도를 모르고 자신의 직책을 돈벌이 수단으로 삼고 있다. 여기에 더하여 전운영이 창설됨으로써 많은 폐단이 번극하니 민인들이 도탄에 빠졌고, 나라가 위태롭다. 우리는 비록 초야의 유민이지만 차마 나라의 위기를 좌시할 수 없다. 원컨대 각 읍의 여러 군자는 한 목소리로 의를 떨쳐 일어나 나라를 해치는 적을 제거하여 위로는 종사를 보전하고 아래로는 백성들을 편안케 하자.[3]

이 격문에 대해 한 일본인은 당시 "민군의 수령은 앞서 비밀리에 58개 주의 동학당에게 격문을 띄웠다. 그 목적은 다만 1군의 이해만이 아니라 우선 전운영을 혁파하고 나아가 폐정을 이혁하려 함에 있는 것이었다"고 기록하였다.[4] 이러한 성격의 격문을 들어, 김인걸은 이 격문은 전라도 모든 민중의 현실적 요구를 수용하고 전 도의 호응을 구한 것으로서 농민전쟁의 구상을 실천하기 위한 것이었다고 해석하였다. 그리고 여기에서 제시된 전쟁 구상의 기본 골격이 이후 1차 봉기 기간의 각종 통문이나 창의문에 그대로 관철되었다고 보았다. 김인걸은 또 전봉준이 공초에서 3월초 흩어진 다음 장흥부사 이용태가 고부에 와서 '기포인민'을

---

3) 『동학농민전쟁 사료총서』 3, 181쪽
4) 파계생, 「고부민요일기」 『주한일본공사관기록』 1(국사편찬위원회, 1988) 56쪽

동학이라 칭하여 이름을 적어 잡아들이고 집을 불사르고 그 처자까지 잡
아다가 살육을 자행한 까닭에 '다시 기포(更爲起包)'하였다고 대답하였던
것을 중시한다. 즉 전봉준은 고부민란도 '기포'로 인식하고 있었다는 것
이고, 그 점에서 무장기포에 의해 본격적인 농민전쟁이 시작되었다고 하
는 것은 적절한 설명이 되지 못한다고 지적하였다.[5]

한편 배항섭도 위의 격문은 명백히 민란의 차원을 넘어서는 '거의(擧
義)'를 선동하는 격문이며, 이 격문이야말로 공개적으로 '보국안민'을 위
해 일제히 일어날 것을 각지에 촉구하는 최초의 '창의 선언(倡義 宣言)'이었
고, '농민전쟁 봉기 계획'을 실천에 옮기기 위한 사실상의 농민전쟁을
기도한 것이라고 해석하였다.[6]

고부봉기와 무장기포의 성격을 어떻게 볼 것인가, 또 양자 사이의 관
계를 어떻게 볼 것인가 하는 것이 위 논쟁의 초점이라 할 수 있다. 현재
까지의 연구 성과를 볼 때, 고부봉기는 3월초 비록 해산하긴 하였지만
전봉준 등 지도부는 이를 전라도의 전체적인 봉기로 확산시키려 노력하
고 있었다는 사실은 분명하다. 전봉준은 동학의 조직을 이용하여 고부봉
기를 농민전쟁으로 확대 발전시키려 한 것이다. 적어도 2월 20일 이전에
전봉준이 전라도 각 읍의 동학교도들에게 보냈다는 격문은 이를 확인시
켜주는 자료라 할 것이다. 하지만 당시 동학의 조직은 아직 움직여주지
않았다. 타 군현의 동학교도들이 아직 움직이지 않는 상황에서 고부의
농민들은 3월 3일경 해산하고 말았고, 전봉준은 무장으로 옮겨가 손화중
과 함께 무장에서 다시 봉기한 것도 확실하다. 따라서 전봉준 등 고부봉
기 동학군의 지도층은 주관적으로 고부봉기를 전국적으로 확산시키려
하였지만, 고부 농민들의 해산에 의해 좌절되고 말았으며, 결국 전국적

---

5) 김인걸, 1995, 「1894년 농민전쟁의 1차 봉기」『1894년 농민전쟁연구』4, 역사비평
사, 86~89쪽
6) 배항섭, 1996, 「동학농민전쟁 연구」, 고려대 사학과 박사논문, 72~73쪽

인 농민봉기는 무장茂長에서의 봉기에 의해 비로소 객관적으로 가능하게
되었다고 할 수 있을 것이다.

무장에 농민군이 집결하기 시작한 것은 3월 16일이다. 전봉준이 무장
으로 옮겨간 것이 3월 3일경이었다고 하면, 불과 10여 일 만에 동학교도
들이 전도적인 봉기에 합의를 보고 연락을 취하여 무장에 모여들었다는
말이 된다. 이는 상식적으로 납득하기 어려운 일이다. 따라서 사전에 충
분한 모의가 있었다고 보아야 한다.

여기서 당시 무장에 살면서 전봉준의 수행원이 되었다는 고故 김홍섭
金興燮옹이 남긴 증언을 살펴볼 필요가 있다.[7] 그는 1965년 10월 28일
『중앙일보』 전북판에 실린 인터뷰에서 1893년 12월 10일(음력) 무장현
동음치면 당산리에 있던 송문수宋文洙의 집에서 전봉준과 손화중孫化仲, 정
백현鄭伯賢, 송문수, 그리고 그의 아버지인 김성칠金聲七이 자리를 같이했
을 때 전봉준을 처음 만났다고 말했다. 그 뒤 1894년 2월 19일(음력) 동음
치면 신촌리의 김성칠의 집에서 다시 모임이 있었는데, 이때 모인 이들
은 전봉준, 손화중, 김개남, 서인주, 임천서, 김덕명, 강경중, 김영달, 고
영숙, 최재형, 그리고 김성칠, 정백현 등이었다고 한다. 그는 이 모임에
서 김성칠이 군자금으로 쌀 50석을 내놓았으며, 한 달 정도의 준비 끝에
3월 15일 부대를 편성하여 5일만에 훈련을 마친 다음, 3월 21일 격문(이
른바 '무장포고문'을 지칭)을 발표한 뒤 행동을 개시하였다고 말하였다.

그의 증언이 얼마나 신빙성이 있는가 하는 문제가 있으나, 12월 10일
과 2월 19일이라는 날짜를 정확히 기억하고 있고, 참석자의 이름도 정확
히 기억했다는 점에서 상당히 신빙성이 있는 것으로 보아야 할 것이다.
그의 증언 가운데 주목되는 것은 2월 19일의 모임에 전봉준, 손화중, 김

---

7) 이에 관한 자료는 전적으로 고창문화원장 이기화 선생으로부터 얻었다. 그밖에도
  이기화 선생은 원고를 작성하는 데 여러 가지 많은 조언을 해주셨다. 이 자리를
  빌려 거듭 감사의 뜻을 표한다.

개남, 그리고 서인주(徐璋玉) 등 이후 농민 봉기의 주역들이 모두 참여하였다는 사실이다. 특히 서인주가 참석하였다는 사실은 매우 주목된다. 서인주는 이후 이른바 '남접'이 '서포徐布'라고 불릴 정도로 남접의 지도적인 인물이었기 때문이다.[8] 또 무장에서 봉기가 있기 전인 3월 12일 서인주의 근거지인 금산錦山(당시는 전라도에 속함)에서는 동학농민군 수천 명이 몽둥이를 들고 흰 수건을 쓰고 읍저邑底에 모여 이서들의 집을 불태운 사건이 벌어졌다.[9] 당시 금산군수 민영소의 보고에 의하면, 이들 천여 명의 취회는 동학 도소東學 都所의 통문 발송에 의한 것이었다고 한다.[10]

이상에서 2월 중순부터 3월 중순까지의 상황을 다음과 같이 재구성해 볼 수 있다고 여겨진다. 2월 중순 전봉준 등 고부 봉기를 주도한 세력은 각 읍의 동학교도들에게 봉기를 촉구하는 「통문」을 띄웠다. 이어서 2월 19일 전봉준은 무장으로 와서 손화중, 김개남, 서인주 등과 모임을 갖고 봉기에 대해 논의하였다. 하지만 이 모임에서는 봉기에 관해 의견의 일치를 보지 못한 채 전봉준은 고부로 돌아온 것으로 보인다. 하지만 전혀 호응이 없었던 것은 아니었다. 2월 중순부터 각지에서 '난민'이 합세해 오기 시작하여, 전봉준은 2월 25일 고부의 '난민'들을 백산으로 옮겨 진을 쳤다고 한다.[11] 그러나 3월 3일까지 타 군현의 동학교도들의 호응을 기다리던 전봉준은 고부 농민들이 해산할 것을 강력히 주장하자 그들의 뜻에 따르고 만다. 그리고 안핵사 이용태가 온다는 소식을 듣고 전봉준 등 고부봉기 주도자 50여명은 무장 쪽으로 피신하였다. 이들은 다시 손화중 등을 설득하기 시작하였던 것으로 보인다. 손화중을 설득하는 과정에서 안핵사 이용태의 횡포 소식이 전해졌을 것이고, 이는 손화중이 봉

---

8) 오지영은 『동학사』에서 '남접' '북접'으로 호칭하였고, 황현은 「오하기문」에서 '徐包' '法包'로 지칭하였다.
9) 「오하기문」 『동학농민전쟁사료대계』 1(여강출판사, 1994), 55~56쪽
10) 『고종실록』 고종 31년 3월 23일조
11) 파계생, 「고부민요일기」, 56쪽

기쪽으로 기울어진 결정적인 요인이 되었을 것이다. 전봉준은 공초에서 안핵사 이용태가 고부읍에 들어와 기포한 인민들을 동학이라 칭하여 잡아들이고 집을 불태우는 등 횡포를 저질렀으며, 기포에 참여한 당사자가 없는 경우에는 그 처자를 잡아들여 살육을 행하여 다시 기포하게 되었다고 대답하였다.[12]

봉기여부를 최종 결정하기 위해 손화중, 김개남 등이 모인 회의가 다시 열렸을 것이고, 3월 10일경 봉기가 최종 결정되었을 것이다. 이어서 각 읍에 다시 통문이 돌려졌을 것이고, 이에 호응하여 3월 16일경부터 무장 동음치면에 각지의 동학교도들이 모여들었을 것이다. 이어서 그들은 무장창의문을 포고하였다. 무장창의문은 앞서의 통문들과는 성격이 달랐다. 앞의 통문들이 봉기를 촉구하는 내용이었다고 한다면, 이 창의문은 자신들의 봉기 이유를 설명하는 내용이었다. 무장창의문은 전봉준, 손화중, 김개남 세 사람의 이름으로 공포되었다. 이는 이들 세 사람이 이 봉기의 주역임을 선언한 것이다.

무장에서 봉기한 농민군이 3월 20일 무장의 굴치를 넘어 홍덕을 거쳐서 고부로 전진하는 중에 태인 접주 최경선이 이끄는 농민군 3백 명이 합세하고, 그날 밤 고부군 북면 말목장터에 도착하여 미리 연락을 받고 대기하고 있던 고부 농민 다수와 합류하여 고부 군아를 습격하였다.[13] 농민군이 고부읍을 점령하고 있던 3일 동안 각지의 동학 접주들이 교도들을 이끌고 고부에 도착하였다. 오지영의 『동학사』에 의하면, 당시 고부에 모인 각 포와 주요 두령들은 <표 1>과 같다.

<표 1>에서 농민군의 수는 신뢰하기 어려울 것이다. 하지만 각 포의 두령 명단은 어느 정도 신뢰할 수 있다고 여겨진다.

---

12) 「전봉준공초」 『동학란기록』 하, 526쪽
13) 신용하, 앞의 책, 150~151쪽

〈표 1〉 농민군의 고부점령 직후 고부에 모인 농민군[14]

포 별	지 역 별 두 령	농민군 수
손화중포	고창두령 : 오하영, 오시영, 임형로, 임천서 등	1,500
	무장두령 : 송경찬, 강경중 등	1,300
	홍덕두령 : 고영숙 등	700
	정읍두령 : 손여옥, 차치구 등	1,200
김개남포	태인두령 : 김낙삼, 김문행 등	1,300
김덕명포	태인두령 : 최경선	2,000
	김제두령 : 김봉년	
	금구두령 : 김사엽, 김봉득, 유한필 등	
합 계		6,700

위 표의 손화중포와 김개남포는 대부분 처음부터 참여하였을 가능성
이 크고, 김덕명포는 고부 점령을 전후하여 참여하였던 것으로 보인다.
3월 25일 농민군은 고부 백산으로 진을 옮겨서 진용을 확대 개편하였다.
여기서 농민군 대장에는 전봉준, 총관령에는 손화중·김개남, 총참모에는
김덕명·오시영, 영솔장에는 최경선, 비서에는 송회옥, 정백현 등으로 직
책이 정해졌다.[15] 주요 세력의 하나인 금구의 김덕명이 총참모의 한 사
람으로 참여한 것이다.

이로써 무장기포는 봉기의 출발점으로서의 역할을 다하였다고 할 수
있다. 여기서 우리는 왜 전봉준이 하필이면 고부에서 무장으로 와서 봉
기를 하게 되었을까 하는 점을 생각해볼 필요가 있다. 나주목사 민종렬
은 양호순무선봉장 이규태에게 보낸 글에서 무장·영광·광주·담양·장
흥·무안·함평·동복·홍양·부안·장성·고부 등을 동학의 '대굴혈大窟穴'이
라고 지칭하면서 무장을 가장 먼저 꼽았다. 아울러 그는 무장의 손화중

---

14) 신용하, 1993, 『동학과 갑오농민전쟁연구』, 일조각, 152쪽에서 전재.
15) 오지영, 1939, 『동학사』(영창서관판), 111〜112쪽(『동학사상자료집』 2, 아세아문
    화사)

과 무안의 배상옥은 각기 대중을 거느리고 그 수가 수만에 달하였는데, 전봉준이나 김개남과 비교하면 두 배나 된다고 말하였다.16)

무장의 동학세력이 강하였던 상황은 당시 농민군의 지도부 구성을 보면 곧 알 수 있다. 오지영의 『동학사』에 의하면, 당시 농민군 지도부를 구성한 이들 가운데 대장 전봉준과 손화중을 제외하고 중심이 된 장령급에 해당하는 이들 16명 가운데 고창, 무장, 흥덕 출신들이 7명을 차지하였다.17) 손화중까지 포함한다면 8명으로 반수를 차지하게 된다. 이처럼 농민군 지도부가 이 지방 출신들로 주로 구성되었던 것은 이미 그들과 사전에 충분히 논의를 해왔기 때문에 가능하였을 것이다. 이들은 비록 손화중포에 속하는 이들이었지만, 전봉준은 이미 상당 기간 동안 이들과 접촉하면서 자기 사람으로 만들어 왔다고 보아야 할 것이다. 또 전봉준은 무장기포가 있었던 구수마을 인근의 구정몰·신대·양성 등의 전씨 동족 마을, 그리고 신촌 등지를 수시로 출입하면서 이들 마을에 살고 있던 송문수·고순택·정백현·김성칠 등과 깊은 관계를 맺어왔던 것으로 보인다. 따라서 그는 고부에서 농민들이 해산한 뒤에 무장의 이곳 마을로 피신해왔고, 당시 이 마을들과 10리 정도 떨어진 양실이라는 곳에 살고 있던 손화중을 이곳으로 불러서 만나 전면적인 봉기를 설득하였던 것이다. 즉 전봉준이 무장으로 온 것은 손화중의 도움을 요청하기 위한 것이기도 했지만, 그도 이곳에 전씨들을 중심으로 나름대로 연고와 기반이 있었기 때문이었다고 여겨진다.

---

16) 『동학란기록』 하, 503쪽

17) 『동학사』(112~113쪽)에서는 중심 장령급으로는 손화중, 김개남, 김덕명, 최경선, 오하영, 오시영, 임천서, 강경중, 송경찬, 고영숙, 김봉년, 김사엽, 김봉득, 유한필, 손여옥, 차치구 등을 들었다.

3. 왜 하필 茂長인가
- 무장·흥덕·고창의 향촌사회

정읍 출신인 손화중이 무장에서 포교의 근거를 마련하고, 고부에서 살던 전봉준이 무장에 와서 농민전쟁을 시작한 것은 앞서 본 것처럼 이 지역이 동학세력이 가장 강한 곳이었기 때문이었다. 그러면 왜 이 지역은 그같이 동학세력이 강한 곳이 되었을까. 이는 다른 현과 비교해야만 그 사정을 알 수 있다. 이를 비교해보기 위해 오늘날은 하나의 군을 이루고 있는 인근의 고창현, 흥덕현과 비교하는 방법을 택해보자.

오늘날의 고창군은 조선시대의 무장현, 흥덕현, 고창현이 1914년 합쳐져 만들어진 것이다. 먼저 이들 3현의 연혁에 대해 간단히 살펴보기로 한다.[18]

무장현茂長縣은 무송현茂松縣(북쪽)과 장사현長沙縣(남쪽)이 합쳐진 것이다. 무송현은 본래 백제 때에는 송미지현松彌知縣이었는데 신라 때에 무송현으로 이름이 바뀌었다. 장사현은 본래 백제 때에는 상노현上老縣이었는데, 신라 때에 장사현으로 이름이 바뀌었다. 이들 두 현은 모두 무령군武靈郡의 영현領縣이었다. 고려 때에도 그대로 내려오다가 감무監務를 두어 양현을 겸무하도록 하였다. 고려 때에 무장에 소속된 향鄕으로는 약수향藥水鄕이 있었다. 조선조에 들어서서 태종 7년 두 현이 합해져 무장현이 되었으며, 병마사진兵馬使鎭을 설치하여 현사縣事를 겸하도록 하였다. 세종 5년에 다시 병마사를 첨절제사僉節制使로 바꾸고 뒤에 다시 현감縣監을 두도록 하였다.

흥덕현興德縣은 본래 백제 때에 상칠현上柒縣이었다가 신라 때에 상질현尙質縣으로 바뀌었고, 고부군古阜郡의 영현領縣으로 있었다. 고려 때에 들어

---

18) 이하 연혁은 『동국여지승람』(성종 12년, 1481년 편찬)을 따름.

와 장덕현章德縣(일명 昌德縣)으로 바뀌었고 고창현과 감무監務를 겸하도록 하였다. 고려 충렬왕 때에 흥덕현으로 이름이 바뀌었다. 고려 때에 흥덕현에 소속된 향으로는 좌향坐鄕·남조향南調鄕·북조향北調鄕이 있었다. 조선조에 들어와 태조 원년 다시 흥덕현과 고창현의 둘로 나누어 각각 감무를 두었고, 나중에 현감을 각각 두었다.

고창현高敞縣은 본래 백제 때에 모량부리현毛良夫里縣이었다가 신라 때에 고창현으로 바뀌었고, 무령군의 영현이 되었다. 고려 때에 다시 고부군의 속현이 되었다. 뒤에 장덕현과 감무를 겸하도록 하였다. 고려 때에 고창에 속한 향으로는 갑향甲鄕·남조향·북조향이 있었고, 부곡으로는 대양평大良坪과 도성陶城이 있었으며, 소로는 덕암소德巖所가 있었다. 조선조에 들어와 태조 원년 흥덕과 고창을 분리하여 각각 감무를 두었고, 나중에 현감을 각각 두었다.

현종대에 편찬된 『동국여지지東國輿地志』에 따르면 무장현에 소속된 면은 16개 면, 흥덕현에 소속된 면은 8개 면, 고창현에 소속된 면은 4개 면이었다고 한다. 이를 볼 때 당시 규모는 무장현, 흥덕현, 고창현의 순서였다고 할 수 있다. 3현의 규모는 소속 관원의 수에도 나타났다. 영조대에 편찬된 『여지도서輿地圖書』에 의하면 무장현의 아전 수는 30명, 흥덕현의 아전 수는 20명, 고창현의 아전 수는 18명이었다.

3현의 풍속을 비교해보자. 무장현의 경우 현종대 편찬된 『동국여지지』에 따르면 무장 사람들은 "고기잡이와 사냥을 좋아하고 귀신을 믿는다"고 하였다. 흥덕현의 경우, 영조대에 편찬된 『여지도서』에 의하면 "인심이 순박하고 질박하다人心朴野"고 기록하였다. 이 책은 또 고창현은 "백성들은 가난하고 검소하며, 농사를 짓는 일이 가장 귀중하다"고 기록하고 있다. 그런데 고종조인 1871년에 편찬된 3현의 읍지를 살피면 흥덕현의 읍지는 "순박하고 글을 숭상한다"고 새롭게 기록하였는데, 무장현은 여전히 고기잡이와 사냥을 좋아한다고 기록하였다. 또 1899년 편찬된 고창읍지도 앞의 『여지도서』에 나오는 내용을 그대로 기록하고 있다. 이렇게 본다면 흥덕현은 유교 문화가 비교적 자리를 잡아가고 있었다고 여겨지고, 고창현이나 무장현은 상대적으로 유교 문화가 약하였다고 여겨진다.

그럼, 조선후기 무장, 고창, 흥덕의 향촌 사회는 어떤 모습을 띠고 있었을까. 먼저 당시 이 지역에 살던 주요 성씨들을 살펴보자.

〈표 2〉 조선시기 무장·고창·흥덕의 주요 성씨

지명	연도	주요 성씨
무장	1454년	(茂松) 尹 庾, (長沙) 兪 史 丁 玄, (續姓) 盧 張 崔 朴 李 安 文 朱 張
	1530년	(무송) 尹 庾 車 金 申, (장사) 兪 史 玄 丁 金 朱 盧 張 陳 朴
	1760년	(무송) 尹 庾 車 金, (장사) 兪 史 玄 丁 金
고창	1454년	吳 尹 宋 金 朴, 續姓 方 李 趙 梁, (大良坪) 吳 尹 宋 金 朴, (陶城) 崔, (德巖) 崔
	1530년	(本縣) 吳 尹 宋 金 朴, (大良坪) 同, 方 李 趙 梁, (陶城) 崔
	1760년	曺 柳 金 安 李 崔 朴 林 劉
	1899년	曺(창녕) 柳(고흥) 金(광산) 李(연안) 朴(밀양) 劉(강릉) 安(죽산) 趙(옥천)
흥덕	1454년	鄭 張 陳 曺 白, (左鄕) 陳, (南調) 陳, (北調) 曺
	1530년	(本縣) 鄭 張 陳 曺 白 朴, (左鄕) 曺, (南調) 陳, (北調) 曺
	1760년	鄭(동래) 張 陳 曺 金(경주) 白 朴(고창) 李(전주) 黃 高(장흥) 宋 尹(파평) 柳(고흥) 愼 魯 李(함풍) 朴(밀양) 蔡 徐 鄭(경주) 崔 金(의성) 趙 鄭(연일) 金(盆城) 尹(남원) 金 (부안) 金(울산) 李(완산)
	1786년	鄭(동래) 張(흥성) 曺(창녕) 金(경주) 白(수원) 朴(고창) 李(전주) 黃(평해) 高(장택) 吳(동복) 宋(문경) 尹(파평) 柳(고흥) 愼(거창) 魯(함평) 李(함풍) 朴(밀양) 蔡(평강) 徐(달성) 鄭(경주) 崔(삭녕) 金(의성) 趙(김제) 鄭(연일) 金(분성) 尹(남원) 金(부안) 金(울산)

비고 : 1454년은 『세종실록지리지』, 1530년은 『신증동국여지승람』, 1760년은 『여지도서』, 흥덕의 1786년은 『흥성현지』, 고창의 1899년은 『고창군읍지』에 실린 내용임.

<표 2>는 조선 전기부터 조선 후기까지 이 지역에 거주하던 주요 성씨들을 시기별로 살펴본 것이다. 시기별로 일정한 변화가 나타나고 있음을 알 수 있다. 하지만 이 표에서 조선 전기 이른바 토성으로서 '본현 本縣'에 계속 거주하던 이들은 조선 후기 대체로 이족吏族이 되었을 것으

로 추정할 수 있다. 그리고 조선후기 새로이 등장한 성씨들 가운데에는 양반, 이족, 평민층이 모두 포함되어 있었을 것으로 추정된다.

이 지역의 주요 성씨들은 대체로 동족마을을 이루고 사는 경우가 많았다. 특히 양반가의 경우는 대부분 동족마을을 이루고 살았고, 평민층도 동족마을을 이루고 있는 경우들이 있었다. 조선말기 이 지역의 동족마을의 현황을 추정할 수 있는 자료로서 일제시기에 작성된 『조선의 성 朝鮮の姓』이라는 자료가 있다. 이를 통해 각 면에서 동족마을을 이루고 살던 성씨들을 살펴보면 다음과 같다.

〈표 3〉 고창·무장·흥덕 지방의 주요 동족 집단

舊 縣名	面 別	동족 마을 성씨 (괄호 안은 본관)
고창현	고창면	朴(밀양) 曺(창녕) 林(조양) 柳(고흥) 廉(파주) 金(광산) 金(김해)
	고수면	安(죽산)
	오산면	柳(고흥)
	아산면	朴(밀양)
무장현	무장면	金(광산) 金(김녕) 千(영양) 徐(이천) 孫(밀양) 崔(경주)
	석곡면	鄭(진주) 金(경주)
	공음면	全(천안) 洪(남양) 金(안동) 李(함풍) 鄭(진주) 裵(대구)
	상하면	朴(순천) 朴(밀양) 金(청도) 金(상산) 表(신창) 黃(창원) 房(남양) 李(전주)
	해리면	金(김해) 金(광산) 金(청도) 金(경주) 朴(밀양) 李(연안) 李(전주) 李(경주) 李(함평) 李(광주) 宋(은진) 成(창녕) 蘇(진주) 文(남평) 裵(달성)
	성송면	庾(무송) 權(안동) 洪(남양) 韓(청주) 金(경주) 柳(고흥)
	대산면	丁(영광) 康(신천) 金(광산)
	심원면	朴(밀양) 李(전주)
흥덕현	흥덕면	朴(밀양)
	성내면	李(전주) 白(수원) 高(장택)
	신림면	柳(고흥) 高(장흥)
	벽사면	金(광산) 愼(거창) 朴(밀양) 全(천안)
	부안면	金(김해) 金(광산) 李(전주) 李(연안)

자료 : 『朝鮮の姓』(1934)

<표 3>에 실린 성씨들은 이 지방의 주요 성씨들일 것이다. 여기서 주목되는 것은 농민군 지도자였던 전봉준의 천안 전씨가 무장의 신대리에, 송문수의 은진 송씨가 무장의 평지리에, 고영숙의 장흥 고씨가 흥덕의 옥제리에 각각 동족 마을을 이루고 살고 있었다는 점이다. 하지만 이들이 동족마을을 이루고 있었다고 해서 곧 양반층이라고 볼 수는 없다. 이들 성씨 가운데 어떤 성씨가 양반층에 해당하는 성씨였을까.

오늘날 향교에 관계하는 분들의 증언에 따르면, 흥덕에서는 전주 이씨, 동복 오씨, 장흥 고씨, 고흥 류씨柳氏 거창 신씨愼氏, 함평 노씨魯氏, 평강 채씨蔡氏, 수원 백씨白氏 등을 양반가로 꼽았고, 고창에서는 창녕 조씨曺氏, 고흥 류씨柳氏, 광산 김씨金氏, 죽산 안씨安氏, 이천 서씨徐氏, 진주 강씨姜氏, 경주 이씨李氏 등을 양반가로 꼽았으며, 무장에서는 청도 김씨金氏, 함양 오씨吳氏, 광산 김씨金氏, 진주 정씨鄭氏, 진주 강씨姜氏 등을 양반가로 꼽았다고 한다.[19]

이들 양반층 가운데에서 특히 유력한 성씨는 어떤 성씨였을까. 이는 조선후기 이 지방에 세워진 서원·사우를 살펴보는 일로써 어느 정도 가능하다. 조선후기 각 지방에서는 서원·사우가 급증하였는데, 이는 이 시기 각 문중의 세력기반을 공고히 하면서 약화되어 가고 있던 사족의 향촌사회 지배력을 동족마을과 문중서원으로 확고히 하려 한 데에서 말미암은 것이었다고 한다.[20] 따라서 문중서원·사우를 세울 수 있었던 성씨들은 토반 가운데 비교적 세력이 있는 양반층에 해당하는 성씨들이었다고 보아도 무리가 없을 것이다.

<표 4>에서 보면 당시 무장에서는 안동 김씨金氏, 진주 정씨鄭氏, 함양 오씨吳氏 등이, 흥덕에서는 동복 오씨吳氏, 장흥 고씨高氏, 고흥 류씨柳氏,

---

19) 무장 전교 김태석씨 면담(1998. 8. 20), 고창 유도회장 유세영, 전교 강규원, 전재장 김옥식씨 면담(1998. 8. 20), 흥덕 전교 김봉태씨 면담(1998. 10. 11).
20) 이해준, 1993, 「조선후기 '문중서원' 연구 - 전남지역 사례를 중심으로 - 」, 국민대 사학과박사논문

평해 황씨黃氏 등이, 고창에서는 선산 김씨金氏, 초계 변씨卞氏, 광산 김씨金氏, 창녕 조씨曺氏, 강릉 유씨劉氏 등이 문중 서원 혹은 사우 등을 세우고 상당한 세력을 유지하였던 것으로 보인다. 이들은 이른바 '토반土班' 내지는 '토호土豪'로서 당시 향촌사회에서 상당한 세력을 떨치고 있었을 것이다.

〈표 4〉 조선후기 3현의 서원·사우

읍	서원·사우명(괄호 안은 설치 연도, 배향인물, 지명, 훼철 여부)
무장현 (4개)	道巖書院(광해군대, 김질, 안동 김씨, 공음면 개갑리, 1867년 훼철), 忠賢祠(선조대, 이존오·유희춘·손홍립, 무장면 교흥, 1867년 훼철),竹山祠(숙종대, 오익창, 함양 오씨, 석곡면 죽산, 1867년 훼철), 道峰祠(순조 27년, 진주 정씨, 공음면 군유리)
흥덕현 (4개)	東山書院(숙종대, 전주 이씨, 이경흥·이민흠, 경종대 사액, 1867년 훼철), 彰孝祠(영조대, 신림면 법지리, 오준(동복 오씨)·고여흥(장흥 고씨)·유필원·유혜원(고흥 柳氏, 1867년 훼철), 玉提祠(순조대, 장흥 고씨, 성내면 옥제리, 1867년 훼철), 龜洞祠(헌종 10년, 평해 황씨, 성내면 조동리 귀동, 1867년 훼철)
고창현 (5개)	月溪祠(변성온 등, 고창읍 월곡리, 1867년 훼철), 蘆山祠(정조대, 고수면 상평 전동에서 典洞祠로 창건, 광산 김씨, 순조대 고창읍 내동으로 이건 노산사로 개칭, 1867년 훼철), 鼎山祠(정조대, 창녕 曺氏, 강릉 劉氏, 고창읍 월암리 검암, 1867년 훼철), 德川祠(순조대, 단종에 충성한 이들, 아산면 용계리 원평, 비훼철), 雲谷書院(헌종대, 선산 김씨, 아산면 운곡, 1867년 훼철)

참고자료 :『흥덕읍지』(1916),『高敞三鄕誌』(1991)

<표 4>의 서원·사우를 보면 지역이 가장 넓었던 무장에는 4곳, 가장 좁았던 고창에는 5곳이 있었고, 흥덕에는 4곳이 있었던 것으로 확인된다. 또 이들 서원·사우가 분포하였던 지역을 살펴보면, 대부분 내륙의 평야지대이다. 해안 쪽의 지역은 무장의 도암서원을 제외하고는 전혀 찾아볼 수 없다. 이는 양반 세력가들이 주로 내륙의 평야지대에 자리 잡고 있었던 것을 말한다. 따라서 해안 마을들에는 이렇다 할 양반 세력이 없었다고 볼 수 있고, 특히 해안 마을이 많고 농지가 적었던 무장에는 세

력이 있는 양반이 적었고, 또 유교문화의 영향력도 그만큼 적었다고 할
수 있다. 이러한 경향 때문에 앞서 본 1871년의 읍지에서 흥덕현은 "글
을 숭상한다"고 적었던 반면, 무장현은 "미신을 좋아한다"고 적었던 것
이다. 이것이 바로 무장 지역에서 동학이 가장 성할 수 있었던 이유였다.
손화중이 이곳을 중심으로 포교를 하여 많은 교도를 얻었고, 전봉준이
이곳을 근거로 하여 농민봉기를 시작하였던 것은 바로 이와 같은 사정에
서였을 것이다.

한편 19세기 조선의 향촌사회 지배는 수령과 이족, 그리고 사족 간의
역학관계에 의해 이루어지고 있었다고 할 수 있다.[21] 여기서 주목해야
할 것은 이족吏族이다.

『순조실록』 16년 3월 19일(기해)에 보면, 고창 현감 서양보徐良輔가 관
청 아전이 불손한 말을 한 것에 분노하여 마거목馬擧木과 횡강목橫杠木으
로 마구 때리고 그의 아비를 잡아다가 구타하여 죽은 사건이 일어났다고
기록되어 있다. 이로 인해 서양보는 의금부에서 취조를 받고 곤장 1백대
의 속전을 내고 함경도 온성에 유배되었다. 이 사건은 고창의 아전들이
현감에게 불손한 말을 할 정도로 세력이 대단하였음을 보여주는 것이다.
고창의 아전세력도 위와 같이 대단하였지만, 고창보다 큰 고을이었던 무
장의 아전세력은 더 유명하였다고 한다.[22]

그러면 1894년 당시 이 지방 이족의 성씨는 어떻게 되었을까. 그해
11월 농민군이 후퇴하는 시기, 흥덕과 고창에서는 사족과 이족들이 수성
청을 설치하고 의병을 조직하여 농민군 진압에 나섰다. <표 5>에서 보
듯이 이때 수성군에 참여한 이족들의 성씨는 고창의 은殷·박朴·신申·오吳

---

21) 19세기 향촌사회 지배세력의 변동에 대해서는 정진영, 1998, 『조선시대 향촌사회
사』, 한길사 ; 고석규, 1998, 『19세기 조선의 향촌사회연구-지배와 저항의 구조-』,
서울대출판부 참조.
22) 전 고창문화원장 이기화 선생의 말에 의하면, "흥덕은 양반자랑, 고창은 城 자랑,
무장은 衙前 자랑"이라는 말이 있었다고 한다(1998. 8. 20 면담).

씨와, 흥덕의 박朴·국鞠·백白·진陳씨 등이었다. 무장의 이족과 사족들은 수성군 결성에 참여하지 못하였다. 이는 아마도 이 지역이 농민군이 가장 성하였던 곳이었기 때문일 것이다. 하지만 무장의 이족세력들은 가장 강하였으며, 그 성씨들은 진陳(여양)·김金(광산)·노魯(함평)씨 등이었다. 무장과 고창·흥덕 등 이 지역 아전들의 세력이 강하였던 것은 결과적으로 민에 대한 수탈을 그만큼 강화시켰을 것이다. 1894년 동학농민봉기가 이곳에서 본격적으로 시작된 것은 결코 우연이 아니었다. 특히 무장에서는 아전세력이 강하고, 양반 유교문화, 양반 지배체제가 약하였다. 이는 농민들에 대한 관의 수탈을 가중시켰을 것이고, 농민들로 하여금 동학의 조직과 사상에 의지하면서 새로운 세상을 위해 봉기에 나서게 하였을 것이다.

〈표 5〉 1894년 흥덕 수성청 좌목에 들어있는 주요 성씨

지역	신분	성 씨
고창	士族	姜, 金, 李, 柳, 曹
	吏族	殷, 朴, 申, 吳
흥덕	士族	姜, 李, 金, 黃, 白, 曹, 高, 宋
	吏族	朴, 鞠, 白, 陳

그러면 당시 이 지방의 경제적 형편은 어떠했을까. 이에 대해서는 자세한 자료를 구하기 어렵다. 다만 당시 대지주의 존재를 1930년경의 자료를 통해서 살펴보면 <표 6>과 같다.

비록 훗날인 1930년의 자료이긴 하지만, <표 6>에서 보면 무장 성송의 진주 강씨, 무장 대산과 흥덕 부안의 진주 정씨, 흥덕 벽사의 거창 신씨 등 토호들이 대지주로 등장하고 있다. 흥덕면의 여양 진씨, 고창면의 밀양 박씨 등 이족도 역시 대지주로 나오고 있다. 여기서 이들 토호와 이족의 경제적 기반을 확인할 수 있다.

〈표 6〉 1930년 고창군 소재 지주가 (100정보 이상 소유자)

이름	거주지	면 적 (정보)				토지 소재지(郡)
		논	밭	기타	계	
洪鍾轍	아산면 (고창)	305	67	213	585	고창
姜大湜	성송면 (무장)	237	11	50	298	고창
鄭海魯	부안면 (흥덕)	107	13	177	297	부안 정읍 고창
朴龍淳	고창면 (고창)	86	23	91	200	고창
鄭桂源	대산면 (무장)	94	46	53	193	고창
陳任爕	흥덕면 (흥덕)	122	22	11	155	고창
愼一範	벽사면 (흥덕)	96	7	14	117	고창

자료 : 「전라북도 지주일람」(1930)
* 괄호 안은 1914년 이전의 소속 군 명칭임.

이상을 정리하면, 무장지역은 상대적으로 볼 때 양반세력이 가장 약하고 아전과 평민층의 세력이 강한 곳이었으며, 흥덕과 고창의 양반세력은 상대적으로 강하였다고 볼 수 있다. 또 유교문화의 침투는 무장은 약하고 흥덕과 고창은 상대적으로 강하였고, 동학의 침투는 무장이 가장 강하였다고 볼 수 있다. 손화중이 무장으로 와서 포교하여 많은 동학도를 얻게 된 것은 바로 이러한 배경에서 가능하였던 것이다. 또 전봉준이 고부에서 무장으로 와서 봉기하게 된 것도 이러한 사정을 염두에 둔 것이었다.

4. 무장·고창·흥덕의 주요 농민군 지도자

이 지방의 농민군 지도자 명단에 대해서는 이미 이진영이 정리한 바가 있다.[23] 이를 무장현, 고창현, 흥덕현의 순으로 살펴보면 다음과 같다.

■ 무장현

▫ 주요 인물 : 姜敬重, 高順宅, 郭昌旭, 金丙云, 金興燮, 朴景錫, 宋敬贊, 宋文洙, 宋鎭浩, 梁相集, 吳應文, 張斗一, 鄭伯賢, 秋允文

▫ 기타 : 金光五, 金文儀, 朴用三, 文萬祚, 金永心, 宋景昌, 林千西, 金順京, 金永來, 姜基秀, 崔順七, 李君瑞, 金桂龍, 宋君化, 崔文學, 金子一, 文連奎, 金成靑, 金德汝, 姜判成, 金景云, 金應伯, 李南石, 宣夫吉, 吳良臣, 尹相殷, 宋鎭八, 金在英, 金一仲, 李富兼, 宋永石, 金有卜, 黃化性, 裵煥廷, 文德中, 崔敬七

■ 고창현

▫ 주요 인물 : 申正玉, 吳時泳, 吳河泳, 柳公先, 李鳳宇, 李春京, 李同述, 徐在成, 林天瑞, 林亨老, 洪樂寬, 崔西仲

▫ 기타 : 金致三, 南士奎, 成斗八, 黃正五, 黃贊菊, 金琇炳, 金洋斗

■ 흥덕현

▫ 주요 인물 : 高永叔, 高成天, 高泰國, 金道順, 徐相玉, 鄭武京, 李靑用, 李希豊

▫ 기타 : 李伯五, 張汝中, 李長述, 金致五, 申得用, 徐相殷

한편 오지영의 『동학사』에 의하면 이 지역 출신의 주요 농민군 지도자는 <표 7>과 같다.

〈표 7〉 고창·무장·흥덕 출신 농민군 주요 지도자

고창	將 領 級	吳河永 吳時永 林亨老 林天瑞
	軍 將 級	洪樂觀 洪桂觀 孫如玉(?)
무장	將 領 級	宋敬贊 姜敬重
	軍 將 級	宋文洙 宋珍浩 張斗一 郭昌旭(?)
흥덕	將 領 級	高永叔
	軍 將 級	高永伯(?)

자료 : 오지영, 『동학사』, 113~114쪽

비고 : (?)표는 불확실한 이름들임.

23) 이진영, 1998, 「고창지역 동학농민혁명의 문헌자료와 농민군지도자」 『전라도 고창지역의 동학농민혁명』, 고창문화원, 45~47쪽

이제 이들 주요 지도자들의 행적에 대해 간단히 정리해보기로 한
다.[24)]

■ 무장현

▫ 송경찬 : 은진 송씨로 추정됨. 1893년 보은집회시 무장 접주로 참여. 1894
년 3월 봉기시 강경중과 함께 1,300여 명의 농민군을 이끌고 봉기. 9월 재
봉기 때는 송문수와 함께 7천여 명의 농민군을 이끌고 무장에서 봉기.

▫ 강경중 : 진주 강씨로 추정됨. 무장 선운사 미륵비기 탈취사건 때 오지영·
고영숙과 함께 주모자로 지목되어 체포되었다. 그는 무장 동학교도들의 도
움으로 탈옥하였고, 1893년 보은집회시 무장접주로 참여했다. 1894년 3월
봉기시 송경찬과 함께 1,300여 명의 농민군을 이끌고 무장에서 봉기. 9월
봉기시는 청송역에서 3천여 명의 농민군을 이끌고 봉기.

▫ 송문수 : 은진 송씨로 추정됨. 3월 봉기시 송경찬 등과 함께 무장에서 봉
기. 집강소기 영광에서 활동. 9월 재봉기시 송경찬과 함께 7천여 명의 농민
군을 이끌고 무장에서 봉기. 11월 사창시(社倉市)에서 진을 치고 있다가 관
군이 내려온다는 소식을 듣고 해산. 영광 홍농면에서 같은 동학당으로 그
의 지휘를 받아 활동하면서 도서지방을 돌아다니며 약탈행위를 한 이현숙
에게 포살됨. 이현숙은 그의 시신을 영광읍 사정(射亭)으로 끌고 와서 백정
으로 하여금 그의 목을 자르게 하여 관에 갖다 바쳤다.[25)] 이현숙은 이때
의병장 행세를 하여 별군관에 임명되기도 하였으나, 곧 그의 행적이 밝혀
져 그도 효수되었다.[26)]

▫ 송진호 : 3월 봉기시 송문수와 함께 봉기.

▫ 장두일 : 3월 봉기시 송문수와 함께 봉기. 1895년 3월 30일 일본군에게 포
살됨.

■ 고창현

▫ 오하영·오시영 형제 : 무장 덕림리에서 출생. 1881년 고창읍 고촌으로 이
주. 1883년 동학교단에서 보은집회를 전개할 때부터 임형로와 함께 고창의
접주로 활동. 1894년 3월 봉기 때부터 임형로 등과 함께 1,500여 명의 농
민군을 이끌고 봉기하였으며, 9월 재봉기 때에는 8천여 명의 농민군을 이
끌고 영광에서 봉기함. 오시영은 그해 겨울 영광의 이현숙에게 체포되어
관군에 넘겨짐. 해주 오씨라는 설과 고창 오씨라는 설이 있음.

---

24) 이진영, 앞의 글 참조.
25) 『동학란기록』 하, 384~385쪽
26) 「全羅道所捉·所獲東徒成冊」『동학란기록』 하, 708쪽

▫ 임형로 : 1893년 보은집회에 고창 접주로 참여. 1894년 3월 봉기시 오시영 형제, 임천서와 함께 1,500여 명의 농민군을 이끌고 봉기. 9월 재봉기시에는 임천서와 함께 5천여 명의 농민군을 이끌고 고창읍에서 봉기.

▫ 임천서 : 3월 봉기시 오시영 형제 등과 함께 1,500여 명의 농민군을 이끌고 봉기. 9월 재봉기시에는 임천서와 함께 5천여 명의 농민군을 이끌고 고창읍에서 봉기. 11월에 함평으로 내려가 활동하다가 관군에게 체포되어 1895년 3월 20일 무장에서 일본군에 포살됨.

▫ 홍낙관 : 3월 봉기시 무장 신촌에서 봉기하여 천민들의 부대를 이끌었으며, 세력이 대단하여 항상 손화중 부대의 선봉에 섰다. 그는 11월말경에는 홍덕의 고영숙이 이끄는 농민군과 함께 나주성 공략에 참여했다. 12월 9일 홍덕현 임리에서 관군과 민병에게 체포되어 일본군에 넘겨졌으며, 나주로 압송된 뒤 다시 1895년 1월 4일 전봉준·최경선 등과 함께 서울의 일본공사관으로 압송되었다. 3월에 법무아문에서 재판을 받고 장(杖) 100대, 삼천리 밖 유배에 처해졌다.[27] 홍낙관과 같은 인물이 처형되지 않은 것은 의외의 일이다. 1899년 홍덕·고창·무장에서 영학당의 봉기가 있었을 때, 그의 동생 홍계관은 주모자의 한 사람으로 나타나고, 홍낙관 또한 거괴로서 지명 수배되었다. 하지만 홍낙관이 영학당사건에 참여했는지는 확실하지 않다.[28]

▫ 홍계관 : 1894년 3월 봉기 때부터 형 홍낙관과 함께 행동하였는데, 체포되지 않았다. 1896년 8월에는 최익서 등 호남도인 7인과 함께 최시형을 찾아가 9대(大) 접(接)을 설포(設包)할 것을 건의하는 등 동학조직 재건을 위해 노력했다. 1899년 영학당사건의 주모자로 등장한다.

■ 홍덕현

▫ 고영숙 : 장흥 고씨. 성내면 용교리 교동 출신. 1892년 무장 선운사 미륵비기 탈취사건 때 오지영·강경중과 함께 주모자로 지목되어 체포되었다가 무장 동학교도의 도움으로 탈옥. 1894년 3월 봉기시 7백여 명의 농민군을 이끌고 홍덕에서 봉기. 9월 봉기시에도 홍덕에서 2천여 명의 농민군을 이끌고 봉기, 홍낙관과 함께 고창의 농민군을 이끌고 나주성 공략에 나섬. 손화중의 동생인 손익중 등과 함께 정읍에서 체포되어 12월 26일 통위영군에게 처형됨.

---

27) 총무처 정부기록보존소, 1994,『동학관련판결문집』, 50쪽

28) 영학당사건에 대해서는 이영호, 1991,「대한제국시기 영학당운동의 성격」『한국민족운동사연구』5 ; 1995,「농민전쟁 이후 농민운동조직의 동향」『1894년 농민전쟁연구』4, 참조(이 글들은 이영호, 2004,『동학과 농민전쟁』, 혜안에도 실려 있다).

▫ 고태국 : 고영숙과 같은 마을인 성내면 용교리(당시 이동면) 교동 출신. 홍
덕의 대접주로 요호들로부터 전곡을 다수 빼앗았으며, 10월 나주성 공략을
위해 수백 명을 이끌고 광주 근처로 떠났다가 농민군이 해산하여 돌아온
뒤, 12월 13일 좌수 김병규의 고발에 의해 수성군에 붙잡혀 효수형으로 처
형됨.

이상에서 본 것처럼 무장의 주요 농민군 지도자인 송경찬·송문수 등
은 은진 송씨, 강경중은 진주 강씨로 추정된다. 은진 송씨는 해리 평지리
에서 동족마을을 이루고 있던 평민층으로 보인다. 진주 강씨는 앞서 본
것처럼 고창지역 토호 성씨중의 하나였지만, 강경중은 진주 강씨 족보에
서 보이지 않는다. 따라서 진주 강씨였다고 해도 주류에는 들지 못하는
인물이었을 가능성이 크다. 홍덕의 고영숙·고태국도 홍덕의 토호 성씨
중의 하나인 장흥 고씨이지만, 이들 역시 가문 내에서 소외된 비주류였
던 것으로 보인다. 그리고 고창의 오하영 형제들은 해주 오씨인지, 고창
오씨인지도 확실하지 않아 이 지역의 향반층이라고 보기는 어려울 듯하
다. 결국 이 지역의 농민군 지도자들은 향촌사회에서 토호 내지 향반층
으로 보기는 어려운 이들이며, 설사 향반층 성씨에 속한다 하여도 가문
내에서 소외된 이들이었을 것으로 여겨진다.

5. 주요 농민군 지도자의 사회 신분

조선왕조 시기는 신분제가 지배한 사회였다. 1894년 농민군에 참여한
이들은 모두 신분제의 철폐와 평등한 사회의 실현을 소망하였다. 그 결
과 1894년의 농민봉기는 오랜 기간 동안 내려온 신분제 철폐의 결정적
계기가 되었다.

앞서 이 지역의 농민군 지도자들이 향촌사회에서 대체로 어떤 사회적
위치를 차지하는 이들이었는지 살펴보았다. 이제부터는 당시 농민군 지

도자들 개인의 사회적 신분을 보다 구체적으로 살펴보기로 한다. 무장에
서 봉기한 이들 가운데 고창 출신인 전봉준, 정읍 출신으로 무장에 와서
활동한 손화중, 흥덕의 고영숙, 그리고 천민 출신의 농민군 지도자 홍낙
관 등 주요 인물들의 가계를 살펴봄으로써 동학농민군 지도자들의 사회
적 신분을 확인해보고자 한다.

1) 전봉준

전봉준의 가계에 대해서는 이미 이기화李起華의 글과 송정수의 글을
통해 어느 정도 사실이 밝혀졌다.29) 이에 따르면 전봉준은 고창현 덕정
면 죽림리 당촌 출생으로, 본관은 천안이며, 문효공파文孝公派이다. 천안
전씨들은 흥덕의 벽송리와 무장의 신대리 등에 동족마을을 이루어 살고
있었는데, 벽송리의 전씨는 삼재공파三宰公派였으며, 신대리의 전씨는 문
효공파였다.

전봉준은 문효공의 지파인 연산공連山公(敏)의 증손 송암공손파松庵公(五
常)孫派에 속한다. 송암공 오상으로부터 전봉준의 가계를 살펴보면 다음과
같다.30)

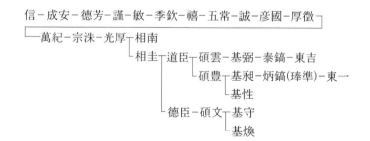

29) 이기화, 1993, 「전봉준은 고창 당촌 태생」『향토사료』, 고창문화원 ; 송정수,
　　1998, 「전봉준장군 출생지에 대한 고찰」『전라도 고창지역의 동학농민혁명』, 고
　　창문화원
30) 『天安全氏世譜』(1886, 병술년)『天安全氏世譜上系』(1931, 신미년) 참조.

위 도표의 내용 가운데 덕방德芳은 태종대 문과에 급제해 선부 전서選部 典書를 지냈으며, 그의 동생 덕린德隣은 무장 장사로 내려와 은거하였다고 한다. 이때 자리 잡은 곳이 현재 공음면 구정몰, 신대리 일대가 아닌가 여겨진다. 천안 전씨들이 무장에 자리 잡게 된 것은 이때부터였다.

덕방의 아들 근謹은 진도군수를 지냈고, 그의 아들 민敏은 연산현감을 지냈다. 그의 아들 계흠은 공주판관을, 그의 아들 희禧는 종칠품 사정司正을 지냈다. 그의 아들 오상五常은 세조대에 선무랑宣武郎(종6품, 문관)을 지냈으며, 정난靖難 2등 공신이었다. 그의 아들 성誠은 통덕랑通德郎(정5품, 문관)을 지낸 것으로, 상규相圭도 통덕랑을 지낸 것으로 되어 있다. 하지만 성誠과 상규相圭의 통덕랑은 실직實職이 아닌 음직蔭職이었다. 이렇게 보면, 그의 직계 가문은 조선 후기에 들어오면서 점차 관직에 나아가지 못하는 처지가 된 것으로 여겨진다. 아마도 그들은 선대의 경력을 내세워 양반가로 자처하고 있었을 것이다. 하지만 전봉준의 증조부인 도신 이후에는 음직의 기록조차 없는 것으로 보아 가문은 점차 더 기울어져 간 것이 아닌가 여겨진다.

전봉준의 직계는 천안 근처에 여전히 세거하고 있었다. 근謹의 묘도 천안에 있었고, 계흠季欽의 묘는 아산에 있었다. 그의 직계가 호남으로 내려온 것은 후징대부터인 것으로 여겨진다. 후징의 묘는 태인泰仁에 있고, 그의 아들 만기의 묘는 남원에, 그의 아들 상규의 묘는 순창에, 그의 아들 도신의 묘는 임실에 있었다. 전봉준의 조부 석풍의 묘는 고부에, 백부 기성의 묘는 고창 덕정에 있고, 전봉준의 부친 전창혁도 덕정과 붙어 있는 당촌이라는 전씨 동족마을에 와서 한때 살았던 것으로 보아 그의 선대 일족들은 한 곳에 정착하지 못하고 여러 곳을 떠돌아다닌 것으로 여겨진다. 그러다가 그의 부친대에 와서 숙부 기성과 그의 사촌 기필, 6촌 기수와 기환이 모두 고창 덕정에 와서 살게 되었는데, 이같은 사실로 보아 그의 부친대에 고창 덕정에 모여 살기 시작한 것으로 짐작할

수 있다. 이렇게 볼 때, 그의 가문은 어느 한 곳에 정착한 사족으로서의
지위를 갖지 못한 것으로 보인다. 17, 8세기 이후 한 곳에 정착하여 집성
촌을 이루지 못한 이들은 사족으로서 대우받을 수 없었던 것이 당시 실
정이었기 때문이다. 다만 그의 일족들은 양반의 후예라는 생각을 갖고
선비의 생활 방식을 유지하고자 하였을 것이다. 그런 가운데 경제적으로
는 몰락하여 이른바 잔반殘班의 처지에 다다르게 되었을 것이다.

2) 손화중

손화중은 정읍 일대에서 토반으로서 인정받던 밀양 손씨 가문 출신이
었다. 당시 정읍 일대의 토반으로서는 손孫, 안安, 류柳 3성姓이 꼽혔다고
한다.[31] 손화중의 가계를 대략적으로 보면 다음과 같다(손화중의 족보명은 正
植이다).[32]

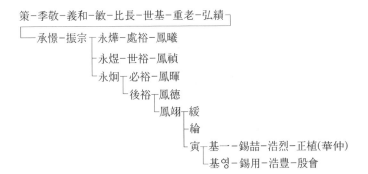

위에서 손책孫策은 조선 초기 수주목사樹州牧使를 지냈으며, 그의 아들
계경季敬은 그의 형 검경儉敬과 유경有敬(태종대 密直副事)이 태종대 보성寶城으

---

31) 조선후기 정읍의 토반으로서는 밀양 孫氏, 탐진 安氏, 고흥 柳氏를 꼽았다고 한다
(『신편 정읍군지』, 1957년, 49쪽).

32) 『密陽孫氏大同譜』 卷1, 卷5 참조.

로 유배되자 보성으로 함께 내려와서 살다가 이후 부안扶安으로 이주하
여 살았다. 이때부터 손씨 일문은 부안에 터를 잡게 되었으며, 그의 아들
의화義和는 단성현감, 손자 민敏은 곡성현감을 지냈다고 한다. 비장比長은
성종대 대사간을 지낸 인물로서 연산군 이후 낙향하여 부안에서 살았다.
이후 그의 후손 가운데 실직을 지낸 인물로서는 명종대 춘추관 기사관春
秋館 記事官, 장사국 직서掌史局 直書를 지낸 홍적弘績을 들 수 있다. 이후 그
의 자손 가운데에는 영엽永燁이 장악원정掌樂院正, 처유處裕가 무과武科 선전
관宣傳官을 지낸 것으로 되어 있으나 분명치 않다. 한편 부안에 살던 손씨
일문 가운데 일부가 정읍으로 이거한 것은 필유必裕, 후유後裕 대의 일이
었다. 이들 가운데 필유 일문은 이후에 석산石山, 후유는 음성에 자리
잡았다. 이후 이들은 각각 석산파, 음성동파라고 불리게 되었다고 한다.
당시 이들 밀양 손씨는 부안과 정읍 일대에서는 토반으로 인정받았던 것
으로 보인다. 그것은 손홍적이 부안의 옹정서원甕井書院에 봉사되었다는
사실, 그의 아들로서 임진왜란 당시 전주 경기전의 태조 영정을 정읍 내
장산으로 옮긴 손승경이 진안 마이산 영모사永慕祠에 배향되고, 송사 기
우만松沙 奇宇萬이 그의 묘갈명을 썼다고 하는 사실에서도 알 수 있다. 그
런데 정읍으로 이거한 이후 음성동의 손씨들은 이렇다 할 학자나 관리를
배출하지 못하였다. 손화중의 증조부인 기일基一은 처사處士로서 자처하
는 데 그쳤으며, 종중조부인 기영은 서울에 올라가 여러 차례 과거에 응
시하였으나 낙방하고 낙향하여 고향에 월담정月潭亭을 짓고 여생을 보냈
으며『임천문집林泉文集』을 남겼다고 한다. 아마도 기일, 기영의 후손들도
그들과 비슷한 처지에 있었으리라 생각된다. 다만 세월이 흘러갈수록 그
들의 양반으로서 지위는 흔들리고 있었을 것이다. 때문에 기영의 손자인
호풍浩豊은 통정대부의 직첩을 매득하기도 하였을 것이다.
　손화중은 위와 같은 밀양 손씨의 분위기에서 성장하였다. 음성동의
밀양 손씨는 여전히 토반으로서의 지위를 지키고 있었겠지만 19세기 이

후 이렇다 할 학자나 관직자를 배출하지 못하였고, 과거 공부와 재산 분배로 인하여 가문의 세력은 갈수록 약해지고 있었다. 19세기말의 시점에서 음성동 손씨 일문의 세력은 크게 약화되었을 것이고, 특히 손화중의 직계는 '한미한 토반' 정도에 지나지 않았다. 손화중은 바로 이 시점에서 동학에 입도하였다. 그것은 그가 세도정치 하의 조선사회에서 더 이상 과거의 길을 통한 입신출세의 길만이 아니라, 양반의 특권을 어떻게든 지켜보고자 하는 한미한 토반으로서의 지위도 버리고 새로운 세상을 만들고자 하는 길에 들어선 것을 의미한다.

손화중은 처남 유용수를 따라 입교한 뒤 청학동에 들어갔다가 2년 뒤 부안에 우거를 정하고 포교하다가, 그 후 정읍 농소동에 머물렀고, 또다시 입암면 신면리로 옮겼다. 그후 얼마동안 음성리의 본가에 돌아와 있다가 본거지를 무장현으로 옮겼으며, 이내 다시 덕림리 양실 마을로 옮겼다. 손화중의 소가가 무장 동음치면 두암리 사기동(현 공음면 두암리 사기동)에 있었으며, 손화중은 나중에 주로 이곳에서 거주했다고 하는데, 이곳은 무장 봉기가 있었던 구수마을에서 약 6km 정도 더 산 쪽으로 들어간 곳이다.[33)

3) 고영숙

고영숙高永叔(1867~1894)은 고중高仲연(일명 福林)의 후손, 즉 장흥 고씨 백파高氏 伯派에 속한다. 그는 흥덕의 성내면 용교리 다리골 출신이다. 그의 가계를 『고씨장흥백파대동보』(1978년 발행)를 통해 살피면 다음과 같다.

고영숙은 위의 승진昇鎭의 둘째 아들 제중濟中이다. 그의 가계는 11대조 억령億齡 이후 줄곧 장손의 위치를 지켜왔다. 억령은 세주世柱의 3자子

---

33) 필자가 2007년 7월 사기동을 찾았을 때 이곳에는 신천 康氏 2가구밖에 살지 않았다. 하지만 마을 곳곳에는 아직도 사기 조각들이 널려 있었다. 1894년 동학농민전쟁이 끝난 후 이 마을은 일본군과 관군에 의해 쑥밭이 된 것으로 전해진다.

였다. 그의 중시조 중연은 고려조 공민왕대 홍건적의 침입시 호종공신이
었다고 한다. 협協은 태종대 방간의 난을 진압하는 데 참여한 공신이었
다. 그의 둘째 아들 직直은 벼슬에 나아가지 않고, 홍덕에 내려와 은거하
였다. 이후 철산, 세주도 마찬가지로 벼슬에 나아가지 않고 홍덕에 살았
다. 이후 덕붕대에 와서 임진왜란을 만나 고경명과 함께 의병에 참여하였
으며, 훗날 고종대에 승정원 좌승지의 증직을 받았다. 양반의 지위를 지
키면서 성내면과 신림면 일대에 살던 고씨 일족은 고영숙의 증조부인 종
환宗煥 대에 이르러 용교리 다리골로 이거하여 살기 시작하였다고 한다.
그의 조부, 부친도 양반 유생으로서 유학을 공부하던 선비들이었다. 고영
숙의 형 제하도 역시 가선대부 돈녕부 도정공의 직첩을 가지고 양반의
지위를 지켜나가고 있던 인물이었다. 그의 조부 시영과 부친 승진도 모두
증직 통정대부 좌승지의 직첩을 받은 것으로 족보에 기록되어 있다.

그러면 고영숙은 이같은 집안에서 어떤 이유로 동학에 참여하게 되었
을까. 이진영씨의 조사에 의하면 제중, 제철, 제세 3형제는 제하와 이복
형제였다고 한다. 그의 부친 승진(1825~83)은 광산 김씨를 첫 부인으로 맞
았는데, 1844년 장남 제하만을 낳고 김씨는 1863년 세상을 떠났다. 이에
승진은 부안 김씨를 재취로 맞아들여 제중·제철·제세 3형제를 낳았던 것
이다. 제중(영숙)은 1867년생이었다. 고영숙은 양반가의 종가에서 이복형

제하와 나이가 23년이나 차이가 나는 가운데 소외될 수밖에 없었을 것이고, 그러한 상황이 그를 동학에 입도하게 만들지 않았을까 여겨진다.

4) 홍낙관

홍낙관은 1895년에 46세였으므로 1850년생으로 추정된다. 고창 고수면 은사리隱士里에서 당골(무당)을 하다가 1894년 3월 봉기시 동생 홍계관과 함께 봉기하여 대접주가 되었다. 그동안 홍낙관의 거처는 전혀 파악되지 않았다. 1998년 8월 20일 필자는 고창 향교에서 재장齋長을 지낸 김옥식金玉植 옹(85세)을 만났는데, 김옹은 자신이 사는 은사리에 홍낙관이라는 동학군 대장이 있었다고 말하였다. 김옹은 자기 동네에 홍낙관이 당골을 하던 집터가 그대로 전해 내려오고 있으며, 벼락출세한 사람을 가리켜 동네사람들이 "갑오년에 홍낙관이 되듯이 한다"고 말한다고 하였다. 은사리를 방문했을 때 동네 사람들은 홍낙관의 옛 집터까지 기억하고 있었다. 이로 미루어 홍낙관이 은사리에 살았던 것은 분명한 사실이라고 여겨진다.

「첩정牒呈」이란 자료에 의하면, "비괴 홍낙관은 본래 재인才人으로서 스스로 수접주라 칭하였다. 그의 아버지 맹철孟哲은 선봉대장, 그의 동생 응관應觀, 계관季觀, 그리고 종제 한관汗觀은 각각 접주라 칭하였다. 갑오년 3월 무장 신촌 등지에서 기포하여 백산·황룡·전주성 전투를 거쳐 고부·고창·무장·남평 등지의 군기를 취하였다. 창우倡優·무부巫夫의 무리가 모두 그의 당黨에 들어갔고, 또 도한배屠漢輩들을 불러 모아 접接을 이루었는데, 그 세력이 크게 된 후에는 양반 평민도 마구 몰아넣어 10만 대군을 이루었다. 모든 우두머리 가운데 으뜸을 칭했고, 매번 손화중의 선봉이 되었다"고 한다. 홍낙관은 재인으로서 그의 부친, 동생도 같은 신분이었을 것으로 추정된다. 그는 당골로서 다른 당골들과 밀접한 관련을 갖고 있었으며, 이것이 그가 재인才人 등 천인들을 모아 대접주로 등장할 수 있었던 배경이 되었던 것으로 보인다.

홍낙관부대는 고창지역, 특히 무장지역의 성격을 잘 보여준다. 무장 가운데 특히 장사長沙 쪽은 바다에 인접한 지역으로서 천민들이 많이 살고 있었던 곳이고, 따라서 동학이 크게 확산된 곳이었다. 손화중도 바로 이같은 지역에서 포교활동을 하여 많은 교도를 얻을 수 있었고, 홍낙관도 그러한 계층을 바탕으로 대접주가 될 수 있었던 것이다.

그밖에 이 지방 출신 다른 농민군 주요 지도자들에 대한 분석을 위해 무장의 강경중姜敬重, 고순택高順宅을 진주 강씨 족보와 장흥 고씨 족보에서 찾았으나 보이지 않았다. 이들에 대한 분석은 후일로 미루기로 한다.

무장·고창·흥덕지역의 동학농민봉기 관련도

하지만 위의 전봉준·손화중·고영숙 등 3명의 지도자의 경우에 한정해 본다면, 이들은 양반가 출신으로서 손화중·고영숙의 경우처럼 가문은 향반의 지위를 지키고 있지만, 가계 내부에서 소외된 경우이거나, 혹은 전봉준의 가계처럼 잔반의 처지로 몰락한 경우임을 알 수 있다. 따라서 그들은 양반제라는 신분제의 모순을 누구보다도 뼈저리게 느끼고 있었고, 이 때문에 이를 타파하려는 생각을 누구보다도 앞장서서 가지게 되었을 것이다. 그리고 홍낙관의 경우 천민 신분으로서 동학을 자신의 신분을 해방시켜줄 수 있을 사상으로 받아들이고, 그와 같은 신분해방을 위한 혁명에 앞장섰던 것으로 보인다. 그리고 무장의 송문수 등 그 신분이 뚜렷이 드러나지 않은 인물들은 아마도 평민층에 해당하는 이들이었다고 보아도 크게 무리가 없을 것이다.

6. 反東學 守城軍의 조직과 그 지도자들

1) 반동학 수성군의 조직과정

1894년 가을 동학농민군의 주력이 공주성 공격에 실패하고 패주하게 되자 호남 각지에서는 그동안 농민군의 위세에 눌려 있던 양반층과 향리들이 유회군과 수성군을 조직하였다. 동학농민군의 1차 봉기지역이었던 오늘날의 고창지방에서도 사정은 마찬가지였다. 고창지방에서 수성군을 조직하자는 의론이 처음 일어난 것은 9월 초순 흥덕에서였다. 당시 흥덕의 현감은 윤석진尹錫禛이었는데, 그는 다른 군현의 수령들이 성을 비우고 타지로 도주하거나 아예 부임하지 않은 것과는 달리 임지를 지키고 있었다. 그는 당시 나주성처럼 수성군을 조직하고자 하는 생각을 가져보았지만 나주성과는 달리 흥덕에는 이렇다 할 군기나 군사가 없었기 때문에 엄두를 내지 못하였다.

그런 가운데 홍덕의 이서면 용강에 살던 유학 강영중姜泳重은 역시 같
은 생각을 갖고 9월 초순경 고창에 살던 그의 4종형 강수중姜守重(大雅面
甲坪)과 류광희柳光熙(五東面 松巖)·이석구李錫九(水谷面 平池)·류지보柳志普(오동면 송
암), 김영철金榮喆(오동면 道山)·정규삼鄭奎三(前正言, 川北面 東村) 및 홍덕의 김상
환金商煥(進士, 二西面 壺巖)·최영섭崔榮涉·박윤화朴胤和·임경호任環鎬·박종화朴鍾
和 등과 자주 만나 모의한 끝에 창의하기로 결정하고 직접 현감 윤석진
을 만나 이같은 뜻을 전달하였다. 윤석진은 이같은 뜻에 찬성하고, 강영
중에게 거의擧義에 관한 모든 일을 일임하였다. 이에 강영중 등은 「취의
통문聚義通文」을 지어 비밀리에 유생들 사이에 돌렸다. 9월 9일자의 「취
의통문」에 서명한 이는 강영중·박윤화·최영섭·박추화·최규섭·김봉섭·
이길의 등이었다. 이후 이들은 「취의록」에 다른 이들의 서명을 받았다.
그런데 11월 15일 고창 유생 김영철金榮喆, 홍덕 유생 김상환金商煥 등이
홍덕현감에게 올린 상소문을 보면, 당시까지만 해도 서명한 이는 수십명
에 지나지 않았다.[34] 따라서 이들은 거사를 결행하지 못하고 있었다. 그
런데 현재 남아있는 「취의록」에 서명한 이는 홍덕에서 77명, 고창에서
439명, 고부 부안면에서 15명, 부안 건선면 우포에서 10명, 장성 북이면
에서 8명, 무장에서 48명 등 도합 597명에 달한다.[35] 따라서 서명자의
대다수는 경군京軍이 이 지역에 들어온 12월 초순 이후에 서명에 참여한
것으로 보인다.

11월 들어 농민군 주력이 북상하고 고창지방에는 차치구가 지휘하는
농민군 일부만이 남게 되었을 때, 유생들은 다시 봉기의 기회를 노리게
된다. 당시 차치구는 각 군현을 점령하고 아전들을 살해하는 등 기세를
떨치고 있었다. 이에 고창의 김영철·류광희·정규삼·강규중·유지보·박
종구 등과 홍덕의 김상환·신종관·최영섭 등 28명은 11월 15일 홍덕 현

---

34) 「聚義錄」 『동학농민전쟁사료대계』 7, 105쪽
35) 같은 책, 143~232쪽

감 윤석진에게 강영중·박윤화·강수중 등을 흥덕과 고창의 수성장으로 임명하여 의병을 일으키도록 해달라고 청원하였다. 그러나 흥덕 현감 윤석진은 15일 "의거를 청한 일은 함부로 허락하기 어렵다. 왕의 군대가 당도할 때 마땅히 직접 묻고 허락을 받도록 해야 할 것이다. 묵묵히 대비하면서 기다리기를 격려한다"고 하며, 거사를 만류하였다.[36] 그는 9월과는 다른 태도를 보인 것이었다.

그러나 열흘 뒤인 11월 25일 현감 윤석진의 태도는 다시 달라졌다. 그는 강영중·박윤화·강수중에게 거사를 본격 준비할 것을 지시하는 밀령을 내렸다. 그의 태도가 달라진 것은 공주전투에서 농민군이 패배하고 일본군과 관군이 승리하였으며, 관군이 금구까지 남하하였다는 소식을 들었기 때문이다. 그는 "들으니 전적全賊(전봉준을 지칭)이 패주하고 관군이 전라도의 경계에 들어섰다고 한다. 너희들 백성은 이제 가까스로 살아나게 되었다. 그러나 손적孫賊(손화중을 지칭)이 아직 들끓고 있으니 생령을 스스로 보존하기 어렵다. (중략) 적도가 패산할 때에 만일 평민을 살상하는 폐가 있다면 관에서 불시에 영을 발할 것이니, 너희들은 일제히 봉기하여 적도들을 잡아 죽일 것이며, 너희들을 먼저 보호할 것이되 만일 다시 적도가 득세하는 기미가 있으면 지휘를 기다리고 절대 누설하지 말라"는 밀령을 내렸다.[37]

그리고 11월 29일 윤석진은 다시 전령傳令을 내려 경군京軍이 오고 있으므로 지시가 있으면 곧 봉기할 만반의 준비를 갖출 것을 지시하였다.[38] 경군은 당시 11월 25일 금구 원평에서 농민군과 일전을 하여 승리를 거두었다. 11월 26일 경군 우선봉군의 3소대(尹喜永 지휘)와 좌포대(李圭植 지휘) 병력 230명은 27일 태인으로 진출하여 다시 농민군과 최후의 일

---

36) 같은 책, 103~109쪽
37) 같은 책, 109~110쪽
38) 같은 책, 111~112쪽

전을 하여 승리를 거두었으며, 농민군은 해산하였다. 우선봉군은 29일 정읍을 거쳐, 30일 고부로, 그리고 12월 1일에는 흥덕으로 들어왔으며, 3일에는 무장으로 나아갔다.[39] 바로 이때 강영중·김상환·신종관 등은 당시 장성에 머물고 있던 양호순무선봉진 우선봉 이두황에게 소장을 보내 흥덕현감에게 흥덕·고창·무장 3읍의 수성 책임을 맡게 해달라고 청원하였다. 이에 이두황은 12월 7일 이를 허락하는 「제음」을 내렸다. 아울러 같은 날 이두황은 흥덕수성소에 내린 전령을 통해 동학의 각 접주들이 각 촌락에 다수 은닉해 있을 것이니 이들을 색출하여 그 가운데 가장 행패가 심하였던 자들은 백성들을 모아 공의에 따라 즉시 처형하고, 위협에 의해 할 수 없이 따라다닌 자들은 공초를 받아 보고하라고 지시하였다.[40] 이에 흥덕현감은 포고문을 통해 뜻이 있는 자는 모두 봉기하여 수성소에 참여할 것을 지시하였다. 이로써 비로소 흥덕수성청이 만들어지게 된 것이다. 그리고 이어서 새 고창현감으로 김성규가 부임하면서 고창에는 따로 고창수성청이 만들어진 것으로 여겨진다.

2) 수성군의 조직과 지도자의 신분

홍덕수성청과 고창수성청의 조직은 다음과 같은 「흥덕수성청좌목」과 「고창수성청좌목」을 통해 잘 알 수 있다.

「興德守城廳座目」
知縣事 尹錫禛
　都領將 巡撫營 別軍官 前 監察 愼宗寬
　左副將 순무영 별군관 幼學 姜泳重, 右副將 進士 李秉光
　籌劃員 순무영 별군관 진사 金商煥

---

39)「兩湖日記」『동학농민전쟁사료대계』 15, 376~377쪽. 이때 이들 경군은 일본군 사관 鈴木의 지휘를 받고 있었다.
40) 주 34)와 같은 책, 114~116쪽

都察員 幼學 黃在鎭, 副察員 유학 白樂鉉
左參謀 유학 曺衡承, 右參謀 유학 高龍鎭
別參謀 유학 李麟洙, 別參謀 순무영 별군관 유학 崔榮涉
中軍 순무영 별군관 前 僉使 朴來敏
別將 전 감찰 朴來衍, 前 五衛將 陳常奎
擧行 刑吏 金仁淳, 鞠鎬宣
義穀將 時任 座首 金柄奎, 色吏 金寬淳
掌財 前 都事 高在棹, 유학 李秉鍾, 金成吾, 色吏 朴彰鍾, 書史 白南璇
都護將 초토영 별군관 유학 朴胤和
討捕 左先鋒 유학 宋觀洙, 右先鋒 出身 柳熙甲
都搜捕將 前 都正 蔡斗永, 副搜捕將 유학 金台鎬, 別搜捕將 金在九
書史 한량 朴泂鍾, 鞠鎬民
左領率 한량 朴泰馹, 右領率 한량 鞠萬孝
都察 刑吏 朴殷鍾, 朴爟鍾
火砲別將 한량 朴萬鎭, 1隊長 한량 陳仁喆, 2隊長 한량 陳鴻相, 3隊長 出身
　　姜八宗
將校 孫仁權, 張泰坤, 承永浩, 李守卜
守城廳 都擧行直 李太平, 尹福嚴

　「高敞守城廳座目」
知縣事 金星圭
　守城將 순무영 초토영 별군관 유학 姜守重
　左副將 순무영 별군관 유학 李錫九
　右副將 유학 金相烈
　別將 순무영 초토영 별군관 前 縣監 殷守龍
　參謀 순무영 별군관 진사 金榮喆
　義穀將 소모영 별군관 유학 金箕殷
　書史 유학 柳光熙, 유학 李炳鶴
　掌財 유학 曺衆坤, 유학 柳章圭, 전 첨사 吳然淑, 行首 閑良 申舜卿
　執事 전 刑吏 尹獎權
　禁亂 한량 裵成煥, 한량 丁士孝
　把守執事 한량 殷道烈
　火砲別將 한량 朴鍵夏

위에서 보듯이 홍덕 수성군의 도영장으로는 신종관이, 고창 수성군의 수성장으로는 강수중이 임명되었음을 알 수 있다. 또 홍덕의 경우에는 좌부장에 강영중, 우부장에 이병광이 차정되었으며, 고창의 경우에는 좌부장에 이석구, 우부장에 김상렬이 차정되었다. 그리고 홍덕의 신종관·강영중·김상환·최영섭·박래민·박윤화 등은 순무영으로부터 별군관으로 차정되었으며, 고창의 강수중·이석구·은수룡·김영철·김기은 등도 역시 순무영으로부터 별군관으로 차정되었음을 알 수 있다. 이들은 대부분 12월초 순무영에 수성소 설치를 청원할 때 함께 서명하여 올린 이들이었다. 이들의 신분을 보면 홍덕의 신종관이 전 감찰, 박래민이 전 첨사이고, 고창의 은수룡이 전 현감으로서 관직을 지낸 이는 극히 드물고, 다른 이들은 모두 진사進士나 유학幼學 정도이다.

여기서 주목되는 것은 강영중과 강수중 등 고창의 토호로 일컬어지던 진주 강씨의 인물들이 홍덕과 고창 수성군의 지도자들로 나섰다는 점이다. 강영중의 행장을 보면 다음과 같다. 1856년 고창 갑평에서 강석환의 아들로 태어나 과거공부를 위해 20세경에 서울로 유학하였으며, 이때 조병세·김복한·민영환·강우형 등과 교유하였다. 그뒤 과거를 포기하고 귀향하여 홍덕 용강마을로 이사하여 이곳에서 경학에 뜻을 두고 학자로서 생활하고 있었다. 그는 1894년 9월 홍덕현감 윤석진을 찾아가 "선비가 현재縣宰(縣의 수령)를 찾는 것은 실례이지만 지금 이단이 성행하여 인류이 상처를 입으며 이단이 장차 천지를 휩쓸게 되어 감히 찾아왔다"고 말하였다고 한다. 그는 윤석진의 허락을 얻어 홍덕·고창·무장·고부·부안 등지에서 동지를 모아 「의맹록義盟錄」을 작성하고 방략을 계획하던 중, 마침 서울에서 군대가 남하하여 소모사 이규태로부터 수성의 책임을 부여받아 진무하였고, 같은 마을에 처남인 참봉 최영섭崔榮涉이 군사를 호궤하니 소모사가 극찬하였다고 한다. 그는 1899년 그의 4종형인 강수중姜守重이 영학당의 봉기를 진압하기 위해 나섰을 때 이를 후원하였다고 한다. 그는 기우만과도 가까운 사이였으며, 1908년 세상을 떠났다.[41]

다음 강수중(자는 成之)은 그의 묘갈명에 의하면, 1841년 아산면 갑평에
서 강신환의 아들로 태어났는데, 집이 가난하여 나무하고 고기잡아 부모
를 봉양하는 등 어려운 생활을 하였다고 한다. 그가 1894년 고창의 수성
장으로 추대된 것은 아마도 체격이 좋고 리더십이 있었기 때문이 아닌가
여겨진다. 그는 1899년에도 영학당의 난을 진압하기 위한 의병을 조직
하는 데 앞장섰다. 1905년 후릉 참봉에 제수되었고, 1919년 세상을 떠났
다.[42]

강수중에 대해서는 오지영이 『동학사東學史』(초고본)에서 "강성지라 하
는 자는 고창 땅에 일개 토호로서 갑오 봄에 그의 생명을 구활키 위하야
동학에 입참入參하야 접주接主의 직에 있어 동학의 세력을 많이 부리던 자
이다. 끝내는 동학당의 패함을 보고 다시 수성장이 되어 동학당을 무수
히 잡아죽인 자"라고 기록하였다.[43] 하지만 강수중이 동학에 입도하였
다는 사실은 다른 곳에서는 전혀 기록이 보이지 않는다. 따라서 이 부분
에 대해서는 더 확인이 필요하다.

대아면 갑평의 진주 강씨들은 통계공파通溪公派인데, 통계공 강회중姜淮
仲은 고려 말 공양왕 때의 사람으로 집의를 지냈다. 고창 대아 갑평에
처음 들어온 입향조는 강순姜恂으로 호는 청계淸溪이다. 그는 강회중의 7
대 손으로 선조 40년 서울에서 출생하여 병자호란 때에 욕된 강화가 이
루어졌다는 소식을 듣고 벼슬의 뜻을 버리고 고창으로 남하하였다고 한
다. 현재 진주 강씨 통계공파는 아산면 갑평(상갑, 하갑)과 독곡篤谷에 주로
거주하고 있다.[44] 앞서 본 것처럼 진주 강씨 청계공파는 고창에서는 7대
양반 성씨에 들어가는 집안이었다.[45] 그리고 강영중과 강수중은 가까운

일족이었고, 최영섭은 강영중의 처남이었던 것도 확인된다. 한편 당시
대아면 갑평에서는 강수중 외에도 강호중·강규중 등 23명의 강씨가 「취
의록」에 서명한 것으로 나타난다.

  또 하나 주목되는 것은 홍덕의 경우, 강영중·박윤화·최영섭 등 홍덕
수성군의 요직을 점하고 있는 이들의 상당수가 모두 한 마을 사람이라는
점이다. 같은 마을에서는 이들 외에도 이들과 일족이 되는 것으로 보이
는 최규섭崔奎涉·강귀중姜龜重 등도 역시 「취의록」에 서명하고 있다.46)

  그밖에 「취의록」에 서명한 이들을 보면, 홍덕에서는 대표적인 양반
성씨들인 신씨(신종관), 고씨(고제도·고용진), 백씨(백낙현·백낙규), 이씨(이회식 등)
등이 참여했다. 고창에서는 갑평과 이웃한 도산道山의 김영철金榮喆 등 안
동 김씨, 당시 천북면 동촌(현 고창읍)의 전 감역 정관삼鄭觀三, 전 정언 정규
삼鄭奎三 등 진주 정씨, 오동면 중리(현 고창읍 주곡)의 유학 류준철柳俊喆 등
고흥 류씨柳氏, 수곡면 평지平池(현 고수면 평지리)의 이석구李錫九 등 전주 이
씨, 천북면(현 고창읍 성두리)의 조풍곤曹豊坤 등 창녕 조씨曹氏 등이 취의록에
서명한 주요 성씨들이다. 그리고 고창의 탑정 지산塔亭 芝山에서는 뒤에
손화중을 밀고하여 체포하게 한 이봉우李鳳宇가 서명한 것이 눈에 띈다.
부안 건선면 우포에서는 김인섭金麟燮 등 김씨 일족이 다수 참여했다. 장
성 북이면에서는 신申·공孔·김金·류柳씨 등이 참여했고, 무장에서는 전
정언 김수형金秀馨, 전 정언 최인휴崔獜休(동음치 신흥) 등이 서명했고, 군유리
群儒里의 진주 정씨들, 탁곡(현 부안면) 강정江亭의 수원 백씨들도 다수 서명
하였다.47)

  다음 수성군에 참여한 아전들을 살펴보자. 홍덕의 아전 성씨로는 진
陳·국鞠·박朴씨가 가장 유명하였다. 실제로 홍덕수성청 좌목에 나오는 이
속들은 대부분 이들 성씨이다. 이들 가운데 현임 아전들은 색리色吏로 표

---

46) 『동학농민전쟁사료대계』 7, 145쪽
47) 『동학농민전쟁사료대계』 7, 145~223쪽

기되었고, 현임이 아닌 이들은 한량閑良이라고 표기된 것을 볼 수 있다. 「취의록」에서 '읍내'라는 주소로 서명한 이족들은 전 첨사 박래민朴來敏, 전 감찰 박도연朴道衍, 전 오위장 진상규陳常奎, 그리고 박형종朴洞鍾·박의종朴義鍾·김인순金仁淳·국호선鞠鎬宣 등이었다.[48] 고창의 아전 성씨로는 은殷·신申·박朴·오吳·정丁·윤尹씨 등이 있었다. 고창 수성청좌목에 나오는 형리刑吏 혹은 한량閑良은 모두 이들 성씨이다. 그 가운데 가장 유명한 이는 전 감찰 은수룡殷壽龍이다. 그는 신재효申在孝의 아버지인 신광흡申光洽으로부터 관약방官藥房을 넘겨받아 운영하고 있었으며, 또 고리대금업을 하여 크게 치부하였다고 한다. 때문에 그에 대한 민의 원성은 높을 수밖에 없었고, 1894년 봄 농민군이 고창성에 입성하였을 때 농민들은 은수룡의 집으로 몰려가 그의 집의 기둥을 무너뜨리기도 했다고 한다. 그는 제주 대정현감을 지내기도 했다고 한다.[49] 그밖에 눈에 띄는 인물은 한량 신순경申舜卿으로 그는 신재효의 아들이었다.[50] 또 화포별장을 맡은 한량 박건하는 전 호장戶長이었다.[51] 고창에서 「취의록」에 서명한 아전들을 보면, 서부를 주소로 한 은수룡 등 은씨, 전 감찰 오연숙吳然淑 등 오씨, 신만손申萬孫 등 신씨 등 15명, 동부를 주소로 한 윤병식尹炳植 등 윤씨, 박건하朴建夏 등 박씨, 신계손申季孫 등 신씨, 그리고 배성환裵成煥 등 24명이 서명하였다.[52]

그리고 여기서 주목해야 할 사실은 무장에서는 수성군이 조직되지 않았다는 사실이다. 당시 무장에서는 현감도 자리를 비우고 없었고, 양반층이나 향리층도 농민군의 본거지라 할 이곳에서 아직은 감히 수성군을

---

48) 같은 책, 154쪽
49) 이기화 선생 증언(1998.8.20) 참조.
50) 신재효는 1812년에 경주인 신광흡의 아들로 태어나 1860년대에 고창의 戶長을 지냈다. 신재효에 대해서는 이기화, 『고창의 맥』, 90~104쪽 참조
51) 『동학란기록』 하, 656쪽
52) 『동학농민전쟁사료대계』 7, 208~213쪽

조직할 엄두를 내지 못하고 있었다. 다만 일부 양반층이 「취의록」에 서 명했을 뿐이었다.

3) 수성군의 활동

그러면 이들 수성군은 어떤 활동을 전개하였을까. 수성군의 활동을 살피기에 앞서 당시 이 지역에 들어온 경군의 움직임을 살펴보자. 앞서 본 것처럼 경군이 이 지역에 처음 들어온 것은 12월 1일의 일이었다. 그리고 경군은 일본군 사관 모리오森尾雅一의 지휘를 받으면서 무장의 사기점沙器店으로 가서 손화중의 작은 집에 머물면서 상하 탑동上下 塔洞의 동민들을 모두 잡아다가 그 가운데 접주 4명을 잡아내고 나머지 동민들은 효유하고 풀어주었다. 경군은 일본군 사관 스즈키鈴木의 지휘에 따라 무장에 잠복하고 있는 동학군들을 색출하기 위해 230명의 병력 가운데 140명을 무장에 머무르게 하고, 다른 병력은 고창으로 나오게 했으며, 이미 체포된 동학군 42명 가운데 김경운金景云을 효수하였다. 무장에 머무르던 병력 가운데 40명은 여전히 무장에 남겨놓고 나머지 병력은 6일 영광으로 갔다.53) 경군이 이처럼 무장 일대에서 주로 작전을 펴고 있었던 것은 이 지역이 그만큼 동학군의 본거지로 알려져 있었기 때문이다. 12월 9일 경군은 마침내 홍낙관을 홍덕현 임리林里에서 체포하였고, 11일에는 손화중을 고부군 부안면 수강산에서 체포하는 성과를 거두었다. 경군은 이들을 함평을 거쳐 나주로 압송하였다. 또 영광에 머무르던 우선봉진의 경군들도 19일에는 다시 무장으로 이동하여 이곳에서 체포된 김광오·김문의·박용삼·문만조 등을 진중에 가두었고, 20일에는 고창으로 이동하여 이곳에서 잡은 김치삼·남사규를 가두었고, 21일에는 홍덕으로 이동하여 이곳에서 잡은 이백오·장여중·이장술·김치오 등을 진중

---

53) 『동학농민전쟁사료대계』 15, 376~380쪽

에 가두었다. 이후 이들 경군은 부안·김제·고부·정읍 등지를 돌면서 모두 29명을 잡아 진중에 가두었고, 이들을 장성을 거쳐 1월 3일 나주로 압송하였다.[54)]

그러면 흥덕과 고창의 수성군은 어떤 활동을 하였는가. 12월 9일 흥덕현감의 첩보에 의하면, 흥덕의 이교와 수성군은 사방에서 농민군을 수색하는 작업을 하고 있었으며, 그 결과 이동면 은동二東面 隱洞의 서상옥徐相玉과 일서면 진목정一西面 眞木亭의 정무경鄭武景을 체포하였는데, 이들은 소위 사접私接의 접주들로서 평민의 재곡을 약탈한 일이 부지기수였고, 또 군사를 일으켜 나주성 공략에 가담한 자들이었다고 한다. 흥덕의 수성군은 본보기로 이들을 효수형에 처하였다. 또 흥덕 수성군은 이동면 교동二東面 橋洞의 고태국을 체포하였는데, 고태국은 흥덕의 대접주였다. 요호饒戶들의 전곡을 다수 늑탈하였으며, 9월에 강제로 거둔 2,600여 량으로 화약을 만들어 10월 18일 나주성 공략을 위해 수백 명을 이끌고 광주 근처로 떠났다가 농민군이 해산하자 도망하여 돌아왔는데, 12월 13일 밤 좌수 김병규가 그가 숨어있는 곳을 알아내 수성군에 연락함으로써 수성군이 즉시 달려가 체포하였다고 한다. 고태국은 군민이 모인 가운데 효수형에 처해졌는데, 그는 흥덕의 대접주 고영숙과 한 마을 사람이었다. 흥덕현감은 또 첩보를 통해 이동면 내옥리 고성천高成天, 정읍 서남촌 강윤언姜允彦, 고부 하오산 김태운金太云, 무장 사기점의 추윤문秋允文 등 4명을 이교와 민병들이 잡아 그들을 엄히 문초하였다고 보고하였다. 현감은 이들은 모두 사접주私接主로서, 고성천은 여름 이후 평민들과 선상들의 재곡을 약탈함이 적지 않았고, 10월에는 군사를 이끌고 나주 공략의 선봉에 나섰으며, 강윤언은 경내 요호의 집과 동학에 들어오지 않은 사람의 집을 돌아다니면서 이들의 주뢰를 튼다든가 가사家舍에 불을 지르기도 하였고, 김태운은 열읍을 횡행하면서 악형과 토색이 미치지

않는 곳이 없었고, 일찍부터 병선을 막는다고 해구에 무리를 모아 둔취하였으며, 추윤문은 손화중의 심복으로서 홍덕과 고부 사이에서 평민의 전곡을 약탈한 일이 부지기수라고 보고하였다. 결국 이들 4명도 군민이 모인 가운데 효수형에 처해졌다.[55)

홍덕현감은 또 홍덕수성군의 수포유사搜捕有司 김재구金在九가 민병을 이끌고 정읍의 동학거괴 차치구를 체포하였다고 보고하였다. 차치구는 전봉군의 후군대장을 자처하면서 대장기와 숙정패를 세우고 포군 4백 명을 이끌고 전라도 좌우도를 돌아다니면서 각읍의 관장을 능욕한 인물이었다고 한다. 또 그는 공주와 논산 전투에서 전봉준의 후군대장으로 참여하였으며, 패전 이후 홍덕으로 숨어들었다가 체포된 것이다.[56) 홍덕현감은 거물인 차치구를 함부로 처형할 수 없었다. 따라서 순무선봉진에 처형 여부를 물었고,[57) 처형 지시가 내려져 그를 처형한 것은 다음 해 1월 11일이었다.[58)

홍덕현감은 또 수성군이 홍덕 현내면 치리의 이청용李靑用, 이남면 해천의 재인 김도순金道順, 이서면 사천의 이희풍李希豊, 고부 곽경순郭京順, 정읍 신준직申俊直 등 5명을 체포하였다고 보고하였다. 현감은 이들이 모두 사접私接의 괴수로서 신준직은 접사接司이며, 이청용은 의병대장이라 자칭하고 읍촌을 돌아다니면서 재곡을 약탈하였고, 김도순은 본래 도적으로서 접주라 칭하고 그 무리를 이끌고 다니면서 반민班民을 구타하고 약탈하였으며, 이희풍은 고부·장성·전주에서의 접전시에 참여하고, 원평에 가서 왕의 명을 받고 온 선전관宣傳官을 살해할 때 따라간 인물이며, 곽경순 역시 재곡을 약탈하고 임신한 부녀자에게 총을 쏘아 사산케한 일이 있었고, 신준직은 차치구와 함께 홍덕 소재 명례궁 답 도조 50여 석

---

55) 같은 책, 276∼278쪽
56) 같은 책, 278∼279쪽
57) 같은 책, 301쪽
58) 같은 책, 374쪽

을 마음대로 방매한 일이 있었다고 주장하였다. 이들 5명도 결국 군민이 모인 가운데 처형되었다.[59]

위와 같은 동학군 색출작업에는 흥덕현감 윤석진의 지휘 하에 있던 흥덕과 고창의 수성군이 함께 참여한 것으로 보인다. 뒷날 작성된 「갑오군공록甲午軍功錄」에는 이들 수성군의 공이 기록되어 있다. 이에 의하면 고창의 수성장 강수중은 의병을 모아 거괴 3명을 잡았으며, 고창의 퇴리 윤행권尹行權도 민병을 모아 거괴를 잡았다고 한다. 또 고창의 유학 서동식徐東植은 홍낙관을 잡는데 공을 세웠다. 무장의 유학 박선채朴璇采는 의병을 모아 동학군 100명을 잡았으며, 고창의 유학 이봉우는 민병을 이끌고 손화중을 잡아 중산현감에 제수되었다. 고창의 군교 전응진全應振도 종군하여 많은 동학군을 잡았다고 한다.[60] 그런데 이들 가운데 포상을 받은 이는 이봉우 정도였고, 고창 수성장을 맡았던 강수중은 아무런 포상을 받지 못하였다. 때문에 고창의 유생 유영규·박경순·조상곤 등은 순경사巡警使에게 강수중을 포상해줄 것을 청원하는 소장을 올리기도 하였다.[61]

1894년 12월 농민군 색출이 진행되는 가운데 지방관과 양반층은 흐트러진 향촌사회의 질서를 다시 세우기 위해 여러 방안을 강구한 것으로 보인다. 그 중의 하나가 향약의 재보급 실시였다. 1894년 12월 고창현감으로 부임한 김성규金星圭는 겸임하고 있던 전라도 위무영 종사관으로서 「향약사목鄕約事目」을 지어 올려 전라관찰사는 전라도 각 읍에서 이를 모두 실시하도록 지시하였다.[62] 하지만 이 향약이 각 읍에서 얼마나 시행되었는지는 확실치 않다. 다만 그가 현감으로 있던 고창에서는 향약이 실시되었을 가능성이 높다. 이 향약에 따르면 각 읍에는 도약정都約正 1

---

59) 같은 책, 279~280쪽
60) 「갑오군공록」 『동학란기록』 하, 720~726쪽
61) 이 訴狀은 현재 강수중이 살던 마을에 있는 淸溪精舍에 보관되어 있다.
62) 『草亭集』 권7, 「鄕約事目」

인과 부약정副約正 2인, 직월直月 1인을, 각 면에는 직월 1인(儒生)과 면장面
掌 1인(平民)을, 각 리에는 이정里正 1인(양반 혹은 평민)과 이장里掌 1인(평민 혹은
양반)을 두도록 하였다. 이 향약에는 반상班常이 모두 참여할 수 있었고,
다만 등록시에는 분류하여 기록하고 강회講會시에도 그 좌석을 구별한다
고 되어 있었다. 매월 초1일 각 면에서는 강약을 위한 집회를 갖고, 매년
춘추에 향교에서는 간부들이 모여 강약회를 갖는 것으로 되어 있다.

한편 1894년 당시 무장 대산면 매산리의 진주 정씨 정관원鄭官源은 향
반들을 모아 규약을 정하고 향교에서 예법을 같이 읽음으로써 양반층의
이탈을 막고자 한 일이 있었다.[63] 이는 소외된 양반층의 이탈을 막기 위
한 일이었을 것이다. 이처럼 이미 양반층의 결속조차 어려운 상황에서
피지배층에 대한 향약 실시는 별다른 효과를 거두지 못하였을 것이다.

7. 맺음말

이상에서 오늘날의 고창지방, 당시로는 무장·고창·홍덕의 향촌사회
와 동학농민봉기가 어떤 관련이 있는지 살펴보았다. 여기서 얻어진 결론
은 대체로 다음과 같이 요약할 수 있다.

19세기말 이 지역의 향촌사회는 다른 지역과 마찬가지로 토호·향반·
향리층으로 이루어진 지배층과, 평민·천민층으로 이루어진 피지배층으
로 이루어져 있었다. 하지만 무장은 바닷가를 끼고 있고 농토가 적다는
지리적 조건 때문에 홍덕과 고창에 비해 상대적으로 양반층과 유교문화
가 약하였다. 아전층과 평민층이 강하였고, 평민문화가 유교문화보다 강
하였던 것이다. 그러한 조건 위에서 동학은 이 지역에 급속히 전파될 수
있었고, 손화중은 이 지역에서 많은 동학도를 얻을 수 있었다. 전봉준이

---

63) 「龍塢先生鄭公行狀」『龍塢集』 3

고부봉기를 전국적 봉기로 확대시키는데 실패한 뒤 무장으로 옮겨온 것
은 무장지역의 동학도가 세력이 가장 강하였다는 점과, 천안 전씨들이
많이 살고 있는 곳으로서 그가 의지할 수 있었다는 점 등 그가 이 지역
에 나름대로 연고와 기반이 있었다는 점이 작용한 것이었다.

이 지역의 당시 향촌 사회를 보면 토호 내지는 향반으로 불릴 수 있는
양반 성씨로는 흥덕의 전주 이씨, 동복 오씨, 고흥 류씨, 거창 신씨, 함평
노씨, 평강 채씨, 수원 백씨 등과, 고창의 창녕 조씨, 고흥 류씨, 광산
김씨, 죽산 안씨, 이천 서씨, 진주 강씨, 경주 이씨 등과, 무장의 청도
김씨, 함양 오씨, 진주 정씨, 진주 강씨 등을 꼽을 수 있었다. 그리고 아
전 성씨로는 고창의 박·국·백·진씨, 고창의 은·박·신·오씨와, 무장의
진·김·노씨 등이었다.

1894년 농민봉기 당시 이 지역의 주요 농민군 지도자로는 고창 태생
의 전봉준, 정읍 출신의 손화중을 비롯하여 그 아래 장령급으로는 흥덕
의 고영숙, 고창의 홍낙관·오하영·오시영, 무장의 강경중·송경찬·송문
수 등을 들 수 있다.

전봉준은 천안 전씨인데, 전씨들은 무장과 고창지역에 동족 마을을
이루고 많이 살던 일족이었지만 사족의 대열에 들지는 못하였다. 특히
전봉준의 직계는 조선초기에는 관직을 지낸 이들이 있었지만, 조선후기
이래 관직에 나아간 적이 없었다. 증조부 이후에는 음직의 기록조차 없
는 것으로 보아 향반 행세도 제대로 하지 못했으며, 특히 이곳저곳을 떠
돌아다닌 것으로 보아 잔반의 명맥만을 유지하고 있었던 것으로 보인다.
손화중의 선조들은 명종대 즈음까지 관직을 지낸 이들이 있고, 그의 10
대조인 손승경이 임란 때 태조의 영정을 정읍 내장산에 옮긴 일이 있어
진안 영모사에 배향되는 등 정읍 일대에서 토반으로 인정받던 밀양 손씨
가문 출신이었다. 하지만 손화중의 증조부대 이래 직계는 모두 과거에
낙방하고 처사로 자처하는 데 그쳤으며, 토반으로서의 지위도 흔들리고

있었다. 곧 그의 직계 가문은 '한미한 향반'에 지나지 않았던 것이다. 손화중은 그런 분위기에서 성장하여 동학에 입도하였다.

장령급에 해당하는 고영숙은 장흥 고씨로 그의 10대조가 임란 때 의병에 참여하여 좌승지의 증직을 받은 일이 있어 고씨들은 흥덕의 성내면과 신림면 일대에서 향반의 지위를 지켜왔다. 그의 조부, 부친도 모두 양반 유생이었다. 하지만 고영숙은 재취로 들어간 어머니가 낳은 아들로서 이복형과는 23살이나 나이 차이가 나는 실정이었으며, 이것이 집안에서 그가 소외될 수밖에 없는 조건을 만들었던 것으로 보인다. 결국 그도 양반사회에서는 제자리를 찾기 어려운 존재였던 것이다. 홍낙관은 재인 출신으로 그의 부친, 동생도 같은 신분이었던 것으로 보인다. 그는 그러한 신분을 이용하여 같은 천민 출신들을 끌어 모아 상당한 규모의 농민군 일대를 구성할 수 있었다. 특히 무장은 천민들이 많은 지역으로 그가 천민부대를 만드는 데 좋은 여건을 제공한 것으로 보인다.

이처럼 농민군 지도자들은 손화중, 고영숙의 경우처럼 가문은 향반의 지위를 지키고 있지만 가계 내부에서 소외된 경우이거나, 혹은 전봉준의 가계처럼 잔반의 처지로 몰락한 경우가 많았을 것임을 짐작할 수 있다. 따라서 그들은 양반제라는 신분제의 모순을 누구보다도 뼈저리게 느끼고 있었고, 때문에 이를 타파하려는 생각을 누구보다도 앞장서서 가지게 되었을 것이다. 그리고 홍낙관의 경우 천민 신분으로서 동학을 자신의 신분을 해방시켜줄 수 있을 사상으로 받아들이고, 또 그 같은 신분해방을 위한 혁명에 앞장섰던 것으로 보인다. 그리고 신분적 특성이 뚜렷이 드러나지 않은 인물들은 아마도 대부분 평민층 출신이었을 가능성이 높다.

한편 반동학군, 즉 수성군에는 고창의 토호인 진주 강씨들을 비롯하여, 흥덕의 대표적인 양반 성씨인 신(거창)·고(장흥)·백(수원)·이씨(전주)와, 고창의 김(안동)·정(진주)·류(고흥)·이(전주)·조씨(창녕), 무장의 정씨(진주) 등이 참여하였다. 이들은 당시 향촌사회의 지배층으로서 농민군이 득세하고 있

던 때부터 흥덕현감 윤석진과 협의하면서 기회를 엿보다가 농민군이 패
퇴하고 관군이 이 지역에 들어오는 시기를 맞아 수성군을 조직한 것이었
다. 이들 수성군에는 고창, 흥덕의 향리층도 포함되어 있었다. 나주 등
다른 곳의 수성군과 달리 이 지역의 수성군은 향리층이 아닌 향반층이
주도하였다. 고창과 흥덕의 양반층은 아직 그만한 힘을 갖고 있었던 것
이다. 하지만 무장의 향리층과 양반층은 수성군에 거의 참여하지 못하였
다. 현감이 부재중이었고, 가장 세력이 강하였던 무장의 농민군 잔여 세
력이 그만큼 우려되었기 때문일 것이라고 여겨진다.

　수성군은 경군을 지원하면서 마을에 숨어있는 농민군들을 색출하는
데 앞장섰고, 그 결과 손화중·홍낙관 등을 체포하는 데 성공하였으며,
그밖에도 많은 농민군을 색출하여 처형하였다. 그것은 그해 여름부터 가
을까지 향촌의 지배질서를 어지럽힌 농민군에 대한 보복이었다. 그리고
고창현감 김성규와 일부 양반들은 향촌사회의 질서를 다시 복구하기 위
해 향약의 실시를 시도하기도 했다. 하지만 이미 흐트러진 향촌사회의
질서를 복구하는 것은 양반층의 결속조차 힘든 상황에서 제대로 이루어
지기 어려운 일이었다.

제3장 남원지역의 김개남 농민군과 반농민군의 동향

1. 머리말

그동안 1894년 농민전쟁 연구는 크게 세 가지 방향에서 진행되어 왔다. 그것은 첫째 주로 1, 2차 농민봉기를 중심으로 그 진행과정을 정리하는 것, 둘째 농민전쟁 지도자들의 사회적 성격과 그들의 사상에 대한 연구, 셋째 농민전쟁기 향촌사회의 동향에 관한 연구 등이다. 이 가운데 첫번째와 두번째의 연구는 최근 상당한 성과를 내어 농민전쟁의 개괄적인 정리가 이루어지고 있다. 그러나 세번째의 연구는 아직 상대적으로 부진한 느낌이다. 또 농민전쟁의 경과도 주로 전봉준이 이끄는 주력부대에 초점이 맞추어짐으로써 김개남이나 다른 지휘자들이 이끈 농민군의 동향에 대해서는 아직 제대로 정리가 안 된 실정이다.

이 장에서는 먼저 1894년 봄부터 겨울까지 호남지방에서 활동한 농민군세력의 분포상황을 정리해보기로 한다. 이들 가운데에는 전봉준이 이끈 주력부대 외에 다른 농민군세력들도 포함될 것이다. 이어서 이 장에서는 이들 농민군세력 가운데 한 사례로서 남원지방을 중심으로 활동한 김개남세력에 대하여 보다 자세히 살펴보고자 한다. 이를 위해 이 장에서는 농민전쟁 전후 남원지방 향촌사회의 사정과, 김개남이 이끈 농민군의 동향과 그 지도부의 사회적 성격, 그리고 이에 맞선 운봉의 수성군

과 민보군의 동향, 그리고 남원·운봉의 양반 유생 등 향촌사회 지배층의
동향 등에 대하여 살펴보고자 한다.

2. 농민전쟁기 호남지방 농민군의 세력분포

1894년 봄 전봉준이 이끄는 농민군이 그해 3월 무장에서 봉기를 선언
함으로써 농민전쟁이 본격적인 발발단계에 들어서자, 호남지방의 동학
교도들은 이에 대해 적극적으로 호응하는 세력과 소극적으로 반대하는
세력으로 나뉜 것으로 보인다. 즉 『김낙봉이력金洛鳳履歷』에 의하면, 부안
접주 김낙철金洛喆은 전봉준과 손화중이 무장에서 봉기하자 대란이 일어
날 것 같은 기미를 느끼고, 이를 우려하여 그의 동생 김낙봉 편에 편지
를 보내 최시형에게 이같은 사실을 고하였다고 한다. 최시형은 이 편지
를 청산 문암리靑山 文巖里에서 받아보고 "이 또한 시운時運이니 금지키 어
렵다. 그러나 너는 형과 더불어 상의하여 접내接內를 정중히 단속하고 칩
복蟄伏함을 위주로 하라"고 답하였다 한다.[1] 이에 김낙철·김낙봉 형제는
최시형의 가르침을 따랐으며, 그들과 뜻을 같이하는 이들 40여 명은 "전
봉준과 손화중이 하는 일은 교외敎外의 일이니 상관하지 말자"고 서명한
책자까지 만들었다고 한다.[2]

그런데 당시 전봉준의 봉기에 호응하여 일어난 동학교도들은 대체로
서장옥徐璋玉의 영향력 하에 있는 세력이었다. 즉 전봉준이 봉기한 직후
의 시점에서 진산珍山에서도 동학교도들이 봉기하였는데, 이를 김낙봉은
'서장옥 관하'의 교도들이라고 기록하였던 것이다.[3] 또 황현의 「오하기

---

1) 『金洛鳳履歷』, 3~4쪽
2) 같은 책, 14쪽. 이 책자는 나중에 오권선을 추적하러 부안까지 온 나주의 수성군
   들에 의해 압수되었다고 하는데, 현재까지 발견되지 않았다. 그리고 이 책자에는
   오권선(오중문)의 이름도 들어 있었다고 하며, 이로 미루어 보아 오권선도 1차 봉
   기 당시에는 참여하지 않았던 것으로 보인다.

「梧下記聞」에서도 당시 사람들이 서장옥의 이른바 '서포徐包'를 '기포起包'라 칭하였고, 최시형의 이른바 '법포法包'를 '좌포坐包'라 칭하였으며, 전봉준 등은 모두 '서포'에 속한다고 기록하였다.[4]

한편 오지영의 『동학사』(초고본)에서는 당시 봉기의 중심인물은 전봉준·손화중·김개남·김덕명·최경선 등 5인이었으며, 이 중에서도 무장茂長의 손화중孫化中, 태인泰仁의 김개남金開南(이명 金箕範), 금구金溝의 김덕명金德明 등 3인은 당시 전라도에서 최고 두령격으로 있던 인물이었다고 기록하였다. 그밖에 『동학사』(초고본)에서 1차 봉기 당시 참여한 접주로서 기록하고 있는 인물들은 다음과 같다.

古阜： 鄭一瑞·金道三·洪景三·鄭宗赫·宋大和·宋柱玉·鄭德源·鄭允集·田東八·洪光杓·朱寬一·朱文相·尹相弘
高敞： 林亨先·林天瑞·吳時泳·吳河泳·洪樂觀·洪桂觀
茂長： 宋敬贊·宋文洙·宋鎭浩·張斗一·姜敬重
興德： 高永叔
靈光： 吳正運·崔時澈
井邑： 孫如玉·車致九·林正學
泰仁： 金永夏·金漢逑·金文行·金煉九·金智豊·崔永燦
金溝： 宋泰燮·趙元集·李東根·劉公萬·劉漢弼·劉元述·崔光燦·金應化·金士曄·金鳳得·金允玉·金仁培·金可敬
金堤： 金奉年·趙益在·黃敬三·河永雲·韓景善·李致權·林禮郁·韓鎭詵·許成義
沃溝： 許鎭
萬頃： 陳禹範
務安： 裵圭仁·裵圭贊·宋寬浩·朴琪雲·鄭敬澤·朴淵敎·魯榮學·魯允夏·朴仁和·宋斗玉·金行魯·李敏弘·林春景·李東根·金應文
任實： 崔承雨·崔由河·林德弼·李炳春·崔祐弼·趙鎭然·李萬化·金秉玉·文吉鉉·韓榮泰·李龍擧·李炳用·郭士會·許善·朴敬武·韓君正

---

3) 같은 책, 4쪽
4) 「梧下記聞」 首筆, 『동학농민전쟁사료대계』(이하 『사료대계』라 칭함) 1, 여강출판사, 54쪽

南原：金洪基·李基東·崔鎭學·金泰玉·金鍾學·李基冕·李昌宇·金禹則·金淵
　　　鎬·金時贊·朴善周·鄭東薰·李敎春
淳昌：李容述·梁會日·吳東炅·金致性·房鎭敎·崔琦煥·池東爕·吳斗善
鎭安：李士明·金化三·金澤吉
茂朱：李應白·尹汶·葛成淳
扶安：申明彦·白易九
長興：李仁煥·李邦彦·姜琫秀
潭陽：南周松·金重華·李璟爕·黃正郁·尹龍洙·金羲安
昌平：白鶴·柳亨魯
長城：金주煥·奇宇善·奇東春·朴振東·姜戒中·姜瑞中
綾州：文章烈·趙鍾純
光州：朴成東·金佑鉉
羅州：吳中文·全有昌
寶城：文章衡·李致義
靈巖：申성·申栅·崔永基
康津：金炳泰·南道均·安炳洙·尹世顯
長水：金學鍾·黃學柱
興陽：柳希道·具起瑞·宋年浩
海南：金道一·金春斗
谷城：趙鎭夏·趙在英·姜日洙·金玄基
求禮：林春奉
順天：朴洛陽
全州：崔大鳳·姜文叔·姜守漢·宋昌烈·朴基準·吳斗柄[5]

　　이들 농민군 지도자들은 대체로 각 지역의 동학접주, 혹은 접사 등의
위치에 있던 이들인 것으로 보인다. 그런데 이들 명단 가운데에는 1차
봉기 당시, 즉 무장기포시가 아닌 집강소설치 시기에 비로소 참여한 일
부 북접 접주들도 포함되어 있을 것으로 추정된다.[6] 이와 관련하여 「천

---

5) 오지영, 「동학사」(초고본) 『사료대계』 1, 457~459쪽
6) 예를 들어 임실의 崔承雨는 북접의 도접주로서 1차 봉기시에는 봉기를 거부하였
　　다가 집강소시기에 비로소 참여한 것으로 확인된다(『천도교임실교사』(1980년),
　　15~17쪽). 그런데 「동학사」(초고본)의 명단에서는 1차 봉기시 참여를 거부하였
　　다가 집강소시기 소극적으로 참여한 扶安의 金洛喆의 이름이 보이지 않는다. 따라

도교회사 초고」에서는 위의 「동학사」(초고본)과 다소 다르게 기록하고 있
다. 즉 1차 봉기 당시 참여한 접주들을 고부·옥구·정읍·태인·만경·금
구·김제·고창·무안·담양·무장·임실·남원·순창·진안·무주 등지의 접주
로 한정하여 기록하여, 「동학사」(초고본)에서 1차 봉기에 참여한 것으로
기록한   영광·부안·장흥·창평·장성·능주·나주·광주·보성·영암·강진·
장수·흥양·해남·곡성·구례·순천·전주 등지의 접주를 포함시키지 않았
다. 대신 「천도교회사 초고」에서는 9월의 2차 봉기 당시 호남지방에서
새로이 참여한 이들을 다음과 같이 따로 기록하였다.

    扶安：金錫允·申明彦·金洛喆·金洛鳳
    益山：吳景道·高濟貞·姜永達·金文永·鄭永朝·蘇錫斗
    咸悅：高德三
    臨陂：劉元述·金相喆·陳寬三·洪敬植·崔順奉
    長水：黃鶴周·金學鍾·金淑汝·金炳斗·金洪斗
    金堤：趙澈泰·黃敬三·李致權
    金溝：宋泰燮·金應化·趙元集·金邦瑞·張敬化
    萬頃：金公先
    勵山：崔鸞仙·金甲東·朴秉敦·金顯舜·趙熙一
    高山：朴準寬·金顯文·李根尙·權宗春·金得永·金洛彦·崔永敏·申鉉基·李毅
        在·徐仁勳
    珍山：趙在壁·崔士文·崔公兩
    錦山：朴能哲
    全州：徐永道·林相淳·高文善·李春奉·許乃元·朴鳳烈·崔大鳳·宋德仁·姜文
        淑·姜守漢·金春玉·宋昌烈
    任實：趙錫㐁·李炳春·朴敬武·許善
    南原：李奎淳·張南善·趙東燮·柳泰洪·邊漢斗
    淳昌：吳東鎬·姜宗實·金致性·房鎭敎·崔鎭煥·池東燮·吳斗善
    長興：李仁煥·李邦彦·朴采鉉·金學三·李仕京·孫子三·白仁明
    昌平：白鶴·柳亨魯

서 북접 계통으로서 봉기에 끝내 소극적이었던 접주들은 이 명단에 기록하지 않
았던 것으로 보인다.

長城: 金주煥·奇宇善·朴振東·姜戒中·姜瑞中
綾州: 文章烈·趙鍾純
光州: 朴成東·金佑鉉
寶城: 文章衡·李致儀
羅州: 全有昌·吳仲文
靈巖: 梁彬·申성·申欄·崔永基
康津: 金炳泰·南益均·安炳洙·尹世鉉·尹時煥·張儀運
求禮: 林奉春
海南: 金道一·金春斗
谷城: 趙錫夏·趙在英·姜日洙·金玄基
靈光: 吳正運·崔在衡·崔時澈
興陽: 吳起瑞·宋年浩·宋年燮·丁永詢·任琪瑞·柳東煥
順天: 朴洛陽[7]

「천도교회사 초고」에서 2차 봉기에서 처음 참여한 것으로 기록하고 있는 이들은 대체로 북접 계통의 접주들로 여겨지며, 이 기록은 「동학사」(초고본)보다 신빙성이 있어 보인다. 다만 1차 봉기 당시 광주·순천·장흥 등지에서도 참여한 것은 비교적 확실하게 여겨지고, 또 2차 봉기시에도 부안의 김낙철 형제 등은 이에 참여하지 않은 것으로 확인되기 때문에[8] 「천도교회사 초고」도 확실한 기록은 못되는 것으로 여겨진다.

농민군 지도자들 가운데 가장 세력이 컸던 것은 앞서도 본 것처럼 무장의 손화중, 태인의 김개남, 금구의 김덕명이었다. 그리고 이들 가운데 손화중과 김덕명은 전봉준이 이끄는 농민군의 주력을 형성하였던 것으로 보인다. 따라서 전봉준이 이끄는 주력군은 금구-고부-무장-고창지역을 중심으로 형성되어 있었다고 할 수 있다. 한편 김개남은 뒤에서 살피

---

7) 「天道敎會史 草稿」, 『동학사상자료집』 1 (아세아문화사), 465~466쪽.

8) 1차 봉기 당시 무장을 떠나 줄포에 농민군이 도착하였을 때 농민군이 든 깃발 가운데에는 순천, 광주라고 쓴 깃발이 있었다 한다(「隨錄」, 『사료대계』 5, 162쪽). 또 장흥에서는 이방언이 황룡촌전투에 참여하였고, 5월 중순경에 1차 봉기에 참여한 농민군이 귀향한 사실을 기록한 자료가 있다(박기현, 『日史』 갑오년 5월 23일).

는 것처럼 6월 이후 남원을 중심으로 인근 지역의 동학접주들을 중심으로 독자적인 세력을 형성하였다. 즉 김개남은 남원의 김홍기, 진안의 이사명, 담양의 남주송(남응삼), 홍양의 유희도(유복만) 등의 접주를 중심으로 전라도 동부지역에 독자적인 세력권을 형성하였으며, 임실·곡성·구례지역까지도 영향권 하에 두었던 것이다.

또 금구의 김인배는 순천으로 이동하여 이웃한 낙안－승주－광양지역의 농민군을 지휘하면서 상당한 세력을 이루었다. 무안의 배규인(배상옥)도 무안－함평 지역의 농민군을 지휘하면서 상당한 세력을 이루었다. 장흥의 이인환·이방언·이사경은 장흥·강진지역의 농민군을 지휘하면서 역시 상당한 세력을 이루었다. 한편 최경선은 광주로 이동하여 광주·나주지역의 농민군을 나주의 오중문 등과 함께 지휘하면서 상당한 세력을 형성하고 있었다. 이들 가운데 최경선·배규인·이방언 등은 전봉준·손화중과 밀접한 관련을 갖고 있었으며, 김인배는 김개남과 보다 밀접한 관련을 갖고 있었던 것으로 보인다.

한편 호남지방 가운데에서도 북서부지방, 즉 용안·여산·옥구·부안 등지와 남부 내륙지방, 즉 영암·화순·능주·동복 등지, 그리고 남부 해안지방, 즉 완도·진도 등지는 비교적 농민군의 세력이 약한 곳에 속하였다. 그것은 아마도 이 지역의 동학세력이 본래 약하였기 때문이었던 것으로 보인다.

3. 농민전쟁 발발 전후 남원지방 향촌사회의 동향

이제 범위를 좁혀 1894년 농민전쟁기 남원지방을 중심으로 활동한 김개남 농민군세력에 대하여 살펴보기로 하자. 남원지방 농민군의 동향에 대해서는 남원유생 김재홍金在洪이 쓴 『영상일기嶺上日記』,[9] 운봉 민보군을 조직한 박봉양朴鳳陽이 쓴 「박봉양경력서朴鳳陽經歷書」, 황현의 「오하기문」 등을 주로 참고하여 정리하였다.

먼저 농민전쟁 발발 전후 남원지방의 향촌사회 사정에 대하여 살펴보기로 하자. 남원유생 김재홍은 1892년말 동학교도들이 공주와 삼례 등지에서 신원운동을 위한 집회를 갖는 등 그 세력이 크게 늘어나자, 공맹정주지학을 유일하게 지켜오던 우리 동방에도 갑신년 이후 나라의 기강이 땅에 떨어지고 사설邪說이 횡행하게 되었다면서 이를 크게 개탄하였다.10) 또 그는 1893년 2월 동학교도들의 광화문 복합상소가 있던 시기를 전후하여 전라도의 각 읍 아문에 '창의倡義'를 칭하는 방문이 붙었다고 기록하였다. 그에 의하면 이 방문에서는 "왜양청倭洋淸 등 여러 나라 사람들이 우리나라를 횡행하여도 이를 제어하지 못하고 있으니 우리가 이를 초멸하고자 한다. 각 읍에서는 지혜와 용기가 있는 사람을 뽑아 보내라"라고 했다는 것이다. 김재홍은 이에 대해 "저들이 척왜양을 성언하고 있는 것은 가상하다. 그러나 그들이 하고자 하는 것은 난을 일으키고자 하는 것일 뿐이다. 저들이 만약 진실로 이적夷狄들이 우리나라에서 횡행하고 있는 것을 통분히 여긴다면 이 일을 마땅히 임금께 상주하여 조정의 처분을 기다리는 것이 가하거늘 이같이 각 읍에 방문을 붙이는 것은 민요를 선동하고자 하는 것이다. 아마도 저들의 뜻은 척왜양에 있지 않고 필시 왜양을 도와 백성을 학대하려는 것일 것이다"라고 비난하였다.11) 동학교도들의 척왜양의 진의를 의심하고 이를 난을 도모하려는 술수 정도로 보고 있었던 것이다. 3월 중순경 그는 삼남의 동학교도들이 각 도에서 도회를 갖고 있는데, 충청도에서는 보은에서, 전라도에서는

---

9) 남원유생 金在洪은 당시 舟岩에 거주하고 있었으며, 운봉의 李聖授와 절친하였고, 그와 함께 1890년대초 沃川 遠溪에 있던 淵齋 宋秉璿을 자주 찾아 가르침을 받았던 보수적인 유생이었다. 舟岩은 당시 남원군 只沙面에 속했으나 1914년 행정구역 개편시 任實郡 只沙面 芳礎里에 속하게 되었다.

10) 『영상일기』 임진년 12월 20일

11) 『영상일기』 계사년 2월 10일

금구에 모이고 있다고 썼다.[12]

　1894년 남원지방에 농민군의 봉기소식이 구체적으로 전달되고 그 영향이 미치기 시작한 것은 3월 하순, 즉 농민군의 무장기포가 있은 뒤였다. 그리고 전라감사 김문현의 지시에 따라 각 읍에서는 농민군에 대항하기 위한 속오군束伍軍을 대읍大邑의 경우 2백 명, 소읍小邑의 경우 1백 명을 징발하였으며, 이에 따라 남원에서도 각 마을별로 장정을 할당하여 2백 명을 징발, 전주성으로 올려 보냈다.[13] 이들 동원된 장정들은 황토재까지 끌려가서 전투에 참여하였으나 관군의 패배로 인하여 상당수가 목숨을 잃었다.[14]

　김재홍은 당시 경상도 관찰사 이용직이 전라도의 농민군이 영남으로 넘어오지 않을까 경계하여 운봉 팔랑치와 장수 육십령에 군대를 배치하였는데, 이들 군사들이 민간에 대한 토색질과 상인들에 대한 재물 약탈을 일삼고 있다고 전하였다. 또 당시 순창군수 이성렬李聖烈은 이미 향약과 오가작통을 통해 농민들을 통제하고 각 방坊에 약정約正을 두어 50호마다 20석씩의 곡식을 거두어 각 촌에 보관해왔는데, 이번 동학도들의 봉기에 즈음하여 빈농들에게 이를 나누어 줌으로써 안민安民의 방책을 꾀하였다고 한다.[15] 4월 20일에는 홍계훈의 감결이 각 읍에 전달되었는데, 홍계훈은 여기에서 "비류들의 모이고 흩어지는 것이 무상하여 그들이 정확히 어느 곳에 있는지 알 수 없으므로 각 현에서는 그들이 나타나는 대로 속히 보고하라"고 지시하였다고 한다.[16] 4월 27일 농민군이 전주성을 함락하였다는 소식은 30일 남원에도 전해졌다. 그리고 5월 1일

---

12) 『영상일기』 계사년 3월. 그는 또 경상도 밀양에서도 도회가 있었다고 썼으나, 이는 다른 기록에 전혀 나오지 않기 때문에 믿기 어렵다.

13) 『영상일기』 3월 29일

14) 김재홍은 자신의 이웃 마을에서 8명의 장정이 고부에 갔다가 1명이 죽고 7명은 크게 다쳐서 돌아왔다고 기록하였다(『영상일기』 4월 초9일).

15) 『영상일기』 갑오년 4월 16일

16) 『영상일기』 갑오년 4월 20일

부터 3일까지 전주성 밖에서 홍계훈의 군대와 농민군 사이에 치열한 공
방전이 있었다는 사실도 전해졌다. 그리고 8일에는 초토사 홍계훈이 남
원부에 소 10필과 말 20필을, 신임 전라감사 김학진이 말 20필을 각각
징발해 보내도록 요구하여 남원부사 윤병관尹秉寬은 장리將吏를 각 촌에
보내 민간으로부터 이를 거두어 오도록 함으로써 많은 폐단을 야기시켰
다고 한다.17) 이후 전주의 관군과 농민군이 타협을 통해 농민군의 전주
성 철수가 무난히 이루어졌으며, 농민군은 성을 나와 김제 쪽으로 갔는
데 김제군수가 이들을 우대하였다는 소식도 전해졌다. 그런 가운데 전라
감사 김학진은 각 읍에 전세田稅 외의 일체 잡역을 금지한다는 영을 내렸
으나 각 읍에서는 아직 이를 제대로 시행하지 못하고 있었다고 한다.18)
초토사 홍계훈은 5월 19일 경병을 이끌고 전주성을 떠나 경성으로 철수
하였다. 김재홍에 의하면 그 이후, 특히 6월에 들어 농민군은 각지에서
'창궐'하였고, 탐오한 이서배들의 병수兵需를 빙자한 요역 징발도 가중되
었다고 한다.

　그러면 당시 농민군의 움직임은 어떠하였는가. 전봉준이 이끄는 농민
군부대는 전주성에서 철수한 뒤 태인(5.12경)에서 다시 집결하여 정읍(5.17)
－백양사(5.20?)－담양(5.28)－순창(6월초)－옥과(6.14)－광주(6.16)－남평(6.17)
－능주(6.18) 등으로 순행하였으며, 김개남부대는 태인－순창(6.8)－옥과
(6.9)－담양－창평－동복－낙안－순천－곡성 등으로 순행하였다.19) 전

---

17) 『영상일기』 갑오년 5월 8일
18) 『영상일기』 갑오년 5월 18일
19) 김양식, 1993 「1,2차 전주화약과 집강소운영」 『역사연구』 2, 131쪽 참고. 이 글에
　　서는 『수록』·『일본인』 등의 자료를 들어 전봉준부대는 태인-정읍(5.17)-담양
　　(5.28)-순창(6월초)-담양(6.9)-옥과(6.14)-광주(6.16)-남평(6.17)-능주(6.18) 등으로
　　순행하였으며, 김개남부대는 태인-장성 백양사(5.28)-순창(6.8)-옥과(6.9)-담양-창
　　평-동복-낙안-순천-곡성 등으로 순행하였다고 보았으나, 전봉준이 순창에서 도로
　　담양에 되돌아왔다고 보는 것, 또 김개남부대가 태인에서 순창으로 바로 가지 않
　　고 군이 길이 험한 백양사로 돌아가려 했다는 것은 아무래도 어색하여 위와 같이

봉준과 김개남의 농민군이 함께 순창에 머무르고 있었던 것으로 보이는 6월 8일경 남원에서는 농민군이 장차 남원에 들어올 것이라 하여 민심이 크게 동요하였다고 한다.[20]

남원은 당시 도호부都護府로서 전라도에서 관찰사가 있는 전주와 목사가 있는 나주·제주·광주·능주 다음으로 큰 규모의 고을이었다.[21] 또 남원은 전라도에서 전주·제주·나주·장흥·남원·순천 등으로 구성된 6진관鎭管 체제의 중심지의 하나로서, 남원진관의 관할에는 담양·순창·무주·임실·곡성·진안·용담·옥과·운봉·창평·장수 등지가 들어있었다. 또 지리적으로 보면 남원에서 동쪽으로 연치鳶峙(일명 女院峙)를 넘어 운봉을 거쳐 경상도 땅인 함양·산청·하동·진주로 이어지며, 서쪽으로는 순창·담양·태인으로 이어진다. 남쪽으로는 섬진강을 통하여 곡성·구례·광양·승주·순천으로 이어지고, 북쪽으로는 장수·임실·진안·금산으로 이어진다. 지리적으로 남원은 그야말로 전라좌도를 호령할 수 있는 요충지였던 것이다. 1894년 여름 김개남이 남원을 자기 세력의 근거지로 삼은 것은 남원이 이와 같이 정치적으로, 그리고 지리적으로 요충지였기 때문이다.

4. 김개남 지휘 농민군의 남원 점령

김개남이 이끄는 농민군은 6월 25일 남원에 들어왔다. 당시 김개남의 휘하에서 농민군을 이끌고 있던 주요 인물들은 이사명李士明·류복만柳福晚(흥양)·남응삼南應三(담양) 등이었다. 또 이후 이들과 행동을 같이 한 남원의 토착 동학세력들은 김홍기金洪基·김우칙金禹則·이춘종李春宗·박정래朴定來·박중래朴仲來·김원석金元錫 등이었다.[22]

수정하였다.

20) 『영상일기』 갑오년 6월 8일

21) 당시 같은 도호부가 있던 곳은 장흥·순천·담양·여산·장성·무주 등지였다.

한편 7월 2일에는 전봉준도 남원에 도착하였다. 이로써 농민군은 남원지역을 완전히 장악하였고, 남원부사 윤병관은 자리를 비우고 떠나버렸다.[23] 그런데 전봉준이 남원에 도착한 직후인 7월 6일경 전라감사 김학진金鶴鎭은 일본군의 경복궁 점령과 민씨 정권의 붕괴, 그리고 개화파 정권의 수립 등의 소식을 듣고, 군관 송사마宋司馬를 전봉준에게 보내 편지를 전달하였다. 여기서 김학진은 전봉준에게 함께 국난에 대처할 것을 약속하고 농민군과 함께 전주를 지킬 것을 제의하였다. 전봉준은 이 편지를 받고 '일사보국一死報國'하겠다고 생각하고 김학진의 뜻에 응하기 위해 무리를 모아 전주로 갔으나, 동행하던 김개남은 도중에 남원으로 되돌아가버렸다.[24]

김학진과 전봉준은 전주에서 회담을 갖고 집강소설치에 합의하였다. 집강소의 설치문제는 이미 6월 초순부터 김학진이 농민군 측에 각읍에 집강을 설치하여 농민군의 기강을 잡아달라는 형태로 제의해오던 것이었다. 전봉준과 김학진간의 합의에 따라 전주에는 전라좌우도 대도소가 설치되었고, 도집강으로 송희옥이 임명되었다. 또 전봉준은 12일경 각읍에 전령을 보내 읍내에 도소를 설치하고 농민군 가운데 집강을 뽑아 수령의 일을 행하도록 하였다. 이른바 집강소의 설치였다.[25] 전봉준은 이후 곧 김개남을 비롯한 농민군이 집결해 있는 남원으로 7월 15일경 내려와 대회를 갖고 김학진과의 협상결과를 보고하였으며, 이를 농민군들로부터 추인받았던 것으로 보인다. 이때 김개남도 전봉준의 뜻에 따라 관 측과의 타협을 인정하고 집결한 농민군을 인근 각 군으로 해산시켰으며, 스스로는 백여 명을 이끌고 임실 상여암으로 들어갔다고 한다.[26] 이

---

22) 「박봉양경력서」『동학란기록』하, 511쪽
23) 『영상일기』갑오년 7월 초2일
24) 「오하기문」2필, 『사료대계』1, 179~180쪽
25) 「오하기문」2필, 『사료대계』1, 181~183쪽
26) 「오하기문」2필, 『사료대계』1, 191쪽. 여기서 상여암은 상이암의 오기인 듯하다.

때가 아마도 7월말이었을 것이다.

그런데 전봉준이 전주에 다녀온 그 사이 즉 7월 10일경 남원의 농민군 수백 명은 함양咸陽을 거처 안의安義까지 진출한 일이 있었다. 이때 농민군은 자신들을 거짓 환대한 조원식趙元植의 농간에 말려들어 3백여 명이 안의安義 민정民丁들에게 잡혀서 죽고 겨우 십여 명만 살아서 돌아올 수 있었다.[27]

한편 이웃한 순창의 경우에는 군수 이성렬이 성을 지키고 농민군을 막는 등 농민군에 대해 적대적인 태도를 보이려 하였으나, 김학진이 각 읍에 영을 내려 '무국撫局', 즉 농민군과의 타협국면을 깨지 말 것을 종용하였기 때문에 이를 따를 수밖에 없었다. 당시 순창 이민吏民은 거짓으로 입도入道를 칭하고 스스로 도소를 설치하고 집강을 둠으로써 농민군의 경내 침입을 막았다.[28] 이러한 사례는 다른 곳도 있었다. 능주나 병영이 바로 그러하였다.[29]

당시 농민군의 위세는 상당하였다. 황현에 의하면, 익산군수 정원성鄭源成, 구례현감 조규하趙圭夏, 오수찰방 양주혁梁柱爀, 화순진사 조병선曹秉善, 임실진사 한흥교韓興敎, 홍양진사 신서구申瑞求, 순천진사 유재술劉在述 등이 농민군 편을 들었다고 한다. 특히 구례현감 조규복은 김개남이 머무르고 있던 임실 상여암까지 찾아가 자신의 조카로 하여금 김개남을 따르게 하였다는 것이다.[30]

그런데 김개남이 상여암에 들어간 뒤 해산했던 농민군은 8월 중순 남원의 부동釜洞에 다시 집결하기 시작한 것으로 보인다. 이들은 8월 19일 부동의 강감역姜監役·유학규劉學圭 등의 지휘 아래 남원부에 들어가 군기

상이암은 현재도 임실군 성수면 성수산에 있다.
27) 「오하기문」 2필, 『사료대계』 1, 156쪽 ; 『영상일기』 갑오년 7월望
28) 「오하기문」 2필, 『사료대계』 1, 160쪽
29) 「오하기문」 2필, 『사료대계』 1, 137쪽
30) 「오하기문」 2필, 『사료대계』 1, 211쪽

와 화약 등을 빼앗아 부동에 저치하였다. 농민군은 이후 계속 집결하여 교룡산성과 남원성을 근거로 삼았다.[31] 김개남은 25일 임실에서 남원으로 들어왔는데, 당시 남원부사는 여전히 자리를 비우고 있었다. 김개남의 지시로 교룡산성에 근거를 마련한 것은 홍양 출신 접주 류복만(일명 柳希道)이었다.[32] 이처럼 김개남이 다시 농민군을 집결시키고 남원으로 들어온 것은 전봉준과 김학진이 마련한 '무국', 즉 타협국면을 깨뜨린 것이었다. 따라서 「오하기문」에 의하면 전봉준은 곧 남원으로 달려와 "청일전쟁이 끝나면 어느 쪽이 이기든 농민군을 향하여 총뿌리를 돌릴 것이며, 현재 우리의 오합지중으로는 뜻을 이루기 어려우니 아직은 각 현에 흩어져서 정세를 더 살펴야 될 때"라고 설득하였다고 한다. 손화중도 이어 달려와 비슷한 취지의 말을 하였다고 한다. 그러나 김개남은 대중이 한번 흩어져 버리면 다시 모이기는 어렵다면서 이를 듣지 않았다고 한다.[33] 당시 김개남은 남원에 상당히 오랫동안 머물 생각을 하고 남원성과 교룡산성을 보수하였으며, 1결 당 쌀 7말씩을 거두고, 인근 군에서까지 쌀과 군포 등을 거두었다.[34]

그런데 9월초 농민군의 진영에는 중대한 변화가 있었다. 즉 9월 3일 농민군의 해산을 종용하는 대원군의 효유문이 전주에 도착하였고, 9월 8일에는 남원에 도착하였던 것이다.[35] 이에 따라 송희옥은 전주의 대도소를 바로 철파하고 전주성에서 철수하였다. 그런데 9월 6일 송희옥은

---

31) 『영상일기』 갑오년 8월 19일
32) 「오하기문」 2필, 『사료대계』 1, 210쪽. 여기서는 유복만의 성을 劉씨로 적고 있으나 柳씨가 맞다.
33) 「오하기문」 2필, 『사료대계』 1, 210~211쪽. 그러나 전봉준과 손화중이 직접 남원까지 달려가 김개남을 만류하였는지는 확실치 않다.
34) 황현은 김개남이 남원 산동방과 구례에서 米7斗씩, 모두 3백석을 거두어 화엄사에 저치해놓았다고 기록하였다(「오하기문」 3필, 『사료대계』 1, 259쪽).
35) 대원군의 효유문을 남원에 들고 온 이는 金泰貞·高永根과 이들의 부탁으로 동행한 이는 전주의 鄭碩謨였다(「갑오약력」, 『동학란기록』 상, 66~67쪽).

대원군의 속뜻을 전하는 밀사를 구촌龜村(삼례 부근의 구미란인 듯)에서 만나 서울의 사정과 농민군의 상경을 독촉하는 대원군의 뜻을 전해 들었다.[36) 이에 송희옥은 당시 태인에 머물고 있던 전봉준을 급히 불러 이 문제를 상의하였다. 이 회합에서 전봉준은 재봉기를 서두르기로 결정한 것으로 보인다. 9일에는 금구지방의 농민들이 금구관아에 들어가 무기고에서 무기를 탈취하여 10일 전주 방면으로 향하였으며, 10일에는 삼례에 각지의 농민군이 집결하기 시작하였던 것이다.[37) 대원군의 밀사는 전봉준에게만 간 것이 아니었다. 대원군의 또 다른 밀사인 이건영은 9월 7일 남원에 당도하여 김개남에게도 같은 뜻을 전하였다.[38) 그러나 김개남은 쉽게 움직이지 않았다. 전봉준의 부대가 9월말경 공주 방향으로 북상할 때 김개남은 여전히 남원에 머무르고 있었다. 9월 17일과 22일 두 차례에 걸쳐 전라감사 김학진은 남원에 약 5, 6만의 농민군이 모여 있으며, 부사 윤병관은 오랫동안 자리를 비우고 있음을 보고하였다. 이에 정부에서는 9월 17일자로 윤병관尹秉寬을 파직하고 신임 남원부사에 이용헌李龍憲을 임명하였다.[39)

8월말 이후 남원에 농민군부대가 웅거하자 가장 위협을 느낀 것은 운봉과 곡성이었다. 곡성에서는 7월초 장성의 이사홍당이 들어와 군기와 민재를 빼앗긴 뒤에 리민吏民들이 수성군을 조직한 바가 있었다. 그러나 남원에 농민군이 들어온 이후 곡성의 농민군은 위협을 느껴 수성군을 사실상 해산한 상태였다.[40) 그러나 운봉 쪽은 달랐다. 운봉에서 반농민군을 조직한 것은 전주서 박문달前注書 朴文達(일명 朴鳳陽)이었다. 박문달은 본

---

36) 「隨錄」『사료대계』5, 296쪽 ; 국사편찬위원회편, 『주한일본공사관기록』8, 51쪽, 55쪽
37) 국사편찬위원회편, 『주한일본공사관기록』1, 129~130쪽
38) 「갑오약력」『동학란기록』상, 68쪽
39) 『啓草存案』갑오년 9월 17일, 9월 22일
40) 「谷城郡守報狀」『동학란기록』상, 99~100쪽

디 향리로서 상당한 부호였다. 그는 농민군이 봉기하자 처음에는 재산을 지키기 위해 장수長水의 동학접주 황내문黃乃文에 의지하여 그 화를 피하고자 하였다. 그러나 농민군의 세력이 각 읍에서 더욱 강성해지자 7월 26일 족당族黨과 머슴 등 수십 명을 모아 민보군民堡軍을 조직하고, 이어서 운봉 경내에서 더욱 사람을 모아 수일만에 1200여 명을 헤아리게 되었다.[41] 이들은 남원에서 운봉에 이르는 길목인 연치鳶峙(女院峙)·입망치笠望峙·유치柳峙를 지키도록 하였다.[42] 민보군은 이후에도 그 수가 계속 늘어 5천여 명에 달하였으며, 그들을 배치한 곳도 37개소에 달하였다고 한다.[43] 그런 가운데 신임 운봉현감 이의경李義絅이 도임하였고, 그는 방비를 더욱 굳게 하도록 지시하였으며, 영남 각 군에도 격문을 띄우고 대구와 진주에도 원조를 청하였다. 이에 따라 함양 쪽에서 포군 150명이 합세해 와 운봉의 수성군들과 함께 훈련을 하였다.[44]

마침내 9월 17일 농민군 수십 명이 운봉에서 서쪽으로 10리 떨어진 방아치方峨峙에 나타나자 이곳을 지키고 있던 민보군 소속 100여 명의 포군이 이를 막았으며, 수성군과 함양원군이 출동하여 농민군을 격퇴하였다. 이즈음인 9월말경 김개남은 남원에 모여 있던 농민군세력을 5영營으로 나누어 인근 5군에 파견하였다. 이에 따라 전영前營에 남응삼南應三, 후영後營에 김홍기金洪基, 우영장右營將에 김대원金大爰, 좌영장左營將에 김용관金龍關을 임명하고 중영 도통中營 都統은 김개남金開南 자신이 맡았다.[45] 이에 따라 남응삼은 자신의 근거지였던 담양으로 9월 30일 돌아갔음이 확

---

41) 「박봉양경력서」, 『동학란기록』 하, 511쪽. 아마도 이들은 각 호에서 1명씩 장정을 징발하는 방식을 통하여 동원된 것으로 보인다(『영상일기』 갑오년 8월 26일).

42) 「오하기문」 2필, 『사료대계』 1, 186~187쪽 ; 『영상일기』 갑오년 8월 19일

43) 운봉 쪽의 민보군은 구례와의 경계인 다름재로부터 장수군과의 경계에 이르기까지 6, 70리에 이르는 지역에 배치되어 있었으며, 매일 밤 봉화로써 서로 연락을 취하였다고 한다(「오하기문」 3필 『사료대계』 1, 250쪽).

44) 「박봉양경력서」, 『동학란기록』 하, 511~512쪽

45) 『영상일기』 갑오년 8월 26일

인된다.46) 그러나 이때 다른 이들이 어디로 갔는지, 그리고 김개남세력의
유력한 부대였던 홍양접의 류복만은 어디로 갔는지는 확인되지 않는다.

5. 김개남군의 북상과 패전

9월초 대원군의 밀사를 접하고, 또 전봉준의 북상 소식을 접하면서
김개남도 북상을 위한 준비를 시작하였다. 그는 전장수용戰場需用이라고
칭하면서 마골麻骨을 태워 화약을 제조하였으며,47) 목판을 징발하여 상
차廂車를 제조하게 하였으며, 군병들의 가을옷 등을 준비하였다.48) 또 당
시 오수찰방은 김학진에게 보낸 첩정牒呈에서 "남원부 회소會所의 동학배
들이 군목 색리軍木 色吏들을 난타하여 거의 사경에 이르게 하고 관고官庫
에 사들여 놓은 쌀과 상남할 각 군목軍木 20동同 27필疋을 모두 탈취해갔
다"고 보고하였다. 능주목사 조존두趙存斗도 김학진에게 보낸 첩보에서
"동비東匪 10여 명이 포를 쏘며 본주에 들어와 남원 대도소 김개남의 지
휘라고 하며 공형들을 불러내어 동전 2만냥과 백목白木 30동을 남원 대
도소로 실어 보내라고 공갈을 하며 재촉하였는데 그들이 부린 행패는 이
루 다 말할 수가 없다"고 하였다. 광주목사 이희성李義性의 첩보에서도
"본주의 공형들이 남원 대도소의 동도東徒 사통문私通文을 보니 군수軍需가
매우 시급하므로 동전 10만냥과 백목 1백동을 수송하되 만일 이를 어긴
공형들은 군율을 시행한다고 되어 있다"고 하였다.49) 이로 미루어 보아
김개남은 남원대도소의 이름으로 각 군현에 군수물자를 할당하여 이를
징발하려 하였던 것으로 보인다. 이는 남원대도소에서만 있었던 일은 아

---

46) 「갑오약력」『동학란기록』상, 72~73쪽
47) 麻骨이란 껍질을 벗긴 삼대를 말한다(일명 겨릅대).
48) 「오하기문」 3필, 『사료대계』 1, 248쪽
49) 국사편찬위원회편, 『주한일본공사관기록』 1, 131쪽

니었다. 같은 시기 전봉준이 지휘하는 금구 원평의 도회소에서도 각 군 현에 통문을 보내 군량미와 백목白木 등을 요구하였다.50)

김개남이 남원성을 출발하여 전주로 향한 것은 10월 14일이었다. 전 봉준은 전주에서 공주로 떠나면서 여러 차례 김개남에게 속히 북상해줄 것을 요청하였으나, 김개남은 참서讖書를 빙자하여 남원에서 49일을 유 진留陣해야 한다고 고집하다가 이때서야 비로소 남원을 떠난 것이었다. 김개남의 부대는 총통銃筒을 짊어진 자가 8천여 명이었으며, 군수품의 수 송행렬이 1백리에 달하였다고 한다. 김개남은 북상에 앞서 전영前營·후 영後營 등으로 각지로 나가있던 자기 세력을 남원에 다시 집결토록 했 다.51) 김개남부대가 8천에 달했다는 것은 여러 접에서 합세한 결과일 것 이다.

김개남부대는 임실을 거쳐 전주로 향하였다. 당시 임실현감은 민충식 閔忠植으로 그는 민영준閔泳駿의 족질族侄이었다. 「오하기문」에 의하면 민 충식은 김개남과 이미 형제의 관계를 맺고 동학에 입도한 자이며, 이때 김개남에 의해 행군도성찰行軍都省察에 임명되어 김개남군을 안내하였다 고 한다.52) 일본군의 보고에 의하면 민충식은 임실현 관청의 기기器機를 모두 동학당에게 주었다고 한다. 민충식은 뒤에 일본군에게 체포되어 경 성으로 압송되던 도중 천안에서 탈주하였다.53)

임실을 거쳐 전주성에 들어간 김개남은 당시 전주에 머물고 있던 신 임 남원부사 이용헌李龍憲을 붙잡아 처형했다. 김개남이 이용헌을 붙잡아 처형했던 것은 이용헌이 정부로부터 소모사召募使의 직책을 아울러 받고 내려와 전주에 머무르면서 밀사를 남원에 보내 남원민의 봉기를 종용하 고, 아울러 운봉의 박봉양과도 연락을 꾀해 남원의 김개남군을 양쪽에서

---

50) 같은 책, 130~131쪽
51) 「갑오약력」, 『동학란기록』 상, 74쪽
52) 「梧下記聞」 2필, 『사료대계』 1, 256~257쪽
53) 국사편찬위원회편, 『주한일본공사관기록』 1, 196쪽

협공하려는 계획을 세우고 있었기 때문이다. 「오하기문」에 의하면, 김개남은 이때 이용헌에게 "네가 왜놈이 임명한 관원으로 내려와 나를 죽이려고 한 일이 있느냐"고 물었고, 이용헌은 이를 부인하였으나 그가 지니고 있던 소모사 임명의 유서諭書와 그 밖의 기포기밀문서譏捕機密文書 등이 발각됨으로써 김개남이 그를 직접 참형하였다고 한다.54) 그러나 일본군 측의 기록에 의하면 한양까지 가서 이용헌을 수행해오던 남원의 한 향리가 김개남을 인도해서 이용헌을 죽이게 했으며, 김개남이 직접 이용헌을 죽인 것은 아니지만 그가 하수인을 시켜 죽인 것이므로 뒷날 김개남이 체포되어 전주로 압송되었을 때 이용헌의 아들이 김개남을 원수로 지목하여 죽이겠다고 나섰다고 기록하였다.55) 한편 김개남은 또 이때 전주에 머물고 있던 순천부사 이수홍李秀弘과 고부군수 양성환梁性煥에게 매질을 가한 뒤 가두었는데, 양성환은 장독을 이기지 못하고 죽었으며, 이수홍은 3천냥을 바치고 풀려났다고 한다.56) 또 『초정집』에 의하면 김학진의 참모로 있다가 당시 고창현감으로 가 있던 김성규金星圭는 전주로 들어와 김개남의 행태를 힐책하고 말리려 하였다가 그에게 오히려 구타, 감금 당하였다고 한다.57) 또 「오하기문」에 의하면, 김개남은 전주에서 전라감사 김학진을 만나 자신이 이미 전주감영에 동복多服 1천 벌을 만들어달라고 요구했는데, 왜 이에 응하지 않았느냐고 힐문하였으며, 김학진은 자신은 그러한 편지를 받은 적이 없다고 변명하였다 한다.58) 당시

---

54) 「오하기문」, 2필, 『사료대계』1, 257쪽. 이용헌은 김개남에게 굽히지 않고 충절을 지키다가 죽었다 하여 11월초 정부로부터 군무협판에 추증되었다(「甲午實記」『사료대계』6, 326쪽).

55) 국사편찬위원회편, 『주한일본공사관기록』6, 49쪽

56) 「오하기문」, 2필, 『사료대계』1, 259쪽

57) 「草心亭實記」『草亭集』권12. 김성규는 이때 김개남에게 원한을 갖게 되었고, 이일이 뒷날 그가 이도재의 종사관이 되어 김개남을 체포, 처형하는 데 앞장서게하는 계기가 되었다고 한다(김용섭, 1975 『한국근대농업사연구』, 일조각, 417쪽).

58) 「오하기문」, 2필, 『사료대계』1, 258~259쪽

김학진은 9월 22일 정부에 전주·금구와 남원에 동학도들이 다시 모이고
있다고 보고하였고, 이에 의정부는 이를 막지 못한 책임을 물어 그를 파
직하였으나, 아직 신임감사가 내려오지 않아 전주에 머무르고 있는 실정
이었다.[59]

이후 김개남은 전봉준이 공주 방면으로 간 것과는 달리 북상의 진로
를 청주 방면으로 잡았다. 두 사람이 이처럼 북상의 진로를 달리한 이유
는 무엇이었을까. 이에 대해 오지영의 「동학사」(초고본)은 다음과 같이 설
명하고 있다.

전봉준과 김개남 등이 대군을 거느리고 전주성을 떠나 삼례역에 이르러
北伐의 의견이 서로 달라 김개남은 말하되 대군의 행진을 북으로 공주길로
가는 것보다 동북으로 청주길로 가는 것이 마땅하다 하여 언론이 있었다. 전
봉준은 말하되 이제 官兵이 이미 금강을 건너 공주감영에 들어있나니 우리가
만일 공주길을 버리고 청주길로 갈 것 같으면 敵은 반드시 南으로부터 우리
의 뒤를 따라 치밀어 올라올 것이며, 淸州의 地境에 이르러는 敵은 우리를
중간에 두고 左右挾의 勢를 취할 것이오, 또는 敵이 우리 本陣인 호남을 짓밟
아 버리게 되기 쉬우니 어느 편으로 보나 적이 오는 앞을 막아 들어가는 것이
가하노라 하였다. 이와 같이 북진의 의견이 서로 달라 필경은 공주 청주 兩路
로 나누어 들어가자는 말이 성립되어 김개남군은 청주길로 가게 되었고, 전봉
준군은 공주길로 가게 되었었다.[60]

위와 같은 기록에는 약간의 문제점이 있다. 김개남이 전주·삼례에 도

---

59) 의정부에서는 9월 23일 김학진을 파직하고 홍주목사 李勝宇를 후임으로 임명했
　　으나, 이승우는 홍주의 상황이 급박함을 들어 이를 거부하였고, 이에 의정부에서
　　는 10월 6일 다시 공무협판이던 李道宰를 신임 전라감사로 임명하였으나, 10월
　　중순 현재 이도재는 아직 전주에 부임하지 않고 있었다(『日省錄』 갑오 9월 23일 ;
　　갑오 10월 6일 ; 「甲午實記」 『사료대계』 6, 317~318쪽). 이도재가 전주에 부임
　　한 것은 11월 29일 전봉준이 공주패전 뒤 후퇴하면서 전주를 거쳐 원평 쪽으로
　　빠져나간 뒤였다(「양호우선봉일기」 『동학란기록』 상, 326쪽).
60) 「동학사」(초고본) 『사료대계』 1, 496쪽

착하였을 10월 16일경은 이미 전봉준이 북상하여 은진을 거쳐 16일 논산·노성에 다다르고 있던 때였기 때문이다.[61] 따라서 전봉준과 김개남이 서로 만나서 북상의 진로를 놓고 논의했다는 것은 사실과 어긋난다. 또 전봉준은 훗날 신문과정에서 "김개남은 내가 왕사王事에 합력하자고 권하였으나 끝내 듣지 않았기 때문에 처음에는 상의한 바가 있었지만 나중에는 상관하지 않았다"고 하였다. 여기서 왕사에 합력하자고 한 것은 김학진과의 타협에 의한 무국을 유지하면서 집강소체제를 지속해 나가는 것이었을 것이다. 따라서 전봉준과 김개남 사이의 협력관계는 8월 25일 김개남의 남원 재입성 이후 균열이 가기 시작했다고 볼 수 있다. 그런데 전봉준도 9월 상순 재봉기를 결심하고 삼례에서 이를 위한 준비를 시작하였기 때문에 양자간의 관계가 완전히 단절되었으리라고는 보기 어렵다. 아마도 전봉준은 김개남에게 속히 북상하여 대열에 합류할 것을 요구하였을 것이다. 그러나 김개남은 전봉준이 삼례를 떠난 뒤인 10월 중순이 되어서야 남원을 떠나 전주로 향하였고, 또 전주에서도 한참 동안 머무르다가 11월 초순이 되어서야 은진·연산을 거쳐 청주 방면으로 북상하였다. 따라서 김개남과 전봉준 사이에 북상로를 놓고 직접 만나서 상의하였다는 사실은 있을 수 없고, 다만 서신을 통하여 서로의 의견을 교환했을 가능성은 있다.

김개남은 어느 길을 거쳐 청주로 북상하였을까. 이와 관련하여 진잠현 공형鎭岑縣 公兄들은 「문장文狀」을 통해 "전라도 김개남포의 5천여 명이 금산錦山 등지로부터 이달 초 10일 신시에 본 읍에 들어와 머무르면서 각 공해 문호門戶와 각 청 등록謄錄 문부文簿 등을 모두 파괴 방화하였으며 또 창고 문을 부수고 환곡을 탈취하였으며, 읍내 가호의 재산과 기물들을 혹은 파괴하고 혹은 빼앗아갔고, 유향留鄕 공형公兄 및 읍속邑屬들은 모두 두들겨 맞아 거의 사경에 이르러 그 어려움은 이루 다 말할 수 없습

---

61) 「양호우선봉일기」 『동학란기록』 상, 281쪽

니다. 저들은 다음날 11일 오시 즈음에 길을 떠나 회덕·신탄진 쪽으로
갔으며, 장차 청주로 향한다 하였습니다"라고 보고하였다.[62] 진잠현 공
형들의 보고대로라면 김개남군의 북상로는 전주-고산-진산·금산-(연
산)-진잠이 된다. 또 「금산피화록錦山避禍錄」에서는 10월 24일 진산·고
산·영동·옥천·무주 등 각지의 농민군이 차례로 금산을 습격하여 11월
9일까지 약 보름간 금산을 점령하였으며, 이때 위의 농민군들 외에도
"개남포介男包·연산포連山包·공주포公州包·강경포江景包 등이 들어왔다가 가
고 갔다가 돌아오기를 반복했다"고 기록하였다.[63] 이상과 같은 기록들
을 통하여 볼 때 김개남군의 일부는 고산-진산-연산의 경로로 북상하
고, 일부는 고산·진산 등지의 농민군이 금산을 점령하고 있을 때 고산-
진산-금산-진잠의 경로를 거쳐 북상한 것으로 보인다.[64] 김개남군이 금
산 부근을 통과한 날짜는 적어도 11월 8일 이전으로 추정된다. 왜냐하면
11월 8일 금산에 있던 농민군은 옥천 방면에서 내려오던 일본군을 맞아
금산 바로 북쪽지역에서 치열한 접전을 벌인 뒤 금산을 포기하고 진산·
고산·용담 방면으로 후퇴하였기 때문이다.[65]

---

62) 「순무선봉진등록」, 『동학란기록』상, 499~500쪽.
63) 「錦山避禍錄」, 『동학란기록』하, 705쪽. 황현의 「오하기문」에서는 "김개남이 전
주를 떠나 삼례로 향하면서 전봉준을 위해 병력 일부를 금산으로 보내 이를 함락
시키고 현감 이용덕을 쫓아냈다"고 기록하였다(「오하기문」3필, 『사료대계』1,
260쪽). 「오하기문」에서는 또 김개남군이 금산에 들어가 수성군 대장을 맡은 전
참판 정숙조를 붙잡아 처형하였으며, 군관 정지환 4부자는 김개남군에 항전하다
가 전사하였다고 기록하였다(「오하기문」3필, 『사료대계』1, 341쪽). 그러나 錦山
의 향리들이 작성한 「錦山避禍錄」에 따르면 진산·고산·무주 등지의 농민군과 충
청도 옥천·영동의 농민군이 연합하여 10월 24일 금산을 공격, 금산의 수성군을 격
파하고 금산을 점령하였으며, 이 과정에서 정숙조와 정지환 일가를 붙잡아 처형하
였다고 한다. 따라서 「오하기문」의 기록은 신빙성이 떨어지는 것으로 보인다.
64) 「동학사」(초고본) 『사료대계』1, 498~499쪽에서는 "김개남은 萬餘軍을 거느리고
삼례역을 떠나 礪山 黃華亭에서 恩津地界로 들어 連山邑을 거쳐 공주 대전과 文
義 등 여러 골을 지나 바로 淸州에 들어갔다"고 기록하고 있다. 그러나 이는 부정
확한 기록으로 보인다.

김개남군은 진잠에서 회덕―유성을 거쳐[66] 11월 13일 새벽 신탄진과
문의 쪽에서 청주성 공격에 나섰다. 당시 청주성에는 병사와 영장이 지
휘하는 병영군이 있었고, 또 일본군 소위 쿠와바라 에이지로桑原永次郎가
지휘하는 일본군 1개 중대가 전날 도착해 있었다. 쿠와바라의 보고에 따
르면, 김개남군 약 1만 5, 6천 명이 신탄진 방향에서 청주로부터 1500여m
떨어진 곳까지 행진해왔고, 또 문의 방향에서도 약 1만여 명이 행진해왔
다고 한다. 일본군은 청주성 안에서 방어하는 것이 불리하다고 판단하고
남문 밖 600m 지점의 고지에 잠복하고 있다가 김개남군이 접근해오자
일제 사격을 가하였고, 김개남군도 4, 5분간 이에 응사하면서 전투를 벌
였다. 그러나 김개남군의 무력의 열세는 너무 일찍 드러나 곧 패주하기
시작하였다. 김개남군은 다시 청주에서 신탄 방향으로 10리 가량 떨어진
곳으로 후퇴하여 일본군과 1시간여 동안 접전을 벌였으나 역시 일본군
의 우세한 화력에 밀려 다시 퇴각하지 않을 수 없었다. 이날 오전 내내
계속된 전투에서 김개남군은 결국 패하고 말았으며, 20여 명의 전사자를
내었고, 많은 무기와 화약 등을 잃었다.[67]

청주공략에 실패한 김개남군은 회군하여 그 선두 몇백 명이 11월 13
일 밤 다시 진잠현을 공격하였으나 진잠현의 향리들과 읍내 주민들의 방
어를 뚫지 못하여 성 점령에 실패했다. 진잠현의 점령에 실패한 김개남
군은 연산방면으로 후퇴했다.[68] 한 일본군 장교는 11월 14일 오전과 오
후에 걸쳐 연산連山에 다수의 농민군이 출현하여 이를 격퇴하였다고 보

---

65) 국사편찬위원회편, 『주한일본공사관기록』 1, 248쪽. 금산에서 일본군에 패한 농
　　민군(진안·고산·금산·무주접 소속)은 같은 날 금산 남쪽의 용담현을 공격하여 9
　　일 용담현을 점령하였다(「순무선봉진등록」, 『동학란기록』 상, 635쪽).
66) 김개남군이 유성을 통과한 사실은 「이규태왕복서병묘지명」, 『동학란기록』 하,
　　483~484쪽에 기록되어 있다.
67) 국사편찬위원회편, 『주한일본공사관기록』 1, 249~250쪽 ; 「순무선봉진등록」, 『동
　　학란기록』 상, 507쪽
68) 「순무선봉진등록」, 『동학란기록』 상, 506쪽

고하였다.69) 아마도 이들은 후퇴하던 김개남부대였을 것이다.

한편 「오하기문」은 "전봉준이 김개남과 합세하여 강경에서 다시 관군과 일본군에 저항하였으나 또 패하자 군대를 유지하지 못하고 각자 헤어졌다"고 기록하였다.70) 그러나 이 기록은 믿기 어렵다. 전봉준 지휘의 부대는 11월 15일 노성에서 전투를 벌이고, 다시 후퇴해서 논산 황화대에서 전투를 벌였다. 그런데 김개남부대는 하루 전인 14일 연산을 거쳐 남쪽으로 후퇴하였다. 따라서 전봉준과 김개남은 아마도 만나지 못하였을 것이다.

그러면 김개남은 이후에 어느 쪽으로 후퇴하였을까. 김개남부대는 이후 전봉준의 부대처럼 어느 정도의 세력을 유지하면서 후퇴하지는 못한 것으로 보인다. 즉 대부분의 병력이 대오를 이탈하여 그 세력은 현저히 줄어들었던 것으로 여겨진다. 왜냐하면 김개남군은 이후에 전봉준군처럼 원평전투, 태인전투와 같은 전투를 조직적으로 전개하지 못하였기 때문이다. 김개남 일행은 이후 아마도 진산-금산-진안-임실 방면을 거치면서 후퇴한 것으로 보인다. 왜냐하면 이 시기를 전후하여 이 지역에서 출몰하는 농민군의 수가 몇천 명씩에 달하면서 일본군과 일대 접전을 벌이고 있기 때문이다.71) 11월 16일에는 진안에서, 18일에는 고산에서 5~6백 명의 농민군이 출몰하여 일본군과 접전을 벌였다. 이는 아마도 김개남의 부대 등이 패전 뒤 각 지역으로 흩어져서 남하하면서 현지의 농민군세력과 합세하여 일본군과 벌인 전투가 아닌가 여겨진다. 김개남 일행의 퇴각로가 이러하였기 때문에 김개남은 전봉준과 만나지 못하였을 것이다. 그가 최후로 어느 지점에서 인솔한 부대를 해산하였는지는 알 수 없다.

---

69) 국사편찬위원회편, 『주한일본공사관기록』 1, 252~253쪽. 이 전투에서 농민군은 50명이 전사했다고 한다.
70) 「오하기문」 3필, 『사료대계』 1, 268쪽
71) 「巡撫使呈報牒」 『동학란기록』 하, 47쪽

김개남이 태인에서 체포된 것은 11월 30일 밤에서 12월 1일 새벽 사이였다. 이에 대해 전라감사 이도재는 다음과 같이 보고하였다.

> 臣이 감영에 도착한 다음 날인 30일에 賊魁 金介南이 태인지방에 있다는 정보를 듣고 당일 申時에 沁營(江華營-인용자) 兵房 黃憲周를 시켜 前哨隊官 朴承奎에게 병정 80명과 同營 포교 3인을 인솔케 하고 향도를 대동시켜 전진케 하였습니다. 그날 밤에 雨雪을 무릅쓰고 80里 협로를 疾馳하여 同縣 山內面 種松里(宗聖里의 오기인듯-인용자)에 이르러 김개남과 同黨 3漢을 급습, 포착하여 초2일 酉時경에 臣의 감영에 압송해 왔습니다.

김개남은 11월말 그의 동료 3명과 함께 태인현 산내면 종성리宗聖里에 있던 중, 그 정보가 전주의 전라감사 이도재의 귀에 들어가 강화영 병정들에 의해 체포되었던 것이다. 이도재에게 그러한 정보가 들어간 것으로 보아 김개남은 아마도 이곳에 며칠 머무르고 있었던 것으로 여겨진다. 그가 체포된 종성리는 회문산의 북쪽 자락에 있는 마을로서, 이틀 뒤인 12월 2일 전봉준이 체포된 순창군 하치등면 피노리(현 순창군 쌍치면 금성리)와는 산을 사이에 두고 직선거리로 약 20리 정도 떨어진 곳이었다. 따라서 전라감영에서는 전봉준이 김개남을 만나기 위해 피노리로 숨어든 것으로 파악하였다.[72] 두 사람 사이에 어떤 약속이 있었는지는 정확히 알 수 없다. 다만 김개남이 종성리에 머무르고 있다는 정보가 이도재의 귀에 들어갈 수 있을 정도였다면 그러한 소식은 아마도 전봉준의 귀에도 들어갈 수 있었으리라 여겨진다. 따라서 두 사람 사이에 어떤 약속이 있었을 가능성은 충분히 있다고 여겨진다.

전라감영으로 압송된 김개남은 다음 날인 3일 아무런 재판과정 없이 바로 처형되었다. 이는 즉각 일본공사관 측의 반발을 불러 일으켰다. 왜냐하면 일본공사관 측으로서는 당시 동학농민군과 홍선대원군과의 관계

---

72) 「순무선봉진등록」 『동학란기록』 상, 579~580쪽

를 밝히기 위해 농민군 측의 문서를 최대한 수집하고, 또 주모자들을 가급적 생포하여 신문하려 하였던 것이다. 이를 위해 일본공사 이노우에 가오루는 이미 11월 27일 외무대신 김윤식에게 서한을 보내 "체포된 비도匪徒를 석방하거나 귀순시키는 문제는 서로 회동하여 구명하고 지방관의 독단에 맡겨 징판懲辦케 하여서는 아니 되니 귀 대신도 이를 양찰하시어 즉시 지방관에게 영을 내려 어김이 없도록 해야 한다"고 당부했었다. 이노우에는 전라감사가 김개남을 처형하였다는 소식을 듣고 즉각 김윤식에게 편지를 보내 "김개남은 동비의 거괴로 그가 저지른 참화를 심문해 볼 때 실로 중범重犯에 속합니다"라면서, 이같은 거괴를 왜 지방관이 독단으로 죽였는지, 그리고 누구의 명령으로 죽였는지 밝혀줄 것을 요구하였다.[73] 이에 대해 전라감사 이도재는 "이 적괴는 사설邪說을 광포廣布하여 양호兩湖를 선란煽亂하고 관리를 살해하며 생령生靈들에게 독통毒痛을 주는 등 제반 불법을 행한 바 매거枚擧키 어려우니 해該 아문衙門에 압상押上하여 처분을 기다림이 마땅한 일이오나 현재 근읍近邑에는 여당餘黨들이 아직도 다수 둔취하고 있으니 중도에 탈취당할 염려가 없지 않기에 이달 초3일 신시에 군민軍民을 서교장西敎場에 대대적으로 집합시킨 가운데 효수하여 경중警衆하고 수급首級을 궤机에 담아 도순무영都巡撫營에 상송上送하였습니다"라고 변명하였다.[74] 외무대신 김윤식은 이도재의 말을 빌려 이노우에에게 같은 취지로 해명하고, 정부는 이도재에 대해 월봉越俸 2등의 견책조치를 함으로써 이 문제는 일단락되었다.[75]

그런데 황현은 이도재의 김개남 즉결처형에 대해 다른 해석을 내리고 있다. 즉 이도재가 김개남을 국문해본즉 김개남은 "우리들이 한 일은 모두 대원군의 밀지에 의한 것이었다. 이제 우리가 패한 것은 천명이다.

---

73) 『주한일본공사관기록』 6, 2쪽, 7쪽
74) 『주한일본공사관기록』 1, 197쪽
75) 『주한일본공사관기록』 6, 8쪽 ; 「갑오실기」 『사료대계』 6, 337쪽

어찌 너의 국문을 받겠느냐"라고 하여, 이도재는 김개남의 입에서 대원
군 관련 사실이 더 드러나 문제가 확대되는 것을 우려하여 서울로 압송
하지 않고 처형하였다는 것이다.[76] 대원군이 김개남에게 밀사를 파견하
였던 사실은 앞서 서술한 바와 같지만, 이도재가 대원군의 처지를 고려
하여 김개남을 처형하였다고 보기는 어렵다. 그보다는 이도재의 이후의
태도, 즉 각지의 농민군 지도자를 철저히 색출하여 가혹하게 처벌하고,
심지어 무죄방면된 이방언과 김낙철 등을 계속 추적하여 끝내 이방언을
잡아 처형하였던 강경한 태도 등으로 미루어 보아, 그의 말대로 '경중警
衆'의 효과를 노리기 위해 김개남을 처형한 것이 아닌가 여겨진다.

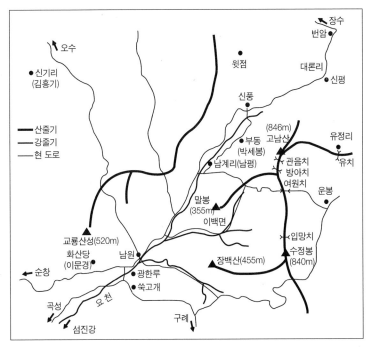

남원지방의 1894년 농민전쟁 관련지

---

76) 「오하기문」 3필, 『사료대계』 1, 302쪽

6. 남원 농민군과 운봉 민보군의 대결

그러면 10월 14일 김개남의 북상 이후 남원지방의 상황은 어떻게 되었을까.

김개남은 남원을 떠나 북상하면서 화산당접주花山堂接主 이문경李文卿으로 하여금 남원을 지키도록 명하였다 한다.[77] 남원 화산당접은 담양의 용구동접龍龜洞接과 함께 '잔인'하다고 하여 '강접强接'으로 꼽히는 접이었다.[78] 그러나 김개남이 북상함으로써 남원성은 일단 비게 되었고, 남원에 사는 전 군수 양한규梁漢奎, 사인士人 장안택張安澤·정태주鄭泰柱 등은 운봉의 박봉양에게 달려가서 이 틈을 타서 남원을 장악해줄 것을 요청했다. 이에 박봉양은 24일 2천여 명을 거느리고 남원성으로 들어와 사흘간 머무른 뒤 다시 운봉으로 철수하였다. 그 며칠 뒤 남원 부근에 남아있던 농민군과 다른 지역에서 지원을 나온 농민군은 다시 남원성으로 들어왔다. 당시 농민군을 이끈 것은 류복만柳福萬·김경률金京律·남응삼南應三·김홍규金洪奎·김우칙金禹則·이춘종李春宗·김원석金元錫 등이었다.[79] 담양의 남응삼의 경우 그는 병을 칭하고 북상군에 가담하지 않은 뒤, 10월 20일경 남원을 지키기 위해 남원에 남아있던 농민군에 합류하였다.[80] 황현에 의하면, 당시 남원에 모인 농민군들은 34접, 1만여 명에 달하였다고 한다.[81]

남원에 다시 집결한 농민군들은 먼저 장수 접주 황내문黃乃文의 요청으로 이춘경·남응삼이 장수에 들어가 민보군을 격파하고 장수를 장악하였다.[82] 이어서 그들은 운봉으로 진출하고자 하였다. 당시 호남지방에

---

77) 「오하기문」 3필, 『사료대계』 1, 254쪽
78) 「오하기문」 2필, 『사료대계』 1, 128쪽. 화산당은 현재 남원시 화정동이다.
79) 「박봉양경력서」『동학란기록』 하, 512쪽
80) 「갑오약력」『동학란기록』 상, 74쪽
81) 「오하기문」 3필, 『사료대계』 1, 265쪽

잔류하고 있던 농민군세력은 크게 남원의 김개남부대의 잔류세력, 광주
부근의 손화중·최경선부대, 장흥의 이방언부대, 순천의 김인배부대, 무
안의 배상옥부대를 들 수 있었다. 이들 가운데 김개남부대의 잔류세력과
김인배부대는 각각 함양, 하동 방면, 즉 영남으로의 진출을 꾀하고 있었
고, 손화중·최경선부대와 배상옥부대는 나주 점령을 위해 힘을 쏟고 있
었다. 장흥의 이방언부대는 상황을 지켜보다가 12월초 농민군의 패색이
짙어가는 가운데 농민군 최후의 거점 확보를 위해 장흥·강진·병영을 공
격하게 된다.[83]

　농민군의 운봉 진출은 11월 13일부터 시도되었다. 농민군은 13일 성
밖으로 나와 운봉과 인접해 있는 산동방 부동山東坊 釜洞에 진을 쳤다. 이
에 운봉 쪽에서는 수성군 등 2천여 명을 부동에서 운봉으로 넘어오는
길목인 관음치觀音峙에 파견하여 진을 치도록 하였다. 14일 담양의 남응
삼과 남원 관노 김원석官奴 金元錫 등이 이끄는 농민군은 대오를 지어 관
음치를 오르기 시작하였으며, 운봉의 수성군은 농민군을 보다 깊숙한 골
짜기로 유인하여 양측 간에 접전이 벌어졌다.[84] 14일 새벽부터 15일 오
전까지 계속된 이 전투에서 농민군은 막대한 피해를 입었으며, 운봉 수
성군 측도 상당한 인명손실을 입었다.[85]

　11월 24일에는 남원 송내촌松內村의 김원집金元執·양상렬梁相烈이 운봉
쪽에 "지금 성중의 적은 이사명·류복만·김경률·김홍기·김우칙·이춘종
李春宗·이춘흥李春興·권일선權一先·김원석金元錫·최진악崔鎭岳과 이름을 알 수

82) 「오하기문」 3필, 『사료대계』 1, 259쪽
83) 이에 대해서는 박찬승, 1994 「1894년 호남남부지방의 농민전쟁」 『1894년 농민전
　　쟁연구』 4, 역사비평사(이 책에 재수록)를 참조할 것.
84) 운봉군은 고지를 점령하고 골짜기로 무거운 바위를 굴러내렸으며, 남원의 농민군
　　은 문짝 등을 들고 가서 이를 막으려 하였으나 불가능하였다고 한다[박태귀씨, 이
　　강현씨(72세, 釜洞거주) 도움말, 1994.6.7].
85) 「박봉양경력서」 『동학란기록』 하, 513쪽 ; 「오하기문」 3필, 『사료대계』 1, 269~270
　　쪽. 운봉 측 민보군 가운데에서도 사망자가 8명, 부상자가 25명에 달하였다.

없는 승려로서 대장을 자처하는 자 등 당류黨類가 4천 명에 불과하다. 그 가운데 류복만은 운봉의 군세가 심히 성하다는 말을 듣고 일전에 그 무리들을 이끌고 곡성 방면으로 나갔으며,86) 다른 1천여 명도 민재民財를 약탈하기 위해 각 촌으로 나가 현재 성 안에는 3천여 명밖에 없다. 만약 이때를 놓친다면 이들을 토멸하기 어려울 것이다"라고 연락을 해왔다. 이에 운봉 현감 이의경과 박봉양은 25일 수성군과 민보군을 이끌고 출동하여 불선치佛仙峙를87) 넘어 부동釜洞에서 1박하고 다음 날(26일) 아침 남원에서 10리가량 떨어진 남평촌藍坪村까지88) 도달했을 때 운봉 쪽의 유치柳峙89) 방수군防守軍으로부터 장수의 접주 황내문이 무리들을 이끌고 번암磻岩 쪽에서 내려와 운봉 쪽을 향하고 있다는 전갈이 급히 전해졌다. 이에 현감 이의경은 수성을 위해 운봉 쪽으로 돌아가고 박봉양은 황내문의 농민군을 맞아 접전하기 위해 번암의 원촌院村90)으로 진출하였다. 장수의 농민군과 운봉의 민보군은 다음날(27일) 원촌에서 격돌하였다. 이 싸움에서 농민군은 패하여 21명이 죽고 36명이 사로잡혔으며, 나머지는 장수방면으로 흩어졌다고 한다.91)

박봉양군은 다음 날(28일) 다시 남원 쪽으로 행군하여 남원성 근처까지

---

86) 「박봉양경력서」, 『동학란기록』 하, 514쪽. 류복만은 이때 곡성을 거쳐 귀향하여 홍양으로 내려간 것으로 보인다. 12월초 홍양에서는 류복만이 이끄는 농민군 천여명이 성 안과 밖 동북 2개의 산에 나누어 둔거하다가 경군이 내려온다는 소식을 듣고 해산하였다고 한다(「순무선봉진등록」 『동학란기록』 상, 652쪽).

87) 佛仙峙는 현 남원군 산동면 大基里에서 고남산 북동쪽을 거쳐 운봉으로 넘어가는 고개이다.

88) 남평촌은 현 남원군 이백면 남계리이다.

89) 柳峙는 현 장수군 번암면 유정리에서 운성국민학교 앞을 거쳐 운봉으로 넘어가는 고개이다.

90) 현 번암면 大論里. 이곳 新坪마을에는 박봉양의 공적을 기리기 위해 山東坊 下磻岩(현 대론리) 사람들이 1899년에 세운 「前注書朴公鳳陽剿討事功德不忘碑」가 서 있다.

91) 「박봉양경력서」 『동학란기록』 하, 514쪽

진출하여 성 밖 남쪽 쑥고개에 진을 치고 있던 농민군 수백 명을 포군 1백여 명을 동원하여 먼저 격퇴한 뒤 부대를 넷으로 나누어 세 부대는 동·서북문 쪽에 매복하고, 나머지 한 부대는 남문 쪽을 향하여 공격을 개시하였다. 농민군은 성밖으로 나오지 않고 성 위에서 총과 돌로써 공격을 가하였으며, 이에 민보군이 민가 쪽으로 피하자 횃불을 민가 쪽으로 던져 민가에 불이 붙었다. 오후 4시경 박봉양군은 동서 양문을 향해 역시 화공火攻을 전개하는 한편, 민가에서 사다리 등을 구해다가 성벽을 기어오르기 시작했다. 민보군이 성을 넘어 들어가기 시작하고 동서 양문에 불이 붙자, 농민군은 마침내 북문을 열고 도주할 수밖에 없었다. 이날 전투에서 농민군 가운데 전사자는 30여 명, 생포된 자는 1백여 명에 달하였다. 생포된 자 가운데 농민군 간부급에 해당하는 표자경表子景·최진철崔鎭哲·고양신高良信 등 8명은 즉시 처형되었으며, 나머지는 곤장을 맞은 뒤 풀려났다. 운봉의 민보군 측에서도 전사자가 5명, 부상자가 84명에 달하였다. 운봉의 박봉양군은 그해 여름 이후 계속된 남원의 농민군과의 대결에서 최종적인 승리를 거둔 것이었다. 운봉의 박봉양군이 승리를 거두자 남원의 사인士人 김택주金澤柱·오주영吳柱永 등은 뒤늦게 민병 수백 명을 이끌고 남원성에 들어와 농민군 패잔병 수색에 나섰다.[92)]

　운봉의 수성군과 민보군이 승리를 거둘 수 있었던 이유로서는 1) 운봉이 천연의 요새로서 남원의 농민군이 쉽게 함락시킬 수 없는 곳이었다는 점, 2) 현감이 지휘하는 수성군과 박봉양의 민보군의 단결력이 비교적 강하였다는 점, 3) 함양에서 포군을 보내고 경상감사 조병호가 총통銃筒 3백정, 화약 수천 근을 보내오는 등 인적, 물적 지원이 적지 않았다는 점, 4) 김개남의 농민군 주력이 북상함으로써 농민군 측의 세력이 크게

---

92) 「박봉양경력서」, 『동학란기록』 하, 515쪽. 「오하기문」 3필 『사료대계』 1, 280쪽에서는 박봉양군이 남원성에서 승리를 거둔 날이 24일이라고 기록하고 있으나, 여기서는 박봉양 자신의 기록인 「박봉양경력서」의 28일을 취하였다.

약화되었으며, 류복만의 부대가 이탈하는 등 농민군 진영의 대오가 흐트러진 점 등을 들 수 있을 것이다.

남원성이 박봉양군의 수중에 들어간 며칠 뒤인 12월 3일에는 경군과 일본군이 남원성에 들어옴으로써 남원성의 상황은 사실상 마무리되었다. 박봉양군은 경군과 일본군이 도착하자 곧 남원성 동남쪽 구례 땅 산동원山東院 쪽으로93) 철수했다. 그런데 나주에 머물고 있던 일본군 제19대대장 미나미 고시로南小四郞는 12월 5일 박봉양에게 편지를 보내 군무軍務와 관련하여 상의할 일이 있으므로 나주로 오라고 하여 박봉양은 7일 구례를 떠나 11일 나주에 도착하였다. 그러나 그는 도착하자마자 일본군에 체포되는 신세가 되었다. 황현은 경군을 이끌고 온 우선봉장 이두황李斗璜이 자신이 남원에서 농민군과 일전을 벌여 거두려고 한 공이 좌절되자 박봉양을 시기하여 일본군 측에 "박봉양이 적의 장물을 약취하고 민재民財를 겁략했으며, 성문에 불을 질러 훼손하였다"고 모함하였다고 기록하였다.94) 그러나 남원유생 김재홍의 기록에 의하면, 운봉 민보군은 농민군이 성에서 빠져나간 뒤 농민군의 재산을 적몰한다는 구실로 민재를 약탈하여 운봉 쪽으로 실어감으로써, 경군이 이를 크게 힐책하였다고 기록하였다.95) 또 일본군 제19대대장 미나미의 보고서에서도 "이 별군감(박봉양을 지칭 – 인용자)은 동학도를 방어한다는 명목으로 현령(운봉현령 – 인용자)의 명을 듣지 않고 많은 민병을 이끌고 남원에 와서 된장·남비·솥 등 기타 일체의 주민 재산을 빼앗아 갔다고, 남원 인민이 우리 군대가 당도하는 것을 기다려 호소해왔다. 먼저 도착한 시라키白木 대위와 미즈하라水原 중위는, "이곳에는 원래 관미官米와 동학도의 군량미가 많았는데 별군감이 많은 민병을 시켜 모두 빼앗아 간 것이 분명하였다. 우리 군대는

---

93) 현 구례군 산동면 원촌리
94) 「오하기문」 3필, 『사료대계』 1, 281~282쪽
95) 『영상일기』 갑오년 12월 4일

이 약탈을 면한 쌀과 다른 곳에서 사 모은 쌀로써 군량미를 겨우 충당하였다. 별군감은 이 약탈을 자행할 때 불을 질러 동학도가 태우다 남은 민가 7, 8채를 불태웠다"고 보고하였다.96) 이러한 기록들을 미루어 볼 때 운봉군의 민재 약탈은 사실이었다고 보인다. 박봉양은 나주 진영에 갇혀 있다가 12월 그믐날 한양으로 압송되었다. 1895년 3월 재판에서 판사는 "피고가 이 지방(남원)에서 군병軍兵이 약탈함을 금지치 못한 증빙이 적확하다"고 판시하고, 박봉양에게 장杖 60대를 선고하였다. 이에 따라 박봉양은 장 60대를 맞고 3월 29일 석방될 수 있었다. 이후 그는 잠시 내부주사로 임명되어 일하다가 6월에 귀향하였다.97)

한편 남원지방의 유생들은 박봉양군이 승리하고 경군과 일본군이 남원성에 들어오는 상황이 되자 민보군을 조직하였다. 이색의가 수성도통찰守城都統察, 황영黃瑛이 중통령中統領, 김택주金澤柱가 통령統領, 이회문李會文·노백수盧栢壽·장안택張安澤 등이 북삼면 통령北三面 統領, 양한규梁漢奎가 수성중군守城中軍을 각각 맡았으며, 이들이 지휘한 남원 민보군은 흩어진 농민군을 수색·체포하여 처형하는 데 앞장섰다.98)

7. 김개남군 지도층의 사회적 성격

김개남부대를 이끌고 있던 주요 인물들은 이사명·류복만·남응삼 등이었다. 그리고 이들과 협조하고 있던 남원의 토착 동학세력들은 김홍기·김우칙·이춘종·박정래·박중래·김원석 등이었다. 이제 이들의 신상에 대하여 살피는 것을 통하여 그들의 사회적 성격을 검토해보기로 하자.

---

96) 국사편찬위원회편, 『주한일본공사관기록』 6, 48쪽
97) 「박봉양경력서」『동학란기록』 하, 515쪽 ; 총무처 정부기록보존소, 『동학관련판결문집』, 72~73쪽
98) 『南原誌』, 1960년, 323쪽

먼저 호남지방에서 가장 큰 동학세력을 거느리고 있던 이들 중의 하나인 김개남金開南은 동학교단 측의 자료에는 1891년경에 등장한다.「천도교회사 초고」에 의하면 1891년경 호남지방의 주요 동학지도자들은 최시형에 의해 전라좌우도 편의장全羅左右道 便義長에 임명된 남계천南啓天과 그에 못지않은 명망을 갖고 있던 윤상오尹相五, 그리고 김영조金永祚·김낙철金洛喆·김낙삼金洛三·김낙봉金洛鳳·손화중孫和仲·김개남金開南·김덕명金德明·허내원許乃元·서영도徐永道·장경운張敬雲 등이었다. 그런데 1891년 최시형이 이들을 접견하였을 때, "너희들은 실심수도實心修道하야 천부天賦의 성性을 통하게 하라"고 당부할 정도로 "도를 아는 자가 드물었다"고 한다.99) 이로 미루어 보아 김개남은 1880년대 말에서 1890년대 초 사이에 동학에 입도한 것으로 추정되며, 김개남 등 당시 호남지방의 동학지도자들은 1891년 당시 아직 '도道'에 대하여 깊이 알지 못하는 실정이었던 것으로 보인다. 김개남은 태인현 산외면 동곡리 출신으로, 도강 김씨道康金氏 중파仲派(判官公派)였다. 황현은「오하기문」에서 도강 김씨 가운데 24명의 동학 접주가 있었다고 하였는데,100) 실제 확인되는 이들로서는 태인 산외면 오공동山外面 五公洞의 김삼묵金三默, 태인 고현내면古縣內面의 김문행金文行 등을 들 수 있다.101)

---

99)「천도교회사초고」,『동학사상자료집』, 434~436쪽
100)「梧下記聞」2필,『사료대계』1, 161쪽
101) 金三默은 도강 김씨 仲派로서, 본명은 永夏, 字는 化汝, 호가 三默이다. 그는 김개남과는 증조부를 같이하는 종형제 간이었으며, 태인의 舊族으로서 평소 公車文을 잘쓰기로 이름이 있었으며, 1888년 태인 武城書院의 掌議를 역임하기도 하였다 한다(「무성서원지」,「갑을기사」, 茂子條). 그는 동학접주이면서도 1차 기포 당시 참여하지 않았으나, 2차 봉기 때에는 역시 기포하였다고 한다. 그리고 김삼묵의 아들 김문환은 뒷날 체포되어 전주 진위영에 갇혔으나 鄭碩謨의 도움으로 풀려났다고 한다(「갑오약력」,『동학란기록』상, 71~75쪽). 金文行도 역시 도강 김씨 仲派로서, 족보명은 泳奎이다. 그는 농민전쟁기에는 접주로 활약하였고, 특히 전봉준이 마지막 항전을 시도했던 태인전투에서 김문행은 전봉준과 함께 농민군 지도자 4인 중의 한 사람으로 활약하였다(「양호우선봉일기」,『동학란

김개남이 이끌고 온 인물 가운데 이사명李士明은 전주 이씨 효령대군
파로서 본래 남원군 아영면 두락리에서 살다가 진안군 백운면 오정리로
이주하여 거주하였다고 한다. 전주 이씨 효령대군파는 당시 남원부 둔덕
방(현 임실군 오수면 둔덕리)에 오랫동안 세거해 온 사족가문이었다.102) 이사
명의 경우도 가까운 선대에 관직에 나아간 이들이 있었고, 또 경제적으
로도 비교적 유족한 형편이었다고 한다. 그러한 그가 어떻게 하여 동학
에 입도하고, 진안의 접주 지위에까지 오르게 되었는지는 분명치 않다.
그는 무장기포시부터 참여하였고, 전주성 철수 이후 남원의 김홍기와
함께 김개남을 남원성으로 인도한 장본인이었다. 그의 형 이기면李起冕
도 역시 농민전쟁에 참여하였으며, 그해 12월 임실 대웅재에서 전사하
였다고 한다. 이사명 역시 오수 수전강변에서 체포되어 처형당했다고 하
며 이때 그의 나이는 33세였다고 한다. 이사명이 농민전쟁에 주요 인물
로 참여하였기 때문에 둔덕 등지에 있던 이씨 가문은 이후 상당한 피해
를 입었으며, 따라서 이사명은 가문 내에서 지탄의 대상이 되었다고 한
다.103)

김홍기金洪基는 본관이 순천順天, 당시 남원군 덕고면 신기리德古面 新基里
(현 임실군 오수면 신기리) 사람이다. 김홍기도 한학을 공부한 지식인으로서 경
제적으로 궁핍한 형편은 아니었고 비교적 여유가 있었다고 한다.104) 김

기록』 상, 327쪽). 그는 또 영학당사건 때에도 태인의 거괴로 지목되었다(『황성
신문』 1899년 6월 23일). 또 당시 도강 김씨 중파 가운데 古縣內面 銀石洞에
살고 있던 金箕述(字는 正範, 호는 菊軒)은 황토현전투시와 12월 농민군 패퇴기
에 의병을 일으켜 반농민군의 입장에 서기도 했다. 김기술과 김문행은 20촌 간
이 되는 같은 집안이었다. 이에 대한 자세한 내용은 李眞榮, 1993 「동학농민전
쟁기 전라도 태인 고현내면의 반농민군 구성과 활동 - 金箕述과 道康 金氏를 중
심으로 -」『전라문화논총』 6집을 참조할 것.
102) 당시 남원의 대표적인 사족가문으로서는 둔덕의 삭녕 崔氏, 후천의 풍천 盧氏,
내기의 안씨, 둔덕의 전주 李氏를 들었다고 한다(宋俊浩, 1987 「남원지방을 예
로 하여 본 조선시대 향촌사회의 구조와 성격」『조선사회사연구』, 일조각 참조).
103) 이현도씨(이기면의 손) 도움말(1994.7.12, 9.28).

홍기는 임실 쌍암리의 북접 동학접주 최봉성崔鳳成의 사위였다. 최봉성은
전답 천여 두락 이상을 소유한 대지주로서 갑오년에 임실 대접주로서 활
약하였으며, 그의 아들 3형제 최승우崔承雨·최유하崔由河·최동필崔東弼도
모두 접주로서 활약하였다. 이로 미루어 보아 김홍기도 경제적으로 상당
한 여유가 있는 부민이었을 것으로 짐작된다. 그는 앞의 이사명과 함께
초기부터 농민전쟁에 참여하여, 김개남을 남원으로 인도한 주역 중의 하
나였다. 김홍기는 갑오년 12월 27일 체포되어 남원에서 처형되었다.[105]

류복만柳福晩은 흥양 출신 접주로서 본명은 류희도柳希道이다.[106] 그는
흥양군 점암면 간천리(현 영남면 간천리 간천마을)에서 살았으며, 농민전쟁기
김개남의 휘하에 들어가 남원지방과 흥양지방을 왕래하면서 활동하였
다. 그가 김개남을 따라 남원까지 와서 교룡산성을 지키는 중요한 책임
을 맡았던 것은 그가 농민전쟁 이전에 이미 김개남과 상당한 관계를 가
져왔을 것임을 짐작케 한다. 그는 김개남이 청주로 북상한 이후에 남원

---

104) 김주연씨(임실군 둔남면 둔덕리) 도움말(1994.6.8).

105) 『전북일보』 1993년 9월 13일자, 「동학과 임실의 동학농민혁명」 ; 崔東安, 『天道
敎任實敎會史』(1980), 183~186쪽 참조. 최씨 형제들은 갑오년 겨울 피신하여
순창 회문산에서 6년간 숨어 지냈다고 한다.

106) 『고흥군지』(1984년), 187쪽. 김개남의 휘하에서 활동한 류복만이 흥양접주라는
사실은 황현의 「오하기문」에서 확인된다. 황현은 劉福晩의 흥양접이 가장 기율
이 있는 농민군부대였다고 기록하였으며(「오하기문」 2필, 『사료대계』 1. 160
쪽). 같은 이름의 劉福晩이 남원의 교룡산성을 점령하였다고 기록하였다(「오하
기문」 2필, 『사료대계』 1, 210쪽). 여기서는 柳씨인 성을 劉씨로 잘못 기록한 것
으로 보인다. 오지영의 「동학사」에서는 그의 이름을 柳希道(흥양접주)로 기록하
였다(「동학사」 『사료대계』 1, 459, 482쪽). 한편 류희도(류복만)는 태인접주였던
劉孔萬과는 다른 인물이다. 태인 접주 유공만은 태인현 東九川 사람으로, 전봉
준과 함께 11월 27일 전봉준군의 마지막 전투인 태인전투를 지휘하고 피신하였
던 인물이다(『동학란기록』 하, 58쪽 ; 341쪽 참조). 양자를 혼동하는 경우도 있
으나 오지영이 「동학사」(초고본)에서 유희도를 태인접주로 기록하였다가 지우
고 다시 흥양접주로 바로잡은 사실이나, 남원성에서 류복만이 후퇴할 때 태인
쪽이 아니라 남쪽의 곡성 방면으로 향하였다는 것 등으로 미루어보아 류복만은
흥양접주 류희도임이 분명하다.

성에 남아 이를 지키다가, 남원성이 불리한 처지에 놓이자 홍양접 농민
군을 이끌고 남원성에서 빠져나갔다. 그는 홍양으로 돌아가 그곳에서 최
후의 항전을 시도하려다 세가 불리함을 알고 해산하고 말았으며, 점암면
성기리 백운동에 피신해 있다가 밀고로 홍양현청에 잡혀가서 처형되었
다고 한다.107) 당시 홍양현감은 "포군 정재홍鄭在洪이 비괴匪魁 유봉만劉奉
滿(柳福晩의 오기로 보임-인용자)을 잡을 때에 회룡총回龍銃 1자루도 회수하였다"
고 보고하였다.108)

담양 접주 남응삼南應三은 김개남이 남원에 입성할 때 선봉장을 맡았
다는 남주송南周松과 같은 인물로 보인다.109) 그는 본명이 남정초로서 본
관은 의령宜寧, 당시 담양군 고면 가산리高面 佳山里(현 담양군 월산면 가산리) 해
룡海龍 마을 사람이었다. 남응삼은 비교적 부유했으며, 한문공부도 상당
히 한 지식인이었다고 한다.110)

박정래朴定來·박중래朴仲來는 부동釜洞 사람으로 본관은 밀양이다. 이들
은 당시 부동 접주 박세봉朴世鳳의 영향으로 농민군에 적극 가담한 것으
로 보인다. 박봉양의 글에는 전혀 기록되어 있지 않지만 부동 농민군의
지도자는 박세봉접주였다. 박세봉 역시 지식인으로서 당시 40두락 정도
의 토지와 상당 수의 소를 소유한 부농이었다고 한다. 관음재전투 후에
박봉양군이 부동에 들어와 그의 집을 불태웠다고 하며, 그는 이후 산동
면 대상리 윗점마을 위 북치재굴 등으로 도피생활을 하여 목숨을 건졌으

---

107) 그는 1867년 柳星屹의 아들로 태어났으며, 묘소는 현재 琵島에 있다(김기채 고
　　홍문화원장 도움말, 1994.7.12).
108) 「순무선봉진등록」『동학란기록』상, 689쪽
109) 오지영은 그의 「동학사」(초고본)에서 담양접주로서 남주송을 가장 먼저 기록하
　　였으며, 그가 김개남의 남원 입성시 선봉장이 되었다고 하였는데(「동학사」(초고
　　본), 『사료대계』1, 475쪽), 같은 책에 남응삼의 이름이 보이지 않는 것으로 보
　　아 같은 인물로 여겨진다.
110) 남선관씨(담양읍 가산리 회룡마을) 도움말(1994.6.8). 이 마을에서는 그 외에도
　　남씨 집안사람 2명이 농민군에 참여하여 뒤에 처형되었다고 한다.

며, 일제시기 신풍으로 이사하여 살았다고 한다.[111]

　　이상 김개남의 휘하에서 활동한 동학접주이자 농민군 지도자였던 이들의 신상에 대하여 살펴보았다. 이들은 대체로 지식층이면서 경제적으로 부농 이상의 비교적 여유가 있는 계층이었다. 다만 이들은 경제적인 위치에 비해 사회적으로 인정을 받지 못하고 있는 계층이었던 것으로 보인다. 즉 사회적으로는 대체로 평민 내지는 잔반 정도의 신분에 해당하면서 향촌사회에서 이렇다 할 지위를 점하지 못하였고, 또 정치적으로도 관직에 나아갈 길이 거의 없는 처지에 있는 이들이었던 것이다. 따라서 이들이 당시의 정치, 사회적 현실에 불만을 가졌을 것이다. 그들은 '동학'이라고 하는 새로운 세계관과 인간관을 가진 사상체계를 접하면서 그에 빠져들었고, 또 그 조직을 이용하여 새로운 정치질서, 사회질서를 만들어 보고자 생각하였다고 할 수 있다. 이와 같은 김개남부대의 농민군 지도자들의 사회적 성격은 다른 지역의 경우와 거의 비슷한 것이었다.[112]

　　한편 앞서도 본 것처럼 김개남의 농민군부대에서는 이러한 상층 지도자들 외에 승려名不知, 관노 김원석金元錫 등이 중간급 지도자로 활약한 사실이 확인된다. 또 재인才人과 같은 천민들을 다수 조직하였던 점도 확인된다. 이들은 김개남의 부대에서는 하급지도자 내지는 농민군 대중으로서 활동하였던 것으로 보인다. 김개남부대에서 이처럼 하급신분의 농민

---

111) 박태귀씨(70세, 박세봉의 손자, 남원군 산동면 태평리 신풍부락) 도움말(1994.
　　6.7). 박봉양의 글에는 박세봉이 전혀 등장하지 않는다. 이는 아마도 그가 같은
　　밀양 박씨로서 평소 교유가 있었기 때문이 아닌가 여겨진다. 부동과 운봉 사이
　　는 불과 고개 하나를 사이에 두고 있기 때문에 두 사람간의 교류는 충분히 있을
　　수 있는 일이다. 한편 부동에는 당시 박씨, 이씨, 최씨 3姓이 살고 있었는데, 박
　　씨와 최씨 쪽에서 여러 명이 주동적으로 참여하였고, 이씨들은 이렇다 할 참여
　　자가 없었다고 한다(李賢씨(72세, 산동면 부동) 도움말, 1994.6.7).
112) 이에 대해서는 주 83)의 글과 신영우, 1991, 『갑오농민전쟁과 영남보수세력의 대
　　응』(연세대 사학과 박사논문)을 참조할 것.

군 대중이 상당수를 차지했던 것은 김개남부대의 성격을 보다 급진적으로 만들었던 것으로 보인다. 이들 천민들은 아무래도 토착적인 기반이 있는 일반 양인 농민층보다는 급진적일 수밖에 없기 때문이다. 이들은 특히 양반지배층을 더욱 가혹하게 괴롭혔던 것으로 보이며, 그러한 행태에는 일부 농촌노동자나 빈농층도 가세하였을 것으로 생각된다. 아마도 이 점이 김개남부대의 성격을 급진적으로 보이게 하는 가장 큰 요인이 되었으리라 여겨진다.

또 그들의 지도자인 김개남이 전봉준에 비하여 보다 급진적이라는 인상을 심어주게 된 것은 그가 김학진과 전봉준 간의 '무국'이 성립된 뒤 잠시 이를 승인하는 태도를 보였다가 8월 25일 이를 거부하고 남원성을 다시 점령하였기 때문일 것이다. 김개남세력은 이후 남원성을 근거로 삼아 인근 군현에서 관권을 사실상 무력화시켰던 것이다. 그리고 9월초 호남·호서지방의 각지에서 농민군이 재봉기하는 모습을 보이자 그도 북상을 위한 준비를 서둘렀는데, 이 과정에서 다른 농민군 지도자들보다 훨씬 넓은 지역에서, 각 지역의 관장官長들까지 위협하면서 무기와 식량, 의복 등을 징발하였기 때문이었다.

그러면 김개남이 궁극적인 목표로 설정한 것은 무엇일까. 이와 관련하여 당시 일부 유생들은 김개남이 반역을 꾀하고 있다는 소문을 기록하였다. 예를 들어 경상도 금산金山의 최봉길崔鳳吉은 「세장년록歲藏年錄」에서 "김기범金琦範이 개남왕開南王을 참칭僭稱하면서 남원부를 떼어 근거지로 삼고 있다고 한다"고 기록하였다.[113] 또 박주대朴周大는 「나암수록羅巖隨錄」에서 "호남의 김개남이 개남開南이라 개원開元을 하고 선봉대장 전봉준·손화중은 파란색 8인교八人轎를 타고 일만의 군병을 이끌고 한 무리는 공주 금강에 이르렀고, 다른 한 무리는 공주 이인에 이르렀다"고 기록하였다.[114] 또 필자를 알 수 없는 「갑오실기甲午實記」라는 책에서는 "호남 동

---

113) 「歲藏年錄」 갑오년 12월. 『사료대계』 2, 263쪽

비 전봉준과 김개남과 호서의 최법헌은 상호 체결하여 불궤不軌를 몰래 도모하고 있다"고 썼다.[115] 그런데 남원과 인접한 구례의 황현은 「오하기문」의 어느 곳에서도 그가 왕을 참칭하였다거나 불궤를 도모하고 있다고 쓰지 않았다. 또 김개남의 진영에 잡혀 있던 전주 유생 정석모도 훗날 쓴 「갑오약력」에서 김개남이 불궤를 도모하고 있다고 쓰지 않았다. 그는 당시 김개남 휘하의 부하들이 김개남을 '대접주'라고 칭하고 있다고만 기록하였다.[116] 이로 미루어 보아 김개남이 '개남왕'을 참칭하였다거나 '개남'으로 개원하였다거나 하는 말들은 과장된 소문이었던 것이 확실하다.

김개남은 대원군의 밀사 이건영이 남원에 와서 "병사를 이끌고 서울로 올라와 협심하여 왜를 토멸하자"는 대원군의 속뜻을 전하였을 때, 그를 대단히 공손하게 맞아 예우하였다고 한다.[117] 또 그는 체포되어 전주로 잡혀왔을 때 이도재의 심문에 "우리들이 한 일은 모두 대원군의 밀지에 의한 것이었다"고 말하였다 한다.[118] 또 그는 남원에 대원군의 효유문을 들고 온 정석모에게 "너는 나이도 어리면서 어찌 공명을 좇아 개화당에 붙어 국태공을 유롱誘弄하여 이런 효유문을 들고 왔느냐. 이것이 어찌 국태공의 본뜻이겠느냐"고 꾸짖었다고 한다.[119] 김개남은 또 남원에서 전주로 북상하였을 때 신임 남원부사 이용헌을 꾸짖으면서 그를 "왜놈이 임명한 관원"이라고 지목하였다고 한다.[120] 이와 같은 자료들은 김개남의 정치적 지향을 잘 보여준다. 즉 김개남은 당시 일본과 개화파 정권에 대해서 커다란 반감을 갖고 있었다. 그리고 그는 대원군을 지지하

---

114) 「羅巖隨錄」『사료대계』 2, 403쪽
115) 「甲午實記」『사료대계』 6, 308쪽
116) 「갑오약력」『동학란기록』 상, 67, 72, 76쪽
117) 「오하기문」 3필, 『사료대계』 1, 247쪽
118) 「오하기문」 3필, 『사료대계』 1, 302~303쪽
119) 「갑오약력」『동학란기록』 상, 67~68쪽
120) 「오하기문」 2필, 『사료대계』 1, 257쪽

면서 그의 세력과의 합작을 구상하고 있었다. 이러한 구상은 전봉준도 마찬가지였을 것이다. 다만 양자의 차이는 8월 25일경의 시점에서 전봉준이 김학진과의 타협국면을 더 유지할 필요가 있다는 인식을 가졌던 데 반해, 김개남은 타협국면은 더 이상 필요없다는 인식을 가졌던 점, 그리고 전봉준이 9월 중순 삼례에 집결하여 상경을 서두르고 있었을 때, 김개남은 남원에서 49일을 묵어야 일을 성사시킬 수 있다고 하는 참서를 믿고 북상을 늦추었다는 점, 그리고 전봉준은 북상로를 공주 방면으로 잡은 데 반해, 김개남은 청주 방면으로 잡은 점 등이다. 그러나 이러한 차이들은 본질적인 것들은 아니었다. 김개남이 궁극적으로 목표로 한 것은 다른 여타 농민군 지도자들과 본질적으로 같은 것이었으며, 그 방법론상에서 약간의 차이가 있었을 뿐이었다. 그가 목표로 한 것은 양반·상민·천민과 같은 신분차별이 없는 평등한 사회, 지주와 국가의 농민에 대한 수탈이 없는 사회, 그리고 안으로 이러한 사회를 만들 수 있고, 밖으로 나라의 자주성을 지키려는 의지를 가진 정권을 성립시키는 것이었다.

8. 맺음말

남원은 농민군의 입장에서는 교통과 군사의 요충지라는 점에서 매우 중요한 곳이었다. 김개남의 농민군은 이러한 남원을 중심으로 순창, 담양, 곡성 일대를 세력권 안에 넣고, 이 지역을 한편으로는 경성을 향한 북상의 근거지로, 다른 한편으로는 영남 방면으로의 진출을 위한 근거지로 삼고자 하였다. 그런데 남원에 웅거한 농민군은 김홍기·이사명·박세봉 등이 이끄는 토착세력과 김개남이 인솔한 태인접, 남응삼이 인솔한 담양접, 류복만이 인솔한 홍양접 등 타지에서 몰려든 농민군세력이 결합된 것이었다. 토착세력이라 할 김홍기·이사명·박세봉 등은 모두 부민층에 해당하였고, 이사명 같은 경우는 그 지역에서 상당한 세력을 가지고 있는 사족가문 출신이었다. 그리고 타 지역에서 온 김개남·남응삼·류복만도 역시 자신들의 출신지에서 상당한 세력을 가지고 있는 집안 출신이었다. 따라서 김개남부대의 지도층은 대체로 요호부민층에 의해 구성되었다고 할 수 있다. 그리고 그들 아래에는 다른 농민군세력과 마찬가지로 평민층, 관노官奴, 승려와 같은 하층민 출신의 하급지도자들도 있었다. 다만 천민 출신의 지도자들이 보다 두드러진 것이 특징이었다. 한편 농민군 대중은 다른 농민군세력과 마찬가지로 양인농민과 천민 출신들로 구성되어 있었다. 다만 재인才人과 같은 천인들로만 구성된 부대도 있었다는 점이 특징이었다. 이처럼 김개남세력은 요호부민층을 지도층으로 하고, 평민·천민층을 농민군 대중으로 하는 성격을 갖고 있었다. 그리고 상층지도부는 보다 정치지향적인 성격을 갖고 있었던 것으로 보이며, 하층 농민군 대중은 보다 변혁지향적인 성격을 갖고 있었던 것으로 보인다.

그러면 김개남세력이 목표로 한 것은 무엇일까. 김개남의 지향점은 전봉준 등과 크게 다를 바 없었다. 그도 궁극적으로는 대원군과 농민군 간의 합작 정권을 구상하고 있었다. 다만 그는 방법론에서 전봉준과 다른 의견을 가졌다. 그는 김학진과의 타협국면이 이루어진 가운데 농민들이 이와 같이 모처럼 결집하여 무장력을 갖추게 되었을 때, 관 측官 側과의 타협국면을 깨고 정세를 보다 확실하게 장악해야 한다고 생각했다. 반면에 전봉준은 정세를 관망하면서 때를 기다려야 한다고 생각했던 것이다. 한편 양자는 9월 중순 이래 북상의 때가 왔다는 데에 인식을 같이했다. 그런데 김개남은 남원에서 49일을 머물러야 한다는 참서를 믿고 북상을 늦추는 등 의식상의 한계를 드러냈다.

김개남은 10월 중순 북상하여 전주에서 상당 기간 머무른 뒤 11월 초에야 전주를 떠나 11월 13일 청주성 공략에 나섰다. 그러나 김개남군은 일본군의 우세한 화력 앞에 하루만에 무너져 퇴각하지 않을 수 없었다. 김개남군은 공주성을 20일 가까이 공략한 전봉준군에 비해 숫자도 부족하고 화력도 열세였으며, 전술상으로도 뒤떨어진 것으로 보인다. 특히 김개남군은 대오를 거의 유지하지 못해 후퇴과정에서 이렇다할 전투를 보여주지 못했다. 이는 김개남의 지도력이나 김개남군의 결집력이 크게 미흡했음을 말해준다.

남원의 농민군세력은 10월 중순 김개남의 북상 이후 북상군과 잔류군으로 세력이 양분되었다. 잔류군은 운봉을 공격하기 위해 운봉으로 가는 고개를 넘기 위해 사력을 다하였으나 끝내 실패하였다. 농민군의 운봉 공략을 막아낸 것은 운봉의 향리 출신 박봉양이 지도하는 민보군과 수성군이었다. 운봉군은 인근 함양과 대구감영의 지원을 받으면서 남원의 농민군에 공세로 나왔다. 류복만의 농민군부대가 대오에서 이탈하는 등 농민군 내부에서 분열양상이 나타나는 가운데 남원의 농민군은 운봉 민보군의 공격을 받아 끝내 무너지고 말았다.

남원에서 농민군이 웅거하고 있을 때 인근 지역의 양반지배층, 유생세력은 거의 기를 펴지 못하였다. 그들은 농민군을 피하여 피난을 다니기에 급급하였으며, 운봉군이 승리를 거둔 이후에야 민보군을 조직하여 농민군 잔당의 소탕에 나섰을 뿐이었다. 또 운봉의 향리층은 수성군, 민보군을 조직하여 농민군에 대항하였지만, 남원의 향리층은 수령이 자리를 비우고 농민군이 성을 장악하고 있는 실정에서 이렇다 할 저항을 하지 못하였던 것으로 보인다.

제4장 호남 남부지역 동학농민군의 동향

1. 머리말

호남지방은 1894년 농민전쟁의 진원지이자 본 무대로서 농민전쟁 연구자들의 주목을 받아왔다. 특히 전봉준, 김개남, 손화중 등 지도자들이 이끄는 농민군의 주력이 형성되고 활동하였던 정읍·고창 지역에 관심이 집중되었다. 그러나 1894년 농민전쟁의 회오리는 53개 주에 이르는 전라도의 전 지역에 영향을 미쳐 그해 여름, 이른바 집강소시기에는 전라도 전 지역이 사실상 농민군의 영향력 하에 들어갔다. 물론 이 시기에도 나주성은 여전히 관 측의 수성군이 지키고 있었고, 또 어떤 지역은 농민군이 일시적으로만 성을 점령하고 곧 철수한다든가 하는 양상을 보여 농민군의 세력이 각 지역마다 고르게 분포하지는 않았다. 하지만 이 시기 전라도의 전 지역은 농민군의 세력 아래 들어가 있었고, 따라서 이 지역의 향촌사회는 가위 혁명적인 격동을 겪고 있었다고 할 수 있다. 이 시기 농민군은 기존의 지배체제를 전적으로 부인하면서 새로운 사회질서를 만들고자 하였다. 그러나 그러한 노력은 그해 겨울 일본군과 정부군, 그리고 각 지방에서의 수성군·의병·민포군의 반격에 농민군세력이 무너짐으로써 좌절되지 않을 수 없었다. 이제 1894년 농민전쟁 연구는 1894년의 격동기의 향촌사회의 모습을 살핌으로써 그 연구영역을 넓혀가야 한다고 생각한다.

이 장에서는 호남지방 가운데서도 특히 노령(갈재) 이남의 남부지역, 즉 현재의 전남지방을 대상으로 한정하여 이 지역의 농민군 세력분포, 주요 접주들의 사회적 성격, 집강소시기 향촌사회의 상황, 그리고 각지에서 벌어진 주요 전투를 살핌으로써 이 지역에서 있었던 1894년 농민봉기의 성격을 검토하고자 한다.

2. 호남 남부지역 동학농민군의 세력분포와 지도자들

호남 남부지역에 동학이 처음 전파된 것이 언제인지는 정확히 알 수 없다. 다만 장흥·보성·강진·완도 각 군에 1891년경부터 동학이 포교되기 시작하였다고 확인되는 것으로 보아[1] 서남해안 일대에 동학이 포교되는 시점은 1890년대 초였던 것으로 보인다. 이 시기 호남 남부지역의 동학은 크게 세 가지 교통로를 중심으로 전파되었을 것으로 추정된다. 그 하나는 고창－영광－함평－나주－무안－해남－강진－장흥－보성－고흥으로 이어지는 서남해안 연안이며, 다른 하나는 남원－곡성－구례－광양－순천으로 이어지는 섬진강 유역, 다른 하나는 정읍－장성－담양－광주－나주로 이어지는 갈재 바로 남쪽의 지역이다.

1894년 당시 호남 남부지역의 농민군세력은 대접주들을 중심으로 몇 개의 권역으로 그 세력이 나뉜다고 볼 수 있다. 광주·장성·나주지역은 손화중·최경선·오권선의 세력권에, 담양·구례·곡성지역은 남원의 김개남 세력권에, 장흥·강진·보성·해남지역은 이방언·이인환·이사경의 세력권에, 순천·광양·승주·낙안지역은 김인배의 세력권에, 무안·함평지역

---

1) 필자미상, 「천도교 장흥부 종리원」 『천도교회월보』 163, 1924년 4월호(朴孟洙, 1992, 「장흥지방 동학농민혁명사」 『장흥동학농민혁명사』, 장흥동학농민혁명기념탑 건립추진위원회, 112쪽 참조.)

은 배상옥의 세력권에 각각 속하였던 것이다. 그런데 주목할 것은 이들 대접주들 가운데 손화중·최경선·김인배·김개남 등이 모두 노령 이북, 특히 고창·태인·금구지역 출신들이라는 점이다. 이들 대접주 외에도 영광에서 활동한 양경수·송문수·오하영·오시영 등은 모두 고창·무장 출신들이었다. 이는 당시 노령 이남지역에서 이방언·배상옥 외에 특출한 대접주를 배출하지 못하였다는 것을 의미한다. 이는 아마도 이 지역에 동학이 전파된 시간이 상대적으로 늦었기 때문이 아닐까 여겨진다.[2]

한편 창평·화순·능주·옥과·구례·곡성 등 내륙지방과 완도·진도 등의 도서지방은 농민군세력이 비교적 약했던 곳으로 보인다. 이는 동학의 전파가 다른 지역보다 더욱 늦었기 때문으로 여겨지는데, 이 지역에 동학 전파가 늦었던 것은 이들 지역이 다른 곳보다 외진 곳이거나, 혹은 보수양반세력이 강한 곳이었기 때문일 것이다.

그러면 이 지역 출신 지도자들은 대체로 어떤 이들이었을까. 먼저 이 지역 출신 대접주급에 해당하는 이방언·배상옥이 어떤 이들이었는지 살펴보자. 이방언은 장흥 남면 묵촌 사람으로 본관은 인천, 당시 2백석 정도의 지주가로서 부친은 향교의 재장齋長을 지냈다고 한다.[3] 이로 미루어 보아 그의 집안은 당시 향촌사회에서 상당한 세력을 가졌던 가문이었음이 분명하다.[4] 이러한 가문을 배경으로 그도 한학을 공부하였으며, 한때는 멀리 충청도 예산까지 가서 고산 임헌회에게 배우기도 했다고 한다.

---

2) 전북지방, 특히 평야지대에 동학이 전파된 시기는 대체로 1880년대 중후반경으로 알려지고 있다(박맹수, 1993, 「동학의 교단조직과 지도체제의 변천」 『1894년 농민전쟁연구』 3, 역사비평사 참조).
3) 이종찬씨(이방언의 증손) 도움말(1994.3.1) 참조.
4) 총무처 정부기록보존소, 1994, 『동학관련판결문집』, 43쪽에 실린 이방언의 판결문에는 이방언에 대하여 '농업, 평민'이라고 신분을 기록하였다. 그런데 다른 이들의 경우에도 관직을 거치지 않은 자는 모두 '평민'이라고 기록하였다. 이로 미루어 보아 갑오개혁의 신분제 폐지 이후 재판기록에서는 비록 양반가라 할지라도 관직을 거치지 않은 경우에는 모두 '평민'으로 기록한 것으로 보인다.

배상옥裵相玉(이명 裵奎仁)은 무안 대월리 출신으로 본관은 달성, 신분은 평민, 경제적으로는 소지주 내지 부농 정도에 해당하는 이였던 것으로 보인다. 그는 흔히 '함(함평)무안접주'라 불리었으며, 그 세력은 손화중과 맞먹어 전봉준이나 김개남보다 컸던 것으로 기록되고 있다.[5]

이같은 대접주들 아래에서 그 다음으로 세력을 가졌던 접주로는 나주의 오권선·전유창, 담양의 남응삼, 홍양의 류복만, 함평의 이화진, 영광의 양경수·송문수, 해남의 백장안, 장흥의 이사경, 장성의 이장태 등이었던 것으로 보인다.

오권선吳權善(이명 吳仲文)은 당시 나주 삼가면 도림·세동·송동·나동에 세거하던 나주 오씨들의 동족부락인 세동 출신으로 어려서 부친이 읍내에 들어가 한때 서당훈장을 해서 생계를 유지해야 할 정도로 형편이 어려웠으며, 성장해서도 초가 두 칸의 집에 살고 있던 몰락양반에 속하는 이였다. 하지만 그의 일가 가운데에는 부자들이 있어 같은 마을의 오석환吳碩煥은 오권선을 통해 농민군 측에 상당액의 자금을 대기도 하였고, 이웃 도림마을의 오준선吳駿善은 나주 수성군 측에 군량미를 대기도 하였다.[6] 그러나 오권선은 이들과는 달리 경제적으로 어려운 처지에 있는 지식층이었던 것이다.

전유창全有暢(이명 全京先)은 나주 노안면 동산 사람으로 본관은 천안이며, 전봉준과 같은 성씨라 해서 일찍이 전봉준이 집에 찾아온 일이 있을 정도로 가까웠다고 한다. 그는 동생 전유원全有元(이명 全京湫)과 함께 백산봉기에서부터 참여했다. 상당한 부자였다고 하나 신분은 평민이었던 것으로 보인다. 전유창은 갑오년 12월 6일 동복에서 체포되어 나주로 압송

---

5) 나주 목사 민종렬은 양호순무선봉장 이규태에게 보낸 편지에서 무장 손화중과 무안 배상옥은 각기 거느리고 있는 무리가 수만에 이르러 전봉준이나 김개남과 비교할 때 몇 배에 달한다고 쓰고 있다(「이규태왕복서 및 묘지명」 『동학란기록』 하, 503쪽).

6) 오학수씨(吳碩煥의 증손) 도움말(1994.5.5) ; 이병수, 『금성정의록』 참조.

되던 도중 사망하였다.[7]

이화진李化辰(이명 李景鎭)은 함평 손불면 장동 사람으로 본관은 공주이고, 경제적으로는 중농층의 지식층으로서 부친(李載明), 형(李彦鎭)과 함께 농민군 활동을 주도하다가 처형당하였다.[8]

장흥 용계면 용반 지와몰瓦里의 이사경李仕京은 부친李浩仁이 이미 접주로서 이 지역에 상당한 기반을 마련해 온 '대물림접주'였다. 그는 상당한 규모(수백석지기)의 '평민지주'였던 것으로 보인다.[9]

해남의 백장안白長安은 대둔사 바로 앞의 삼산면 구림리 사람으로 수원 백씨이며, 부친 백용담은 선원록청의 서사書寫와 순장巡將을 지낸 바 있었고, 백장안 자신은 1888년 무과 병과武科 丙科에 급제하여 흔히 '백선달'로 불리던 이였다. 그는 해남의 삼산면접, 비곡면접, 현산면접, 그리고 남문 밖 남동리의 농민군세력을 이끌고 우수영을 공격하기도 하였다. 후일 완도에서 붙잡혀 해남으로 끌려와 처형되었다.[10]

이러한 중간접주들 외에도 소접주들이 상당수 있었던 것으로 보인다. 이들은 대체로 각 면 정도의 권역에서 일정한 세력을 가졌을 것으로 짐작되는데, 이들 가운데 몇몇 신원이 확인되는 이들을 살펴보면 다음과 같다. 함평 갈동의 정안면鄭安冕은 고문서에서 함평 갈동면 접주로 확인되는 인물이다.[11] 그는 갈동면(현 월야면) 양정리 양지마을 사람으로 본관은 나주, 신분은 평민, 비교적 부유한 편으로 지식층이었다고 한다.[12] 광

---

7) 전대성씨(전유원의 손자) 도움말(1994.5.5).「全羅道所捉所獲東徒成冊」『동학란기록』하, 707쪽
8) 이경보씨(함평 손불면 죽사마을) 도움말(1994.4.26).
9) 이정태(이사경 증손) 도움말(1994.2.25).
10) 白鍾南(백장안의 증손)씨, 白一萬씨 도움말(1994.5.12) 및「敎旨」「紅牌」등 고문서 참조.
11) 짚풀생활사박물관 소장.
12) 정무석씨(정안면의 증손) 도움말(1994. 5.5)에 의하면 정안면은 돈녕부도정의 교지를 갖고 있었다 한다. 이는 그가 신분상승에 관심을 갖고 있었다는 증거가 아닐까 한다.

양 옥룡면 상평의 서윤약徐允若·서형약徐亨若 형제는 광양 옥룡면 운평리 상평 사람(본관은 이천)으로 집터만 3백평, 담살이를 12호 거느릴 정도로 옥룡면에서 가장 큰 부자였다고 한다. 그의 부친 서지은徐志殷은 옥룡면 면수面首부터 시작하여 민고도감民庫都監, 사헌부감찰, 충훈부도사의 교지를 구할 만큼 신분상승에 관심을 가지고 있던 이였다.[13] 무안 해제 석용리의 최문빈崔文彬·최선영崔善泳 형제는 논 8~9두락, 밭 20여 두락을 경작하던 중농층으로서 인근에서는 지식층으로 꼽히는 이였다고 한다. 이들은 지도智島에서 장정을 모집하여 해제의 임치진臨淄鎭에 도소都所를 차렸으며, 고막원전투 등에 참여하였다. 이들은 뒷날 함평현에 체포되어 나주성으로 끌려가 그 곳에서 처형되었다.[14] 이러한 사례들은 소접주 가운데에도 부농·중농 내지 소지주층이 상당수 있었음을 보여주는 것이다.

결국 이 지방에서 농민전쟁을 주도적으로 이끈 대접주 내지는 중간접주층은 대체로 볼 때 경제적으로 부농 내지는 중소지주층에 해당하였으며, 소접주층은 부농·중농 내지 소지주층에 해당한다고 볼 수 있다. 이들 접주층, 특히 대접주·중간접주층은 대체로 경제적으로 축적된 부를 바탕으로 향촌사회에서 새롭게 대두하고 있던 사회계층이면서도 사회적으로는 이렇다 할 지위를 확보하고 있지 못했기 때문에 지방관의 집중적인 수탈대상이 되었을 것이다. 그런데 그 수탈체계는 당시 민씨 정권 하에서 극에 달하고 있었고, 따라서 그들의 정치적 불만 또한 극에 달하고 있었을 것이다. 이들 접주층 가운데에는 소수이긴 하였지만 위에서 본 오권선의 경우와 같이 양반가문 내에서 점차 소외되어 사회·경제적으로 몰락해온 계층도 있었다. 이들은 지식층으로서 정치·사회적인 지위에 대한 욕구는 높았으나 당시의 정치·사회구조 속에서 그들이 이를 실현

---

13) 서형식씨(서윤약의 증손) 도움말(1994.4.5).

14) 최석봉씨(최문빈의 손) 도움말(1994.4.2). 현재 무안군 해제면 석용리 석산마을에는 崔文彬(璋鉉)·善泳(善鉉) 형제와 從弟인 奇鉉(炳鉉)등을 기리는 「海州崔氏三義士碑」가 후손들에 의해 세워져 있다.

할 수 있는 길은 없었다.

1894년 호남지방에서 진행된 농민전쟁에서 농민군의 지도부를 구성한 것은 현실적으로 이러한 부농·중소지주, 몰락양반층이었다. 이들 계층은 1890년을 전후한 시기 '동학'이라는 새로운 세계관과 사회사상을 접하자 이를 적극적으로 수용하여 접주가 되었다. 이들은 1892년부터 계속된 신원운동과 척왜양운동 등을 통하여 그 세력을 보다 확대시키고, 또 '보국안민'이라는 저항이념을 만들어냈다. 그리고 마침내 1894년 전봉준이 전국적인 농민봉기를 제창하자 이에 적극적으로 참여하였던 것이다.

한편 소접주층 가운데에는 빈농 혹은 천민층으로서 소접주가 된 경우도 없지 않았다. 예를 들어 구례 사적동의 접주 임정연의 경우 그는 본래 단성丹城 출신의 무인巫人으로 알려졌다.[15] 또 담양 용구동의 접주 김형순金亨巡은 갑오년 7월 담양의 아전으로서 수성군을 조직하려 한 국홍렬鞠弘烈을 잡아다 죽임으로써 '강접強接'으로 이름을 떨쳤는데, 빈농으로서 완력이 강한 이였다고 한다.[16]

그리고 당시 호남지방 농민군의 주력군을 이룬 것은 물론 경제적으로 영세농민·농업노동자·영세상인·영세수공업자, 사회적으로 평민·천민층이었다. 당시 무안현감은 "동학이 창궐하자 강제로 입교한 자는 이를 요행으로 여기고 즐거이 따르는 자는 이때를 타고자 하니 평민으로서 가담하지 않은 자는 거의 없다"고 보고하였다.[17] 또 황현은 "(농민군─인용자) 안에 귀천노소貴賤老少가 없고, 노비와 주인이 모두 입도한 경우에는 서로

---

15) 『구례속지』(1924)(박준성, 「농민군활동지 곡성·구례」 『예향』 1993년 6월호, 123쪽 참조)

16) 용구동(현 담양군 수북면 주평리) 주민들의 도움말(1994.3.18, 노인회관)과 김종덕 씨(김형순 후손) 도움말 참조. 황현은 호남의 強接으로서 남원의 화산당접과 담양 용구동접을 꼽았다(「梧下記聞」 2필 『동학농민전쟁사료대계』 1(여강출판사, 이하 『사료대계』 1로 약함), 160쪽).

17) 「先鋒陣各邑了發關及甘結」 『동학란기록』 하, 328쪽

접장接長이라고 칭하며 마치 친구사이처럼 대하니 사노私奴·역인驛人·무부巫夫·수척水尺 등 천인賤人이 가장 즐겨 따랐다"고 기록하였다.[18] 이들 계층은 개화파의 신분제개혁조치가 나오자 이를 계기로 신분해방운동을 더욱 적극적으로 전개하여 오랜 기간 동안 지속되어 온 중세적 신분제를 실질적으로 무너뜨리는 구실을 하였다. 그러나 이들 가운데 일부는 양반·유생·향리층에 지나치게 적대적인 태도를 보이기도 하고, 또 약탈을 일삼기도 하여 농민군의 적대세력을 확대시키는 역작용을 하기도 하였다. 농민군 지휘부는 이러한 행태를 극히 경계하고 만류하고자 하였으나, 지도력이 취약하여 뜻대로 되지 않았다. 황현은 이에 대해 "5월 이후 전봉준은 열읍을 순행하면서 이를 절제시키고자 하였으나, 영令은 행해지지 않았다"고 기록하였다.[19]

3. 1차 봉기와 집강소시기 호남 남부지역의 상황

1894년 3월 전봉준·손화중·김개남 등이 무장에서 집결하여 고부 백산에서 창의를 선포하였을 때, 호남 남부지역의 동학교도들도 상당수 농민군으로 참여한 것으로 보인다. 오지영의 『동학사』(초고본)에서는 호남 남부지역에서 영광·무안·장흥·담양·창평·장성·능주·광주·나주·보성·영암·강진·흥양·해남·곡성·구례·순천 등지의 동학교도들이 참여했다고 적었다.[20] 이 기록은 상당히 신빙성이 있는 것으로 보인다. 예를 들어 장흥의 이방언세력, 무안의 배상옥세력은 당연히 참가하였을 것이다. 이방언은 황룡강전투에서 장태를 고안한 이로 전해지기 때문이다. 또 옥과의 경우에는 4월 9일 농민들이 옥과현을 습격하여 관곡을 약탈한 뒤

---

18) 「오하기문」 1필, 『사료대계』 1, 109쪽
19) 「오하기문」 1필, 『사료대계』 1, 110쪽
20) 오지영, 『동학사』 초고본, 『사료대계』 1, 457~459쪽

정읍 방면으로 향하여 갔다고 한다.[21] 홍양의 류복만도 후일 전주화약
뒤에 김개남을 따라 남원으로 들어간 것으로 보아 1차 봉기에 참가한
것으로 보아야 할 것이다. 순천의 경우에도 유하덕이 백산봉기에 참여했
다가 6월에 금구 출신의 김인배와 함께 순천에 돌아와 영호대도소를 설
치하였다. 이처럼 호남 남부지역의 동학교도들은 1차 봉기때부터 적극
적으로 참여하였다.

한편 1차 봉기시 관 측에서는 어떻게 대응하고 있었을까. 전봉준이
이끄는 농민군이 진공한 영광의 경우에는 수령이 읍을 버리고 도주하였
다. 또 함평의 경우에는 전봉준으로부터 치하를 받을 정도로 수령이 농
민군을 후하게 대접하였으며, 이 소식을 들은 무안의 수령도 농민군의
식사준비를 위해 "밥상을 여막에 분배하고" 기다릴 정도로 농민군의 진
군로에 있던 군현의 수령들은 전전긍긍하였다.[22]

당시 나주영에서는 4월 중순 농민군이 고창을 거쳐 영광에 이르렀을
때, 군병을 보충하기 위해 강진·영암·해남·장흥·보성 등지에 군병 2백
명과 포수 50명씩을 각각 징발하여 나주영으로 보내라고 지시하였다.[23]
또 강진의 병영에서도 인근 각 군현에 군병을 징발해 보내도록 지시하
여, 홍양에서 1백 명, 구례에서 50명, 진도에서 63명, 광양에서 49명, 순
천에서 150명이 4월 19일에서 22일 사이 병영에 도착하였다.[24] 이들은
이후 나주영과 병영에서 각각 훈련을 받던 중, 4월말 전주성이 함락되었
다는 소식이 전해지자, 병사의 명에 따라 전주성으로 진군하였다가 농민
군이 전주성에서 곧 철수하고 초토사 홍계훈이 병영에 파군罷軍을 명함
으로써 회군하여 내려왔다고 한다.[25]

21) 국사편찬위원회편, 『주한일본공사관기록』 1, 6쪽
22) 朴冀鉉, 『日史』, 갑오년 4월 16일, 18일, 19일, 21일
23) 『日史』, 갑오년 4월 14일
24) 『日史』, 갑오년 4월 19일, 22일
25) 『日史』, 갑오년 5월 9일~22일

한편 전주성에서 철수한 농민군 가운데 전봉준이 이끄는 세력은 태인에서 다시 집결하여(5월12일경) 정읍(5.17)－백양사(5.20?)－담양(5.28)－순창(6월초)－옥과(6.14)－광주(6.16)－남평(6.17)－능주(6.18) 등으로 순행하였으며, 김개남이 이끄는 세력은 태인－순창(6.8)－옥과(6.9)－담양－창평－동복－낙안－순천－곡성 등으로 순행하였다.[26] 농민군의 주력 부대가 이같이 각지를 순회하는 동안, 다른 부대들은 각기 자기의 근거지로 흩어져 갔는데, 강진유생 박기현은 『일사日史』에서 다음과 같이 그 정형을 묘사하였다.

> 들으니 일전에 東學 3, 40명이 槍銃을 들고 혹은 말을 타고, 혹은 당나귀, 노새 등을 타고 촌민들에게 강제로 명하여 짐을 지게 하였는데 전혀 거리낌이 없었다고 하며, 행로가 양양하여 마치 부귀한 사람이 고향에 돌아오는 것같이 하면서 장흥에 들어왔다고 한다.[27]

이는 당시 장흥지방의 농민군이 1차 봉기에 참여했다가 귀향하는 장면을 묘사한 것으로, 당시 농민군의 기세가 드높았음을 알 수 있다. 그리고 이들 귀향한 농민들은 계속 무장을 유지하면서 각지에 도소를 차리고 평소 원한이 있던 양반, 혹은 지주들을 잡아다 징치하기 시작하였다. 장흥의 경우 동학교도들은 용계면의 자라번지라는 곳에 도소를 차리고 각처의 죄 있는 이들을 잡아다 치죄하기 시작하여, 6월 20일에는 산성별장山城別將까지 잡아다 치죄하는 실정이었다.[28] 이에 강진 병영의 병사 서병무兵使 徐丙懋는 동학도들을 꾸짖는 포고문을 만들어 냈는데, 동학도들은

---

26) 박찬승, 1995, 「1894년 농민전쟁기 호남지방 농민군의 동향－남원지방의 김개남 세력을 중심으로－」『동학농민혁명의 지역적 전개와 사회변동』, 새길(이 책에 재수록)

27) 『日史』 갑오년 5월 23일

28) 『日史』 갑오년 6월 20일. 자라번지는 현 부산초등학교가 있는 자리로서, 이사경 접주의 집이 있는 부산면 용반리(지와물)의 바로 앞이다.

이에 대한 답장에서 다음과 같이 답하였다고 한다.

> 우리는 義氣에서 일어났으며, 탐오한 관리들을 懲治하고자 한다. 지금 擅權之臣들이 聖德을 가리고 있으니 忠諫之士를 가리켜 天言이라 하고 鳴冤之民을 가리켜 匪徒라 하며, 심지어 군대로써 도륙하려 하니 진실로 천고에 이러한 변고가 어디 또 있는가. 節下 또한 不義라 하니 심히 가석한 일이다.[29]

당시 각지로 흩어져 나름의 세력을 유지하고 있던 농민군들은 이와 같이 자신들의 기포起包가 의기義氣에서 나온 정당한 것임을 확신하고 있었고, 따라서 그만큼 기세도 높았다.

그리고 이 시기 신임 전라감사 김학진의 온건한 정책은 이른바 '구도舊道', 즉 동학에 입도한지 오래된 이들로서 그동안 사태를 관망하고 있던 이들까지도 적극적으로 나서게 만들었다. 황현은 이에 대해 "동학에 물든지 오래되었으면서도 두려워 엎드려 관망하고 있던 자들도 일시에 일어나 도인道人이라 칭하면서, 수건을 두르고 염주를 차고 부적을 붙이고 주문을 외면서 말을 타고 총검을 가지고 다니면서 무리를 이루어 결진結陣하니 산과 들에 이러한 무리들이 가득찼다"고 서술하였다.[30] 그리고 그 모인 무리들을 '접接'이라 하였으며, 그 우두머리는 '대접주大接主'이고, 그 다음이 '차접주次接主', 그리고 그 다음이 '접주接主'라 불렸다고 한다. 각 접接은 큰 경우에 1만 명, 1천명에 달하는 경우도 있었고, 작은 경우 백 명, 혹은 수십 명이었다고 한다. 또 큰 군현의 경우에는 수십 개의 접이 있었고, 작은 군현의 경우 3~4개의 접이 있었다 한다.[31] 또

---

29) 『日史』 갑오년 6월 22일
30) 「오하기문」 1필, 『사료대계』 1, 107쪽
31) 「오하기문」 1필, 『사료대계』 1, 107쪽. '접주'라는 명칭에 대해 고창 문화원장 이기화 선생은 본래 '접'이란 우리말의 100을 뜻하는 것이기 때문에 접주란 100명의 도인을 거느린 사람을 가리키는 것일 것이라고 말하였다. 그렇다면 소접주는 소수의 접을 거느린 접주이고, 대접주는 다수의 접을 거느린 접주가 된다. 이기화 선생의 해석은 경청할 만하다고 여겨진다.

일부에서는 당시 접주들을 대접주大接主, 소접주小接主, 사접접주私接接主로
구분하기도 하였다.32)

　그러면 각 접 내부의 조직은 어떻게 되어 있었을까. 평상시 포덕布德을
할 때 접에는 접주 밑에 실무를 맡는 접사接司가 있고, 접주의 자문역을 맡
는 교장敎長·교수敎授·도집都執·집강執綱·대정大正·중정中正 등이 있었다.33)
그러나 기포起包시에는 이러한 체계 외에 성찰省察·검찰檢察,禁察·규찰糾察·
주찰周察·통찰統察·통령統領·공사장公事長·기포장騎包將 등이 설치되었다고
한다.34) 물론 그러한 직책의 설치는 각 접마다 상당한 차이가 있었을 것
이다.

　전주화약 이후 호남지방 각처에서 동학교도들이 세력을 확장하는 가
운데, 1894년 7월 6일 전봉준과 김학진은 전주에서 회합을 갖고, 관과
농민군 간의 타협국면을 유지하기로 합의하였다. 이같은 양자간의 대타
협은 관민상화官民相和의 원칙 위에서 집강소가 공식으로 설치되는 결과
를 가져왔다. 김학진은 농민군 대도소를 전주성 내에 두는 것을 허락하
였고, 전봉준은 농민군을 총지휘할 전라좌우도 대도소를 전주성 내에 설
치하고 송희옥宋熹玉을 도집강으로 임명하였다. 이후 전라도 각 주에는
집강소가 공식적으로 설치되어 수령과 집강이 함께 행정과 치안을 담당
하는 양상을 나타냈다. 「오하기문」의 기록에 의하면, 각 읍에서 통치에
나선 접은 스스로 '대도소大都所'라 칭하고, 한 명의 접주를 뽑아 수령의
일을 맡게 하면서 그를 가리켜 '집강執綱'이라 하였다고 한다.35) 따라서
이때의 '대도소'란 곧 '집강소執綱所'를 의미하는 것이었고, 실제로 '집강

---

32) 『주한일본공사관기록』 6, 24쪽
33) 이들 각 직책의 임무에 대해서는 「전봉준공초」에 자세히 기록되어 있다. 다른 곳
　　에서는 직책으로서 敎長·奉敎·執綱·大正·中正·奉道 등을 들기도 하였다(『주한
　　일본공사관기록』 6, 24쪽).
34) 「오하기문」 1필, 『사료대계』 1, 108쪽
35) 「오하기문」 1필, 『사료대계』 1, 108쪽

소'라는 이름보다는 '대도소'의 이름이 일반적으로 쓰였다.

각 주에서의 집강소 설치의 실례를 살펴보자. 해남의 경우, 농민군 2,200여 명이 7월 16일 해남읍에 입성하여 집강소를 설치하였다고 한다. 집강소에서는 양반부호가에서 금전을 거두어 천민들에게 나누어주고 농민군의 군량미로 충당하였으며, 조총·천보총·환도·화약·연환 등을 거두어 무장을 갖추었다.36) 해남읍의 집강소는 현재의 남동리 부근에 설치되었는데, 집강소 설치를 전후하여 해남읍의 아전인 안씨의 가옥이 불태워졌다고 한다.37) 해남의 경우에는 농민군의 통치기관이 '집강소'라는 이름으로 설치되었다는 사실을 확인해주는 한 예이다.

그런데 앞서 말한 것처럼 당시에는 '집강소'라는 이름보다는 '대도소' 혹은 '도소'라는 이름이 보다 광범하게 쓰였다. 예를 들어 순천의 경우에는 그해 6월 금구접주 김인배와 순천접주 유하덕이 이끄는 농민군이 순천에 들어와 순천부 관아를 점령하고, 이곳에 영호대도소嶺湖大都所를 설치하였다. 영호대도소는 비교적 체계를 갖추고 있었던 것으로 보인다. 영호대도소의 대접주는 김인배였고, 수접주首接主는 순천 출신의 유화덕, 도집강都執綱은 승주 쌍암 출신의 정우형鄭虞炯이 각각 맡고 있었으며, 각 면에는 해당 접주와 집강이 임명되어 있었다고 한다.38) 순천에서도 '도집강' 등의 명칭이 나오는 것으로 보아 집강소라는 이름의 기관이 있었을 가능성이 높다. 순천에는 8월에 신임부사 이수홍이 부임했지만 이미 김인배 등이 읍권을 장악하고 있어 이수홍은 이렇다 할 권한을 행사하지 못했으며, 그는 10월경 전주로 도피하여 버렸다.

강진의 경우는 장흥지방의 동학도들이 7월초 강진읍에 들어와 도소를 설치하였다고 한다. 이들은 이서배들이 쓰던 질청作廳과 같은 관청 건물

---

36) 「道人經過來歷」(짚풀생활사박물관 소장.)
37) 백일만씨(해남읍 거주) 증언(1994.5.12) 참조.
38) 『二六新報』 1895년 1월 25일자

일부를 점거하고 있었다 한다. 강진의 경우 동학세력이 약하였기 때문에 장흥 쪽에서 와서 강진읍을 점거한 것으로 보인다.[39]

그런가 하면 일부 지역에서는 동학도들의 침입을 막기 위해 거짓으로 '도소'를 설치한 경우도 있었다. 예를 들어 능주와 병영의 경우가 그러하였다.[40] 강진과 이웃한 병영에서는 동학도들의 병영 진입을 막기 위하여 송정리의 이세화李細和라는 동학도인을 맞아들여 거짓으로 '병영도인접兵營道人接'을 만들었다. 이는 병영에 스스로 동학접이 있음을 내세워 타지의 동학도들이 입경入境하는 것을 막기 위한 것이었다.[41] 그리고 그들은 실제로 장흥 쪽의 동학도들이 7월 15일 병영에 들어오자 이를 막아내고 그들을 잡아서 33명을 죽이기에 이르렀다.[42] 이후 병영에서는 장흥 쪽 동학도들의 병영공격에 대비하기 위해 병영의 군민들에 대한 훈련을 계속하였다. 그러나 그러면서도 이들은 타지 동학도들이 연합하여 병영을 공격하는 것을 피하기 위해 여전히 '도인접道人接'이라 칭하고 있었다.[43] 이와 비슷한 사례는 비록 호남 남부지역은 아니지만, 부안의 경우에서도 볼 수 있다. 이 곳에서는 북접 계열에 속하면서 전봉준의 봉기에 반대해왔던 김낙철金洛喆이 집강소시기에 다른 지역 동학도들의 침입을 막기 위해 군수와 향리, 유림들의 강권으로 성내에 회소會所를 설치하고 경내의 동학도들의 '탁란濁亂'을 일절 금하였다고 한다.[44]

한편 강진에 설치되었던 도소는 장흥 동학도들의 철수로 인해 얼마가지 않아 철파된 것으로 보인다. 강진유생 박기현은 나주와 강진을 제외한 전라도 모든 주의 읍중邑中에 도소가 설치되었다고 기록하였기 때문

---

39) 『日史』 갑오년 7월 3일
40) 「梧下記聞」 2필, 『사료대계』 1, 187쪽
41) 『日史』 갑오년 7월 9일, 11일
42) 『日史』 갑오년 7월 15일
43) 『日史』 갑오년 7월 17일~9월 10일
44) 『金洛鳳履歷』, 11쪽

이다. 그는 당시 보성에도 도소가 설치되어 있었다고 하였다. 그는 나주
와 강진 양 읍에만 도소가 설치되지 않고 수성을 하고 있는데, 강진의
경우 강진현감 민영은閔泳殷은 무능하며, 수성을 맡고 있는 것은 모두 이
교吏校들이라고 기록하였다.[45) 이는 집강소 혹은 도소가 설치되었던 곳
도 일시적으로 설치되었다가 철파된 곳이 많았을 가능성이 있음을 보여
주는 것이다.

예를 들어 완도의 경우, 9월초 전주의 전상률全尙律과 고금도·조약도
의 동학도들이 완도면 화흥리의 서재에서 많은 사람들을 모아놓고 권고
하기를 "각 처에서 동학도들이 극심하게 창궐하는데 만약 본소本所(都所
혹은 집강소를 뜻하는 듯-인용자)를 세우고 왕래하지 않으면 백성들이 생명을 보
존하기 어렵다. 본소를 세우는 목적은 단지 이것만을 위해서가 아니고
탐관오리와 토호 및 무단자武斷者를 제거하는 데 있다"고 하면서 도소를
설치하였다고 한다. 그리고 책임자로 심경선과 기타 임원들을 선출하고,
먼저 이방 김관칠金寬七을 잡아다가 매를 때렸다고 한다. 이 사실은 곧
가리포진에 알려져 가리포진에서는 병사를 풀어 심경선 등 임원을 잡아
가두었고, 고금도·조약도 사람들은 모두 도망하였다 한다.[46) 이로 미루
어 보아 완도와 같이 동학의 세력이 약했던 곳에서는 일시적으로 도소
혹은 집강소가 설치되었다가 관 측의 힘에 밀려 곧 철파된 것으로 여겨
진다.

그런가 하면 일부 지역은 접주와 수령 사이에 비교적 원만한 관계가
유지되면서 행정은 수령에게 전적으로 맡긴 곳도 있었던 것으로 보인다.
예를 들어 담양의 경우 남원에서 김개남의 휘하에 있다가 9월 30일 담
양으로 간 남응삼南應三은 스스로 식견이 없음을 인정하고 민정民政은 모
두 부사府使에게 일임하였다고 한다.[47)

---

45) 『日史』 갑오년 9월 16일
46) 『枕泉金先生自書錄』(번역본), 157~163쪽

한편 읍 단위의 집강소 아래에는 각 면 단위의 집강소들이 있었던 것으로 보인다. 즉 한 군현에 몇 개의 접이 있는 경우 각 접별로 집강소가 설치되었던 것이다. 최근 발견된 함평 갈동의 집강소에 관한 문서를 보면, 갈동면(현 월야면)에 집강소가 설치되어 접주 정안면鄭安冕이 집강을 겸하였고, 그 아래에 다시 5명의 집강이 있었다. 이들은 아마도 각 리里 단위의 집강을 맡고 있었던 것이 아닌가 여겨진다.[48] 이러한 리 단위의 집강소에서 집강 등으로 발탁된 이들은 원래 동학교도가 아닌 이들도 상당수 있었던 것으로 보인다.[49]

다음 나주성의 경우는 집강소기에도 농민군이 전혀 장악하지 못한 곳이었다. 나주는 처음부터 농민군에 적대적인 태도를 보이면서 농민군의 성내 출입을 허용하지 않았던 곳이다. 나주목사 민종렬閔種烈은 4월부터 성을 수비할 차비를 하였다. 그는 정수루 앞에 군중들을 모아두고 다음과 같은 연설을 하였다고 한다.

> 너희 군중은 떠들지 말라. 준동하는 저 요적들은 처음부터 부적이나 주문을 가지고 우매한 백성들을 현혹시키고 있으니 참으로 인류 도덕에 어긋난 죄과를 받을 것이며, 병기를 우롱하여 지방민들에게 해독을 유포하였으니 마침내 국가의 반역죄인이 될 것이다. (중략) 우리 고을은 수백 년 동안 예의 문물을 지켜온 고장이며, 50개 고을을 보장한 땅이다. 오늘 나주가 없으면 호남이 없고 호남이 없으면 온 나라가 장차 흔들리게 될 것이다. (중략) 賊들이 나주에 관심을 갖고 있는 것은 우리의 城堞이 완고하고 兵器가 튼튼하기 때문이다. 만약에 점거당하거나 빼앗기게 된다면 저들이 소굴로 삼고 장차 세력을 굳힐 수 있는 곳이기 때문에 더욱 집어 삼키려고 할 것이다. 우리가 이 성을 지키려 하는 것이 어찌 한 고을만을 위함이겠는가. 바로 국가를 위한 것이다.[50]

---

47) 「甲午略歷」『동학란기록』 상, 73~74쪽
48) 짚풀생활사 박물관 소장.
49) 예를 들어 나주, 완도의 경우(고문서 「羅州名錄」; 김상철, 『枕泉先生自敍行錄』)가 그렇다.
50) 李炳壽, 『錦城正義錄』 甲篇, 4~5쪽

여기에는 민종렬의 농민군에 대한 철저한 적대의식과 나주성의 전략적 중요성에 대한 정확한 인식이 잘 나타나 있다. 당시 나주에는 남문 밖에 영장 이원우營將 李源佑가 이끄는 우진영右鎭營이 있었으며, 또 목사 민종렬이 각 군현에서 징발한 민병들이 있어 군사도 결코 적지 않았다. 민종렬은 도통장都統將에 정석진鄭錫珍(이명 鄭台完), 부통장副統將에 김재환金在煥, 도위장都衛將에 손상문孫商文, 중군中軍에 김성진金聲振, 통찰統察에 김창균金蒼均, 별장別將에 박근욱朴根郁(西門 담당)·문낙삼文洛三(北門 담당)·박윤칠朴允七(東門 담당)·문관후文寬厚·박경욱朴京郁(南門 담당)을 임명하는 등 수성군의 조직을 체계화하였다.51) 그는 군정軍丁을 16개 초哨로 편성하였으며, 훼손된 성첩城堞을 보수하는 한편, 낮에는 총을 쏘는 훈련을 시키고 밤에는 불을 밝히고 기습에 대비하는 훈련을 하였다. 또 당시 나주는 전라도의 5진관鎭管 체제의 중심지의 하나로서 12개 고을을 관장하였기 때문에 군기고에 기旗, 고고鼓, 창검槍劍, 활, 탄환, 대완포大碗砲, 장대포將大砲, 천보총千步銃, 화살(片箭, 長箭) 등이 상당히 많았다. 민종렬은 이들 무기를 꺼내어 갈고 닦아 군정들을 무장시킴으로써 나주성 수성군의 무장력은 크게 강화되었다.

그러나 나주성의 수성군은 나주성만 지키고 있었을 뿐 나주성 밖은 6월 이후 나주접주 오권선, 전유창 등이 이끄는 농민군들에 의해 사실상 장악되었다. 이에 나주 향교의 교임 이원서校任 李源緖와 진사 김영대金永大 등이 '의병'을 조직하여 농민군을 토벌할 계획을 세웠으나, 농민군의 세가 만만치 않음을 안 민종렬의 만류로 그만둘 수밖에 없는 실정이었다.52)

한편 전봉준도 나주성의 전략적 중요성을 잘 알고 있었다. 그는 6월

---

51) 『금성정의록』 갑편, 6쪽 및 「討平碑銘」 참조. 이들 외에도 별장, 별초, 참모, 서기, 정탐, 도훈도, 천총, 파총 등 직책이 각각 주어진 자가 68명에 달하였다고 한다.
52) 『금성정의록』 갑편, 8쪽

16일부터 18일 사이 광주-남평-능주 등을 순회하였는데, 이 때 최경선에게 나주성 공격을 준비하도록 지시한 것으로 보인다.53) 최경선의 나주성 공격은 7월 1일 시작되었다. 최경선은 오권선 등을 통솔하고 금안동에 진을 치고 여러 날 동안 나주성 공격을 시도하였다. 특히 5일에는 금성산에 올라 서문 쪽을 집중적으로 공격하였다. 민종렬은 직접 서문의 방어 지휘를 맡아 정석진과 박근욱을 이끌고 거짓으로 성문을 열어 농민군이 성문에 접근하기를 기다려 대완포와 장대포, 천보총 등을 동원하여 농민군을 공격함으로써 농민군은 일시에 궤산하여 물러설 수밖에 없었다.54) 최경선이 나주성 공격에 실패한 것은 나주성이 천혜의 요새지인데다 민종렬이 지휘하는 수성군의 화력과 작전, 지휘체계가 만만치 않았기 때문이다.

그런데 나주성전투가 있은 7월 5일의 다음 날인 7월 6일 전라감사 김학진은 남원의 전봉준에게 편지를 보내 전주에서 만나 대타협을 모색할 것을 제의하였으며, 양자의 합의에 따라 7월 12일에는 각읍에 집강소를 설치하라는 전봉준의 전령이 나오게 되었던 것이다. 그리고 이때 전봉준은 김학진에게 농민군을 적대시하고 있는 나주목사 민종렬과 영장 이원우의 파직을 정부에 건의해달라고 요구하였다. 김학진은 이를 받아들여 정부에 장계를 올림으로써 7월 18일자로 민종렬과 이원우는 정부로부터 파직되었다. 그리고 나주목사의 후임으로는 박세병朴世秉이, 나주영장의 후임으로는 남준원南俊元이 임명되었다.55) 그러나 민종렬은 나주 이교들

---

53) 황현은 「오하기문」에서 최경선의 나주성 공격은 전봉준의 허락을 받지 않고 한 것이어서 최경선이 패한 뒤 전봉준에게 원병을 요청했지만 거절당했다고 썼다(「오하기문」 2필 『사료대계』 1, 37~38쪽). 그러나 전봉준과 최경선의 평소 관계로 보나 사안의 중요성으로 보나 최경선이 독단으로 일을 벌였을 가능성은 거의 없다. 특히 나주성 공격 직전에 전봉준이 나주성 부근을 순회하였기 때문에 그럴 가능성은 거의 없었다. 다만 전봉준이 나주성 공격을 계속 지원하지 않은 것은 7월 6일 이후 정세가 급변했기 때문이다.
54) 『금성정의록』 갑편, 9~10쪽 ; 鄭錫珍, 「甲午討平日記」 『蘭坡遺稿』

의 만류로 성을 떠나지 못하였고, 박세병은 농민군이 두려워서인지 부임
하지 않고 있었다. 그런 가운데 8월 17일 김학진의 「계청啓請」에 의하여
민종렬은 다시 나주목사로 재임명되었으며, 9월 18일 나주 영장 이원우
도 재임명되었다.56) 한편 전봉준은 8월 13일 전라감사 김학진의 신임장
을 지니고 직접 나주성 내에 들어가 나주목사 민종렬과 담판을 하였으나
뜻을 이루지 못하였다.57) 이로써 나주성은 호남에서 유일하게 농민군에
게 공공연하게 적대적인 무장력이 지키는 성이 되었던 것이다.

4. 2차 봉기와 호남 남부지역에서의 주요 전투

전라도 남부지역에서의 주요 전투로서는 1차 봉기시의 황룡촌전투,
집강소시기부터 2차 봉기시에 걸친 나주성전투, 2차 봉기 이후 순천·광
양전투와 장흥·강진전투를 들 수 있다. 여기서는 2차 봉기시의 전투들에
대해 살펴보기로 한다.

1) 羅州城전투58)

9월 중순 농민군의 2차 봉기가 시작되면서 손화중도 광주에서 봉기하

---

55) 「오하기문」 2필, 『사료대계』 1, 195쪽

56) 『啓草存案』 고종 31년 8월 17일 ; 『關草存案』 고종 31년 8월 19일, 9월 18일,
   10월 28일. 그러나 이원우의 재임명장이 도착하기 전에 이미 신임 영장 남준원이
   나주에 도착하였기 때문에 나주영장은 교체되었다. 대신 이원우는 10월 28일자로
   전주영장으로 임명되었다.

57) 『금성정의록』 갑편, 13쪽. 이때 전봉준은 전라감사 김학진의 文牒과 裨將의 私通
   을 가지고 민종렬을 찾아갔다. 민종렬이 전봉준을 죽이지 못한 것은 전봉준이 이
   같이 감사의 신임장을 지니고 왔기 때문이었다.

58) 이하 나주성과 인근 지역의 전투에 대해서는 특별한 각주가 없는 한 李炳壽, 『錦
   城正義錄』 甲篇과 鄭錫珍의 『蘭坡遺稿』 『甲午討平日記』를 참고하여 정리하였음
   을 밝혀둔다.

여 10월초 공주를 향하여 일시 북상하였다. 그러나 손화중은 북상 도중 일본군이 해로를 통해 내려온다는 소식을 듣고 바다 쪽을 경계하기 위해 도로 광주로 내려왔다.59) 이후 손화중과 최경선은 북상하는 농민군의 배후가 되는 호남 남부지역의 방어를 책임지게 되었으며, 여기서 일차적으로 해결해야 될 과제가 나주성을 함락시키는 것이었다. 앞서 본 것처럼 나주성은 집강소시기에도 호남지방에서 유일하게 관 측이 농민군세력과의 타협을 거부한 곳이었다.

　10월 20일경 광주·영광·함평·나주 일대의 농민군은 황룡강변의 선암장仙巖場에 집결하여 나주성 공격을 준비하였다. 이에 민종렬은 선수를 치기로 작정하고 10월 20일 수성군을 성 밖으로 출정시켰다. 출정에 앞서 민종렬은 김창균을 선봉장에 임명하고, 김성진을 중군장, 정석진을 후군장에 각각 임명하였다. 이들은 각각 포군 2백 명씩을 이끌고 대오를 엄히 하여 읍에서 5리 떨어진 석현리石峴里까지 진출하였다. 그런데 이때 선봉장을 맡은 김창균은 연로한데다가 날이 몹시 춥자 도통장 정석진에게 선봉장을 양보하고 자신은 후군장으로 물러났다. 수성군은 이날 밤 들판에서 노숙하였다. 21일 아침 수성군은 농민군이 침산砧山에 진을 치고 있음을 알았다.60) 당시 농민군은 본진을 선암장에 두고 선봉대 약 7백 명을 침산에 보냈던 것이다. 수성군이 침산으로 행군하였을 때, 농민군은 나팔을 불며 진군을 독촉하고 포를 쏘며 함성을 지르면서 접근하였다. 이에 정석진은 수성군 측의 포수들에게 대완포와 천보총의 사격명령을 내려 화력에서 열세에 있던 농민군을 패퇴시켰다. 수성군은 농민군을 격퇴한 소식과 함께 농민군들로부터 빼앗은 무기들을 나주성에 보냈다. 한편 나주성에서는 수성군을 지원하기 위해 접응장 손상문孫商文·박재구

---

59) 「전봉준공초」, 『동학란기록』 하, 531~532쪽
60) 砧山은 전에 나주군 평동면 연산리에 속했으나, 현재는 광주시 광산구 요기동 침산부락으로 되어있다.

朴在九·구유술具有述·김학술金鶴述·전학권錢學權 등을 시켜 포군 1백 명을 더 보내 수성군의 무력은 더욱 강화되었다.

농민군과 수성군의 본격적인 싸움은 황룡강변의 선암장터에서 벌어졌다.[61] 농민군의 숫자는 수만에 달하여 수성군보다 월등하였고, 이에 기가 꺾인 수성군의 일부 지휘관들은 철수하여 훗날을 기약할 것을 주장할 정도였다. 그러나 수성군의 선봉장 정석진은 침산전투에서 승리한 수성군의 사기와 우세한 화력을 믿고 독전에 나섰다. 수성군 측에서는 강춘삼姜春三 지휘 하의 포군을 시켜 황룡강변에서 강 건너 편의 농민군을 향하여 대완포를 쏘게 하여 농민군의 기세를 꺾어 놓고, 이어서 전공서錢公西·김기옥金奇玉의 지휘 하에 있는 천보대千步隊를 시켜 천보총을 쏘게 하여 무기에서 열세에 있던 농민군을 밀어붙였다. 농민군이 강변에서 밀려 후퇴하자 수성군은 강을 건너 농민군을 추격하기 시작했고, 마침내 농민군의 본거지가 되는 마을들까지 습격하였다. 이때 정석진은 오권선의 나주 오씨가의 재각이 있던 서봉西峯까지 들어가 나주 오씨 재각에 불을 지르기도 했다.[62] 나주 수성군은 날이 어두워져 농민군이 후퇴한 북쪽으로 더 이상 추격하지는 못하고 서봉과 산수山水 두 곳에서 다시 강을 건너 작천鵲川을 경유하여 나주성으로 되돌아왔다.[63]

수성군이 이와 같이 승리를 거두고 농민군의 기세가 꺾이는 듯하자, 수성군 측에서는 차제에 농민군을 더욱 밀어붙일 계산을 하고 나주지역의 보수유생들에게 의병을 조직할 것을 권유하기로 했다. 이에 따라 수성군 측에서는 별초 박봉년 등의 이름으로 향교에 통문을 보내 의병을 조직할 것을 권유했다. 그러나 아직 농민군의 세력이 나주성 밖에서는 여전히 힘을 갖고 있었기 때문에 유생들은 아직은 자신들이 본격적으로

---

61) 仙巖場은 현재의 광주시 광산구 선암동 호남대학교 앞의 옛 장터이다.
62) 吳鶴洙씨(광산구 도덕동 세동부락) 도움말(1994.5.5) 참조.
63) 西峯은 현 광산구 서봉동, 鵲川(까치내)는 현 광산구 지평동 운평마을이다.

나설 때가 아니라고 판단하여 다음과 같이 이를 완곡히 거절했다.

> 지금 성상께서 크게 노하시어 군대의 출동을 명하시었는데, 이제 우리가
> 토벌을 위해 나선다면 조정의 공을 탐내어 일어선 것처럼 되지 않겠는가. 얼
> 마동안 시기를 더 기다려 예리한 힘을 길러 나서기로 하고, 조정에서 계획을
> 잘 세워 경군이 개가를 올리는 소식이 들린 후에 나서는 것이 좋을 것이다.

이에 민종렬은 10월 26일 유림들에게 「칙첩飭帖」을 보내 향약을 수정
하여 책을 만들도록 하고, 또 각 면의 약장約長들에게 각 리의 민호民戶를
수정修整하여 책을 만들도록 지시하였다. 그는 이들 자료를 모두 향교에
모아놓고 또 등본 한 책씩을 만들어두어 뒷날 참고할 수 있도록 하였다.
이에 대하여 이병수는 "뒷날 경군京軍이 남하하였을 때, 옥석玉石을 구분
俱焚하는 일이 있을까 염려해서 그렇게 한 것이었다"고 서술하였다. 즉
농민군을 철저히 색출하기 위한 준비작업을 해놓은 것이었다. 이 작업들
은 도약장都約長 진사 나동륜羅東綸, 유림 기동관奇東觀·나경집羅景集·이병수
李炳壽 등의 책임 아래 진행되었다.

그런 가운데 북상한 전봉준군의 공주패전 소식이 연이어 들려왔고,
이제 호남 남부지역은 농민군 최후의 거점으로서 그 중요성이 더욱 부각
되면서 이 지역 농민군들의 활동도 더욱 활발해졌다. 또 이에 대한 대응
으로서 중앙정부에서도 호남지역에서 나주성이 갖는 전략적 중요성을
인지하고 10월 28일 나주목사 민종렬을 호남초토사로 임명하였다. 이로
써 나주성에는 초토영이 설치되고, 나주수성군은 이제 초토영군이 되었
다.[64]

11월 8일에는 농민군들이 영암 쪽에서 나주에 구원을 요청하는 급보
가 오고 동면東面에서 역시 급보가 답지하자, 나주초토영에서는 정석진
등으로 하여금 포군 3백 명을 이끌고 성을 나서게 했다. 초토영군이 동

---

64) 「甲午實記」『사료대계』 6, 321쪽

창東倉에 달려가자 이 소식을 들은 농민군들은 도주하였고, 초토영군은 금마면 용두리까지 진출하여 유숙하였다.65) 이튿날 영암공형들 역시 영암 방면의 농민군도 도주하였다는 소식을 전해와 10일 다시 회군하여 성에 돌아왔다. 이때 신안원新安院을66) 경유한 회군로에는 각 면의 민병들이 각기 죽창을 들고 영접하였다고 하며, 초토영군 측에서는 이들 민병들에게 각각 10전씩의 돈을 지급하였다고 한다.

초토영군이 회군한 그날 밤, 이번에는 북면北面 쪽에서 농민군의 집결 소식이 들려왔다. 당시 최경선과 오권선 등이 지휘하는 농민군은 광주 두동斗洞 뒷산에 진을 치고 있었는데, 그 수가 수 만에 달한다고 전해졌다. 이에 따라 민종렬은 다시 정석진 등에게 출진을 명하여 초토영군은 11월 11일 출진하여 죽엽정竹葉亭에서 하루 유숙하고,67) 이튿날 북창北倉에 이르렀다.68) 이 초토영군 측에서는 농민군의 수가 대단히 많음을 알고 중과부적의 사태가 될까 우려하여 인근 각 동리의 집강들을 통해 민병 수백 명을 동원하였다.69) 또 나주성에서도 손상문孫商文·최성순崔成順·김창균金蒼均 등이 이끄는 응원군이 도착하였다. 비가 계속 쏟아지고 날이 저물자 초토영군은 죽산竹山 뒤쪽의 마을로 진을 옮겼는데, 이때 응원군 측의 장령들은 회군할 것을 주장하였으나 정석진은 회군불가론을 강력히 개진하여 이를 관철시켰다.

다음 날 농민군은 부근에서 가장 높은 고지인 용진산聳珍山 위로 진을 옮겼다. 이에 초토영군 측은 대완포와 천보총을 앞세워 용진산 공격에 나섰다. 농민군은 고지를 점령하여 유리한 위치에 있었고, 초토영군 측

---

65) 금마면 용두리는 현 영암군 금정면 용흥리이다.
66) 신안원은 현 영암군 시종면 신연리에 있었다.
67) 죽엽정은 현 나주군 노안면 금동리 취엽정을 가리키는 것으로 보인다.
68) 北倉은 현 광주시 광산구 산수동 卄洞부락에 있었다.
69) 이때 민병이 동원된 각 동의 이름과 집강의 명단은 다음과 같다.
　　平里(金大圭), 三加(柳永觀), 金安(洪鳳鉉), 官洞(金敬煥), 伊老(李敏相)

은 산 아래에서 위로 공격해 들어가야 했기 때문에 불리한 위치에 있었다. 이때 나주성에서 박근욱·박재구·최윤용 등이 지휘하는 응원군이 다시 도착하여 관군의 전력을 보강하였다. 초토영군은 산정山頂에 있는 농민군을 좌우 양편에서 공격하였지만, 산이 험하고 농민군이 고지를 선점하는 등 지세가 불리하였기 때문에 여의치 않았다. 이에 초토영군은 산정의 왼쪽에 불을 놓아 식량보급로를 차단하고, 오른쪽에 불을 놓아 퇴로를 차단하였다. 전투는 날이 어두워질 때까지 계속되었으나 밤이 되면서 퇴로를 차단당한 농민군은 하는 수 없이 암벽을 타고 산을 내려와 후퇴할 수밖에 없었다. 초토영군은 농민군이 후퇴하고 있음을 알았지만, 날이 이미 어두워져 농민군을 더 이상 추격하지 못한 채 북창으로 회군하였다. 용진산전투는 그 어느 쪽이 승리했다고 할 수 없는 전투였다. 이 때 용진산에서 내려온 농민군은 서쪽의 영광군 삼남면靈光郡 森南面 방면으로 후퇴하였다고 한다.70) 초토영군은 다음 날 농민군을 뒤쫓아 행군하던 중 나주성에서 회군하라는 지시가 내려와 회군하였다. 대신 초토영군 측은 영광 삼남의 홍정리紅亭里에71) 사는 백진사白進士에게 격문을 보내 농민군들을 포착할 계획을 세우라고 지시하였다 한다.

이즈음 무안·함평의 농민군은 배상옥의 지휘 아래 나주성 공격을 위해 고막포 부근에 진을 쳤다. 농민군은 고막교를 건너 수다면水多面의 장등참長嶝站까지 진출하였다.72) 이에 나주 초토영군은 성에서 방어하는 것보다는 밖에서 농민군과 싸우는 것이 낫다고 판단하고 11월 17일 출진하였다. 초토영군은 도통장 정석진의 지휘 아래 출진하여 성에서 20리 떨어진 자지현紫芝峴까지 진출하여 진을 쳤으며, 부통장 김재환이 이끄는 포군과 천보대는 초동시草洞市까지 나아가 진을 쳤다. 한편 나주 초토영

---

70) 영광군 삼남면은 현재 장성군 森西面이다.
71) 현 장성군 삼서면 홍정리
72) 현 나주군 다시면 문동리

군의 출진 소식을 들은 인근의 전왕田旺·지량知良·상곡上谷 3면의 유생들
은 박훈양朴薰陽·임노규林魯圭·나사집羅士集의 지휘 아래 민병을 모집하여
초토영군의 주둔지로 달려왔다.[73] 유생들이 지휘하는 민병은 향리들이
지휘하는 관군의 지휘를 받게 된 셈이었다. 이로써 관군과 민병의 수는
3천에 달하여 농민군 못지않은 병력을 갖추게 되었다. 다음 날 아침 정
석진의 본진과 김재환의 선봉대, 그리고 민병은 합류하여 장등에 진을
치고 있는 농민군을 향해 공격해 들어갔다. 초토영군은 장등의 산 위에
있는 농민군을 향해 대완포와 천보총을 쏘아댔고, 초토영군의 우세한 화
력을 당해내지 못한 농민군은 후퇴하기 시작하여 10리 거리에 있는 고
막교까지 쫓겨 갔다. 그런데 고막교의 다리 폭은 좁고 때마침 조수가 들
어와 물이 불어났기 때문에 급히 후퇴하는 농민군의 상당수가 물에 빠져
죽었다고 한다. 농민군은 이때 다리의 상판을 걷고 또 고막원 뒷산에 진
을 쳐 관군의 도강을 결사적으로 막았다고 한다. 이에 초토영군은 뒤로
물러나 고막교에서 약 1km 떨어진 호장산虎壯山에[74] 진을 쳤다. 이때 나
주성에서 북쪽의 사정이 급하니 즉시 회군하라는 명령이 있었으나, 초토
영군은 농민군의 추격을 우려하여 밤을 지새운 뒤 다음 날 천보군을 뒤
쪽에 배치하여 추격하는 농민군을 막으면서 서서히 나주성으로 되돌아
왔다.

고막원전투는 용진산 전투와 마찬가지로 초토영군이 농민군에 대승
을 거둔 전투는 아니었다. 초토영군은 농민군을 고막포 건너로 쫓았을
뿐이었다. 따라서 초토영군이 나주성으로 회군한 이후에도 농민군의 세
력은 여전히 강력하였고, 이는 나주성에 큰 위협이 되었다. 이에 민종렬
은 중군 김성진으로 하여금 포군 50명을 이끌고 장등에 출진케 했으며,

---

73) 田旺面은 뒤에 郁谷面과 합쳐져 현 旺谷面이 되었으며, 知良面과 上谷面은 뒤에
   합쳐져 良知面이 되었다가 현재는 나주시로 들어가 있다(영산포 일대).
74) 현 고막원역 뒷산

조맹균曺孟均이 이끄는 민병도 이에 합세했다. 21일 아침 민종렬은 정석진과 손상문에게 포군 3백 명을 이끌고 장등으로 출진하여 선발대와 합류케 하였다. 그런데 이날 농민군 일부는 관군을 따돌리고 서창西倉으로 들어가 세곡을 모두 실어가 버렸다. 이에 관군은 농민군을 급히 추격하였으나 농민군은 고막포 건너 산으로 도주해버렸다. 초토영군은 고막포 부근까지 진출하여 강 건너 농민군 측에 포를 쏘아댔으며, 농민군도 이에 응사하였다. 날이 어두워지자 초토영군은 부근의 호장산으로 후퇴하여 저녁을 먹은 뒤, 역시 뒤쪽에 관군을 매복시켜 농민군의 추적을 따돌리면서 서서히 나주성으로 회군하였다. 나주 초토영군의 두번째 고막원 출진도 농민군을 완전 제압하지는 못한 채, 나주의 경계 밖으로 농민군을 쫓아내는 데 그쳤을 뿐이었다.

22일에는 북쪽 방면에서 최경선과 오권선이 지휘하는 농민군이 나주성을 공격해왔다. 이때 농민군은 인근 5~6개 읍에서 동원되었다고 하며, 실제로 흥덕에서까지 나주성 공격을 위해 농민군을 동원한 사실이 확인된다.[75] 23일 농민군 수만 명은 성에서 10리 거리에 있는 금안면金安面 남산촌까지 진출해왔다. 이날 밤 농민군은 성을 공격하기 위해 북문 밖 함박산咸朴山까지 접근하였는데, 성 안에서 군병의 잘못으로 막사에 불이 붙어 대매듭 튀는 소리가 마치 대포소리 같이 들리자 이미 대완포에 여러 차례 놀란 농민군은 지레 겁을 먹고 남산촌으로 퇴각해버렸다. 24일 민종렬은 정석진에게 성에서 나가 농민군을 공격할 것을 명하였다. 정석진은 군병을 세 길로 나누어 남산촌에 있는 농민군을 공격하였다. 미처 예상하지 못한 초토영군의 공격을 받은 농민군은 황급히 이에 대응하여 서로간의 총격전이 계속되었다. 그러나 대완포와 같은 화포火砲를

---

75) 12월 3일 흥덕현감은 흥덕현의 동학당 무리가 지난 달 보름 후에 나주 수성군을 정벌한다고 칭하고 간 뒤에 아직 돌아오지 않고 있다고 보고하였다(「순무선봉진 등록」『동학란기록』상, 567쪽).

가지고 있는 관군의 화력에 농민군은 밀릴 수밖에 없었다. 마침내 초토 영군과 농민군 사이에 육박전이 벌어졌고, 훈련이 제대로 안 된 농민군 은 대패하고 말았다. 『금성정의록』에 의하면 이 전투에서 농민군은 350 명이 죽었으며, 농민군을 지휘하던 오권선은 겨우 몸만 빠져 도주하였다 고 한다.

남산촌전투는 그동안 팽팽하던 초토영군과 농민군 간의 균형을 깨뜨 린 결정적인 전투가 되었다. 이 싸움에서의 패배로 농민군의 사기는 크 게 꺾이었다. 오권선이 남산촌 전투에서 패한 11월 23일은 전봉준의 농 민군이 공주·논산전투에서 패한 뒤 전주성으로 후퇴하였다가 다시 금구 원평 쪽으로 빠져나간 날이었다. 따라서 오권선 등의 나주성 공략은 농 민군에게는 최후의 거점을 마련하기 위한 중요한 전투였다. 그러나 이 전투에서 패함으로써 농민군은 후퇴하고 있던 본진의 배후거점을 마련 해주지 못하고 말았으며, 이 지역 농민군은 더욱 남쪽으로 쫓겨 가게 되 었던 것이다.

오권선의 남산촌 패전 이후 이 지역 농민군을 지휘하고 있던 손화중 과 최경선은 11월 27일 농민군을 이끌고 광주로 들어갔다.[76] 그러나 광 주성은 나주성과는 달리 천혜의 요새도 아니었고, 따라서 농민군의 거점 이 되기는 어려웠다. 거기에다 전봉준군의 11월 26일의 원평전투, 27일 의 태인전투에서의 패전과 전봉준군의 해산 소식은 광주의 농민군에게 해산이냐, 아니면 최후의 항전이냐를 선택하지 않으면 안 되게 만들었 다. 여기서 손화중은 해산을 주장하고, 최경선은 항전을 주장한 것으로 보인다. 손화중은 12월 1일 오전 농민군의 해산을 명하고 어디론가 떠났 으며,[77] 최경선도 귀화하겠다는 뜻을 밝히는 방문을 내걸고 어디론가 떠

---

76) 「순무선봉진등록」, 『동학란기록』 상, 572쪽. 광주목사는 27일 농민군 수만 명이 입성하여 공해와 민가를 점거했다고 보고하였다.
77) 그는 12월 11일 고창에서 체포되었다(「甲午實記」, 『동학란기록』 상, 56쪽).

났다고 한다.[78] 그러나 광주에 집결한 농민군이 모두 해산한 것은 아니었
다. 최경선은 해산을 거부하는 농민군들을 이끌고 남평 쪽으로 내려갔다.

12월 3일 남평현의 수리首吏는 이날 최경선이 농민군을 이끌고 남평에
들어와 현감의 부금符金을 빼앗았으며, 현감은 총에 맞아 생사가 경각에
달려있다고 나주초토영에 보고하고 원병을 청하였다. 나주성에서는 보
고를 받고 다음 날인 4일 정석진으로 하여금 포군 3백 명을 이끌고 남평
으로 향하게 하였다. 나주초토영군은 바로 남평으로 들어가지 않고 월연
대月延臺에 진을 치고 농민군의 동향을 살폈는데, 이미 농민군은 남평에
서 능주綾州 방면으로 빠져나간 뒤였다. 그날 오후 능주에서도 농민군이
다른 곳으로 빠져나갔음을 전해왔다. 따라서 나주 초토영군은 농민군과
대면도 못한 채 그날로 나주성으로 되돌아왔다.

남평과 능주를 경유한 농민군 가운데 최경선이 이끄는 일행은 동쪽의
동복현同福縣으로 가고, 일부 농민군은 능주에서 대오를 이탈한 것으로
보인다. 그리고 대오를 이탈한 이들의 상당수가 능주의 의병에게 체포된
것으로 보인다. 당시 능주에는 전 만호 조헌묵前 萬戶 曺憲默이 지휘하는
의병이 조직되어 있었고, 이들은 이후 3백 명에 달하는 농민군을 사로잡
았다고 한다.[79] 한편 동복현에는 이 시기 오상윤吳相潤·오계련吳啓鍊·오계
엽吳啓曄·오윤술吳允述 등 향리들이 지휘하는 강력한 수성군이 조직되어
있었다.[80] 아마도 이들 수성군은 최경선이 이끄는 잔여 농민군 220명을
일단 성 안으로 유인한 뒤 이들을 불의에 습격한 것으로 보인다. 동복현
수성군 측은 농민군 220명 가운데 157명을 포살하고 63명을 포로로 잡
았는데, 그 가운데 최경선이 들어있었던 것이다.[81]

---

78) 「순무선봉진등록」, 『동학란기록』 상, 572쪽
79) 「甲午軍功錄」, 『동학란기록』 하, 722쪽
80) 동복의 吳氏家의 수성군조직에 대해서는 洪性讚, 1992, 『한국근대농촌사회의 변
    동과 지주층』, 지식산업사, 29~30쪽 참조.
81) 「全羅道所捉·所獲東徒成册」, 『동학란기록』 하, 707쪽

한편 나주초토영군은 그 이후 12월 5일 장흥이 농민군에 함락되고, 7일 강진까지도 함락되었다는 소식을 듣고, 8일 초토영대회를 열어 이에 대한 대책을 숙의하였다. 나주초토영군 측은 영암에 군대를 파견하여 장흥·강진의 농민군이 북상하는 경우에 대비하기로 결정하였다. 초토사 민종렬은 도통장 정석진으로 하여금 5백 명의 군병을 이끌고 영암으로 가게 하였으며, 영암과 병영에 비밀리에 군령을 보내 군병을 엄히 단속하고, 초토영 도통장 정석진의 지휘를 받도록 지시하였다. 또 나주 동오면東五面의 의병 통령 류기연統領 柳紀淵으로 하여금 1천 명의 의병을 이끌고 신안원新安院에서 기다리다가 정석진의 부대에 합류하도록 지시하였다. 정석진의 군대는 신안원, 화수원火燧院을 거쳐 12월 10일 영암읍에 도착하였으며, 이날 병영이 농민군에 함락되었다는 소식을 듣게 되었다. 이날 병영의 병사 서병무는 병영에서 도망하여 영암으로 달려와서 병영을 수복해줄 것을 요청하였으나, 나주초토영군과 영암의 군병들은 병영은 이미 함락되었으니 영암을 굳게 지키는 것이 낫다는 결론을 내리고 병영 쪽으로는 더 나아가지 않았다. 다만 이즈음 무안 쪽에서 농민군이 영산강을 건너 영암 쪽으로 자주 출몰하고 있다는 정보에 따라 병사들을 보내 황치黃峙와 덕진德津 등 요로를 지키도록 하는데 그쳤다. 정석진의 군대가 영암에 도착한 10일 경군京軍과 일군日軍은 나주성에 도착하였다. 이후 강진과 장흥 쪽의 농민군토벌은 그쪽으로 책임이 넘어갔기 때문에 나주초토영군은 나주성으로 회군하게 된다.

이후 일본군 제19대대장 미나미 고시로南小四郎 소좌가 주둔한 나주초토영에는 체포된 전봉준·손화중·최경선 등 농민군 지도자들이 차례로 압송되어 왔다. 전봉준全琫準과 양해일梁海一은 12월 2일 순창에서 체포되어 5일 남원에서 나주로 이동하던 일본군에 넘겨져 나주로 이송되었으며, 최경선은 12월 5일 동복에서 체포되어 역시 일본군에 넘겨져 나주로 이송되었다. 손화중은 12월 11일 고창에서 체포되어 역시 일본군에 넘

겨져 나주로 압송되었다.[82] 체포 당시 큰 부상을 입은 전봉준과 최경선
은 약 한 달 가까이 나주에서 치료를 받았으며, 이들을 비롯한 주요 지
도자들은 1895년 1월 5일 일본군에 의해 나주에서 서울로 압송되어 재
판을 받게 되었다.[83] 그러나 인근에서 체포된 다수의 중간급 지도자들
은 나주초토영에서 처형되었으며, 일본군의 기록에 의하면 그 수가 230
명에 달하였다고 한다.[84]

2) 순천·광양전투

6월부터 순천에 영호대도소를 설치하여 순천·광양지역을 장악하고
있던 김인배 지휘 하의 농민군은 9월 1일 하동을 공격, 점령하게 된다.
순천·광양 농민군의 하동 점령은 그 시점이 김개남이 남원성에 다시 들
어온 8월 25일 직후여서 김개남과 김인배 간에 어떤 연락이 있지 않았
을까 추정되기도 하지만, 확실한 근거는 없다. 그런데 순천·광양 농민군
의 하동 진출은 이때가 처음이 아니었다. 광양지역의 농민군은 이미 7월
에 섬진강을 건너 하동河東 부중府中에 하동의 동학교도(주로 商人)들과 함께
도소를 설치한 적이 있었다. 이때 하동부사 이채연李采淵은 겉으로는 좋
은 말로 동학교도들을 대하면서 은밀히 하동 화개花開의 민포民砲를 불러
동학교도들을 강 건너 광양 쪽으로 내쫓았다. 그리고 이채연은 하동 부
중에도 민포를 조직하여 동학교도들이 다시 강을 건너오지 못하도록 엄
히 지키도록 하였다. 그런데 이들 민포군은 동학에 가담한 하동 상인들
의 집을 불태우고 가족들을 잡아가둠으로써 광양 쪽으로 건너간 그들의
원한을 사게 되었다.[85]

---

82) 「全羅道所捉·所獲東徒成册」, 『동학란기록』 하, 707~708쪽
83) 『주한일본공사관기록』 6, 52~53쪽 ; 『김낙봉이력』
84) 『주한일본공사관기록』 6, 62쪽
85) 「오하기문」 2필, 『사료대계』 1, 185쪽

9월 1일 순천·광양지역 농민군의 하동 점령시 그들을 인도한 것은 광양의 동학교도들이었다. 「오하기문」에 따르면 그들은 8월 그믐 하동에서 대회를 갖자고 각 포에 통문을 보냈다는 것이다. 이런 소식을 들은 하동부사 이채연은 겁을 먹고 대구로 도주했으며, 하동의 향병鄕兵과 화개의 민포군은 전 주부 김진옥前 主簿 金鎭玉을 대장으로 추대하고 통영統營에 가서 대완포大椀砲 12좌座를 얻어다가 강변에 배치하고 하동을 사수할 계획을 세웠다. 김인배와 유하덕이 이끄는 농민군 만여 명은 하동부의 민포가 지키는 길을 피하여, 대오를 둘로 나누어 한 쪽은 섬진나루를 건너 하동부의 북쪽에 진을 치고, 다른 한 쪽은 하류의 망덕望德 앞 나루에서 주교舟橋를 엮어 강을 거슬러 올라가 하동부의 남쪽에 진을 쳤다. 하동에는 성곽이 없었다. 따라서 하동의 향병과 화개의 민포군은 하동부의 뒷산에 진을 쳤다. 그러나 민포군은 통영에서 얻어온 대완포의 사용법을 잘 몰라 이를 효과적으로 이용하여 농민군을 공격할 수 없었다. 결국 이채연이 모아놓은 향병들은 먼저 도주하고, 화개의 민포군만이 남아 김진옥의 지휘 하에 농민군과 맞서게 되었다. 화개 민포군 35명은 진격해오는 농민군을 향해 비오듯 사격을 가했으나, 농민군은 앞에서 고꾸라지면 뒤에서 이를 따르는 식으로 무작정 밀고 올라왔다. 날이 어두워지자 김진옥은 중과부적임을 알고 결국 민포군을 이끌고 서쪽으로 도주하였다. 이렇게 해서 하동부는 농민군의 수중에 들어갔으며, 그들은 다시 부중府中에 도소를 설치하고, 민포군의 본거지였던 화개에 들어가 민가 5백여 호를 불태웠으며, 민포군 10여 명을 붙잡아 죽였다고 한다.[86]

하동을 점령한 농민군은 인근 남해, 사천, 곤양, 고성, 진주지역으로 그 세력을 떨쳐나가기 시작하였으며, 이에 토착세력들의 움직임도 본격화되었다. 남해현령 이규풍南海縣令 李圭豊의 보고에 의하면, 9월 11일 호남 농민군 19명은 남해현에 들어가 이청吏廳을 점거하고 감옥에 갇혀 있던

---

86) 「오하기문」 2필, 『사료대계』 1, 217~218쪽

동학교도 16명을 강제로 석방케 한 뒤, 읍폐를 바로잡기 위한 취회聚會를 열었다고 한다. 또 사천현泗川縣 향리들의 보고에 의하면, 사천에서는 13일 농민군 수십 명이 사문査問할 일이 있다면서 호장戶長과 이방吏房을 잡아갔으며, 또 농민군 수백 명이 일제히 남문을 통해 동헌으로 들어와 현감을 위협하고 군기고를 부순 뒤 군물軍物을 빼앗아갔다고 한다. 또 그들은 현청에 있던 전재錢財와 전표錢標를 빼앗아갔다가 며칠 뒤인 17일 접소接所에서 도로 전표를 돌려주었다고 한다. 13일부터 움직이기 시작하여 접소를 설치한 이들 농민군은 아마도 사천에 거주하고 있던 이들로 보인다. 18일에는 호남 농민군 백여 명이 또 성안에 들어와 질청作廳에서 유숙하였으며, 19일에는 남해현으로 빠져나갔다고 한다. 20일에는 각처의 농민군 8백여 명이 사천성에 들어와 관속을 총검으로 위협하면서 각 공해에서 숙식을 하였으며, 향리인 황종익·황태연의 집을 불태웠으며, 23일 고성으로 향해 갔다고 한다.[87]

곤양군수 송휘노昆陽郡守 宋徽老의 보고에 의하면, 15일 하동 농민군 수천 명이 곤양군에 있는 다솔사多率寺에서 취회를 가진 뒤, 순천·광양의 농민군 수천 명이 깃발을 들고 나팔을 불고 총을 쏘면서 성 안으로 들어와 일부는 유숙하고, 일부는 점심을 먹은 뒤 진주로 향해 갔다고 한다. 한편 고성부사 신경균固城府使 申慶均은 농민군 6백여 명이 부사가 자리를 비웠을 때 총검을 들고 고성에 들어와 창고를 부수고 강화영에 보낼 포량미砲糧米 수십 석을 털어 갔다고 보고하였다.[88]

진주목사 유석의 보고에 의하면, 14일 진주 대여촌代如村의 민인들이 읍폐를 바로잡자고 통문을 띄워 각 면에서 천여 명이 취당하여 읍에 들어왔으며, 이에 목사가 효유하였으나 끝내 듣지 않고 장시에 크게 장막

---

87) 규장각 고문서(No.80932) 「경상도관찰사병마사 대구도호부사 친군남영외사 趙」
   의 장계
88) 위와 같음.

을 설치하고 인가를 부수고 동헌에 난입하여 여러 가지로 위협하였으며, 마침내 옥문을 부수고 죄수를 모두 풀어주었다고 한다. 이들은 또 옥천사玉泉寺로 몰려가 승려들의 거처를 불태우기도 하였다고 한다.[89] 그런데 이들 진주 농민들은 이미 상당히 오래 전부터 봉기를 준비해 온 것으로 보이며, 또 순천·광양 쪽의 농민군과 어떤 연결을 갖고 있었던 것으로 보인다. 즉 9월 초2일자로 진주 일대에 내걸린 방문은 전에도 이미 '보국안민'의 뜻으로 73개 면의 리수里首들에게 통문을 보낸 바 있었으나 일이 여의치 않아 그만둔 적이 있음을 밝히고 있다. 9월 2일의 이 방문은 8일 오전 평거 광탄진平居 廣灘津에서 모여 등장等狀을 올리는 문제를 논의하자고 제의하고, 이를 위해 각 동리에서는 리수里首, 지사인知事人 2명, 그리고 유군遊軍 10명씩을 동원하라고 지시하였다.[90] 8일에 집회가 열렸는지는 확실치 않으나, 9월 10일자로 나온 「사통私通」이 11일 부흥 대우치復興 大牛峙에서 더 많은 수를 동원하여 집회를 갖자고 제안하고 있는 것으로 보아, 8일의 집회는 비교적 성공적으로 열린 것으로 보인다. 이 「사통」에서는 대동大洞은 50명, 중동中洞은 30명, 소동小洞은 20명, 소소동小小洞은 10명씩을 동원하라고 지시하였다.[91] 그리고 이같은 「사통」이 나온 같은 날, 동학농민군 쪽에서도 '충경대도소忠慶大都所'의 이름으로 「영우각읍각촌사민등처嶺右各邑各村士民等處」에 보내는 방문을 내걸었다.[92] 이 방문에서는 주로 왜적이 우리 국경을 침범하고 있다는 사실을 강조하고, 이를 막아내기 위한 의사들의 봉기를 호소하였다. 그리고 이러한 왜적들을 토멸하기 위해서 진주에서 대회를 갖겠다는 것과, 동학교도들에 호의적인 진주병사 민준호가 정부에 의해 교체되는 것에 반대하며, 진주대회

---

89) 위와 같음.
90) 『주한일본공사관기록』 1, 433쪽
91) 위와 같음.
92) 같은 책, 140쪽. '忠慶大都所'는 아마도 진주·하동의 농민군들이 내건 이름일 것이다.

는 신임 병사가 진주에 들어오지 못하도록 하기 위한 뜻도 아울러 갖고
있음을 밝혔다.[93]

11일 농민군이 어디에서 어떻게 집회를 가졌는지는 확실치 않지만,
그들은 14일 진주성 안에 들어왔다. 그러나 14일 성안에 들어온 이들은
모두 진주의 민인들이었다. 그런 가운데 17일에는 김인배의 지휘 하에
있는 동학농민군 수천 명이 하동 쪽에서 진주로 들어왔다. 이에 진주목
사 유석과 경상우병사 민준호閔俊鎬는 성 밖으로 나가 한편으로는 이를
막고, 한편으로는 효유하였다고 한다. 그러나 농민군은 이들을 제치고
성 안에 들어와 각 공해에 도소를 설치하였다.[94] 이들 농민군 가운데에
는 하동포·단성포·남원포·섭천포·상평포·오산포·구례포 등 영호남 각
처의 포가 섞여 있었다.[95] 다음 날인 18일에는 김인배가 천여 명을 이끌
고 성안에 들어왔다. 김인배는 이청吏廳에 자리를 잡았으며, 진陣 앞에는
'보국안민輔國安民'이라고 쓴 커다란 홍기紅旗가 내걸렸다. 진주목사의 보
고에 의하면, 농민군은 21일과 22일 수백 명이 소촌역召村驛과 대여촌代如
村 용심동龍尋洞 등지로 나가 약탈과 민가방화를 하였다고 한다. 농민군은
24일 진주성을 빠져나가기 시작하였다.[96] 24일경 진주성을 빠져나간 농
민군 가운데 호남 쪽에서 건너온 김인배 휘하의 농민군은 이 때 북쪽의
삼가三嘉 방면으로 향하였다고 한다.[97]

한편 영호대도소의 주력군이 광양을 거처 하동·진주 방면으로 진출

---

93) 같은 책, 433~434쪽

94) 황현은 「오하기문」에서 진주병사 민준호가 營將을 보내 김인배를 영접하였으며,
    도인을 죽인 죄를 사죄하였다고 기록하였다(「오하기문」 2필, 『사료대계』 1, 219
    쪽). 그러나 민준호는 이전부터 동학교도에 비교적 호의적인 인물이었기 때문에
    '사죄' 운운한 부분은 확실치 않다.

95) 渉川과 吾山은 진주목 관할 하의 面名이었다.

96) 주 87)의 경상도관찰사 장계

97) 「오하기문」 2필, 『사료대계』 1, 340쪽. 한편 그는 이후 일본군과 지석영군이 이
    지역으로 파견되어 오자 三嘉에서 광양으로 되돌아 간 것으로 보인다(「오하기문」
    2필, 『사료대계』 1, 255쪽).

하자, 순천에 남아있던 잔류 농민군은 평소에 농민군에 비우호적이었던 낙안을 공격하였다. 그것은 영호대도소 농민군의 배후를 튼튼히 하기 위한 것이었다. 9월 15일 양하일이 이끄는 농민군 1천여 명은 순천에서 출발하여 선암사에 집결하였으며, 오금재를 넘어 낙안읍성을 공략하여 마침내 성을 장악하였다. 농민군은 낙안에서 4일간 머무르고, 19일 군기고에 방화한 뒤 다시 선암사를 거쳐 순천으로 되돌아온 것으로 보인다. 그런데 당시 낙안을 점령했던 농민군 가운데에는 고산접高山接, 금구접金溝接, 태인접泰仁接, 남원접南原接, 순천접順天接 등이 섞여 있었다고 한다.[98] 이로 미루어 영호대도소에는 고산·금구·태인·남원의 농민군이 지원차 내려와 있었음을 알 수 있다.

영호대도소의 농민군이 하동·진주 일대로 진출하고, 농민군이 진주에서 내건 방문이 명백히 '척왜斥倭'를 표방하고 나서자 일본군은 이에 대한 토벌을 서둘렀다. 물론 이 시기는 전봉준과 김개남도 각각 삼례와 남원에서 재봉기를 선언한 뒤였기 때문에 일본군의 출동은 이후 호남·호서·영남 전 지역에 걸치는 것이었지만, 특히 하동·진주 방면에의 출동은 가장 빠른 것이었다. 일본공사관 측에서는 조선 외무대신 김윤식에게 9월 18일(음력) 경성과 부산 두 곳에서 일본군을 각 지방으로 파견하여 농민군을 진압하겠다고 하면서 조선군대의 파견도 함께 요구하였다.[99] 조선정부 측에서는 곧 이에 동의하였고, 이에 따라 부산의 수비병 1개 중대가 9월 22, 23일경 부산을 출발하여 하동 방면으로 파견되었다.[100] 9월 25, 26일경 고성 부근에 도착한 일본군은 호남의 농민군이 진주성

---

98) 「오하기문」 2필, 『사료대계』 1, 246쪽. 이 기록에 따르면 황하일은 순천의 世豪家의 아들이었다고 하며, 양하일이 낙안을 공격하였을 때 낙안군수 張敎駿은 낙안의 동학 집강 金土逸을 통해 보성의 동학교도들을 동원하여 이를 막으려 하였지만 끝내 패하고 말았다고 기록하였다.

99) 『주한일본공사관기록』 1, 132~133쪽

100) 『주한일본공사관기록』 1, 135~136쪽, 139쪽

에서 나와 호남 쪽으로 이미 후퇴하였다고 부산의 일본영사관에 보고하였다.[101]

한편 대구감영의 판관 지석영池錫永은 9월 26일 토포사討捕使의 자격으로 진주로 향하였다. 그는 28일 중로에 부산에 들러 일본영사와 만나 토포의 방책을 논의하였다고 하며, 배 편으로 통영으로 가서 포군 1백 명을 조발調發하여 10월 2일 고성에 도착하였다. 그는 이곳에서 일본군과 합류하여 곤양 방향으로 가다가 도중에 진주의 구 해창舊 海倉에서 그곳의 동학접주 임석준林石俊을 잡다가 곤양군에 들어가 취조한 뒤 8일 곤양의 성북시城北市에서 효수하였다고 한다. 또 9일에는 농민군 수백명이 하동 안심동河東 安心洞 뒤의 금오산金鰲山에 있다는 소식을 듣고, 다음날인 10일 일본군과 합세하여 세 방향에서 공격, 8명을 죽이고 30명을 생포하였다.[102] 지석영은 11일 밤 진주목사로부터 농민군 수백 명이 시천矢川·수곡水谷 양 면에 모여 있다는 소식을 듣고, 12일 새벽 진주에 들어가 장리將吏를 파견하여 정탐케 하였다. 장리는 정탐 결과 시천의 농민군은 이미 해산하였지만, 수곡에 모여 있는 농민군은 그 수가 점점 늘어 수천에 달하여 진주성을 공격할 우려가 있다고 보고하였다. 이에 지석영이 지휘하는 통영 포군은 진주성을 지키기로 하고, 일본군은 수곡으로 출전하였다.[103] 수곡리에 출전한 일본군은 농민군의 수를 대략 1천 4, 5백 명 정도로 파악하였다. 일본군과 약 3시간에 걸쳐 치열한 전투를 벌인 농민군은 이 전투에서 186명의 전사자를 내고 패하고 말았다. 이후 농민군은 덕산德山 쪽으로 퇴각하였다고 한다.[104] 수곡전투에 참여한 농민군

---

101) 『주한일본공사관기록』 1, 157~158쪽
102) 일본군측의 보고에는 사망자 5명, 생포자 28명이라고 기록되어 있다(『주한일본공사관기록』, 158쪽).
103) 이상 지석영의 보고는 규장각 고문서(No.82146)「경상도관찰사 병마절도사 대구도호부사 친군남영외사 趙」의 장계에 실려 있다.
104) 『주한일본공사관기록』 1, 204~205쪽

은 진주 일대의 농민군과 호남에서 건너온 김인배 휘하의 농민군이었던 것으로 보인다. 일본군은 진주전투가 있은 뒤 각 읍의 동학을 제거하기 위해서는 먼저 진주의 동학을 제거해야 하며, 진주의 동학을 제거하기 위해서는 덕산德山의 동학을 제거해야 한다고 하였으며, 덕산 외에도 삼장三壯·시천矢川·청암青岩·사월沙月 등 4, 5개 리가 동학촌이라고 지적하였다.[105] 한편 이 전투 후 농민군을 추적한 진주목사는 삼남도성찰三南都省察의 직함을 지니고 있던 익산포益山包의 김상규金商奎를 사로잡았다고 하는데, 아마도 그는 김인배 휘하의 익산포를 지휘하고 있었을 것이다.[106]

수곡전투에서 패한 농민군은 하동 방면으로 후퇴하여 21일과 22일 이틀에 걸쳐 섬거진蟾居津에서 일본군·지석영군과 전투를 벌였다. 이 전투에서 농민군은 10명의 전사자를 남기고 흩어져, 강을 건너 광양 쪽으로 퇴각했다. 이로써 김인배가 지휘하는 영호대도소의 영남 방면 진출은 좌절되고 말았다. 한편 지석영군과 일본군은 26일 곤양에서 사천으로 철수하였고, 일본군은 다시 창원 마산포로 가서 배를 타고 부산으로 철수하였으며, 지석영은 통영으로 가서 포군을 통영에 돌려주고 역시 부산을 거쳐 대구로 돌아갔다. 일본군이 이처럼 회군을 서두른 것은 부산의 수비를 염려한 일본영사관의 철수명령이 있었기 때문이다. 지석영은 회군시 하동의 방어를 염려하여 진주 우병영의 포군 1백 명을 하동에 배치하여 순천·광양의 농민군이 섬진강을 건너오는 것을 막도록 조치하였다.[107]

이후 김인배는 영남으로의 진출을 단념하고 약 보름 동안 순천에 웅거하면서 다시 세력을 모아 남쪽 해안가의 좌수영 공격에 역량을 집중하게 된다. 영호대도소의 농민군이 좌수영 공격에 나선 것은 경군이 남하

---

105) 『주한일본공사관기록』 1, 170~171쪽
106) 주 103)과 같음.
107) 위와 같음.

하고 있는 상황에서 유사시에는 이 곳 좌수영을 최후의 거점으로 삼아 저항을 시도할 심산이었기 때문이다. 김인배의 영호대도소 농민군이 좌수영 공격을 처음 시도한 것은 11월 10일이었다. 농민군은 덕양역德陽驛을 거쳐 종고산鍾鼓山까지 나아가 성을 공격할 기회를 엿보았으나, 성의 수비가 워낙 단단함을 보고 3일만에 일단 덕양역으로 후퇴하였다. 농민군은 16일 다시 성 가까이 접근하여 서문 밖 민가에 불을 지르는 등 성 안의 좌수영군을 밖으로 유도하였으나, 좌수영군은 성 안에서 꼼짝하지 않아 덕양역까지 후퇴하였다. 20일 농민군은 다시 좌수영에 접근하여 서문 밖에 정병精兵을 배치하고, 종고산에 웅거하면서 지구전을 계획하였다. 이에 좌수사 김철규는 23일과 25일 두 차례에 걸쳐 통영항에 정박 중이던 일본군함 쓰쿠바호의 함장 쿠로오카黑岡 대좌에게 이풍영李豊泳을 보내 좌수영의 위급함을 알리고 구원을 요청하였다. 이에 쿠로오카 함장은 일본군 육전대를 상륙시켜 좌수영으로 급파했다. 26일 일본군이 좌수영에 도착하자 좌수영군은 농민군에 대한 공격에 나섰다. 이풍영은 일본군을 동문 밖 홍국사 쪽으로 인도하여 잠복케 한 뒤 종고산의 우측을 포위하였고, 김철규는 좌수영군 1백 명에게 일본군 복장을 입게 한 뒤 밤이 되자 남문 밖을 나와 양쪽에서 농민군을 협격하였다. 농민군은 종고산에서 덕양역까지 쫓겼으며, 다시 이곳에서 패하여 순천 쪽으로 퇴각하지 않을 수 없었다. 좌수영군과 일본군은 농민군의 수가 워낙 많음을 두려워하여 덕양역 이상으로 추격하지는 않았다.[108]

순천을 거쳐 광양까지 후퇴한 영호대도소의 농민군은 위기를 맞게 되었다. 상황이 관군 측에 유리하게 바뀌고, 또 좌수영에서 일본군과 연합하여 순천을 공격할 것이라는 소문이 있자 농민군 가운데 대오에서 이탈하는 자가 속출하였다. 농민군의 세력이 약화되고 있음을 감지한 순천과 광양의 향리들이 움직이기 시작한 것은 이때였다. 먼저 농민군의 본진이

---

108) 「오하기문」 3필, 『사료대계』 1, 268쪽, 271쪽.

순천을 피해 광양으로 옮겨간 이후 농민군이 그리 많이 남아있지 않던 순천에서는 리吏 성용희成傭熙·이영주李榮柱, 교校 이종갑李宗甲·김언찬金彦燦, 출신出身 천사성千士成·윤성섭尹成涉 등이 은밀히 반농민군을 조직하여 12월 6일 새벽 도회소에서 잠자고 있던 농민군을 급습하여 승주 쌍암 출신의 도집강 정우형都執綱 鄭虞炯을 비롯한 농민군 수백 명을 붙잡아 정우형을 그날로 처형하였다. 그리고 11일에는 좌수영군이 순천에 들어와 붙잡혀 있던 쌍암면 접사 이우회李友會를 그날로 효수하였으며, 12일에는 서면 접주 김영구金永九, 별량면 접주 김영우金永友, 월등면 접주 남정일南正日을 효수하였고, 쌍암면 성찰 권병택權炳宅을 포살하는 등 농민군 지도부를 차례로 처형하였다. 그밖에도 순천부에서는 광주성찰光州省察 박현동朴玄同, 동외접東外接 서기書記 오준기吳準己(雲峰人), 경상도 양산 접주 황두화黃斗化, 쌍암면 접사 이우회의 아들, 그밖에 이름이 알려지지 않은 농민군 94명이 타살打殺되었다고 한다.[109]

  똑같은 사태가 7일 이후 광양光陽에서도 재현되었다. 전에 군수를 지낸 바 있는 김석우가 주동이 되어 향리들과 함께 반농민군을 조직, 농민군 본진을 습격하여 김인배와 유하덕을 비롯한 농민군 90여 명을 사로잡아, 그날로 김인배를 효수하여 수급을 객사에 걸어 놓았다. 또 봉강면 접주 박흥서朴興西와 그를 따른 23명을 모두 처형하였다고 한다. 다음 날인 12월 8일에는 영호대도소 수접주 유하덕劉夏德을 효수하여 역시 수급을 객사에 걸어놓았고, 인덕仁德 접주 성석하成石河·박소재朴小才, 사곡沙谷 접주 한군협韓君夾, 옥룡玉龍 접주 서윤약徐允若·서형약徐亨若 형제와 이중례李仲禮·하종범河宗凡 등을 포살하였다. 12월 9일에는 월포月浦 접주 김명숙金明淑, 인덕仁德 접주 박치서朴治西를 포살하였고, 10일에는 순천 서면 접주 김가金哥, 사곡沙谷 접주 한진유韓辰有 등을 포살하였으며, 11일에는 광

109) 「순무선봉진등록」, 『동학란기록』 상, 680~681쪽 ; 『주한일본공사관기록』 6, 4~5쪽 ; 「順天府捕捉東徒姓名成册」, 『雜册綴』(규장각소장, No.21970)

양·순천 수접주 김학식金鶴植 등을 포살하였다.110)

한편 광양현감을 겸하고 있던 낙안군수는 8일 광양 이교吏校들의 봉기 소식을 곧 좌수영에 통고하고, 농민군이 아직도 광양 외곽의 다압多鴨·월포月浦 방면에 주둔하고 있으며, 광양의 이교들만의 힘으로는 이를 대적할 수 없으므로 좌수영에서 급히 지원해줄 것을 요청하였다. 좌수사 김철규는 이미 한편으로는 일본군함 쓰쿠바호의 코로오카 함장에게 광양방면의 농민군 진압에 협조해 줄 것을 요청하고, 다른 한편으로는 12월 7일 좌수영군 100명을 해로로 하동 쪽으로 파견하고, 8일에는 좌수영군 500명을 육로로 순천 방면을 향해 출발시키고 있었다. 쓰쿠바호의 일본군은 9일 정박하고 있던 좌수영에서 광양 하포下浦 방면으로 항해하여 하포에 상륙한 뒤 농민군과 특별한 충돌이 없이 10일 광양성에 들어갔다.111) 영장 곽경환領將 郭景煥이 지휘하는 좌수영군 1백 명은 9일 하동에 도착하여 때마침 부산에서 하동으로 파견되어 온 일본군과 합세하였다. 10일 좌수영군과 일본군은 하동을 출발하여 섬진강을 건너 광양 다압·월포지역으로 가서 농민군을 진압하였으며, 같은 날 오후 섬거역蟾居驛에 이르러 도접주都接主 김갑이金甲伊를 비롯한 농민군 27명을 죽였다.112) 섬거역은 김갑이의 지휘 아래 농민군세력이 대단히 강한 곳이었으며, 광양에서 하동을 공격할 때 항상 광양농민군의 집결지가 되던 곳이었다. 따라서 일본군은 이곳에서 많은 농민군을 잡아 처형하였을 뿐만 아니라, 관사와 가옥까지도 거의 모두 불태웠다.113)

다음날인 11일 곽경환이 지휘하는 좌수영군과 일본군은 광양에 입성하였으며, 12일에는 순천부에 도착하였다. 한편 영관領官 이주회李周會가 지휘하는 좌수영군 5백 명은 9일 순천으로 가는 도중 순천 사항리에

---

110) 『주한일본공사관기록』 6, 5쪽 ; 「光陽縣捕捉東徒姓名成册」 『雜册綴』
111) 『주한일본공사관기록』 6, 6쪽
112) 『주한일본공사관기록』 6, 14쪽 ; 「光陽蟾溪驛捕捉東徒姓名成册」 『雜册綴』
113) 『주한일본공사관기록』 6, 274쪽

서[114) 농민군과 싸워 41명을 죽인 뒤, 11일 순천부에 도착하였다.[115) 12일 좌수영군 6백 명과 일본육군 1개 중대가 모두 순천에 집결한 것은 순천·광양 일대의 상황이 일단락되었음을 뜻한다. 14일 좌수영군과 일본군 일부 병력은 보성 쪽으로 진출하여 16일 보성에 도착, 인근의 농민군 20여 명을 붙잡아 죽였다.[116)

광양·순천의 농민군 섬멸에는 하동의 민병도 동참하였다. 하동의 민병은 '정의진正義陣'이라는 이름 아래 화개면과 악양면, 그리고 하동읍의 포군과 민병 등 모두 485명으로 구성되었다. 이들 '정의진'을 지휘한 것은 이미 9월초에 김인배에 맞서 포군을 지휘한 바 있었던 전 주부 김진옥前 主簿 金鎭玉과 김형준金亨俊·김응철金應哲·김계열金桂烈·김연홍金演烘·신우홍愼宇弘·신봉순辛琫淳·신종순辛鍾淳·차경식車敬軾·정의채鄭懿采 등이었다. 이들은 부대를 둘로 나누어, 화개면의 포군으로 이루어진 한 부대는 10일 낮 탑리에서 섬진강을 건너 고개를 넘어 백운산 남쪽의 옥룡면으로 들어가 농민군 31명을 잡았다고 한다. 다른 한 부대는 악양면에서 강을 따라 내려온 민병들과 하동읍에서 올라온 민병들이 신암新巖에서 만나 강을 건너 농민군의 근거지가 있던 죽천竹川으로 들어가 근거지를 불태우고, 산을 넘어 비촌飛村에 이르렀으며, 이곳에서 그들은 죽천에서 잡아온 농민군 48명을 처형하였다고 한다.[117) 이때 처형된 농민군 가운데에는 박정주朴正周·류윤거柳允擧·박사영朴士永·전백현全伯賢·김광준金光俊·고광신高光信 등이 포함되어 있었다. 이들 하동 민병부대는 이미 섬거역에서 농민군에 대한 철저한 토벌을 하고 옥곡에 도착한 일본군과 좌수영군 일행과 10일 오후 늦게 옥곡에서 합류하였다.[118)

---

114) 현 여천군 율촌면 조화리 사항마을
115) 『주한일본공사관기록』 6, 14쪽
116) 위와 같음.
117) 竹川은 현 광양군 다압면 금천리 죽천부락이며, 飛村은 현 광양군 진상면 비평리 비촌부락이다.

3) 강진·장흥전투

호남 남부지역에서의 농민군의 최후 저항은 장흥·강진·해남 일대에
서 시도되었다. 앞서 본 것처럼 갑오년 여름 장흥에서는 농민군이 자라
번지에 집강소를 설치하였고, 강진읍에도 일시 도소를 설치하였다. 반면
병영에서는 거짓으로 도소를 설치해놓고 다른 지역의 농민군의 침입을
막고 있었다. 또 7월 30일 부임한 장흥부사 박헌양은 부임 직후부터 유
림들과 농민군 토벌을 논의하기 시작하는 등 시기를 엿보고 있었다. 9월
에 들어서 전봉준이 재봉기를 선언하고 각지에서 농민군의 재결집이 시
작되자, 병영과 강진읍에서는 수성을 위해 민병을 동원, 훈련을 강화하
였다. 병영에서는 9월 10일 4면面의 민정을 동원하여 장대에서 훈련을
하도록 하였으며, 21일 강진읍에서도 민정을 징발하여 낮에는 축성築城
을 하고 밤에는 수성守城을 하였다고 한다.[119] 그리고 병영에서는 10월
1일 마침내 도소를 파하고 수성소守城所를 공식적으로 설치하였다.[120] 이
에 대응하여 농민군의 움직임도 본격화되었다. 10월 16일경 장흥 사창
시社倉市에 농민군 천여 명이 집결하였으며, 강진 석묵시石墨市에서도 농민
군의 취회가 이어졌다.[121] 이에 따라 병영 수성소에서는 10월 18일부터
4면의 민군 수천명을 징발하여 훈련을 시켰으며, 11월 3일에는 영중營中
에 거주하던 동학도의 집을 부수고 김응일이라는 동학도를 처형하였
다.[122] 또 11월 6일 수성군은 해남 별진역別鎭驛까지 출동하여 동학도 5
명을 잡고 대완포 1자루 등 무기를 빼앗아왔다.[123] 한편 11월 7일경 장
흥 장서면 흑석리長西面 黑石里에서는 광주·남평·금구·장흥·능주 등지에

---

118) 『주한일본공사관기록』 6, 273~274쪽
119) 『日史』 갑오년 9월 10일, 21일
120) 『日史』 갑오년 10월 1일
121) 『日史』 갑오년 10월 16일
122) 『日史』 갑오년 10월 18일, 11월 3일
123) 『日史』 갑오년 11월 6일

서 온 농민군이 집결하고 있었다. 이들이 목표로 하고 있었던 것은 물론 장흥이었다.[124] 이후 집결지를 옮겨가면서 그 세력을 키워간 농민군은 수천 명이 11월 21일경 웅치熊峙에 집결하였다.[125] 농민군은 이제 본격적으로 장흥부에 접근한 것이다. 이에 위기의식을 느낀 장흥부사 박헌양은 병영에 포군 5백 명과 조총 2백 자루를 요청해 22일 병영에서 도총장 윤권중尹權中과 수성별장 방관숙房管叔이 2백 명의 군병을 이끌고 장흥으로 갔다. 이때 강진의 금천면에서는 50명의 민병을 원병으로 보내왔고, 보암면 유생 김한섭金漢燮이 병영군의 장흥 입성을 농민군의 장흥 입성으로 잘못 알고 4백 명의 민병을 이끌고 왔다고 한다.[126] 웅치에 집결했던 농민군은 병영군이 오자 일시 회령 쪽으로 후퇴하였고, 이에 병영군은 도로 병영으로 철수하였다. 그러나 농민군은 해산하지 않았으며, 대흥大興의 이인환李仁煥이 이끄는 농민군이 고읍古邑에서 기포하여 25일 남면南面을 거쳐 회령會寧의 농민군 대열에 합류함으로써 농민군의 세력은 더욱 커졌다.[127] 당시 장흥 농민군은 남면 묵촌의 이방언李芳彦 접주세력, 용계면 용반리龍溪面 龍盤里의 이사경李仕京 접주세력, 웅치면熊峙面의 구교철具教輟 접주세력, 고읍면古邑面의 김학삼金學三 접주세력, 대흥면大興面의 이인환李仁煥 접주세력으로 구성되어 있었으며,[128] 그밖에 광주·남평 등지에서 남하한 농민군들이 일부 가담한 것으로 보인다. 그리고 이들 농민군은 장차 나주를 공격하겠다고 성언하고 있었다 한다.[129] 장흥 농민군의 목표는 장흥과 병영, 그리고 궁극적으로는 나주였던 것이다.

---

124) 『日史』 갑오년 11월 7일
125) 熊峙는 현 보성군 웅치면으로 당시는 장흥부의 웅치면이었다.
126) 『日史』 갑오년 10월 22일~24일
127) 웅치면과 회령면은 현재는 보성군 웅치면, 회천면 회령리로 바뀌었지만 당시는 장흥에 속해 있었다. 古邑은 현재의 장흥군 冠山邑이며, 南面은 현재의 용산면이다.
128) 박맹수, 주 1)의 글 참조.
129) 白永直, 「朴侯義蹟」 『六有齋先生遺稿』

　장흥부사는 직접 병영에 가서 병영에 원병을 청하였고, 25일 도총장 윤원중이 이끄는 병영군 수백 명이 장흥으로 갔다.[130] 12월 1일 농민군은 북면 사창시로 진을 옮겼다. 이때 농민군의 수는 많게는 만여 명, 적게는 6, 7천여 명으로 추산되었다.[131] 병영군은 사창시 방면의 농민군을 토벌하지는 못한 채 20여 명의 동학도만 잡아서 12월 2일 병영으로 다시 철수하였다. 이 틈을 노린 농민군은 12월 3일 사창시에서 전진하여 벽사역碧沙驛 뒷쪽, 건산리巾山里의 모정등茅亭嶝, 평화리平化里의 송정등松亭嶝 등지에 진을 쳐서 벽사역과 장녕성長寧城, 長興府을 포위하였다. 1천여 명의 농민군이 벽사역을 사면에서 포위하자 벽사역 찰방 김일원金日遠은 역졸들을 데리고 장흥부로 피신하였다. 12월 4일 아침 농민군은 텅 빈 벽사역을 점령하고 공해와 역졸들의 집 등 4백여 호를 불태웠다. 벽사역을 함락시킨 농민군은 곧 이어 장흥부로 향했다. 찰방 김일원은 다시 병영으로 달려가 병사에게 구원을 요청하였으나, 병사 서병무는 농민군이 병영으로 육박해오고 있으니 수성군을 풀어 파견할 수 없다고 거절하고 나주 초토영에 가서 보고하라고 하였다.[132] 김일원은 나주까지 달려가 초토영군의 파견을 요청하였으나, 앞서 본 것처럼 나주초토영에서는 영암까지만 군대를 파견하여 농민군이 더 이상 북상하지 못하도록 하는 데 그쳤다.

　12월 5일 새벽 농민군은 장녕성을 사면에서 공격해 들어갔다. 장녕성은 주변 산을 이용하여 쌓은 성으로 북문과 동문 밖에는 탐진천이 흐르고, 남문이 있던 남쪽과 서쪽은 남산줄기가 가로막아 요새지라 할 만하였다. 농민군의 주력부대는 탐진천을 건너 동문을 공격하였고, 다른 부대들은 북문과 남문을 공격하였다. 동문을 공격한 주력부대가 거목을 이

---

130) 『日史』 갑오년 11월 25일, 27일, 28일
131) 「朴侯義蹟」 『六遺齋先生遺稿』. 社倉市는 현 장흥군 長東面이다.
132) 「순무선봉진등록」 『동학란기록』 상, 576쪽

용하여 동문을 파괴하고 입성함과 동시에 북문과 남문의 수성군도 무너져 장녕성은 마침내 함락되었다. 장흥부사 박헌양은 동헌에서 농민군과 맞서 인부印符를 내놓지 않고 저항하다가 동문 밖 시장 변으로 끌려가 처형되었다.133) 농민군은 그밖에도 수성군 96명을 죽였으며, 성안의 공해와 수성군의 집에 불을 질러 장녕성은 불타는 성이 되었다.134)

장흥부를 함락시킨 농민군은 곧 이어 강진읍 공격에 나섰다. 12월 6일 농민군은 장흥과 강진의 경계인 사인점舍人店 앞 들판에 집결하였으며, 다음 날인 7일 아침 강진현을 포위하였다. 강진현감 이규하李奎夏는 구원을 요청한다고 핑계를 대고 6일 아침 이미 나주로 피해버리고 없었으며, 장리將吏와 별포別砲로 구성된 수성군, 그리고 의병장 김한섭金漢燮이 이끄는 보암면의 민군이 성을 지키고 있었다. 김한섭은 고산 임헌회鼓山 任憲會의 문하에서 수학하였으며, 중암 김평묵重庵 金平默의 학문을 추종하였다고 한다.135) 그는 이미 5월에 「경시적도문警示賊徒文」이라는 글을 지어 동학도들을 준열히 꾸짖은 바 있었다. 이 글에서 그는 동학을 '사교邪教'로, 농민군을 '난적亂賊'으로 규정하였다. 그는 농민군의 봉기는 난역죄亂逆罪로서 절대 용서할 수 없을 뿐만 아니라, 동학은 이단사설異端邪說로서 3천 년 동안 내려온 예의지속禮義之俗을 무너뜨리고 우리나라를 금수禽獸의 나라로 만들고 있다면서 동학을 강력히 비난하였다. 그는 자신이 듣기에 동학도들이 요사술학妖邪術學으로써 사람들을 꾀어 취당하여 동학을 배척하는 자에게는 해를 입히고 있다고 들었다면서, "나는 이제 늙고 병들어 곧 죽을 것이므로 성도聖道로써 사설邪說을 배척하다가 너희

---

133) 「朴侯義蹟」『六有齋先生遺稿』
134) 「순무선봉진등록」『동학란기록』 상, 621쪽. 병영의 박기현은 "이날 저녁 兎尾峙에 올라 장흥 쪽을 바라보니 烟光이 산에 불을 놓은듯하다"고 기록하였다(『日史』 갑오년 12월 5일).
135) 김한섭은 호가 吾南이며 보암면(현 강진군 도암면) 태생으로, 이방언과는 동문수학한 사이였다고 한다(「오하기문」 3필, 『사료대계』 1, 284~285쪽).

들에게 해를 입어도 이를 달게 받아들이겠다"고 자신의 각오를 피력하였다.[136) 김한섭은 척사위정론의 입장에서 동학을 배척하고 있었던 것이다.

강진현을 지키고 있던 수성군과 민군은 이날 아침 안개가 자욱이 낀 가운데 성을 공격해 온 농민군에 이렇다 할 저항도 해보지 못하고 무너지고 말았다. 그것은 농민군이 성을 에워싸고 민보군을 향하여 "죄 없는 민군民軍들은 즉시 성을 나와라. 그렇지 않으면 장차 이속吏屬·별포別砲와 함께 죽임을 당할 것이다"라고 큰 소리로 협박하자, 이에 민군이 순식간에 와해되고 이 틈을 타 농민군이 성 안으로 쏟아져 들어왔기 때문이다. 이 과정에서 김한섭과 수성군 상당수가 농민군에 의해 죽임을 당했다.[137)

강진현을 함락한 농민군의 다음 목표는 병영이었다. 병영에서는 병사가 영암 쪽에 파발을 보내 포군을 징발해 보내라고 8, 9차나 재촉하였지만 아무 대답이 없었다.[138) 강진현이 함락되자 병영의 수성군은 당황한 기색이 역력하였다. 당시 병영에는 병마절도사 서병무徐丙懋의 지휘 아래 수성별장 방관숙房管叔, 도총장 윤권중尹權仲이 수성을 책임지고 있었다. 『일사』를 쓴 박기현은 12월 9일자 일기에서 "방관숙과 윤권중은 교사狡詐하고 무능하며 또 자기 자신만을 생각하는 무리들이고, 병사 또한 이미 무능하여 군무를 알지 못하며, 뒤로 물러나 앉아 오로지 이 두 교사한 사람들에게 맡겨놓고 있으니 소위 수성守城은 될 리가 만무하다"고 썼다. 12월 9일 이인환 등이 지휘하는 농민군은 병영에 접근하여 군자리君子里 등에 진을 쳤다.[139) 10일 아침 농민군은 병영을 공격하여 함락시켰다. 이 때 병사 서병무와 제 비장, 수성별장 방관숙과 도총장 윤권중은 다른 사졸들보다

---

136)「警示賊徒文」『吾南先生文集』권13
137)「순무선봉진등록」,『동학란기록』상, 685~686쪽
138)「순무선봉진등록」,『동학란기록』상, 588쪽
139)『日史』갑오년 12월 9일 ;「오하기문」3필,『사료대계』1, 286쪽

먼저 영암으로 도주하였다 한다. 다만 도영장都領將을 맡았던 전 도정 박
창현前 都正 朴昌鉉은 피하지 않고 분전하다가 총에 맞아 목숨을 잃었다.
그는 『일사』를 쓴 박기현의 종형으로, 4월에도 의병을 일으켜 나주까지
다녀온 바가 있었다.[140) 또 우후 정규찬虞候 鄭逵贊과 감관 김두흡監官 金斗
洽, 군교 백종진軍校 白宗鎭도 목숨을 잃었다. 특히 김두흡은 군기고를 책임
지고 있었는데, 농민군이 입성하자 이를 폭파하고 자신도 목숨을 끊었
다.[141)

한편 병영이 농민군에 함락되던 10일, 나주까지 내려온 경군과 일본
군은 장흥·강진 쪽의 급보를 접하고, 11일 병력을 나누어 영암－병영
방면과 능주－보성－장흥 방면으로 각각 행군하였다. 당시 일본군은 미
나미 고시로南小四郎 소좌의 후비보병後備步兵 제19대 병력 가운데 이시
쿠로石黑光正 대위와 시라키白木誠太郎 중위가 지휘하는 제2중대 병력이었
으며, 경군은 교도중대장 이진호李軫鎬가 지휘하는 교도중대敎導中隊 병력
과 통위영統衛營 교장 황수옥敎長 黃水玉이 지휘하는 통위영군 병력 30명이
었다.[142) 좌선봉진의 이규태는 미나미에게 지휘권을 빼앗기고 그로부터
철저히 소외되었다. 이규태는 자신이 거느리는 통위영, 교도영의 병력
일부를 이시쿠로와 시라키에게 넘겨주고, 자신은 나머지 병력만을 이끈
채 장흥 쪽이 아닌 무안·목포 쪽으로 가야만 했다.[143)

---

140) 金柄輝, 「祭朴都正文」 『蓮坡先生文集』. 김병휘는 강진 용두리(현 兵營面 道龍
里 龍頭마을) 사람으로, 4월 박창현이 의병을 일으켰을 때 참모로 참여하였다(「行
狀」 참조).
141) 「오하기문」 3필, 『사료대계』 1, 287쪽
142) 「순무선봉등록」 『동학란기록』 상, 601쪽 ; 「日本士官函牘」 『동학란기록』 하,
419쪽 ; 『주한일본공사관기록』 6, 66쪽.
143) 이규태는 12월 13일 무안에 도착한 이후 그 곳에서 계속 머물다가 22일에야 해
남으로 들어왔으며, 이후에도 초토영이 설치된 나주로 올라가지 못하고 1월 7일
까지 계속 해남에 머무르다가 1월 11일에야 나주에 들어올 수 있었다(「순무선봉
진등록」 『동학란기록』 상, 610쪽, 639쪽, 653~654쪽, 671쪽). 따라서 황현이 「오
하기문」에서 이규태가 장흥전투에 참여하고 해남으로 갔다고 기록한 것은 잘못

12일 일본군과 경군이 병영 쪽으로 온다는 소식이 들리자 농민군은 일제히 성을 비우고 장흥 쪽으로 퇴각하였다.[144] 그것은 평지에 있는 병 영성이 방어에 부적합하였기 때문이다. 12일 병영성에 들어왔던 시라키 중위가 인솔한 일본군과 경군은 병영성이 폐허가 되어 숙식이 여의치 않 았기 때문인지 13일 도로 영암으로 물러났다가 14일 역시 농민군이 이 미 성을 비운 강진으로 다시 들어왔다.

한편 능주, 보성을 거쳐 장흥 방면으로 행군한 일본군 일부 병력과 통위영 병정 30명의 선발대는 12일 밤 장흥 경계에 들어가 유숙한 뒤 13일 새벽 장흥부 남문 밖에 농민군 수천 명이 진을 치고 있음을 탐지하 고 이를 불의에 습격하여 농민군을 격퇴하였다. 이날 남문 밖 전투에서 농민군은 20명의 전사자를 냈다.[145] 자울재 넘어 남면 쪽으로 퇴각했던 농민군은 15일 다시 자울재를 넘어 석대들을 가득 메우면서 장녕성을 공격해왔다. 당시 농민군의 수는 1만여 명에 달하였던 것으로 보인다.

된 것이다(「오하기문」 3필, 『사료대계』 1, 292쪽). 南小四郎은 이두황에 대해서 는 일본군대의 지시를 잘 따르고 있다고 평가했지만(『주한일본공사관기록』 6, 40쪽), 이규태에 대해서는 "모든 처사가 애매모호하고 지휘관의 명령을 왜곡, 이 제까지 한 번도 전투 일선에 나선 적이 없다. 또 전투 중에 자기 편의대로 숙사 에 돌아오는 등 제멋대로 일을 처리하여 군대에서는 해로운 인물이므로 속히 소 환해서 처분해달라"고 요청할 정도였다(『주한일본공사관기록』 1, 200쪽). 南이 이규태를 이렇게 평가한 것은 이규태가 자신의 명령에 잘 따르지 않았기 때문일 것이다. 이규태는 나주성에서 南이 자신을 견책함이 노예를 다루는 것보다 더 심하였다고 하소연하였다(「先鋒陣上巡撫使書」 『동학란기록』 하, 290쪽). 이규 태는 또 11월 25일 선봉진을 둘로 나누어 좌선봉에 이규태, 우선봉에 이두황을 임명하여 장위영군의 지휘권을 우선봉에, 통위영·경리영·교도중대의 지휘권을 좌선봉에 배속시킨 데(「순무선봉진등록」 『동학란기록』 상, 585쪽) 대하여, "지 금 경군은 각처에 유진하면서 탄압만을 하고 있을 뿐이니, 좌우선봉의 열읍 순 행은 실로 아무 의의가 없으니 하나로 족하다"고 비판하고 있었다(「先鋒陣上巡 撫使書」 『동학란기록』 하, 290쪽).

144) 『日史』 갑오년 12월 12일
145) 「순무선봉진등록」 『동학란기록』 상, 623~624쪽

그런데 이때 능주에서 장흥 쪽으로 행군해 온 이시쿠로 대위 인솔 하의 일본군과 교도중대가 장흥성에 도착하여 경군과 일본군의 화력은 크게 강화되었다. 일본군 중위 시라키는 통위병 30명으로 하여금 남산 밖 주봉의 농민군을 대적하도록 지시하고, 일본군과 교도중대는 동문 밖 죽림 속에 매복한 뒤 민병 30명으로 하여금 평원에 나가 농민군을 유인하게 하여 농민군이 접근하자 일제히 사격을 가하였다. 농민군도 이에 응사하였으나 일본군과 경군의 무기가 지닌 화력을 당해낼 수 없었다. 이 전투에서 농민군은 수백 명의 전사자를 내고 다시 자울재를 넘어 후퇴하였다.146) 15일의 이 전투가 유명한 석대들전투였다. 경군과 일본군이 17일 자울재를 넘어 남면을 거쳐 고읍 쪽으로 들어가자 옥산리玉山里에 모여있던 농민군 4, 5천명은 일제히 공격을 가해왔고, 일본군과 경군이 이에 반격을 가하여 농민군은 백여 명의 전사자와 29여 명의 생포자를 남기고 흩어졌다.147) 옥산리전투는 장흥·강진농민군의 최후의 항전이었다.

　이후 흩어진 농민군은 더 이상 조직적인 항전을 지속하지 못하고 후일을 기약한 채 각기 피신할 수밖에 없었다. 살아남은 농민군은 혹은 인근의 천관산 속으로, 혹은 산을 넘어 강진의 대구면大口面, 칠량면七良面을 거쳐 해남 쪽으로 피신하였고, 또 일부는 회령을 거쳐 보성이나 회진 등 바닷가 쪽으로 숨어들었으며, 일부는 배를 타고 섬으로 숨어들기도 하였다. 그러나 그들 뒤에는 항상 경군과 향군의 추적이 뒤따랐다.148) 흩어진 농민군의 일부는 해남 방면으로 가서 해남의 농민군들과 합세하여 12월 18일 해남읍을 공격하려 하였으나 그날 밤 통위영군이 강진 쪽에서 해남읍에 도착, 농민군을 격퇴함으로써 농민군은 뿔뿔이 흩어져 도망할 수밖에 없었다.149)

---

146) 「순무선봉진등록」, 『동학란기록』 상, 622~623쪽
147) 위와 같음. 옥산리는 현 관산읍 옥당리이다.
148) 「순무선봉진등록」, 『동학란기록』 상, 640~741쪽
149) 「순무선봉진등록」, 『동학란기록』 상, 618쪽

당시 일본군과 경군은 호남 서남해안지역을 각각 나누어 일본군 제1
중대는 우수영에, 일본군 제3중대와 교도중대는 강진에, 통위영군은 해
남에, 장위영군은 장흥에 각각 주둔하면서 농민군을 철저히 소탕하였
다.[150] 일본군과 관군은 장흥지역에서 300명, 강진지역에서 320명, 해남
지역에서 250명의 농민군을 붙잡아 처형하였다.[151] 당시 이 지역의 농
민군 토벌을 책임진 미나미 고시로는 이에 대해 다음과 같이 말하였다.

> 장흥·강진 부근 전투 이후에는 많은 匪徒를 죽이는 방침을 취하였다. 필
> 경 이는 小官 한 사람만의 생각으로 한 것이 아니라, 훗날에 재기할 가능성을
> 제거하기 위해 다소 살벌하다는 느낌을 줄지라도 그렇게 하라는 公使와 司令
> 官의 명령이 있었기 때문이다.[152]

일본군은 장흥·강진전투 이후 이 지역에 흩어진 농민군을 철저히 수
색하여 가능한 한 죽이는 정책을 택하였는데, 이는 일본공사 이노우에
가오루井上馨와 이 지역에 파견된 일본군 후비보병 제19대대가 배속된 인
천병참사령부 사령관 이토오 스케요시伊藤祐義의 지시에 따른 것임을 알
수 있다.

5. 맺음말

1894년 호남 남부지역의 농민전쟁에 대해서는 다음과 같이 정리될
수 있을 것이다. 우선 이 지방에서 농민전쟁을 주도적으로 이끈 접주층
은 경제적으로는 부농 내지는 중소지주층에 해당하였다. 이들은 대체로

---

150) 『주한일본공사관기록』 6, 17쪽
151) 『주한일본공사관기록』 6, 62쪽. 그밖에도 처형된 농민군은 나주 부근에서 230
    명, 함평·무안·영암·광주·능주·담양·순창·운봉·장성·영광·무장 등지에서 각각
    30명 내지 50명에 달하였다고 한다.
152) 『주한일본공사관기록』 6, 53~54쪽

경제적으로 축적된 부를 바탕으로 향촌사회에서 새롭게 대두하고 있던 사회계층이면서도 사회적으로는 이렇다 할 지위를 확보하고 있지 못했기 때문에 지방관의 집중적인 수탈 대상이 되었다. 그리고 그 수탈체계는 당시 민씨 정권 하에서 극에 달하고 있었기 때문에 그들의 정치적 불만 또한 극에 달하였다. 한편 농민전쟁을 주도적으로 이끈 접주층 가운데에는 이들 계층 외에도 양반가문 내에서 점차 소외되어 사회·경제적으로 몰락해온 계층도 있었다. 이들은 지식층으로서 정치·사회적인 지위에 대한 욕구는 높았으나 당시의 정치·사회구조 속에서 이를 실현할 수 있는 길은 없었다. 이들 계층은 1890년을 전후한 시기 '동학'이라는 새로운 세계관과 사회사상을 접하자 이를 적극적으로 수용하였다. 이들은 1892년부터 계속된 신원운동과 척왜양운동에 적극 참여하면서 자신들의 세력을 보다 확대하고, 또 '보국안민'이라는 저항이념을 만들어 냈다. 그리고 마침내 1894년 전봉준이 새로운 정치체제, 새로운 사회체제를 만들기 위한 변혁의 계기로서 전국적인 농민봉기를 제창하자 이에 적극적으로 참여하였던 것이다. 그리고 당시 경제적으로 영세농민·영세상인·영세수공업자, 사회적으로 평민·천민층이 이 농민전쟁의 주력군으로서 참여하여 가장 많은 희생을 치렀다. 이들 계층은 집강소 시기에는 신분해방운동에 적극적으로 앞장서서 낡은 신분제를 해체시키는 데 결정적인 구실을 했다. 그러나 이들 계층 가운데 일부는 양반유생과 향리, 그리고 부호층에 대하여 지나치게 적대적인 성향을 보이기도 하고, 또 일부는 약탈을 일삼기도 하여 농민군의 적대세력을 확대시키는 결과를 낳기도 하였다.

　호남 남부지역의 동학의 세력은 영광·함평·무안·해남·강진·장흥 등 서남해안 일대가 가장 강하였으며, 창평·옥과·화순·영암·능주·구례·곡성 등 내륙지방과 완도·진도 등 도서지방은 그 세력이 비교적 약하였다. 이 지방의 농민군은 1894년 봄 백산에서의 제1차 봉기부터 적극적으로 참여하여 황토재전투, 황룡촌전투의 승리에 큰 구실을 하였다. 또 전주화약 이후에는 각지에 도소와 집강소를 설치하여 전라도 전역이 실질적으로 농민군의 수중에 들어갈 수 있도록 하는 데 크게 기여하였다. 그러나 이 시기에도 나주성은 여전히 수성군이 지키고 있었고, 병영성 등은 농민군이 실질적으로 장악하지 못했으며, 해남·강진 등과 같이 일시적으로밖에 장악하지 못한 곳도 많았다. 이 시기 호남 남부지역의 동학농민군의 세력은 대접주들을 중심으로 몇 개의 권역으로 나누어 볼 수 있다. 즉 광주·장성·나주지역은 손화중·최경선·오권선의 세력권에, 담양·구례·곡성지역은 김개남의 세력권에, 장흥·강진·보성·해남지역은 이방언·이인환·이사경의 세력권에, 순천·광양·승주·낙안지역은 김인배의 세력권에, 무안·함평지역은 배상옥의 세력권에 각각 속하였던 것이다. 그리고 이들 대접주들은 상호 밀접한 연대를 갖지 못한 채 지역할거적인 양상을 드러내고 있었다.

이 지방의 농민군은 그해 가을 제2차 봉기 때에는 북상하는 농민군 주력의 후방에서 이를 후원하면서 서남해안을 방어하였으며, 농민군이 패퇴하는 상황에 처하자 최후의 거점을 마련하기 위하여 끝까지 투쟁하였다. 10월 이후 여러 차례에 걸친 나주성 공격, 장흥·강진전투, 순천·광양·하동전투 등에서 농민군은 한때 상당한 기세를 올리기도 했으나 일본군과 경군의 남하, 나주수성군의 분전, 의병·민포군 등 반농민군의 공격 등으로 말미암아 끝내 패하고 말았다. 이들 전투는 10월말부터 11월초에 있었던 공주전투 이후 가장 규모가 큰 전투들로서 농민군의 피해는 그만큼 클 수밖에 없었다. 즉 2차 봉기 이후 호남지방에서의 가장 큰 전투는 1차 봉기 때와는 달리 주로 호남 남부지역에서 이루어졌으며, 희생자도 이 지역에서 집중적으로 발생하였다. 집강소시기에 지역할거적인 양상을 보이고 있었던 농민군 측은 이들 전투에서도 상호연대 등을 통한 보다 효과적인 공격과 방어를 보여주지 못했다. 농민군은 또 전투에 임하여 일본군과 경군, 그리고 수성군에 비해 조직력의 취약성과 훈련의 미숙함을 그대로 드러내기도 했다. 그러나 농민군의 가장 큰 패인은 화력의 열세였다. 농민군은 일본군과 경군, 그리고 수성군의 화력을 극복할 수 있는 방법을 찾지 못하였다.

일본군과 경군은 이들 전투에서 승리한 이후 농민군을 재기불능의 상태로 만들기 위해 이미 해산한 농민군들을 철저히 수색하여 엄청난 수를 처형하였다. 특히 일본군은 가장 강력한 반일세력으로 간주되어 온 동학농민군을 철저히 소탕함으로써 당시 일본이 추진하고 있던 조선 보호국화의 장애요인을 제거하고자 하였다. 그러나 이 땅의 민중들은 결코 꺾이지 않았다. 1895년과 1905년 이후의 반일의병에 민중들은 적극적으로 참여하였고, 특히 호남 남부지역의 민중들은 1907~1910년 사이 일본의 한국침략에 맞선 의병투쟁에 가장 적극적으로 참여하였던 것이다.

제5장 일본군·조선군의 東學徒 학살

1. 머리말

동학농민전쟁에 대한 연구는 주로 동학농민군의 활동을 대상으로 이루어졌다. 최근 들어서는 동학농민군을 진압한 일본군과 조선 관군의 활동에 대해서는 연구가 부분적으로 이루어지고 있다. 이에 대한 선행 연구로는 구양근, 박종근, 신용하, 김양식, 이노우에 가츠오井上勝生, 조경달, 강효숙의 연구 등을 들 수 있다.[1]

구양근은 일본의 신문자료를 이용하여 동학군 토벌대로서 일본군 후비보병 제19대대가 파견되었음을 밝혔고, 박종근은 일본 외교문서와 신문, 방위연구소도서관의 사료 등을 이용하여 일본군 토벌대가 3로路로

---

1) 具良根, 1975, 「東學農民軍の戰鬪過程の檢討－第二次蜂起と日本軍との交戰を中心に－」『學術論文』5, 朝鮮獎學會 ; 1976, 「東學農民軍の第二次蜂起と日本軍の部署」『新韓學報』18, 新韓學會

朴宗根, 1982, 『日淸戰爭と朝鮮』, 靑木書林, 東京

신용하, 1993, 『동학과 갑오농민전쟁』, 일조각

김양식, 1996, 『근대한국의 사회변동과 농민전쟁』, 신서원

趙景達, 1998, 『異端の民衆反亂-東學と甲午農民戰爭』, 岩波書店, 東京

井上勝生, 1999, 「甲午農民戰爭(東學農民戰爭)と日本軍」『近代日本の內と外』, 吉川弘文館, 東京 (이 논문의 번역본은 다음 책에 실려 있다. 동학농민혁명기념사업회편, 2002, 『동학농민혁명의 동아시아적 의미』, 서경)

姜孝叔, 2002, 「第2次東學農民戰爭と日淸戰爭」『歷史學硏究』762호, 靑木書林

나누어 남진한 것은 러시아의 개입을 막기 위해 한반도의 서남부로 동학
군을 몰아붙이는 작전이었음을 밝혀냈다. 신용하는 일본군의 '토벌' 작
전이 '진압'에만 목적이 있는 것이 아니라 반일세력인 동학농민군을 아
예 뿌리 뽑아 모두 살해하려는 '학살'에도 그 목적이 있었음을 처음으로
밝혔다. 그는 동학농민군이 이미 해산하여 평범한 농부로 돌아간 경우에
도 일본군은 이를 철저히 색출하여 학살하였다고 주장하였다.[2] 김양식
은 일본군과 정부군의 농민군 토벌과정과, 민보군의 농민군 토벌과정을
간략히 정리하였다. 그는 특히 민보군이 결성된 지역을 정리하고, 민보
군을 주도한 계층은 양반사족층과 향리층, 수령층이었음을 밝혔다.[3]

조경달도 일본군의 농민군 섬멸작전 방침을 상세히 밝히고, 학살된
동학도의 수는 전라도·충청도에서만 5,600여 명, 경상도·강원도·황해도
를 합하면 1만여 명이 될 것이라고 보았다. 또 전투에서 희생된 농민군
숫자는 1회 전투 당 1백 명씩 계산해도 6천여 명이 된다고 계산했다.
그는 2차 농민전쟁은 농민군과 정부군·민보군 간의 내전적 양상이 있었
지만, 본질적으로는 일본과의 의병투쟁으로서의 싸움이었다고 보았으며,
농민군 탄압과 동학도 학살은 근대 일본이 해외에서 최초로 행한 대학살
행위였다고 지적하였다.[4]

이노우에 가츠오는 농민군을 진압하기 위해 특별히 조선에 파견된 후
비보병에 관한 자료들을 방위연구소 도서관에서 발굴하여 상세한 분석
을 하였다.[5] 이노우에는 일본정부와 군부가 1894년 10월 말에 동학교도
초멸 방침을 정하였고, 이에 따라 일본군과 조선관군은 동학교도들을 농
민전쟁에 가담했는지의 여부와 관계없이, 그리고 간부와 평신도를 구분

---

2) 신용하, 앞의 책, 353~356쪽
3) 김양식, 앞의 책, 351~362쪽
4) 조경달, 앞의 책, 314~317쪽
5) 井上勝生 교수는 『일본공사관기록』과 『진중일지』, 「동학당정토책전실시보고」, 「동
학당토벌경황복명서」 등의 자료를 발굴하여 새로운 사실들을 밝혀냈다.

하지 않고 모두 살육하는 가혹한 탄압을 하였다고 주장하였다. 따라서 그는 일본군의 동학도 살육은 조선에 선전포고도 하지 않은 일본군이 저지른 불법적인 '민중 대학살'이었다고 주장하였다.

강효숙도 방위연구소 도서관의 자료들을 이용하여 일본군 토벌대로서 후비보병 19대대가 파견된 과정과 19대대의 '토벌' 과정을 상세히 분석하였다. 특히 그는 토벌과정을 1) 태인전투까지, 2) 장흥전투까지, 3) 장흥전투 이후의 3단계로 나누어 자세히 분석하였다. 강효숙은 '토벌'이 일본군의 자의에 의해 행해졌고, '모두 죽이라'는 살육명령으로 발전하였다고 보았다. 즉 '학살'보다는 '토벌' 과정에서의 살육이 과도하게 이루어졌다고 보고 있는 것이다. 그런데 위의 연구들에서는 몇 가지 아쉬운 점들이 있다. 첫째, 동학농민군 진압과 학살의 주체로서 주로 일본군만 언급하고 있다는 점이다. 실제로 진압과 학살에는 조선경군과 지방관, 그리고 유회군 등 민군이 관여하였다는 점을 소홀히 하였다. 둘째, 일본군이 학살의 방침을 결정한 시기를 히로시마 대본영의 살육 명령이 나온 1894년 10월 27일경으로 잡고 있다. 하지만 일본 측은 10월 16일 조선정부에 일본군의 진압 방침을 밝히면서 '초멸剿滅'이라는 표현을 쓰고 있는 점을 간과하고 있다. 셋째, 학살의 대상에 관하여 이노우에·조경달·강효숙은 모두 전쟁 참여 여부에 관계없이, 간부와 평신도를 구분하지 않고 명첩名帖과 임첩任帖이 있으면 동학도는 모두 학살하였다고 하였다. 그러나 과연 그러한지는 충분히 검증되지 않았다. 특히 동학 평신도들이 모두 학살되었다는 주장은 신중한 검증이 필요하다. 넷째, 학살의 구체적인 과정이 충분히 언급되지 않았다. 즉 학살의 방침이 시기별로 변하지 않았는지, 지역별로 차이는 없었는지에 대한 충분한 검토가 없는 것이다.

이 글에서는 위와 같은 문제들에 관심을 갖고, 1) 학살의 주체, 2) 학살의 방침, 3) 학살의 실행과정을 차례대로 살피고자 한다. 이 글에서 『동학란기록』에 실린 각종 보고서류,『주한일본공사관기록』을 자료로서 주로 이용하였고, 이노우에 교수의 도움으로 일본 방위연구소도서관에 소장된『진중일기』등의 자료도 일부 이용하였다. 또 박맹수 교수의 도움으로 강진 유생 박기현의 『일사日史』도 이용할 수 있었다. 이 자리를 빌려 두 분께 감사의 뜻을 표한다.

2. 학살의 주체

1) 일본군

일본군이 조선정부 측에 남부지방의 동학농민군 진압 방침을 본격적으로 통고한 것은 1894년 10월 16일(음력 9월 18일)경이었다. 이날 오오토리 게이스케大鳥老介일본공사는 김윤식 외부대신에게 보낸 서한에서 다음과 같이 말하였다.

> 금년 8월에서 9월로 접어드는 때로부터 경상·전라·충청 각도에서 동학당이 재기하여 양민들에게 심한 해를 입혔고 재물을 약탈하고 있으며, 패잔 淸兵도 그 중에 합세해서 日人을 배척 추방하고 日軍을 공격할 것이라고 선언하고 있습니다. (중략) 귀 정부에서도 역시 이를 결코 불문에 부칠 수 없는 일일 것임은 재론할 바 없다고 확신합니다. 그러므로 본 공사로서는 이번에 경성·부산 두 곳으로부터 우리 군대 약간을 파병, 귀 군대를 원조하게 하여 匪徒를 진압함으로써 國害를 제거하고자 합니다. 그러하오니 귀 대신께서는 이 일을 양지하시고, 우리 派兵의 취지를 귀 각 지방관과 출정대 諸官에게 잘 타일러 우리 군대와 합심협력, 속히 匪徒 섬멸의 실효를 거둘 수 있도록 하게끔 주선해주시기 바랍니다.6)

다음 날인 10월 17일 오오토리는 외무대신 김윤식에 보낸 조회照會에

---

6) 국사편찬위원회,『주한일본공사관기록』1, 132~133쪽

서 동학당들이 천안에서 일본인 6명을 살해하고, 용궁에서 일본 육군대
위 다케우치竹內를 살해하였다고 주장하면서, 따라서 자신은 "경성과 부
산 두 곳에서 약간의 우리 병사를 파견하여 귀국 병사와 합세한 후, 그
들을 초토剿討하는 일을 도와서 기어이 그 비당匪黨들을 소탕하여 일국一
國의 화근을 영원히 제거하고자" 한다고 말하였다. 그는 이어서 조선정
부에서도 일본이 "병력을 파견한 본의를 다사다망한 각 지방관과 진두陣
頭에 임한 각 대隊의 군관軍官에게 자상하고 간절한 유시諭示로 선포하여,
우리 병사들과 마음을 함께 하고 또 죽을 힘을 다하여 그 비도들을 초멸
하도록 하여, 이들이 큰 전공을 세운다면 우리 양국은 더 없이 다행스러
울 것입니다"라면서 "번거롭더라도 그 실정을 잘 살피시어 조속히 우리
의 권고를 실행하시기 바랍니다. 그렇게 해야만 될 것입니다"라고 하였
다. 이는 사실상 일본군의 동학도 탄압을 위한 출동을 '통고'하는 것이
었으며, "그렇게 해야만 될 것입니다"라고 하여 사실상 조선정부의 협조
를 협박으로 강제하고 있었다.[7] 이에 대해 김윤식은 10월 18일자로 보
낸 회답문에서 일본공사의 뜻은 잘 알겠다고 하면서도, "그 무리들이 비
록 크게 번창하고 있지만, 위협을 받아 따르는 이들이 다수이고, 흉완하
여 교화하기 어려운 자는 천 명 중 한둘에 불과하다. 초무剿撫함에 있어
마땅히 양민과 그렇지 않은 자를 가려야 할 것이다. 청컨대 귀 병사들에
게 지령을 내려 매사를 우리 병관兵官과 상의하여 처리하고, 은위恩威를
병용하고, 옥석을 가리도록 해 달라"고 주문하고 있었다. 주목할 것은
김윤식은 '초멸'이 아닌 '초무'를 말하고 있었다는 점이다.[8]

　10월 17일 이미 일본군의 육군 보병중위 나카야마中山는 이날 오후 3
시 반 중대 병력을 출발시켰는데, 조선의 군대가 다음 날 출발한다고 한

　7) 같은 책, 133쪽
　8) 동학농민전쟁백주년기념사업추진위원회, 1996, 『동학농민전쟁사료총서』 20, 사운
　　 출판사, 159~160쪽

것에 대해 불만을 터뜨리면서 조선군대가 속히 따라오도록 조치해달라
고 일본공사 오오토리에게 보고하고 있었다.[9] 이들 일본군은 천안 방면
으로 간 것으로 보인다. 또 10월 25일 인천의 일본군 남부병참감 이토오
스케요시伊藤祐義 중좌는 수비병 1개 소대 49명을 수원에 파견하였다. 그
지휘자는 하라다 츠네이리原田常入이었다.[10] 이들 부대는 본격적인 농민
군 진압부대라기보다는 천안의 일본인 피살 사건과 수원에 잡아둔 동학
도의 감시를 위한 것이었다. 일본 측은 동학군의 본격적인 진압을 위해
새로운 일본군 부대를 일본에서 파견하기로 결정하고 있었다.

　　그러나 일본 측은 동학군을 토멸하기 위한 일본군 출동의 정당성을 충
분히 확보하지 못하고 있었다. 따라서 11월 4일 인천의 남부병참감 이토
오 스케요시는 이노우에 가오루 공사에게 다음과 같이 건의하고 있었다.

> 　　조선정부로부터 진무사와 약간의 조선군을 파견케 하여 우리가 이를 돕는
> 다는 명목으로 하고, 그들로 하여금 상당한 역할을 다 하게 함이 필요합니다.
> 그러나 미리 예측해 보건대 그들이 충분한 처치를 다 해내리라고는 기대할
> 수 없기 때문에, 적절히 완급을 가려 가혹한 수단을 취하도록 하게 할 예정입
> 니다. 이렇게 하면 명목상 한 점의 하자도 없고, 또 후일에 문제될 것이 없을
> 것입니다. 그러하오니 차제에 조선 조정에서 각하에게 수비병 파견을 요청하
> 는 형식으로 한다면, 대단히 좋을 것이라 생각됩니다.[11]

　　이에 따라 이노우에 카오루 공사는 11월 6일 김윤식에게 보낸 공문에
서 "동학당을 초토하는 일로 인하여 전후에 걸쳐 귀 정부의 간청을 받아
현재 우리 병대兵隊를 보냈으니 금명간 인천에 도착할 것입니다"라고 하
여, 일본군의 출동이 조선정부의 간청을 받아들여 이루어진 것처럼 꾸몄
다. 이어서 그는 이토오가 건의한대로, 조선정부 측에 각 지방으로 향한

---

　9) 『주한일본공사관기록』 1, 134쪽
10) 같은 책, 141~142쪽
11) 같은 책, 148쪽

일본군을 따라 다니면서 관찰사와 부사 등 수령을 독려하도록 할 진무사
鎭撫使 약간 명, 일본군을 수행하여 다니면서 각 지방에서 군수물자와 양
식 등을 조달, 구매하고 인부를 모집하고 숙소를 공급하는 등의 일을 맡
아줄, 일어에 능통한 조선 관원 몇 명을 선발하여 보내줄 것을 요청하였
다.12) 이에 대해 조선정부 측은 11월 11일 위무사慰撫使로서 이도재李道
宰·박제관朴齊寬·이중하李重夏 3명을 파견하였으며, 양식糧食·인마人馬 주선
관리로서 6명을 파견하였다.13)

한편 일본이 동학군 토벌을 위해 파견한 후비보병後備步兵 19대대가 인
천에 도착한 것은 11월 6일이었다.14) 후비보병 19대대는 3중대로 구성
되었는데, 병력은 663명이었다. 동학군 토벌에 참여한 일본군은 그 외에
도 후비보병 제10연대 제4중대가 부산으로부터 순천, 좌수영 쪽으로 출
동하여 동학군 진압에 참여했고, 후비보병 제18대대 제1중대가 충주 방
면으로 출동했고, 제6연대 제6중대가 홍주 방면으로 출동했으며, 후비보
병 제6연대 제4중대, 제7중대 일부, 제8중대 일부가 황해도 방면으로 출
동하여 동학군 진압에 참여했다. 이들 부대들은 이미 청일전쟁 수행을
위해 조선에 파견된 부대들이었다.15) 그밖에도 쓰쿠바호筑波號와 조강호
操江號 육전대가 이에 참여했다. 따라서 동학군 진압에 참여한 일본군은
전체적으로 약 12개 중대 병력 이상으로 추정되며, 서울 이남에서 본격
적인 농민군 진압에 참여한 병력은 약 2,700여 명으로 추정된다.16)

새로이 파견된 후비보병 제19대대는 순전히 동학군 진압만을 위해 파
견된 부대였기 때문에 이른바 '동학당 토벌대'라고 불리고 있었다.17) 후

---

12) 같은 책, 151쪽
13) 같은 책, 162쪽. 위무사 3인은 뒤에 보는 西路, 中路, 東路로 가는 일본군을 각각
　　수행하게 되었다.
14) 일본방위청 방위도서관 소장, 『南部兵站監部 陣中日誌』 11월 6일자
15) 井上勝生, 앞의 글(번역본), 319쪽
16) 강효숙, 앞의 글, 26쪽
17) 위의 글, 320쪽. 인천의 남부병참감 이토오 스케요시는 카와카미 소로쿠 히로시마

비보병 19대대는 11월 12일 서울 용산에서 출발하여 남쪽으로 내려가기 시작했다. 본래 후비보병은 두 개 중대로 나누어, 1개 중대는 수원－천안－공주－전주, 그리고 호남지방으로 나아가고, 다른 1개 중대는 용인－죽산－청주－성주－대구로 내려간다는 계획을 세웠다.[18] 그러나 충청도 지역, 특히 충주·괴산 방면과 청주 방면의 동학군 움직임이 활발하다는 보고가 잇따르자 진격로를 3개 방향으로 다시 조정하였다. 즉 1개 노선을 추가하여 가흥－충주－문경－낙동－대구로 나아가도록 하였던 것이다. 그리고 첫번째 노선은 수원－천안－공주－여산－삼례－전주－장성－담양－남원－운봉－함양－안의－거창－고령－성주로 구체화되었고, 용인－죽산－청주－성주－대구 노선은 용인－죽산－청주－영동－개녕으로 조정되었다. 이들 노선은 각각 서로, 중로, 동로로 불리게 된다. 여기서 동로東路는 당시 일본군의 병참노선과 일치하는 것이었으며, 중로中路는 청주가도淸州街道, 서로西路는 공주가도公州街道였다고 할 수 있다. 그리고 서로西路가 전라도지역으로 들어간 이후 동부 쪽으로 주 진격로를 잡은 것은 호남의 동학군이 영남 방면으로 도주하는 것을 막으면서, 그들을 전라도 서남부 지역으로 몰아서 섬멸하기 위한 것이었다고 할 수 있다. 그리고 서로西路의 진격 부대에는 특히 은진·여산·함열·부안·만경·금구·고부·흥덕을 엄밀히 순찰하고 그 뒤에 영광·장성을 거쳐 남원으로 나아가라고 지시하고 있었다. 동로東路는 제1중대(松本 대위), 중로中路는 제3중대(石黑 대위), 서로西路는 제2중대(森尾 대위)가 각각 맡았다.[19] 일본군이 서울을 출발할 즈음 전라도 삼례에 모인 동학군들은 북상하여 충청도 경계로 들어서고 있었다. 11월 13일 이노우에 공사는 이토오 남

대본영 병참총감에게 보낸 전문에서 '동학당 토벌대인 후비보병 제19대대 제1, 2중대가 인천에 도착하였다'고 보고하고 있었다(남부병참감부, 『陣中日誌』 11월 6일).

18) 『주한일본공사관기록』 1, 147~148쪽

19) 『주한일본공사관기록』 1, 154~156쪽 ; 『주한일본공사관기록』 6, 「東學黨征討略記」, 26쪽

부병참감에 보낸 공문에서 일본군은 동학군이 강원도－함경도 방면으로 나아가는 것을 예방하기 위해 서로와 중로로 가는 일본군의 행진을 다소 늦추고, 동로의 군대를 먼저 앞으로 나아가게 한 다음 동학군들이 중로와 서로로 도망치게 하는 방략을 취하고, 마침내 그들을 호남의 서남부 지역으로 몰아붙인 뒤 "일거에 박멸토록 할 것"을 단단히 명심해야 한다고 강조하고 있었다.[20] 여기서 이노우에가 '동학군의 박멸'을 강조하고 있었던 점을 주목할 필요가 있다.

그러면 일본군 후비보병 3개 중대는 각각 어떠한 진로로 남하해 갔을까.[21]

서로西路로 내려간 제2중대는 11월 14일 진위현에 도착하였는데, 여기서 본대와 지대로 나누어 본대는 15일 이후 양성－직산－천안－덕평－공주(11.21)로 내려갔으며, 지대는 아산－신창－예산－면천－덕산을 거쳐 홍주(11.22)에 도착한 뒤 12월 5일 홍주를 출발, 대흥－유구를 거쳐 7일 공주에 도착하여 본대에 합류하였다. 제2중대 지대는 12월 9일 다시 공주를 출발하여 청대교－부강－파군리－진잠－연산－은진(12.15)으로 향했다. 본대는 12월 11일 공주를 출발하여 논산－용수막－공주－화헌을 거쳐 15일 은진에서 지대와 합류하였다.

중로中路로 내려간 본부와 제3중대는 11월 14일 용인현의 양지를 거쳐 죽산에 도착한 뒤 본대와 지대로 나누어, 본대는 진천(11.19)－청주(11.21)－문의(11.23)－증약(11.30)－옥천(12.1)을 거쳐 12월 6일 금산에 도착했다. 한편 지대는 17일 석성을 거쳐 음성－괴산－청안－사라리－보은－문의－회덕－증약－회덕－주안－증약－석성－청산－용산－영동을 거쳐 12월 5일 금산에 도착하였다. 12월 8일 본대와 지대는 다시 나누어

---

20) 『주한일본공사관기록』 1, 164~165쪽
21) 『주한일본공사관기록』 6, 63~68쪽. 김양식은 앞의 책, 355쪽에서 이를 지도로 잘 정리하고 있다.

져 본대는 진산－연산－노성－은진(12.12)에 도착하였고, 지대는 금산－용담－진안－고산으로 향하였다.

동로東路의 제1중대는 11월 14일 이천에 도착한 뒤 본대와 지대로 나뉘어, 본대는 장호원－가흥－충주로 향하였고, 지대는 가동－음성－괴산－내창장－청풍을 거쳐 20일 충주에서 본대와 합류하였다. 이후 제1중대는 강원도 동학군 토벌의 명령을 받고 강원도로 향하였다. 제1중대는 12월 14일 다시 전라도지방의 동학군 토벌의 명령을 받고 문경을 거쳐 태봉－상주－개녕－김천－지례－신창－거창－안의－함양－운봉－남원(12.26)으로 내려오게 된다.

서로西路와 중로中路의 본부와 제2, 3중대는 12월 16일 은진에서 합류한 뒤, 본대는 은진－삼례(12.18)－전주(12.20)－임실(12.27)－남원(12.29)－순창(12.31)－담양(1.2)－광주(1.3)－나주(1.5)로 내려가 나주에 초토영을 설치하고 호남 남부지방 동학군 초멸을 총지휘하게 된다. 한편 2, 3중대의 지대는 3~4개 부대로 나뉘어 남하하였는데, 이때 조선군 일부도 이에 합류하였다. 12월 16일 이후 2, 3중대의 지대는 한산·금산·고산－용안·서천·금산·익산－무주－안성장－장계점－장수－장수·천원－장성·노당점－남원·대홍－장성－곡성·검손리－영광·곡성·옥과·검손리－동복·검손리－능주·동원리－나주·능주－율리·능주·영암·원정면·석치－능주·병영·조양·건산－능주·영암·장흥(1.8)－능주·장흥－능주·장흥고읍·장흥옥산－능주·대흥면－능주－칠량·장흥(1.13)－능주·강진·장흥－동창·해남(1.16)－영암·해남－강진·별신역－해남·강진－해남·진도벽파정－해남·진도부중·강진－해남·우수영·강진－해남·강진－별신역·영암 등지를 거쳐 2월 4일 나주로 모두 돌아오게 된다.

한편 일본군과 조선군 통위영 지대의 연합부대는 12월 20일 전주에서 합류한 이후 행보를 함께 하였는데, 금구·원평(12.20)－태인(12.23)－정읍(12.25)－고부·신동(12.26)－홍덕·노당(12.27)－고창·쌍암(12.28)－무장·순창(12.29) ― 영광(1.2) ― 함평(1.4) ― 나주(1.20)가 그들이 거친 코스이다. 또 일본군과 행보를 같이하던 조선군 장위영부대는 12월 31일 이후 곡성―구례―율현동―북창―광양(1.6)―순천(1.9)―낙안―보성(1.12)을 거쳐 1월 14일 장흥에 도착하여 2월 2일까지 머무르게 된다.

2) 조선군

조선정부가 일본정부 측의 종용을 받아 동학군 진압을 위한 순무영巡撫營을 설치하고, 신정희申正熙를 순무사巡撫使로 임명한 것은 10월 19일(음력 9월 21일)이었으며, 장위영壯衛營의 이규태李圭泰를 '선봉先鋒'으로 임명한 것은 10월 31일(음력 10월 3일)이었다.[22] 그리고 선봉 이규태가 통위영統衛營과 교도소敎導所의 군대를 이끌고 서울의 성문 밖을 나선 것은 11월 7일(음력 10월 10일)이었다.[23] 일본군 측은 조선의 교도중대敎導中隊에 큰 기대를 걸고 있었다. 그것은 교도중대가 일본군에 의해 훈련된 부대였으며, 이 부대에 일본군 경성수비대의 시라키白木 중위, 미야모토宮本 소위 외에 하사관 및 병사, 순사 몇 명이 동행하기로 되었기 때문이다.[24]

순무영이 발족하고, 이규태의 선봉진이 출정하기 이전에 이미 조선정부는 10월 8일(음력 9월 10일) 경기도 죽산과 안성의 농민군들을 진압하기 위해 죽산부사에 장위영 영관 이두황李斗璜을, 안성군수에 경리청經理廳 영관領官 성하영成夏泳을 임명한 바 있었다(뒤에 서산군수로 임명, 안성군수로는 경리청 부영관 洪運燮 임명). 이에 따라 이두황과 성하영은 장위영과 경리청의 일부 병력을 이끌고 서울을 출발하여 죽산과 안성으로 각각 내려갔다. 이두황은 10월 17일 서울을 출발하여 21일 죽산에 도착하였다. 이후 10월말경 청주 부근의 동학군의 움직임이 심상치 않자 순무영은 추가로 장위영 병

22) 국사편찬위원회,『동학란기록』상, 219쪽
23)『동학란기록』하, 1쪽
24)『주한일본공사관기록』1, 152쪽

력을 안성에 파견하여 이두황의 병력과 합세하도록 하였고, 이두황이 지휘하는 장위영군은 11월 4일 진천 광혜원, 5일 음성, 괴산 부근으로 동학군 색출에 나섰고, 10일에는 청주에 들어갔다. 한편 안성군수로 임명된 경리청 영관 성하영은 양력 10월 22일(음력 9월 24일) 경리청 병력 일부를 이끌고 안성에 부임하였다. 이후 성하영은 음성, 괴산 등지의 동학도 토멸을 위해 출동하였다가 동학도의 이렇다 할 동향이 없자 청주로 달려가 11월 9일 이두황의 장위영군과 합세하였다.[25]

그리고 11월 6일(음력 10월 9일) 순무영은 청주에 머무르고 있던 장위영과 경위청군에 앞으로 순무영의 명령에 따라 '비도초멸匪徒剿滅'을 위한 작전'을 개시할 것을 명하는 첩보를 내렸으며, 이는 10일(음력 10월 13일) 이두황과 성하영에게 전달되었다.[26] 이로써 조선정부의 진압군은 이규태가 지휘하는 선봉진(89명)과 친군통위영親軍統衛營(357명), 이진호李軫鎬가 지휘하는 교도소(328명), 이두황이 지휘하는 친군장위영(850명), 구상조具相祖·백낙완白樂浣·성하영成夏泳·홍운섭洪運燮이 지휘하는 친군경리청(703명)과 경리청(103명)의 4개 부대로 사실상 구성되었다. 그 병력은 모두 2,380명에 달하였다. 물론 이외에도 각 지방의 병영과 진영, 그리고 군현의 교졸들도 동학농민군 진압에 참여하였다.

조선의 경군들은 철저히 일본군 후비보병 19대대 대장 미나미 고시로南小四郎의 지시에 따라 남진하면서 작전을 수행하였다. 일본군 남부병참감의 이토오는 11월 19일 19대대장에게 다음과 같이 지시하고 있었다.

이번 동학당을 진압하기 위해, 전후하여 파견된 조선군 각 부대의 진퇴와 조달은 모두 우리 士官의 명령에 따라서 하게 하되, 우리 군법을 지키게 해서, 만일 군법을 위배하는 자가 있으면 군율에 따라 처리하기로 조선정부로부터 조선군 각 부대장에게 이미 시달되어 있으니, 세 갈래 길로 이미 출발했거

---

25) 『동학란기록』 상, 259~271쪽
26) 『동학란기록』 하, 3쪽

나, 또는 장차 출발할 조선군의 진퇴에 대해서는 우리 사관으로부터 지휘·명
령을 받아야 될 것임.[27]

당시 조선정부가 조선경군 각 부대에게 일본군의 작전 지휘에 따를
것을 지시한 공문은 확인되지 않는다. 하지만 실제 작전과정이나 부대
이동과정은 철저히 일본군의 지시에 따르고 있었다.[28] 즉 당시 작전지
휘권은 일본군에게 있었던 것이다. 따라서 그러한 지시가 있었을 것은
확실하다.[29] 또한 조선 경군은 일본군으로부터 탄약도 모두 공급받고
있었다.[30] 조선 경군은 숙식 문제과 행군 비용 등은 각 지방관들의 편의
제공과 경비 지원에 의해 해결하고 있었다.

각 부대들은 어떤 진로를 통해 남진하였을까. 먼저 이규태가 이끄는
선봉진의 진로를 「순무사정보첩巡撫使呈報牒」을 참고하여 정리하면 다음
과 같다.

양력 11월 7일(음 10월 10일) 서울 출발 → 8일 한강 도강, 과천 도착 →
9일 수원 도착. 일본군과 합세하기 위해 수원에서 지체 → 13일 일본군 수
원 도착. 일본군과 함께 수원 출발, 진위 도착 → 15일 진위 출발. 일본군
지대 안성을 거쳐 천안으로 오기로 함. 조선군 선봉진 일부는 평택, 아산을
거쳐 천안으로 오기로 함. 본대 이날 저녁 성환에 도착 → 16일 본대 성환
출발, 천안 도착. → 17일 안성을 거친 일본군 지대도 도착 → 18일 천안의
윤영렬, 아산의 조중양이 3백 명의 의병을 이끌고 찾아옴. 이들을 별군관으

---

27)『주한일본공사관기록』1, 154쪽
28) 이두황의 12월 8일자 보고서에 의하면, 자신을 '미나미 고시로 휘하 좌선봉 李'라
고 표현하고 있어 조선군이 일본군의 작전 지휘를 받고 있었음을 확인할 수 있다
(조재곤, 2000,「청일전쟁과 1894년 농민전쟁」『한국사』40, 국사편찬위원회,
138쪽 참조).
29) 이 점을 고려한다면, 1894년 가을의 제2차 동학농민전쟁의 성격은 철저히 반일,
반침략전쟁으로 보아야 하며, 다음 해 있었던 유생 중심의 항일의병의 선구적인
성격을 띤다고 보아야 하지 않을까 여겨진다.
30)『동학란기록』하, 89쪽

로 임명 → 20일 일본군과 함께 천안 출발, 덕평점에 도착 → 21일 일본군과 함께 공주에 도착 → 22일, 23일 선봉진 통위영군, 효포 쪽에서 동학군의 공격을 저지 → 공주에 계속 머무르면서 동학군 공격에 대비 → 11월 29일 경리청군을 이인에, 통위영군을 판치에 파견(농민군은 노성과 논산에 진을 치고 있음). 다시 서로 배치를 바꿈 → 12월 4일 농민군 수만 명이 경천점과 노성현 뒤 고개로 올라와 경군을 공격. 판치의 경리청군(구상조 지휘), 효포와 웅치로 후퇴하여 전세를 살핌. 이인의 통위영군(성하영 지휘), 10리 뒤의 우금치쪽으로 후퇴 → 6일 아침 농민군은 동쪽으로 판치에서 서쪽으로 봉황산에 이르기까지 30~40리를 하얗게 뒤덮음. 금학동의 통위영군, 웅치의 경리청군, 효포의 통위영군은 종일 농민군의 간헐적인 공격을 막아냄. 우금치 서남쪽의 농민군은 성하영의 통위영군과 윤영성·백낙완의 경리청군, 그리고 일본군이 합세하여 수십 차에 걸쳐 농민군의 공격을 막아냄 → 7일 농민군 남쪽 10리에 진을 치고 있어 경계 → 8일, 9일 경군과 동학군, 서로 경계. 6일 김개남군 진잠을 거쳐, 7일 회덕, 신탄진을 지나 청주로 향함. 이에 9일 경리청 지대(홍운섭)를 연기로 파견 → 10일 김개남군 청주를 공격하고 후퇴하여 진잠으로 다시 들어옴 → 10일 공주에 머무르던 선봉진 통위영과 일본군, 공주를 출발하여 노성의 농민군을 공격, 격퇴하고 논산까지 뒤쫓아 감 → 11일 논산 일대의 농민군을 격퇴 → 12일 노성으로 돌아와 유숙 → 14일 일본군, 노성에서 호남으로 출발, 경천에 머무르던 통위영 양 소대, 공주로 돌아감 → 17일 선봉진 각 소대, 노성 등지에서 출발하여 호남으로 향함 → 18일 논산에 도착 → 19일 강경포 도착. 20일 출발 → 20일 여산 도착, 21일 삼례 도착. 22일 전주 입성 → 24일 전주에서 나와 금구에서 점심, 원평에 도착 → 26일 천원역에서 유숙 → 27일 일본군과 함께 눈, 비를 뚫고 노령을 넘어 장성에 도착. 일본군과 선봉대 일부는 담양의 동학도를 토벌하기 위해 출동 → 27일 흥덕의 동학도를 토벌하기 위해 일본군 20명과 선봉진(통위영) 30명을 흥덕에 파견(이후 고창(12.28), 무장(12.29), 영광(1.1), 함평(1.5)을 거쳐 나주(1.20)로 들어옴) → 1895년 1월 4일 선봉진 본대, 나주를 향해 출발(11월 30일 장흥의 벽사역 피습을 보고받고) → 1월 4일, 12월21일자로 조선정부가 이규태를 좌선봉으로, 장위영 영관 이두황을 우선봉으로 임명한 것을 전달받음

(좌선봉진은 통위, 경리, 교도의 3진을 지휘, 우선봉진은 장위영을 지휘) →
5일 좌선봉진, 나주에 도착 → 미나미 고시로(南小四郎)의 지휘 하에 일본군
과 선봉진군은 3로로 나누어 일대(일본군 1소대 및 1분대와 교도중대 2분
대)는 영암으로, 일대(일본군 제1중대 1소대 및 통위병 30명)는 능주로, 일
대(白木 중위 부대와 교도중대 나머지 병사)는 장흥으로 출발. 이규태의 좌
선봉진은 무안으로 행군 → 6일 무안읍 도착. 무안현에서 각면 민정들과
함께 접주 70여 명을 체포, 그 가운데 30여 명을 효수, 배상옥 배규찬 형제
도 효수, 나머지 접주들 9명은 포살 → 8일 목포진 도착. 비바람이 계속되
어 체류 → 12일 능주로 갔던 통위영 일부, 장흥 도착 → 13일 장흥의 전
투에 참여 → 15일 석대들 전투 참여(일군과 교도중대와 함께) → 17일 좌
선봉진 본대, 해남으로 출발, 오후에 도착 → 19일 장흥에서 통위영 일부,
일본군과 함께 해남에 들어옴 → 21일 통위영 일부, 우수영과 진도 등지를
순찰. 좌선봉진 본대는 해남읍에 머무름 → 23일 해남읍 동학도 10명을 체
포하여 포살하고, 일본군 대위와 함께 우수영에 가서 머무름 → 2월 1일
나주의 일본군 대장 미나미 고시로의 지휘에 따라 해남을 출발, 30리 떨어
진 도진참에 머무름. 일본군은 다음 날 해남을 떠나 영암에 도착 → 5일
이후 나주, 장성, 담양, 순창, 여산, 은진, 노성을 거쳐 17일 공주에 도착
→ 서울로 귀환

이두황의 장위영군의 진로는 다음과 같다.

양력 11월 10일 장위영군과 성하영의 경리청군은 청주를 나와 상당산성
뒤 고개를 넘어 미원장터에 도착 → 보은 경내로 들어가 중치, 장내리 등
각처에서 동학도 수색, 상당수를 체포하여 그 가운데 50명을 효수, 나머지
는 석방 →13일 청산의 동학도 집회에서 돌아오던 7명을 체포하여 포살.
이날 순무영에서 공주 쪽으로 올 것을 지시받고, 회인으로 향하여 저녁에
회인현 도착 → 14일 공주 부강 도착 → 15일 연기 봉암동으로 행군 →
17일 청주 병영이 목천 세성산에 동학군이 집결하고 있다는 소식을 전해와
목천 세성산으로 가서 동학군 진압 → 목천에서 연기로 돌아옴 →11월 24
일 공주에 도착 → 26일 예산 신례원의 동학군을 진압하기 위해 예산으로

출발 → 동학군, 신례원에서 합덕으로 갔다가 다시 해미로 옮김 → 12월 3일 해미의 동학군 격파 → 5일 홍주로 들어감 → 6일 대흥에 들어감 → 7일 공주 유구 도착. 유구의 충경포 동학도들을 수색, 27명을 처형 → 9일 정산 건지동에 도착. 동학도 50여 명을 체포, 6명을 처형. 정산읍 도착, 유숙. 밤에 건지동에 군사를 보내 1백여 명을 체포해옴 → 10일 간밤에 체포한 이들을 취조하여, 11월 20일의 이인전투시 참여자와 동학 간부자(임명任名이 있는 자) 10명을 처형하고 나머지는 석방 → 11일 노성을 지나 문래현에서 동학군의 움직임을 살핀 뒤 논산으로 급히 진군했다가 다시 노성으로 돌아와 유숙 → 14일 논산으로 진주 →15일 은진으로 진군 → 17일 용안 도착 → 18일 장위영군 선발대(원세록), 일본군과 함께 함열, 임피 도착 → 20일 본진, 임피 출발. 황등장을 거쳐 익산읍에 도착 →21일 익산읍을 떠나 삼례를 거쳐 전주성 서문밖에 도착. 선발대로부터 전봉준의 군대를 쫓아 일본군과 통위병이 금구 쪽으로 어제 갔다는 말을 듣고 입성하여 남문 안에 진을 침. 21일 밤 일본군 사관의 지휘에 따라 금구에 출진한 교도중대의 지원을 위해 장위영군 일부(윤희영 지휘, 1백명)를 금구로 파견 → 22일, 일본군 사관의 지휘에 따라 장위영군 일부(이규식 지휘, 140명)를 금구로 추가 파견. 이날 밤 교도중대가 승리를 거두고 전주성으로 돌아옴 → 23일 아침 일본군 40명, 장위영군 230명이 태인에 도착. 동학군 8천여 명이 태인 성황산 등지에 진을 치고 공격해와 이를 방어, 50여 명 생포, 사살자 40여 명 → 29일 순창 → 31일 곡성 → 1월 1일 구례 → 4일 북창 → 6일 광양 → 9일 순천 → 10일 낙안 → 12일 보성 → 16일 장흥 이후 2월 2일까지 장흥에 머물면서 동학군 수색작전.

성하영, 구상조, 홍운섭이 지휘하는 경리청군의 진로는 다음과 같다.

양력 11월 10일(음력 10월 13일) 장위영군과 합세하여 청주를 출발, 보은으로 직향. 보은의 동학도들은 이미 청산·영동 등지로 피신, 이에 접주 백학길을 붙잡아 효수 → 공주로 향하여 가다가 회인읍에서 도집都執 유홍구柳鴻九 등 4명 처형 → 15일 모로원毛老院에서 유숙 → 16일 공주감영 도착. 병력 재편 → 20일 이인에서 동학군과 접전 → 21, 22일 효포, 웅치방면에서 접전 → 29일 이인으로 진출했다가 공주로 귀환 → 12월 3일 이인에 나아가 유진 → 4일 이인과 우금치 등에서 동학군과 하루종일 접전 → 9일 대교大橋로 나와서 유진 → 10일, 연기현 부강에서 유진 → 11일, 박운리泊雲里 쪽으로 진출 → 12일 진잠鎭岑에서 유진 → 13일 연산連山에서 유진 → 14일 은진恩津에서 유진 → 15일, 성하영의 부대, 홍산으로 출발. 홍산 고당리 등에서 잡아온 동학도 7명 포살 → 16일. 동학도의 습격으로 폐허가 된 한산에 도착. 서천 삼수동 뒷산에 포진한 동학도 수천여 명과 접전, 수백명을 포살. 한산역촌에 유진 → 17일. 한산역촌에서 서천쪽으로 행진. 신아포 등지에서 동학도 14명 붙잡아 포살 → 18일 연포로 행군, 포구를 강력 단속 → 28일 한산으로 돌아옴 → 29일 한산에서 함열 웅포 등지에 동학도가 모여 있다는 말을 듣고 함열쪽으로 향함 → 30일 함열에서 동학도 소굴인 상와촌上瓦村을 수색하여 10명을 붙잡아 조사하고 1명 처형 → 익산에 들어가 미력면(미륵면?)에서 7명을 붙잡아 4명 포살 → 1월 1일 전주에 들어가 유진 → 1월 24일 성하영, 서산으로 돌아감.

이진호의 교도중대의 행진로는 다음과 같다.

양력 11월 23일(음력 10월 26일) 청주 출발, 회덕 지명장至明場에서 동학군과 접전 수십 명을 사살 → 26일 공주방면으로 감. 부강芙江 도착. 회덕 쪽에서 동학군이 크게 일어났다는 소식을 듣고 문의읍文義邑으로 회군 → 30일 옥천에 동학도 5, 6만이 모였다는 소식에 일본군 2소대와 함께 옥천방면으로 행군, 증약역增若驛에서 유진 → 12월 1일 청산 석성리에서 동학군과 접전, 40여 명 살해 → 4일 금산으로 돌아오다가 양산장에서 동학군 수천 명과 접전, 50여 명 살해 → 6일 금산읍 도착. 읍 앞의 산에 진을 치고 있던 동학군과 접전, 50여 명 살해 → 8일 금산읍에 들어감 → 9일 미나미 고시로南小四郎가 지휘하는 일본군은 진안으로 떠나고, 이진호의 교도중대와 시라키 세이다로白木誠太郎가 지휘하는 일본군은 용담을 향해 출발 → 교도중대와 일본군, 10일 용담 조림장에 도착. 동학군과 접전, 30여 명 살해, 20명 체포, 그 가운데 6명 포살, 나머지는 석방 → 12일 진안읍에 도착, 동학군 수천 명과 접전, 수십 명 살해 → 13일 고산 산천리에 도착. 동학군

수백 명과 접전, 30여 명 체포, 그 가운데 접사 등 4명 가두어두고 3명은 포살, 나머지는 석방→ 20일 교도중대 일부 금구 도착. 21일 원평 도착. 동학군 수만 명과 접전 37명 살해 → 이후 일본군과 동행하면서 나주에 도착 → 양력 1월 2일 교도중대 2분대, 나주에서 영암으로 출동. 교도중대 본대는 장흥으로 출동 → 10일 교도중대 본대, 장흥 도착 → 교도중대 3백 명, 12일(음력 12월 17일) 장흥 남면 옥산리에서 동학군과 전투, 백여 명 사살, 20여 명 생포하여 10명 포살 → 14일 강진읍에 들어가 민병이 잡아 온 15명 포살 → 15일 해남에 들어감 → 17일 해남을 떠나 진도 방면으로 감 → 양력 2월 2일 강진에서 영암에 도착 → 3일 나주로 향함.

위의 조선 경군의 지휘자들과 일본군 지휘자들은 어떤 관계에 있었을 까. 후비보병 19대대장 미나미 고시로는 12월 25일 이노우에 공사에게 보낸 보고서에서 "조선 사병 중에도 교도중대와 장위영병은 가장 규율 이 좋습니다. 선봉대는 가장 규율이 없으며, 대대장 이규태와 같은 자는 무엇 때문에 출정했는지도 의심가는 점이 아주 많습니다. 이 사람은 부 하들에게 지휘관의 명령을 왜곡해서 애매모호하게 전하며, 그 중에도 특 히 적과 내통하는 것 같은 혐의도 배제할 수 없는 실정입니다"라고 말하 고 있었다.[31] 그는 28일에 보낸 보고서에서는 아예 이규태는 "열렬히 동 학당에 가담한 사람이며, 모든 처사가 애매모호하고 지휘관의 명령을 왜 곡, 이제까지 한 번도 전투 일선에 나선 적이 없다고 합니다. 또 전투 중에 자기 편의대로 숙사에 돌아오는 등 제멋대로 일을 처리하여 군대에 서는 해로운 인물이므로, 대장 이규태를 소환하시어 빨리 처분해주시기 바랍니다"라고 하였다.[32] 12월 21일 이규태가 선봉진 대장에서 좌선봉 진 대장으로 밀리고, 장위영의 이두황이 우선봉진 대장으로 임명된 것은 바로 이같은 보고에 따라 이루어진 것으로 짐작된다.

---

31) 『주한일본공사관기록』 1, 198쪽
32) 같은 책, 200쪽

일본군 측과 이규태 사이가 벌어진 것은 이미 공주전투에서부터였다. 미나미 고시로가 1895년 5월 최종적인 보고서로 올린 「동학당정토약기 東學黨征討略記」를 보면, 공주성 전투 때 통위영 대장 이규태는 동학군의 공격이 다소 약화되었을 때 일본군 측이 동학군을 추격하여 격퇴하자고 주장하는 데 대해 반대하면서, 자신은 일본군대의 지휘를 받지 않겠다고 하였다고 한다. 이에 일본군 장교들은 "네가 만약 억지로 우리의 지휘를 받지 않겠다고 한다면, 우리도 역시 강제로 너를 우리 지휘에 따르도록 하겠다"고 하는 등 협박을 가하자 비로소 이규태는 일본군의 지휘에 따르겠다고 하였다고 한다. 그러나 이규태는 이후에도 병사들만 작전에 내보냈을 뿐, 자신은 숙소에서 나오지 않았다는 것이다. 반면에 장위영 영관 이두황은 처음부터 일본군 측의 동학군 추격 방침에 한마디도 반대하지 않았으며, 또한 "어떠한 지휘라도 오로지 그 명에 따를 것"이라고 하였다고 한다. 미나미는 보고서에서 이두황은 "우리 군대의 지시를 잘 따랐다. 경리영병의 대장(성하영·인용자)도 역시 가타부타 한 마디 하지 않고 오로지 우리의 지휘를 따른다고 말하였다"고 기록하였다.[33) 이두황과 성하영은 일본군의 지휘를 순순히 따르면서 동학농민군 진압에 앞장섰던 것이다. 이두황은 그 공으로 우선봉진 대장에 임명될 수 있었다. 이두황은 우선봉으로 임명된 후에 일본군에 적극 협력하였던 것으로 보인다. 미나미는 "우선봉의 대장은 원래 죽산부사인데 부사로서 손색이 없었다. 적은 병력을 파견할 때에도 반드시 직접 인솔해서 감독했으며, 일본군대의 지휘에 복종하는 것에 만족, 2월 28일 만리창으로 돌아갈 때까지 하나도 불미스러운 일이 없었다. 실전에도 여러 번 참가했고, 비도匪徒를 포로로 잡은 일도 몇 건 있었다. 이것을 좌선봉의 이규태와 비교한다면 하늘과 땅의 차이가 있다"고 이두황을 극력 칭찬하였다.[34)

---

33) 『주한일본공사관기록』 6, 39~40쪽
34) 같은 책, 55쪽

3. 학살의 방침

이노우에 교수에 의하면, 일본군의 동학농민군 탄압과 관련하여 히로
시마 대 본영의 전쟁 지도자 카와카미 소로쿠川上操六가 내린 살육 명령은
1894년 10월 27일자의 지령이며, 이는 재일 사학자 박종근에 의해 방위
연구소도서관에 소장된『진중일지』에서 발견되었다. 그 명령은 "동학당
에 대한 처치는 엄렬함을 요한다. 향후 모조리 살육할 것"이라는 내용으
로 되어 있었다고 한다.35) 이 명령은 인천에 있던 남부병참감부의『진중
일지』에 대본영으로부터 온 전보로 기록되어 있다. 그리고 그 다음 날인
10월 28일 경상도 낙동 병참지부에서 체포된 상주의 동학간부 2명을
'참살'해도 좋은지 문의가 있었는데, 인천 병참감은 "동학당 참살의 일
은 귀관의 의견대로 실행할 것"이라고 회답했다.36) 또 병참지부에서 "모
조리 살육할 수단을 실행할 것인가"라고 문의하자, 인천의 병참감은 '엄
혹한 처치는 처음부터 가능하다"고 답하였다고 한다. 10월 29일 인천 병
참감은 대구 병참 지부에 일본군 정탐부대가 성주에서 체포하여 동학농
민이라고 자백한 자들에 대해 사형에 처할 것을 명령했다고 한다.37)

그러나 앞서 본 것처럼 10월 16일 일본공사는 조선의 외부대신에게
보낸 서한에서 "본 공사로서는 이번에 경성·부산 두 곳으로부터 우리
군대 약간을 파병, 귀 군대를 원조하게 하여 비도를 진압함으로써 국해
國害를 제거하고자 합니다"라고 하여, 동학농민군 토벌에 일본군을 동원
하겠다는 뜻을 분명히 하였다. 여기서 일본공사는 '비도 초멸'이라는 표
현을 쓰고 있었다. 이를 통해 보면, 이미 10월 16일경에 일본 측은 동학

---

35) 南部兵站監部(인천),『南部兵站監部 陣中日誌』10월 27일자
36) 같은 책, 10월 28일자
37) 박종근, 앞의 책, 193~194쪽 ; 이노우에 가츠오, 2002,「일본군에 의한 최초의
    동아시아 민중학살」『동학농민혁명의 동아시아사적 의미』, 서경, 301~302쪽

군의 토멸을 목표로 삼고 있었음을 알 수 있다. 즉 10월 27일자의 히로시마 대본영의 지시 이전에 이미 일본정부는 동학군 토멸 방침을 정해놓고 있었던 것이다.

반면 개화파정부의 김윤식은 앞서 본 것처럼 '초멸'이 아닌 '초무'를 말하고 있었다. 즉 동학도 가운데 양민으로서 협종한 자들은 귀화할 수 있도록 해야 한다는 것이었다. 이에 대해 일본군의 남부병참감 이토오 스케요시는 이노우에 공사에게 보낸 보고서에서 "미리 예측해보건대 그들(조선정부군)이 충분한 처치를 다 해내리라고는 기대할 수 없기 때문에 적절히 완급을 가려 가혹한 수단을 취하도록 할 예정"이라면서, "이렇게 하면 명목상 한 점의 하자도 없고, 또 후일에 문제될 것이 없을 것"이라고 말하고 있었다.[38]

그럼 일본인들이 말하는 '초멸'이란 무엇을 뜻하는 것일까. 11월 7일 이노우에 공사는 이토오 스케요시에게 보낸 지령문에서 "비도 초멸의 목적은 겁에 질려 따르는 인민을 많이 죽이는 것이 아니라, 오히려 거괴巨魁 등을 잡고 서류를 압수해서 그 근원을 뿌리뽑자는 것이며, 이 점이 가장 긴요한 일이라 생각된다."고 말하고 있었다.[39] 이와 같은 이노우에의 지시에 따라 이토오 스케요시는 후비보병 19대대 장교들에게 다음과 같은 훈령을 내렸다.

> 조선정부의 요청에 따라 후비보병 제19대대는 세 개의 길로 分進하여 조선군과 협력, 연도에 있는 동학당을 격파하고, 그 화근을 초멸함으로써 동학당이 재흥하는 후환을 남기지 않도록 해야 한다. 그리고 그 우두머리로 인정되는 자는 체포하여 경성공사관으로 보내고, 동학당 거물급 간의 왕복문서, 혹은 정부 내부의 관리나 지방관, 혹은 유력한 측과 동학당 간에 왕복한 문서는 힘을 다해 이를 수집하여 함께 공사관으로 보내라. 다만 겁에 질려 따르는 자에 대해서는 그 열성 정도를 보아 가리고, 순순히 귀순하는 자에 대해서는

---

38) 『주한일본공사관기록』 1, 148쪽
39) 같은 책, 152쪽

이를 관대히 용서하여 굳이 가혹하게 다루는 것을 피하라.[40]

11월 15일경 이노우에가 이토오에게 다시 보낸 훈령에서도 같은 내용이 반복되고 있었다. 이노우에는 "그들(동학군-인용자)로 하여금 각도 각처로 도주하지 못하게 하여 서남 방면으로 몰아붙이고, 일거에 이를 초멸한다는 방책을 취하는 것이 가장 중요한 것이라 생각"한다면서, 그러나 "비도 정토에 있어서도 함부로 살육을 가하지 말고, 될 수 있는 대로 그 거괴를 체포하고 서류를 압수하여 우리 영사에게 인도, 구명토록 하고자 한다"고 말하였다.[41]

그러나 이노우에와 이토오가 내린 이같은 훈령의 방침은 그대로 지켜지지 않았다. 일본군은 작전 과정에서 접주나 교장과 같은 동학의 하급 간부 이상 간부급으로 확인되기만 하면, 그들이 봉기에 참여했는가의 여부를 막론하고 모두 처형했던 것이다. 당시 후비보병 제6연대 제6중대장 야마무라山村忠正가 이노우에 공사에게 올린 보고서를 보면 다음과 같이 쓰여 있다.

> 차제에 가장 곤란한 것은 양민과 동학도의 식별이 어려운 점이다. 어떤 사람이 동학당이라는 것을 알게 되는 것은 붙잡은 연후에, 그가 소지하는 물품 중 조선인이 꼭 가지고 다니는 주머니 모양의 담배쌈지 속에 또 하나의 작은 주머니가 있는데, 그 안에 동학당이라면 아래의 사령서와 같은 것(접주와 교장의 임명장-인용자)을 소지하고 있으므로 알게 된다.[42]

여기서 당시 작전에 참여하고 있던 일본군 부대는 동학도의 간부인가 아닌가 여부를 중시하고 있었고, 그것을 확인하는 기준은 동학교도 간부들의 임명장 소지 여부였음을 알 수 있다. 즉 접주, 접사, 교장 등 동학

---

40) 같은 책, 154쪽
41) 같은 책, 167쪽
42) 『주한일본공사관기록』 1, 218쪽.

조직의 간부 임명장을 소지하고 있는 자는 처형 대상이 되었던 것이다. 그동안 이노우에 가츠오, 조경달, 강효숙 등의 연구에서는 명첩과 임첩이 있으면 모두 처형하였다고 하였다. 그러나 적어도 장흥전투 이전에는 단순 동학도를 모두 처형하였다고 보는 것은 위에서 본 것처럼 무리라고 여겨진다.

일본 측은 농민전쟁이 막바지에 다다르자 동학농민군을 문자 그대로 '초멸'하는 방침을 취하였다. 후비보병 19대대의 미나미 고시로 대대장은 최종 보고서에서 다음과 같이 말하였다.

> 장흥·강진 부근 전투 이후로는 많은 비도를 죽이는 방침을 취하였다. 필경 이는 小官 한 사람만의 생각으로 한 것이 아니라, 훗날에 재기할 가능성을 제거하기 위해 다소 살벌하다는 느낌을 살지라도, 그렇게 하라는 公使와 사령관의 명령이 있었기 때문이다. 그리고 또 전봉준이 동학도 안에서 떠나지 않고 있을 때는 그래도 동학도 중에 다소의 良民과 義士를 찾아볼 수 있었으나, 전봉준이 일단 떠나자 이들 양민·의사들은 역시 모두 흩어져 떠나갔다. 그렇기 때문에 남은 무리들은 한결같이 모두 잔학하고 영악한 무뢰한으로만 되었다. 그래서 또한 많이 죽이는 방책이 필요하게 되었던 것이다. 장흥 근처에서는 인민을 협박하여 모두 동학도에 가담시켰기 때문에 그 수가 실로 수백(수천?─인용자)에 달하였다. 그래서 진짜 동학당이 잡히는 대로 이를 죽여버렸다.[43]

동학군 토벌부대 후비보병 19대대는 최후의 장흥 석대들전투 이후 장흥·강진 지역에서 동학당이라 인정되는 이들은 모두 체포하여 죽여버렸던 것이다. 그리고 이러한 학살은 이노우에 가오루 일본공사와 이토오 스케요시 남부병참감의 지시에 의한 것이었다. 이노우에와 이토오의 명령서를 아직까지는 확인하지 못했다. 그러나 후비보병 19대대의 출발 단계에서 이미 이토오 병참감은 동로, 서로, 중로로 파견되는 3개의 중대

---

43) 『주한일본공사관기록』 6, 53~54쪽

는 서로 기맥을 통하여 합동작전을 취함으로써 포위 초멸하는 방략을 취해야 하며, 각 중대는 적의 무리를 소탕하여 그 패잔병이나 흔적을 찾아볼 수 없을 정도가 되면 경상도 낙동에 집합하여 다음 명령을 기다리라고 지시한 바 있었다.[44] 최종 단계에서의 "흔적을 찾아볼 수 없을 정도의 소탕" 명령은 이미 출발 단계에서 내려져 있었던 것이다.

4. 학살의 실행

1) 일본군의 학살

앞서 본 것처럼 일본군은 현지 작전 중에 동학 조직의 간부 임명장을 소지하고 있는 자들은 모두 '비도'라 간주하여 처형하였다. 예를 들어보자. 11월 22일 괴산지방을 지나가던 일본군은 동학당 10여 명을 잡았는데, 그 중 증거가 현저한 자가 6명 있었으므로, 명령에 따라 총살하였다고 한다.[45] 또 일본군은 괴산군수 박용석이 이모리飯森 소좌少佐에게 장날 군중 앞에서 동학도를 처형하여 경종을 울려주자는 제안에 따라 2명의 동학도를 총살하였다고 한다.[46]

일본군 측이 동학군 처형을 사실상 결정하고, 직접 처형에 참여했다는 증거는 여러 곳에서 발견된다. 예를 들어 12월 8일 홍주에 주둔하고 있던 야마무라山村 대위는 해미에 파견되었던 사이토齋藤 소위로부터 "조선관리가 심문해서 그 주모자의 사형을 특별히 우리 부대에 청원했으므로 2명을 참살하고 48명을 총살하였다"는 보고를 받았다. 태안과 서산 방면으로 출동한 야마무라 대위 스스로도 사이토 소위에게 내린 12월 10일자 훈령에서 "오늘 이후 잡는 적도賊徒는 계속해서 그곳(홍주)으로 호

---

44)『주한일본공사관기록』1, 154쪽
45)『주한일본공사관기록』1, 218쪽
46)『주한일본공사관기록』1, 219~220쪽

송할 터이니 신속히 처형할 것을 목사(홍주목사)에게 충고하라. 그렇지 않으면 내외로 걱정이 생기기 때문이다"고 말하였다.[47) 그리고 야마무라 대위는 12월 11일 오후 태안과 서산에서 민병과 함께 동학군 1백 80여 명을 붙잡았다. 다음 날 일본군은 군중을 모아놓고 동학군 '수괴' 30명을 직접 총살하였다.[48) 또 전라도 보성군수가 음력 12월 24일자로 보고한 문서에 의하면, 보성에 경군과 일본군이 들어와 수십 명을 포착하였고, 경군이 장흥을 향해 떠나간 뒤에도 일본군은 여전히 보성에 체류하면서 보성의 수성군과 함께 합력하여 30여 명을 체포, 포살하였다고 한다.[49)

농민군 진압이 마지막 단계에 들어가면서 일본군의 동학도 학살도 본격화되고 있었다. 일본군은 1895년 1월 28일을 동학당을 초멸하는 기한으로 잡고, 이후부터 2월 2일까지는 초멸하다 남은 동학당을 수색하는 기한으로 삼고 있었다. 그런데 마지막 전투라고 할 수 있는 장흥 옥산전투가 1월 11일 끝났기 때문에 이후부터 사실상 수색작전이 진행되었다고 볼 수 있다. 장흥전투 이후에 대해 일본군은 다음과 같이 서술하고 있다.

> 훈령 받은 대로 적도를 전라도 서남부로 몰아 쫓았는데, 그들은 장흥 부근 전투 후 흩어져서 그 소재를 알 길이 없었다. 그래서 지방 인민을 권장하여 그들 소재 수색에 힘쓰도록 했다. 그러나 지방 인민(민병이라 부르는 사람들)은 군대의 위세를 빌리지 않고는 수색 포박할 수 없었으므로 할 수 없이 군대를 서남 각지에 분둔시켜서 비도를 뒤쫓아 잡게 했다. 이렇게 하여 민병이 잡은 적도를 지방관으로 하여금 처형케 한 인원은 다음과 같다. 해남 부근 250명, 강진 부근 320명, 장흥 부근 300명, 나주 부근 230명, 기타 함평현, 무안현, 영암현, 광주부, 능주부, 담양현, 순창현, 운봉현, 장성현, 영광, 무장 각지에서

47) 『주한일본공사관기록』 1, 235~236쪽
48) 『주한일본공사관기록』 1, 236~237쪽
49) 『동학란기록』 상, 638쪽. 신용하, 앞의 책, 354쪽 참조.

도 모두 30 내지 50명씩 殘賊을 처형하였다. 이러한 현실을 감안하면 이제 다시는 일어날 걱정은 없을 것 같다.[50]

장흥의 옥산리玉山里에서 최후 전투가 있었던 1월 11일 이후 일본군과 조선군은 2월 2일까지 장흥과 강진, 해남, 진도 등지에서 흩어진 동학군을 추적하였다. 당시 일본군 후비보병 19대대의 제3중대와 교도중대는 강진 부근에서, 제1중대는 우수영에서, 통위영병은 해남에서, 장위영병은 장흥에서 각각 수색과 학살을 계속하였다.[51] 그리하여 위에서 본 것처럼 이 지역에서 1,170명을 처형하였던 것이다. 그리고 나주에서도 230명을 처형하였다. 그리고 전라도 남부지역 각 군현에서 30~50명을 처형하였는데, 위에서 든 11개 군현에서 평균 40명씩 처형되었다고 한다면, 모두 440명이 처형된 셈이 된다. 위의 장흥, 강진, 해남, 나주 지역의 처형자와 합하면, 약 1,840명이 처형되었다고 할 수 있다. 하지만 이 통계에는 고창·흥덕·정읍·고부·태인·남원 등 노령 이북 지방과 광양·순천 등 전남 동남부에서 전개된 학살은 빠져 있다. 따라서 조경달 교수의 계산처럼 전라도 53주에서 40명씩 처형되었다고 한다면 그 수는 4,280명에 달한다. 여기에 해남, 강진, 장흥, 나주 등 대학살이 진행된 곳의 1,400명을 합하면 5,680명에 달한다. 여기에 경상도, 충청도, 황해도 등지에서의 피학살자를 합하면 그 수는 1만여 명에 육박할 것으로 보인다.[52] 물론 이 숫자에는 동학군이 일본군, 경군과 전투하는 과정에서 희생된 숫자는 빠져 있다. 한 번의 전투에서 대체로 수십 명에서 100여 명씩 희생되었고, 19대대가 치른 전투가 21회였다고 하니, 전투과정에서 희생된 이도 수천 명에 달할 것으로 보인다.[53]

---

50) 『주한일본공사관기록』 6, 62쪽
51) 『주한일본공사관기록』 6, 17쪽
52) 조경달, 앞의 책, 316~317쪽
53) 같은 책, 317쪽

2) 조선 경군과 지방관, 민군의 학살

당시 일본군의 기록에 의하면, 일본군은 전투에서 항복해 온 동학군들을 처형하는 일을 가능하면 조선 경군과 지방관에게 미루었던 것으로 보인다. 먼저 조선 경군이 동학도들을 어떻게 학살했는지 그 예를 들어 보기로 하자.

이두황의 장위영군은 음력 10월 5일 장호원 부근에서는 동학도 5명을 붙잡았는데, 그 중 2명이 검찰檢察·접사接司로 확인되자 효수형에 처했다.[54] 또 음력 10월 13일 보은 구기점에서는 35명을 체포하여 12명을 구기점龜基店 대로에서 군중을 모아놓고 포살하였으며, 나머지 23명은 동학에 들어간 지 얼마 되지 않은 점을 감안하여 석방하였다.[55] 또 보은 중치中峙에서도 동학도 35명을 붙잡아 접주와 동학 하급간부 임명장이 있는 12명을 처형하였다.[56] 또 장위영군은 동학도의 주요 근거지인 보은報恩 장내리로 들어갔지만 이미 모두 피신하고 없어 3명만을 붙잡아 처형하고 동학도들이 모일 때 사용하던 400여 개의 초막과 2백여 호를 불태웠다.[57]

장위영군은 또 음력 11월 11일 대흥大興에서 유회소儒會所가 잡아온 '동도東徒' 19명을 처형하였다. 또 충경포忠敬包의 집결지였던 유구維鳩에서는 11월 11일 밤 천여 명의 동학도를 붙잡아 12일 '거괴' 27명을 처형하였다. 또 정산定山의 건지동乾芝洞은 동학의 굴혈로 유명한 곳이어서 이곳에 출동하여 마을을 포위하고 50여 명을 붙잡아 조사했으나 이미 '거괴'는 도주하고 없어서 '행패자' 6명만을 붙잡아 처형하였다.[58] 정산읍에서도 건지동 접接과 관련있는 동학도들을 100여 명 붙잡아 조사하여

54) 『동학란기록』 상, 294쪽
55) 같은 책, 275쪽
56) 같은 책, 276쪽
57) 같은 책, 279쪽
58) 같은 책, 313~314쪽

음력 10월 23일의 이인전투시 참여자와 임명任名이 있는 자 10명을 처형
하였다.59) 음력 11월 22일에는 함열과 임피의 경계에 있는 나포羅浦에서
도피 중이던 '비류匪類'들이 나포의 접주 이李 모의 집에서 회합을 갖고
있다는 소식을 듣고 출동하여 2백여 명을 붙잡아 그 가운데 '임명'이 있
거나 '행패를 부린 자' 14명을 23일 마을 앞에서 처형하였다.60) 여기서
보면, 이두황의 장위영군은 유명한 동학도 마을을 습격하여 마을주민 가
운데 동학의 '임명'이 있거나, 기포 혹은 전투에 참여한 혐의가 있는 자
들을 색출하여 처형한 것을 알 수 있다. 따라서 봉기하여 전투에 참여하
지 않은 동학도들 가운데에서도 '임명'(接主, 接司, 敎長 등)이 있는 하급 동
학간부들도 모두 처형되었던 것이다.61) 그리고 그들이 붙잡혀 처형되기
까지는 24시간이 채 걸리지 않았다. 즉 제대로 된 조사를 받지 않고 처
형된 것이다. 이는 명백한 '양민학살'이었다. 이두황이 지휘하던 부대는
전투 상황이 아님에도 불구하고 동학도들이 많이 살고 있던 마을에 들어
가 학살과 방화를 일삼는 대표적인 부대였다. 그가 후일 우선봉으로 임
명된 것은 바로 이러한 적극적인 '학살'의 공로 때문이었다.

성하영도 이두황과 비슷하게 학살에 앞장서고 있었다. 성하영이 이끄
는 경리청군은 음력 10월 13일 이두황의 장위영군과 함께 청주를 떠나
보은으로 들어가 접주 백학길白學吉을 붙잡아 효수하고, 공주로 가던 도
중 회인懷仁에서 도집都執 유홍구柳鴻九, 접주接主 윤경선尹敬善, 접사接司 이
승일李承一·우범손禹範孫 등을 붙잡아 역시 효수하였다.62) 성하영의 경리
청군은 또 음력 11월 19일 홍산을 떠나 부여 못 미쳐 30리 지점에서 동
학도들이 기포한 마을을 포위하고 '비괴匪魁'를 찾아 수색한 끝에 5명을
붙잡아 즉시 포살하였다. 또 홍산 고당리 동민들이 잡아온 2명도 역시

---

59) 같은 책, 315쪽
60) 같은 책, 323~324쪽
61) 따라서 모든 동학도들이 체포되어 처형되었다고는 볼 수 없다.
62) 『동학란기록』 상, 421쪽

즉시 포살하였다.[63]

이진호가 지휘하는 교도중대教導中隊의 대관 이겸제李謙濟의 부대는 음력 11월 29일 일본군과 함께 청산에서 옥천으로 가서 수만 명의 동학군들과 대치, 전투를 벌여 3백여 명을 살해하였으며, 50명을 붙잡아 그 가운데 9명을 포살하였다.[64]

일본군은 가능하면 동학군 포로나 동학 간부들의 처형 여부의 결정권을 직접 갖고자 했다. 하지만 이는 마음대로 되지 않았다. 조선군이 홀로 작전을 수행하는 경우도 있었고, 또 일본군의 양해 없이 처형하는 일도 많았던 것이다. 미나미 고시로의 기록에 의하면 "이것 때문에 아무리 규율을 엄중히 해서 명령했지만 마이동풍으로 마음에도 두지 않는 것 같았다"고 하였다.[65]

동학도 학살에는 각 군현의 수령守令, 유회군儒會軍, 민회民會 등도 동참하였다.[66] 예를 들어 천안에서는 음력 10월 20일 군수가 방문榜文을 통하여 모든 면리面里에서 '비도'의 접주, 접사의 소임을 지닌 이들이 각지에 출몰하여 평민을 선동하거나, 여전히 강경한 태도를 보이는 자들은 민회소民會所와 창의소倡義所에서 적발하여 진문陣門에 잡아 바치라고 명하고 있었다.[67] 이와 같은 방문은 당시 충청도와 전라도의 모든 군에서 수령들이 붙였던 것으로 보인다. 이와 같은 방문이 붙은 것은 음력 10월

---

63) 『동학란기록』 상, 558쪽
64) 『동학란기록』 상, 251쪽
65) 『주한일본공사관기록』 6, 61쪽
66) 이들의 명칭은 다양하였다. 김양식은 이들을 민보군이라 총칭하고, 민보군이 조직된 지역을 경기도 양근·지평, 충청도 천안·공주·홍주·예산·홍산·서산·태안·남포·한산·비인·은진·옥천·제천, 전라도 금산·무주·장수·진안·용담·부안·태인·무장·고창·부안·옥과·순창·남원·운봉·구례·동복·담양·능주·순천·나주·함평·영암·강진·해남, 경상도 문경·예천·상주·용궁·함창·의성·안동·거창·함양·안의·지례·개령·인동·선산·하동, 강원도 원주·정선·양양·강릉, 황해도 수안·시천·장연 등지로 파악하였다(김양식, 앞의 책, 359쪽).
67) 『동학란기록』 상, 409~410쪽

20일경 순무선봉진에서 각 군현의 수령에게 "경내의 거괴를 일일이 잡아들이되 만일 그렇게 하지 않으면 군대를 보내 옥석을 가리지 않고 초멸할 것이다. 이러한 뜻으로 각 촌의 민인에게 영칙하여 거행하도록 하라"고 하는 협박성 지시가 있었기 때문이다.[68] 당시 선봉진에서는 지방관들에게 하급간부 이상의 동학도들도 모두 체포하여 진문에 바치라고 지시하고 있던 것이다. 음력 12월 7일 순무선봉진에서 고창과 홍덕현에 보낸 감결을 보면, "비류는 이제 이미 흩어졌으나, 소위 각 접주들은 마을에 숨어들은 자들이 많으니 반드시 일일이 적발하여 잡아들이고, 그 가운데 가장 작경행패가 심했던 자들은 민인들을 모아놓고 공의公議에 따라 처형하라"고 지시하고 있었다.[69]

이에 따라 지방관들은 각 군현의 수성군 혹은 유회군, 민회군이 붙잡아오는 동학 '괴수'와 접주들을 직접 처형하였다. 예를 들어 함평에서는 동학 '괴수' 이화진李化辰, '거괴' 윤정보尹正甫·장경삼張京三을 포살하고, 아울러 접주 김경오金京五 등 21명을 음력 12월 5일, 7일, 8일, 9일에 붙잡아 그날 바로 포살하였다.[70] 함평현의 경우, 특히 접주를 붙잡아 처형하는 일에 열심이었는데, 그는 각 면리에 "거괴와 접주를 붙잡아오는 자에게는 등급에 따라 상을 내리겠다"고 영칙令飭을 내려 보내기도 했다.[71] 화순에서도 각 면으로부터 붙잡혀 온 '거괴' 왕일신王日臣, 접주 조번개曹番介 등 3명이 12월 5일 처형되었다.[72] 영암에서도 영암군의 군병이 붙잡아온 '괴수' 7명을 포살하였다.[73] 장성에서도 북일면 접주 한덕일韓德一 등 2명을 처형하였다.[74]

---

68) 『동학란기록』 상, 410쪽
69) 『동학란기록』 하, 326~327쪽
70) 『동학란기록』 상, 573쪽, 586쪽, 592쪽
71) 『동학란기록』 상, 595쪽
72) 『동학란기록』 상, 597쪽
73) 『동학란기록』 상, 612쪽
74) 『동학란기록』 상, 613쪽

이와 같이 체포되어 처형된 동학도들은 목숨만 잃은 것이 아니다. 당시 관군은 이들의 집과 토지까지도 모두 몰수하였다. 경군은 동학도들의 몰수한 가장家庄에 대해 지방관으로부터 일일이 보고를 받고 있었다. 각 군현의 수령은 그 내용을 성책하여 선봉진에 보고하였다.[75]

일본군과 경군이 남쪽으로 내려갈수록 토벌과 학살의 강도는 높아만 갔다. 이규태가 이끄는 좌선봉진은 무안에 들어가 수성군과 각 면의 민정民丁이 붙잡아온 접주 70여 명 가운데 민원에 따라 30여 명을 먼저 처형하고, 나머지 40여 명 가운데에서 다시 배규찬을 효수하고, 다음 '괴수'들 9명을 포살하였다.[76] 보성에서도 음력 12월 7일 우선봉 이두황이 이끄는 경군과 일군이 들어와 수성군과 함께 30여 명을 붙잡아 포살하였다.[77] 순천에서는 12월 6일 순천의 향리들이 주동이 되어 동학군 150여 명을 사로잡아 모두 포살하였다.[78] 다음 날인 12월 7일 광양에서도 향리층이 주동이 되어 금구에서 온 대접주 김인배와 광양 출신 유하덕 등 동학군을 붙잡아 두 사람을 효수형에 처했고, 그들을 따르던 동학군 90명을 포살하였다. 그리고 이후 민군이 붙잡아 온 1백여 명의 동학도도 모두 포살하였다.[79] 순천과 광양에는 이러한 동학군 참살이 있은 연후에 이두황군이 입성하였다.

3) 장흥전투 이후의 대학살

마지막 전투였던 장흥전투 이후, 장흥과 인근의 강진·해남에서는 대학살이 자행되었다. 우선 12월 13일과 15일 남문 밖 석대들전투에서 220여 명이 희생되었다. 또 장흥 남명 옥산리에서의 마지막 전투에서도

---

75) 『동학란기록』 상, 459쪽, 직산군수의 보고. 469쪽, 온양군수의 보고.
76) 『동학란기록』 상, 605쪽
77) 『동학란기록』 상, 638쪽
78) 『동학란기록』 상, 657쪽
79) 『동학란기록』 상, 656쪽

1백여 명이 희생되었다. 이 전투 이후 동학군들은 장흥과 강진, 해남 쪽으로 흩어져 도피하였는데, 일본군과 경군, 그리고 민병들의 수색에 의해 다수가 붙잡혀 포살된 것이다. 앞의 일본공사관 기록에 의하면 해남 부근에서 250명, 강진 부근에서 320명, 장흥 부근에서 300명이 붙잡혀 처형되었다고 한다. 강진현감에 의하면, 강진성이 음력 12월 7일 동학군에 의해 함락되었고, 14일 경군이 오면서 동학군들은 각 읍으로 도피하였는데, 당시 동학군들은 천관산 자락인 강진의 대구, 칠량면에 가장 많이 도피하였다고 한다. 장흥전투에서 패한 동학군도 옥산 쪽에서 칠량과 대구면 쪽으로 피신하였기 때문이다. 경군과 일군, 그리고 민병은 칠량면과 대구면의 입구를 막고 수색하여 많은 동학교도들을 잡아낸 것으로 보인다. 대구면과 칠량면은 강진만과 남해 바다에 의해 서쪽과 남쪽은 막혀 있었고, 동쪽은 일군과 경군이 진을 치고 있는 천관산이 가로막혀 동학군이 도피할 수 있는 곳은 북쪽의 강진읍 방향뿐이었다. 결국 장흥전투에 참여했던 동학군은 경군, 일군, 민병의 수색을 피하지 못하고 모두 붙잡혀 처형된 것으로 보인다. 당시 보고에 의하면 매일 수십 명씩을 붙잡아 포살하였다고 한다.[80] 당시 강진 병영에 거주하던 유생 박기현朴冀鉉이 쓴 『일사日史』라는 일기를 보면, "경군이 내려온 이후부터 동학을 잡아다가 포살하지 않은 날이 없어서 죽은 자가 1천여 명이라고 한다"고 기록하였다.[81]

한편 강진현감은 칠량면과 대구면에서 민병이 잡은 접주와 동학도가 132명이었고, 경군과 일군이 잡은 동학도가 45명으로 보두 177명이었다고 보고하였다. 이들과 가운데 '거괴'인 이무주李茂朱와 남도균南道均은 일

---

80) 『동학란기록』 상, 646쪽
81) 『剛齋日史』(박맹수 번역, 2002, 강진군), 1895년 1월 23일(음력)자 일기. 강진, 장흥지역의 동학농민전쟁에 대해서는 박맹수, 1992, 「장흥지방 동학농민혁명사」『장흥동학농민혁명사』, 장흥동학농민혁명기념탑건립추진위원회 ; 2002, 「『日史』와 강진·장흥지역 동학농민혁명」『전남사학』 19집을 참조할 것.

군 진영으로 압송하고, 나머지 동학도 전체와 강진의 접주 윤세환尹世煥은 포살하였다고 한다. 그러면서도 강진현감은 이들은 당초 창궐했던 수요에 비하면 '발우일모拔牛一毛'에 지나지 않는다면서, 만일 이들을 모두 진멸하지 않는다면 풀만 베고 뿌리는 놓아두는 격이 될 것이라면서 '진멸殄滅'을 주장하였다.[82] 당시 그는 강진의 민병들로 하여금 마을을 돌아다니면서 강진 거주 접주와 교장 등 동학 관련자들을 붙잡도록 하여 모두 포살했는데 그 수가 백여 명에 달했다고 한다.[83]

그런데 강진 남포마을에서는 이 마을 출신 동학도들이 마을 앞에서 화형火刑으로 처형되었다는 말이 내려오고 있다.[84] 장흥과 광양 쪽에서도 역시 화형으로 동학군이 처형되었다는 말이 전해 내려오고 있다. 화형은 머리에 짚으로 만든 고깔 같은 것을 씌운 뒤 기둥에 묶어놓고 산채로 화형에 처했다는 것이다.[85] 하지만 이 화형에 관해서 문헌에서는 기록을 전혀 찾지 못하였다.

1895년에 들어서도 유회군과 민군의 동학도 소탕은 계속되었는데, 이들의 무차별 체포와 학살은 커다란 문제를 야기하였다. 음력 12월 13일 선봉진에서는 무안과 함평현감에 「감결甘結」을 보내, "이제 들으니 각 읍의 수성군들이 기포譏捕를 칭하고 각 마을에서 작폐를 저지르고 있다고 하고, 심지어는 군현의 경계를 넘어 다니면서 행패를 저지르고 있다 하니, 난을 치르면서 피곤한 민심이 어찌 다시 안정될 수 있겠는가. 각별히 금칙禁飭함이 옳을 것이다"라고 지시하였다.[86] 순무영에서도 음력 정월 5일 각 군현에 전령을 내려 보내 무고한 이들을 횡침하는 일이 없도록 하라고 지시하였다. 순무영은 이 전령에서 "한 동네의 백성들이 모두 한

---

82) 『동학란기록』 상, 653쪽
83) 『동학란기록』 상, 642쪽
84) 강진 남포리 이영식씨 도움말(1998년 8월 14일).
85) 광양 옥룡면 운평리 상평 거주 徐淳植씨 도움말(1994년 4월 5일).
86) 『동학란기록』 하, 329쪽

목소리로 죽여야 한다고 말하고, 죄악이 차고 넘치고, 행적이 탄로 난 자는 일일이 적발하여 반드시 죽이고 풀어주지 말라", "주륙은 함부로 하지 말아야 하며, 왕명을 받아 그 권한을 위임받은 자만이 할 수 있고, 그것도 망녕되이 마음대로 할 수 없는 것이다. 하물며 명령과 권한이 없는 자가 감히 마음대로 사람을 죽일 수 있겠는가. 근래에 참모, 군관, 유회, 상사商社 등의 이름으로, 아무런 인패印牌도 없이 마음대로 사람 죽이는 일을 감행하는 일이 있으니 이는 법외의 일이다. 출진장두出陣將領, 초토招討, 소모관召募官 외에는 함부로 사람을 죽일 수 없다", "근래에 각 진陣에서 죄의 경중을 묻지 않고, 동학도를 붙잡거나 도망친 동학도를 수색하면서 먼저 그 재산을 몰수하여 의지할 곳이 없도록 만드니 그들이 서로 모여서 도적이 되지 않겠는가. 원악元惡한 동학도로서 체포되거나 처형된 경우를 제외하고는 재산을 몰수하지 마라", "보부상들은 동학군 초멸에 나서지 말라. 보부상은 원래 규율이 있고, 또 동학에 물들지 않았지만, 토비討匪의 일은 그 책임이 아니니 도보로 통신을 전하는 일 외에는 무고히 무리를 모으는 일이 없도록 하라"고 지시하고 있었다.[87] 이와 같은 지시는 당시 유회군, 민병, 보부상들에 의한 동학도들에 대한 체포, 구금, 처형, 재산몰수 등이 무리하게 진행되고 있었음을 보여준다.

앞서 본 것처럼 장흥전투 이후 일본군과 경군은 거의 한 달 가까이 장흥과 강진, 해남 등지에 머무르면서 최후의 일인까지 수색하여 후환을 완전히 없애고자 하였다. 그런 가운데 당시 경군과 일본군은 동학군이 남해안의 섬으로 도피할 것을 우려하고 있었다.[88] 따라서 순무영에서는 바다의 섬에 있는 진鎭에 "어떤 읍민을 막론하고 만약 비류행적이 있거나 수상한 무리가 있으면 일일이 잡아들여 엄히 조사하라"고 지시하였다.[89] 일본군은 이에 더 철저하게 대응하였다. 나주에 머무르고 있던 일

---

87) 『동학란기록』 상, 661~663쪽
88) 『동학란기록』 상, 624쪽

본군 후비보병 19대대의 미나미 소좌는 장흥, 해남의 동학도 일부가 진
도와 제주도로 건너간 것 같다면서, 이시쿠로石黑 대위에게 군함 쓰쿠바
호 함장에게 원조를 청하도록 지시하였다.[90] 이러한 보고를 받은 당시
이노우에 일본공사도 동학군이 바다의 섬들로 도피하여 후일을 도모할
것을 우려하여, 군함 쓰쿠바호筑波號를 파견하여 전라도와 경상도의 여러
섬을 순항하면서 수색하도록 지시하였다. 쓰쿠바호는 "양도兩道의 연해
를 다 다녀보아도 각 도서島嶼에는 이상한 기색이 없고, 모두 조용하기만
하였다"고 보고하였다.[91] 또 일본군함 조강호는 동학군들이 다도해 섬
들을 초계하였고, 일부 동학교도들이 제주도로 들어갔다는 정보 때문에
제주도까지 다녀왔다고 한다.[92]

이와 같은 철저한 수색과 학살의 결과, 부산총영사 가토오 마스오加藤
增雄는 "이번 출병으로 인하여 동도東徒의 수령 전녹두全綠豆 이하를 혹은
붙잡고, 혹은 살육하여 거의 전멸시킴으로써 금후 여얼餘孽이 다시 싹틀
것인가 아닌가는 충분히 보증할 수 없지만, 작년과 같은 그들의 동란은
이로써 일단락을 고했다고 믿는다"고 보고하였다.[93]

5. 맺음말

이상에서 살펴본 것처럼 동학농민전쟁기 동학도에 대한 학살은 다음
과 같이 정리할 수 있다.

먼저 학살의 주체는 일본군과 조선의 경군, 지방관, 유회군, 민군 등

---

89) 『동학란기록』 상, 658쪽. 완도 가리포진에서 보낸 첩보 참조.
90) 『주한일본공사관기록』 6, 17쪽
91) 『주한일본공사관기록』 6, 22쪽
92) 『주한일본공사관기록』 3, 382쪽. 신용하, 앞의 책, 355쪽. 강효숙, 앞의 글, 29쪽
93) 부산주재 일본총영사 加藤增雄의 일본 외무차관 林董에 대한 보고 (1895년), 『동
   학농민전쟁사료총서』 20, 사운연구소, 292~293쪽

이다. 이 가운데 처형은 주로 조선의 경군과 지방관에 의해 이루어졌지만, 처형 여부의 결정은 당시 작전지휘권을 가졌던 일본군에 의해 이루어진 경우가 많았고, 또 일본군이 직접 처형한 경우도 적지 않았다. 유회군과 민군은 혐의자들을 붙잡아 경군과 지방관에게 넘긴 경우가 많았다.

다음으로 학살의 방침은 일본 측이 조선정부 측에 동학군 진압을 위해 일본군을 출병시키겠다는 방침을 전한 10월 16일 이전일 가능성이 높다. 그것은 당시 일본 측이 조선정부 측에 '동학군을 초멸하겠다'는 방침을 전하고 있었기 때문이다. 조선정부는 옥석을 구분하여 양민은 위무하도록 해야 한다고 하였지만, 일본 측은 '초멸' '박멸' 등의 방침을 내부적으로 정하고, 이를 출동하는 후비보병 19대대에 직접 지시하고 있었다.

하지만 학살이 모든 동학교도들을 향해 자행된 것은 아니었다. 장흥전투 이전 일본군과 경군은 체포된 동학도들 가운데 전투에 참여한 이들, '작경행패'를 저지른 이들, 그리고 접주·교장 등 간부의 임명첩任名帖을 지니고 있는 이들이 학살의 대상이 되었다. 그러나 장흥전투 이후 장흥 인근의 강진, 해남, 진도 등지에서는 동학도들을 모두 색출하여 처형하는 상황이 벌어졌다. 또 이 시기에는 동학세력이 강했던 서해안의 무장·흥덕·고창·영광·함평·무안 등지에서도 강력한 탄압이 이루어진 것으로 보인다. 이 시기 동학도로서 체포되어 처형된 이는 수천 명에 달할 것으로 보인다.

학살의 주체가 된 일본군의 주력은 후비보병 19대대로서 일본에서 동학군 토벌을 위해 특별히 증파된 부대였다. 이 부대는 3개 중대로 나누어 동학군을 한반도의 서남쪽으로 몰아붙이면서 최종적으로 서남단에 해당하는 장흥·강진·해남 등지에서 '박멸'하는 전술을 택했다. 그리고 이와 같은 작전에 조선경군의 이규태, 이두황, 이진호, 이주회, 성하영 등이 적극 협조하였다. 특히 장위영을 지휘한 이두황은 일본군의 작전

지시에 충실히 따르면서 각지에서 진압과 학살에 앞장섰고, 그 공으로 그는 우선봉으로 승진할 수 있었다. 이두황은 1895년 양주목사로 임명되었고, 일본인이 교관이 된 훈련대가 발족하면서 훈련대 제1대대장에 임명되었다. 그리고 명성황후 시해사건 때 훈련대 1대대를 이끌고 경복궁 광화문을 지키면서 일본인들의 만행을 지원하였다. 이 사건 이후 그는 체포령을 피해 일본으로 도망하였고, 14년의 망명생활 끝에 1907년 이토오의 주도에 의해 특사를 받고 귀국하여 중추원 부참의를 거쳐 전라북도 관찰사가 되었다. 1910년에는 전라북도 도장관에 재임명되었고, 총독부로부터 각종 훈장을 받았다(1916년 사망). 이진호는 1895년 훈련대 제3대대장, 친위대 제2대대장이 되었고, 명성황후 시해사건 뒤에 있었던 '춘생문사건' 때 협력하기로 약속했다가 이를 배신하였다. 1896년 2월 아관파천 이후 친일내각이 무너지자 춘생문사건 때의 친일행동이 두려워 일본으로 망명하였다. 그도 1907년 특사에 의해 귀국한 뒤 중추원 부찬의를 거쳐 평안남도 관찰사가 되었다. 1910년에는 경상북도 지사, 1916년에는 전라북도 지사가 되었으며, 1924년에는 조선인으로서는 유일한 총독부 국장(학무국장)이 되어 1929년까지 재임한 뒤 1934년 중추원 참의가 되었다. 1941년 중추원 부의장이 되었고, 1943년에는 중추원 고문이 되었다(1943년 사망).94) 동학도 학살에 앞장섰던 이두황, 이진호의 부일협력 행각은 동학도 학살이 당시 어떤 의미를 지닌 것이었는지 잘 말해준다.

---

94) 반민족문제연구소, 『친일파99인』 1, 돌베개, 191~207쪽 참조.

제6장 동학농민전쟁의 주체와 농민군의 지향

1. 머리말

1894년 동학농민전쟁의 성격을 어떻게 규정할 것인가 하는 문제는 농민전쟁의 주체가 누구였고, 또 농민군은 농민전쟁을 통해 구체적으로 무엇을 지향하였는가 하는 문제와 깊이 관련되어 있다. 그동안 학계에서는 이와 관련된 연구가 상당히 진척되어 다양한 견해들이 제기되었다. 먼저 농민전쟁의 주체와 관련해서는 주로 그 주도계층에 초점을 맞추어 몰락양반설, 빈농(혹은 소작빈농)설, 요호부민설 등이 제기되었다. 한우근은 농민봉기를 주도한 동학접주들이 대체로 몰락양반의 후예, 즉 잔반残班에 해당한다고 보고, 이들은 하층 신도인 농민들과 거의 차이가 없는 곤궁한 처지에서 농민봉기의 선두에 섰다고 보았다.[1] 한편 조경달은 경우에 따라서는 부농층도 포섭되었지만, 투쟁의 주체는 소농층과 빈농·반프로층이라고 주장하였다.[2] 신용하도 농민전쟁의 주체세력은 사회신분에서는 '양인층'과 '노비를 중심으로 하는 천민층'이었고, 사회계급에서 '소작농을 중심으로 한 빈농층'이었다고 보았다.[3] 정창렬은 농민전쟁의 주

---

1) 한우근, 1983, 『(全訂版) 東學과 農民蜂起』, 일조각, 206쪽
2) 趙景達, 1982, 「東學農民戰爭と甲午農民戰爭の歷史的性格」『朝鮮史硏究會論文集』19.
3) 신용하, 1993, 『東學과 甲午農民戰爭硏究』, 일조각, 114쪽

체는 '농민계층'이었으며, 빈농·소농은 전쟁의 주력층이었고, 부농·중농
은 동조층이었으며, 주도층은 남접의 동학접주들이었다고 보았다.4) 한
편 필자는 농민전쟁을 지도한 것은 전라도의 동학조직을 장악한 전봉준
등 혁신적 지식인층이었으며, 그들을 뒷받침해준 중심세력은 빈농층이
었다고 보았다.5)

그런데 경상도지역의 사례연구에 주력해온 신영우는 예천·상주·김산
세 지역의 조사가 가능했던 농민군 지도자 21명 가운데 7명이 상급양반
층에, 10명이 하급양반층에 속하였다는 것과, 또 경제적으로도 조사가능
자 13명 가운데 2명만 빈농이었고, 나머지 10명은 부농에서 중소지주에
해당하는 요호부민층이었으며, 1명은 대지주였다는 분석결과를 내놓았
다.6) 또 이이화도 농민전쟁의 상층지도부 가운데에는 향반과 중간지주
가 많았다는 분석을 내놓았다.7) 필자도 최근 호남남부지방의 사례연구
를 통해 농민군 지도자들 가운데 부농·중소지주와 같은 요호부민층이
많았음을 확인한 바 있다.8) 이같은 최근의 연구들은 기존의 관찬사료를
중심으로 한 연구에서 벗어나 민간의 자료들을 중심으로 보다 구체적인
인물들을 분석함으로써 기존의 연구들보다 그 설득력을 더하고 있다. 그
런데 농민군 지도자들 가운데 요호부민, 향반층이 많았다는 최근의 연구
가 농민군 대중이 주로 빈농층으로 구성되어 있었다는 것을 부인하는 것
은 아니다. 따라서 현재 학계의 쟁점은 농민군 지도부의 사회신분이 평

---

4) 정창렬, 1991, 『甲午農民戰爭硏究－전봉준의 사상과 행동을 중심으로－』(연세대
   사학과 박사논문), 177~190쪽
5) 박찬승, 1985, 「동학농민전쟁의 사회·경제적 지향」『한국민족주의론』3, 역사비
   평사, 75쪽
6) 신영우, 1991, 『甲午農民戰爭과 嶺南 保守勢力의 대응－예천·상주·김산의 사례
   를 중심으로－』(연세대 사학과 박사논문), 378쪽
7) 이이화, 1994, 「농민전쟁의 지도부연구－전봉준·김개남·손화중을 중심으로」『1894
   년 농민전쟁연구』5, 역사비평사
8) 박찬승, 1994, 「1894년 호남 남부지방의 농민전쟁」『1894년 농민전쟁연구』4, 역
   사비평사(이 책에 재수록)

민인가 아니면 향반인가 하는 점, 또 향반이라면 그 성격은 무엇인가 하는 점, 그리고 그들이 경제적으로 요호부민층이었는가 아니면 궁핍한 양반층이었는가 하는 점 등으로 모아지고 있다.

다음 농민군이 농민전쟁을 통해 구체적으로 무엇을 지향하였는가 하는 문제와 관련해서는 학계의 의견이 상당히 접근되어 있다. 그것은 경제적으로는 삼정문란이라는 봉건적 수취체제의 모순으로부터 파생된 여러 폐단들을 제거함으로써 소생산농민으로서 자립하고, 나아가 소상품생산자로서 자립하는 것이었으며,9) 사회적으로는 신분해방운동을 통해 중세적 사회신분제 폐지를 지향하였고, 집강소 설치를 통해 지방차원에서의 양반통치기구에 타격을 가하고 농민적 자치를 지향하였다는 것이다.10) 또 정치적인 권력구상과 관련해서는 1차 봉기 단계에서는 대원군의 섭정을 대안으로 구상하는 등 기존의 권력관계의 틀을 벗어나지 못하였지만, 2차 봉기 단계에서 농민군 지도부는 유교적 정치의식에서 벗어나서 합의제에 기초한 권력구조 형태를 구상하는 등 상당한 발전이 있었다는 것이다. 또 외세에 대해서는 집강소시기에 이미 농민군은 일본 침략군을 물리치기 위한 전쟁을 준비하였으며, 반제반침략전쟁의 성격을 띤 2차 봉기 단계에서는 봉기의 지역이 전국으로 확대되어 근대 민족으로서의 결집계기를 마련하였다는 것이다.11)

---

9) 정창렬, 앞의 책, 266쪽. 조경달교수는 소농·빈농·반프로층(농민전쟁의 주체)이 소농보호나 소농회귀의 입장에서 농민적 토지소유를 구하고 있었다고 보았다 (1998, 『異端の民衆反亂』, 岩波書店, 332쪽). 그리고 이점에서 '反근대지향적'이라고 보았다.

10) 신용하 교수는 앞의 책에서 집강소는 한국 역사상 처음으로 농민이 권력을 장악하고 '구체제'를 부수면서 그들이 원하는 '신체제'의 수립을 향한 농민통치를 실시한 '농민의 통치기관'이었으며, '농민혁명의 지방정권의 일 형태'였다고 보았다 (251쪽).

11) 정창렬, 앞의 책, 271~272쪽 ; 정진상, 『갑오농민전쟁에 관한 사회사적 연구』, 서울대 사회학과 박사논문, 298~299쪽. 한편 조경달교수는 농민군이 아직 '一君萬民'의 유교적 유토피아사상을 갖고 있었으며, 따라서 '근대지향적'이라고 보기 어

농민군의 지향점의 큰 틀에 관해서는 대체로 위와 같이 견해가 모아지고 있다. 그러나 농민군이 토지문제에 관해 어떠한 개혁구상을 갖고 있었으며, 농민군과 대원군은 구체적으로 어떤 관계를 갖고 있었는가, 전봉준 등 농민군 지도부의 정치의식은 유교적인 정치의식에서 얼마나 벗어나 있었는가, 오지영의 『동학사』에 실린 농민군의 폐정개혁안 12개조는 얼마나 믿을만한가 하는 문제들에 대해서는 상당한 견해 차이가 있다.

이제 이 글에서는 최근의 연구성과를 토대로 하여 농민전쟁의 주체와 그 지향점을 정리하고, 특히 앞서 본 쟁점들을 중점적으로 검토하고자 한다. 필자는 이전에 농민전쟁의 주체와 농민군의 사회적, 경제적 지향을 살핀 바 있었는데, 이 장에서는 그동안의 다른 연구자들의 연구성과를 토대로 논지를 수정, 보완하고자 한다.

2. 농민전쟁의 주체

농민전쟁의 진행과정은 대체로 ① 1893년의 농민전쟁 준비 단계, ② 1894년 1~2월의 고부봉기 단계, ③ 3~4월의 1차 봉기 단계, ④ 5~6월의 전주화의와 7~8월의 집강소설치 단계, ⑤ 9월 이후의 2차 봉기 단계로 나누어진다. 여기서는 이러한 과정을 통하여 농민전쟁의 주체가 어떻게 형성되어 갔는지 살펴보고자 한다.

1) 1893년의 농민전쟁 준비 단계

1894년의 농민전쟁은 1893년 3월 동학교단의 최시형·서병학 등의 주도에 의해 최제우의 신원을 위한 보은집회가 열리고 있던 시기에 전라도

렵다고 하였다(조경달, 앞의 책, 332~333쪽). 하지만 조경달교수의 견해는 아직 소수의견에 머물러 있다.

금구에서 손화중·전봉준을 중심으로 하는 독자적인 집회가 열림으로써
이미 그 단초가 마련되고 있었다. 금구집회의 참가층이 어떻게 구성되어
있었는지는 확실치 않다. 다만 그동안의 연구에 의해 금구집회에는 전라
도 지방의 동학교도들이 주로 집결하였고 그 지도자는 손화중·전봉준
등이었음이 확인되었다.12) 이들은 이미 1892년 삼례집회와 1893년초의
복합상소 당시부터 교조신원보다는 탐관오리의 축출과 척양척왜를 내세
우는 등 정치지향적 성향을 강하게 띤 호남지방의 동학교도들을 이념적
으로 지도해 온 인물이었다. 1892년 동학에 입교한 전봉준은 동학에 입
교한 이유를 "동학교도들의 단합된 정신을 가지고 세상을 한 번 건져보
기 위해서였다"라고 설명하였다. 이들은 1890년대 초 현실의 변혁을 위
해 동학의 기치 아래 집결하였으며, 동학의 조직력과 자신들의 지도력을
강화하면서 농민전쟁의 기반을 조성해나가고 있었던 것이다.

　　한편 양호선유사로 파견되었던 어윤중은 금구집회와 같은 시기에 열
리고 있던 보은집회에 참여했던 이들에 대해서 그들은 "재주와 기개는
있으나 뜻을 이루지 못한 자, 탐학이 자행되는 것을 분하게 생각하여 백
성을 위하여 목숨을 걸고 그 탐학을 제거하려는 자, 외국 오랑캐가 우리
의 이권을 침탈하는 것을 통분히 여겨 반대하는 자, 탐관오리의 가렴주
구에 시달리면서도 호소하여 억울함을 풀 길 없는 자, 경향의 토호에 시
달려 살아갈 수 없는 자, 죄를 짓고 지방에 도망다니는 자, 영읍속營邑屬
으로서 여기저기 떠돌아다니는 무뢰배, 절량絶糧 농민과 몰락상인, 우매
한 자로서 풍문을 듣고 들어온 자, 빚 독촉에 견디지 못한 자, 상천常賤계
급에서 벗어나려는 자"라고 기록하였다.13) 금구집회에 참여한 이들도
이들과 비슷한 성향을 지니고 있었을 것이다. 여기서 '재주와 기개는 있

---

12) 이에 대해서는 정창렬, 앞의 책, 44~82쪽 ; 박찬승, 1993, 「1892, 1893년 동학교
　　도들의 '신원'운동과 '척왜양'운동」『1894년 농민전쟁연구』3, 역사비평사(이 책
　　에 재수록)를 참조할 것.
13) 「聚語」『동학란기록』상, 122쪽

으나 뜻을 이루지 못한 자'와 '백성을 위해 목숨을 걸고 탐학을 제거하려는 자', '외국 오랑캐의 이권침탈에 분개하는 자' 등은 모두 당시의 현실에 불만을 가진, 변혁지향적인 성격이 강한 지식층일 것이다. 다음 탐관오리의 가렴주구와 경향의 토호에 시달림을 받는 자들은 경제적으로 요호부민층, 즉 중소지주나 부농층에 해당하면서도 향촌사회에서 이렇다 할 세력을 가지지 못한 하층양반이나 평민층이었을 것이다. 다음 절량농민과 몰락상인, 채무농민 등은 경제적으로 몰락한 영세농민·영세상인층으로서 당시 피지배민중 가운데 가장 다수를 점하고 있는 계층이었을 것이다. 다음 '상常·천賤계급에서 벗어나려는 자'는 오랜 중세적 신분제 하에서 박해를 받아오면서 그 같은 신분제적 구속에서 벗어나고자 하는 강한 욕구를 가진 자들이었을 것이다. 이들은 당시의 광범위한 사회불만 계층으로서 동학의 조직 안에 들어가 '신원' 운동과 '척왜양' 운동을 통하여 하나의 변혁운동세력으로 형성되는 과정에 있었다.

2) 1894년 1~2월의 고부봉기 단계

1894년 1월의 고부봉기 단계에서는 전봉준을 비롯한 고부지방의 동학교도들이 주도세력으로 등장하였다. 이들은 이미 1893년 11월 이른바 「사발통문자료」에 나타난 바와 같은 결의를 통하여 고부성의 혁파와 군수 조병갑의 효수, 군기창과 화약고의 점령, 탐리貪吏의 징계, 전주영의 함락과 경사京師(서울)로의 직향直向 등의 계획을 세운 바 있었다. 즉 이들은 이 단계에서 이미 고부봉기를 발화점으로 하여, 전주성을 거쳐 서울로 간다는 계획을 세워놓고 있었다. 이들 동학교도들은 이미 1893년 동학지도부가 주도하던 교조신원운동의 차원을 완전히 벗어나서 정치적인 변혁운동을 구상하는 단계로 들어갔던 것이다. 따라서 전봉준을 정점으로 하는 이들은 단순한 동학교도라기보다는 변혁지향적인 성격이 강한 지식인들이었다고 할 것이다. 그리고 이들 가운데에는 사회경제적으로 전봉준과 같은 빈농이면서 훈장을 하고 있던 이들도 있었지만, 송두호와 같이 지주 내지 부농층에 해당하는 이들도 있었다.

고부봉기에서 또 하나 주목되는 사실은 전봉준 등 지도자들이 봉기를 도모하는 과정에서 동학의 조직만이 아니라 동장洞長, 이집강里執綱층을 이용하고 있었다는 점이다.[14] 동장, 이집강은 행정의 말단조직인 동임洞任으로서 수령의 침학을 직접 받고 있는 층이었다. 이들 동임은 대부분 평민층으로 이루어져 있었는데, 진주민란 단계에서 그들은 풍헌風憲 등 면임과 양반층의 지시에 따라 동민洞民을 동원하는 역할을 담당하였던 데 반해, 이번에는 전봉준 등 동학 접조직의 요청에 의하여 농민군을 동원하는 구실을 담당하고 있었던 것이다. 또한 이들 동임은 대체로 부농 혹은 중농에 해당하는 이들이었다. 전봉준은 고부봉기의 동인 가운데 하나로서 "(조병갑이) 부민전富民錢 2만량을 늑탈한 일"을 들고 있었는데,[15] 이는 고부봉기의 지도부가 부민층까지도 이 봉기에 끌어넣고자 했음을 보여주는 증거이다.

한편 고부봉기에서 주력군을 형성한 것은 역시 빈농을 중심으로 한 농민층이었다. 전봉준은 당시 봉기한 농민의 구성을 "동학은 적고 원민寃民이 많았다"고 말하였다. 그러나 이들 빈농층은 아직 봉기의 주도층으로까지는 등장하지 못한 채, 고부지방의 동학교도들과 동장·이집강층의 동원을 통해 봉기에 참여하여 주력군을 형성하였을 뿐이었다. 이들은 고부봉기의 주력군으로서 지도부를 강력히 지지하면서 1월부터 3월초까지 무장을 풀지 않고 사태의 추이를 지켜보고 있었다.

그러나 고부봉기에는 처음부터 이를 전국적인 봉기로 발전시켜 가려 했던 전봉준 등 지도부와, 고부군의 수준에서 조병갑을 내쫓고 농민들의 요구를 관철시키는 선에서 머무르려 했던 동장·이집강 등 부민층, 그리

14) 「전라도고부민요일기」, 『조선교섭자료』 중, 348쪽
15) 「전봉준공초」, 『동학란기록』 하, 522쪽

고 아직 이에 관한 뚜렷한 의식이 없이 참여한 빈농층 등 다양한 계층이
참여하고 있었다. 이같은 이질성은 3월 초순 신임 고부군수 박원명의 회
유 앞에 그대로 드러났고, 결국 동장·이집강층의 현실적인 힘에 의해
'해산'이라는 결말을 짓고 말았다. 따라서 고부봉기를 주도했던 전봉준
등은 새로운 원군을 찾아 무장의 손화중에게로 가지 않을 수 없었다. 이
곳에서 전봉준은 손화중·김개남, 기타 동학접주들을 설득하여 마침내
전국적인 수준에서의 봉기를 실현시킬 수 있었다.

3) 3~4월의 1차 봉기 단계

1894년 3월말의 1차 봉기 단계에 참가한 농민군은 어떻게 구성되어
있었을까. 제1차 봉기의 지도부는 고부봉기 단계보다 훨씬 그 규모가 커
졌다. 3월 21일 전후하여 무장에 집결한 주력부대는 무장·영광·고창·흥
덕·정읍·고부·태인·부안·금구·김제 등 주로 인근 연해지방 고을의 동
학도들이었으며, 그밖에도 무안·장흥·순천·광주·옥과 등 호남 남부지방
에서도 상당수의 동학도들이 참여한 것으로 보인다.[16) 이들은 모두 서
장옥의 영향력 아래 있는 남접 계통의 동학도들이었다. 또 이때 무장에
서의 집결에는 합류하지 못했지만 진산과 옥천 등지에서도 남접 계통의
동학도들도 봉기하였다.[17)

1차 봉기의 주요 지도자로서는 전봉준·손화중을 비롯하여, 금구의 김
덕명, 태인의 김개남·최경선 등을 들 수 있다. 총대장에는 전봉준이 추
대되었고, 손화중과 김개남이 총영관을 맡았으며, 오시영과 최경선이 영
솔장이 되고, 송희옥과 정백현 등이 비서가 되었다. 그밖에도 많은 농민

---

16) 이에 대해서는 김인걸, 1994, 「제1차 봉기」『1894년 농민전쟁연구』4, 역사비평
　　사를 참조할 것.
17) 「隨錄」『동학농민전쟁사료대계』(이하 『사료대계』로 약함) 5, 183쪽 ;『金洛鳳履
　　歷』

군 지도자가 있었을 것이다. 이들 가운데에는 접주층도 있었을 것이며, 접주가 아닌 이들도 있었을 것이다. 전봉준은 이에 대해 "소위 접주는 모두 동학도였지만, 나머지 솔하牽下는 충의지사忠義之士라고 할 수 있는 이가 많았다"라고 말하였다.[18] 이는 농민군 지도부에 동학접주가 아닌 '충의지사'라 할 수 있는 지식층이 많았다는 뜻이다. 이들은 대체로 하층양반·서얼층으로 유학적 소양을 지니고 현실에 불만을 품은 변혁지향적인 지식층이었을 것으로 여겨진다.

이들 지도부를 좀 더 자세히 살펴보자. 전봉준은 그 스스로 선비士를 자칭하고 또 상당한 유학적 소양을 갖추었던 것으로 보아 사족의 후예라고 짐작되나, 가까운 선조대에 관직에 나아간 이가 없고, 또 경제적으로도 상당히 어려움을 겪던 한미한 양반층에 해당하는 이였던 것으로 여겨진다. 당시 전봉준과 같은 이들은 흔히 '한유寒儒·빈사貧士'라고 불렸다. 이들은 19세기 이후 현실에 대해 강한 불만을 품고, 그 일부는 정감록 등을 이용하여 '변란變亂'을 도모하기도 하고, 다른 일부는 19세기 중반 이후 빈발하던 '민요民擾'의 지도자가 되기도 했다.[19] 그러나 1880년대 이후에는 '변란'을 도모하는 이들은 거의 사라졌다. 그것은 조선왕조의 전복을 목표로 한 여러 차례의 변란이 민중의 지지를 거의 받지 못한 채 매번 실패로 끝났기 때문이다. 이후 이들은 농민들과 거의 같은 사회경제적 처지에서, 그들을 대변하고 나아가서는 항쟁을 지도하기도 하였던 것이다. 1893년 보은집회에 참여했다는 '백성을 위해 목숨을 걸고 탐학을 제거하려는 자', 그리고 전봉준이 '충의지사'라고 일컬은 이들이 바로 이 계열에 속할 것이다. 전봉준 스스로가 그 대표적인 인물로서, 그는 고부봉기 직전 농민들이 여러 차례에 걸쳐 영읍營邑에 낸 「소장訴狀」을 작

---

18) 「전봉준공초」, 『동학란기록』 하, 535쪽
19) 이에 대해서는 배항섭, 1992, 「19세기 후반 '변란'의 추이와 성격」 『1894년 농민전쟁연구』 2, 역사비평사 ; 고동환, 1992, 「대원군집권기 농민층동향과 농민항쟁의 전개」, 같은 책을 참조할 것.

성해주면서 농민들과 호흡을 같이하면서 고부봉기를 지도하였으며, 이를 보다 광역에 걸친 농민봉기로 확대시키고자 했던 것이다.

다음 손화중은 정읍 일대에서 사족으로서 인정받던 밀양 손씨 가문 출신이었지만, 그의 직계는 사족의 대열에서는 어느 정도 탈락한 하층양반 정도의 신분이었다.[20] 김개남도 역시 태인 일대에서 사족으로서 인정받던 도강 김씨 가문출신이었지만, 그의 직계는 사족이라기보다는 향반 정도로 불릴 수 있는 신분이었다. 금구의 김덕명도 역시 비슷한 신분이었던 것으로 여겨진다. 즉 농민전쟁의 주요지도자인 이들은 대체로 하층양반에 속하였던 것이다.[21] 그러나 그들은 현실적으로는 평민층과 큰 차이가 없었다. 그들은 사족토호들과 같은 힘을 갖지 못했고, 향촌사회에서의 향권에 제대로 참여하지 못했던 것은 물론이고, 자기 가문 내에서도 방계에 속하여 비교적 소외되어 있는 양반, 곧 '명목상의 향반'에 불과하였던 것이다. 그러나 이들은 앞서 본 전봉준과 같은 '한사寒士'는 아니었다. 손화중과 김개남은 부농 내지는 중농층에 해당하였다. 김덕명도 최소한 부농층 이상의 경제력을 가졌던 것으로 보인다. 그밖에 다른 접주들 가운데에도 역시 부농 혹은 중소지주층에 해당하는 이들이 많았다. 예를 들어 장흥의 이방언은 그 대표적인 경우였다.[22] 이들은 비교적 일찍부터 동학에 몸담아온 접주들로서 지식층이면서 경제적으로 부유한, '하층양반 – 요호부민층'에 해당하였던 것이다.

그러면 이들 '하층양반 – 요호부민층'은 어떻게 농민군의 지도부에 참여하게 되었을까. 18세기 이후 향촌사회에서는 재지사족의 향촌지배에

---

20) 조선후기 정읍의 토반으로서는 밀양 孫氏, 탐진 安氏, 고흥 柳氏를 꼽았다고 한다 (『신편 정읍군지』, 1957년, 49쪽).

21) 총무처 정부기록보존소에서 펴낸 『동학관련판결문집』(1994)에 실린 이들의 재판 기록에는 그들의 신분이 모두 '평민'이라고 기록되어 있다. 그러나 이는 그들이 관직을 지낸 경력이 없다는 뜻일 뿐, 사회통념상의 반상을 구분하여 기록한 것은 아니었다.

22) 이에 대해서는 박찬승, 주 8)의 글을 참조할 것.

도전하는 하층양반(향반·향족)·서얼·요호부민층이 대두하였으며, 이들 신
흥세력은 수령과 결부되면서 사족지배를 점차 무너뜨리고 향권을 장악
해나가고 있었다. 그러나 19세기 중엽에 들어 이들 신흥세력은 오히려
중앙권력과 수령들에 의한 수탈의 표적이 되면서 점차 중앙권력과 수령
에 대한 저항세력으로 등장하고 있었던 것이다.[23] 특히 1862년 농민항
쟁기부터 이들 하층양반·요호부민층은 점차 농민항쟁의 지도부로 등장
하여, 마침내 1894년에 이르러서는 농민전쟁의 지도부를 형성하기에 이
르렀던 것이다.[24] 그러나 모든 하층양반, 모든 요호부민층이 농민군에
참여한 것은 결코 아니다. 대부분의 향반, 요호부민층은 이 시기 방관적
인 자세를 취하였고, 스스로 향촌사회 지배층에 편입되어 있다고 생각한
향반, 요호부민층은 농민군을 극히 경계하면서 일부는 농민군진압을 지
원하기도 하였다.[25]

　한편 농민군 지도자들 가운데에는 평민층으로서 요호부민이 되어 사

---

23) 이에 관해서는 안병욱, 1986, 「19세기 임술민란에 있어서의 '鄕會'와 '饒戶'」 『한
국사론』 14 ; 정진영, 1990, 「18, 19세기 士族의 촌락지배와 그 해체과정」 『조선
후기 향약연구』, 민음사 ; 정진영, 1991, 「19세기 향촌사회 지배구조와 대립관계」
『1894년 농민전쟁연구』 1, 역사비평사 등을 참조할 것. 정진영은 『조선시대 향촌
사회사』(1998, 한길사)에서 요호부민층은 한편으로는 농민조직을 주도하는 경우
도 있고, 다른 한편으로는 관권과 결탁하여 수탈층이 되는 경우도 있었지만, 수탈
층으로서의 그들의 존재는 불안정한 것이었으며, 오히려 수탈의 대상으로 쉽게
전락할 수 있는 존재였다고 보았다.

24) 1862년 농민항쟁기에는 사족토호가 농민항쟁을 이끄는 경우도 있었지만, 그들은
이후 점차 항쟁의 대열에서 탈락하고, 하층양반-요호부민층과 '寒士'층이 농민
항쟁을 점차 주도해나갔다. 이에 대해서는 양진석, 1992, 「1862년 농민항쟁의 배
경과 주도층의 성격」 『1894년 농민전쟁연구』 2, 역사비평사 ; 백승철, 1992 「개
항이후(1876~1893) 농민항쟁의 전개와 지향」, 같은 책을 참조할 것.

25) 예를 들어 김개남과 같은 집안인 태인의 도강 김씨 가운데 고현내면에 살고 있던
金箕述은 농민군의 1차 봉기시 반농민군을 조직, 황토현에 보냈다. 이때 태인에
서는 그와 비슷한 처지에 있던 향반들이 반농민군 조직을 적극 지원하였다(이진
영, 1993, 「동학농민전쟁기 전라도 태인 고현내면의 반농민군 구성과 활동-金箕
述과 道康 金氏를 중심으로-」 『전라문화논총』 6).

회경제적으로 상승하는 과정에 있던 이들도 있었으리라 여겨진다. 특히 중간층의 지도부에는 이러한 계층이 많았던 것으로 보인다. 예를 들어 무안의 배상옥, 나주의 전유창, 장흥의 이사경 등은 그 대표적인 경우였다.26) 이들 '평민－요호부민층'은 앞서 본 '하층양반－요호부민층'과 사회적으로 비슷한 처지에 있었고, 따라서 그들과 함께 농민전쟁에 자연스럽게 참여할 수 있었을 것이다.

1차 봉기에 참여한 농민군의 주력을 형성한 것은 역시 빈농·농촌노동자, 영세상인, 영세수공업자, 그리고 천민층 등이었다. 이들은 1893년 보은집회 당시 참여했던 "절량농민과 몰락상인, 빚 독촉에 견디지 못한 자, 상천常賤계급에서 벗어나려는 자" 등이었다. 1차 봉기에 참여한 농민군 대중은 대부분 남접의 동학도들이었다. 이들은 각 출신지역 접주의 지휘 아래 무장茂長에 집결하였으며, 이후 농민군 상층지도부의 지휘 아래 일사불란하게 움직였다. 따라서 1차 봉기는 적어도 전주입성 때까지는 대체로 상층지도부의 구상대로 진행되었으며, 특히 황토재전투·황룡촌전투에서 농민군이 승리함으로써 상층지도부의 농민군 대중에 대한 지도력은 크게 강화되었다. 농민군의 주력을 형성한 빈농층은 아직은 자신들의 욕구를 스스로 표출하기보다는 상층지도부를 통하여 간접적으로 표출하고 있었다.

그러나 농민군은 조직력의 측면에서 상당한 취약점을 가지고 있었다. 농민군의 지휘체계는 전봉준을 정점으로 그 아래에 각 지역의 접주가 그를 보좌하는 형식을 띠고 있었지만, 실제로 각 지역의 농민군은 그 지역 출신 접주의 통제 하에 있었다. 즉 농민군은 일종의 연합부대의 성격을 띠고 있었으며, 일관된 지휘체계를 갖추었다고 보기는 어려웠다. 이러한 조직력상의 취약점은 5월초 전주성 철수 이후에 곧 드러났다.

---

26) 주 8)의 글을 참조할 것.

4) 5~6월의 전주화의와 7~8월의 집강소설치 단계

1894년 5월초 농민군은 비록 전주성에서는 철수하였으나 무장을 풀지 않고 각기 자신들의 근거지로 돌아가 세력을 유지하였다. 이후 일본군과 청국군의 철수를 재촉하기 위해 정부 측에서 동학도들에 대해 미온적인 태도를 보이고, 전라감사 김학진도 역시 같은 태도를 보이게 되자 각 지역 동학도들의 세력은 급격히 팽창하기 시작하였다. 특히 7월초 전라감사 김학진과 전봉준 간에 집강소설치가 공식 합의되고 개화파의 신분제 개혁조치가 고을마다 전파되면서 신분상으로 평민·천민에 해당하던 이들이 대거 동학에 입도해 들어왔고, 그밖에도 평소 사회적으로 불만을 가지고 있던 계층들이 다수 동학에 입도하였다. 또 1차 봉기 당시에는 참여하지 않았던 북접 계통의 호남 접주들도 이 시기에 이르면 대세에 이끌려 각 군현에 도소都所를 설치하고 이른바 '구도舊道' 도인道人들의 조직을 공개했으며, 그러한 추세는 호서·영남지방까지 확산되었다. 그러한 과정에서 등장한 유력한 접주 가운데에는 양반층, 지주층으로 분류될 수 있는 인물이 상당수 포함되어 있었다. 임실의 대지주 최승우崔承雨,[27] 금산金山의 양반 편보언片甫彦·강기선姜基善·조순재曺舜在 등은 그러한 대표적인 인물이었다.[28]

집강소시기 동학조직은 급격히 팽창하였으며, 특히 평민·천민층이 동학에 대거 입도하였다. 평민들의 농민군 참여에 대하여 당시의 무안현감은 "평민으로서 가담하지 않은 자가 드물다"고 할 정도였고,[29] 또 충청도 부여의 한 유생은 "동리의 상민常民이 모두 동도東徒에 들어갔다"고 하였다.[30] 또 매천 황현에 의하면 "사노私奴·역인驛人·무부巫夫·수척水尺 등

---

27) 『천도교임실교사』(1980), 15~17쪽
28) 신영우, 앞의 책, 124~125쪽
29) 「先鋒陣各邑了發關及甘結」『동학란기록』하, 328쪽
30) 李範奭, 『日記』제10, 갑오 7월 6일자

천인이 동학에 제일 잘 들어갔다"고 하며, 그러한 천민들 가운데에는 훗날 '거괴巨魁'로 일컬어지는 자까지 있게 되었다. 예를 들어 만경현萬頃縣의 관노였던 순익順益과 석구石九는 이 시기 접주가 되어 활동하였으며,[31] 남원의 관노 김원석金元錫도 김개남 농민군 진영에서 지도적인 인물로 활약하였다.[32]

이 시기에 이들 평·천민층이 동학에 대거 입도하게 된 첫번째 요인은 동학이 그 내부에서 신분차별을 인정하지 않았던 점일 것이다. 그러나 이들 계층이 더욱 적극적으로 동학에 입도한 것은 7월 12일 전라감영에서 군국기무처의 신분제폐지 개혁조치를 각 군현에 널리 알린 뒤였다.[33] 정부에서 '반상등급班常等級을 벽파劈破'하고 '공사노비지전公私奴婢之典을 일체 혁파'한다는 조치가 있었다는 소식은 평민과 천민들에게는 엄청난 충격과 환희를 가져다주었다. 그러나 양반층은 이러한 조치를 가능한 한 인정하지 않으려 하는 태도를 보였다. 이에 평·천민층은 실력으로써 신분해방, 신분철폐를 쟁취하려 하였고, 그러한 힘을 마련하기 위해 동학에 대거 입도하였던 것이다. 이러한 현상에 관해 오지영은 다음과 같이 서술하였다.

> 조선 안에서 官吏나 兩班이나 富豪나 儒林이나 衙前이나 그 밑에서 奴令 등 갖은 명색의 놀고 먹기 좋아하는 층의 대개는 동학당과 仇首를 맺게 되었고, 여러 가지 불평으로써 몇백 년을 두고 내려오던 常民이나 奴婢, 庶子 등 불평을 가진 사람들이 비로소 동학군의 손을 빌어 일시에 폭발되었던 것 …[34]

신분해방을 갈구하는 평민·천민층의 대거 입도로 그 세력이 크게 강화된 농민군 대중은 이제 더 이상 상층지도부의 지휘에 따라서만 움직이

---

31) 『동학란기록』 상, 665쪽
32) 「박봉양경력서」 『동학란기록』 하, 512쪽
33) 「隨錄」 『사료대계』 5, 247~249쪽
34) 오지영, 1940, 『동학사』(영창서관), 169쪽

는 수동적인 존재가 아니었다. 그들은 자신들이 스스로 주도권을 쥐고 이러한 신분해방투쟁을 실천해나갔으며, 상층지도부는 그들의 급진적인 투쟁을 가능한 한 누그러뜨리려 노력하였지만 역부족이었다.

한편 경제적 측면에서 이 시기 동학군의 주류를 이루고 있었던 계층은 빈농·영세상인층·영세수공업자·실업자층이었다고 볼 수 있다. 이 가운데에서도 특히 자신의 농업경영만으로는 생계를 유지하기 힘든, 반半노동자화한 빈농층이 다수였다고 보인다. 그러나 빈농층만 농민군 조직에 참여했던 것은 아니다. 부농층과 중농층 가운데에서도 1차 봉기가 진행되고 있던 당시에는 사태를 방관해오던 집강소 단계에는 동학에 상당수 입도했다. 특히 소접주들 가운데에는 이른바 '사접주私接主'라 하여 이 시기 대접주·수접주들에 의해 새로이 포섭된 이들이 많았는데, 이들은 대체로 부농 혹은 중농 정도의 평민층에 해당하는 이들이었다.[35]

한편 양반, 향리, 혹은 요호부민들 가운데 상당수가 강압에 못 이기거나 혹은 재산을 지키기 위하여 동학에 입도하는 경향이 나타났다.[36] 그리고 그들 가운데 일부는 접주가 되기도 했다.

집강소시기 직접생산자인 농민층은 비록 동학에 입도하기 했지만 농번기의 농사일 때문에 직접 활동을 하지 못하는 경우가 많았다. 따라서 이 시기 무장을 유지하면서 활동을 계속하고 있던 이들은 주로 1차 농민전쟁에 가담했던 일부 '본업이 없는 무리'와 집강소시기에 농민군 조직에 새로 가입해 들어온 역시 같은 계층의 사람들이었다고 추정된다. 즉

---

35) 동학의 세력은 각 군현에 따라 상당한 차이가 있었고, 따라서 그 세력에 따라 접주층도 大接主, 首接主, 小接主 등으로 구분되었다. 대접주는 대도소를 설치하고 몇 개 군현에 세력을 가진 이들로 김개남, 김인배 등을 가리킨다. 수접주는 각 군현 정도의 범위에서 세력을 가진 이들이었으며, 소접주는 면 단위 정도의 접주층이었다.

36) 심지어 어떤 부민은 이를 기회주의적으로 이용하여 평민을 침학, 재부를 축적한 자도 있었다고 한다(고석규, 1991, 「19세기 농민항쟁의 전개와 변혁주체의 성장」 『1894년 농민전쟁연구』 1, 역사비평사, 106쪽).

이 시기 본업이 일정치 않은 농촌노동자, 도시의 잡업노동자, 실업자층이 동학에 대거 입도하여 농민군 조직에 편입해 들어오고 있었고, 그들 중 상당수는 무장농민군이 되었던 것이다. 이들은 직접생산자로서 일정한 거처를 지니고 있는 농민층보다 훨씬 급진적이고 과격한 행동 양태를 보였다. 사료상에서 '부랑지류浮浪之類' '실업지적 불항지류失業之賊 不恒之類' '무뢰자無賴者' 등으로 나타나는 이들이 바로 그들이다.37) 이들 실업자층과 일부 빈농층은 군량미를 빙자하여 '토호'라 불리던 사족 대지주층뿐만 아니라 '요호부민'이라 불리던 향반 혹은 평민층의 중소지주·부농의 전곡錢穀까지도 약탈하였다. 또 일부 평민층과 천민층은 평소에 원한관계가 있던 양반·유림층에 대해 가차없는 응징을 가하였다. 농민군 대중은 이제 상층지도부의 통제력 밖에서 자신들의 욕구를 스스로 표출하고 관철하고자 하였던 것이다.

집강소시기의 상황은 각 군현이 다 같은 것이 아니었다. 전라감사 김학진과 전봉준의 합의에 의해 각 군현에 집강소를 설치하도록 하였지만, 군현마다 그 사정은 상당히 달랐다. 어떤 군현에는 관 측과 농민군 간에 협조적인 분위기 하에서 집강소체제가 운영되기도 하였지만(부안), 어떤 군현에서는 수령이 도주하여 농민군에 의해서 지방권력이 완전히 장악되어 있는 경우도 있었고(남원), 관권이 강하고 농민군세력이 약하여 일시적으로만 군현의 치소에 집강소를 설치했다가 철수한 경우(강진·해남)도 있었고, 강진 병영과 같이 향리층이 거짓으로 도소를 차려놓고 타 지역의 농민군이 경내로 들어오는 것을 막았던 곳도 있었다. 또 농민군의 지휘체계도 일원적인 것이 아니었다. 각 군현의 접주들은 군웅할거적인 모습을 띠면서 독자적으로 활동을 전개하는 양상을 보였고, 특히 김개남과

---

37) 전봉준은 재판과정에서 약탈을 자행한 이들 무뢰배와 자신은 아무런 관계가 없다고 증언하였다(「전봉준공초」『동학란기록』하, 528쪽). 이는 당시 하층 농민군이 상층 농민군지도부의 통제 밖에서 활동하고 있었음을 보여주는 것이다.

김인배는 전봉준의 영향력 밖에 있었다. 또 면리 단위의 하급접주와 농민군들은 군현 단위의 상급접주들의 영향력 밖에서 마음대로 부호가와 요호부민의 재산을 약탈하는 모습을 보이기도 하였다. 이러한 양상은 농민군 상층지도부의 지도력이 취약함에서 비롯된 것이었으며, 이는 농민군의 지지 기반을 크게 좁히는 결과를 가져왔다. 보다 광범위한 연합전선이 필요했던 2차 봉기를 앞둔 시점에서 농민군은 묵시적인 동조세력, 혹은 잠재적인 지원세력이 될 수도 있는 향반층과 요호부민층 내에서의 기반을 상실하였던 것이다.

5) 9월 이후의 2차 봉기 단계

9월의 제2차 봉기에 참여한 농민군의 지도부는 1차 봉기 단계와 비교해 볼 때 수적으로 대폭 늘어났다. 우선 최시형의 지시에 의해 그동안 소극적으로 방관하고 있던 북접 계통의 접주들까지도 대거 농민군 지도부에 참여하였기 때문이다. 이들 가운데 특히 교단의 지도부에는 현실변혁적인 지향보다도 종교적인 지향이 보다 강한 이들이 많았다. 그러나 일본군과 정부군이 동학도 전체를 적대시하면서 이를 섬멸하려는 태도로 나오자 결국 자위적인 수단을 동원하는 차원에서 2차 봉기에 참여하지 않을 수 없었던 것이다. 그들 가운데에는 사회적으로 양반층, 이서층 출신도 상당수 포함되어 있었다. 예를 들어 손천민과 손병희는 이서가문 출신이었으며, 목천의 이희인, 정산의 이유상 등은 양반층이었다.[38]

그런데 북접 계통의 접주들이 2차 봉기에서 모두 기포하여 전봉준군, 김개남군, 혹은 손병희군 등에 참여한 것은 아니었다. 예를 들어 1차 봉기 당시 기포를 거부하였던 부안의 김낙철은 집강소기에는 타 지역의 동학교도들이 넘보는 것을 막고자 하는 군수의 강권에 의해 소극적으로 도

---

38) 이이화, 앞의 글 참조.

소를 설치하고 집강의 일을 맡아 보았으나, 2차 봉기시에는 기포에 참여하지 않았던 것으로 확인된다.[39] 또 2차 봉기시 호남의 노령 이북지방에서는 이에 대폭 참여한 것으로 보이지만, 노령 이남에서는 광주·나주·무안, 장흥·강진·해남, 순천·광양지역을 제외한 다른 지역에서는 이렇다 할 군사적 움직임이 없었다. 따라서 집강소시기에 동학에 참여한 이들이 모두 2차 봉기에 참여한 것은 아니었던 것이다. 그리고 그러한 지역들은 대체로 동학의 세력이 약한 곳이었다.

한편 2차 봉기시의 농민군 대중의 구성은 1차 봉기 때의 그것과 약간 차이가 있었다. 그것은 집강소시기에 농민군의 하부조직에 대거 들어온 하층민들이 이 시기 농민군의 주력에 크게 가세했기 때문이다. 이 시기 농민군 참여층을 보다 자세히 살피면 빈농층과 농촌노동자, 도시의 잡역노동자, 실업자층, 그리고 천민층이 그 주력을 이루고 중농, 영세상인, 영세수공업자층도 상당수 참여한 것으로 보인다.

11월, 농민군의 패색이 짙어지자 집강소시기에 가장 수모를 당했던 양반·부호·관료·이서층은 재빨리 세력을 규합하여 각지에서 자발적으로 농민군 탄압에 나섰다. 향리층은 읍을 중심으로 '수성군守城軍'을 조직하였으며, 양반층과 부호들은 '유회儒會' '의병義兵' 혹은 '민포民包'라고 불리는 농민군 탄압기구를 만들어 패퇴하는 농민군 학살에 앞장섰다. 나주와 운봉에서는 일찍부터 향리층의 주도에 의해 수성군이 조직되어 있었지만, 동복·해남 등 여타 지역에서는 10월 이후 수성군이 향리층의 주도에 의해 조직되기 시작했으며, 11월말~12월초 이후에는 양반 유생층도 유회군, 의병 등을 조직하여 농민군을 색출하는 데 앞장섰다. 그러나 전체적으로 반농민군의 조직에서는 향리층이 대세를 주도하고 있었으며, 양반 부호층은 뒤늦게 일부가 참여하는 정도에 그쳤을 뿐이었다.

한편 이 시기에는 요호부민층 가운데 비교적 방관자적인 입장에서 상

---

39) 「김낙봉이력」 『사료대계』 7

황을 주시하고 있던 이들도 상황이 농민군에게 불리하게 전개되자 반농
민군 진영에 참여하여 농민군 측을 더욱 곤경에 빠뜨렸다.[40) 이는 집강
소 기간 동안 일부 무장농민군들이 요호부민들에 대한 무차별적인 약탈
을 자행한 데에서 기인한 것이었다.

또 이 시기에는 집강소기간 동안 동학에 부득이 입도하였던 양반, 향
리층이나 부호들이 반농민군을 조직하여 농민군을 색출하는 데 앞장섬
으로써 농민군 측은 더욱 큰 피해를 입었다. 이에 대해 오지영은 『동학
사』에서 "관리나 양반이나 소리小吏나 사졸배使卒輩로서 동학당에 참여했
던 자들은 하루아침에 표변하여 도로 동학당의 원수가 되었다. 제 두목
이나 제 장수將帥나 제 친구를 잡아주고 벼슬깨나 얻어한 놈은 모두 다
탁명동학군托名東學軍 놈들"이라고 주장하였다.[41) 그는 그 예로서 전봉준
을 밀고한 김경천金敬天, 손화중을 잡아다 준 이봉우李鳳宇, 고창의 토호로
서 동학에 들어왔다가 다시 수성장이 되어 농민군을 무수히 잡아 죽인
강성지姜成之, 영광의 법성포 진리鎭吏로서 동학에 들어와 갖은 약탈행위
를 하다가 자신의 두목 송문수宋文洙를 잡아다 바쳐 선봉진 별군관으로
차정되었던 이현숙李賢淑 등을 들었다.[42)

3. 농민군의 경제적 지향

농민전쟁에 참여한 농민군이 경제적 측면에서 궁극적으로 어떠한 체

---

40) 김상기는 "소위 鄕族과 平民중에서도 지식과 실력을 가진 자"들도 이 시기 동학
을 점차 위험시하고, 또 동학을 사교로 보던 재래의 관념도 첨가되어 동학당을
반역난민이라고 판정하여 각지에서 소위 民包라는 것을 일으켰다고 보았다(김상
기, 『동학과 동학란』(한국일보사판, 1975), 161~162쪽).

41) 오지영, 「동학사」(초고본), 『사료대계』 1, 505쪽

42) 같은 책, 525쪽과 『동학사』(영창서관판, 1940), 167쪽. 이현숙에 대해서는 『동학
란기록』 하, 385쪽 참조.

제를 지향했는지는 확실치 않다. 그것은 농민전쟁이 농민군의 패배로 끝
나버렸기 때문이다. 따라서 여기서는 농민전쟁 진행 중에 농민군 측이
내놓은 여러 개혁안들을 통하여 그 지향점을 추정해보는 수밖에 없다.
농민군이 구체적으로 제시한 개혁안은 모두 다섯 가지이다. 이를 차례로
살피면 다음과 같다.

먼저 4월 4일 영광 법성포의 이향吏鄕에게 보낸 농민군 측의 「동학군
통문東學軍通文」에는 다음과 같은 9개조를 이정釐正하기 위해 농민군이 봉
기했다고 밝히고 있다.

> 1) 轉運營의 吏民에 대한 폐단
> 2) 均田官의 폐단
> 3) 각 市井의 分錢收稅
> 4) 각 浦口船主의 늑탈
> 5) 他國 潛商들의 高價 貿米
> 6) 鹽盆에 대한 市稅부과
> 7) 各項 物件의 都賈取利
> 8) 白地 徵稅와 松田起陳
> 9) 臥還의 拔本[43)]

또 농민군은 4월 19일 함평에서 초토사에 보낸 글 가운데에서 자신들
이 봉기한 이유로서 다음과 같은 8가지 이유를 대표적으로 들었다.

> 1) 수령의 탐학
> 2) 軍錢을 수시로 거두는 일
> 3) 還錢을 발본하여 거둔 일
> 4) 稅米에 아무 이름이나 붙여 加捧한 일
> 5) 各項 烟役을 매일 疊徵하고, 姻戚에게 이를 排徵한 일
> 6) 轉運營의 加斂 督刷
> 7) 均田官의 弄結 徵稅

---

43) 「東匪討錄」『사료대계』 6, 176~177쪽

8) 各司 校隷輩들의 토색[44]

다음 5월초 농민군이 전주성을 점령하고 있으면서 초토사 홍계훈에게
제시한 27조목 가운데 「전봉준관결선언서」에 전하는 14개조는 다음과
같다.

1) 轉運所를 혁파할 것.
2) 國結을 더하지 말 것.
3) 褓負商人의 作弊를 禁斷할 것.
4) 道內 還錢 가운데 前 監司가 이미 받은 것은 민간에서 다시 거두지 말 것.
5) 大同稅를 상납하기 전에 각 浦口에서 潛商들이 貿米하는 것을 금할 것.
6) 洞布錢은 每 戶 春秋 2냥씩으로 액수를 정할 것.
7) 탐관오리는 모두 罷黜할 것.
8) 上聰을 막아서 官爵을 팔고 國權을 조롱하는 자는 모두 축출할 것.
9) 官長이 된 자는 그 境內에 入葬하지 못하게 하고 또 田畓도 사지 못하게
   할 것.
10) 田稅는 전례대로 할 것.
11) 烟戶의 雜役을 減省할 것.
12) 浦口의 魚鹽稅를 혁파할 것.
13) 洑稅와 宮畓을 시행하지 말 것.
14) 각 읍의 수령이 민간의 산지에 강제로 표지하여 偸葬하지 말 것.[45]

5월 11일경 순변사 이원회에게 제출한 14개조의 「전라도유생등원정
全羅道儒生等原情」과 17일경 다시 제출한 27개조의 「원정」은 각각 다음과
같다.

14개조의 1차 原情
1) 軍布·還穀·田政은 대전통편의 예에 의거하여 준행할 것.
2) 賑庫는 1道 내의 인민의 기름을 짜내는 것이나 다름이 없으니 즉시 혁파

---

44) 황현, 「오하기문」 1필, 『사료대계』 1, 70~71쪽
45) 「전봉준관결선언서」 『나라사랑』 15집, 1974.6, 147~149쪽

할 것.

3) 電報는 민간에 폐가 많으니 이를 철폐할 것.

4) 沿江·陸地에서 새로 마련된 稅錢은 모두 혁파할 것.

5) 前監司가 거두어들인 환곡은 다시 징수하지 말 것.

6) 각 읍의 탐관오리는 모두 罷黜할 것.

7) 각 읍의 官이 정해진 需用 외에 덧붙여 거둬들이는 것은 모두 혁파할 것.

8) 각 읍 各 庫의 물종은 時價에 따라서 取用케 할 것.

9) 각 읍 衙前의 任債는 일체 시행하지 말 것.

10) 각 浦口의 貿米商은 이를 모두 금단할 것.

11) 輪船에 의한 稅米 상납 이후에 每結에 대해서 덧붙여 거두는 쌀이 3~4
斗에 이르니 이를 즉시 혁파할 것.

12) 각 읍의 陳浮結은 영원히 징세대장에서 빼어 버릴 것.

13) 각 처의 任房名色을 모두 혁파할 것.

14) 각 宮의 宮房輪廻結을 혁파할 것.

24개조의 2차 原情

1) 轉運營의 漕報는 해당 읍에서 상납하던 예에 따라 이전대로 할 것.

2) 均田官이 幻弄한 陳結은 민간에 폐해가 크므로 즉시 혁파할 것.

3) 結米는 元大同法의 예에 따라 이전대로 할 것.

4) 軍錢은 춘추에 每戶 1냥씩으로 할 것.

5) 환곡을 前監司가 拔本收錢한 것은 다시 還徵하지 말 것.

6) 어느 고장을 막론하고 洑를 쌓고 收稅하는 일은 혁파할 것.

7) 각 읍의 지방관이 본읍에서 논을 사거나 산(묘)을 쓰는 것은 법에 따라
처벌할 것.

8) 각 읍 市井의 모든 물건에 대해서 分錢收稅하는 것과 都賈名色을 모두
혁파할 것.

9) 公金을 犯逋한 자에 대해서는 千金이면 사형으로 속죄케 하고 族戚에게
서 거두지 말 것.

10) 私債가 여러 해 된 것을 官長을 끼고 강제로 받아내는 일은 일체 금단할 것.

11) 列邑의 吏屬들에게 任債를 거두고 임명하는 일을 엄금할 것.

12) 세력에 의지해서 타인의 先塋(남이 먼저 쓴 묘자리)을 빼앗는 자는 사형
에 처하여 이를 懲勵할 것.

13) 각 浦港의 米穀密輸는 일체 금단할 것.

14) 각 浦의 魚鹽稅錢은 거두어들이지 말 것.

15) 각 읍의 관아에서 필요한 물종은 시가에 따라 사들여 쓰도록 하고 常定

價(고정된 값)를 없앨 것.

16) 殘民을 침학하는 탐관오리는 일일이 파출할 것.

17) 동학인으로 무고하게 살육되거나 囚拘된 자는 일일이 伸寃할 것.

18) 電報局은 민간의 폐가 크므로 혁파할 것.

19) 보부상과 雜商들이 작당하여 행패를 부리는 일을 엄금할 것.

20) 흉년에는 白地徵稅를 하지 말 것.

21) 烟戶稅(役)를 따로 分定하여 加斂하는 것은 일체 혁파할 것.

22) 結上頭錢과 考錢 명색이 해마다 늘어 가는데 이런 것을 일체 받지 말 것.

23) 京·營·兵邸吏의 料米는 이전의 예대로 減削할 것.

24) 賑庫를 혁파할 것.[46)

또 전봉준은 5월 20일경 장성에서 다음과 같은 전라감사 김학진에게 13개조의 폐정개혁요구안을 제시하였다.

1) 전운사를 혁파하고 이전과 같이 각 읍에서 상납케 할 것.

2) 균전관을 혁파할 것.

3) 탐관오리를 징계하고 축출할 것.

4) 각 읍의 逋吏로 千金 이상의 포흠자는 사형에 처하고 일족에게서 거두지 말 것.

5) 봄·가을 두 번의 戶役錢은 이전의 예에 따라 戶마다 2냥씩으로 할 것.

6) 각 항의 結錢은 남징하지 말 것.

7) 각 포구의 私貿米는 엄금할 것.

8) 각 읍의 수령이 그 지방에서 묘를 쓰고 전답을 사들이는 일을 금할 것.

9) 각국 상인의 상행위는 항구에 제한하고 도성 내에 設市하거나 지방에서 임의 행상하는 일을 금할 것.

10) 보부상의 작폐를 엄금할 것.

11) 邑吏를 分房할 때 請錢을 징수하지 말고 쓸 만한 사람을 임명할 것.

12) 奸臣이 권력을 농간하여 國事가 날로 잘못되어 가니 그 賣官하는 것을 징치할 것.

13) 국태공이 국정에 간여한다면 민심을 돌이킬 수 있을 것이다.[47)

46) 金允植, 『續陰晴史』 상권(국사편찬위원회편), 322~325쪽

47) 鄭喬, 『大韓季年史』 상권(국사편찬위원회편), 86쪽

이상 농민군 측이 정부 측에 제시한 폐정개혁요구안들은 대체로 삼정문제, 상업문제, 탐관오리문제, 대원군의 국정간여문제 등으로 분류될 수 있다. 이 가운데 삼정과 상업 등 주로 경제적인 측면에 관련되는 대표적인 요구사항들을 정리하면 다음과 같다.

1) 三政 문제

(1) 田政에 대하여

농민군 측이 전정에 대하여 언급한 내용은 전운소를 혁파하고 전세田稅는 전과 같이 징수할 것, 진부결陳浮結을 영원히 면세할 것, 흉년에 백지징세를 하지 말 것, 균전관均田官 제도를 폐지할 것, 각 궁방의 윤회결을 혁파할 것, 축보수세築洑收稅를 금단할 것 등이었다.

전정과 관련하여 농민군 측이 가장 중요하게 언급한 것은 전운소의 혁파였다. 1883년 통리교섭통상사무아문은 기왕의 사선私船의 임선賃船을 통한 세곡 운송과정에서 발생하는 조선漕船 사고와 각종 농간을 막기 위해 세곡수송을 위한 윤선을 도입할 계획을 세우고 각도의 세곡운송을 전담할 관아로서 전운국轉運局을 설치하였다. 이에 따라 1886년부터는 차관에 의해 외국의 중고선을 매입하거나 혹은 외국선을 용선傭船하면서 외국인(주로 일본인)을 고용하여 조운에 참여시켰다. 또 1889년에는 정부 보호 하의 특허 운송상무회사로서 기선회사汽船會社가 설립되었고, 1893년에는 이운사利運社가 설치되어 조곡운송을 담당하였다. 그런데 이러한 윤선의 도입, 혹은 용선傭船은 그 비용을 대기 위해 새로운 부담을 민에게 안겨주었다. 즉 1886년 통리아문은 윤선 도입의 비용을 대기 위해 종래의 임선賃船시에 거두어오던 선가미船價米 외에, 훈련도감에서 만들어 거두다가 1881년에 이미 혁파했던 영종미永宗米, 삼주인미三主人米 등 이른바 '잡부여리雜浮餘利'를 다시 민에게 부과하기 시작했던 것이다. 결국 농민

의 입장에서 보면 윤선에 의한 세곡전운은 그들의 부담을 가중시키는 결과를 가져온 것이다.[48]

그리고 각 조창에서의 세곡징수와 그 전운의 책임과 권한은 전운사에게 주어져 있었는데, 전운사와 그 밑의 전운감관, 그리고 선주의 횡포와 농간·포흠 또한 만만치 않았다. 특히 전라도 전운사 조필영은 갖은 명목을 붙여 가렴을 자행함으로써 원성이 높았다.[49] 염찰사 엄세영廉察使 嚴世永은 전운사 조필영의 가렴으로서 1) 양여미量餘米, 2) 신창명목新創名目, 3) 조복이획漕復移劃, 3) 윤비획하輪費劃下, 4) 유음선폐流音船弊, 5) 종인역졸징색從人驛卒徵索, 6) 세곡총가稅穀總加 등을 들었다.[50] 고부봉기 때부터 농민들에 의해 지적되기 시작하여 농민군 측이 여러 차례에 걸쳐 「원정原情」을 제시할 때마다 가장 먼저 거론한 것이 전운사의 폐단이었음을 볼 때 그것이 농민봉기의 중요한 촉발원인이었음을 알 수 있다.

전운사문제는 7월 10일 개화파 정권의 군국기무처에서 "갑오 10월 각양 부세군보 등各樣 賦稅軍保等을 일체 상납하는 대소 미태목포大小 米太木布는 대전代錢하여 마련한다"는 의안을 통과시켜 전운영이 더 이상 필요없게 됨으로써 해결되었다.[51] 그리고 이른바 전운사, 즉 호남과 영남의 총무관總務官 이성렬과 정병하는 11월 초2일 해임됨으로써 전운영 문제는 일단락되었다.[52]

균전관의 폐지는 전운영의 혁파와 함께 또 하나의 현안이 되고 있던 중요한 문제였다. 호남지방에서는 1870년대와 1880년대의 여러 해에 걸쳐 흉년이 들었고, 이로 말미암아 광범위한 지역에서 진전陳田과 농민의

---

48) 서영희, 1991, 「개항기 봉건적 국가재정의 위기와 민중수탈의 강화」 『1894년 농민전쟁연구』 1, 역사비평사, 145~148쪽
49) 황현, 「오하기문」 1필, 『사료대계』 1, 45~46쪽
50) 『일성록』 고종편 31, 갑오년 7월 17일 신해
51) 『일성록』 고종편 갑오년 7월 초10일 갑진
52) 『關草存案』 갑오년 11월 초2일

이산離散이 발생하였다. 이에 대해 왕실에서는 1890년 소위 균전사均田使
를 파견하여 이들 진전에 대한 개간을 독려하였으며, 개간에 필요한 비
용을 제공하였다. 이후 이 토지는 균전으로 불리면서 마치 왕실의 사유
지처럼 인식되기 시작하였다. 이때 균전, 곧 개간의 대상이 된 전지田地
는 전주·김제·금구·태인·임피·부안·옥구 등지에 주로 걸쳐 있었으며,
그 면적은 3천석락에 달하였다. 그런데 균전사에 임명된 김창석金昌錫은
당초 개간에 참여한 유망민들에게 3년간 균전 도조均田 賭租의 면제를 약
속하였음에도 불구하고 실제로는 1년만 면제해 준 뒤에는 균전 도조의
징수를 강행하였으며, 그 액수도 점차 늘려감으로써 도조의 남봉濫捧이라
는 원성을 듣고 있었다. 또 그는 진전이 아닌 일부 양전良田의 주인들이
균전 도조가 국가에 내는 결세結稅(田稅를 의미)보다 액수가 낮은 것에 현혹
되어 균전에 편입되기를 희망하자, 이를 받아들인 뒤 결세 면제를 빙자
해서 균전 도조의 액수를 계속 늘리고 있었다. 그는 또 진전을 소유하고
있으면서도 결세 면제를 제대로 받지 못하고 있던 진전주陳田主들이 결세
를 면제받기 위해 앞다투어 균전에 모입冒入해 들어오자 이를 받아들인
뒤 기진起陳을 막론하고 균전에 일률적으로 균전 도조를 부과함으로써
백지징세白地徵稅의 원성을 듣게 되었다. 또 그는 계사년癸巳年(1893년)에 흉
년이 크게 들어 균전에 대해서도 상당한 급재給災 조치가 내려졌음에도
불구하고, 그 액수를 자기 장토로 돌리고 균전 재결均田 災結에 대해서는
평년작과 같은 균전 도조를 징수하였다.53) 염찰사 엄세영廉察使 嚴世永의
보고에 따르면, 전주·김제·금구·태인 등 4읍의 균전에서는 백지징세가
없었지만, 임피의 진답陳畓에서 균전 도조 1,196석石을 거두었으며, 부안
의 진답에서 균전 도조 305석을 거두었고, 옥구의 진답에서 76석을 거
두었다고 한다.54) 이와 같은 균전에서의 백지징세와 도조의 남봉은 균

---

53) 김용섭, 1988, 「高宗朝 王室의 均田收賭問題」 『증보판 한국근대농업사연구』 (하),
일조각 참조.

전관이 농민들로부터 원성을 사는 가장 큰 이유가 되었고, 결국 균전사 김창석은 1894년 농민군이 봉기하였을 때 전운사와 함께 일차 타도대상으로 지목되었던 것이다.

개화파정부는 농민군의 원성을 가라앉히기 위하여 균전사 김창석을 홍주목으로 유배시켰다.[55] 그리고 균전에 모입冒入된 기간답토起墾畓土는 모두 국가수조지로 환원하도록 지시하였다. 또 이미 개간된 균전에 대해서는 이른바 '갑오승총甲午陞摠' 조치에 따라 다른 궁방전이나 둔전과 마찬가지로 결세면제조치를 해제하고 결세를 수세하기 시작하였다.[56] 결국 균전문제는 그 소유권문제를 둘러싸고 왕실과 농민들 간에 분쟁이 일어날 소지를 여전히 남겨두고 있었다. 또 왕실은 아직은 낮은 수준이었던 균전 도조를 언제라도 인상하고자 하는 의도를 갖고 있었으며, 1890년대 후반 왕실은 도조의 인상조치를 실제로 취하였다. 이는 곧 농민들의 반발을 샀고, 결국 1899년 영학당의 난을 일으키는 한 요인이 되었다.

다음 농민군 측이 제시한 조항들 가운데 전세는 전례대로 할 것, 진부결을 영원히 면세할 것(國結을 늘리지 말 것), 백지징세를 하지 말 것 등은 그들이 "전정田政을 대전통편의 예에 의거하여 준행하라"한 요구에 모두 포함되는 것이었다. 『대전통편』의 「호전戶典」 수세收稅의 조항에는 전세를 대체로 토지 1결 당 4두, 삼수미三手米를 1결 당 2두2승을 징수하도록 하고 있었고, 그밖에 가경전加耕田·재상전災傷田·황폐지荒廢地 등에 대한 수세규정이 자세히 규정되어 있었다. 물론 이러한 수세제도는 기본적으로 결부제에 의거한 중세적인 제도였지만, 당시 새로운 근대적인 조세제도에 대한 안목이 없었던 농민군으로서는 법적인 규정을 벗어난 가렴으로부터 벗어나기 위해 법전에 규정된 대로 전세를 징수하라고 요구할 수밖

---

54) 『關草存案』 갑오년 9월 18일
55) 『일성록』 고종편 31, 갑오년 9월 19일 임진
56) 김용섭, 앞의 글 참조.

에 없었던 것이다.

한편 개화파는 7월 10일 각종 부세賦稅·군보軍保 등 일체의 상납 미태米太·목포木布를 대전代錢으로 마련하라고 지시함으로써 이른바 조세금납화租稅金納化 조치를 취하였다. 이어서 개화파정부는 결가結價 책정을 각군의 수령에게 맡기지 않고 직접 행하여 일률적으로 1결 당 연해읍沿海邑은 30냥, 산군읍山郡邑은 25냥으로 결정하였다.[57] 이러한 조치는 그동안 수령 혹은 이서층이 농민들로부터 현물 혹은 대전代錢으로 각종 조세를 수취하면서 갖은 농간을 부리는 것을 막고, 다른 한편으로 정부의 재정 수입을 늘리기 위한 것이었다.

다음 농민군이 각 궁방의 윤회결을 혁파하라고 요구한 것은 중세적인 수취체제에 대한 거부의 뜻으로 볼 수 있다. 궁방윤회결이란 이른바 무토궁방전無土宮房田으로서, 이는 본래 호조에서 거두어 국가재정에 들어가야 할 전세를 궁방에서 수취하는 전결田結을 뜻하며, 그 전결은 각 군현에서 돌려가며 지정을 받고 있었다. 이는 한편에서는 국결國結(국가에서 수세하는 전결)의 감축을 가져왔고, 다른 한편에서는 왕실의 권위를 등에 업은 각 궁방 도장導掌들의 농민에 대한 각종 침학을 가져왔다. 무토궁방전은 국가재정과 왕실재정이 제대로 분리되어 있지 않은 중세적인 재정체계를 가장 잘 보여주는 것이었다. 이같은 궁방윤회결의 혁파를 농민군이 요구한 것은 부분적이나마 중세적인 수취체제의 타파를 요구한 것이라고 할 수 있다. 개화파의 '갑오승총' 조치에 의하여 무토궁방전은 자연 소멸되었기 때문에 이 부분에 대한 농민군의 요구는 개화파에 의해 받아들여졌다고 할 수 있다. 그러나 무토궁방전 가운데에는 소유권의 귀속이 애매한 경우들이 있었으며, 갑오승총도 이를 명쾌하게 해결한 것은 아니었기 때문에 이후 그러한 토지에서는 소유권분쟁이 발생하였다.

---

57) 이상찬, 1989, 「1894~5년 지방제도 개혁의 방향―향회의 법제화시도를 중심으로―」 『진단학보』 67호, 81쪽

(2) 軍政에 대하여

농민군의 군정과 관련한 요구사항은 동포전洞布錢을 구례대로 매호 춘추 1냥씩 거둘 것, 결미結米를 옛 대동법의 예로 복귀할 것 등이었다. 먼저 동포전의 문제는 대원군 집정기에 반상班常을 가리지 않고 1정丁 당 1년에 춘추로 1냥씩 거두게 한 호포제戶布制가 사실상 동포제洞布制의 성격을 띠면서 1년에 혹은 3차 이상 거두기도 하고, 혹은 그 액수가 6~7냥, 심지어는 10냥에 이르기까지 늘어나는 등 그 부담이 과중하게 된 데에서 말미암은 것이었다. 이같이 동포전의 부담이 늘어난 것은 군정軍政의 오랜 폐단인 백골징포·인징隣徵·족징族徵 등이 여전히 존재하였고, 여기에 수령과 이서의 탐학이 더해졌기 때문이었다.[58] 따라서 농민군은 동포전을 원래의 규정대로 봄가을에 각각 1냥씩만 거두라고 요구한 것이다.

결미結米는 1750년 균역법의 실시에 따라 군포 2필을 1필로 감하는 대신 그 보충책으로 대동법의 예에 따라 연읍沿邑에서는 1결 당 결미結米 2두를 거두게 한 것을 말한다. 이때 산군山郡에서는 전錢으로 대납할 수 있게 하여 5전씩을 내게 하였다. 또 결미는 대동법의 예에 따라 연읍에서는 4월까지 수미상납收米上納하도록 하였으며, 산군에서는 정월까지 거두어 상납하도록 하였다. 또 그밖에 선마가船馬價의 계감計減, 봉상捧上 시의 축미縮米 보충, 곡자斛子의 사용 등도 모두 대동법의 예에 따라 하도록 하였다. 그러나 이러한 결미·결전의 수봉은 수령과 이서배들에 의한 흠축欠縮·건몰乾沒·나용挪用·작환作還 등 여러 부정과 폐단을 야기하였고, 이는 결국 결미 혹은 결전의 재징 혹은 가렴으로 귀결되었다.[59] 따라서 농민군은 이러한 결미·결전의 수봉을 대동의 예에 따라 규정대로만 거둘 것을 주장하였던 것이다.

---

58) 한우근, 1971, 『東學亂起因에 관한 硏究』, 서울대출판부, 121~131쪽 참조.
59) 같은 책, 132~135쪽

개화파정부는 호포문제에 대해 호포전을 1호 당 3량씩 거두도록 조치하였다. 이는 농민군측이 요구한 2냥보다는 1냥 많은 액수였다.[60] 한편 결미의 문제는 토지에 부과되는 모든 세금을 합쳐서 일률적으로 1결 당 연해읍은 30냥, 산군읍은 25냥으로 정하였기 때문에 더 이상 문제가 되지 않았다. 결국 군정과 관련된 징세는 개화파정부의 징세제도 개혁과정에서 그 액수는 크게 줄지 않았으나 수령과 이서배의 농간의 여지는 크게 줄어든 셈이었다.

(3) 還政에 대하여

환정에 대해서 농민군 측은 와환臥還의 발본독쇄拔本督刷에 대한 불만을 제기하고, 도내 환전還錢은 전 감사前 監司가 발본해서 거두어 갔으므로 다시 거두지 말 것, 진고賑庫를 혁파할 것 등을 요구하였다. 고종조의 환정은 종래 대동저치미大同儲置米로 운영되어 오던 이른바 '원환元還'과, 내탕전을 본전으로 삼은 병인별비곡丙寅別備穀, 호조별비환戶曹別備還이 각 읍에서 운영되고, 또 각 영진營鎭·산성山城 등의 향곡餉穀으로 운영되는 '영환營還'이 있었으며, 그 위에 새로이 사창社倉·의창義倉이 실시되어 극히 다기하게 운영되고 있었다.[61] 그런데 대원군 집정기에 이러한 환정은 모두 환곡 대신 전환錢還으로 실시하도록 하여 매곡당每斛當 모전耗錢 3량씩을 민간에서 거두어 이를 영읍營邑의 재원에 충당하고 있었다. 이후 민간에서는 원곡元穀은 거두지 않고 모전耗錢만을 거두는 것이 일반화되어 이를 '와본취모臥本取耗'라 하였으며, 그 원곡은 '와환臥還'이라 부르게 되었다. 그런데 농민군이 '와환의 발본독쇄'를 문제 삼은 것은 이러한 제도가 시행된 지 약 20년이 지난 시점에서 전라감사 김문현이 갑자기 '와환'의 본전本錢을 발본하여 모전과 함께 거두겠다고 나서서 수천 냥을 거두었

---

60) 이상찬, 앞의 글, 87쪽
61) 한우근, 앞의 책, 154~177쪽

기 때문이다. 더구나 이 해는 크게 흉년이 들어 농민들의 형편이 어려운 때였다. 김문현은 이를 감영의 재정을 위한 것이라고 변명하였지만, 이를 사사로이 이용하기 위한 속셈을 가지고 와환을 발본하여 거두었기 때문에 농민군은 이를 규탄하였던 것이다. 농민군이 봉기하여 이 와환독쇄의 문제를 규탄하고 나서자 김문현은 농민봉기의 책임이 자신에게 되돌아올 것을 두려워하여 이미 거둔 와환을 다시 민간에게 환급하라고 지시하였다. 그러나 환급하라고 지시한 환곡은 민간에게는 한 푼도 돌아가지 않은 채 중간에서 증발되고 말았다.[62] 따라서 농민들은 이 와환을 다시 거둘까 우려하여 신임 전라감사 김학진에게는 "도내 환전은 전 감사가 발본해서 거두어 갔으므로 다시 거두지 말라"고 요구하였던 것이다.

그밖에 환정의 폐단과 관련해서는 수령과 이서배의 이무移貿·가작加作·적포積逋가 거론되는 것이 상례였다. 특히 경상감사 조병호는 영남의 경우 그 상황이 심각한 것으로 보고하였다.[63] 개화파정부는 8월 14일 이와 같은 환정의 폐단은 각도에서 거의 같은 양상일 것으로 파악하고, 우선 탕환湯還·와환臥還의 문제는 뒤로 미뤄둔 채 가작, 즉 가렴加斂을 엄금하도록 지시하였다.[64] 개화파정부는 9월 27일에 이르러 경상감사에게 환곡 가운데 와환·적포를 제외한 실총實總을 파악하여 이를 '사환미社還米'로 하여 민간이 맡아 관리하도록 조치하고, 각 영읍의 이무·적포에 대해서는 이를 일일이 조사해서 채워 넣고, 다만 허총虛總에 대해서는 이를 모두 탕감하도록 지시하였다.[65] 그리고 이듬해 3월에는 이를 전국적으로 확대하여 8도 소재 각종 환곡은 그 명목을 '사환'이라 개칭하여 지방관이 간섭치 말게 하고, 민으로 하여금 관리하게 하며 탁지아문에서 그 조례를

---

62) 황현, 「오하기문」 1필, 『사료대계』 1, 90~91쪽
63) 『啓草存案』 갑오년 9월 11일
64) 『관초존안』 갑오년 8월 14일. 군국기무처는 8월 12일 「환곡 중 移貿 加作 등의 名目을 금후 혁파한다」는 의안을 의결하였다(『일성록』 고종 31년 8월 12일).
65) 『관초존안』 갑오년 9월 27일

정하여 각 도에 반포하게 하였다.66) 1895년 윤5월 탁지부는 「사환조례」
를 만들어 반포하였는데, 그 제1조에서 "사환은 종래 환곡을 각 면에 분
치分置하여 해당 면의 공곡公穀으로 삼고 궁절窮節 빈민에 진대賑貸함을 위
함"이라고 규정하여,67) 각 관청의 재정충원을 위해 운영하던 환곡제도
는 완전히 폐지되고 진대제도로서의 사환제도로 통합되었던 것이다.

한편 농민군이 폐지를 요구한 '진고賑庫'란 사창 혹은 의창義倉을 가리
킨 것으로 보인다. 농민군은 이 진고의 운영상에서 빚어진 각종 폐단 때
문에 그 폐지를 요구한 것이었다. 그러나 개화파정부는 진고제도는 불가
피하게 필요한 것이라고 보고 있었다. 따라서 개화파정부는 8월 10일 비
황곡備荒穀의 주판籌辦을 위해 민인들이 사창社倉을 설립하여 미조米粗를 정
기 출납케 하는 것이 좋다고 보고 이를 위해 조례를 만들기로 결정한
바 있었다. 그러나 그 조례는 바로 만들어지지 않았다.68) 그런 가운데
11월 28일 개화파정부는 진고 문제와 관련하여 경상도와 전라도에 보낸
관문에서 진고의 운영개선책을 제시하였으며, 그 가운데 중요한 것은 다
음과 같다.

> 1. 각 面里에서 廉幹人을 선택하고 有司를 정한 뒤 그로 하여금 饒戶者, 無
>   産浮浪者, 仰役官門者를 모두 조사해서 기록해두게 할 것.
> 1. 設賑은 반드시 화폐로써 하고 곡물로써 하지 말 것.
> 1. 分賑시 이를 이서배의 손에 맡기지 말고, 饒實한 자로써 鄕有司를 삼아 각
>   기 該 面里에 分賑하도록 한다.
> 1. 補賑을 자원하는 자 외에는 부유한 자들로부터 강제로 錢穀을 거두지 말
>   것.
> 1. 賑戶에 대한 과세의 면제는 가을추수 때까지로만 한정한다.69)

---

66) 『고종실록』 고종 32년 을미 3월 12일
67) 『고종실록』 고종 32년 윤5월 26일
68) 『일성록』 고종 31년 8월 10일
69) 『관초존안』 갑오년 11월 28일

이는 그동안 부분적으로 곡물을 분급하는 형식으로 운영되어 오던 것을 모두 화폐로써 운영하도록 하고, 그 운영을 철저히 민간에 맡겨 사환의 분급시 이서배들이 끼어들어 갖은 농간을 부리던 것을 막겠다는 것이었다.70) 개화파정부는 이같이 사창·의창제도를 그 운영을 개선하여 살리면서 여기에 기왕의 다른 환곡 가운데 남아있는 실총實總을 모두 포함시켜 '사환'이라는 제도로 통합시켰던 것이다. 이때 개화파정부는 기본적으로 사환제도에서 관의 개입을 배제하고 민간차원에서 이를 운영하도록 한다는 방침을 세워, 1895년 5월에 만든 「사환조례」를 통해 각 면에서 사수社首 1명과 수창守倉 1명을 공의에 따라 정하여 그들이 중심이 되어 사환을 운영하도록 하였다.71) 그리고 11월에 만든 「향회조규」를 통해서는 향회에서 사창에 관한 사항을 논의하도록 함으로써 면 단위에서의 사창제도의 운영의 보다 큰 주체는 향회가 되도록 하였다.72)

2) 상업문제

농민군 측이 상업문제와 관련하여 제기한 문제들은 크게 내국상인들의 문제와 외국상인들의 문제로 나뉜다. 내국상인들과 관련된 문제들은 첫째 도고都賈를 혁파하고, 둘째 지방관아에서 쓰는 물자는 시가에 준하여 조달하며, 셋째 포구에서의 선세船稅와 장시에서의 장세場稅와 같은 각종 무명잡세를 혁파하라는 것이었다.

첫째 문제는 일부 도고상인들의 매점매석으로 일부 품목의 품귀현상과 물가가 앙등하는 사례가 잦았기 때문에 이를 금단할 것을 요구한 것이다. 이와 같은 도고행위는 개항 이후 특히 개항장의 객주 혹은 그들과 연결된 사상私商들에 의하여 이루어지고 있었다. 결국 이같이 자본규모가

---

70) 사창과 의창에 대해서는 한우근, 주 58)의 책, 171~174쪽을 참조.
71) 『고종실록』 고종 32년 윤 5월 26일 「탁지부령 제 3호 사환조례」
72) 『고종실록』 고종 32년 11월 3일 「향회조규」

큰 대상인들의 도고행위로 인하여 소상인들과 소비자들은 피해를 입고
있었고, 농민군은 이를 막기 위해 이같은 요구사항을 제기한 것이었다.

둘째 문제는 지방관아에서 쓰는 물자를 상인들로부터 조달하면서 이
른바 '상정가常定價'라 하여 낮은 가격으로 사들여 상인들이 피해를 입고
있었기 때문에 상정가를 폐지하고 시가로 사들일 것을 요구한 것이다.
이 또한 상인들의 처지를 대변한 요구사항이라 할 것이다.

셋째 문제는 당시 각 궁방과 관아에서 각 포구 혹은 장시에 감관 등을
파견하여 상인들로부터 각종 명목으로 수세를 함으로써 상인들에게 큰
피해를 입히고 있었던 것을 거론한 것이다. 고종조에 들어 기강이 해이
해진 틈을 타 각 궁방과 관아에서는 각 포구와 장시를 서로 차지하고
선세, 장세 등 각종 명목을 붙여 상인들을 수탈하고 있었다.[73] 물론 이
수탈에서 가장 고통을 당한 것은 소상인들이었고, 따라서 농민군은 소상
인들의 입장을 대변하여 이같은 요구사항을 제시한 것이다.

넷째 문제는 1880년대 이후 일종의 특권적인 행상조직으로 등장한
보부상조직에 대한 배척을 표시한 것이었다. 보부상단은 1879년 한성부
에서 8도의 도접장을 임명하고 보부상들에게 명패를 발급함으로써 각
장시에서의 독점적인 행상권을 부여받았다. 대신 그들은 민씨 정권에 대
해 일정한 납세의무를 지고, 또 정치적으로 충성을 다하는 일종의 사병
私兵 집단과 같은 성격을 지니게 되었다. 이후 보부상들은 각지에 설치된
임방任房을 거점으로 농촌장시에서 독점적인 행상권을 행사하면서, 반농
반상半農半商의 성격을 띤 농촌소상인들로부터 세금을 거두거나 아니면
그들의 행상을 방해하였다. 따라서 보부상단은 농촌소상인들의 원망의
표적이 되었다. 또 1894년 3월 농민군이 무장에서 봉기한 것과 거의 같
은 시기에 금산에서도 남접 계통의 농민군이 봉기하였는데, 이를 진압하
는 데 동원되어 농민군과 가장 먼저 접전을 벌였던 것도 이들 보부상단

---

73) 한우근, 주 58)의 책, 150~154쪽

이었다. 따라서 보부상단은 일찍부터 농민군의 타도대상으로 지목되었 던 것이다.

이같은 농민군 측의 요구에 대해 개화파 정권 측의 반응은 어떠하였 는가. 먼저 도고문제에 대해 개화파 정권 측은 특별한 반응을 보이지 않 았다. 다만 자유로운 상업체제를 이상으로 삼고 있던 개화파 정권은 개 항장에서의 객주, 상업회사 등의 무역독점을 금지하고, 또 육의전제도 폐지함으로써 특권상인들의 독점적 상행위를 금지시켰다. 그러나 이는 농민군 측이 문제 삼았던 사상들의 도고행위를 금지시킨 것은 아니었다. 다만 그 사상들의 배후에 있는 객주·시전상인들의 특권을 폐지한 것일 뿐이었다. 그리고 그러한 객주·시전상인들의 특권폐지는 개화파의 주관 적인 의도와는 달리 개항장과 도성 내에서 외국상인들이 발호할 수 있는 여건을 제공하였다. 개화파 정권은 객주·시전상인들의 전근대적인 특권 을 폐지하여 근대적인 상업체제를 지향하는 데는 관심이 있었지만, 외국 상인들의 상권침투를 막을 수 있는 조치를 취하는 데는 관심을 기울이지 못했다.74)

관수물자官需物資에 대한 상정가의 폐지요구에 대해서 개화파 정권은 9월 3일 "각영 각읍 관용물가官用物價 지정의 예를 모두 혁파하고, 시가에 따라 이를 사서 쓴다"는 방침을 정하였다.75) 따라서 이 대목에 대한 농 민군 측의 요구는 전적으로 수용된 셈이었다.

선가船稅·장세場稅 등 각종 잡세雜稅의 혁파문제에 대해서는 이미 민씨 정권 측에서 1894년 6월 14일 각궁 각사各宮 各司에서 10년 이내에 창출 한 각종 잡세명목은 이를 일체 혁파하라고 지시를 내렸었다.76) 그리고 개화파정부도 이듬해 8월 "지세地稅 호포戶布 광세鑛稅 수륙통상관구 수출

---

74) 정진상, 앞의 책, 271~274쪽
75) 『일성록』 고종 31년 9월 3일
76) 『일성록』 고종 31년 6월 14일

입물품水陸通商關口 輸出入物品과 국과國課 외에 일체 잡세는 모두 혁파한다"
는 법률을 반포하였다.77) 이로써 이 문제에 대한 농민군 측의 요구는 전
면적으로 수용된 셈이었다. 그러나 각종 잡세는 광무정권기에 내장원에
의해 부활되어 민폐를 야기하게 된다.

보부상들의 작폐와 임방任房 문제에 대해 개화파 정권 측은 1895년 3
월 "각도의 임방은 일체 혁파하여 수세收稅 등의 폐를 엄금하여 보부상들
의 작업을 편히 행할 수 있게 한다"고 발표하였다.78) 농민전쟁이 끝난
뒤 개화파 정권은 농민전쟁 진압과정에서 부분적으로 이용했던 보부상
들의 조직을 더 이상 이용가치가 없다고 판단하고, 민심을 무마하기 위
해 이같은 조치를 취한 것으로 보인다.

다음 외국상인들과 관련된 문제는 첫째 각 포구에서의 타국 잠상潛商
들의 고가 무미貿米를 금단하라는 것, 둘째 외국상인들의 도성설시都城設市
와 내륙행상을 금지시키라는 것 등이었다. 첫번째 문제는 주로 일본상인
들이 개항장이 아닌 연안 혹은 내륙지방의 포구에까지 침투하여 미곡을
고가로 사들임으로써 결국 곡물의 유출에 따르는 미가의 앙등을 가져오
고 있었던 상황을 지적한 것이다. 원래 청·일상은 1883년 11월에 100리
로 확장된 간행이정에서는 자유롭게 행상을 하고, 그 밖의 지역 즉 내륙
지방에서는 여행권護照을 자국 영사로부터 발급받아 물품을 운송 판매할
수 있었다. 이들은 또 연안해운권을 근거로 자국선박으로 개항장간을 다
니면서 연안무역에 종사하였고, 자국선박으로 개항되지 않은 연안과 직
접 교역하는 것은 금지되어 있었으나 조선정부의 면장免狀을 받은 조선
인에게 고용된 외국상인은 불통상구안不通商口岸도 항행할 수 있었다. 따
라서 그들은 표면상으로 조선인의 명의를 빌어 자신들의 선박으로 내륙
지방의 포구까지 침투하여 통상활동을 하였던 것이다.79) 특히 일본상인

---

77) 『일성록』 고종 32년 8월 25일
78) 『일성록』 고종 32년 3월 4일

들은 1887년경부터 콩과 우피牛皮 매집을 위한 내지행상을 시작한 뒤, 쌀의 수출이 비약적으로 증가하는 1889년 이후에는 쌀과 콩을 매집하기 위해 본격적으로 내륙지방에 침투해 들어갔다. 이들은 각 지방의 포구에 들어가 그곳의 객주에게 쌀의 매집을 의뢰하였으며, 일부 객주들은 일본인들로부터 자금을 선대 받아 미곡의 매집에 나서기도 하였다. 일본상인들이 내륙에 진출하여 내지의 객주들과 직접 거래를 하기 시작한 것은 그동안 일본상인들과 거래해오던 개항장의 조선인 객주들이 소외됨으로써 그들에게 타격을 입혔다.80) 그러나 1894년 농민군이 이 문제를 특히 거론한 것은 미곡수출로 인한 미가의 앙등이 도시의 임노동계층과 농촌의 빈농, 농촌노동자층의 생계를 심각히 위협하고 있었기 때문이다. 일부 도시노동자들은 미가의 앙등으로 인한 극심한 생계의 압박을 받아야만 하였다. 또 일본상인들의 미곡수집으로 장시에 곡물이 거의 나오지 않는 상황까지 나타났으며, 일부 농민들은 미곡의 유출로 말미암아 종량種糧도 준비할 수 없었다고 한다.81)

한편 청·일상은 1884년 10월 개시장을 양화진에서 용산으로 옮길 수 있게 된 뒤에 도성(한성) 내로 침투하기 위해 집요한 노력을 계속하였다. 특히 청국상인은 개항장보다는 한성개잔漢城開棧에 주력하여 1885년 9월에는 10여 호가 도성 내로 진출할 수 있었으며, 1890년대 초에는 80여 호에 6백여 명으로 그 세력이 크게 늘어났다. 그리고 일본상인들도 그 뒤를 이어 도성 내로 침투해 들어갔다. 이들은 주로 수입품을 거래하였지만, 국내 상품에까지도 손을 대어 시전상인들과 사상의 상권을 심각하게 위협하였다. 조선 상인들은 이에 대응하여 1890년 통리아문 앞에 모

---

79) 나애자, 1991, 「개항 후 외국상인의 침투와 조선상인의 대응」『1894년 농민전쟁 연구』1, 188쪽
80) 같은 글, 190~195쪽
81) 하원호, 1991, 「곡물의 대일유출과 농민층의 저항」『1894년 농민전쟁연구』1, 271~273쪽

여 청·일상의 점포 철수를 요구하면서 시위를 하고 동맹철시를 단행하였다. 그러나 조선정부는 이들 조선상인들을 전혀 보호하지 못하였고, 1893년말에 이르러서는 도성 내의 청상의 점포가 160호, 일상의 점포가 60호에 달하게 되었다. 그리고 개항장과 도성 내에 이같이 상당한 세력을 구축한 청·일상은 이를 기반으로 내륙에 보다 적극적으로 진출할 수 있었던 것이다. 이들이 내륙행상에 적극적으로 나선 것은 개항장의 객주와 중간상인(船商·행상)들을 배제하여 개항장과 내지 간의 유통과정을 단축함으로써 이윤을 극대화하려는 데 그 목적이 있었다. 이는 결국 개항장의 객주와 중간상인들이 점차로 몰락하고, 내륙지방의 객주와 행상들은 새롭게 외국상인자본에 점차 종속되어 가는 결과를 가져오고 있었다.[82]

이같이 조선의 상인들이 청·일 양국 상인의 도성과 내륙침투에 의하여 그 상권을 심각하게 위협받고 있는 상황, 그리고 외국상인들에 의한 미곡수출에 의해 미가가 점차 앙등함으로써 미곡소비자들의 생계가 위협을 받고 있는 상황에서, 농민군은 외국상인들의 그러한 상권침투를 저지하고, 빈농·임노동층의 생계를 보호하고자 하였던 것이다.

그러나 개화파정부는 외국상인들의 상권침투와 외국상인들의 미곡수출에 의한 미가의 앙등을 막을 이렇다 할 조치를 취하지 않았다. 오히려 개화파정부가 취한 시전상인과 개항장객주의 특권철폐조치는 결과적으로 외국상인들의 상권침투를 보다 용이하게 해주었다. 또 지방관의 방곡령 금지지시도 미곡유출을 조장하는 결과를 가져왔다. 개화파정부는 전근대적인 국내 상업구조를 개혁하기 위한 조치를 취하면서 외국상인들의 상권침투로부터 국내 상인들을 보호할 조치를 취하지 않았던 것이다.[83]

---

82) 김정기, 1989, 「1890년 서울상인의 撤市同盟鬪爭과 시위투쟁」『한국사연구』 67 ; 나애자, 앞의 글 참조.

3) 토지문제

1894년 농민전쟁기에 농민군 측이 토지문제에 대해 어떠한 개혁구상을 갖고 있었는지에 대해서는 그동안 학계에서 여러 논란이 있어왔다. 이 문제와 관련하여 가장 논란이 된 대목은 오지영의 『동학사』에 나오는 이른바 '폐정개혁안 12개조' 가운데 포함된 "토지는 평균으로 분작케 할 사"라는 대목이다.[84] 이와 관련하여 그동안 학계에서는 대체로 이를 일단 신뢰할 수 있는 것으로 전제하고, 그 해석에 더욱 관심을 기울여왔다.

그동안 학계에서의 이에 대한 해석은 1) 이를 '균작론'으로 해석하여 경작(소작)을 균등히 하자는 것이라는 해석, 2) 다산 정약용의 '정전론'을 원용한 정전제 실시 주장이라는 해석, 3) 경자유전의 원칙에 입각한 균전제 실시 주장이라는 해석 등으로 크게 나누어 볼 수 있다.

첫번째 '균작론' 해석은 "토지는 평균으로 분작케 할 사"라는 구절을 문면 그대로 해석한 것이다. 이러한 해석은 이 구절 어디에도 토지소유를 균등히 하자는 주장이 없기 때문에 이는 '균작'을 주장한 것으로 해석되어야 한다는 주장이다. 예를 들어 정창렬은 이 폐정개혁안이 7월 20일 전후에 전라감사 김학진과 전봉준 사이에서 합의된 것으로 보고 있다. 즉 폐정개혁 12개조는 농민군의 일방적 선언이나 강령이 아니라 타협을 거쳐 양측 간에 합의된 개혁강령이었다는 것이다. 그리고 합의과정에서 김학진 측은 경작평균안을 제시하고, 전봉준 측은 균산주의 이념에 입각한 경작능력에 따른 득전안得田案을 제시하였는데 전봉준 측이 양보하여 김학진 측의 안을 수용하였을 것으로 추정하였다.[85] 그가 김학진 측에서 경작평균안을 제시하였을 것으로 추정하는 것은 당시 김학진의

---

83) 정진상, 앞의 책, 273~274쪽
84) 「동학사」(초고본)에는 "토지는 평균분작으로 할 사"라고 되어있다(「동학사」(초고본) 『사료대계』 1, 477쪽).
85) 정창렬, 앞의 책, 232~237쪽

종사관으로서 그의 참모 구실을 한 김성규金星圭가 일찍부터 소작지의 균등분작을 구상해온 인물이었다는 데 근거하고 있다.

두번째 정약용의 '정전론'을 원용한 정전제 구상설은 신용하에 의해 주장되었다. 먼저 그는 『동학사』초고본과 간행본에 실린 폐정개혁요강이 약간의 차이가 있으나 이는 초고본이 김학진과 전봉준 간의 '관민상화官民相和'가 있기 전의 폐정개혁안을 실은 것이고, 간행본이 '관민상화' 후의 폐정개혁안을 실은 것이라는 차이에서 온 것으로 해석하였다. 그리고 그는 그 내용과 표현이 부분적으로 달라지긴 했지만 집강소의 폐정개혁사업의 실제 내용이 달라진 것은 아니기 때문에 초고본의 개혁안이 '관민상화' 후에도 그대로 추구되었다고 보았다. 이같은 전제 위에 신용하는 초고본과 간행본에 다 들어있는 "토지는 평균으로 분작케 할 사"와 초고본에만 들어있는 "농군의 두레법은 장려할 사"를 연결시켜 당시 농민군은 균작과 공동노동에 기초한 '두레법'에 의거해 토지문제와 농업문제의 해결을 추구했다고 해석하였다. 그리고 이는 봉건적 토지소유의 폐지를 전제로 한 것이었다고 보았다. 결국 그는 지주제를 폐지하여 '두레협업농장제도'를 추구했다고 보고, 그 토지는 마을공동체의 공유共有나 국가의 소유로 간주되는 성격을 띤다고 보았다. 나아가 그는 1894년 동학농민군이 추구한 이러한 토지제도는 바로 정약용이 『경세유표』에서 서술하고 있는 '정전제' 토지개혁안과 내용이 같은 것이라고 해석하였다.86)

세번째 박찬승·정진상·이영호 등은 당시 농민전쟁이라는 대변혁이 진행되고 있던 상황에서 농민군 측이 '균작'과 같은 개량주의적인 주장을 했다는 것은 어색하다고 보고, 『동학사』에서의 '평균분작'은 일찍이 강위가 "균전은 모든 소민小民들의 바램"이라고 말했던 바의 균전을 의미한다고 해석하였다. 특히 이영호는 오지영의 『동학사』초고본에 전봉준이 체포된 뒤 박영효가 전봉준에게 "토지를 평균분배하여 국법을 혼

---

86) 신용하, 앞의 책, 271~281쪽

란케 했다"고 지적한 부분과, 전봉준이 답변에서 "공토公土로써 사토私土
를 만들어 빈부가 있게 하는 것은 인도상 원리에 위반"되는 것이라 말한
부분을 그 근거로 들고 있다. 하지만 '균전'으로 해석하는 이러한 논의
도 농민군이 당시 이러한 균전론을 당장 실행에 옮기려 한 것은 아니라
고 보았다. 농민전쟁이 아직 미완인 상태에서, 당시의 농민군지도부로서
는 토지를 몰수하고 이를 농민에게 분배하는 대변혁사업을 추진할만한
여력은 아직 없었다는 것이다. 따라서 이 폐정개혁안에서의 균전의 주장
은 농민군이 이를 당장 실천에 옮기겠다는 의도에서 내세웠던 것이라기
보다는 농민군이 토지문제에 대해 궁극적으로 지향하는 바를 천명한 것
이라고 볼 수 있다는 것이다.87)

　오지영의『동학사』에 나오는 "토지는 평균으로 분작케 할 사"라는 조
항에 대한 해석이 위와 같이 여러 갈래로 나오고 있지만, 이와 관련해서
는 먼저 이 조항의 신빙성 여부에 대한 검토가 선행되어야 한다. 오지영
의『동학사』와 관련하여 그 저술 배경, 저술의 성격, 내용상의 오류 등
에 대해서는 학계에서 어느 정도 검토가 이루어졌다.88) 이들 연구에 따
르면『동학사』는 오지영이 1920~30년대 천도교 내부에서 자신의 위치
를 공고히 하기 위해 동학농민전쟁에서의 자신의 활동을 부각시키고, 나
아가서 천도교연합회의 결성을 통한 자신의 천도교 개혁운동이 정당하
다는 것을 밝히는 데 그 목적이 있었다고 한다. 따라서 오지영은『동학
사』를 자기중심적으로 서술하였으며, 그 내용상에서도 사건발생의 시기,
사건의 내용 등에서 많은 오류가 발견되며, 또 일부 내용은 크게 과장되
어 있고, 또 중요한 내용으로서 누락된 경우도 많다는 것이 학계의 연구

---

87) 박찬승, 주 5)의 글, 68쪽 ; 정진상, 앞의 책, 102쪽 ; 이영호, 2004,『동학과 농민
전쟁』, 혜안, 215~218쪽
88) 노용필, 1989,「오지영의 인물과 저작물」『동아연구』19집 ; 이이화, 1989,「오지
영『동학사』의 내용 검토-주로 1894년 동학농민전쟁과 관련하여-」『민족문화』
12집

결과이다.

그런데 여기서 문제가 되고 있는 이른바 폐정개혁안 12개조의 신빙성 여부에 대해서는 학계의 의견이 크게 엇갈리고 있다. 학계 일부에서는 이를 전혀 신빙성이 없는 것으로 파악하고 있다.[89] 그런가 하면 다른 한 편에서는 아직도 이를 신뢰할만한 것으로 보면서, 이를 정부와 합의한 안으로 보는 견해와,[90] 정부와 합의한 안은 아니고 다만 집강소의 폐정 개혁의 내용을 정리하는 차원에서 조문화한 것이라고 보는 견해가 있다.[91]

그러면 이 부분을 어떻게 보아야 할 것인가. 먼저 이 12개조는 흔히 '폐정개혁안'이라고 불리지만, 오지영의 『동학사』 초고본에서는 이를 '집 강소의 정강'이라고 표현하였고, 간행본에서는 '폐정개혁건'이라고 표현 한 점에 주목할 필요가 있다. 이는 이 12개조가 일부에서 해석하고 있는 것처럼 관 측에 대한 요구사항, 혹은 관 측과의 협상에서 나온 산물이 아니라는 것을 뜻한다. 즉 집강소가 자체적으로 개혁의 방향을 그렇게 설정하고 있었다는 뜻 정도일 것이다. 그러면 당시 집강소시기에 이와 같은 폐정개혁의 정강이 공식적으로 존재했던 것일까. 집강소시기 전주

---

89) 위의 노용필의 글. Young Ick Lew, The Conservative Character of the 1894 Tonghak Peasant Uprising : A Reappraisal with Emphasis on Chon Pong-jun's Background and Motivation, *Journal of Korean Studies*, vol.7, 1990, pp.165~167. 이 글에서 유영익은 1940년 『동학사』의 간행본에 '역사소설'이라는 부제가 붙었던 것을 들어 『동학사』에 나오는 폐정개혁안 12개조는 전혀 신빙성이 없는 것이라 고 보았다. 대신 그는 다른 관찬사료들에 나오는 농민군의 강령, 선언문 등을 보 다 주의 깊게 살펴야 할 것이라고 주장하였다.

90) 김태웅, 1993, 「1920·30년대 오지영의 활동과 <동학사> 간행」 『역사연구』 2호, 역사학연구소, 105~106쪽 ; 신용하, 앞의 책, 270~271쪽

91) 이이화 앞의 글 ; 신용하, 1993 『동학과 갑오농민전쟁 연구』, 일조각, 213~215쪽 ; 김양식, 1993, 「1, 2차 전주화약과 집강소 운영」 『역사연구』 2호, 역사학연구소, 105~106쪽(이는 김양식, 1996, 『근대한국의 사회변동과 농민전쟁』, 신서원, 153 쪽에도 같은 내용으로 실려 있다.)

에 설치된 좌우도소左右都所의 도집강都執綱(송희옥)과[92] 전라도 각 군현의
집강소(혹은 도소)의 집강 사이에는 뚜렷한 상하관계가 설정되어 있는 것이
아니었다. 또 전주의 좌우도소에서 각 군현의 집강소에 12개조와 같은
폐정개혁정강을 지시한 흔적은 어디에서도 보이지 않는다. 『동학사』에
서도 그와 같은 12개조가 집강소의 통일된 정강이었다고 서술하지는 않
았다. 그러면 12개조의 폐정개혁정강은 일고의 가치도 없는 것일까.
1926년에 기록된 「익산종원연혁益山宗源沿革」에서는 오지영은 집강소시기
익산에서 각지에 회소會所를 설치하여 사무를 본 인물들 중의 하나였다
고 기록하였다.[93] 따라서 그가 집강소기에 집강소의 일에 참여한 것은
분명하며, 그의 집강소기의 폐정개혁사업의 방향에 대한 기록은 당시 분
위기를 어느 정도 반영하고 있다고 보아야 할 것이다. 물론 위의 12개조
와 같은 명시된 폐정개혁정강은 없었다고 생각된다. 이는 『동학사』 초
고본에 나오는 12개조와 간행본에 나오는 12개조의 내용과 표현에 일정
한 차이가 있다는 점에서도 확인된다. 그러나 이들 12개조는 집강소의
개혁방침이 대체로 어떠한 것이었는지에 대해 시사를 주고 있다.

여기서 『동학사』 초고본과 간행본에 실린 폐정개혁정강 12개조에 대
해 살펴보자. 먼저 초고본의 '집강소의 정강 12개조'는 다음과 같다.

1. 人命을 濫殺한 者는 버힐 事.
2. 貪官汚吏는 祛根할 事.
3. 橫暴한 富豪輩를 嚴懲할 事.
4. 儒林과 兩班輩의 巢窟을 討滅할 事.

---

92) 전주영에 설치된 大都所가 左右都所로 불리고, 집강 송희옥이 都執綱이라고 불린
  것은 「隨錄」에서 확인된다(「수록」, 『사료대계』 5, 279쪽).
93) 「익산종원연혁」에 따르면 집강소시기 대접주 金方瑞가 익산에 대도회소를 설치
  하였고, 그 아래에서 37명이 중견이 되어 會所를 이리·나포·대장촌·춘포·구익산
  읍 등 각지에 分置하였다고 기술하였는데, 그 37명 가운데 한 사람이 바로 吳知
  泳이었다(노용필, 앞의 글, 61쪽 참조).

   5. 殘民等의 軍案을 불지를 事.
   6. 종文書는 불지를 事.
   7. 白丁의 머리에 페랑이를 벗기고 갓을 씨울 事.
   8. 無名雜稅等은 革罷할 事.
   9. 公私債를 勿論하고 過去의 것은 幷勿施할 事.
  10. 外賊과 連絡하는 者는 버힐 事.
  11. 土地는 平均分作으로 할 事.
  12. 農軍의 두레法은 獎勵할 事.94)(번호는 인용자가 순서대로 붙임 것임)

다음 『동학사』 간행본의 '폐정개혁건 12개조'는 다음과 같다.

   1. 道人과 政府와 사이에는 宿嫌을 蕩滌하고 庶政을 協力할 事.
   2. 貪官汚吏는 그 罪目을 査得하여 일일 嚴懲할 事.
   3. 橫暴한 富豪輩는 엄징할 事.
   4. 不良한 儒林과 兩班輩는 懲習할 事.
   5. 奴婢文書는 燒祛할 事.
   6. 七班賤人의 待遇는 改善하고 白丁頭上에 平壤笠은 脫去할 事.
   7. 靑春寡婦는 改嫁를 許할 事.
   8. 無名雜稅는 一幷勿施할 事.
   9. 官吏採用은 地閥을 打破하고 人材를 登用할 事.
  10. 倭와 奸通하는 者는 엄징할 事.
  11. 公私債를 勿論하고 已往의 것은 幷勿施할 事.
  12. 土地는 平均으로 分作케 할 事.95)(번호는 인용자가 순서대로 붙인 것임)

양자간에는 내용상에 일정한 차이가 있다. 먼저 초고본에 있는 1항,
5항, 12항은 간행본에는 보이지 않는다. 대신 간행본에서는 초고본에 보
이지 않던 1항, 7항, 9항이 새로이 들어갔다. 또 표현상에서도 양자는
상당한 차이를 보여 간행본에서는 초고본의 생경한 표현이 크게 순화되
고 있음을 볼 수 있다. 이러한 점들은 결국 집강소시기에 명시적으로 정

---

94) 「동학사」(초고본), 『사료대계』 1, 477~478쪽
95) 『동학사』(1940년 간행본), 126~127쪽

리된 폐정개혁정강은 존재하지 않았음을 보여주는 증거들이다. 하지만 위의 폐정개혁정강들은 집강소시기의 정황을 어느 정도 보여주는 것들이다. 최근의 연구에 따르면, 집강소의 활동은 1) 탐관오리의 징계, 2) 신분해방운동과 사회신분제의 폐지, 3) 횡포한 부호의 응징과 토재討財, 4) 삼정의 개혁, 5) 고리채의 무효화, 6) 미곡의 일본유출 방지, 7) 지주제도에 대한 저항, 8) 인민소장人民訴狀의 처리, 9) 관리의 문부文簿의 검열檢閱, 10) 동학의 전도傳道와 농민군의 강화, 11) 농민군의 무기와 마필馬匹의 공급, 12) 군수전軍需錢과 군수미軍需米의 비축 등으로 정리된다.96) 이로써 본다면『동학사』의 폐정개혁정강은 비록 당시에 그것이 명시적으로 존재한 것은 아니었지만, 집강소의 폐정개혁활동의 방향을 어느 정도 보여주는 것들이라고 할 수 있다.

이들 폐정개혁정강은 주로 사회적인 문제들을 다루고 있다. 이들 조항에 대해서는 뒤의 '사회적 지향' 부분에서 검토하기로 하고, 여기서는 다시 '토지는 평균으로 분작케 할 사'라는 조항으로 돌아가 이를 검토하기로 하자. 이에 대해서는 위의 폐정개혁안 전체를 불신하면서, 1930년대 사회주의의 영향을 받은 오지영이 가공으로 만든 조항이라고 해석하는 경우가 있다.97) 그리고 앞서 본 것처럼 이 조항을 어느 정도 신뢰하는 쪽의 견해는 첫째 '균작론'으로 해석하는 경우, 둘째 '정전론'으로 해석하는 경우, 셋째 '균전론'으로 해석하는 경우 등으로 나뉜다. '평균분작'은 글귀만으로 해석한다면 '균작'론에 가장 가깝다고 볼 수 있다. 즉 소작을 균등히 하자는 주장으로 볼 수 있는 것이다. 그러나 집강소시기가 이미 음력 6월 이후로서 모내기가 다 끝난 시점이라는 점을 고려할 때, 그 시점에서 균작 주장이 과연 나왔을까 하는 의문을 제기할 수 있다. 또 양반 지주들이 동학교도 혹은 농민군에 의해 기세가 눌려 있거나

---

96) 신용하, 앞의 책, 215~241쪽
97) 유영익, 주 89)의 글, 166쪽

심지어 피난을 다니고 있는 상황에서, 농민들이 지주들에게 소작이라도 균등하게 해달라고 사정한다는 상황의 설정은 다소 어색하다. 뒤에 보듯이 그해 가을 농민들은 소작료 납부 자체를 거부하는 경우도 많을 정도로 소작지를 자기 땅으로 만들겠다는 욕구를 드러내고 있었다. 그러한 상황에서 균작을 지주에게 호소했다는 것은 이해하기 어려운 것이다. 그러면 이를 정전론 혹은 균전론으로 이해할 수 있을까. 이를 검토하기에 앞서 당시 토지문제에 관한 농민군 최고지휘부의 견해는 무엇이었을까 하는 점을 생각해보기로 하자.

집강소기를 전후하여 토지문제에 대한 농민군 최고지휘부의 견해는 당시에 전혀 밝혀진 적이 없었다. 따라서 이 조항은 농민군 최고지휘부의 견해라고는 보기 어렵다고 생각된다. 다만 전봉준은 훗날 체포된 뒤 일본군소좌의 취조에 대한 답변에서 "나의 종국의 목적은 첫째로 민족閔族을 타도하고 일당一黨의 간신을 없애며 또한 전운사轉運使를 폐하고 전제田制·산림제山林制를 개정하며, 소리小吏의 사리私利를 짓는 자를 엄하게 처벌함에 있었을 뿐이다"라고 말하였다.[98] 이 가운데 전제를 개정하려 했다는 대목을 두고 전봉준도 나름대로 토지문제에 대한 개혁방안을 갖고 있었다고 보면서, 전봉준이 정약용의 『경세유표』에 나오는 정전제를 채택하려 했을 것이라는 견해가 있다.[99] 그러나 전봉준이 『경세유표』를 보았다거나 정전제 개혁안을 갖고 있었다는 어떠한 근거도 현재로서는 발견되지 않는다. 다만 당시에 많은 유교지식인들이 정전론·균전론·한전론限田論·균작론·감조론減租論 등의 토지개혁안을 갖고 있었다는 점을

---

98) 『東京朝日新聞』 명치 28년 3월 5일 「동학당대두목과 그 자백」(『사회와 사상』 1, 1988년 9월호, 261쪽)

99) 신용하, 앞의 책, 279~281쪽. 신용하는 정약용의 정전제를 지주전호제를 그냥 용인한 채 토지의 경작만을 경작능력에 따라 평균이 되도록 조정하는 것이라고 해석하였다. 하지만 전봉준은 정약용의 정전제안을 채택하는 과정에서 지주전호제의 폐지를 전제로 하고 이를 받아들였기 때문에 '균전론'을 갖고 있었다고 보았다.

비추어 볼 때,[100] 전봉준도 그와 같은 토지개혁론 가운데 어느 하나를 자신의 구상으로 갖고 있었을 가능성은 있다. 당시 많은 지식인들은 "균전은 소민小民의 바램"이라고 지적하고 있었고, 실제로 많은 농민들이 그와 같은 균전적인 토지개혁을 꿈꾸고 있었다. 하지만 전봉준이 '전제' 개정을 생각하고 있었다고 할 때의 전제는 '전세田稅'를 의미하는 것이었을 수도 있다. 또 이영호는 오지영의 『동학사』초고본에 전봉준이 '토지를 분배했다'고 비판하는 박영호의 문초를 인용하고 있는데,[101] 「전봉준 공초」에는 그와 같은 내용이 없어 신뢰하기 어렵다. 따라서 이 대목을 근거로 전봉준이 정전제 혹은 균전제의 실시를 구상하고 있었다고 단정하는 것도 무리가 있다.

당시 농민군 대중은 토지문제와 관련하여 어떤 지향점을 갖고 있었을까. 집강소기 혹은 그 이후에 많은 농민들이 기존의 토지소유관계를 부정하는 여러 행태들을 보이고 있었다. 당시 농민군에 의해 점령된 많은 지역에서는 관아에 보관되어 있던 양안(토지대장)이 농민군에 의해 불탔다. 또 강릉과 같은 곳에서는 농민군이 요호饒戶에 대하여 전재錢財를 토색할 뿐만 아니라 "전답문서를 빼앗고자 했다"고 한다.[102] 또 가을에 추수가 끝난 뒤 작인들이 도조를 내는 것을 거부하는 사례가 대단히 많아, 당시 개화파정부는 이러한 작인들을 엄징하라고 경기·삼남·관동의 지방관에게 지시를 내리기까지 하였다.[103]

이렇게 볼 때 농민군 대중은 대체로 지주제의 해체, 즉 '경자유전'의 실현을 지향하고 있었다고 생각된다. 그러나 당시 농민군 지도부에 요호부민층과 몰락양반이 섞여 있었고, 농민군 대중에는 빈농층이 다수를 차

---

100) 김용섭, 1990, 「한말 고종조의 토지개혁론」 『증보판 한국근대농업사연구』 하, 일조각
101) 이영호, 2004, 『동학과 농민전쟁』, 혜안, 215쪽
102) 「東匪討論」 『한국학보』 3집, 265쪽
103) 『關草存案』 10월 초8일 「關文」

지하고 있었던 상황을 고려한다면 농민군이 이에 대해 일치된 견해를 갖고 있었다고 보기는 어렵다. 그리고 1894년 여름의 시점은 농민군 지도부가 아직 토지문제를 전면화하여 다루기는 어려운 시점이었다. 농민군 지도부는 아직 중앙권력을 손에 넣지 못하고 있었고, 전라도 지방도 완전히 장악한 것은 아니었다. 이러한 점을 종합해 볼 때 1894년의 농민전쟁 단계에서 농민군 특히 농민군 대중이 토지문제에 대해 '경자유전', 즉 농민적 토지 소유를 지향하는 성향을 갖고 있었지만, 지도부가 아직 이를 구체적인 개혁방안으로 내놓을 형편은 못되었다고 생각된다.

4. 농민군의 사회적 지향

농민전쟁을 통한 농민군의 사회적 지향은 농민군 측이 관 측에 제시한 각종 폐정개혁 요구조건에는 잘 나타나지 않는다. 농민군 측이 고부봉기, 1차 봉기, 전주화의를 전후한 시기에 관 측에 제시한 폐정개혁안은 주로 정치·경제적인 측면에 집중되어 있었다. 따라서 농민군 지도부는 농민전쟁 초기 사회적인 측면의 개혁에는 관심을 제대로 돌리지 못하고 있었던 것으로 보인다. 사회적인 측면에서의 개혁조치는 오히려 개화파정부가 선편先鞭을 친 감이 있다. 즉 개화파정부의 군국기무처는 6월 28일 사회제도개혁에 관한 각종 조치를 의결하였으며, 이 조치는 감영을 거쳐 각 군현 단위에는 7월 12일 전달되었으며, 각 군현에서는 이를 한문과 한글로 베껴 여러 곳에 방문을 게시함으로써 일반 인민들도 이를 알 수 있게 되었던 것이다.[104] 전라감영에서 각 군현에 전달하여 각 군현에서 게시한 군국기무처의 사회개혁조항들은 다음과 같았다.

---

104) 「수록」, 『사료대계』 5, 247~249쪽

1. 門閥班常等級을 벽파하고 貴賤에 관계없이 人材를 뽑아 쓸 것.
1. 罪人은 自己 外에 緣坐之律을 一切 勿施할 것.
1. 嫡妻와 妾에 모두 자식이 없은 뒤에 비로소 率養을 許하여 舊典을 申明할 것.
1. 남녀의 早婚은 즉시 엄금하되 남자는 20세, 여자는 16세 이후에 비로소 嫁娶를 허가한다.
1. 寡女의 再嫁는 貴賤을 無論하고 자유에 맡긴다.
1. 公私奴婢의 典을 일체 혁파하며 人口의 판매를 금한다.
1. 驛人·才人·白丁은 모두 免賤한다.[105]

이러한 조치가 각 군현에 전달되어 게시된 날은 7월 12일 전후였는데, 이는 7월 6일 전봉준이 전주에 들어가 김학진과 관민상화의 원칙에 따라 각 군현에 집강소를 설치하기로 합의한 직후의 시점이었다. 물론 동학교도들은 일찍부터 동학의 사인여천事人如天, 인시천사상人是天思想 등에 입각한 평등지향적인 성향을 갖고 있었다. 또 2차 농민봉기에 참여했다가 각 군현으로 돌아간 농민군들은 이미 6월경에 각 군현에서 그 세력을 떨치면서 관권을 크게 위협하고 있었던 것은 사실이다. 그러나 전라도 거의 전 지역의 군현에 집강소가 설치되어 관권을 무력화시킨 것은 7월 중순 이후였다. 바로 이때 개화파정부의 신분제의 폐지 조치가 발표되었고, 이는 농민군을 크게 고무시켰을 것이다. 특히 이러한 조치는 농민군지도부보다는 농민군 대중을 크게 고무시킨 것으로 보인다. 이후 평민·천민층으로 구성된 농민군 대중은 자신들이 직접 주도권을 쥐고 향촌사회에서 그러한 조치를 현실화시키기 위한 행동으로 들어갔다. 이 단계에서 농민전쟁은 정치·경제적인 개혁을 위한 '의거'의 수준에서 사회혁명적인 수준으로 비약하게 된다.

오지영이 쓴 『동학사』의 폐정개혁정강 12개조에는 사회개혁조항이 다수 포함되어 있다. 물론 앞서 말한 것처럼 이들 조항은 농민군이 정부

---

105) 위와 같음.

측에 제시한, 실재했던 개혁조항은 아니었다. 다만 이들 조항은 당시 농민군 측의 개혁 분위기를 반영한 것이었다고 추정할 수 있다.『동학사』(간행본)에 실린 사회개혁조항을 보면, 1) 횡포한 부호배는 엄징할 사, 2) 불량한 유림과 양반배는 징습할 사, 3) 노비문서는 소각할 사, 4) 칠반천인의 대우는 개선하고 평량립은 탈거할 사, 5) 청춘과부는 개가를 허할 사 등으로 되어 있다. 이들 조항은 앞서 본 개화파의 신분제 개혁조치와 거의 일치한다. 다만 횡포한 부호배의 엄징, 불량한 유림과 양반의 징습 등은 6월 28일 군국기무처의 의안에는 포함되어 있지 않았던 것이었다.106) 결국 집강소기 농민군의 사회개혁활동은 첫째 농민을 침학해온 지배층, 즉 횡포한 부호배·유림·양반에 대한 엄징, 둘째 노비를 비롯한 천민신분의 실질적인 해방조치 등으로 집약되었다.

먼저 횡포한 부호배·유림·양반에 대한 엄징은 기존의 양반지배질서를 전면으로 부정하는 것을 뜻하였다. 이에 대해 박은식은 "양반의 평민에 대한 대우가 평민이 노예를 대하는 것과 같고, 토호들은 무단으로 약탈을 자행하며 가혹하게 억압하였다. 그런 까닭에 상민들은 양반들을 질시하며 골수에 맺힌 한이 몇백 년을 내려오면서 쌓이고 쌓여 불평하는 기운이 격렬하게 일어났다"고 하여107) 농민전쟁이 기존의 양반층의 억압적인 지배질서를 부정하려는 평민층과 천민층의 해방운동임을 증언하였다. 황현은 당시 양반사족이 어떠한 곤욕을 치루고 있었는가를 다음과 같이 잘 보여주고 있다.

---

106) 그러나 이에 대해서도 군국기무처는 8월 28일 "각 도의 豪右로서 鄕曲에서 武斷하거나 평민을 침학하는 자는 各該道臣에게 關飭하여 嚴査케 하되 該營에서 自斷하기 어려운 자는 정부에 報明하여 論法 科治한다"는 의안을 의결하였다(『일성록』 고종 31년 8월 28일). 이는 농민군의 요구사항을 부분적으로 수용하면서 농민군을 회유하기 위한 조치였던 것으로 보인다.
107) 박은식,『한국통사』, 제2편, 제26장「甲午東學之亂」

도적당은 모두 賤人奴隷이므로 兩班 士族을 가장 미워하였다. 그래서 양반을 표시하는 뾰족관을 쓴 자를 만나면 곧 꾸짖어 말하기를 "너도 역시 양반이냐"하고 관을 벗기어 빼앗아버리거나 또는 그 관을 자기가 쓰고 거리를 돌아다니면서 양반을 욕주었다.[108)

황현은 또 당시 농민군의 행태를 "남의 묘를 파헤치고掘人塚, 사채를 거두며徵私債, 부민을 겁주고劫富民, 사족을 욕보이며辱士族, 관장을 조소하고嘲罵官長, 이교를 잡아 가두고 있다縛束吏校"로 요약하고, 동학에 들어간 이들을 "어리석은 자愚者, 천한 자賤者, 패류悖者"라고 지칭하였다. 그는 당시 "일부 부자들은 겁략을 두려워하여 동학에 들어가기도 하였지만 사족들만은 죽음을 무릅쓰고 들어가지 않고 모두 도피하였으며, 일부 평민들도 이들을 본받았다. 따라서 적賊은 사족을 더욱 미워하여 욕보이고자 했다"고 썼다. 그는 당시 농민군이 사족들을 욕보이는 경우 언필칭 "도인은 살인하지 않는다"고 하면서 죽이거나 곤장을 때리는 일은 없었고, 다만 주뢰周牢를 사용했는데, 이는 그 목적이 엄형을 가하여 재산을 약탈하려는 데 있었기 때문이라고 기록하였다.[109)

양반 사족들은 이러한 곤욕을 당하는 것을 피하기 위해 대다수가 가족들을 이끌고 도피하였다. 예를 들어 「영상일기嶺上日記」를 쓴 남원유생 김재홍金在洪은 갑오년 여름 화를 피해 농민군이 들어가지 못하고 있던 운봉으로 여러 차례 피신하려 하였으나 실패하였다. 이후 그는 그의 친구들과 함께 화를 피해 장수·안의 등지를 전전하였고, 결국 운봉이 가깝고 산이 깊은 주암舟岩으로 전 가족이 피난하였으며, 그의 친족들도 다수가 주암으로 피난하였다.[110) 구례 토지면 오미리에 있던 운조루의 주인 류제양柳濟陽은 갑오년 여름부터 겨울까지 농민군을 피해 지리산 골짜기

---

108) 황현, 「오하기문」 2필, 『사료대계』 1, 214쪽
109) 황현, 「오하기문」 1필, 『사료대계』 1, 109~110쪽
110) 「영상일기」, 『사료대계』 2, 287~291쪽

문수동으로 들어가 초가집을 짓고 숨어 살았다.111) 경상도에서도 유명
한 사족들인 금산의 여위룡呂渭龍가·배선영裵善永가, 지례知禮의 이현삼李鉉
參가, 이성윤李性潤가, 선산의 허훈許薰가, 최봉기崔鳳基·최룡기崔龍基가, 김석
동金錫東·김세동金世東가들이 모두 타지로 도피하여 숨어 지내야만 하였
다.112)

　횡포한 부호배와 유림·양반들에 대한 농민군의 행태는 결국 중세적
인 사회질서, 즉 양반지배의 사회질서를 근본에서 부정하는 것이었다.
농민군의 신분해방운동은 한편으로는 이와 같은 양반지배질서를 부정하
는 방향에서 전개되었고, 다른 한편으로는 천민층, 특히 노비층을 그 주
인으로부터 해방시키는 방향에서 전개되었다. 물론 이 천민신분의 해방
운동은 동학사상 자체에서부터 그 단초가 마련된 것이었다. 즉 동학사상
의 인시천人是天, 사인여천事人如天 사상은 자유와 평등의 표어로 받아들여
졌으며,113) 적어도 동학조직 내부에서는 귀천과 노주奴主의 구분이 있을
수 없었다. 동학사상은 이같이 신분계급을 부정하는 평등사상을 포함하
였기 때문에 다수의 천민을 농민군 조직 내에 포섭할 수 있었다. 황현은
"그 법에 귀천과 노소가 없이 모두 항례抗禮(대등한 인사)를 했으며, 포군砲軍
은 포사접장砲士接長이라고 부르고, 동몽童蒙은 동몽접장童蒙接長이라고 불
렀으며, 노비와 주인이 모두 입도하면 또한 서로 접장이라고 칭하며 친
구처럼 대했다. 때문에 사노私奴·역인驛人·무부巫夫·수척水尺 등 천인들이
가장 즐겨 이에 따랐다"고 기록하였다.114)

　농민군에 가담한 천민층은 노비문서의 소각을 실천함으로써 천민신
분 해방운동을 이끌어 갔다. 노비들은 이제 농민군에 가담한 자이거나
아니거나를 막론하고 상전을 위협하여 노비문서를 받아내 불살랐다. 황

---

111)『구례 유씨가의 생활일기』상, 한국농촌경제연구원, 67쪽
112)「歲藏年錄」『사료대계』2, 259쪽
113) 이돈화편, 1933,『천도교창건사』, 天道敎中央宗理院, 70쪽
114)「오하기문」1필,『사료대계』1, 109쪽

현은 「오하기문」에서 "인가人家의 노비들로 적賊을 따르는 자는 물론이고 비록 적을 따르지 않는 자들도 모두 적의 힘을 믿고 주인을 협박하여 노비문서를 받아내 불사르고 강제로 종량從良케 하였으며, 혹은 그 주인을 결박하고 주뢰를 틀고 곤장을 치기도 하였다"고 기록하였다. 상황이 이같이 되자 노비를 가진 자들은 미리 그 문권을 불태워 화를 막기도 하였으며, 노비들이 굳이 요구하지 않아도 기세가 워낙 대단했기 때문에 주인들은 전전긍긍하였다고 한다. 또 일부 사족들은 위협에 못 이겨 동학에 들어가 주인과 노비가 함께 동학에 들어간 경우에는 서로 접장接長이라 칭하고 그 법을 따랐으며, 백정·재인들 또한 평민·사족들과 함께 항례抗禮를 하였다고 한다.[115]

한편 개화파정부는 8월 10일 관문關文을 통하여 6월 28일의 조치는 "반상의 구별을 철폐한다는 것이 아니라 인재등용에 있어 반상을 가리지 않겠다는 것을 의미할 뿐"이라고 후퇴하였다. 또 개화파정부는 노비해방문제에 대해서도 "공사노비제도의 혁파란 압량위천壓良爲賤하여 대대로 천역賤役을 지도록 하는 것을 금한다는 뜻이며, 사람의 판매를 금한다는 조항은 이미 판매된 자와는 관계가 없다"고 크게 후퇴하였다.[116] 개화파는 신분제철폐조치가 평민·천민층에 의외로 큰 반향을 일으키고, 양반층으로부터는 격렬한 반발을 받게 되자 평민·천민층의 신분해방투쟁의 예봉을 꺾고 양반층의 반발을 무마하기 위해 이러한 관문을 보낸 것으로 보인다. 그러나 이는 법령이 아닌 관문에 불과한 조치였다. 따라서 개화파의 관문은 현실적으로 아무런 힘을 갖지 못하였다.

그런데 신분해방운동은 일개 평민 혹은 천민과 일개 양반이라는 개별적 차원에서 가능한 일이 아니었다. 반상의 차별이라는 중세적 신분제도는 우선 향촌사회에서는 향약, 계, 오가작통과 같은 향촌사회의 공동체

---

115) 「오하기문」 2필, 『사료대계』 1, 214쪽. 이 기록은 8월의 정황을 기록한 것이다.
116) 『關草存案』 8월 10일

적 질서, 규제나 향회鄕會, 유회儒會와 같은 양반 유생층의 독자적인 조직 등에 의하여 유지되어 왔다고 할 수 있다. 따라서 농민군의 신분해방운 동은 우선적으로 향약, 유회 등을 깨뜨리는 일에서부터 출발하지 않을 수 없었고, 반대로 양반 유생층의 입장에서는 평민들의 농민군 가담을 저지하기 위해 향약, 오가작통 등의 기구를 발동시켰다.117) 이러한 사실 들은 바로 향약이나 오가작통과 같은 양반 중심의 향촌지배기구를 깨뜨 리지 않는 한 중세적 신분제의 폐지, 평민신분의 해방, 그리고 나아가서 근대적인 인간으로서의 자유, 자립의 획득은 이루어질 수 없는 것이었음 을 보여주는 것이었다.

농민군은 한편으로는 이같은 향약, 유회 등 기존의 향촌지배기구들을 깨뜨리면서, 다른 한편으로는 각지에 설치된 집강소를 중심으로 새로운 향촌지배질서를 만들어 나가고 있었다. 여기서 농민군의 사회적 지향은 단순히 신분제 개혁에 그치지 않고, 자신들이 지방통치의 실권을 장악하 고 자치를 실행하는 단계에까지 이르고 있었다. 즉 농민군은 읍권을 장 악하고 이속과 행정 말단조직을 모두 그들의 지배 하에 두고서 군기와 군량을 모았으며, 일부는 삼정의 업무를 관장하고 사송을 처결하기도 했 다.118) 농민군이 이처럼 향촌사회의 지배권력을 장악하고, 폐정을 개혁 하며 중세적 신분질서를 폐지시키는 등 자치를 실행하게 되었다는 것은 단순히 지방관 혹은 정부에 대하여 폐정의 개혁을 요구하던 민란 단계와 비교해 볼 때 커다란 변화였다.

그러나 집강소는 아직 불완전한 농민자치기구였다. 비록 크게 무력화 되긴 했지만 관권이 형식적으로 아직 존재하고 있었고, 또 집강소가 일 시적으로 설치되었다가 폐치된 경우도 많았으며, 읍치邑治에 집강소가 설

---

117) 김윤식,『속음청사』상, 권7, 307쪽 ;「순무선봉진등록」『동학란기록』상, 365쪽
118)『통상휘찬』22호,「朝鮮國全羅道巡廻復命書」;「東匪討論」『한국학보』3집, 265쪽

치되지 못한 지역도 있었다. 각 집강소 간의 지휘체계나 연락체계도 제
대로 되어 있지 않았으며, 그 기간도 불과 두 달이 채 못 되었다. 또 집
강소가 직접 행정을 도맡아 실시한 곳은 많지 않았다. 대부분 수령과 이
서배의 행정을 감시하는 정도에 머물렀다. 집강소는 행정보다는 양반에
대한 징치, 신분해방투쟁, 군수물자의 비축 등에 더 힘을 쏟고 있었다.

5. 농민군의 정치적 지향

농민군이 1차 봉기에서 민씨 정권의 축출을, 2차 봉기에서 일본침략
세력의 축출을 목표로 하였다는 것은 주지하는 바이다. 여기에서는 농민
군 측의 국내 정치세력, 즉 민씨 정권, 개화파, 대원군, 국왕에 대한 인식
과 대응을 살펴보고, 아울러 청국과 일본에 대한 인식과 대응도 살펴보
고자 한다.

1) 국내 정치세력에 대한 인식과 대응

고부봉기를 준비하던 주모자들은 이미 1893년 11월의 시점에서 전주
영을 함락한 뒤 서울로 직향할 것을 결의하였다. 이는 그들이 봉기 목적을
민씨 정권의 타도에 두고 있었기 때문이었다. 4월 4일의 「동학군통문」은
그 이유를 "민폐의 근본은 이서吏胥의 포흠逋欠에 있고, 이포吏逋는 탐관貪
官에 말미암은 것이며, 탐관은 집권자들의 탐람으로부터 비롯된 것이다"
라고 지적하였다.[119] 즉 이전의 민란 단계에서는 삼정문란 등의 책임을
각 군현단위의 수령·이서층에 돌리고 있었지만, 이제 농민전쟁 단계에
와서는 그 책임을 궁극적으로 집권세력에 돌리고 있었다. 국지성을 띠는
데 그쳤던 민란이 광역에 걸친 농민전쟁으로 발전할 수 있었던 것은 이

---

119) 「동학군통문」, 『나라사랑』 15집, 1974.6, 136~137쪽

러한 농민군 지도자들의 의식의 발전이 있었기 때문에 가능하였다. 3월 20일의 무장포고문에서 농민군은 "공경公卿 이하 방백方伯 수령守令에 이르기까지 모두 국가의 위난을 생각지 아니하고 부질없이 일신을 살찌우고 가문의 윤택함만을 꾀하고 과거科擧의 문을 돈벌이의 길로 생각하여 응시應試의 장場은 저자거리로 화하였다. 허다한 돈과 뇌물은 국고로 들어가지 않고 도리어 개인의 사복私腹만 채우고 있도다"라고 민씨 정권의 담당자들을 비판하였다.120)

그러면 민씨 정권은 구체적으로 누구를 지칭하는 것인가. 4월 27일의 「방문榜文」에서 농민군은 "집권대신들은 모두가 외척인데 주야로 하는 일이란 오로지 자기의 배만 부르게 하는 일이고, 자기의 당黨, 자기의 파派만을 각 읍에 포열布列하여 백성 해치기를 일삼고 있으니 백성들이 어찌 이를 감내할 수 있단 말인가"라고 하여, 그들이 주로 '외척'임을 적시하였다.121) 전봉준은 훗날 공초과정에서 "내직자와 외직자를 막론하고 그들은 모두 탐학"하며, 따라서 우선 전라도의 탐학한 관리들을 쫓아내고, 이어서 내직의 권신들을 쫓아낼 계획을 세웠다고 말하였다. 그는 전라도 감사 이하 수령들의 80~90%는 탐학한 관리로서, 저들은 상납을 칭하면서 혹은 결세結稅를 가렴加斂하고 혹은 호역戶役을 횡징橫徵하며 여러 구실을 붙여 요호饒戶의 전재錢財를 수탈하며, 전장田庄을 횡침橫侵하고 있다고 비난하였다. 그는 내직자의 가장 큰 죄로서 매관매작賣官賣爵을 들고 그 대표적인 인물로서 민영준閔泳駿·민영환閔泳煥·고영근高永根 등을 들었다.122)

그러면 농민군 측에서는 민씨 정권을 타도한 뒤 어떠한 정권을 세우려고 구상하였을까. 대원군은 바로 이 문제와 깊은 관련을 갖고 있는 인

---

120)「오하기문」1필,『사료대계』1, 53쪽
121)『대한계년사』상, 75쪽
122)「전봉준공초」『동학란기록』하, 532~533쪽

물이었다. 농민군은 4월 16일 영광에서 발표한 통문에서 "우리가 오늘 의거한 것은 다른 뜻이 아니다. 탐관오리를 제거하고 국태공을 받들어 나라를 감독하게 하여 위로는 종사를 보존하고 아래로는 백성을 보호하며, 이로써 부자의 천륜과 군신의 대의를 온전히 하여 난신적자가 자연히 사라지게 함"에 있다고 선언하였다.[123] 농민군은 국왕에 대한 충성을 다짐하면서 대원군의 정권장악을 주장하였던 것이다. 농민군은 또 5월 4일 전주에서 초토사에게 보낸 「소지訴志」에서 "국태공을 받들어 나라를 맡기자는 것은 너무나 당연한 일이거늘 어찌 불궤라 하느냐"고 비난하였다.[124] 이를 통해 볼 때 농민군이 대원군의 섭정 복귀를 강력히 소망하고 있었던 것은 틀림없는 사실이라 하겠다. 다만 문제가 되는 것은 농민군이 그 이외에 다른 독자적인 권력구상을 갖고 있었는가 하는 점이다. 이와 관련하여 학계에서는 1차 봉기 당시 농민군은 대원군의 섭정 복귀 이외의 다른 독자적인 권력구상을 갖고 있지 않았다는 견해가 유력하다.[125] 실제로 농민군이 그러한 구상을 갖고 있었던 흔적은 전혀 없다. 전봉준은 신문과정에서 "작년(1894년) 3월 기포시 탐관을 제거한 후 또 어떤 계획이 있었는가"라는 질문에 "다른 계획은 없었다"고 대답하였다.[126] 이를 통해 볼 때 전봉준은 민씨 일파를 축출한 뒤 대원군을 섭정에 복귀시키는 것 이외에 특별한 복안을 갖고 있었던 것 같지 않다. 전봉준은 1차 봉기 당시 「무장포고문」에서도 자신들의 봉기가 '의로운 뜻에서 나온 창의'라는 것을 되풀이 강조했다. 이렇게 볼 때 1차 봉기는 '혁명'이라기보다는 '의거'의 성격을 강하게 띤 봉기였다고 생각된다.

대원군은 비록 농민군의 옹립에 의해서는 아니었지만 6월 21일 일본군의 쿠데타에 의해 개화파 정권이 성립되면서 6월 22일 섭정에 상당하

---

123) 「수록」 갑오 4월 16일 『사료대계』 5, 199쪽
124) 「양호초토등록」 『동학란기록』 상, 207쪽
125) 정진상, 앞의 책, 141쪽
126) 「전봉준공초」 『동학란기록』 하, 537쪽

는 지위로 복귀하였다. 따라서 농민군 측의 입장에서는 일단 사태의 추이를 지켜 볼 수밖에 없었다. 전봉준은 8월 11일 전주에서 가진 일본인과의 회견에서 일본군의 경복궁 점령사건 이후 "우리는 일본의 행동, 대원군의 행동을 아직 자세히 몰라서 안심할 수 없기 때문에 나는 힘써 동지들의 분격을 가라앉힘과 동시에 우리 정부의 동태를 알려고 하고 있다"고 하여,127) 향후 일본의 행동과 대원군의 거취를 지켜보고 있었음을 알 수 있다.

그러면 2차 봉기와 대원군은 어떤 관련을 갖고 있었을까. 전봉준은 재판과정에서 대원군과의 관련을 계속 부인하였다. 그런데 전주에 설치되었던 좌우대도소의 도집강 송희옥이 갑오년 9월 6일 당시 태인에 있던 전봉준에게 보낸 것으로 믿어지는 편지를 보면 사정이 다르다.128) 송희옥은 이 편지에서 "어제 저녁 두 사람이 비밀리 내려왔는데 전말을 들은즉 과연 대원군(-인용자)은 개화파에 눌려 먼저 효유문을 보냈고, 뒤에 비기秘奇를 보냈다고 한다. 두 사람을 잡아 가두어놓고 엄히 지켜 외부와 통하지 못하도록 하였으니 빨리 올라오라. 호서湖西는 초10일 대회를 갖고 바로 올라간다고 한다. 그런즉 우리도 연속하여 따라 올라간 연후에 일이 가히 이루어질 것이다"라고 하였다. 이 편지를 받은 전봉준은 곧 태인을 출발하여 원평을 거쳐 삼례로 가서 그곳에서 송희옥과 대원군의 밀사를 만났다.129) 그 곳에서 송희옥은 전봉준에게 대원군의 밀사가 와서 속히 서울로 올라오는 것이 좋겠다고 한다고 전하였다. 이에 전봉

---

127) 『日淸交戰錄』 12, 명치 27년 10월 16일(음력 9월 18일), 42~43쪽
128) 이 편지는 국사편찬위원회편, 『주한일본공사관기록』 8, 55쪽에 실려 있다. 송희옥은 대원군이 보낸 효유문을 받고 곧 전주성을 빠져나가 龜村에 가 있던 중 대원군의 밀사를 만났다고 편지에서 쓰고 있는데, 이 '龜村'은 삼례와 이웃하고 있던 봉상면 구미리였던 것으로 추정된다.
129) 전봉준은 송희옥과 대원군의 밀사를 삼례에서 만난 사실은 전봉준 스스로 공초에서 시인하였다. 아울러 그는 대원군의 밀사가 박동진과 鄭모(정인덕)였다는 점도 인정하였다(「전봉준공초」 『동학란기록』 하, 545쪽).

준은 서신이 있느냐고 물었고, 송희옥은 서신은 보지 못했다고 말하자 송희옥을 꾸짖었다고 한다. 전봉준은 또 "비록 운현궁의 교시가 없더라도 마땅히 해야 할 일이면 내 스스로 행할 것이다"라고 하면서 재기포를 결정하였다고 한다.130) 즉 전봉준은 대원군으로부터 명확한 지시를 받고 재기포를 결정한 것은 아니었다. 그는 이미 7월부터 일본군과의 일전이 불가피하리라 생각하고 있던 중 대원군 측이 보낸 밀사로부터 당시 대원군이 개화파와 갈등을 빚고 있으며, 일본군이 농민군 진압을 위해 출동준비를 하고 있다는 정세를 전해 듣고 더 이상 재봉기를 늦출 수 없다고 판단하였던 것이다.131)

　　2차 봉기에 실패한 이후 체포된 전봉준은 동학농민군을 이끌고 서울에 입성하여 일본군을 몰아내고 간악한 관리를 쫓아낸 다음에는 "국사國事를 들어 한 사람의 세력가에게 맡기는 것은 크게 폐해가 있는 것을 알기 때문에 몇 사람의 명사名士에게 협합協合해서 합의법에 의해 정치를 담당하게 할 생각이었다"고 진술하였다.132) 이 진술은 물론 대원군을 보호하기 위한 의도가 담긴 것으로 추측되지만, 한 사람의 세력가에게 맡기는 것은 폐단이 크다고 한 것은 대원군 한 사람에게만 의지할 수는 없다

---

130) 「전봉준공초」, 『동학란기록』 하, 544~545쪽

131) 전봉준은 공초에서 대원군의 효유문이 개화파의 압력에 의해서 나온 것이라는 밀사의 말도 확실히 믿을 수는 없었고, 재봉기는 어디까지나 자신의 본심에서 출발한 것이었다는 점을 강조하였다(전봉준공초」, 『동학란기록』 하, 548쪽). 그러나 이는 2차 봉기와 대원군과의 관련성을 가능한 한 부정하려는 의도에서 나온 진술인 것으로 보인다. 8월말 김개남이 남원에 입성하여 관 측과의 撫局을 깨뜨리자 전봉준은 이를 크게 비난하였다. 그러던 그가 9월초에 삼례에서 대원군의 밀사를 만난 뒤에 갑자기 재봉기를 결정하였다. 이는 전봉준이 대원군의 밀사로부터 여러 정세를 전해 듣고 그로부터 상당한 영향을 받았음을 말해주는 것이다. 한편 김개남도 체포된 뒤 전라감사 이도재의 국문과정에서 "우리들이 한 일은 모두 대원군의 밀지에 의한 것이었다"고 말하였다 한다(「오하기문」 3필, 『사료대계』 1, 302쪽). 이는 농민군의 2차 봉기가 대원군의 밀지에 크게 영향을 받아 이루어진 것임을 분명히 보여준다.

132) 『東京朝日新聞』 1895년 3월 6일자

는 전봉준의 의식의 일단이 표출된 것으로 보아야 할 것이다. 또 합의법에 의한 정치를 실시하도록 하려했다는 것은 1894년 여름 개화파 정권의 군국기무처의 설치와 운영을 보고 시사를 받은 것으로 생각된다. 당시 군국기무처는 일종의 평의회로서 행정권과 입법권을 동시에 가지고 국정 전반을 심의 의결하는 기구였으며, 논의 안건은 다수결의 원리에 따라 표결하도록 되어 있었다.133) 1차 봉기에서 대원군의 섭정 복귀만을 구상했던 농민군 지도부의 정치의식은 이제 군국기무처와 같은 비상개혁추진기구가 필요하다는 쪽으로 한 단계 발전하고 있었던 것이다. 그러나 전봉준은 이때에도 정치는 몇 사람의 '주석柱石의 사士'에게 맡기고 자신은 하향하여 농업에 종사할 생각이었다고 밝혀,134) 1차 봉기 이래의 '창의론倡義論'을 고수하고 있었음을 알 수 있다. 결국 2차 봉기 단계에도 농민군은 자신들의 독자적인 권력구상을 갖고 있지 않았으며, 따라서 1894년의 농민전쟁은 정치적인 측면에서는 '혁명'보다는 '의거' 쪽에 더 가까운 것이었다고 여겨진다.

다음으로 개화파에 대한 농민군 측의 인식을 살펴보자. 갑오년 여름 일본군이 민씨 정권을 전복하고 개화파 정권을 세웠을 때 개화파 정권에 대한 농민군 측의 반응은 대단히 신중하였다. 그것은 개화파가 대원군을 섭정의 자리에 복귀시켰고, 또 개화파 정권이 수립된 직후 군국기무처를 통해 이루어진 개혁사업들이 상당 부분 농민군 측의 요구를 수용하고 있었기 때문이었다. 즉 군국기무처에서 6월 28일 이후 통과된 각종 의안들이 전라감사 김학진과 각지의 수령들을 통해 농민군들에게 알려졌는데, 이는 대부분 농민군 측의 요구사항을 수용한 것이었다. 군국기무처에서 의결한 신분제의 폐지, 민씨 정권 핵심분자들의 숙청, 조세제도의 개혁, 토호무단의 금지 등은 개화파 정권이 농민군 측을 무마하기 위해 일차적

---

133) 『章程存案』 갑오 6월 26일
134) 주 132)와 같음.

으로 단행한 개혁조항들이었고,[135] 따라서 농민군 측도 이러한 개혁에 대해서는 하등 반대할 이유가 없었다.

본래 갑오개화파는 집권 직전의 시점인 1894년 봄 농민군의 봉기에 대해 동정적인 생각을 갖고 있었다. 예를 들어 유길준과 김가진은 "전라 지방민이 폭동을 일으켜 이 지경에 이르게 된 것은 본래 지방관리들의 탐욕과 학정에 기인한 것"이라고 말하면서, 이러한 농민군을 진압하기 위해 청국군을 빌려오려고 하는 민씨 정권에 대해 반대하고 있었다.[136] 따라서 집권초기 개화파 정권이 농민군의 요구사항을 어느 정도 수용하였던 것은 당연하였고, 이는 농민군 측으로부터도 어느 정도 환영을 받았을 것이다.

그러나 양자 사이의 타협국면은 8월에 들어서면서 서서히 깨어지기 시작하였다. 8월 4일 군국기무처는 삼남의 각처에 동학도들이 날로 거칠어지고 소와騷訛가 심하여졌으므로 이 지역에 삼남 도선무사三南 都宣撫使를 특파하여 우선 이들을 효유·귀화시키되 그들의 귀화가 불가능할 경우 이어서 군대를 파견하여 이를 탄압하기로 방침을 정하였다. 8월 25일 군국기무처는 도선무사의 파견에도 불구하고 동학도들의 경화硬化가 날로 심해지고 있으며 양호兩湖가 더욱 심하다고 판단하고 군대를 파견하여 일변 탄압하고 일변 선유하기로 방침을 정하였다.[137]

한편 같은 날인 8월 25일 김개남은 남원에 재입성하여 남원성을 재점령하여 관 측과의 타협국면을 깨뜨렸다.[138] 또 전봉준은 9월 8일경 송희옥과 대원군의 밀사를 삼례에서 만나 재봉기를 결정하였다. 이에 따라 9일 금구지방의 농민군들은 금구관아에 들어가 무기고에서 무기를 탈취

---

135) 유영익, 1990, 『갑오경장연구』, 일조각, 147~150쪽
136) 국사편찬위원회편, 『주한일본공사관기록』 1, 268쪽
137) 유영익, 앞의 책, 151쪽
138) 박찬승, 1994, 「1894년 농민전쟁기 호남지방 농민군의 동향-남원지방 김개남세력을 중심으로-」 『동학농민전쟁의 지역적 전개와 사회변동』, 새길(이 책에 재수록)

하여 10일 전주 방면으로 향하였으며, 10일에는 삼례에 각지에서 농민군이 집결하기 시작하였다. 13일에는 여산과 전주성에서, 16일에는 위봉산성에서 무기를 탈취함으로써 농민군은 2차 봉기의 횃불을 들었다.[139] 김개남도 대원군의 밀사를 9월 7일 만나서 상경을 독촉하는 대원군의 뜻을 전해 듣고 북상을 위한 준비를 시작하였다. 한편 순천의 김인배는 9월 1일 섬진강을 건너 하동을 공격하여 이를 점령하였다.

결국 8월말~9월초의 시점에 농민군과 개화파 정권은 그간의 애매모호했던 소강국면을 깨고 대결상태에 들어갔다고 할 수 있다. 그리고 양측이 대결국면에 들어간 것은 '일본문제'를 둘러싸고 양측의 입장 차이가 이 시기 뚜렷이 드러나기 시작했기 때문이다. 개화파 정권 측은 일본군 없이는 정권의 유지가 어려운 현실에서 일본군에 계속 매달릴 수밖에 없었다. 반면 농민군은 일본이 범궐하여 국권을 침범하였으며, 이후에도 경성에 계속 군대를 주둔시킴으로써 우리 국토를 침략하려는 의도를 갖고 있다고 보아 이를 축출하는 것이 급선무라고 보았던 것이다.[140]

농민군은 10월 16일 「시호서순상示湖西巡相」이라는 글에서 "오늘날의 조정대신은 망령되이 생명의 안전만을 도모하여 위로는 군부君父를 협박하고 아래로는 백성을 속여 동이東夷(일본을 지칭-인용자)에게 연장連賜하여 남민南民의 원망을 사고 친병親兵을 망령되이 움직여 선왕先王의 적자赤子를 해치고자 하니 참으로 어떤 뜻이며 무엇을 하려고 하는 것인가"라고 개화파 정권을 비난하였다.[141]

농민군 측은 또 1894년 11월 12일자로 발표한 「고시 경군여영병이교시민」에서 "통상 이후 갑신십월의 사흉이 협적하야 군부의 위태하미 됴석에 잇더니 종사의 홍복으로 간당을 쇼멸하고"라 하여, 1884년 갑신정

---

139) 국사편찬위원회편, 『주한일본공사관기록』 1, 129~130쪽
140) 「全琫準 공초」, 『동학란기록』 하, 538쪽
141) 『동학란기록』 하, 383~384쪽

변의 개화파를 '사흉四兇' '간당奸黨'이라고 표현하였다. 또한 이 글에서는 1894년 여름 개화파 정권의 수립에 대하여 "금년 유월의142) 개화간당이 왜국을 쳐결締結하여 승야입경乘夜入京하야 군부君父를 핍박하고 국권國權을 천자擅恣하며 우황 방백수령이 다 개화중 쇼속으로 인민을 무휼하지 안이코 살륙을 조하하며 생녕生靈을 도탄塗炭하매"라고 하여, 역시 갑오개화파를 '개화간당'이라 지칭하고 개화파의 집권과정에 대해서도 왜국과 체결한 점, 군부를 핍박한 점, 국권을 마음대로 휘두른 점 등을 들어 비판하였다.143) 또 이 글에서는 "이제 우리 동도가 의병을 드러 왜적을 쇼멸하고 개화를 제어하며 됴정을 청평하고 사직을 안보할 새"라고 하여, '개화파의 제어'를 언급하고 있다.144)

그러면 농민군 측은 국왕에 대해서는 어떤 인식을 갖고 있었을까. 이는 농민군 측이 1차 봉기 당시 무장에서 발표한 포고문에 잘 나타나있다.

> 세상에서 사람을 가장 귀하다 하는 것은 인륜이라는 것이 있기 때문이다. 군신부자는 인륜 중에서 가장 으뜸가는 것이다. 임금이 어질고 신하가 곧으며 아비가 자식을 사랑하고 아들이 효도한 연후에야 집과 나라에 無疆의 복이 미칠 수 있는 것이다. 지금 우리 임금은 仁孝慈愛하고 총명한지라. 賢良方正한 신하가 있어서 그 총명을 도울지면 堯舜의 德化와 文景의 善治를 가히 이룰 수 있을 것이다.145)

이 글에서 보면 농민군 지도부는 국왕 고종은 인효자애仁孝慈愛함에도 불구하고 권신들이 국왕의 총명을 가리고 사리사욕만을 취하고 있다고

---

142) 국편에서 발간한 『동학란기록』 하권에는 이 부분이 시월(十月)로 되어 있으나, 정창렬 교수가 국편에 보존되어 있는 원문을 직접 확인한 바에 의하면 유월(六月)이 맞다고 한다.

143) 「고시 경군여영병이교시민」 『동학란기록』 하, 379~380쪽

144) 여기서 '개화의 제어'는 문맥으로 보아 '개화정책의 제어'라기보다는 '개화파에 대한 제어'로 보아야 할 것이다.

145) 「오하기문」 1필, 『사료대계』 1, 52~53쪽

인식하고 있음을 알 수 있다. 농민군은 3월말 백산에서 발표한 4대 강령
에서도 '충효 쌍전忠孝 雙全'을 강조하였고, 5월 4일 전주에서 초토사에게
보낸 「시초토사示招討使」에서도 "우리들도 선왕先王의 유민遺民이라. 어찌
부정한 마음으로 또 임금에게 반역하려는 마음을 가지고 천지간에 호흡
할 수 있겠는가"라고 하여 자신들은 국가에 대한 반역의 의도가 전혀
없음을 강조하였다.

농민군은 국왕인 고종 개인에 대한 충성뿐만 아니라 조선왕조 자체에
대한 충성도 아울러 표시하고 있었다. 예를 들어 「시초토사」에서 농민
군이 전주성 안에 있을 때 초토사 홍계훈의 군대가 전주성을 향해 대포
를 쏘아 경기전을 파괴한 것을 꾸짖었다. 농민군은 4월 19일 함평에서
초토사에게 보낸 글에서도 "위로 국태공을 모시고 부자의 인륜과 군신
의 의를 온전히 하고 아래로 백성을 편안히 하며, 위로 종사를 보전"할
것을 바란다는 뜻을 명백히 하였다.146) 또 9월의 2차 봉기 때 전봉준은
「시호서순상示湖西巡相」에서 "내가 하고자 하는 것은 그것이 진실로 어렵
다는 것을 잘 알지만 일편단심 죽음을 각오하고 천하의 인신人臣으로 두
마음을 가진 자를 소제掃除하여 선왕조先王朝 5백년의 유육遺育의 은혜에
보답코자 한다"고 하였다.

이와 같은 자료들을 통해서 볼 때 농민군 지도부의 국왕, 조선왕조에
대한 충성심은 의심의 여지가 없는 것이며, 농민군 지도부의 정치의식은
아직 유교적인 관념 안에 머무르고 있음도 알 수 있다. 그들이 생각하는
정치변혁은 부패탐학한 민씨 정권의 축출과 대원군의 복귀, 그리고 국권
을 침탈한 일본군과 그에 의지하고 있는 개화파를 축출하는 것을 뜻하였
을 뿐, 조선왕조나 국왕에 대한 도전으로까지는 나아가지 않았다.

---

146) 「오하기문」 1필, 『사료대계』 1, 71쪽

2) 외세에 대한 인식과 대응

동학교도들은 1892년과 93년에 전개된 '신원' 운동과 '척왜양' 운동을 통하여 자신들의 '척왜양' 의식을 잘 표현한 바 있었다. 특히 호남지방의 교도들은 1893년 2월 전라감영에 제출한 소장에서 다음과 같이 말하였다.

> 이제 倭洋의 賊이 心腹에 들어와 大亂이 극에 달하였다. 우리의 國都는 이미 夷狄의 소굴이 되었다. 가만히 생각컨대 임진년의 원수와 병자년의 치욕을 어찌 차마 말할 수 있고, 어찌 차마 잊을 수 있겠습니까. 지금 우리나라 삼천리 강토가 짐승의 근거지가 되어 오백년 종사가 장차 망하고 그 터전이 기장밭이 되고 말 것이니, 인의예지 효제충신은 이제 어디에 있습니까. 하물며 왜적이 뉘우치는 마음이 없이 재앙을 일으킬 마음만을 품고 있어 바야흐로 그 毒을 뿌려 위험이 닥쳐왔는데도 불구하고 이를 대수롭게 여기지 않고 별일 없다고 하는데, 지금의 형세는 장작불 위에 있는 것과 다른 것이 무엇입니까.[147]

호남지방의 동학교도들은 '왜양倭洋'의 침입으로 '대란大亂'이 극에 달하였으며, 특히 서울은 이미 '이적夷狄의 소굴'이 되었다고 보고 있었다.[148] 그러나 1894년 1차 봉기 당시 일본세력의 축출은 그리 크게 부각되지는 않았다. 농민군이 무장에서 발표한 포고문이나, 4월 19일 함평에서 초토사에게 보낸 글, 나주공형에 보낸 통문 가운데에는 전혀 외세에 대한 언급이 없다. 다만 4월 4일 법성포 이향에게 보낸 통문, 5월초 전주에서 초토사 홍계훈에게 제시한 27개 조목과 5월 11일과 17일경 순변사 이원회에게 제출한 14개조와 27개조의 「원정」, 그리고 5월 20일경 전라감사 김학진에게 제시한 13개조의 개혁안 가운데에서 각 포구에서의 타국잠상他國潛商들의 고가무미高價貿米를 금하고, 외국상인들의 도성 내 설

---

147) 『일본외교문서』 5 (한국편, 태동문화사간본), 457쪽
148) 이에 대한 자세한 내용은 박찬승, 주 12)의 글을 참조할 것.

시設市와 내륙행상을 금하도록 하라는 요구가 있을 뿐이었다. 그런데 정교는『대한계년사』에서 제1차 봉기 당시 백산에서 발표한 「4대 명의四大名義」에서 농민군이 '축멸왜이逐滅倭夷'를 선언하였다고 기록하였으며,[149] 오지영도『동학사』(간행본)에서 농민군이 백산에서 발표한 「격문」에서 봉기의 목적이 "안으로 탐학한 관리의 머리를 버히고 밖으로는 횡포한 강적强敵의 무리를 구축코자 함"에 있음을 선언하였다고 기록하였다.[150] 그러나『대한계년사』나『동학사』는 모두 2차 사료로서 이를 액면 그대로 믿을 수 없다고 생각된다. 농민군 측의 1차 사료에서는 '축멸왜이'와 같은 과격한 표현은 전혀 찾아볼 수 없다. 이는 공연히 일본이나 청국을 자극하는 표현을 사용함으로써 그들의 개입을 불러일으킬 필요가 없다는 계산에서였을 것이다.

그러나 6월말 일본군이 왕궁을 점령하고 개화파 정권을 세우는 사태가 일어나자 농민군은 일본의 움직임에 촉각을 곤두세웠다. 7월 17일 전주에 설치된 좌우도소 집강소의 도집강 송희옥은 각 군현의 집강소에 보낸 글에서 다음과 같이 말하였다.

> 방금 外寇가 대궐을 범하고 君父가 욕을 입었으니, 우리는 마땅히 나아가 義로써 죽어야 할 것이지만, 저 오랑캐들이 지금 淸兵과 交敵하고 있는데 그 예봉이 심히 날카로우니 지금 만약 갑자기 일어나 저들과 맞서 싸운다면 그 화는 예측하기 힘드나 아마도 宗社에 미칠 것이다. 따라서 일단 물러서서 시세를 살핀 연후에 기세를 돋우고 계획을 세우는 것이 萬全의 방책이 될 것이다. 바라건대 境內의 각 接主들에게 통문을 보내 각기 그 業에 힘쓰고 절대 境內에서 함부로 날뛰는 자가 없도록 하기 바란다.[151]

전봉준 등 농민군 지도부는 일본군의 궁궐 침입을 예사롭지 않게 보

---

149)『대한계년사』상(국사편찬위원회편), 74쪽
150) 오지영,『동학사』(간행본), 112쪽
151)「수록」『사료대계』5, 278~279쪽

앉으며, 그 화가 장차 조선왕조의 흥망에까지 미치지 않을까 우려하면서
농민군들에게 경거망동하지 말고 시세를 살필 것을 당부하고 있었다. 8
월 11일에도 전봉준은 "일본의 행동, 대원군의 행동을 우리는 아직 자세
히 알지 못해서 안심할 수 없기 때문에 나는 힘써 동지들의 분격을 가라
앉힘과 동시에 우리 정부의 동태를 알려고 하고 있다"고 말하였다.152)
농민군의 일본군에 대한 신중한 대응은 8월말까지 계속되었다. 그러나
이러한 대응태도는 9월초 대원군의 밀사가 전봉준과 김개남 등을 만나
면서 급변하게 된다.

  당시 개화파의 군국기무처는 8월 4일에 이미 농민군에 대한 선효유先
曉諭·후탄압後彈壓의 방침을 정하였으며,153) 8월 24일에는 방침을 바꾸어
군국기무처가 의정부에 선탄압·후선유의 방침으로 삼남의 농민봉기를
다룰 것을 건의하면서 이에 필요한 구체적인 병력동원조치를 서두를 것
을 촉구하였다.154) 8월 24일에 이르러 개화파가 농민군에 대한 적극적
인 진압책을 결정한 것은 8월 17일 평양전투에서 일본군이 대승을 거둠
으로써 청일전쟁의 대세가 판가름났다고 보았기 때문이었다. 개화파는
이제 배후의 청국군을 염려하지 않고 일본군의 지원을 얻어 농민군을 탄
압할 수 있다는 자신이 섰던 것이다. 상황이 이같이 급박하게 돌아가자
대원군은 개화파의 농민군 진압계획에 반대하면서 가능한 한 이를 저지
시키기 위하여 노력하는 한편, 밀사를 전봉준과 김개남에게 보내 일본군
이 경병과 함께 삼남지방으로 내려가게 되면 사정이 곤란하게 되므로 그
전에 가능한 한 빠른 시일 내에 농민군을 동원하여 상경하라고 촉구하였
던 것이다.155)

---

152) 『日淸交戰錄』 12, 명치 27년 10월 16일, 42~43쪽
153) 『고종실록』 고종 31년 갑오 8월 4일조
154) 유영익, 1985 「군국기무처 의안의 분석」 『청일전쟁과 한일관계』, 일조각, 188쪽
155) 국사편찬위원회편, 『주한일본공사관기록』 8, 63쪽 ; 「이병휘공초」 『동학란기록』
    하, 590쪽

결국 농민군 지도부는 일본군과 경병이 농민군을 진압하러 곧 내려올 것이라는 정보를 접하고, 이에 맞서서 그 전에 농민군을 이끌고 상경하여 일전을 겨룰 수밖에 없다고 판단하였던 것이다. 2차 봉기의 동기에 관하여 전봉준은 재판과정에서 다음과 같이 말하였다.

> 문: 다시 起包한 것은 무슨 까닭인가.
> 답: 일본이 개화라고 일컬어 애초부터 一言半辭도 없이 민간에 傳布하고, 한 편으로 檄書도 없이 率兵하고 都城으로 들어와 夜半에 왕궁을 격파하여 主上을 경동케 하였다고 하기에, 草野의 士民들이 忠君愛國의 마음으로 慷慨하지 않을 수 없어 義旅를 규합하여 일본인과 접전하게 되었다.[156)

전봉준은 일본군의 속셈이 조선을 완전 병탄하려는데 있다고 생각하였다. 「전봉준판결선언서」는 "피고는 일본군대가 대궐에 들어갔다는 말을 듣고 필시 일본군이 아국을 병합코자 하는 것인 줄 알고 일본병을 물리치고 그 거류민을 국외로 구축할 마음으로 다시 기병을 도모"하였다고 기록하였다.[157) 전봉준은 또 재판과정에서 "다른 외국인은 다만 통상만 하는데 일본인은 솔병率兵하여 경성에 유진留陣하는 고로 우리나라 강토를 침략하는가 의아"하여 봉기하였다고 진술하였다.[158) 이상에서 살펴볼 때 전봉준 등 농민군 지도부는 일본이 청일전쟁에서 승리한 뒤 조선을 병탄하지 않을까 우려하였으며, 또 일본군이 농민군을 직접 진압하러 내려올 준비를 하고 있다는 소식을 접하고 2차 봉기를 결정하였음을 알 수 있다. 당시 일본은 청일전쟁에서의 승세를 굳히면서 차제에 조선을 보호국으로 만들려는 의도를 굳히고 있었고, 이를 위해서 가장 반

---

156) 「전봉준공초」 『동학란기록』 하, 538쪽

157) 「전봉준판결선언서」 『나라사랑』 15, 1974, 148쪽. 주한일본공사관에서 작성한 「동학당사건에 대한 會審전말」도 같은 내용을 기록하였다(국사편찬위원회편, 『주한일본공사관기록』 8, 51쪽).

158) 「전봉준공초」 『동학란기록』 하, 538쪽

일적인 세력인 농민군을 무력으로 진압하기로 결정을 내렸다. 따라서 전봉준이 일본이 조선을 병탄할 의도를 갖고 있지 않은가 의심한 것은 옳은 것이었다.

전봉준은 일본군의 무력이 막강하다는 것을 잘 알고 있었기 때문에 험한 산과 강으로 둘러싸인 공주에 농민군이 미리 들어가서 일본군을 맞아 싸울 계획을 세웠다고 한다. 그러나 남북접 간의 갈등, 전봉준과 김개남 간의 노선분열 등으로 인해 농민군의 북상이 늦어지는 바람에 공주는 일본군이 선점하는 바가 되어 농민군 측의 계획에 차질이 생겼던 것이다.159) 이는 농민군이 일본군에 대한 공세적인 전술이 아닌 수세적인 전술을 택하고 있었음을 보여주는 것이다. 그러나 그러한 전술에 차질이 생겼고 농민군은 결국 패전하고 말았던 것이다. 이로써 일본의 제국주의적 침략에 맞선 반침략전쟁의 성격을 띠었던 2차 봉기는 좌절되고 말았다. 전봉준은 "우리 동학당의 군은 훈련이 안되어 있고, 무기는 완구적인 것이다. 사람과 무기, 모두 정예한 일본병에 비길 수 있다고는 본디 믿지 않았지만 임금이 굴욕을 당하면 신하는 죽는 법, 죽음을 당하고서 끝낼 결심을 하고 일어섰다"고 말하였다.160) 농민군 지도부는 패전을 각오하면서도 국권을 수호하겠다는 의지를 가지고 '의병'을 일으켰던 것이다.

그러면 농민군은 청국에 대해서는 어떤 인식을 갖고 있었을까. 1893년 2월 동학교도들의 광화문 복합상소가 있던 시기를 전후하여 전라도의 각 읍 아문에는 '창의'를 칭하는 동학교도들의 방문이 붙었다. 그런데 이 방문에서는 "왜양청倭洋淸 등 여러 나라 사람들이 우리나라를 횡행하여도 이를 제어하지 못하고 있으니 우리가 이를 초멸하고자 한다. 각 읍에서는 지혜와 용기가 있는 사람을 뽑아 보내라"고 했다고 한다.161) 이

159) 「전봉준공초」『동학란기록』하, 529쪽
160) 『東京朝日新聞』1895년 3월 5일(『사회와 사상』1, 1988년 9월호, 257쪽)
161) 김재홍, 『嶺上日記』계사년 2월 10일.

는 1894년 1차 봉기 당시 농민군이 외국상인들의 도성설시와 내륙행상을 금단해달라고 요구한 것으로 이어졌다고 여겨진다. 결국 농민군은 청국상인에 대해서도 일본상인과 같은 경계심을 갖고 있었던 것이다. 또 1893년 2월 동학교도들은 전라감영에 제출한 소장에서 "임진년의 원수와 병자년의 치욕을 어찌 잊을 수 있겠는가"라고 하여,[162] 청국에 대해서도 일본과 마찬가지로 그리 좋은 감정을 갖고 있지 않음을 드러내었다.

　농민군은 전주성에 입성한 뒤 청국군이 농민군 진압을 위해 아산만에 들어왔다는 소식을 듣고 서둘러 전주성에서 철수하였다. 당시 농민군 지도부는 다음과 같은 통문을 띄웠다고 한다.

　　　들은 소문에 의하면 청국군의 수는 다만 3천 명뿐인데 수만 명이라고 와전되었고, 또 각국의 군대가 도로에 계속 줄을 잇고 있다고 하여, 잠시 병력을 퇴진하였다. 이제 들으니 그렇지 않다고 하나 후회해도 어쩔 수 없다. 일이 이미 이런 지경에 이르렀으므로 청국군이 물러간 뒤에 다시 義旗를 들까 하니, 각 군의 將卒들은 각별히 유념하여 명령을 기다리기 바란다.[163]

　전주성 철수 당시 농민군 측은 청국군의 세력을 과대평가하였으며, 뒤에 보다 자세한 정보를 접한 뒤에는 너무 쉽게 전주성에서 철수한 것을 후회하고 있었음을 알 수 있다. 이는 청국군과 대결할 수도 있었다는 말이 된다. 그러나 농민군은 이미 전주성에서 철수한 뒤였고, 따라서 청국군이 철수하기를 기다린 뒤에 다시 봉기한다는 계획을 세우고 있었던 것이다. 농민군이 철수한 뒤 청국군은 농민군 진압의 명분을 잃었고, 조선정부에서 철병을 거듭 요청하자 20명을 전주성에 보내 상황을 살피게 했을 뿐이었다.[164] 따라서 농민군과 청국군 사이에 특별한 충돌은 일어나지 않았다.

162) 『일본외교문서』 5 (한국편), 457쪽
163) 국사편찬위원회편, 『주한일본공사관기록』 1, 400쪽
164) 국사편찬위원회편, 『주한일본공사관기록』 1, 93~94쪽

그런데 2차 봉기를 전후한 시점에서 농민군 내부에는 청국군에 대한 인식이 분화되는 모습을 보인다. 앞서 본 것처럼 2차 봉기에는 대원군 측과의 연락관계가 상당한 영향을 미쳤는데, 대원군 측에서는 처음에는 "만약 일본군이 내려오면 각처의 동학도들은 일시에 흩어졌다가 동짓달에 청국군이 나오기를 기다렸다가 다시 모여서 합력하여 내외에서 협공할 것"을 계획하였다고 한다.165) 그러나 일본군이 평양전투에서 승리한 뒤 생각보다 빨리 농민군토벌을 시작하려는 기미를 보이자 대원군 측에서는 일본군이 내려가기 전에 속히 북상할 것을 촉구하였던 것이다.166) 이러한 상황이었기 때문에 당시 농민군들 가운데 일부는 청국군과 연합작전을 기대하는 측도 있었다.167) 그러나 또 다른 농민군들은 소중화적인 의식을 가지고 청국군을 오랑캐라 부르면서 "북쪽 3도道는 오랑캐의 땅이 되었고, 남쪽 5도道는 왜적들이 가득하다"고 개탄하고 있었다.168) 그러면 당시 농민군 지도부는 어떤 인식을 갖고 있었을까. 전봉준은 체포된 후 "청국에 대해서는 지금까지 공물을 바치고 있기 때문에 그 이상 우리나라를 병탄까지는 하지 않을 것이라고 생각했다"고 말하였다.169) 일본과 비교할 때 청국은 조선에 대해 영토적 야심은 없다고 보고 있었던 것이다. 전봉준은 또 "정부의 망간한 무리가 와서 설사 일본국이 우리나라로 하여금 일시 독립국일 수 있게끔 할 수 있다고 하더라도 영원히 지속할 수는 없다. 조만간 청국에게 뒤엎어지는 것은 명백하다고 하였다. 고로 인민이 이 말에 현혹되어 결국 이러한 지경에까지 이르렀다"

---

165) 「이병휘공초」『동학란기록』하, 591쪽
166) 같은 책, 590쪽
167) 당시 주한일본공사 大鳥圭介는 조선 외무대신 김윤식에게 보낸 조회에서 "지금 匪徒들이 패전한 淸兵과 결탁하여 우리 병사들과 인민들을 물리치자는 명분을 내세우고 있다"고 말하였다(『주한일본공사관기록』1, 133쪽).
168) 이는 진주지방 동학도들이 9월 10일 내건 방문에서 나오는 대목이다(『주한일본공사관기록』1, 140쪽).
169) 『東京朝日新聞』1895년 3월 6일(『사회와 사상』1, 1988년 9월호, 262쪽)

고 말하였다.[170] 일본신문에 실린 이 진술을 액면 그대로 받아들일 수는 없지만, 농민군 지도부가 청국에 대한 기대를 완전히 저버리지 않았던 것은 짐작할 수 있다.

6. 맺음말

1894년 농민전쟁의 참가층은 크게 지도부와 주력군, 그리고 보조계층으로 나누어 볼 수 있다. 이 가운데 주체라 할 수 있는 지도부와 주력군은 농민전쟁이 진행되는 과정에서 약간의 변화양상을 보이지만, 큰 변동은 없었다. 농민전쟁의 지도부는 동학의 접주층과 '충의지사'로 지칭되던 지식층으로 구성되어 있었다. 이들은 대체로 하층양반·서얼층으로서 유학적 소양을 지니고 현실에 불만을 품은 변혁지향적인 지식층이었다. 하층양반 가운데에는 전봉준과 같이 '빈한한 선비'寒士도 있었지만 대체적으로는 중소지주나 부농층에 해당하는 요호부민층이 많았다. 또 이들 지도층 가운데에는 평민으로서 요호부민층에 해당하는 이들도 있었다.

그러면 이들은 어떻게 농민군의 지도부를 형성하게 되었을까. 18세기 이후 향촌사회에서는 재지사족의 향촌지배에 도전하는 '하층양반-요호부민층'이 대두하였으며, 이들 신흥세력은 수령과 결부되면서 사족지배를 점차 무너뜨리고 향권을 장악해나가고 있었다. 그러나 19세기 중엽 이후 이들 신흥세력은 오히려 중앙권력과 수령들에 의한 수탈의 표적이 되면서 점차 저항세력으로 등장하고 있었던 것이다. 특히 이들은 1862년 농민항쟁 이후 점차 농민항쟁의 지도자로 등장하여, 마침내 1894년에 이르러서는 농민전쟁의 지도부를 형성하기에 이르렀던 것이다.

한편 '빈한한 선비'들로서 농민전쟁의 지도부에 참여한 이들은 1893

---

170) 『東京朝日新聞』 1895년 3월 5일(『사회와 사상』 1, 1988년 9월호, 259쪽)

년 보은집회에 참여했다는 '백성을 위해 목숨을 걸고 탐학을 제거하려는 자', 그리고 전봉준이 '충의지사'라고 일컬은 이들이었다. 이들은 19세기 이후 현실에 대해 강한 불만을 품고 일부는 정감록 등을 이용하여 조선왕조의 전복을 꾀하는 '변란'을 도모하기도 하고, 다른 일부는 19세기 중반 이후 빈발하던 '민요'의 지도자가 되기도 했다. 그러나 1880년대 이후 이들은 민중의 지지가 없는 '변란'을 포기하고, 농민과 다름없는 사회경제적 처지에서 그들을 대변하고 나아가 농민항쟁을 지도함으로써 농민항쟁을 통해 현실을 개혁하려는 경향을 보였다. 전봉준은 그 대표적인 인물로서 그는 고부봉기 직전 농민들이 여러 차례에 걸쳐 영읍에 낸 소장을 작성해주면서 농민들과 호흡을 같이하였던 것이다.

농민군 지도부 가운데에는 '평민―요호부민층'도 상당수 포함되어 있었다. 이들은 앞서 본 '하층양반―요호부민층'과 크게 다를 바 없는 사회경제적 처지에서 중앙권력과 수령층의 수탈로부터 벗어나고자 했던 것이다. 또 집강소시기 동학의 세력이 크게 확대되는 시점에 이르러서는 농민군의 중간지도층 가운데에 평민층의 중농 혹은 빈농, 심지어 천민층 출신의 접주까지도 등장하였다.

농민군의 주력을 이룬 계층은 사회적으로는 평민·천민층, 경제적으로는 영세농민·농촌노동자·영세상인·영세수공업자층에 해당하는 이들이었다. 이들은 1차 봉기 이후 폭발적으로 농민군에 참여하여 농민군의 하급지도자와 농민군 대중을 이루면서 농민전쟁의 양상을 대단히 급진적인 방향으로 이끌어 갔다. 이들은 특히 집강소시기에 이르러 적극적으로 신분해방운동과 양반·부호 응징운동을 펼쳤다. 이들의 적극적인 신분해방운동은 1894년의 농민봉기를 정치·경제적인 '의거'의 차원에서 사회혁명적인 차원으로 끌어올렸다. 그런데 이들의 이같은 활동은 대체로 농민군 상층지도부의 통제 밖에서 군웅할거식으로 이루어졌다. 또 그들은 신분해방운동 외에도 양반·부호에 대한 응징과 토재討財를 상당히 과격한 양상으로 전개하여 양반·부호들을 농민군에 대한 적대적인 세력으로 만드는 결과를 가져왔다. 그리고 이는 농민군의 세력기반을 좁혀, 보다 광범위한 연합전선이 요구되었던 2차 봉기시에 농민군이 오히려 고립되는 결과를 가져왔다. 그러나 이들 계층의 변혁에 대한 폭발적인 욕구와 의지는 농민군 지도부가 민씨 정권, 개화파 정권, 그리고 일본군과 정면 대결할 수 있도록 한 힘의 원천이 되었음을 간과할 수 없다. 또 농민전쟁을 단순한 봉기가 아닌 거대한 변혁운동으로 이끌고, 결과적으로는 개화파 정권에 의한 갑오개혁을 이끌어낸 주된 동력이 되었던 것도 바로 그들의 변혁에 대한 강렬한 의지와 욕구였다.

그러면 1894년 농민전쟁을 통해 농민군이 지향한 바는 무엇이었을까. 먼저 경제적 지향에 관해 살피면, 그들은 여러 차례에 걸친 「원정」 등을 통하여 특히 삼정의 개혁을 요구하였다. 농민군은 전정田政과 관련해서는 전운소의 혁파, 균전관 제도의 폐지, 진부결陳浮結의 영원한 면세, 흉년에 백지징세를 하지 말 것, 각 궁방의 윤회결을 혁파할 것, 축보수세築洑收稅를 금단할 것 등을 요구하였다. 다음 군정軍政과 관련해서는 동포전洞布錢을 구례대로 매호 당 연 2냥씩 거둘 것, 결미結米를 대동법의 예대로 거둘 것 등을 요구하였으며, 환정還政과 관련해서는 전라도의 와환臥還은 전감사 김문현이 이미 거두어갔으므로 다시 거두지 말 것, 진고賑庫를 혁파할 것 등을 요구하였다. 농민군 측의 요구는 대체로 집권층과 지방관의 제도적 혹은 제도외적인 가렴주구행위를 중지하라는 것에 집중되고 있었으며, 부분적으로 중세적인 수취체제의 개혁을 요구하는 것이었다. 이는 집권층과 지방관의 가혹한 수탈로부터 벗어나고자 하는 농민층의 욕구를 반영한 것이었다. 농민군의 지도부를 형성한 일부 요호부민층은 수탈로부터 벗어나 소상품생산자로서 성장하는 길을 열고자 했고, 영세농민들은 역시 수탈로부터 벗어나 소생산농민으로서 자립하는 길을 열고자 했던 것이다. 요호부민층과 중농·소농은 '중세적 수탈의 제거'라는 점에서 서로 공통의 목표를 발견할 수 있었고, 농민전쟁에서 함께 싸울 수 있었다. 그러나 농민군 측은 중세적 수취체제의 모순에서 파생된 여러 폐단을 들어 그 시정을 요구하고 있을 뿐, 중세적인 수취체제 그 자체에 대한 거부단계까지는 나아가고 있지 못하였다. 이는 농민군 지도부가 근대적인 조세체제에 대한 안목을 갖지 못했던 현실에서 불가피한 것이었다. 한편 농민군의 삼정에 관한 개혁요구들은 개화파 정권의 갑오개혁 과정에서 대부분 수용되었다.

경제적 지향과 관련하여 다음으로 중요한 문제는 상업문제와 관련된 것이었다. 농민군은 첫째 전기적前期的인 상업구조都賈의 철폐, 둘째 영세상인층에 대한 봉건관료층의 수탈 금단, 셋째 보부상·외상에 의한 행상권 위협에 대한 농촌소상인의 행상권 보장, 넷째 외상들의 내륙에의 상권팽창 억제 등을 요구하고 있다. 이러한 요구들은 모두 보부상의 조직에도 들어가지 못한 농촌의 영세소상인층의 요구를 반영한 것이다. 그리고 외국상인들에 의한 고가무미를 금하라는 요구는 춘궁기에는 미곡을 구매하지 않으면 안 되는 다수의 빈농층과 상시 미곡을 구매해야 하는 도시 잡업노동자층의 이해관계가 반영된 것이었다.

다음으로 토지문제에 관한 농민군의 지향점은 당시의 시점에서는 분명히 드러나지 않았다. 전봉준이나 다른 농민군 지도자들이 토지문제에 관해 어떤 견해를 갖고 있었는지는 명확치 않다. 오지영의 『동학사』에 나오는 '토지의 평균분작' 조항을 농민군 지도부가 공식적으로 채택한 흔적은 어디에도 보이지 않는다. 1894년의 여름의 시점에서 농민군은 아직 토지문제와 같은 근본적인 개혁을 시도할만한 여건에 있지 않았다. 중앙권력을 아직 장악하지 못하였고, 전라도지방도 아직 농민군이 완전히 장악한 실정은 아니었다. 또 농민군의 참가층도 중소지주·부농과 같은 요호부민으로부터 무전농민층에 이르기까지 다양하게 구성되어 있어서 농민군 내부에서도 토지문제에 관한 통일적인 방침을 채택한다는 것은 쉬운 일이 아니었다. 물론 농민군의 주력을 이루고 있던 빈농층의 경우 '균전'과 같은 근본적인 토지개혁을 지향하고 있었을 것으로 짐작되지만 지도부는 아직 그러한 욕구를 조직화할만한 역량을 갖고 있지 못하였다.

이상에서 볼 때 농민군이 농민전쟁을 통하여 현실적으로 획득하고자 했던 경제적 지향점은, 첫째 집권층과 지방관에 의한 제도적 혹은 제도외적인 가렴주구로부터 벗어남으로써 소농민경제의 자립성을 획득하고 나아가 소상품생산자로서 성장하려는 것, 둘째 농촌소상인에 대한 지배층의 수탈과 외국상인들의 상권침해를 저지함으로써 그들의 상권을 지키고 나아가 상업자본의 축적까지도 도모하는 것 등으로 요약된다.

다음으로 농민군의 사회적 지향은 1차 봉기 단계에서는 거의 나타나지 않았다. 이는 농민군 지도부의 관심이 정치·경제적인 측면에 집중되고 있었기 때문이다. 그러나 집강소시기에 들어서자 농민군 대중은 상층 지도부의 통제를 넘어서서 농민전쟁을 사회혁명적인 성격의 것으로 발전시켜 나갔다. 이 단계에서 표출된 농민군의 사회적 지향은 중세적인 신분제의 폐지, 농민적 자치의 실현 등으로 요약된다. 신분제폐지 운동은 집강소시기 횡포한 양반·유림에 대한 응징과 천민신분계층의 격렬한 신분해방운동으로 나타났다. 특히 이같은 신분해방운동은 개화파의 신분제폐지 조치에 고무된 바가 컸다. 또 농민적 자치의 지향은 양반지배층의 향약·유회 등 기존의 지배기구들을 부정한 것, 집강소를 설치하고 이를 통해 폐정개혁 활동을 전개한 것 등으로 표출되었다. 그러나 개화파에 의해 제도상으로, 그리고 농민군의 실천운동에 의해 신분제폐지를 위한 운동이 전개되었지만, 농민전쟁이 패배로 끝남으로써 이후에도 신분제는 현실적·관습적으로 상당 기간 지속되었다. 또 농민적 자치기구였던 집강소도 농민군의 일원적인 지휘체계의 미흡, 실무행정력의 미숙, 그리고 무엇보다도 중앙권력을 장악하지 못하고 있었다는 한계 등으로 인해 미완의 상태에서 끝나고 말았다.

끝으로 농민군의 정치적 지향점은 무엇이었을까. 1차 봉기 당시 농민군은 정치적으로는 민씨 정권의 축출, 그리고 대원군의 섭정 복귀를 목표로 하고 있었다. 즉 농민군은 자신들의 독자적인 권력구상을 갖지 않은 채 대원군의 섭정복귀와 그에 의한 개혁정치에 기대를 걸고 있었던 것이다. 따라서 농민군은 자신들의 봉기가 '의거'의 성격을 띤 것임을 굳이 강조했던 것이다. 이러한 성격은 2차 봉기 단계에도 크게 변함이 없었다. 다만 2차 봉기 단계에 이르러서는 대원군 개인에 대한 의지보다는 개화파 정권의 군국기무처와 같은 비상개혁추진기구의 설치를 구상함으로써 농민군 지도부의 정치의식이 한 단계 발전하였음을 보여준다. 그러나 이때에도 농민군지도부는 그 기구에의 참여가능성을 부인함으로써 자신들의 봉기는 어디까지나 '의거'의 성격을 띤 것임을 강조하였다.

농민군이 1차 봉기에서 목표로 하였던 바는 외세의 개입으로 좌절되었고, 대신 일본에 의해 민씨 정권이 붕괴되고 대원군을 앞세운 개화파 정권이 들어섰다. 농민군은 개화파 정권의 등장에 대해 대단히 신중한 반응을 보였다. 그것은 대원군의 섭정복귀와 개화파의 각종 개혁조치 때문이었다. 그러나 8월 이후 개화파가 일본군을 동원하여 농민군을 진압하려 나서자 개화파를 적대세력으로 규정하고 이에 맞서 싸우게 된 것이다.

한편 농민군은 1차 봉기 당시에는 외세문제에 대해 대단히 신중하게 대응하였다. 그들은 외국상인의 고가무미, 도성설시, 내륙행상 등을 금단하라는 정도의 요구를 제시하였을 뿐, '척왜양'과 같은 과격한 언사는 거의 사용하지 않았다. 이는 외세를 자극하지 않으려는 신중한 태도였다. 그러나 5월 일본군과 청국군이 조선에 진주하고, 6월 청일전쟁과 일본군의 궁궐침입사태가 일어나자 농민군은 일본군이 조선을 병탄하려는 야심을 가지고 있지 않은가 우려하기 시작하였다. 하지만 농민군은 일본군의 무력이 막강하다는 것을 잘 알고 있었기 때문에 정면대응을 피하고 사태를 예의 주시하였다. 그러던 중 8월 중순 일본군이 평양전투에서 승리한 뒤 농민군에 대한 본격적인 진압을 준비하자 농민군은 이에 맞서 싸우지 않을 수 없는 형국이 되었고, 결국 농민군은 2차 봉기의 횃불을 들었던 것이다. 당시 일본 정계에서는 청일전쟁에서의 승세를 업고 차제에 조선을 보호국화하자는 강경론이 대세를 이루었고, 따라서 일본군의 농민군 진압은 조선보호국화정책의 걸림돌을 제거하는 의미를 지니고 있었다. 따라서 농민군의 일본군에 대한 저항은 일본의 제국주의적 침략에 대한 반침략전쟁의 성격을 띠는 것이었다.

이상의 내용을 다시 요약하여 1894년 동학농민전쟁의 성격을 정리해 보자. 제1차 봉기 당시 농민군은 정치적 측면에서 민씨정권의 퇴진과 대원군의 복귀를 주장하였고 독자적인 정권구상은 갖고 있지 않았다. 경제적 측면에서는 주로 삼정문란과 지배층의 가렴주구의 시정과 외국상인들의 상권 침해에 대한 시정을 요구하고 있었지만, 토지문제에 대해서는 명확한 요구가 없었다. 또 사회적 측면에서 신분해방을 요구하는 움직임은 없었다. 따라서 1차 봉기는 '혁명'이라기보다는 '의거'로서의 성격이 강하였다. 그러나 집강소시기에 들어가면서 하층 농민군을 중심으로 신분해방투쟁이 본격적으로 진행되었다. 이는 개화파의 신분제 폐지조치에 힘입은 것이었지만, 농민군은 스스로의 힘으로 이를 현실화시켰다고 할 수 있다. 따라서 집강소시기에 들어서면서 농민전쟁은 사회혁명적 성격을 띠기 시작했다고 할 수 있다. 하지만 이는 미완에 그친 가운데 2차 봉기가 시작되었다. 2차 봉기는 외세인 일본군의 침략에 대한 농민군의 저항으로서 결국 반침략전쟁의 성격을 갖는 것이었다. 이렇게 본다면 1894년의 동학농민전쟁은 '의거'에서 '사회혁명'으로, 그리고 다시 '반침략전쟁'으로 발전해 갔던 것으로 그 성격을 정리할 수 있을 것이다.

제2부

항조와 활빈당

제7장 대한제국기
내장원의 역토·둔토 지주경영과 抗租

1. 머리말

1894년 농민전쟁이 진압된 이후 1910년 일제에 의하여 조선이 식민지화되기까지의 시기는 크게 보아 보수지배세력에 의하여 기존체제가 유지·강화되고 자본주의 세력의 침투가 제국주의적 침략으로 전환되는 시기로 볼 수 있다. 그리고 이 두 가지 특징은 일부 보수지배세력에 의한 자본제적 생산·유통에의 참여와 예속이라는 형태로 접합되어 나타나기도 했다.

보수지배세력에 의한 기존체제의 유지·강화 그리고 자본제라는 새로운 체제에의 참여·예속은 농업생산 부면에서는 조선후기 이래의 기본적 생산관계인 지주地主－전호佃戶관계를 유지, 강화시키면서 지대地代수탈을 강화하든가, 혹은 지주가 임금노동자를 고용하면서 자신의 직접경영을 확대해가는 현상으로서 나타났다. 이같은 기존체제의 유지강화 혹은 변형이라는 두 가지 방향에서 이루어진 농업변동 가운데 전자의 방향, 즉 지주－전호 관계의 확인·강화, 그리고 그것을 토대로 한 지대 수탈의 강화라는 방향을 취하면서 나타난 대표적인 사례가 바로 이 시기 국가 혹은 왕실이 주체가 된, 역토驛土·둔토屯土[1])에서의 지주경영의 강화였다.

즉 이 시기 역토·둔토에서는 국가 혹은 왕실이 배타적인 지주로 등장
하면서 그 토지들을 집중시키고 직접생산자인 작인作人들에 대한 파악을
강화하는 한편, 지대인상 등을 통한 잉여생산물 수탈을 가중시키고, 나
아가 그 지대 즉 잉여생산물의 상품화과정에 있어서의 주도권까지 장악
해 나아가고 있었던 것이다. 이같은 역토·둔토에서의 지주경영의 강화
는 당시의 민전民田·궁방전宮房田까지도 포함하는 전 농업생산 부면에 있
어서의 전반적인 지주제강화의 전형적인 모습을 보여주는 것이라 생각
된다. 나아가 이 시기의 역토·둔토에서의 지주경영의 강화는 1908년
역·둔토의 국유화조치 이후 일제에 의하여 그대로 계승되면서 보다 완
결된 형태를 띠게 됨으로써 식민지지주제植民地地主制 창출에 있어 역토·
둔토가 선도적인 역할을 할 수 있었다는 점에서 그 의미는 자못 심중한
것이라 여겨진다.

한편 이 시기의 이와 같은 역·둔토에서의 지주제 강화에 대응하여 농
민들이 첨예한 반응을 보인 것은 당연한 일이었다. 역·둔토에서의 농민
들의 반발은 첫째 궁내부宮內府 등의 역·둔토 집중과정에서 빚어진 민유
지民有地의 공토公土로의 편입에 대한 반발, 둘째 지대의 인상책정에 대한
반발, 셋째 도곡賭穀의 상품화과정에 있어서의 지주측에 의한 주도권 장
악에 대한 반발 등 세 가지 성격을 지니고 있었다.

이 시기의 이와 같은 역·둔토문제에 대해서는 이미 몇 편의 글들이
발표된 바 있었다.[2] 이 글들에서 다루어진 논점은 대체로 크게 두 가지

---

1) '驛屯土'는 驛土·屯土·宮庄土가 모두 국유화된 1908년 이후 이들 토지를 가리키
   는 통칭이었다. 본고에서는 역토·둔토만을 다루고, 또 시기도 1908년 이전까지가
   될 것이므로 이를 구분하기 위해 '역토·둔토' 혹은 '역·둔토'식으로 표기한다.
2) 權寧旭, 1960,「日本統治下の朝鮮における所謂「驛屯土」問題の實體」『朝鮮近代
   史料研究集成』3
   鄭昌烈, 1968,「韓末에 있어서의 驛屯土問題」서울大 국사학과 석사논문
   愼鏞廈, 1979,『朝鮮土地調査事業研究』, 한국연구원
   裵英淳, 1979,「韓末 驛屯土調査에 있어서의 所有權紛爭」『韓國史研究』25

로 나누어진다.

첫째 이 시기 국가 혹은 왕실에 의한 역·둔토 집중과정에서 빚어진 수많은 지주소유권분쟁에 관해서이다. 이 문제에 관해서는 역·둔토에서 1895년 을미사변 이후 토지조사사업에 이르기까지 수 많은 소유권분쟁이 야기되었다는 점에 초점을 맞추면서, 그 분쟁의 원인이 '민유지의 약탈, 국유지의 창출'을 기도한 국가·왕실·일제의 대對 역·둔토처리방침에 있었다는 점이 거듭 확인되었다. 그러나 이 소유권분쟁과 관련해서는 그 소유권문제를 구체적으로 규정지울, 당초의 해당 토지에 역토·둔토 혹은 궁방전이 설치되었던 과정, 그리고 그 토지 위에서 전개되어 온 제반 생산관계와 지대수취과정 등은 아직 분명히 규명되지 않은 채 '국유지 창출'이라는 분쟁의 발생동기만 거듭 강조된 감이 없지 않다. 사실 이 소유권분쟁의 성격은 조선후기 이래 이들 토지 위에서 전개되어 온 소유관계, 생산관계 등의 성격이 보다 분명히 밝혀질 때 비로소 확연히 구명될 수 있으리라 생각된다.3)

둘째 이 시기 역·둔토에서의 지주경영의 강화와 그에 대응하는 농민 측의 항조抗租에 관해서이다. 이에 관해서는 대체로 단편적인 언급이 있

裵英淳, 1988, 『한말·일제초기의 토지조사와 지세개정에 관한 연구』, 서울대 대학원 국사학과 박사논문[이 논문은 『한말일제초기의 토지조사와 지세개정』(2002, 영남대출판부)로 발간되었다].

金洋植, 1992, 『대한제국−일제하 역둔토 연구』, 단국대 대학원 사학과 박사논문

崔元奎, 1994, 「한말 일제초기 토지조사와 토지법 연구」, 연세대 대학원 사학과 박사논문

朴珍泰, 1995, 『한말 역둔토조사의 역사적 성격 연구』, 성균관대 대학원 사학과 박사논문

3) 이와 관련해서는 다음의 글이 참고된다.

朴準成, 1984, 「17·18세기 宮房田의 확대와 所有形態의 변화」 『한국사론』 11

都珍淳, 1985, 「19세기 궁장토에 있어서 중답주와 항조」 『한국사론』 12

박준성, 1995, 「조선후기 金海 梁山 蘆田지대의 노전소유와 경영」 『국사관논총』 63

었을 뿐 그 내용이나 성격은 아직 밝혀지지 않은 상태에 있다. 특히 이 시기의 항조에 대해서는 '소상품생산자로서 자기를 실현하려는' 농민측의 움직임으로 규정된 바 있으나, 조선후기 이래의 항조와의 역사적 성격의 상위성相違性 등이 무시된 채 그 성격이 너무 일률적으로 파악된 감이 있었다. 이에 이 장에서는 역·둔토에서의 지주경영의 강화내용을 보다 구체적으로 살피고, 그에 대응하는 농민들의 항조의 발생동기와 주도층 등을 면밀히 분석함으로써 이 시기 항조운동의 역사적 성격을 보다 분명히 하고자 한다. 이와 같은 문제들을 밝히는 것은 1894년 이후의 사회변동의 새로운 모습들의 일단을 보여줄 수 있을 것이라 생각하며, 나아가서 이후 식민지 하에서의 새로운 농업현실, 즉 식민지지주제의 확립과 그에 대응하는 농민들의 소작쟁의의 역사적 성격에 관해서도 어느 정도 시사를 줄 수 있을 것이다.

이 장에서 다루는 시기는 갑오경장으로 역토와 둔토의 소관이 크게 변동을 겪기 시작하는 1895년경부터, 1908년 역·둔토가 궁방전과 함께 일제 통감부에 의해 국유화되기 전까지의 시기이다. 근거자료로는 주로 규장각에 소장되어 있는 각종 보고서, 소장訴狀, 훈령訓令, 조회照會 등의 문서류와 역·둔토추수기驛·屯土秋收記·양안量案, 그리고 광무양안光武量案 등을 이용하였다.

2. 역토·둔토 관리기구의 변동

역토와 둔토에 대한 관리기구의 변동에 대해서는 이미 자세한 내용이 밝혀진 바 있다.[4] 이를 다시 정리하면 다음과 같다.

먼저 둔토는 1894년 갑오경장 이전까지 각종 관아에 부속되어 있다

---

4) 裵英淳, 앞의 두 논문

가 갑오경장에 의해서 일단 탁지아문度支衙門으로 이속되었으며 1895년경
다시 궁내부宮內府와 탁지부度支部에 나뉘어 이속되었다. 이 때 궁내부 관
할로 된 둔토는 종친부둔宗親府屯, 돈녕부둔敦寧府屯, 충훈부둔忠勳府屯, 규장
각둔奎章閣屯, 봉상시둔奉常寺屯, 사옹원둔司饔院屯, 사복시둔司僕寺屯 등 왕실
과 관계있는 둔토들이었고, 탁지부 관할로 된 둔토는 균역청둔均役廳屯,
진휼청둔賑恤廳屯, 양향청둔糧餉廳屯 등 이전에 호조戶曹 관장 하에 있던 둔
토들과 금위영둔禁衛營屯, 어영청둔御營廳屯, 수어영둔守禦營屯 등 각 영문둔
토營門屯土, 그리고 각 감영監營·병영兵營·수영水營·진보둔鎭堡屯 등이 있다.
그러나 1899년 전국의 모든 둔토는 왕실재정의 강화라는 분위기 속에서
궁내부로 집중되었다.

　역토는 1894년 전국 각 역驛에서의 입마立馬의 역역이 폐지되면서 각
역各驛의 마호수馬戶首들에게 지급되었던 역토, 즉 마위전馬位田은 역체사
무驛遞事務를 관장하게 된 공무아문工務衙門에 귀속되었다. 이후 1895년 3
월 공무아문이 농상아문農商衙門과 병합, 농상공부農商工部로 되면서 농상
공부 관할로 되었다. 역토는 다시 1897년 3월 군부軍部로 이속되어 각
지방대地方隊에서 이를 관할하다가, 1898년 11월 탁지부로 다시 이속되
었다. 1899년 전국의 모든 둔토를 자기 관하에 귀속시킨 바 있는 궁내부
내장원內藏院은 1900년 9월 전국의 모든 역토를 다시 자기 관할 하에 귀
속시켰다.5)

　이처럼 둔토, 목장토牧場土, 역토를 모두 자기 관하로 귀속시킨 내장원
은 1899년 9월부터 둔토, 목장토에 대하여, 그리고 1900년 9월부터는
역토에 대하여 전국 각도에 사검위원査檢委員을 파견하여, 토지를 조사하
고 도조賭租를 책정하는 이른바 '광무사검光武査檢'을 실시하여 역·둔토 경

---

5) 『結戶貨法細則』에 의하면 1899년 당시 전국의 둔토(有土屯)는 9,277結여, 역토는
　26,846結여로 파악되고 있으나 그 實數는 정확치 않다. 특히 역토의 경우 그 결수
　는 民田에 비해 크게 높게 책정되어 있었기 때문에 그 全體 實結의 파악은 더욱
　어렵다.

영을 강화해 나아갔다.6) 그러나 1907년 궁내부 소관이었던 전국의 둔·
역토, 그리고 각 궁방宮房의 궁방전 수조권은 탁지부로 넘어갔고7), 이듬
해 6월 이들 토지가 모두 국유화8)됨으로써 일제 통감부의 지배 하에 들
어가게 되고, 그 명칭도 '역둔토驛屯土'로 일괄 통칭되었다.

이와 같이 관할기관의 잦은 변동을 겪으면서 역·둔토에는 몇 차례에
걸쳐 조사사업이 행해졌다. 1895년 농상공부에서 실시한 역토사판驛土査
辦, 이때 둔토와 목장토에 관한 조사도 사판위원査辦委員에서 위탁되었다.
1898년 군부에 의한 역토·둔토조사사업, 1899년 내장원에 의한 둔토·목
토사검屯土·牧土査檢, 1900년 역토사검驛土査檢들이 그것이다. 이때 역·둔토
조사사업의 목적은 그간에는 주로 토지에 대한 파악이라는 관점에서만
조명되어 왔다. 그런데 실제는 이 토지조사 못지않게 도조 책정賭租策定이
사판査辦·사검사업査檢事業들의 중요한 목적이었음이 당시 농상공부와 내
장원의 사판·사검위원에의 지시문 속에서 잘 나타나고 있다. 1895년 농
상공부는 "각 역토사판驛土査辦하는 본의가 두수斗數의 은닉隱匿과 결수結數

---

6) 내장원에의 역·둔토의 집중과 그 관리체계의 강화는 당시 內藏院卿의 자리에 있
   던 李容翊에 의하여 주도되었다. 그는 1897년 내장원경이 된 뒤 1898년 6월 鑛山
   과 蔘圃를 모두 내장원에서 專管토록 함으로써 광무 년간의 왕실재정 강화의 첫
   조치를 취하였고, 이어 이듬해에는 둔토·목장토를, 1900년에는 역토를 내장원에
   귀속시켜 왕실재정의 기반을 확장시켰다. 뿐만 아니라 당시 내장원에서는 浦口稅,
   場市稅, 魚鹽稅 등 각종 雜稅까지도 수취하고 있었다. 이용익은 또 度支部協辦,
   警部協辦, 警務使 등을 겸임하면서 내장원의 각종 賭稅수봉을 지원하기도 하였
   다. 그러나 이같은 왕실재정의 강화는 한편으로는 국가재정의 침식을 의미하고,
   다른 한편으로는 民人에 대한 수탈의 가중을 의미하는 것이었기 때문에 많은 비
   판을 받았고, 또 그같은 왕실재정의 강화는 생산적인 투자와 거의 이어지지 못함
   으로써 당대인들에게 결코 긍정적으로 받아들여지지 못하였다. 궁내부 내장원의
   재정 확대에 관해서는 다음의 논문을 참조할 것. 楊尚弦, 1997, 『大韓帝國 內藏院
   財政管理 研究－人蔘·鑛山·庖肆·海稅를 중심으로－』, 서울대 대학원 국사학과
   박사논문
7) 『各府郡來牒』 13책, 융희원년 11월 8일, 宮內府大臣의 經理院卿에의 訓令
8) 勅令 제39호 제1조(『官報』융희 2년 6월 29일)

의 가록加錄과 성천成川의 영폐永廢와 복사覆沙의 환기還起를 사검타판查檢安
辦하고 도수賭數의 다소와 작인作人의 근타勤惰를 분정分定·택출擇出함에 전
재專在할 뿐더러 도수다소賭數多少는 항차況此 귀의歸意의 관건關鍵이거늘 금
수에 귀위원貴委員의 사판查辦한 문부文簿를 사열査閱한 즉 도전賭錢을 분등
배정分等排定하야 각 작인명作人名하에 현록縣錄함이 초무初無"[9]하다고 사판
위원들을 문책하고 있었다. 이는 사판사업의 목적이 역토의 사출査出에
있었을 뿐만 아니라, 작인의 파악, 그리고 각 작인별 도조책정에도 있었
음을 말해주는 것이다.[10] 또 1898년 군부에서의 역토조사사업도 역시
'다시 도조를 정하는 것更爲定賭'[11]에 그 목적이 있었으며, 이듬해의 내장
원에 대한 둔·목토조사, 1900년의 역토조사도 사정은 마찬가지였다.
1899년 둔·목토에 대한 「궁내부각목장둔토사검위원장정宮內府各牧場屯土査
檢委員章程」에 실린 바 사검의 목적은 각 둔토·목장의 "결부실수結卜實數와
연례소출年例所出과 상납실수上納實數를 일일이 사록簑底査錄"[12]하는 데 있었
고, 1900년 역토 사검을 지시받은 봉세관捧稅官들의 임무는 역토에 대한
'조사와 정도사무定賭事務'[13]에 있었다. 이처럼 이 시기의 역·둔토 조사는
지주의 입장에서의 토지와 작인에 대한 보다 정확한 파악, 그리고 그 위
에서의 지대의 책정에 그 목적이 있었다 할 수 있다.

한편 역·둔토의 관할기관이 잦은 변동을 보이는 데 따라서 역·둔토로
부터 지대를 수취하는 수조기구도 잦은 변동을 보이지 않을 수 없었다.
1895, 1896년 농상공부에서 역토를 관할하고 있을 때 역토에서의 수조

---

9) 『驛訓旨』, 開國 504년 5월 26일, 全州府·洪州府·忠州府査辦委員에의 訓令
10) 그러나 이 을미사판은 순조롭게 진행되지는 못하였던 것 같다. 그것은 사판사업
   의 저본이 되어야 할 각 군의 보유양안들이 바로 전년의 갑오농민전쟁 당시 농민
   군에 의하여 다수 소각·분실되었기 때문이다. 뿐만 아니라 을미사판이 시행되던
   1895년에는 각지에서 의병이 봉기하여 사판사업에 큰 지장을 초래하였다.
11) 『各府郡來牒』 3책, 광무 4년 12월 13일, 내부대신의 내장원경에의 照會
12) 『度支部往復書類』, 광무 3년 6월
13) 『訓令照會存案』(이하 『訓照』로 약칭) 11册, 광무 4년 9월

상납收租上納은, 역토에 새로이 차정된 사음舍音이 각 작인들로부터 수도收賭하여 군수郡守에 준납准納하면 군수가 이를 내장원에 상납하는 식으로 되어 있었다.[14] 그 후 1898년 군부가 역토를 관할하고 있을 때에는 각 지방대에서 수조관리를 역토에 파견, 사음이 징수해 놓은 도조를 거두어 갔다. 한편 둔토에서의 수도·상납은 1895～1899년간에는 역시 궁내부와 탁지부에 의해 새로이 차정된 사음과 감관監官 혹은 군수를 통하여 이루어지고 있었다. 1899, 1900 양년에 걸쳐 둔토·목토·역토를 자기 관하에 귀속시킨 내장원은 그 수도·상납을 위하여 각도에 독쇄관督刷官, 봉세관捧稅官들을 파견하였다.[15] 1900년 가을에 파견된 봉세관은 수도의 임무 뿐만 아니라 역토에 대한 사검정도査檢定賭의 임무도 겸하고 있다. 1899년 둔·목토에 파견되어 사검·정도사업을 담당했던 사검위원의 임무를 이제 역토에서는 이들 봉세관들이 담당하게 된 것이다.[16] 그리고 둔·역토에서의 수도·상납은 이전처럼 「작인→사음→군→궁내부·탁지부 등」의 절차로 이루어지는 것이 아니라, 「작인→사음→봉세관→내장원」의 절차를 통하여 이루어지게 되었다.

1900년 이후의 역·둔토에서의 수조·상납기구가 「작인→사음→봉세관→내장원」의 기구로 개편되자, 이전에 이에 간여하고 있던 각 군 군수들의 불만과 비판의 소리가 없을 수 없었다. 그같은 불만과 비판의 소리는 주로 봉세관과 그들이 파견하는 파원들의 횡포와 생폐生弊에 대한 비난으로 표출되었다. 군수들은 파원들이 "은루隱漏를 빙자하여 사토私土를 횡침하며 우민愚民을 협박하야 도세賭稅를 남집濫執하며 사음舍音을 마음대로 바꾸고 작자作者을 변동하야 전재錢財를 토색"[17]하고 있다고 주장하였다. 그리고 각 군수들은 이같은 봉세관·파원들의 생폐生弊를 들어 이전처

---

14) 「農商工部驛土査辦規例」(『驛土所關文牒去案』 1책, 개국 504년 9월 28일)
15) 『訓照』 11책, 광무 4년 9월 10일, 내장원경의 各道捧稅官에의 訓諭
16) 「內藏院各牧場驛土各屯土各樣稅額捧稅官章程」, 『度支部往復書類』
17) 『各府郡來牒』 3책, 광무 4년 12월 12일, 내부대신의 내장원경에의 照會

럼 각 군에서 수납토록 해 줄 것을 내장원에 요청하였고[18] 내장원에서
는 몇몇 군들에 대하여 이를 허락하기도 하였다.[19] 그러나 여전히 봉세
관이 파견되고 있던 군들의 군수와 그 휘하의 관속들은 봉세관의 도세수
봉에 지극히 비협조적이었고 나아가서는 그 수도收賭를 방해하기까지 하
였다. 따라서 내장원에서는 각 군이 수도에 일절 관여치 말 것을 누차
지시하였고, 1904년에는 이전에 몇몇 군들에 대하여 허가하였던 '자군
수납自郡收納'까지 철회하였다.[20] 일부 '자군수납'군에서도 관속·차인배差
人輩들의 횡포와 상납건체上納愆滯는 마찬가지라는 이유에서였다. 이는 군
수와 봉세관의 갈등 문제가 실은 상납과정에서 얻을 수 있는 많은 이득
을 둘러싼 이권다툼에 지나지 않는 것이었음을 말해주는 것이다.

한편 경리원經理院에서는 이처럼 잡음이 많았던 봉세관제를 폐지하고
수조관제를 신설, 봉세관의 업무를 계승토록 하였다.[21] 그러나 이는 봉
세관의 이름을 수조관으로 바꾸고, 다른 인물을 수조관으로 파견하는 데
지나지 않았고, 그의 업무나 권한에 어떤 변화가 있는 것은 아니었다.
즉 수조관이란 이전의 봉세관 등과 마찬가지로 내장원의 관리라기보다
는 역토·둔토의 수도·상납을 위임받은 "일종의 청부업자로서 … 일정한
수량을 경리원에 납부하고 나머지는 착복"[22]하는 수세청부인이었던 것
이다.

수조관제는 1907년 역·둔토의 수조가 탁지부에 위탁되면서 자연히
폐지되었다.[23] 1907년 탁지부에서의 역·둔토 수도는 탁지부 휘하의 각
지방 세무서에서 담당하게 되었다. 「역둔토급각궁전답원림조징수내규驛

---

18) 『全羅南北道各郡報告』 4책, 광무 7년 9월 29일, 谷城郡守報告
19) 『訓照』 25책, 광무 5년 11월 26일, 함경북도관찰사에의 訓令
20) 『訓照』 54책, 광무 8년 8월 2일, 각 도 관찰사에의 訓令
21) 『訓照』 77책, 광무 10년 9월 26일, 각 도 수조관에의 훈령
22) 『財務週報』 10호, 전주재무관보고 가운데의 經理院收租官訊問報告
23) 주 7)과 같음.

屯土及各宮(一司七宮)田畓園林租徵收內規」에 의하면 그 수조상납절차는 "이전의 도사음·동사음은 당해세무서 또는 분서의 촉탁으로 세무원이라 칭하고, 이들 세무원이 각 작인들로부터 수조하여 현금을 징수하였을 때는 소속 금고 또는 우편관소에 이를 납입하고 현품을 징수하였을 때는 면 가운데 신용있는 자에 보관시켜 후일 탁지부의 지휘를 받아 이를 처분"[24]하도록 되었다. 이로써 각 역·둔토의 사음은 탁지부 휘하의 세무원으로 편입되었는바, 이는 이듬해의 역·둔토의 국유화, 도조의 국유 귀속의 전단계적인 조치에 지나지 않았다. 1908년 6월 칙령 제39호「궁내부소관급경선궁소속재산宮內府所管及慶善宮所屬財產의 이속과 제실채무의 정리에 관한 건」에 의하여 궁내부소관 부동산은 모두 국유로 이속되었다.[25] 그리고 이어서 발표된 탁지부령 제27호「역·둔토관리규정」에 의하여 역둔토에 관한 청원서 접수와 이에 대한 지령, 소작계약의 체결, 소작료의 징수 및 소송은 소관 재무감독국장의 처리에 따르게 되었고[26] 탁지부훈령 제178호「역둔토소작료징수규정」은 역둔토소작료의 징수·수납은 재무서의 감독 하에 면장이 실행하도록 규정하였다.[27]

3. 역토·둔토에서의 지주경영의 강화

앞에서 살펴본 바와 같이 1895년 이후 역·둔토에 대한 관할기관은 잦은 변동을 보이면서, 각 관할기관에 의한 토지와 작인에 대한 파악과 통제는 을미사판乙未查辦·광무사검光武查檢 등 여러 차례의 사검사업을 통하여 점차 강화되고 있었다. 역·둔토에서의 이같은 지주제확립과정은 작

---

24) 「驛屯土及各宮(一司七宮)田畓園林租徵收內規」『隆熙二年財務一斑』, 107～110쪽
25) 『官報』 융희 2년 6월 29일
26) 『官報』 융희 2년 8월 12일
27) 대구재무감독국, 1908, 『隆熙二年財務一斑』, 139～140쪽

인·사음에 대한 감독 강화, 도조·도전의 인상, 대전납代錢納 철회와 본곡本
穀 징수 강제, 타조打租의 실시, 결세結稅의 작인에로의 부담 전가, 거납작인
拒納作人에 대한 처벌 강화 등 지주경영의 강화 조치들로 이어지고 있었다.

1) 작인·사음의 차정과 분경

(1) 작인차정과 평균분경

1894년 이전까지 역토는 자경무세지로서 마호수馬戶首가 입마立馬의 역
을 지면서 그에 대한 댓가로서 마위전馬位田을 지급받아 이를 자경하도록
되어 있었다. 그러나 현실적으로 역토는 반드시 마호수의 거주지에 집중
적으로 지급되지만은 않았고, 따라서 대부분의 마호수들은 자신의 마위
전을 평민에게 대여하고 절반소작료를 수취하는 지주와 같은 위치에 있
었다.28) 그런데 이제 1894년의 각 역驛에서의 입마구규立馬舊規의 폐지는
이같은 사정을 크게 변화시키게 되었다. 마호수들은 그들의 입마응역立馬
應役이 폐지되는 것과 동시에 그들이 여태까지 차지하고 있던 마위전에
대한 지배권도 잃게 된 것이다. 이는 마호수들의 생계를 위협하는 조치
였기 때문에 다수의 마호수들이 역 폐지의 사실을 인정하지 않고 '역 복
구'를 주장하면서 기왕의 역토에 대한 그들의 지배권을 고집하게 되었
다. 따라서 이들 옛 마호수와 신정 사음, 그리고 작인의 3자간에는 자연
갈등이 빚어지지 않을 수 없었다. 장연군의 역토에서는 작인들이 이미
도전賭錢을 신정 사음에 납부하였는데, 해주에 사는 마호수 수십명이 무
뢰배들과 함께 와서 본래 자신들의 소관 역토임을 주장, 작인들을 위협
하여 억지로 추수하려 하였다고 한다.29) 평양의 한 역토에서는 새로이

---

28) 「大抵 驛土가 驛民等 所居地에 有함이 아니옵고 散在各處이온즉 驛馬戶首等이
不能耕作所致로 驛畓 所在處에 代人을 定하옵고 春耕時에 分給種穀하고 秋收
時에 分半打作이 累百年 已往之例 …」(『驛土所關訴題存檔』 3책, 건양원년 10월,
京畿道果川郡良才驛馬戶首都永根等訴狀)

사판위원으로부터 차정받은 사음이 역토에서 도전을 수봉하려 하였으
나, 옛 마호수들이 이를 방해함으로써 한푼의 도전도 받지 못하였다고
호소하기도 하였다.[30] 이와 같은 현상은 전국의 역토에서 다반사로 있
는 일이었고, 농상공부에서는 이에 대하여 이들 마호수들을 착수提囚·엄
징嚴懲하는 등 강경히 조치하여, 그들의 역토에 대한 간섭을 일체 배제시
켰다.

  그리하여 일부 마호수들의 끈질긴 반발에도 관계없이 역의 폐지는 일
단 기정사실로 되었고 각 역토에서는 새로운 사음과 작인들이 차정되었
다. 이제 '실업지민失業之民'이 된 마호수들의 일부는 다투어 사음권을 획
득하려 하였고, 사음권 획득경쟁에서 탈락한 마호수들과 이전부터 역토
를 자경하고 있던 일부 마호수들은 역토 경작권이라도 일단 획득하여 생
계에 대비해야만 하였다. 이같은 저간의 사정 때문에 농상공부에서도 각
부 사판위원에게 역토 작인은 범민·역민을 구별하지 말고 근실한 자로
써 차정하도록 지시하였고[31] 이와 같은 작인 차정방침은 이후 내장원에
서 역토를 관할할 때까지도 그대로 유지되었다.

  이때 역토 경작권의 획득에 적극적이었던 것은 구 역졸만은 아니었
다. 지방관아·지방대 등의 관속과 병정도 역토 경작에 다수 참여하고 있
었다. 갑오경장시의 지방제도 개혁으로 인하여 지방관리의 정원은 크게
감축되어 많은 관속들은 실업하지 않을 수 없었고, 또 관리로서 남아있
는 자들도 봉급제의 실시 등으로 경제적으로 크게 위축되었다. 따라서
그들은 새로운 경제기반을 찾아야만 하였고, 이에 그들 중 일부는 관권
에 의탁하여 역토 작인으로 차정받고자 했던 것이다.[32]

29) 『驛土所關訴題存檔』 3책, 건양원년 10월, 長淵郡居驛田畓作人等訴狀

30) 같은 책, 1책, 건양원년 8월, 平壤府古順和坊五里居驛土舍音方乃彦訴狀

31) 『驛訓旨』, 개국 504년 3월 3일, 各府査辦委員에의 訓令

32) 舊驛屬·新舊驛屬에 대한 역토분급은 1897년 長城郡守 金星圭가 작성한 「長城郡
    所在軍部所屬前靑岩永申驛田畓驛屬郡屬定作人完文」(『草亭集』권8에서 가장 모

한편 농상공부에서는 이때 역토 작인차정에 있어서 '역토의 평균분작 平均分作' 방침을 내세우고 있었다. 예를 들어 함경도 안변安邊에 파견된 사관위원은 군내 5역의 역토를 각 작인마다 답은 10두락, 전은 2일경日耕 씩 평균 분경하게 했으며33) 무주군茂朱郡 설천역雪川驛에서는 매每 작인에 10두락씩 지급하고 이를 넘지 못하도록 장정章程을 정하기도 했다.34) 또 문경聞慶 요성역堯城驛에서는 역전답 130두락을 대민大民 5명, 소민小民 24 명의 작인들이 대·소민 구분없이 각각 3~7두락씩 나누어 경작하고 있 다고 보고되기도 했다.35) 농상공부의 분급방침도 대체로 '매 작인 10두 락 이내'였다.36) 그리고 그 분급은 특히 빈민을 대상으로 하는 '빈민 평 균분작'에 중점이 두어져 있었다. 즉 기왕의 광작인들로부터 역토의 일 부를 떼어 빈민에게 분급해 주고자 한 것이었다.37)

그러면 이와 같은 농상공부의 역토 평균분급의 의지는 실제로 어느 정도 실현될 수 있었을까. 다시 당시의 역토 평균분작의 모범적인 사례 로서 꼽히던 장성長城 역토의 경우를 예로 들어 살펴보자. 1897년 김성규 金星圭에 의하여 작성된 역토분급에 관한 「정작인완문定作人完文」38)에 포함 되어 있는 「영신속삼리작인수전규칙永申屬三里作人授田規則」의 주요 내용은 다음과 같다.

범적으로 나타나고 있다. 여기서는 역속·관속을 그 職에 따르는 「動位」와 특정인 을 가리키는 「不動位」로 나누어 역토를 추첨으로써 분급하고, 移作은 動位의 경 우 그 遞任에 따라, 不動位의 경우 身死·移屬時에만 가능하도록 규정하고 있다.

33) 『驛土所關文牒去案』 4책, 건양원년 9월 19일, 安邊郡守報告書
34) 『驛土所關訴題存檔』 6책, 건양원년 11월 22일, 茂朱郡雪川驛田畓舍音所志
35) 같은 책, 6책, 건양원년 12월, 聞慶堯城驛洞居大民·小民等 等狀
36) 같은 책, 6책, 건양원년 12월, 廣州府德峯驛驛畓舍音訴狀에 대한 指令
37) 漢城 北部 延恩坊所在 延恩驛土의 경우 빈민을 자처하는 金明汝, 李鳳學 등은 金 喜先의 所耕驛畓 가운데 3두락씩을 떼어 받았다 한다(同上 1책, 건양원년 4월, 北 部 延恩坊 坐月里 金明汝等 白活).
38) 『草亭集』 권8

一. 리민은 모두 농호이다. 남자와 부녀 가운데 18세 이상 60세 이하는 壯口, 18세 이하 60세 이상은 餘口라 칭한다.

一. 三里작인 가운데 動位를 제외한 장구 매인은 1두 4升落을 授田하고, 여구는 그 반을 받는다.

一. 전답을 分授할 때 전 2두락을 답 1두락으로 간주한다.

一. 분수 이후 가감 증손은 생사로써만 하며, 인구의 가감이 있더라도 변통할 수 없다.

一. 호민 전가가 원지로 이거하여 該土를 경작할 수 없을 때에는 首作人과 작인이 공의하여 代人의 家主에게 轉給한다.

이 규칙에서의 핵심적인 내용은 영신역토永申驛土를 균전법均田法과 구분법口分法을 기초로 하여, 즉 노동력의 크기를 기준으로 하여 분급한다는 것이다. 한편 청암역靑巖驛의 경우 동위·부동위 외의 일반 작인에 대하여 특별한 역토분급 규정은 마련되지 않았으나, 영신역永申驛의 분급규정에 준하였으리라 짐작된다. 이와 같은 수전규칙에 따라 분급된 영신·청암 양 역에서 작인들의 역토차경실태는 현재 규장각에 남아있는 해당 역토의 1900·1901·1902·1905년의 정도성책定賭成冊 등을 통하여 살펴볼 수 있다.[39] 양역의 동위를 제외한 일반 작인들의 역토차경실태의 변화를 보여 주는 것이 <표 1>·<표 2>이다.

〈표 1〉 1900~1905년 청암역 역토의 경작실태

차경역토등급	借耕者				百分比			
	1900년	1901년	1902년	1905년	1900년	1901년	1902년	1905년
0~10負	5名	4	15	19	8.2	6.6	20.8	26.8
10~20	13	12	21	17	21.3	19.7	29.2	24.0
20~30	34	36	24	15	55.7	59.0	33.3	21.1
30~40	3	3	5	12	4.9	4.9	7.0	16.9

---

39) 「全羅南道長城郡驛土田畓調査定賭成冊」(1900년), 「全羅南道長城郡 靑巖永申驛土定賭成冊」(1901년, 『驛屯土成冊』 소수), 「全羅南道長城郡靑巖永申驛土定賭成冊」(1902년, 『各郡驛公土査定成冊』 소수), 「全羅南道長城郡所在前靑巖永申驛土幷作租實數成冊」(1905년)

	1900년	1901년	1902년	1905년	1900년	1901년	1902년	1905년
40~50	3	3	3	1	4.9	4.9	4.2	1.4
50~60	1	1	1	3	1.6	1.6	1.4	4.2
60~70	1	1	2	3	1.6	1.6	2.8	4.2
70~80				1				
80~90								
90~100								
100~110		1				1.6		
110~120			1				1.4	
120~130	1				1.6			
計	61	61	72	71	99.8	99.9	100.1	100.0

	借耕驛土				百分比			
차경역토등급	1900년	1901년	1902년	1905년	1900년	1901년	1902년	1905년
0~10負	結負束 41-0	35-0	1-04-2	1-26-0	2.7	2.3	6.5	7.6
10~20	2-31-0	2-11-0	3-0-8	2-63-5	15.0	13.6	18.7	16.0
20~30	7-80-6	8-31-1	5-91-6	3-81-7	50.6	53.6	36.8	23.1
30~40	97-5	97-5	1-76-5	3-99-2	6.3	6.3	11.0	24.2
40~50	1-47-0	1-47-0	1-35-0	49-1	9.5	9.5	8.4	3.0
50~60	60-0	60-0	53-0	1-62-0	3.9	3.9	3.3	9.8
60~70	60-0	66-0	1-35-0	1-97-8	4.3	4.3	8.4	12.0
70~80				71-0				4.3
80~90								
90~100								
100~110		1-04-2				6.7		
110~120			1-13-5				7.1	
120~130	1-20-7				7.8			
計	15-43-8	15-51-8	16-09-6	16-50-3	100.1	100.2	100.2	100.0

〈표 2〉 1900~1905년 영신역 역토의 경작실태

	借耕者				百分比			
차경역토등급	1900년	1901년	1902년	1905년	1900년	1901년	1902년	1905년
0~10負	38名	37	29	24	28.8	27.8	24.8	24.8
10~20	61	63	62	39	46.2	47.4	53.0	40.2
20~30	25	25	13	16	18.9	18.8	11.1	16.5
30~40	5	5	5	8	3.8	3.8	4.3	8.2
40~50	2	2	2	4	1.5	1.5	1.7	4.1
50~60			1	1			0.9	1.0
60~70			3	1			2.5	1.0
70~80			1	2			0.9	2.0

	1900년	1901년	1902년	1905년	1900년	1901년	1902년	1905년
80~90								
90~100	1	1		1	0.8	0.8		1.0
100~200			1				0.9	
200~300				1				1.0
計	132	133	117	97	100.0	100.0	100.1	99.8

차경역토등급	借耕驛土				百分比			
	1900년	1901년	1902년	1905년	1900년	1901년	1902년	1905년
0~10負	結負束 1-02-6	1-00-1	82-5	1-78-3	5.2	5.0	4.0	8.3
10~20	8-70-8	8-93-3	9-21-0	5-41-1	44.3	44.9	45.1	25.1
20~30	6-41-3	6-41-3	3-05-1	4-10-5	32.6	32.3	15.0	19.0
30~40	1-76-1	1-76-1	1-83-0	2-71-5	8.9	8.9	9.0	12.6
40~50	85-0	85-0	94-7	1-80-2	4.3	4.3	4.6	8.4
50~60			55-0	55-0			2.7	2.6
60~70			1-93-0	68-0			9.5	3.2
70~80			75-0	1-56-0			3.7	7.2
80~90								
90~100	92-0	92-0		94-0	4.7	4.6		4.4
100~200			1-32-0				6.5	
200~300				2-01-5				9.3
計	19-67-8	19-67-8	20-41-3	21-56-1	100.0	100.0	100.1	100.1

<표 1>과 <표 2>를 통하여 알 수 있는 것은 다음과 같은 사실들이다. 먼저 청암역의 경우는 역토를 본래 20~30부를 기준으로 하여 분급하고 있으며, 영신역의 경우는 10~20부를 기준으로 하여 분급하고 있다. 이는 해당 역토의 총면적과 역토소재지의 인구수의 비율의 차이에서 비롯된 것일 것이다. 두 역의 평균 역토차경지가 청암역의 경우 25부 3속인데 비하여, 영신역의 경우 14부 9속에 지나지 않는 것을 보아도 이를 알 수 있다. 그리고 두 역의 경우 모두 1900·1901 양년의 역토차경은 위의 기준치를 중심으로 하여 크게 분산되고 있지 않음을 볼 수 있다. 즉 1901년까지는 1897년 당시 작성되었던 완문의 규정들이 비교적 충실히 지켜졌던 것이다. 그러나 1902년의 정도성책에서는 다수의 이작移作 상황이 나타나고 있는 바, 이는 1902년의 역토경영에 큰 변화가 있었음

을 짐작케 한다. 실제로 작인들의 소장訴狀에 의하면 1902년에는 사음과
읍인邑人이 부동하여 다수 이작함으로써 작인들의 원망의 소리가 높았다
한다.[40] 이같은 사음에 의한 이작을 통한 역토의 재분급은 이전의 '평균
분급'의 취지와는 거리가 있는 것이었고, 역토분급에 있어서의 불균은
1905년에는 보다 심각한 양상으로 나타나고 있었다.

〈그림 1〉 청암역 역토 차경자의 분포

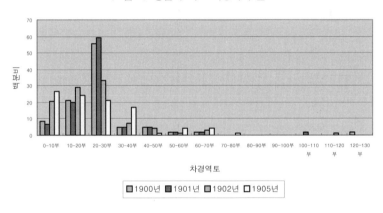

〈그림 2〉 영신역 역토 차경자의 분포

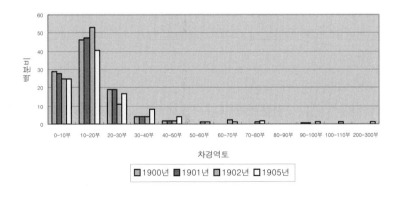

---

40) 『全羅南北道各郡訴狀』 4책, 광무 7년 7월, 靑巖驛·申安驛兩驛洞民人等請願書

<그림 1>과 <그림 2>는 역토 차경 등급별 차경자의 분포를 보다 알기 쉽게 보인 것이다. <그림 1>에서 보면, 1900～1902년에는 청암역 역토차경자 가운데 20-30부, 10-20부, 0-10, 30-40부 순으로 많았다. 그런데 1905년에 이르면 10-20부, 20-30부, 30-40부 순으로 많아졌다. 이는 역토차경이 그만큼 하향평준화되고 있었음을 말해준다. 그런데 그런 가운데에서도 1902년과 1905년 사이에는 30-40부, 50-70부 경작자가 더 많아지는 모습을 보였다. 즉 하향평준화 속에서도 일부 경작자는 오히려 경작지를 늘려가고 있었음을 말해준다. <그림 2>에서 보면 영신역 역토차경자 가운데 10-20, 0-10, 20-30부, 30-40부의 순으로 많았다. 그리고 1905년이 되어도 그 순서는 변하지 않았다. 하지만 그런 가운데에서도 1902년과 1905년 사이에는 일정한 변화가 있었다. 즉 10-20부는 줄어든 반면, 20-50부 사이의 경작자는 늘어나는 모습을 보였다. 즉 10-20부라는 평균치는 유지되었지만, 일부 경작자의 차경 확대가 진행되고 있었던 것이다. 위의 두 역의 사례를 통해 본다면 평균의 유지 혹은 하향평준화가 진행된 것이 일반적 경향이었지만, 그런 가운데에서도 차경지를 늘려가는 이들은 여전히 있었다. 즉 청암역의 평균이었던 20-30부, 영신역의 평균이었던 10-20부는 줄어들고, 그보다 적은 쪽과 많은 쪽이 늘어나는 양극분해가 사실은 진행 중이었던 것이다.

즉 역토차경에 있어서 양극분화가 일어나고 있었던 것인데, 이는 1897년 당시의 역토 평균분급의 의지가 꺾이고 말았음을 의미하는 것이다. 즉 기왕에 끈질기게 전개되어 오던 농민경영의 분화를 우려하여, 역토의 평균분급을 통해서나마 그같은 분화를 저지하고자 한 정책자들의 의도는 농민층 분해의 지속적인 전개라는 도도한 흐름 앞에 꺾이지 않을 수 없었던 것이다.

그러면 다른 여타의 역에서의 역토분급은 어떻게 이루어지고 있었을까. 한성漢城 연서역延署驛의 경우에는 옛 마호수 12인 가운데 본래 작농

자가 3인, 부작농자不作農者가 9인이었는데, 이제 역을 폐지한 뒤에 매 호
수에 15두락씩 분급하고, 역촌거민 50여 호 가운데 23호는 1승락升落의
토지도 없으므로 그들에게 2~4두락씩 비교적 균등하게 분급하였다 한
다.41) 여기서도 빈농에의 역토 평균분급의 의지는 확인되었지만, 옛 마
호수에 대한 우대정책 또한 확인된다. 이는 앞서 예로 든 무주군茂州郡
설천역雪川驛의 경우 사판관이 역토를 분기하고 상경한 뒤 전 마호수들이
전답을 환롱幻弄하여 그들의 소경전이 타 작인에 비하여 10배나 된다고
사음이 보고42)하고 있는 것을 보더라도 옛 마호수들은 타 작인들보다
많은 역토를 차지하게 되었으리라 추측된다.

역토를 광점하고 있었던 것은 옛 역졸들의 경우만은 아니었다. 역토
를 광점하고 있었던 것은 양반·관속의 경우가 보다 많았다. 그들은 역토
를 '탈경奪耕'을 통하여 광점해 나아가고 있었다. 탈경의 주체는 '읍촌간
에 권력이 있는 자'들로 표현되는 양반·관속배들이었다. 탈경은 둔토에
서도 유사한 양상으로 나타나고 있었는데, 그 탈경자는 향반鄕班으로 지
칭되기도 했고,43) 어떤 경우에는 둔전·민전 20여두락을 차경하여 '농토
가 작작유여綽綽有餘'하면서도 남의 차경둔토를 빼앗아 '익부益富'를 꾀하
는 자이기도 했다.44) 한편 1905년 이후 위세를 떨치기 시작한 일진회
회원들은 역·둔토를 일진회원들에게 분급해 줄 것을 요구하였고, 스스
로 역토를 탈경하기까지 하였다.45)

역둔토의 차경을 둘러싼 작인간의 분쟁은 탈경으로만이 아니라 사음
에 의한 '이작移作'을 통해서도 나타났다. 본래 농상공부의 「역토사판규
례驛土査辦規例」에서는 이작은 작인이 도전賭錢을 건납愆納하는 경우에 해당

---

41) 『驛土所關訴題存檔』 1책, 건양원년 4월 6일, 延署驛土舍音訴狀
42) 주 34)와 같음
43) 『各道各郡訴狀』 7책, 광무 3년 5월, 豊德玉山里居農民請願書
44) 같은 책, 광무 3년 3월, 麻田北面東幕睦源祐告訴狀
·45) 『忠淸北道各郡報告』 12책, 광무 10년 2월 26일, 木川郡守報告書

군수에 보고한 뒤 실행하도록 규정하고 있었다. 또 실제 도전을 거납拒納 혹은 건납하였다는 이유로 이작을 당한 사례들은 몇몇 역·둔토에서 보이기도 했다.[46] 그러나 사음에 의한 이작조치는 이같은 이유에서만 취해지는 것은 아니었다. 사음에 의한 이작은 많은 경우 사음의 사리私利를 위해 이루어지고 있었다. 즉 사음은 이작을 통하여 「이작채移作債」를 취할 수 있었던 바, 이는 사음의 '수뢰이작受賂移作'으로 표현되었다.[47] 따라서 사음의 자의이작恣意移作은 작인들의 강한 반발을 받았고, 지주의 입장에 있던 내장원 등에서도 사음에게 절대 이작하지 말 것을 거듭 지시하거나 자의이작을 철회하도록 조치하였다. 그러나 현실적으로 사음에 의한 이작은 계속되었고, 이작을 통하여 기왕에 평균분급되었던 역토는 일부 작인들의 손에 점차 집중되어 갔다.

1895년 을미사판乙未査辦을 통하여 역토 작인이 '평균분작'의 방침하에 차정되면서 일부 광작인들의 소경所耕역토의 일부가 무전無田·무전無佃의 빈농들에게 이급되는 등, 역토 경작에 있어 소경 규모의 전체적인 하향 평준화가 일단 이루어진 것은 사실이었다. 그러나 이같은 광작의 억지抑止는 이전의 역토광작을 통하여 부를 축적하면서 점차 소상품생산자로 성장하고 있던 일부 부농들의 경제기반을 위협하는 조처였다. 또한 이후 농상공부~내장원의 모든 역토관리기관에 의한 작인교체금지의 방침은, 빈부격차 혹은 농업경영에 있어서의 우열의 차등을 이용한 부농에 의한 빈농 소경역토의 이작·탈작을 금지시키는 것이었는데, 이도 또한 역토 분급 당시의 '평균분작'의 의지를 지속시키려는 취지에서 비롯된 것이었다. 그러나 이같은 의지가 그리 오래 지속되면서 현실로 나타나지 못했던 것은 앞서 장성長城역토의 경우 등에서 본 바와 같다.

---

46)『京畿各郡報告』2책, 광무 5년 5월, 始興郡香炭屯舍音報告書 同上 10册, 광무 9년 5월 29일, 積城郡守報告書
47)『訓照』17책, 광무 4년 5월 11일, 경상남도관찰사에의 訓令
　　같은 책, 13책, 광무 4년 12월 10일, 경기관찰사에의 訓令

그러면 을미사판 때의 역토의 '평균분작' 정책은 어떠한 배경을 가지고 등장한 것이었을까. 한마디로 19세기말의 이 평균분작론은 18세기 후반 이래 부농에 의한 빈농의 토지로부터의 구축이 가속화되면서 유민流民문제와 민란을 야기하여 기존 사회체제에 대한 심각한 위해요인으로 등장한 이래 위정자들과 일부 지주층에 의하여 끊임없이 제기되어온 '균경론均耕論' 내지는 '균작론均作論'을 계승하고 있는 것이라 할 수 있다. 균경론의 연혁을 잠시 더듬어 보면 18세기말 이광한李光漢은 이미 '대전론貸田論'이라는 표현으로 농지분급을 각 농가의 노동력 크기에 비례하여 균분할 것을 주장한 바 있고[48] 19세기 초 이규경李圭景도 또한 '균경론'을 제시하여 경작지에 대해서는 신분의 귀천없이 호구의 다과多寡와 장약壯弱에 따라서 균등하게 분경할 것을 주장하였다.[49] 이같은 균경론은 한말까지 이어져 1900년 민평호閔平鎬는 "생生이 재향시在鄕時에 들으니 정부에서 균전의 논의가 있었다고 들었으나 아직 실행됨을 보지 못했습니다. 이는 삼대三代 이후 아직 실행되어 본 적이 없은 즉 갑자기 시행할 수는 없을 것입니다. 그러나 어찌 꼭 부인富人의 전田을 빼앗아 이를 나누어 주는 것만이 균전이겠습니까. 주인은 주인대로 놓아두고 그 소경만 균등히 한 즉, 이 또한 균전입니다"라고 하면서, 1면 혹은 1리의 소재 전답과 남정수男丁數를 계산하여 균등히 나누어 줄 것을 헌의하고 있었다.[50] 지주에 의한 토지집중의 현실은 그대로 인정한 위에서 빈농의 이농만을 저지하기 위한 '균경론'은 18세기말 이래 한말까지 지주적 입장

---

48) 李光漢의 貸田論에 관해서는 李潤甲, 1983, 「18세기말의 均並作論」 『한국사론』 9 참조
49) 李圭景의 均耕論에 관해서는 宋贊植, 1970, 「조선후기 농업에 있어서의 廣作運動」 『李海南博士華甲紀念史學論叢』, 109쪽 참조
50) "生在鄕時 聞政府有均田之論 未見其事竟行 此是三代以後 所未有行則未可遽然行之也 然何必奪富人田而均之乎 主其主 均其耕 則此亦均田也 伏願使各郡因山川區限 量一面或一里所在田畓 隨宜裁割計其面或其里男丁數 均分之一如古均田之制 …"(『照會原本』, 광무 4년 8월 27일, 閔平鎬의 중추원의장에의 獻議書)

에서의 농업개혁론의 하나로서 연면히 내려온 것이다. 이와 같은 '균경
론'은 1894년 농민전쟁의 와중에서 정권을 장악하여 갑오개혁을 주도하
였던 개화파의 핵심인물 유길준兪吉濬에 의해서도 수용되고 있었음을 확
인할 수 있다. 유길준은 그의 전론이라 할 「지제의地制議」에서 "토지와
인구의 분포를 조사하여 농민들에게 차경지가 균등히 돌아가게 하며 지
대地代는 타작제打作制를 폐지하고 도조법賭租法으로 하되 그 수조율을 10
분의 3으로 하며, 지세는 10분의 1로 하되 전주田主와 전객佃客이 각각 반
半부담하도록 한다"51)는 내용의 농업개혁구상을 개진하였다. 이도 또한
18세기 말 이래의 '균경론'의 계승이었던 바, 이제 정권을 장악하게 된
개화파에 의하여 유길준의 이같은 균경론은 '역토'라는 한정된 토지 위
에서나마 시행을 볼 수 있었고, 그것은 유리의 우려가 있는 빈농들을 다
시 토지에 묶어두는 데에 어느 정도 기여할 수 있었다.

그러나 이같은 지주적 입장에서의 균경정책은 농민적 입장에서의 균
경론과는 크게 거리가 있는 것이었다. 앞서도 보았다시피 지주적 입장에
서의 균경론은 주인은 주인대로 놓아두고 소경所耕만 균등히 하자는 것
임에 반하여, 농민적 입장에서의 균경론은 지주적 토지소유를 철폐하고
경자유전耕者有田을 실현한 가운데에서의 균분경작이었기 때문이다. 앞서
장성역토長城驛土의 경우에서도 보았던 것처럼 이미 저지될 수 없는 역사
적 대세로서 진행되어 오던 농민층분해는, 빈농들로 하여금 그 영세한
소경역토조차 계속 유지하지 못하고 더욱 영세화시키지 않을 수 없도록
만들고 있었고, 따라서 이같이 '소경만 균등히 하자'는 균경론은 빈농문
제의 근본적인 해결책이 될 수 없었다. 빈농문제의 근본적인 해결책은
토지소유문제를 우선적으로 해결하는, 즉 '경자유전'의 원칙을 우선적으
로 실현하는 데서 출발할 수 있었다. 그런데 이 시기의 정권담당자들은
역토에서의 균경을 통해서나마 빈농을 토지에 묶어둠으로써 그들의 유민

---

51) 『兪吉濬全書』 4, 「地制議」, 178쪽

화流民化·난민화亂民化를 막고, 또 다른 한편으로는 지대의 거납拒納·건납愆納 등으로 지주경영을 위태롭게 하고 있던 광작부농들의 성장도 저지시키고자 한 것이었다. 역토에서 이같은 방향에서 작인을 차정하도록 한 농상공부는, 그같이 차정된 작인들을 계속적으로 통제하기 위하여 「작인성명성책作人姓名成冊」을 작성·상송토록 사판위원들에게 지시하였다.

(2) 사음차정과 사음분경

앞에서도 언급했던 것처럼 역·둔토의 수조기구로서, 그리고 작인에 대한 감독자로서, 사판위원·봉세관·수조관과 작인 사이에는 사음舍音, 즉 마름이 있었다.

1895년 농상공부는 각지에 역·둔토의 조사를 위하여 파견된 사판위원들에게 각 역·둔토의 사음을 차정하여 그 결과를 보고하도록 지시하였다. 이때 농상공부에서는 「역토사판규례驛土査辦規例」를 통하여 각 전답 소재 근지의 신실인信實人을 택하여 사음을 차정하도록 규정하였다. 이후 내장원에서도 1899년 각 둔토·목장토를 사검하면서 사검위원들에게 같은 내용의 지시를 하달하였고, 이듬해 각 둔토·역토·목장토에 봉세관을 파견할 때에도 같은 내용의 지시는 반복되었다. 이로써 당시 역·둔·목토에서의 작인으로부터의 수조는 모두 사음이 담당하게 되었다.

1895년의 「역토사판규례驛土査辦規例」에 의하면 사음은 이같은 역할의 댓가로서 사음료를 매 100두락에 30량씩으로 정하여 이를 원도전元賭錢과 함께 분등균배하여 작인으로부터 징수하도록 되어 있었다. 1899년의 「사검위원장정査檢委員章程」도 각 둔토·목장토의 사음에 대하여 사음료비舍音料費를 적당히 헤아려서 마련하도록 하고 있었다. 따라서 각 사음에게는 따로 사음사경답(社禮畓이라고도 함)이 주어지지 않았고, 사음은 작인들로부터 원납元納 외에 사음료 일정액을 징수하였던 것이다. 당시 사음료는 전국적으로 일률적인 규정에 의하여 정해지지는 않았다. 어떤 곳에서는 도조액의 10분의 1 내지 20분의 1이 사음료로 책정되기도 하였고, 어떤 곳에서는 답 매 두락에 1두씩 더 거두기도 하였다.

그러나 실제로 사음에게는 이 사음료가 그리 중요한 것은 아니었다. 사음에게 보다 중요한 것은 은토隱土에서의 도조 수입, 도조를 수조관으로부터 헐값에 매수買受하여 이를 전매함으로써 얻는 차익 수입, 이작을 통한 이작채, 기타 간색미看色米, 두량임斗量賃 등을 통하여 얻는 수입이었다.52) 이같은 수입들은 적지 않은 것이었고, 때문에 사음의 차정差定(임명)을 둘러싼 많은 분쟁들이 발생하였다.

1895년 역토사판 당시 사판위원들에게 내려진 역토 사음 차정기준은 「해該 전답 근지近地에 거주하는 신실信實한 자」였다. 그러나 역토가 있는 각 군에서는 군수들이 사판위원이 내려오기 전에 이미 사음을 차정하는 등 사음차정에 군수가 직접 관여하기도 하였고, 사판위원이 내려온 뒤에 군수는 위원과 협의하여 주로 실직한 구 관속과 구 역속 가운데 가감인 可堪人으로서 근지에 거주하는 자를 택출하기도 하였다.53) 이때 군수는 사음차정의 댓가로서 뇌물을 받는 등 사리를 취할 수 있었다.54) 때문에 어떤 군수들은 사음 차정권을 군수에게 허여해 줄 것을 청원하기도 하였다. 이같은 군수들의 사음차정 간여로 인하여 일부 역토에서는 군수가 차정한 사음과, 농상공부에서 사판위원의 보고를 통하여 임명한 사음 사이에 분쟁이 일어나기도 하였다. 사음차정에 간여한 것은 군수들만이 아니었다. 각 관찰부의 관찰사들도 이에 간여하고 있었다. 농상공부 내장원에서는 이같은 군수·관찰사의 사음 횡차橫差를 엄금하고 사판위원·봉세관에 의한 사음차정을 거듭 지시하였다. 그것은 각 군수들이 사음을 마음대로 자주 개차改差함으로써 모리배들이 사음권 획득에 분주하고, 사

---

52) 『隆熙二年財務一斑』, 105~106쪽
53) 『驛訓旨』, 건양 2년 3월 5일, 강릉군수에의 지령
54) 『訓照』 48책, 광무 7년 12월 11일, 지평군수에의 訓令

음이 된 뒤에는 도곡賭穀을 자기 물건처럼 여기고 범포도주犯逋逃走하는 일이 많았기 때문이기도 했다.[55]

그러면 실제 사음권을 획득한 자들은 어떠한 성격의 사람들이었을까. 역토의 경우는 앞서 언급했던 것처럼 우선 폐지된 역의 구 역속舊驛屬들이 이 사음권 획득을 위하여 경사京司에 분주하였고,[56] 당시 농상공부에서도 역민·평민을 불문하고 신실한 자로서 사음을 차정하도록 지시하고 있었으므로 구 역속의 상당수가 사음권을 차지할 수 있었을 것으로 보인다. 그러나 실제로 보다 많은 사음권을 차지한 것은 관속·양반들이었다. 어떤 봉세관은 "역驛을 파한 이후로 사음 명색이 읍리邑吏가 아니면 타군他郡의 유세인有勢人"[57]이라 보고하고 있었고, 실제 인동군仁同郡의 양원楊原 등 3역의 경우 사음은 모두 반민班民 혹은 이속吏屬이었다.[58] 1895년 이후 둔토에서 차정된 신사음들도 대체로 비슷한 성격을 지닌 자들이었다. 즉 둔토에서의 사음들도 대체로 관속·부재양반·재지양반들이었던 바, 경인京人이 사음으로 차정된 뒤 추수를 위해 차인差人만을 파견하는 경우도 있을 정도였다. 그런데 이들 사음들은 "혹 서울서 내려오고 혹 타군·면에서 와서 권농勸農과 간검看檢에는 전혀 관여치 않고 도조를 거둘 때 남봉濫捧할 줄만 알았기"[59]때문에 작인들로부터 많은 원성을 샀다. 작인들은 이 농리農理에 어두운 관속·양반사음들에 의한 도조의 불균부과不均賦課·남징濫徵에 대하여 크게 반발하였던 것이다. 이같은 저간의 사정 때문에 내장원에서는 "각 역·둔토 사음을 작인 중 택차지시擇差之時에 해該 공토 소재公土 所在 10리 이외 거주자와 부군간 관속배는 거론하지 말 것"이라 지시하고, 사음은 반드시 '땅이 있는 곳의 동민洞民' 가운데

55) 같은 책, 53책, 광무 8년 7월 16일, 각도관찰사에의 訓令
56) 『驛土所關文牒來案』 1책, 건양원년 6월 2일, 南原府觀察使報告書
57) 『訓照』 15책, 광무 5년 1월 23일, 慶尙北道捧稅官에의 訓令
58) 『慶尙南北道各郡報告』 1책, 광무 4년 9월 15일, 仁同郡守報告書
59) 『訓照』 13책, 광무 4년 12월 19일, 德山郡守에의 訓令

가감인으로 택정할 것을 거듭 지시하고 있었다.[60]

사음차정을 둘러싼 사음분쟁의 주역도 또한 이들 양반·관속들이었다. 경북 성창군成昌郡 덕통역德通驛에서는 내장원으로부터 직접 사음을 차정 받은 한교원韓敎源과 이후에 봉세관으로부터 사음을 차정받은 김예천金醴 泉 사이에 분쟁이 있었는 바, 이때 김예천은 실제로는 문경閒慶에서 덕통 역리로 이주해 온 김반金班이라는 한 양반의 대리인이었다.[61] 또 충남 덕 산군德山郡 급천역汲泉驛에서 작인들의 추천으로 사음에 임명된 엄수문嚴秀 文과 사음분쟁을 벌이며, 전답의 평균분배를 빙자하여 뇌물을 받고 이작 을 함으로써 비난을 산 것도 예산禮山에 거주하는 이모라는 양반이었 다.[62]

한편 이같은 사음분쟁에는 사음의 이해관계뿐만 아니라 이작을 둘러 싸고 작인들의 이해관계도 얽혀 있었기 때문에 사음분쟁에 작인들이 참 여하는 사례도 있었다. 즉 온양군溫陽郡 시흥역時興驛에서는 1896년 4월 이유석李裕錫(進士)이 새로이 사음에 차정되면서 양반 안경식安競植(그의 소경 역답(所耕驛畓)은 20여 두락), 동장洞長 겸 전 마호수 김보성金保成, 역답 작인 김 귀손金貴孫·최춘집崔春集 등의 소경답을 평균분배를 이유로 이작하자, 안 경식은 전 역수리前 驛首吏 천광석千光石과 함께 사판관에 등소等訴하여 천 광석의 사위 김복만金福萬으로 사음을 개차받아 다시 작인을 모두 바꿈으 로써 안경식은 7석 14두락을 차지하고 나머지 역토도 그들이 우선적으 로 차지하고 작인들에 대한 경작권의 여탈이 무상하였다 한다.[63] 그런 데 이 안경식·천광석 등은 역토를 광점하였지만 실제 경작하는 실작인

60) 같은 책, 53책, 광무 8년 7월 28일, 황해도·충청북도봉세관에의 訓令
61) 같은 책, 23책, 광무 5년 9월 13일, 成昌郡守에의 訓令
62) 같은 책, 16책, 광무 5년 2월 9일, 충청남도봉세관에의 訓令
63) 『驛土所關文牒去案』 1책, 건양원년 5월 4일·18일, 洪州府에의 訓令; 3冊, 6월 9
    일·8월 5일, 온양군수에의 訓令
    『驛土所關文牒去案』 1책, 건양원년 5월 28일, 洪州府觀察使보고서; 3冊, 7월 15
    일, 온양군수보고서

은 아니었다. 그들은 이처럼 역토를 7, 8석락씩 광점하고 이를 다시 소
민에게 분여하여 분반타작하는 중답주적인 존재였다.[64] 이렇게 볼 때
시홍역에서의 사음분쟁에는 그 저변에 역토의 평균분배를 통하여 신정
작인들의 지지를 얻어 사음권을 고수하려 한 신정사음측과, 사음권의 횡
탈을 통하여 역토를 광점함으로써 중답주中畓主적인 위치를 고수하려 한
전마호수·양반측 사이의 대립이 놓여 있었다 할 수 있다.

한편 둔토에서의 사음분쟁은 역토와는 약간 다른 성격을 지니고 있었
다. 그것은 각 둔토에는 이미 1894년 이전에도 오랫동안 사음제도가 있
어 구사음들이 존재하고 있었기 때문이다. 이제 이들 구사음들은 그 둔
토가 탁지부 혹은 궁내부로 그 소관처가 바뀐 데 따라서 다시 사음으로
차정받지 않으면 안되었고, 따라서 신사음 차정을 둘러싸고 많은 분경奔
競이 벌어졌다.[65] 일부 구사음들은 자신을 전과 같이 차정해줄 것을 궁
내부 등에 청원하여 허락을 받기도 하였으나, 대개의 경우 역토에서와
비슷한 성격을 가진 자들로 신사음이 차정되었다.

2) 역·둔토 작인 부담의 가중

1895년 이후 역·둔토에서의 지주경영의 강화는 지대 부담의 가중으
로 가장 잘 표현되었다. 앞서도 언급한 것처럼 을미사판乙未査辦 이후 광
무사검光武査檢, 그리고 역둔토실지조사驛屯土實地調査에 이르기까지 역·둔
토에 대한 누차의 조사사업은 한편으로는 토지에 대한 소유권의 확인査
檢, 그리고 다른 한편으로는 토지에 대한 지대책정定賭이라는 양 측면에

---

64) 『忠淸北道各郡報告書』 2책, 광무 4년 12월 5일, 충남봉세관보고서 이 글 주 182)
본문 부분을 참조할 것.
65) 水原 佳士面 三烏坪 新堰에는 궁내부 혹은 탁지부에서 파견되었다고 주장하는 도
장(導掌) 혹은 사음이 4명이나 되었다(『各道各郡訴狀』 1책, 개국 504년 9월, 新堰
舍音白活).

서 이루어졌다. 이때 지대의 책정이란 실제로는 지대인상을 뜻하는 것이
었다. 지대의 인상은 곧 소유권의 확인이라는, 지주의 토지에 대한 지배
권 강화의 기반 위에서 가능할 수 있었고, 따라서 이같은 지대인상은 그
만큼 농민들의 토지에 대한 지배권이 약화되었음을 의미하는 것이었다.
지주제 하에서 토지에 대한 지배권을 둘러싼 지주와 전호 간의 길항은
해당 토지에서의 잉여생산물의 분배비율로써 표시되는 것이 일반적이었
으므로 소출에 대한 지대의 비율의 크기는 곧 지주와 농민간의 토지지배
권의 우열을 가리키는 지침이 되는 것이었다. 농민전쟁을 진압하고 근대
적인 개혁을 추진하려 한 개화파 정권과 그 뒤를 잇는 광무보수 정권은
근대적인 소유권개념을 토지문제에 도입하여 토지를 둘러싼 구래의 중
층적인 지배관계를 청산하고 배타적인 지주적 토지소유를 확립코자 하
였다. 이와 같은 흐름 위에서 시행된 사업들이 공토公土에서의 을미사판·
광무사검, 민전民田에서의 광무양전사업으로 나타났다.

　이 시기의 지주경영 강화의 또 하나의 원인은 개항 이후 농산물의 상
품화가 한층 더 발전하고, 곡물이 해외에까지 수출되는 등 곡물시장이
크게 확대되었다는 사실이었다.[66] 특히 일본에의 다량의 곡물수출은 곡
물의 상품화를 크게 자극하게 되었고, 따라서 지주들은 그들이 수취하는
소작미의 상품화를 보다 확대시키려 노력하게 되었다. 지주들은 확대된
미곡시장에의 적극적인 참여를 위하여, 보다 확실하고 보다 많은 생산물
획득이 가능한 자작경영을 확대한다든가[67] 혹은 작인에 대한 통제를 강
화하면서 소작료의 증수를 꾀하는 등의 방법을 통하여 토지경영을 강화
하게 되었다. 한편 개항을 통한 미곡시장의 확대는 지주층 뿐만 아니라

---

66) 이에 대해서는 姜德相, 1962, 「李氏朝鮮 개항전후에 있어서의 朝鮮貿易의 전개」
　　『역사학연구』 265와 吉野誠, 1975, 「조선개국후의 곡물유출에 대하여」『朝鮮史
　　研究會論文集』 12 참조.
67) 金容燮, 1976, 「한말·일제하의 지주제-사례 3, 羅州 李氏家의 지주로의 성장과
　　그 농장경영-」『震檀學報』 42 참조

농민층에게도 잉여생산물의 상품화를 통한 부의 축적 가능성을 높여주는 계기로 작용하였다. 따라서 광작경영 등을 통하여 부농에로의 성장을 모색하고 있던 일부 농민층은 경작 면적을 넓혀 나가면서 보다 많은 잉여생산물의 축적과 그 상품화의 확대를 위하여 골몰하였다.

지주층과 농민층간의 곡물의 상품화를 둘러싼 경쟁은 양자간의 잉여생산물 분배를 둘러싼 갈등을 필연적으로 가져왔고, 그 갈등은 지주층에 의한 소작료인상, 작인에 대한 통제강화 및 이를 위한 기존사회체제의 강화, 그리고 농민층에 의한 소작료 거납拒納·건납愆納 등의 항조, 지주층에 의한 수취강화에의 저항, 기존 사회체제에의 도전 등의 움직임을 통하여 구체적으로 나타났다. 물론 이와 같은 갈등은 18세기 이래의 상품화폐경제의 발달이라는 사회경제적인 여건 하에서 집요하게 계속되어 온 것이었지만, 이제 개항이라는 새로운 계기를 맞이하여 그 갈등은 폭과 깊이를 보다 심화시키게 되었다. 1894년의 농민전쟁의 저변에는 바로 이같은 지주층과 농민층의 심각한 대립이 놓여 있었고, 농민전쟁의 과정을 통하여 양자간의 대립은 극한적으로 노출되었다. 그러나 이제 농민전쟁의 좌절과 개화파 정권·광무 정권의 성립이라는 새로운 정황 하에서 양자간의 대립은 새로운 국면을 맞이하게 되었다.

여기서 살피고자 하는 역·둔토에서의 지주경영의 강화도 이 시기의 위와 같은 사회경제적인 배경 위에서 이루어진 것이었고, 특히 내장원에 의한 지주경영의 강화는 이 시기 지주제 강화의 대표적인 예이기도 했다.

(1) 賭錢·賭租의 책정과 인상

앞서도 언급했던 것처럼 1895년 궁내부에서는 전국의 각 둔토에 대한 사검을 역토사판위원에 위촉한 바 있었다. 이때 사판위원들에게는 각 둔토에 대한 사검과 함께 도전賭錢의 책정도 지시되었다. 그런데 사판위원들이 각 둔토에서 일률적으로 도전을 책정하기란 지극히 어려운 일이

었고, 따라서 전체가 아닌 일부의 둔토에서만 도전이 책정되었다. 그것
은 둔토들이 각기 다양한 연혁을 가지고 있었고, 따라서 그 둔토들에서
수취되는 둔세들도 각기 다양한 양상을 보이고 있었기 때문이었다. 이러
한 이유 때문에 여기서도 각 둔토에 당시 어느 정도의 도전이 부과되었
는지를 살피기에 앞서, 갑오 이전에 각 둔토는 어떠한 상태에 놓여 있었
는지를 살피지 않을 수 없다.[68] 조선전기 관둔토官屯土 혹은 국둔토國屯土
등으로 존재해 오던 둔토가 크게 확장된 것은 임진왜란을 거치면서였다.
임란을 거치면서 전국의 전토가 황폐해지고 유망민이 크게 늘게 되었고,
또 한편으로 훈련도감 등 새로이 설치된 영문營門들과 궁宮·부府중의 아
문衙門들도 그 경비조달에 큰 어려움을 겪고 있었다. 이때 이 두가지 난
제를 동시에 해결할 수 있는 방책으로서 우선 영문의 '모민설둔책募民設屯
策'이 제기되었고, 이에 따라 전국 각지의 공한지空閑地에 둔전이 설치되
었고, 아문들도 그 선례를 따랐다. 설둔의 대상지가 된 것은 해도海島·목
장牧場·노전蘆田·해택지海澤地·제언堤堰·시장柴場 중의 가경지可耕地와 산성
하山城下의 한광지閑曠地로서 비교적 비옥한 가경지였는바, 이는 '양안외
가경지量案外可耕地'·'양안상 무주진황지量案上 無主陳荒地'라고 표현되었다.
즉 각 영문과 아문은 양안상에 전혀 기록되지 않은 한광지로서 기경起耕
의 가능성이 있다고 판단되는 토지이거나, 혹은 양안상에 '무주진無主陳'
이라고 기록된 토지들을 절수折受받아 둔토로 삼은 것이다. 각 영·아문은
이들 가경지에 각지의 유민을 초모招募하여 그들에게 농우農牛와 종자를
대여하고 요역을 면제하여 이를 기경케 하는 한편, 그들로부터 반타작
혹은 일정 액수(후일 '賭地'라 불림)의 지대를 수취하였던 것이다. 이때 지대
수준의 고저는 모민기경募民起耕시에 축언築堰 등 기경을 위하여 투하된
물력과 노동력 제공에 있어서 영(아)문과 민인이 차지하는 비중에 의하여
좌우되었다. 기경에 있어서 민인의 노력이 차지하는 비중이 컸을 경우,

---

68) 조선후기 屯土에 대해서는 송양섭, 2006, 『조선후기 屯田연구』, 경인문화사 참조.

기경 직후 그 지대는 1결 당 조 100두 미만이 되는 경우도 있었으나 시간이 흐름에 따라 점차 그 액수는 늘어나기도 하였다. 이때 지대가 1결당 100두 미만으로 고정화될 수 있었던 곳에서는 그 액수가 민전의 결수와 동일한 수준의 것이었기 때문에 민인들은 이를 민전과 같이 사사로이 서로 매매하기도 하였다.

한편 임란이 끝난지 얼마 안되어 이미 그같은 '양안외 가경지'는 물론, '양안상 무주진황지'의 다수는 민인들에 의하여 기경되고, 나아가 지방관부로부터도 양안상의 기전과 동일하게 수세조치를 받게 되었다. 그것은 양전이 자주 실시되지 않은 데에서 말미암은 불가피한 일이었고, 이들 사실상의 민전은 후일 양전이 실시된다면 양안상에 민전으로서 등재되어야 할 토지들이었다. 그런데 이같은 토지들이 영·아문 혹은 궁방들에 다수 절수折受되었고, 이 절수를 지방관부가 저지하지 못하였을 때, 이는 '민전침탈民田侵奪'로 표현되어 민원民怨의 대상이 되었다. 따라서 이러한 토지로부터는 영·아문 측도 민인들의 저항을 무마하기 위하여 민전의 결세액과 비슷한 수준의 둔세만을 수세하는 한편, 둔민들의 요역 등을 제감除減시키기도 하였다. 그리고 이같은 조치는 이제 오히려 인근 민인들의 원망願望의 대상이 되어, 많은 민인들이 자신들의 민전을 둔전으로 하고, 자신들은 둔민이 되어 그같은 특혜를 누리고자 했다. 이에 따라 많은 민전이 둔전으로 편입되었는 바, 이것이 이른바 '민전모입民田冒入'이다. 그러나 이같은 민전침탈지·민전모입지에서도 언제까지나 그같은 특혜가 주어지지는 않았다. 영·아문은 이후 자주 수세가중의 조치를 취하였는 바, 이는 물론 둔민들의 저항을 받아 그 때마다 해당 토지에서는 둔세액을 둘러싼 영·아문과 둔민 간의 길항이 야기되었다.

절수설둔折受設屯이 이처럼 갖가지 폐단을 낳고, 또 한편으로는 그 절수의 대상지가 거의 사라지게 되자 설둔의 새로운 방법들이 나타났다. 그것은 원결元結의 획급劃給, 민전의 결가매득結價買得, 적몰속공지籍沒屬公地

의 절수 등이었다.

먼저 원결의 획급이란, 예를 들어 새로이 설진設鎭을 하는 경우 그 진에 부속시켜야 할 둔토를, 해당 읍의 원장부에 올라 있는 원결로써 획급하고, 이를 민결로 확인함으로써 그 수세액이 민결과 같이 1결당 미 23두 수준을 넘지 못하도록 조치한 것을 가리킨다. 이들 토지는 민전으로서 사사로운 매매가 계속되었으며, 그 토지들 위에 지주-전호 관계가 성립되어 있는 경우, 그 지주는 '사답주私畓主'라고 영·아문측에 의하여 불리기도 하였다.

다음 민전매득民田買得과 적몰속공지절수籍沒屬公地折受의 경우는 대체로 영·아문에 그 소유권이 귀속되면서 민전예民田例에 따라 반타작 혹은 도지의 형태로 지대가 수취되었다.

이같이 다양하고 복잡한 연혁을 가지고 있었던 둔토들이었기 때문에 1894년 이후 을미사판·광무사검·역둔토실지조사, 그리고 토지조사사업에 이르기까지 수많은 소유권분쟁이 둔토에서 야기되었다. 소유권분쟁은 주로 원결획급지元結割給地, 민전침탈지民田侵奪地, 민전모입지民田冒入地, 그리고 일부 절수지折受地에서 일어났다.

먼저 원결획급지의 경우, 그것은 갑오승총甲午陞總과 함께 당연히 둔토의 굴레를 벗고 민유지로서 확인되어야 했다. 그러나 많은 원결획급지의 경우 탁지부에 내는 결세 외에 그와 비슷한 수준 혹은 보다 많은 액수의 둔세를 궁내부에 납부하도록 강요받았다. 일부 원결획급지는 1895년 직후 한때 결세부분만을 탁지부에 납부하면 되었으나, 1899년 광무사검에서 다시 공토로 사출되어 새로운 지대인 도조가 부과되었다. 이때 둔민들은 이를 '일토양세一土兩稅'로 표현하였고, 그 토지에 지주-전호 관계가 성립되어 있는 경우 실제 경작자는 사답주에 내는 사도지私賭地까지 부담해야 했으므로 이때는 '일토삼세一土三稅'의 부담을 져야만 했다.

또한 민전침탈지·민전모입지, 그리고 민결수준의 낮은 둔세를 부담하

고 있던 일부 절수지에서는 이미 오래 전부터 그 토지가 사사로이 매매
되면서 이른바 사답주가 존재하고 있었고, 둔세인상 때마다 소유권분쟁
이 야기되어 왔다. 그런데 1899년 이후 궁내부가 배타적인 소유권을 주
장하면서 도조를 책정함으로써 이들 토지에도 '일토양세一土兩稅' 혹은
'일토삼세一土三稅'의 현상이 나타나게 되었다.

이와 같은 소유권분쟁은 크게 보아 이 시기 궁내부 등의 역둔토 지주
제 강화방침에서 비롯된 것으로 이해된다. 그런데 이 글에서는 이 지주
제 강화방침 가운데에서도 순수히 '경영의 측면에서의 강화' 문제를 살
피고자 하고 있기 때문에 이같이 소유권분쟁에 관련되었던 둔토들의 경
우들은 여기서는 가능한 한 다루지 않기로 한다. 여기에서는 민인측에서
소유권을 주장하지 않은, 즉 이전의 영·아문의 소유권이 민인들로부터
도 인정되어 온 둔토에서의 지주경영의 강화 측면만을 고찰하고자 한다.
즉 여기서 주로 다루게 될 둔토들은 절수설둔지로서 반타작 혹은 그에
준하는 도지가 시행되어 온 곳, 민전매득지 그리고 적멸속공지 등으로
그 둔토 내에서의 생산관계가 '영·아문－작인'의 관계로 단순하게 표현
될 수 있는 토지들이다.

1894년 이전 이들 둔토에서는 대개 분반分半 혹은 도조賭租·도전賭錢의
형식으로 둔세를 납부해왔다. 그런데 이제 이들 둔토가 탁지부 혹은 궁
내부로 이속되면서 이들 둔토에는 도전 혹은 도조가 부과되었고, 결세의
부담은 작인이 담당하게 되었다. 앞서도 언급했지만 을미사판시의 사판
위원들에게 각 둔토의 도전을 책정하도록 지시하였으나, 도전책정 작업
은 잘 이루어지지 못하고 일부 둔토에서만 도전 혹은 도조가 책정되었
다. 그러면 당시 각 둔토에 부과되었던 도전·도조는 어느 정도 수준의
것이었을까. 당시 여주驪州·강화江華·이천利川·양지陽智·면천沔川·음성陰城
등 경기·충청 지방의 몇몇 둔토에서는 사판위원에 의하여 도전이 책정
되었음이 확인되는데, 그 액수는 평균하여 답 1두락 당 도전 2량, 전 1두

락당 도전 5전 정도였다. 이는 당시의 「역토사판규례驛土査辦規例」에 실린 도전정액규정과 거의 일치하는 것이었다. 물론 이때 둔토에 도전이 책정된 것이 경기·충청지방에 한정되었던 것은 아니다. 평안도 등 북부지방에서는 도조나 타조보다는 오히려 도전이 우세하였고 남부지방의 몇몇 군에서도 도전이 우세하였다.[69] 그러면 이때의 도전은 소출의 어느 정도 비율에 해당하는 것이었을까. 대개 답 1두락 당 소출을 조 20두 정도로 계산한다면, 20두=1석의 곡가가 당시 약 10량 정도로 파악되므로,[70] 답 1두락 당 도전 2량은 소출의 약 2할이 된다. 또 당시 도조가 부과되었던 둔토들에서 그 액수는 평균하여 답 1두락 당 4~5두였던 바, 이 도조도 역시 답 1두락 당 소출을 20두로 계산한다면 2~2.5할 정도에 해당하는 것이었다. 즉 이 시기 둔토에 책정·부과되었던 지대는 대체로 소출의 2~3할 정도로 추정되는 것이다. 여기에 소출의 1할에 해당하는 결세를 가산하면, 작인은 소출의 3~4할을 부담하는 셈이 된다.

한편 역토에서는 을미사판을 통하여 일률적으로 도전賭錢이 책정되었는데, 그 액수는 「역토사판규례驛土査辦規例」에 의하여 양남兩南에서는 1두락당 상답 3량 3전, 중답 2량 5전, 하답 1량 3전, 평균 2량 5전씩, 그리고 경기·충청지역에서는 1두락당 상답 3량 3전, 중답 2량 3전, 하답 1량 2전 평균 2량씩으로 규정되었다. 이 정도의 도전은 앞서 둔토에서의 경우와 비슷한 수준으로서 대체로 소출의 2~3할 정도에 해당하는 것이었다. 이는 다음 전주군全州郡 삼례역參禮驛의 경우에서 잘 확인된다.

전주군 삼례역답 710두락은 비록 보평(洑坪)이오나 사답(私畓)으로 논하여도 도조가 많아도 불과 7, 8두이온즉 2량 3전으로 배정하오면 매두락에 7

---

69) 『各郡秋收記』·『經理院驛屯土成冊』에 실린 1895~1898년의 둔토추수기 참조.
70) 『隆熙二年財務一斑』, 73쪽에는 1894년 당시의 곡가를 租 1石당 10兩으로 계산하고 있다. 이는 『韓國稅制考』 21쪽에서 米 1斗당 1兩5戔, 즉 米 6,7斗(租 20斗=1石)에 약 10兩 정도로 기록한 것과 일치한다.

두식이요 매석가(每石價)가 3량이며 가령 1인(1人)이 경작 20두락인즉 도전이 5, 60량이오니 궁민의 사세(窮民之事勢)가 실로 난판(難辦)이오니 이로써 기준을 삼는다면 장차 진폐(陳廢)의 우려가 있사오니 특별히 생각하여 사음료비(舍音料費)를 합하여 매두락에 2두식 배봉(排捧)이 마땅함[71]

여기서 알 수 있는 것은 다음과 같은 사실들이다. 우선 곡가는 1석(20두)에 8냥, 따라서 1두에 4전이다. 한편 민전에서의 도조의 지대율은 대개 4할 전후이므로, 여기서 사도조私賭租가 7, 8두라면 이 민전의 소출은 1두락당 20두, 즉 1석꼴이 되는 셈이다. 이제 농상공부에서 매두락에 2냥 8전, 즉 7두에 해당하는 도전을 부과하였으니 이는 소출의 3.5할에 해당하는 것이었다. 이같이 민전에서의 도조율에 육박하는 역답의 도전액에 대하여 작인들은 두락당 2냥, 즉 소출의 2할에 해당하는 4두 선線으로 낮추어 조정해 줄 것을 요구하고 있다. 따라서 이 시기 역토에서는 대체로 2~3할 정도의 지대가 부과되었던 것으로 추정하여 크게 무리가 없을 것 같다. 이 정도의 지대수준은 민전에서의 그것과 비교하여 상당히 낮은 수준으로 여겨질 수 있었고, 때문에 역·둔토의 차경을 둘러싸고 작인들 간의 분쟁이 끊이지 않았으며, 그 분쟁의 와중에서 다시 이득을 취할 수 있었던 사음권을 둘러싼 분쟁도 끊이지 않았던 것이다.

그러나 도전의 경우, 특히 역토에서의 그것은 소위 '선도전先賭錢', 즉 지대선납地代先納의 형태를 취하고 있었기 때문에 작인들은 이에 반발하지 않을 수 없었다. 즉 농상공부에서는 1897년도분 도전을 1896년 12월 내로 납부하도록 지시하면서, 도전을 낮게 책정했던 것도 이 도전 선납을 위한 조치였다고 밝히고 있다.[72] 그리고 작인들의 반발에 대해서는 "불원不願하는 역민에게 억지로 입작立作시키는 것은 불가하니 자원자自願者를

---

71) 『驛土所關查員質報存檔』 1책, 건양원년 2월 2일, 全州府查辦委員 白鳳洙의 質稟書
72) 『驛土所關文牒去案』 1책, 건양원년 7월 3일, 전주부관찰사에의 指令

입작케"73)하라고 지시하여 선도전 징수방침을 강행하고 있다. 어쨌든 이 선도전은 그 저헐低歇함에도 불구하고, 지대선납제로써 작인들을 토지에 긴박시키고 거납 혹은 건납 등의 지대를 둘러싼 작인들의 대對지주투쟁을 원천적으로 봉쇄하는 그러한 기제였음을 지적하지 않을 수 없다.

1895, 6년경 역·둔토에서 책정되었던 도전·도조는 비교적 낮은 수준의 것으로서 작인들에는 상당히 유리한 것이었다. 그러나 1897년 1월 역토가 농상공부에서 군부로 이속되면서 사정은 변하기 시작하였다. 군부 휘하의 각 지방대에서는 1897년 가을부터 각 역토에 조사위원을 파견하여 역토를 다시 조사하도록 하고, 지질의 품등에 따라 도조를 사토에서의 그것과 같은 비율로 책정하였는데74) 그 액수는 농상공부 소관 당시의 도전에 비하여 월등히 높은 것이었다. 군부에 의하여 이제 역토에서는 도전제가 폐지되고 도조제가 채택되었으며, 지대의 소출에 대한 비율은 대폭 인상을 보게 된 것이었다. 따라서 이같은 군부의 역토조사는 작인들로부터 많은 반발을 받았다. 그런데 이 역토조사가 끝나고 각 지방대에서 수도收賭를 실시하려 할 즈음인 11월 역토의 관할은 탁지부로 이관되어 군부의 수도는 중지되고 탁지부에서 이를 담당하게 되었으며, 이때 군부에 의한 도조남집賭租濫執은 어느 정도 시정될 수 있었다.75) 따라서 역토가 내장원으로 이속되기 이전, 즉 농상공부-군부-탁지부의 관할 하에 있을 때 역토작인들의 부담은 전체적으로 보아 그리 무거운 것은 아니었다고 말할 수 있다.

그러나 1899년 둔토가 내장사로 이속되고, 이듬해 역토가 내장원으로 이속되면서 사정은 크게 달라졌다. 역·둔토를 모두 자기 관할하에 둔 내장원은 1899년과 1900년 양년에 걸쳐 이른바 '광무사검'을 실시하여 둔

---

73) 『驛土所關文牒去案』 1책, 건양원년 7월 9일, 인천관찰사보고에 대한 指令
74) 『韓國稅制考』, 73쪽
75) 『江原道各郡報告』 3책 , 광무 8년 7월 26일, 강원도관찰사보고서

토와 역토의 도조(혹은 도전)을 인상 책정하였다. 1899년의 둔토사검 때 사
검위원들에게는 1895년의 도전보다 약 50%정도 인상된 답 1두락당 평
균 3량의 도전을 부과할 것이 지시되었다.[76] 그런데 이미 이 기간 동안
의 곡가는 50% 이상 인상되어 있는 실정이었으므로 그것은 사실 인상
이라 할 만한 것은 못되었다. 그런데 중요한 것은 이 둔토사검이 끝난
뒤 내장원에서는 다시 각 군에 대하여 "사검위원이 혹 대전代錢으로써 정
도定賭한 곳도 본곡本穀으로 일일이 수확적치收穫積置하라"고 지시하였
고,[77] 따라서 사검위원이 책정한 도전은 사실상 폐기되고 군에 의하여
새로이 도조가 부과되었다는 것이며, 그 도조는 앞서의 도전보다는 많은
액수의 것이었다는 점이다. 또 이전부터 도조제가 실시되고 있었던 곳에
서는 새로이 인상된 도조가 책정되었다. 예를 들어 광주廣州 황간둔黃澗屯
에서는 이전에 답 1두락에 2량의 도전을 내었으나 본곡수납의 지시에
따라 답 1두락 당 4두의 도조가 부과되었다.[78] 또 인천仁川 훈둔勳屯에서
는 이전에 44석의 도곡을 대전상납해 왔는데, 이제 52석의 도조상납으
로 바뀌어 답 1두락에는 5두, 전 1일경日耕에는 1석씩의 도조가 책정되었
다.[79]

또 역토에서도 이듬해 새로이 도조가 책정되었는데 그것은 원래의
'원도原賭'에 '가도加賭'를 부가하는 형식으로 이루어졌다. 그런데 그 가도
는 원도의 약 반에 해당하는 경우도 있을 만큼 과중한 것이었다. 충남지
방의 모든 역토에는 원도 외에 답 매두락에 가도 3두, 전 매두락에 가도
2두가 부과되었고,[80] 강원도 역토에는 원도조 1석에 1두씩 부가되어

---

76) 『訓照』 1책, 광무 3년 8월 30일, 충북봉세관에의 訓令
77) 같은 책, 3책, 광무 3년 10월 17일, 內藏司長의 각도관찰사에의 조회
78) 「廣州郡黃澗屯先賭錢成册」(1896년 『各郡秋收册』 소수)과 『京畿各郡驛屯田日耕
    斗落結卜定賭實數都案』(1905년) 참조.
79) 『訓照』 5책, 광무 3년 12월 11일, 인천군수에의 訓令
80) 『忠淸南北道各郡報告』 2册, 광무 4년 12월 16일, 온양군수보고서

도조가 책정되었다.[81] 작인들은 이같이 과중한 가도에 대하여 그 남집監
執을 시정해 줄 것을 호소하였으나, 내장원의 지시는 한결같이 "이전의
정도定賭가 매우 헐歇하였으므로 해당 도조를 봉세관이 사정한 실수에 따
라서 지체없이 준납准納" 하도록 하라는 것이었다.

그런데 이 역토에 대한 가도조치가 취해지던 1900년은 가뭄이 크게
들어 가도에 대한 작인들의 원망은 더욱 커질 수밖에 없었고, 농민들은
그 원망을 항조로 표현하였다. 한편 군수 등 각 지방관들도 가도조치에
대해서는 지극히 비협조적인 태도를 취하였다.

그러면 1899년, 1900년의 역·둔토에 대한 도조의 책정과 인상 이후
도조의 소출에 대한 비율은 어느 정도의 것이었을까. 물론 이에 대한 일
률적인 파악은 불가능하다. 다만 그 비율은 인상 이전의 도조가 2~3할
정도의 것이었음과, 인상 이후에도 여전히 민전보다는 낮은 수준에 머물
러 있었음이 분명함에 미루어 볼 때 약 3~4할 정도 수준의 것으로 추정
된다. 물론 이보다 낮은 2할 정도의 도조가 부과되는 곳도 있기는 하였
으나, 전반적으로 보아 도조제가 우세해지면서 그 소출에 대한 비율도
1할 정도 인상을 보였다고 보아 큰 무리가 없을 듯하다.

그런데 가도 조치가 취해질 당시 각 둔·역토에서는 작인들의 많은 반
발이 있었고, 그러한 반발은 집단적인 항조로 나타나기도 하였는바, 작
인들의 완강한 반발이 있었던 곳에서는 도조 인상이 극히 미미한 정도에
그치기도 했다. 예를 들어 뒤에서 살피게 될 대표적인 항조 사례인 죽산
竹山 좌찬역토佐贊驛土의 경우 1900년에는 도조 291석여, 도태賭太는 32석
10두여를 수납한 뒤, 이듬해 봉세관이 가도하려 하자 작인들이 크게 반
발하여 항조가 일어났고, 그 결과 도조는 307석여, 도태는 33석여로 소
폭 인상되는데 그쳤던 것이다.[82]

---

81) 『江原道各郡報告』 3冊, 광무 5년 8월 8일, 江原道調査委員보고서
82) 『京畿井間册』 참조

내장원에 의하여 이같이 인상된 둔·역토에서의 도조는 이후 몇 년간 그대로 유지되다가 1905년 경리원의 '분반타작을 통한 도조 영정永定'에 의하여 다시 상당한 정도 인상을 보게 된다(뒤에 상술). 그런데 이때의 도조의 인상 책정은 모든 둔·역토에서 일률적으로 이루어지지 못하여 이전부터 있어 왔던 각 역·둔토간의 지대율의 차이를 더욱 큰 것으로 만들어 놓고 있었다. 즉 어떤 역·둔토에서는 거의 반타작과 다름없는 도조가 부과되었고, 또 어떤 역·둔토에서는 아직도 2할 정도의 도조 혹은 도전이 부과되기도 했던 것이다. 더구나 소유권분쟁이 치열하였던 곳, 농민들이 민전임을 주장하고 있던 곳이나 민전임이 사실상 인정되고 있었던 곳에서는 여전히 소출의 1할 정도의 도세만이 부과되고 있었다. 즉 둔토에서는 특히 다양한 수준, 그리고 다양한 형태로써 지대가 부과되고 있었고, 거기에는 나름대로의 역사적인 내력, 지역적인 특수성 등이 반영되고 있었다. 이제 이같은 상태에서 역·둔토의 수조권은 일제의 역·둔토 국유화 정책의 스케줄에 따라서 1907년 탁지부로 이관되었다.

1907년의 역·둔토 수조의 탁지부 위탁은, 이듬해 일제에 의한 역·둔토 국유화의 전단계적인 조치에 지나지 않았다. 1908년 6월 역·둔토와 궁방전을 모두 국유화한 일제는 이 해 8월 「역둔토관리규정驛屯土管理規程」을 반포하였다. 이에 나타난 소작료에 관한 규정은 "소작료의 종류, 수량 및 금액은 종래 관례에 의하고 부근 유사 전답의 소작료액을 참작하야 관할 재무감독국장이 이를 정한다"는 것이었다. 이는 역·둔토에서의 소작료가 민전에서의 그것과 비교하여 크게 헐하다는 현실 인식 위에서 일단 관행을 따르되 점차 민전의 수준으로 끌어올리겠다는 방침을 표명한 것이었다. 1908년 탁지부에서 역둔토사무에 관한 급무의 하나로서 들고 있는 '소작료의 증진' 사항은 "현금現今 역둔토의 소작는 민간民間에 비하여 자못 저도低度이므로 이를 어느 정도까지(민간소작료의 약 9할까지) 인상 경정更定하고 겸하여 소작료의 불균형을 시정"[83]한다는 내용의 것

이었다. 이같은 탁지부의 방침은 역·둔토 그리고 궁방전이 그 설치 과정
에 있어서 각 지역마다 각기 개별적인 현실 위에서 서로 다른 경위를
가지고 있었다는 것과, 설치 이래 각 전답 위의 직접생산자와 지대 수취
자간의 상호관계는 역사적인 변천을 보이면서 전개되어 왔다는 것, 그리
고 그러한 저간의 사정들이 해該 전답에서의 지대의 형태·내용에 각기
다르게 반영되고 있다는 현실을 무시하고, 이를 모두 일정액의 지대로써
통일시키려 한 것이며, 그같은 통일도 일정액에의 지대의 일률적인 인상
을 통하여 이루고자 한 것이었다. 역·둔토가 내장원에 소속되어 있을 때
내장원에서도 이같은 역사적인 과정들을 무시하고 도조를 일률적으로
인상부과하려 하였다. 그러나 이는 작인들의 큰 반발을 받아 현실적으로
그리 큰 성과는 거두지 못하였다. 즉 내장원 시절의 역·둔토에서의 인상
된 도조 책정에는 여전히 그와 같은 역사적 현실이 반영되고 있었고, 따
라서 그 인상된 도조액도 민전의 그것에 비해서는 여전히 낮을 수 있었
으며, 또 각 역·둔토간의 도조율 등에도 큰 차이가 없을 수 없었던 것이
다. 이같은 현실들은 시정되어야 할 불균형이나 폐단이 아니라 인정되어
야 할 상위성相違性이었다. 탁지부의 이같은 방침·조치들은 그동안 각
역·둔토의 토지 위에서 전개되어 온 역사적인 상황을 무시하고, 배타적
인 지주적 토지소유의 확립과 함께 지주경영의 강화를 꾀하고 있는 것이
었다고 할 수 있다. 내장원에 의해서도 아직 그 확립을 보았다고 말할
수 없었던 역·둔토에서의 지주제는 이제 일본제국주의라는 새로운 주체
에 의해 그 확립을 보게 된 것이었다.

탁지부의 도조 증징계획은 그 시행 첫 해인 1908년 어느 정도 효과를
보아, 1907년의 55만원 수입보다 약 17% 증가한 69만 9,336원圓의 수입

---

83) 이때 탁지부가 들고 있는 4가지 驛屯土事務에 관한 急務는 ① 小作年限의 연장
(현행 5년에서 10~20년으로), ② 현품납의 금납화, ③ 소작료의 불균형을 통일
更定할 것, ④ 소작료의 증진 등이었다(『隆熙二年財務一斑』, 150쪽).

을 거두었다.[84] 1909년 탁지부에서는 역둔토의 소작료 개정에 관하여 다음과 같은 방침을 세워 1910년부터 이를 실행하려 하였다.

> 요금은 상중하로 구분된 품등마다 표준지를 선정하여 그 수확고를 조사하고, 또 당해지방에서 많이 행해진 민간소작관례에 의하여 소작료액을 조사하고, 이에 1906년 이래 3개년간의 평균곡가를 곱한 액에서 1할을 공제한 것을 소작료액으로 하여 이를 각 역둔토에 구분 적용하여 개정대여료액으로 전정(詮定)한다.[85]

즉, 민간소작료액의 9할을 금납으로 수취하고자 한 것이다. 그러나 1910년에는 '일합병합'으로 인해 이를 시행하지 못하고 1911년에 그 첫 시행을 보게 되었다. 일제는 그 시행의 결과 "소작인등은 5개년 간 소작권을 확보하게 되었음과 소작료의 공평함을 기뻐하여 하등의 곤란없이 실시 당년도의 소작료는 원만히 수납, 좋은 성적을 거두었다"고 기록하고 있다. 그러나 이는 자신들의 정책을 선전하기 위한 문구일 뿐, 빈농에의 5년간 소작권 보장이라는 미끼를 던져주고 일반 민전의 소작료에 육박할 정도로 인상시킨 소위 '공평한 소작료'는 작인들의 많은 반발을 받았을 것임은 필지의 사실이다. 일제는 다만 농민들의 반발을 무력으로 억누르는 한편, 그러한 반발에 관한 상세한 기록을 남기지 않았을 뿐이다. 농민들의 반발은 이전 군부 이래의 역·둔토에서의 도조 인상 때마다 농민들이 보여준 수많은 반발 사례로부터도 넉넉히 추정되고 남음이 있다.

어쨌든 일제는 이같이 인상 개정한 국유소작지의 소작료를 1914년 다시 곡가의 등귀를 이유로 하여 일률적으로 4할 인상했고, 1919년 역둔토분필조사驛屯土分筆調査를 끝내면서 역시 같은 이유를 들어 평균 2할 8푼 4리의 증액을 단행하였다. 1920년 일제는 이같이 거듭되는 곡가의

---

84) 『大韓每日申報』, 1909년 9월 8일
85) 『朝鮮の小作慣行』 下 참고편, 337쪽

인상에 따른 증액조치의 번거로움을 피하기 위해 소작료를 다시 곡물의 일정량으로써 정하고, 이에 그해의 곡가를 곱하여 현금으로 환산한 것을 수납하도록 하였다. 이때 수확고에 대한 소작료의 비율은 민간에 있어서의 정조관례를 참작하여 정한다고 규정하였다.86) 이로써 역둔토에서의 소작료는 이제 민전에서의 그것과 하등 차이가 없게 되었고, 지주적 토지소유는 그 지주인 일제에 의해 배타적인 지배권을 역둔토 위에서 행사할 수 있게 되었다. 이같이 새로운 유형의 식민지지주제 창출에 있어서 그 선구적 역할을 담당한 역둔토지주제는 그 역사적 소임을 다하고 1920년 이후 10년간에 걸쳐「역둔토특별처분령驛屯土特別處分令」에 의하여 동척과 민간인에게 불하되었다.87)

(2) 금납과 현물납

1895년 이후 지대의 급납화와 관련하여 '도전賭錢', '대전납代錢納', '작전상납作錢上納' 등의 용어가 많은 사료에서 보인다. 그러나 이러한 것들은 엄밀하게 구분되어 이해되어야 할 것으로 생각된다. 먼저 '도전'이란 문자 그대로 정액금납지대로서 봉건지대의 최종형태이자 해체형태의 성격을 띤 것이었다. 도전제는 1895년 농상공부의 사판 시에 채택되어 1899년경까지 다수의 역·둔토에서 시행되었다. 다음 '대전납'이란 정액 현물지대인 도조를 시가대로 계산하여 수봉收捧하는 대금납을 가리키는 것이다. 이는 도조제에서 도전제로 이행하는 중간형태의 것으로 역시 금납지대의 범주 안에 포함될 수 있는 것이었다. 대전납은 1899년 이전에 많은 역·둔토에서 시행되고 있었고, 이후에도 내장원과 작인들간에는 이 대금납과 현물납을 놓고 길항이 계속되고 있었다. 한편 '작전상납'은 봉세관 혹은 사음 등 중간수취기구 담당자들이 작인들로부터는 현물지

---

86) 위와 같음
87) 林炳潤, 1971, 『植民地における の商業的農業の展開』, 東京大學出版會, 125쪽

대를 거두어 이를 매각하여 그 대금을 내장원 등에 상납하는 것을 가리
킨다. 따라서 작전상납은 지대의 금납화와 전혀 관계가 없는 것이었다.

1899년 가을 둔토사검을 실시한 뒤 내장사에서는 각 군에서 행장서
기를 파견하여 각 둔토의 추수 곡포穀苞를 조사 보고할 것과, 혹 사검관
이 대전代錢으로써 정도한 곳도 본곡本穀으로 일일이 수확·적치할 것을
각 도에 지시하였다.[88] 이는 둔토에서의 대전납의 철회, 본곡수납을 지
시한 것이었고, 이러한 현물납의 지시는 다른 한편에서의 도전의 철회와
도조의 강제라는 조치와 연결되고 있었다.

이와 같은 역·둔토에서의 금납지대의 철회, 현물납의 강제는 작인들
의 많은 반발을 받았다. 먼저 도전제가 도조제로 역전된 데 대한 작인들
의 반응을 보자. 1901년 선천군宣川郡 동림진東林鎭 좌우영둔左右嶺屯에서
작인들이 수작인을 중심으로 하여 봉세관의 도조 200석 부과를 거부하
고 원세 150량만 상납하겠다고 주장하였던 경우나,[89] 앞서 예로 든 바
있는 광주廣州 황간둔黃澗屯의 경우는 모두 도전이 도조로 바뀐 데 대하여
작인들이 이를 거부하고 있는 예였다. 도전제와 도조제 간의 갈등은 다
음의 동래부東萊府 폐지영廢止營·진둔토鎭屯土의 경우에서 잘 나타나 있다.

> 을미년분(乙未年分)에 신장정실시지후(新章程實施之後)로 영정도가(永定
> 賭價)하여 준차시행(准此施行)이웁다가 무술(戊戌, 1898) 6월에 자기장군(自
> 機張郡)으로 위이둔감(謂以屯監)하고 파송서기(派送書記)하야 전모답조(田牟
> 畓租)를 기욕본색정세(期欲本色定稅)하옵기 구유제소우궁내부(具由齊訴于宮
> 內府)이온즉 제음내(題音內)에 「민정불가불념(民情不可不念), 의장정이도가수
> 세(依章程以賭價收稅) 무지남봉향사(毋至濫捧向事)」 둔감(屯監)매겨이살오나
> 기후(其後)에 홀유가세명색(忽有加稅名色)하야 원도가(元賭價) 매량두(每兩
> 頭) 4전(戔)9분식(分式) 가배책봉(加排責捧)하옵더니 금우독쇄관지래도야(今
> 又督刷官之來到也)에 거세전이납(去歲前已納)하온 기해조(己亥條) 도가(賭價)

---

88) 註 76)과 같음
89) 『訓照』15冊, 광무 5년 1월 13일, 선천군수에의 訓令

를 환위출급(還爲出給)하고 상등답(上等畓) 매두지(每斗地)에 조(租) 6두식(斗
式)과 중등(中等)에 5두식(斗式)과 하등(下等)에 3두식(斗式)과 중등전(中等田)
매두지(每斗地)에 2두식(斗式)과 하등전(下等田)에 1두(斗) 7승식(升式) 본색
정세(本色定稅)하야 매석두(每石頭) 18량식(兩式) 작가(作價)하야 기욕책징(期
欲責徵) …90)

여기서는 둔토에 대한 가세와 도전철회·도조강제의 내용을 모두 볼
수 있다. 이때 독쇄관督刷官은 일단 도조를 책정한 다음 이를 대전상납하
도록 조치하고 있지만 작인들은 이를 도전보다 불리하다고 보고 이를 거
부하고 있는 것이다.

다음, 이전의 대전납을 본곡으로 수납하도록 한 조치와 그에 대한 반
응을 살펴보자. 본곡수납의 지시의 내용은 아래에서 잘 나타나고 있다.

(驛民等訴) 고양군(高陽郡)에서 역답(驛畓) 작농(作農)하는 인민 3, 40名이
탁지대문전(度支大門前)에 제회(齊會)하여 등소(等訴)한다기로 기사유(其事
由)를 문(問)한즉 왈(曰) 해답(該畓) 도조(賭租)를 대전(代錢)으로 작년에는 상
답(上畓) 12량(兩) 5전(戔)(當五錢인듯－필자), 중답(中畓) 10량(兩), 하답(下
畓)은 7량(兩) 5전식(戔式) 수납(收納)하더니 금년에는 전례를 변경하여 도조
(賭租) 13두식(斗式)을 독봉(督捧)하니 시가(時價)로 시치(時値)가 80여량(餘
兩) 가량이요 …91)

이와 같은 대전납철회, 현물납강제에 대하여 작인들은 맹렬히 저항했
고 또 실제로 작인들은 그 대전납을 관철시키기도 했다. 1900년 양양군
襄陽郡 역토에서는 봉세관이 도조를 본곡으로 수봉하려 하자 작인들 수백
명이 몰려와 도조를 대전으로 하여 매석 5량 5전씩으로 하자고 주장함
으로써 내장원으로부터 시가에 따라 대전상납하라는 허락을 얻어 내었
다.92) 또 1904년 강릉군江陵郡에서는 가뭄 등으로 인한 흉년을 이유로 역

---

90) 『慶尙南北道各郡報告』 1冊, 광무 4년 6월 3일, 동래부윤보고서
91) 『皇城新聞』, 광무 3년 1월 18일

토도조의 절반 대전납을 청원하여 역시 허락을 받아내었다.[93]

그러나 이러한 소극적인 입장에서의 대전납 주장만이 아니라 작인들은 보다 적극적인 입장에서 대전납을 요청하는 경우도 있었다. 용인군龍仁郡 훈련둔토에서는 도조가 매부每負에 백미 3승씩 부과되고 있었는데 전토가 각지에 산재해 있는 것을 이유로 사음이 부비浮費를 매년 남봉濫捧하는 폐단이 있고, 또 이 둔토가 산협山峽에 있어 군에서도 본래 작전상 납하는 것이 상례였으므로 아예 작인들이 시가에 따라 대전 수납하도록 해달라고 요청하여 그 허락을 받아내었다.[94] 또 평안남도 영유군永柔郡의 덕지둔德池屯에서는(전답 총 220여결) 전평全坪의 소출조가 1만여 석 이상인데 2,000여 석의 조를 1,000여 석으로 작미하여 수납해 왔는데 1904년 작인들은 그 도조가 헐하다는 것도 생각지 않고 갑자기 대전상납하겠다고 나서서 간평집도看坪執賭하기 전에 작인들이 마음대로 수확해버렸다고 수조관은 보고하고 있다.[95] 2할 정도의 도조를 내던 둔토에서 작인들은 다시 그 대전납을 요구, 그 도조분마저 스스로 매각 처분함으로써 보다 많은 이득을 보겠다는 것이었다. 이는 문자 그대로 잉여생산물 상품화 과정에 있어서의 작인들과 내장원 간의 주도권 다툼이었다.

그러면 이 도조 대전납 시의 시가는 어떻게 결정되었을까. 대전납 시의 곡가는 군수와 봉세관의 타정妥定에 의하여 결정되는 것이 통례였다. 그런데 그 곡가는 우량품의 시가를 표준으로 함으로써 대부분 시가보다 1~2할 정도 높게 책정되었고,[96] 따라서 작인들의 이에 대한 비난이 계속되었다. 1901년 강릉에서는 관찰부에서 훈령한 도조가 매석 12량이었으나, 당시 강릉군의 시가는 15두 1석에 7량 5전이었으므로 작인들로

---

92) 『江原道各郡報告』 1책, 광무 4년 12월 24일, 강원도보고서봉세관
93) 같은 책, 3책, 광무 8년 11월 25일, 강릉군수보고서
94) 『京畿各郡報告』 10책, 광무 9년 2월 21일, 경기봉세관 보고서
95) 『訓照』 67책, 광무 9년 11월 28일, 평안남도관찰사에의 訓令
96) 『隆熙二年財務一斑』, 114~115쪽

부터의 수봉이 어렵게 되었고, 이에 봉세관은 매석 8량씩 수봉하도록 조치하였으나 작인들은 이것도 역시 시가에 비해 너무 높다 하여 상납이 지체되었다.[97] 또 1905년 고성군高城郡에서도 도조의 정가를 놓고 경차인京差人은 매석 17량을, 작인들은 매석 12량 5전을 각각 주장하고 있었다.[98] 1904년 강원도관찰사는 대전시 훈정訓定 곡가가 사곡私穀 시가보다 2, 3량 높다고 보고하고 있었다.[99]

반면에 작인들도 대전납시의 시가를 이용하여 보다 많은 이득을 취하려는 움직임을 보였다. 1906년 평안도 곽산郭山 공토 사음이 "본군 규장각둔 답세 대미 100석은 작인 등이 이미 내장원에 정소呈訴하여 그들이 본원에 스스로 납부해 왔으며, 매석 대전 34량식 봉납해왔다고 운운 하니, 이는 시가와 비교할 때 반값에도 미치지 못하오나 민정이 흉흉하여 수세가 실로 어려운 지경"[100]이라고 보고하고 있는 것처럼 작인들은 시가보다 훨씬 낮은 가격으로 대전납하려 하고 있었던 것이다. 또 용인군龍仁郡 훈둔訓屯 작인들은 이미 대전납이 시행되고 있는 상황에서 "가을을 기다려 대전수봉代錢收捧 할 때에 내장원에서 가격의 고헐高歇을 정하여 미리 예측할 수 없어 매우 불편하오며 몇 년 후에는 또 어떻게 변할 지 알 수 없사오니 풍흉豊凶을 논하지 말고 대전代錢의 가격을 확정하시면 백성들이 가히 큰 혜택을 입게 될 것"[101]이라면서, 대전 시 곡가를 풍흉에 관계없이 미리 영정永定하자고까지 나섰다. 이는 당시 곡가가 계속하여 앙등하는 추세 속에서 대전시 곡가를 묶어둠으로써 작인들은 보다 큰 이득을 얻을 수 있다는 계산에서 나온 주장이었다. 이와 같은 농민들의 요구는 당연히 내장원에 의하여 거부되었다. 만약 이때 작인들의 요구처럼

---

97) 『訓照』 18책, 광무 5년 4월 15일, 강릉군수에의 訓令
98) 『訓照』 61책, 광무 9년 4월 13일, 고성군수에의 訓令
99) 『江原道各郡報告』 3책, 광무 8년 7월 26일, 강원도관찰사보고서
100) 『訓照』 73책, 광무 10년 5월 3일, 곽산군수에의 訓令
101) 『京畿各郡報告』 10책, 광무 9년 5월 17일, 경기봉세관 보고서

대전 곡가가 영정되었다면 그것은 실제 정액금납지대인 도전과 하등 다를 바 없는 것이었다. 실제로 도조의 대전납에서 도전제로 이행하는 역사적 과정은 바로 그러한 경로를 통하여 이루어졌을 것이다.

(3) 정액지대와 반타작제

역·둔토에서는 1895～99년간에 주로 도전제(혹은 도조제)가 주로 시행되었다. 이로써 이 시기 역·둔토에서는 일단 정액지대제가 확립되었다고 볼 수 있다. 정액지대의 실시는 풍흉에 관계없이 작인들이 일정액의 지대를 계속 수납하는 것을 의미하므로 작인들은 어느 정도의 위험부담을 각오해야만 하는 것이었다. 그런데 농민들이 위험부담을 무릅쓰고 역·둔토에서의 경작에 적극 참여하려 한 것은 역·둔토에서의 도전·도조의 지대율이 민전에서 관행되고 있던 반타작·도조의 지대율보다 훨씬 낮았기 때문이었다.

그러면 1895년 이후 역·둔토에서 관행화되고 있던 도조·도전제가 타작제를 시도하려는 지주(내장원 등) 혹은 사음측의 도전을 끊임없이 받으면서 어떻게 전개되어 갔는가를 살펴보기로 하자.

1895년 역토에서 도전제가 시행된 이후, 이 도전제는 일부 역토에서는 반타작과 정액도전 간의 차익을 노리는 일부 사음들에 의하여 도전을 받고 있었다. 앞에서도 언급했다시피 이때 역토에서의 도전은 선도전제로서 시행되었으므로, 이는 사음들에 의하여 '사음의 도전선납 추성후 반타작賭錢先納秋成後半打作'이라는 방법으로 악용되었다. 그 대표적인 경우를 하나 들어보면, 인천仁川 중림역中林驛 역토 사음이 된 박창보朴昌甫는 1895년 12월陰 작인들에게 그 달 25일에 종자를 분급하고 추수는 반타로 하겠다고 선언하고 만약 작인 중 1인이라도 그날 종자를 받아가지 않으면 그 작인의 논을 이작하겠다고 위협하는 한편, 도전은 자신이 선납하였다. 이듬해 가을 사음은 "작인들이 병작을 자원하여 도전을 자신

이 선납하고 종자를 분급하였다"고 주장하면서 반타를 꾀하였으나 작인
들은 역토장정에 반타는 없다고 주장하면서 도전을 고집하였다. 이와 같
은 내용의 소장訴狀을 받은 내장원에서는 사음의 반타작 기도를 문책하
고 사음이 분급한 종자와 선납한 도전을 작인들로부터 준봉準捧하여 사
음에게 환급할 것을 지시하였다.[102] 즉, 사음은 선도전을 이용하고 이작
을 무기로 하여 작인들에게 반타를 강요하면서 그 빌미로서 종자분급의
수단을 쓰고 있었던 것이다. 이러한 사음의 반타작 기도는 작인들의 반
발과 농상공부의 도전제 실시 지시로 대부분 저지되었다.

한편 둔토에서는 1895년 이후 대부분 도전 혹은 도조제가 채택되었
지만, 일부 둔토에서는 반타작제가 실시되기도 했다. 그것은 특히 답토
에서의 경우가 많아, 한 곳의 둔토일지라도 답畓에서는 타조가, 전田에서
는 도조가 부과되었다.[103] 그런가 하면 이전에 도조 혹은 도전이 부과되
고 있던 일부 둔토에서는 신사음新舍音 혹은 감관監官에 의하여 반타작이
강제되어 작인들이 이에 반발하기도 했다.[104] 이 경우에도 역시 사음들
은 이작으로써 작인들을 위협하여 반타작을 강요하고 있었다.

그러던 중 1904년 가을 경리원經理院은 전국의 둔·역토에 대해 일제히
타작을 실시하도록 지시하였다. 이때 경리원은 "각 공토에서의 사음·감
관의 중간횡봉中間橫捧이 매년 증가하여 국가의 수입에도 무익하고 작인
들의 경제형편도 어렵게 만들었으므로 금년 가을에 특별히 일차 타작하
여 소출을 참작 정세定稅하고 이로써 풍흉에 관계없이 영정永定시행토록
한다"[105]고 그 취지를 밝혔다. 경리원에서는 작인들의 형편을 생각하는

---

102) 『驛土所關訴題存檔』, 건양원년 9월, 仁川黃登川二里重林站大小民等 等狀
103) 춘천·양성·해미 등지의 忠勳府屯, 온양·백천·당진·해미·면천·안주 등지의 新軍
營屯의 예(『各郡秋收記』참조.)
104) 북서 忠勳府屯, 적성 御營廳屯, 과천 華城府屯 등의 예(『各道各郡訴狀』3책·6책
참조.)
105) 『平安南北道各郡報告』5册, 광무 8년 26일, 평안북도관찰사보고에 대한 지령

것처럼 말하였으나, 실은 타작을 통하여 도조를 인상, 경정更定하고자 한 것이었다. 그런데 결과적으로 많은 역·둔토에서는 도조가 인상 경정된 것이 아니라 아예 반타작이 실시되었고 이는 작인들의 반발을 야기했다. 평안북도관찰사는 이전 해에 사음배舍音輩가 자의로 타반打半하다가 희천熙川·창성昌城·선천宣川 등지에서 민요民擾가 일어났던 것을 상기시키면서, 현재 실시되고 있는 도조도 세칙稅則이 매년 증가하여 타반打半과 크게 다를 바 없다고 지적하면서 원도조례原賭租例로 수봉收捧토록 할 것을 건의하였다.106) 또 1904년 경리원의 이 지시는 실제 시행상에서도 많은 난점을 안고 있었다. 1904년에는 삼남지방에 극심한 가뭄이 들어 반타작하여 도조를 영정할 경우 경리원측에 자못 불리하였기 때문이었다. 전북봉세관은 이같은 흉년에 병작幷作을 시행한다면 전주인 경리원의 입장으로서는 종자와 결세도 부담하기도 힘들 것이며, 또한 역·둔토가 각지에 산재해 있으므로 그 분타分打를 일일이 감독하기도 어려우며, 작인의 입장에서 보아도 호남지방에는 본래 도지답賭地畓에 분반分半하는 예가 없어, 설사 금년에 분반을 통해 작인들이 이득을 취하더라도 작인들은 이와 같은 분반이 이듬해에도 계속 시행될 것을 우려하기 때문에 작인들이 쉽게 받아들이지 않을 것이라고 보고하였다.107) 또 충청북도 봉세관도 이러한 난점, 특히 흉년이라는 난관 때문에 흉년을 면한 곳은 원도原賭대로 시행하고 우심처尤甚處는 타작을 시행하였음을 보고하였다.108)

이러한 현실적인 어려움 때문에 타작·정도는 전국에서 일률적으로 시행되지는 못하였던 것 같다. 그러나 많은 역·둔토에서 새로이 반타에 가깝게 인상된 도조가 책정되었고, 또 어떤 역·둔토에서는 1904년 이후에도 계속 반타작이 시행됨으로써 역·둔토에서의 지대율은 전반적으로

---

106) 같은 책, 평안북도관찰사보고서
107) 『全羅南北道各郡報告』 6책, 광무 8년 10월 3일, 전북봉세관보고서
108) 『忠淸南北道各郡報告』 11책, 광무 9년 1월 12일, 충북봉세관보고서

인상되었다. 경리원의 이 타작조치로써 1899년 이후 역·둔토에서의 내
장원(경리원)에 의한 지대인상은 마무리되었다.

(4) 결세의 작인부담

역·둔토에서의 작인들의 부담은 도조·도전에 한정된 것이 아니었다.
작인들은 정액지대인 도조·도전제하에서 관행에 따라 결세를 부담해야
만 했으며 그 외에 종곡種穀의 부담, 홍수시 궤결潰缺·파락처破落處의 방축
防築을 위한 역비役費·노역勞役부담의 일부 등도 지고 있었다.

여기서는 결세의 작인부담 내용만을 살피기로 한다. 1894년 모든 면
세지에 대하여 이른바 '갑오승총甲午陞總'이 시행되면서 역·둔토에서도
승총이 실시되었다. 단 역토에 대해서는 각 역의 역마가 1895년 6월 폐
지된 것을 참작하여 갑오조甲午條는 면세조치하고, 을미조乙未條는 각 역의
마호수들로부터 징수토록 하였다(1895년 추수는 마호수가 담당했기 때문). 이에
대하여 마호수들은 역마가 6월에 폐지된 것을 들어 절반만 승총해 줄
것을 요청하였으나 탁지부는 이를 거부하였다.[109] 그리고 선도전제가
실시된 1896년 이후 역토에서의 결세는 작인들의 부담으로 되었다.

그런데 일부 역·둔토에서는 도조제 하에서 결세를 도세와 함께 원도
조 안에 포함시켜 징수하여 그 가운데에서 결세를 제하고 도조를 상납하
여 오다가 이후 원도조 외에 결세를 따로 징수하라는 지시가 내려오자
이에 반발하기도 하였다. 양성陽城 가천역加川驛에서는 1897년 군부 집도
軍部執賭 시에 도세와 결세를 합하여 집도하였고, 탁지부로 역토가 이속된
뒤에도 결세를 도세 중에서 계제計除하였다가, 1899년 내장원에서 결세
는 도세 외에 작인이 따로 상납하라고 지시하자 작인들은 이를 거부하였
다.[110] 보령군保寧郡 신둔新屯, 마전군麻田郡 어영둔禦營屯에서도 역시 같은

---

109) 『驛土所關文牒去案』 1책, 개국 504년 10월 4일, 농상공부대신의 탁지부대신에
    의 照會
110) 『京畿各郡報告』 2책, 광무 5년 3월 28일, 경기봉세관보고서

일이 일어났다.111) 이에 대하여 내장원에서는 "본원 소관本院 所管 각 공토를 이미 사검정도査檢定睹하였은즉 해둔該屯 결세도 작인이 마땅히 납부해야 하거늘 소위 사음배舍音輩가 사례事例를 알지 못하고 자의로 계제計除하야 막중공납莫重公納이 이와 같이 휴손虧損하게 되었으니 이는 법의法意에 비추어볼 때 극히 해괴하고 개탄스러운 일"112)이라고 문책하고 있다.

　그러면 당시 작인들이 부담하던 결세액의 수준은 어느 정도였을까. 갑오년에 책정된 결세는 그 이후 계속적인 인상을 보였다.113) 1894년 당시 결세는 1결당 엽전 30량(이하 최고 결가 표준)으로 이는 1결의 토지에서 1석 10량의 조 30석, 즉 600두가 산출되는 것을 기준으로 하여 그 10분의 1, 즉 3석의 대가代價 30량으로써 결가를 정한 것이었다. 1899년 은본위제에 의하여 10량을 2원元으로 환산하여 결가는 6원이 되었다. 이듬해에는 결가를 66% 인상하여 10원(50량)이 되었고, 1902년에는 다시 또 16원(80량)으로 인상 개정하였다. 1905년에는 이를 다시 금 12원(=은 24원)으로 고쳤는데, 이때의 인상조치는 불합리하다는 비판들이 있자 1908년 다시 8원으로 인하하게 되었다. 이렇게 볼 때 1908년의 결가는 1894년의 1결 30량에서 80량으로 인상된 셈이 되는데, 그 인상률은 약 166%가 된다. 한편 1905년경의 곡가는 지역에 따라 차이가 있긴 하였지만, 대개 20두 1석에 30량 정도였다. 이는 1894년 당시의 곡가 1석=10량에 비하여 약 200%의 인상률을 보이고 있는 셈이었다. 따라서 1908년 당시의 결가는 곡가의 인상과 견주어 볼 때 실질적으로는 거의 비슷한 수준으로 인상되고 있었다 할 수 있다. 따라서 역·둔토 작인들에 있어서 결세와 관련되는 문제는 결세액수의 과중함보다는 그 부담이 작인에 전가되어 있다는 사실이었다.

---

111) 『訓照』 17책, 광무 5년 3월 16일, 보령군수에의 訓令
　　『京畿各郡報告』 4책, 광무 6년 12월 16일, 마전군수보고서
112) 『訓照』 23책, 광무 5년 9월 2일, 평산·김천·강령·안악군수에의 訓令
113) 이하 『隆熙二年財務一斑』, 73쪽

3) 賭穀의 상납 및 매각에 대한 감독 강화

1895~99년 둔토에서의 수조·상납은 「작인→사음→감관 혹은 군수→탁지부·내장원」으로, 역토에서는 「작인→사음→각군→농상공부·군부」등으로 되어 있다가 1900~1906년에는 역·둔토 모두 「작인→사음→봉세관(수조관)→내장원」으로 바뀌었고, 1907년 이후에는 다시 「작인→세무원(면장)→재무서→탁지부」로 바뀌었다. 그런데 수도·상납 과정은 이같은 기구에 있어서의 변동만이 아니라, 도곡의 작전상납作錢上納과 현물상납現物上納을 둘러싸고도 많은 변동을 보였다. 물론 이 문제는 지대의 금납화와는 직접 관계가 없는 상납과정에 있어서의 금납화였으므로 역·둔토의 작인들과는 무관한 문제였다. 그러나 상납과정에서의 금납화는 사음·군수·봉세관, 그리고 미곡상인 등이 각기 이에 참여하여 막대한 중간이득을 수취할 수 있는 좋은 기회였기 때문에, 지주라 할 내장원 등의 입장에서는 그 수입의 증감에 상당한 영향을 미치는 중요한 변수로서 여겨지고 있었던 것이다.

1896~97년 역토에서는 선도전제가 시행되었으므로 작전상납은 문제가 되지 않았으나, 군부 이후 점차 도조제가 전반적으로 실시되면서 대전상납이냐 현물상납이냐 하는 것은 많은 논란이 되었다. 1895~99년 사이에 도조제가 실시되고 있던 일부 둔토에서는 작전상납이 군수의 지휘 아래 관속·차인들의 손에 의하여 이루어졌다. 그런데 1900년 내장원에서는 각 군에 의한 '시가에 따른 작전상납'을 일절 금지시키고, 도곡(혹은 도전)을 내장원에서 파견하는 독쇄관督刷官·봉세관捧稅官에게 출급할 것을 지시하였다.114)

이는 각 군수에 의한 역·둔토 도곡의 상품화를 저지시킨 것이었으므로, 각 군수들은 당연히 이에 반발하였다. 군수들은 도곡을 상납하려면

---

114) 『訓照』 9책 , 광무 4년 7월 7일, 각도관찰사에의 訓令

막대한 운송비가 들 것이며, 또 임선賃船을 하려 해도 선척船隻을 구하기
가 어렵다는 점을 들어 이전과 같은 '시가에 따른 작전상납'을 청허하였
으나, 내장원은 이를 거부하고 각 군은 봉세관으로부터 수령증만을 받아
상송上送하도록 거듭 지시하였다.115) 그것은 내장원의 이와 같은 조치가
도곡을 서울로 모두 실어오겠다는 의도에서 나온 것이라기보다 기왕의
각 군에 의한 작전상납에서 각 군수들이 취득하였던 이득분을, 내장원의
주도적인 도곡상품화에 의하여 횡취하고자 하는 의도에서 비롯된 것이
었기 때문이다. 당시 미곡은 대일對日수출에 있어서, 그리고 국내 시장에
있어서도 가장 중요한 상품이었고 따라서 미가米價는 계속 앙등하는 추
세 속에 있었다. 이제 내장원은 미곡시장에 참여할 수 있는 막대한 양의
도곡을 수취할 수 있게 되었기 때문에, 각 군에 의한 역·둔토 도곡의 상
품화를 막고 내장원의 주도 하에 그 상품화를 추구함으로써 더 큰 이득
을 얻고자 하였던 것이었다.

따라서 내장원은 우선 각 군으로 하여금 도곡을 신실인信實人에게 보
관해 두고, 그 봉류실수捧留實數와 미곡의 시가時價를 보고하도록 훈령하였
다.116) 이후 내장원은 봉세관들에게 각 군의 도곡을 포구浦口에 가까운
곳에서는 작미윤상作米輪上하고, 포구에서 먼 곳은 시가에 따라 작전作錢
상납할 것을 지시하였다. 1904년 2월 각 도 봉세관에 내려진 훈령은 경
기·충청·전라·경상남북도는 출포出浦 30리 이내의 역·둔 도곡은 모두
작미윤상하고 그 외 협읍峽邑에서는 시가에 따라 작전상납하되, 강원도에
서는 모두 시가에 따라 작전상납하도록 지시하고 있다.117) 이어 1904년
12월의 훈령은 연해각군沿海各郡의 출포 30리 이내 역·둔조 가운데 갱미
粳米를 다 합하여 충남 2,000석, 전북 1,150석, 황해 1,150석은 작미윤상

---

115)『全羅南北道各郡報告』1책, 광무 4년 9월 19일, 礪山郡守質稟書
116)『訓照』8책, 광무 4년 6월 8일, 각도관찰사에의 照會
117) 같은 책, 49책, 광무 8년 2월 27일, 각도봉세관에의 訓令

하고, 나머지는 모두 작전상납하도록 수정 지시하였다.[118] 이것은 경상
남도같이 서울로부터 거리가 먼 곳에서는 그 운송비가 막대하여 그로 인
한 도미賭米 감축분이 상당하다는 봉세관들의 보고가 잇달았고, 또 내장
원측에서 보아도 군이 한성漢城까지 도곡을 운송해오지 않더라도 현지에
서 얼마든지 유리한 조건으로 매각 처분할 수 있었기 때문이었다. 1905
년 2월 경남봉세관이 진주군晉州郡의 1904년도분 역둔조 1,800여석을 진
주군거晉州郡居 남민南民 장주여張周汝에게 팔려 하였던 것은 사료에 나타나
는 한 사례에 불과하다.[119] 한편 봉세관이 파견되지 않고 각 군에서 스
스로 역·둔조를 수납하도록 되어 있던 몇몇 군의 경우에는 각 군에서
스스로 작전상납하였고, 1904년경부터는 그러한 군들에는 내장원 도곡
가를 선납한 차인差人이 파견되어 도곡을 회수해 가기도 하였다.[120] 이때
차인은 이 도곡을 다시 상품화하는 미상米商이 대부분이었다.

　그런데 이 역·둔 도곡의 상품화와 관련하여 특히 주의를 끄는 것은
1904년 이후 일본인 미상米商들이 역·둔조의 상품화에 직접 개입하고 있
었다는 점이다. 예를 들면 1904년 미쓰이회사三井會社는 1904년 충남 태
안군泰安郡의 1903년도분 역둔조가를 미리 내장원에 납부하고 역·둔조를
현지에서 수취하려 했으나 군에서 이미 작전 상납해버림으로써 뜻을 못
이루고 대신 손해배상금을 내장원에 청구하였던 일이 있었다.[121] 또
1905년 문경군聞慶郡에서는 봉세위원이 파견한 일본상인 한다半田紋治와
아오키赤木福太郎가 내려와 역·둔도곡을 거두어 갔고[122] 1906년에는 미상

---

118) 같은 책, 58책, 광무 8년 12월 19일, 각도봉세관에의 訓令
119) 당시 사음 權柱翼(그는 진주군의 吏胥였다)은 賭租 가운데 1,170石을 자신에게
　　팔아 달라고 간청하여 該租를 부산항으로 作米하여 싣고 나가 放賣한 뒤, 그 租
　　價(3만 2천여 兩)를 한푼도 봉세관에게 출급하지 않고 고리대와 토지매취에 쓰
　　고 있다고 보고되었다(『慶尙南北道各郡報告』 10책, 광무 10년 8월 10일, 경상
　　남북도독쇄관 보고서).
120) 『訓照』 53책, 광무 8년 7월 8일, 진보·예천·영덕·영천·청송군수에의 訓令
121) 『忠淸南北道各郡報告』 10册, 광무 8년 10월 30일, 태안군수에의 指令

米商 김영식金永植이 충청북도의 1905년조 역둔조 8,464석 17두 1승을 매득買得할 것을 청원하여 이를 허락받은 뒤 다시 그 매득권을 일인 미상日人米商 오까다岡田重之에게 전매轉賣하기도 하였다.[123] 또 1907년에는 재령載寧 여물평餘物坪의 1906년조 중도조中賭租 3천석을 일인日人 고바야시小林· 이쿠다育田 두 사람에게 방매放賣하였으나 거민居民들이 중도조 수취의 혁파를 주장하고 그 출급을 거부함으로써 각궁사무정리소各宮事務整理所에서 그 해결을 경리원에 요구하기도 하였다.[124] 이처럼 당시 일인日人 미상米商들이 경리원과 접촉하여 역·둔도곡 수취의 차인 등으로 되고자 한 것은 역·둔조곡이 막대한 양으로 이미 수취·집하集荷되어 있기 때문에 미곡의 수집에 있어 훨씬 용이하였기 때문이었다. 또 이와 같은 일인 미상들의 직접적인 역·둔조곡의 매취買取 부분까지 생각한다면 당시 역·둔조곡의 상당부분이 일상日商의 손에 들어가 일본으로 수출되었으리라 짐작된다. 그리고 이러한 도곡의 판매, 즉 지대수취분의 상품화에 의하여 경리원의 지주경영은 완결될 수 있었다.

한편 작전상납 시의 곡가는 봉세관(수조관) 혹은 군수가 내장원(경리원)에 판매예정시가를 보고하여 그 허락을 받음으로써 결정되는 것이 상례였다. 예를 들어 1904년 3월 황간군수黃磵郡守는 20두 1석에 시가를 19량 5전으로 보고하면서 그 시가를 기준으로 발매發賣할 것을 청허하였는데, 내장원은 1석 25량으로 작납作納할 것을 지시하고 있었다.[125]

그런데 주목할 점은 당시 내장원 등에서 파악하고 있던 곡가가 지방에 따라 큰 차이를 보이고 있었다는 사실이다. 예를 들어 1904년 당시 전국 각도의 조 1석(=20두)의 시가를 살펴보면, 경기 44량 6전, 충남 25량

---

122) 『慶尙南北道各郡報告』 7冊, 광무 9년 5월 15일, 문경군수보고서

123) 『損害賠償請求』(규장각도서 No.20122)

124) 『各府郡來牒』 13冊, 광무 11년 6월 25일, 각궁사무정리위원장의 경리원경에의 조회

125) 『忠淸南北道各郡報告』 9책, 광무 8년 3월, 황간군수보고서

1전, 충북 21량 8전, 전남 16량, 전북 19량, 경남 19량 1전, 경북 17량, 황해 24량 2전, 강원 15량 9전, 평남 34량 7전이었다.[126] 최저인 강원도와 최고인 경기도의 시가 사이에는 약 3배의 차이가 있을 정도였다. 이는 당시의 전국적인 미곡시장이 아직 통일적으로 형성되어 있지 못한 실정을 어느 정도 반영하고 있는 것이라 생각된다.

그러면 작전시作錢時 시가時價는 과연 실제의 시가와 일치하는 것이었을까. 이에 대해서는 다음의 기록이 있다.

> 매각규정은 따로 있지 않고 수조관의 의사·권한에 맡겨져 있다. 즉 도조의 징수를 완료한 때에는 스스로 경리원에 가서 당로(當路)의 대관(大官)에 다액의 금품을 증회(贈賄)하고 저렴한 석대(石代)로써 인가를 받은 뒤에 스스로 매수인을 찾아 그에게 매각하거나 또한 시가보다 약간 싸게 도사음에 매각하고 그 금액을 경리원에 납부한다.[127]

즉 작전 시 시가는 실제의 시가보다 싸게 경리원에 보고되고, 경리원은 봉세관들로부터 일정한 금품을 받고 시가보다 싸게 판매가를 책정해 주었다는 것이다. 작전 시 시가와 실제 시가의 차액은 이렇게 해서 수조관 혹은 사음 등 중간수납자의 몫으로 돌아갔던 것이다.

4. 역토·둔토에서의 항조

조선후기 지주·전호제의 발전은 토지소유의 측면에서 뿐만 아니라 농업경영의 측면에서도 심각한 농민층 분화를 가져왔고, 이는 당시의 농업현실 속에서 새로운 문제들을 야기하였다. 즉 지주에 의한 가혹한 수취와 정부의 조세·환곡 등을 통한 수탈 속에서 전반적인 몰락의 길을

---

126) 『甲辰度穀價區別記』
127) 『隆熙二年財務一斑』, 105쪽

걷고 있던 농민경제는 한편으로 상품화폐경제의 발전이라는 새로운 충격 속에서 급격한 분화양상을 드러내게 된 것이다. 농민경제가 전반적으로 몰락하는 가운데서도 일부 농민층은 상품화폐경제와 일정한 연관을 맺으면서 부의 축적을 꾀하고 있었고, 이는 기왕의 부의 축적방법이었던 토지의 집적 혹은 고리대 등을 통한 것이 아닌, 상업적 농업의 시도와 농업경영의 확대라는 새로운 수단을 통하여 이루어지고 있었다. 따라서 이제 농민층 분화는 토지소유의 측면에서만이 아니라, 경영의 측면에서도 이루어지고 있었고, 이는 지주층에 있어서는 새로운 현실도전으로 받아들여질 수 있었다. 즉 농업경영의 확대 등 새로운 방법으로 부의 축적을 꾀하고 있는 층들은 이제 보다 많은 잉여생산물의 축적을 위하여, 역시 보다 많은 잉여생산물의 수취를 꾀하고 있는 지주층과 대립하지 않을 수 없게 된 것이다. 이러한 대립은 구체적으로는 그 잉여생산물의 분배방법, 즉 지대의 수취방법에서 우선 드러나게 되었는데, 현실적으로는 타조제와 도조제 간의 갈등, 현물납과 대전납의 갈등으로 크게 유별類別될 수 있다. 즉 정액지대는 작인들의 지주로부터의 경제적 자립을 위한 관건이 되는 것이었기 때문에 작인들은 절반지대로부터 정액지대로의 이행을 꾀하고 있었으며, 또 대전납은 당시의 상품화폐경제의 전반적인 발전 가운데에서 작인들에 의한 잉여생산물의 자유로운 처분을 뜻하는 것이었기 때문에, 작인들은 그들의 경제기반의 확장을 위하여 현물납보다는 대전납을 원하고 있었던 것이다. 이와 같이 잉여생산물의 계속적인 축적을 통하여 전호경제의 자립화, 나아가서는 부의 축적까지 꾀하고 있던 일부 농민층은 타조제로부터 도조제로의 이행, 현물납으로부터 대전납에로의 이행을 위하여 끊임없는 대對 지주투쟁을 벌여왔고, 그 결과 도조제의 점차적인 확대, 대전납의 부분적인 시행 등을 성취하게 되었다. 19세기 후반 궁방전, 아문·영문둔전뿐만 아니라 일부 민전에서도 이와 같은 지대의 역사적인 발전과정이 진행되고 있었고, 이제 도조제가

관행으로 된 민답에서는 다시 그 도조의 정액을 감축시키고 자기취득분
을 더 늘리기 위하여 '거납拒納'이라는 형태의 항조투쟁이 광범하게 나타
났다.128)

　이 시기 거납拒納·건납愆納의 내용들을 좀 더 살펴보면 다음과 같다. 먼
저 거납자들 가운데에는 양반작인, 즉 '반작班作'이라 불리는 자들이 많
았다. 둔토에서의 양반작인에 의한 도조거납사례는 1860년 당진唐津·홍
주洪州의 충훈부忠勳府 둔토에서 "각처各處의 작인들이 반호班戶의 세력을
빙자하여 마땅히 납부하여야 할 세稅를 마음대로 조종하여 거납을 일삼
고 있다"129)고 보고하는 등 이루 다 매거할 수 없을 정도로 많았다. 그
러면 거납양반작인들의 경제형편은 어떠하였을까. 둔토에서 거납하고
있는 양반작인들 가운데에는 경제적으로 몰락해 있던 빈한한 영세작인
도 있었으며130) 또 1결 이상의 둔토를 차지하면서 농업경영을 하는 부
농이라 할 만한 자들도 있었다.131) 양반작인들의 빈번한 거납사례들에
대하여 당시 도조수취자의 입장에 있던 충훈부忠勳府·종친부宗親府 등 각
아문·영문에서는 "비록 양반이라 하여도 이미 그는 작인이므로 상민작
인과 달리 대우해 줄 수 없다"132)는 태도를 견지하였다. 그리고 충훈부
등에서는 나아가 이와 같은 양반작인들의 거납행위를 근절하기 위하여

128) 金容燮, 1975, 「18·19세기 농업실정과 새로운 농업경영론」 『한국근대농업사연
　　구』, 일조각, 43~49쪽 참조
129) 『忠勳府謄錄』 38책, 庚申 12월, 唐津·洪州了
130) "本縣 馬院 居班民洪龍基所訴 則以爲民之家勢貧寒 得耕忠勳府屯土九斗落"(『忠
　　勳府謄錄』 39책, 丁卯(1867년) 11월 17일, 慶尙道聞慶縣監報狀)
131) 淸風郡의 宗親府屯土에서의 李奴命錄이란 兩班作人은 賭租 27石을 거납하고
　　있는데 이는 賭租가 소출의 약 半에 해당하고 1斗落당 소출을 20斗로 계산한다
　　해도 약 54斗落을 차경하고 있는 셈이 된다(『宗親府謄錄』 11册, 庚寅(1890년)
　　2월 19일 淸風了).
132) "旣作屯民則班常又何暇論"(주 129)와 同)
　　"雖曰班名 身係作者則豈有如許不法之漢乎"(『宗親府謄錄』 12책, 戊戌(1848) 12
　　월 富平直關了)

양반작인들을 일체 태거汰去하고 대신 근실한 양민으로써 택정하고, 혹 작경作梗하는 반민이 있거든 그를 충훈부로 잡아 올리라고 각 도에 훈령하기도 하였다. 여기서 우리는 양반이라는 신분의 위세를 이용한 양반작인들의 거납에 대처하는 영문·아문측의 입장, 즉 이미 양반이라는 신분상의 지위는 접어두고, 전주田主 대 작인作人이라는 경제적 관계를 보다 앞세워 엄연히 대응하고 있는 전주측의 입장을 확인할 수 있다. 그리고 이때의 양반작인들의 거납에는 특별한 구실이 없었기 때문에 전주의 입장에서는 '무단거납無端拒納'으로 받아들여지고 있었다.

그런가 하면 다수 작인이 참여하는 거납은 대개 그 이유로서 '겸세歉歲'를 들고 있었다. 즉 이들은 흉년으로 인한 소출의 감소, 혹은 전답의 진폐陳廢·포락浦落 등을 이유로 감도減賭를 요구하면서 그 상납을 미루었던 것이다.133) 그러나 이 경우 아문·영문에서는 이들 둔토의 둔세가 정액지대인 도지임을 지적하면서 풍흉에 따른 가감이 전혀 있을 수 없다고 맞서고 있다.134) 실제 1두락 전답에 도조가 2~3내지 4~5두 정도인 둔토에서도 흉년을 이유로 거납사례가 빈발했던 것이다.135) 그리고 또 이들이 내세웠던 '흉년으로 인한 감수減收'는 기실 거납을 위한 구실에 지나지 않는 경우가 많은 것도 사실이었다.136) 이 경우 작인들은 잉여생산물의 보다 많은 부분을 차지하기 위하여 흉년 등을 빙자, 거납행위를 하

---

133) "作者輩敢生不測之計 或稱陳廢 或稱浦落 百計圖頉 以致愆納"(『宗親府謄錄』2 册, 庚戌(1850년) 8월, 忠淸監營了)

134) "此屯稅則 本以賭地例 以爲定式者 卽所謂賭地例不許陳災 雖大登之年 無一合加捧之例 且大凶則 無一合減給之例自是不易之典是去乙 挽近以來 外邑民習 漸至獰頑 每於收稅之際 百計圖頉 專事拒納"(『宗親府謄錄』3책, 甲寅(1854년) 10월, 畿營了)

135) 『忠勳府謄錄』35책, 辛亥(1851년) 11월, 黃海監營了

136) "該屯監與舍音所告則 今年雖曰歉荒 至於屯土 稍有成樣 擧皆應稅而其中多有拒納之漢 以其私力難以準捧 上納末由"(『宗親府謄錄』9책, 丙子(1876년) 12월 3일, 江陵府了)

고 있는 것이었다.[137]

그리고 또 이와 같은 거납이 다수 작인에 의하여 풍조화되고 있는 경우 그 분위기를 주도하고 있는 것은 '다복자多卜者'라 불리는, 둔토를 비교적 많이 경작하는 상층작인이었다. 여기서 우리는 당시 둔토 등에서의 항조가 상층작인들에 의하여 주도되는, 농민들의 잉여생산물을 보다 많이 취득하려는 대對 지주투쟁, 그리고 소상품생산자로의 성장을 지향하고 있는 농민층의 구체적인 현실대응의 성격을 지닌 것이었다고 파악할 수 있다. 즉 이 시기의 항조는 지주측에 의하여 지주경영이 강화되는 가운데 그에 대항하기 위한 작인들의 소극적인 입장에서의 항조라기보다는 오히려 농민경제의 전반적인 몰락이라는 상황 가운데에서도 제반 현실 변화에 보다 능동적으로 대처하면서 소상품생산자로의 성장을 꾀하고 있던 일부 농민층에 의하여 주도되고 있던, 보다 적극적인 입장에서의 항조라고 볼 수 있다. 이 시기의 항조가 집단적인 민란의 형태보다는 개별적인 거납의 형태로 주로 나타나고 있었던 것도 바로 이 시기의 항조가 그러한 성격을 지니고 있었기 때문일 것이다.

그러나 1894년 농민전쟁의 좌절이라는 커다란 사회분위기의 변화는 항조의 성격에도 상당한 변화를 가져오게 되었다. 1895년 이후 역·둔토에서의 항조는 어떠한 양상으로 전개되었을까. 이 시기 역·둔토에서의 항조는 폭발적이라 할 만한 양상으로 각지에서 전개되었다. 특히 그것은 광무사검 과정에서 민전과 공전의 혼집混執, 그리고 도조의 인상책정 등을 이유로 하고 있었고, 그 양상도 집단적인 민란의 형태를 띠는 경우가 많았다. 그리고 한편에서는 양반·부호·이속吏屬 작인들에 의한 개별적인 거납사례도 계속되면서 일종의 풍조처럼 되고 있었다. 여기서는 개별적

---

137) "該屯監所報則 此土民習所區測 而且稱歇餘專事不納 難以了勘 就其光陽稅租 屯民田今禮·鄭世德·李永實·鄭元伊等爲名漢 本以悖頑之類 敢生自肥之計 誘引諸作 謂以濫執 專以稱托 … 或有來納者 則萬端沮戱"(『宗親府謄錄』 9책, 丁丑 (1877년) 11월 25일, 完營了)

인 거납사례들과, 소유권 분쟁과는 관련 없는 순수한 의미의 지대투쟁으로 파악되는 항조사례만을 살펴보기로 한다.

1) 개별적인 거납

1895년 이후 역·둔토, 그리고 궁방전 작인의 「무단거납」은 일반화·풍조화되고 있었다. 거납拒納작인들은 관 측에 의한 장수杖囚라는 징치수단에도 심상하게 대응했으며, 또 군리배郡吏輩가 다수 작인들 가운데 포함되어 있었기 때문에 관권에 의한 거납작인 징치는 크게 효과를 보지 못하였다. 특히 이와 같은 거납은 역시 양반작인들에 의하여 주로 이루어지고 있었다. 예안禮安·예천醴泉·용궁군龍宮郡에서는 공토 작인이 거의 반호班戶로서 그 호강豪强을 믿고 거납을 일삼고 있다고 관찰사는 보고하였다.[138] 한편 양반의 위세는 양반 주변 인물들에 의하여 원용되기도 하였다. 광주군廣州郡의 첨향둔添餉屯에서는 박학수朴學守라는 작인이 1898~1900년의 3년조 도태賭太 대전代錢 218량을 내지 않고 있었는데 그는 사부가士夫家의 노예로서 반가班家의 세勢를 의탁하고 있어 잡아다 징치하지도 못하고 있다는 파원의 보고도 있었다.[139] 또 홍주군洪州郡 금정역金井驛에서는 거납자 7·8명이 모두 조판서가趙判書家 산직山直인데, 그들 중 3인은 본래 역리였다는 보고도 있었다.[140] 한편 양반작인들의 거납은 상민작인들에게도 영향을 미쳐 거납·건납의 풍조화에 일조하였다. 즉 상민작인들은 사음의 미납조분에 대한 독촉에 대하여, "전혀 도조를 내지 않고 있는 양반은 가만 두고 약간의 나머지만 미납하고 있는 상민작인들에게는 왜 이렇게 독촉이 심한가"하고 반발하기도 하였던 것이다.[141]

---

138) 『慶尙南北道各郡報告』 6책, 광무 8년 12월 30일
139) 『京畿各郡報告』 5책, 광무 6년 9월 19일, 廣州各屯派員보고서
140) 『訓照』 18책, 광무 5년 4월 11일, 충남봉세관에의 訓令
141) 『忠淸南北道各郡報告』 13책, 광무 9년 3월 24일, 충남수조관보고서

양반작인 거납의 대표적인 예는 충북 청안군淸安郡의 시화역時化驛에서
의 송승지병주宋承旨秉宙라는 작인의 도조 25석 미납이었다.[142] 이때 만일
이 도조가 소출의 2분의 1에 해당한다고 가정해도 1두락 당 소출이 20
두라 한다면 그의 차경 역토는 50두락이 된다. 즉 이 양반작인의 거납은
단순히 양반으로서의 위세에 가탁한 거납이 아니라 상당한 정도의 역토
를 차경하는 등 어느 정도 부유한 경제기반 위에서 전개되는 그러한 성
격의 거납이었던 것이다(그는 이 역토들을 실제 경작하지 않고 中畓主식으로 경영했을
수도 있다).

특히 부유하고 유력한 작인들의 거납은 '부호작인의 거납'이라 불리
고 있었다. 무장군茂長郡 청송역靑松驛에서는 부호작인들이 관장에 의탁하
여 도조를 거납하고 있었으며,[143] 또 어떤 호세작인豪勢作人은 그가 차지
하고 있는 둔토의 도조 8석을 자기 물건처럼 생각하고 매년 거납하므로
사음이 이작하려 하나 인근 거민이 감히 경작하려 하지 않는다고 사음이
보고한 경우도 있었다.[144] 양주군楊州郡 의정부둔議政府屯에서의 호세거납
자로 보고된 내용 가운데에는 그 미납액이 17석이 넘는 정천경鄭千京이란
작인도 있었다.[145](이 경우 앞서와 같은 방법으로 계산하면 차경둔토는 34두락으로 계산
된다). 이처럼 권력 혹은 경제력을 배경으로 한 부호작인들의 거납은 전주
田主 측에게는 커다란 위협이 되지 않을 수 없었다. 그것은 도조의 미수未
收라는 당장의 문제에서 뿐만 아니라 이같이 거납이 상습·장기화되고 나
아가 그것이 작인들 간에 풍조화되어버릴 경우 이는 전주田主측의 토지
소유사실 자체를 위협하는 것이 될 것이기 때문이었다. 특별한 구실이
없이, 부호작인에 의하여 주도되는 무단거납의 궁극적인 의미는 실로 여
기에 있었다고 할 수 있다.

---

142) 같은 책, 10책, 광무 8년 12월 14일, 忠淸北道 관찰사에의 訓令
143) 『訓照』39책, 광무 7년 2월 19일, 무장군수에의 訓令
144) 『京畿各郡報告』5책, 광무 7년 12월 24일, 적성군수에의 訓令
145) 같은 책, 4책, 광무 6년 5월 19일, 경기봉세관보고서

1895년 이후의 역·둔토에서의 거납에 참가한 새로운 작인계층은 이속吏屬·병정兵丁 작인들이었다. 이속·병정들이 다수 역·둔토차경에 참여하고 있었다는 사실은 앞서 언급한 바 있었는데, 이제 이들이 거납의 주인공으로 등장하고 있는 것이다. 당시의 각 도 봉세관들은 역토 중 읍속배邑屬輩가 경작하고 있는 곳의 도조수봉이 가장 어렵다고 보고하고 있었다.146) 광주군光州郡 경양景陽·선암역仙巖驛의 경우 폐역廢驛 이후 역토의 태반을 병정·순검巡檢·이속들이 경작하고 있었는데 그 도곡을 매양 건납하여 1905년의 경우 주대병정작인駐隊兵丁作人의 미납 도조가 90여석에 달한다고 보고되었다.147) 또 1905년 충주忠州 훈둔勳屯에서는 경서警署 순검 유이십劉以什이 도조 1석여를, 포둔砲屯에서는 신초포군좌초장新抄砲軍左哨長 이부훈李富勳이 2석의 도조를 내지 않고 있다고 보고되기도 했다.148) 이같은 경우 "이교작인吏校作人들은 이 토지를 마치 기화奇貨처럼 생각하는 자비영사자自肥營私者로서 혹 겸황歉荒을 칭탁하고, 혹 재감災減을 칭탁하여 매양 건납"149)하는 것이었다. 이들 이속·병정작인들이 과연 실작인이었을까 하는 것은 확실치 않다. 그들 중에는 중답주인 자도 있었을 것이고, 또 실제 자신이 경작하는 경우도 있었을 것이다.

이상과 같은 거납작인들은 양반·호세가·부호·이속·병정들로 모두 당시의 지방사회에서 무시할 수 없는 위치에 있던 자들로서 그러한 지위를 이용하여 무단 거납하고 있었다. 그러나 거납은 반드시 이러한 작인들에 의해서만 행해지고 있는 것은 아니었다. 이와 같은 신분은 아니었지만 많은 평민작인들도 거납의 주인공이 되고 있었다. 1900년 부평군富平郡의 총둔摠屯에서는 김삼복金三福 등 7인의 작인이, 금륜역金輪驛에서는 최옥선

---

146) 『訓照』 17책, 광무 5년 3월 12일, 경상북도관찰사에의 訓令
147) 같은 책, 13책, 광무 4년 11월 14일, 全羅南道觀察府摠巡에의 訓令
　　같은 책, 61책, 광무 9년 4월 14일, 군부대신에의 照令
148) 『忠淸南北道各郡報告』 11책, 광무 9년 3월 26일, 충북봉세관보고서
149) 『訓照』 69책, 광무 10년 1월 23일, 전라북도관찰사에의 訓令

崔玉先 등 4인의 작인이 도조를 거납하고 있었다.150) 그 도조의 거납액수
도 작인마다 천차만별이어서 남포군藍浦郡 역토 작인 김치명金致明은 10석,
이용현李容玄은 2년분 13석 6두를 거납하고 있는가 하면,151) 장단군長湍郡
의 공토작인 석양숙石良淑은 6년 동안의 미납조가 겨우 6두였다.152) 거납
작인의 차경규모가 명시된 경우를 보면, 진위군振威郡의 거납작인 한월성
韓月星은 답 40두락을, 정순문鄭巡文은 답 10두락과 전 1일답경을 경작하
고 있었다.153) 이렇게 볼 때 거납작인은 반드시 역토를 많이 차경하고
있는 층만은 아니고, 영세한 규모의 역토를 차경하고 있는 작인들간에도
많이 있었음을 알 수 있다. 하지만 당시 이와 같은 특별한 명분을 내세
우지 않은 '무단거납'은 영세작인보다는 광작작인들 쪽에 더 많았고, 또
그들이 그러한 거납의 분위기를 이끌어 가고 있었다고 생각된다.

　이렇게 볼 때 광작 작인들에 의하여 주도되는 이같은 개별적인 무단
거납은, 그 작인이 중답주적인 경영을 하는 자가 아닌 광작인이라 할 경
우 작인이 전全 잉여생산물을 차지하여 농민경제의 자립화를 꾀하고, 나
아가서는 이를 상품화시킴으로써 소상품생산자로 성장할 수 있는 기반
을 마련하려는 농민측의 움직임이었다 할 수 있다. 그리고 그와 같은 거
납행위가 풍조화되어 갈 경우 그것은 지주-전호제 자체를 위협하는 의미
를 지니게 될 것이었다.

2) 집단적인 항조

(1) 항조의 원인과 양태

　작인들의 개별적인 무단거납이 아닌 다수 작인의 거납, 나아가서는

---

150) 같은 책, 13책, 광무 4년 12월 12일, 부평군수에의 訓令
151) 같은 책, 79책, 광무 10년 11월 10일, 남포군수에의 訓令
152) 『京畿各郡報告』 2책, 광무 5년 1월 17일, 장단과원보고
153) 『訓照』 14책, 광무 4년 12월 31일, 진위군수에의 訓令

집단적인 시위로까지 이어지는 집단적인 항조에는 여러 동기가 개재해 있었다. 1895년 이후 집단적인 항조의 동기가 되었던 것들은 앞장에서 살펴보았던 내장원측의 지주경영의 강화조치, 그리고 사음 혹은 파원에 의한 중간수탈의 강화 등이었다.

먼저 집단적인 항조에서 가장 문제가 되었던 것은 1899·1900년의 내장원에 의한 광무사검 시의 정도定賭·가도加賭를 통한 지대의 인상조치였다. 역·둔토 작인들의 광무사검에 대한 반발은 광범한 것이었다. 문의군文義郡 역토에서는 1900년 가도의 수봉收捧을 저지하고자 작인 함운교咸雲敎가 작인들을 선동하여 가도 부분을 거납하였다.154) 태안군泰安郡 하천역下川驛에서는 1900년의 가도 40여석에 대하여 1900·1901년에는 대부분의 작인들이 응납하였으나 가정문賈定文 등 일부 작인들은 매년 건납을 일삼다가 1902년 가을, 그리고 1903년 가을에도 가도 부분을 거납할 것을 작인들에게 선동하였다.155) 당진군唐津郡의 친둔親屯·훈둔勳屯 둔토에서는 내장원 이속 전에는 토품土品의 고척膏瘠에 따라 도조가 부과되어 왔는데, 1899년 내장원에 이속된 뒤 친둔답은 매 두락에 10두, 훈둔답은 매 두락에 7두를 사검위원이 집도執賭하였다. 작인들은 사음이 가지고 있는 소위 전장추수기傳掌秋收記에 기록된 두락수는 실제와 큰 차이가 있어 10두락답으로 기록된 곳이 실제로는 4~5두락이 채 못되는 실정이었으므로 그 두락수의 위착違錯을 먼저 시정해 줄 것을 요구하면서 사음이 독촉하는 도조를 일절 내지 않았다. 그러나 내장원에서는 이와 같은 작인들의 이유있는 요구에 대하여도 이미 사검타정査檢安定을 거쳤으므로 재고할 수 없다고 응답하였다.156) 위에서 예로 든 항조들의 경우에 내장원의 훈령은 모두 "사검실수査檢實數대로 도조를 수납하고 항조의 주동자

154) 『忠淸南北道各郡報告』 2책, 광무 4년 12월 7일, 문의군수보고서
155) 같은 책, 8책, 광무 7년 2월 25일, 충남봉세관보고서
　　　 『訓照』 48책, 광무 8년 1월 25일, 태안군수에의 訓令
156) 『忠淸南北道各郡報告』 5책, 광무 5년 8월 15일, 당진군수보고서

는 일일이 착수捉囚·징치懲治"하라는 것이었다.

다음 1904년 내장원에서는 공토에서의 사음·파원의 중간취리中間取利를 막는다는 구실로 타작을 실시, 다시 정도定睹하도록 지시한 적이 있었다. 이는 사실상의 도조 인상조치였으며, 이후 타작으로 굳혀진 경우도 많았다. 따라서 작인들이 이에 크게 반발한 것은 당연한 일이었다. 1904년 10월 평남平南 개천군价川郡에서는 이정일李庭一·현기찬玄基贊·현백문玄白文·김채복金彩福 등이 30여명의 작인을 모아 봉세관이 파견한 간사인幹事人의 추수를 방해하였다. 숙천군肅川郡에서는 차재중車載中이 역시 추수를 방해하였으며, 평양 덕산방德山坊 향탄둔香炭屯에서는 작인 장문규張文奎·노지정盧志丁 등이 작당하여 추수타반秋收打半을 위해 파견된 간사인을 구축하기까지 하였다.157) 또 경남 각군의 각 공토에서도 내장원의 타작·정도에 대하여 작인들은 이를 '가도'라 규정하고 응도應睹를 완강히 거부하고 있었다.158) 또 1905년경에는 전국 각지의 역·둔토에서 작인들이 피재被災 혹은 가도를 칭탁하여 감도減睹를 꾀하는 항조가 빈발하여 바야흐로 항조가 전국적인 풍조로까지 번져갔으며, 작인들은 이때 당시 위세를 떨치고 있던 일진회一進會의 힘을 빌기도 하였다.159) 이 시기 항조가 이처럼 만연하였던 것은 1904년 2월 내장원경으로 있던 이용익李容翊이 물러난 뒤 경리원의 위세가 점차 약화되고, 반면에 러일전쟁 등 일본세력의 본격적인 침투와 함께 일진회가 그 세력을 전국에 확장하면서 농민층에도 그 조직을 침투시켜 역둔도곡의 처분권을 장악하려는 등 제반정세의 변화가 반영되었기 때문으로 생각된다.

항조는 도조 인상시에만 발생하는 것은 아니었다. 내장원에서는 1899년 둔토를 사검하면서 이전의 도전 혹은 대전상납을 철회하고 정도하여

---

157) 『平安南北道各郡報告』 5책, 광무 5년 10월 19일, 평안남도관찰사에의 訓令
158) 『訓照』 59책, 광무 9년 1월 23일, 梁山·蔚山 등 군수에의 訓令
159) 『慶尙南北道各郡報告』 8책, 광무 9년 12월 7일, 경남수조관보고서

본곡을 상납하도록 지시한 적이 있었고, 이는 그 후에도 계속 지시되었다. 이같이 금납 내지는 대금납을 현물납으로 바꾸도록 지시한 데 대해 작인들의 반발이 없을 수 없었다. 앞장에서 본 것처럼 양양군襄陽郡 역토, 용인군龍仁郡 훈둔訓屯, 영유군永柔郡 덕지둔德池屯 등에서는 작인들이 도조 수납을 거부하면서 시가에 따른 작전상납을 요구하여 이를 관철시키고 있었다. 또 비안군比安郡 훈둔訓屯 작인들은 사음에 의한 수도를 거부하면서 작인들이 대전으로써 직접 상납하겠다고 나서기까지 하였다.[160] 한편 대전상납이 실시되고 있던 일부 둔토에서는 시가작정을 둘러싸고 작인들과 봉세관·사음간에 길항이 있었고, 이때 작인들은 거납을 협상의 무기로 삼았다. 1905년 금화군金化郡 역토에서는 작인들이 이규상李圭祥을 중심으로 하여 도곡의 대전시가가 너무 높다고 주장하면서 1902년도 시가로써 상납하겠다면서 역시 거납하고 있었다.[161]

또 1896년 직후 일부 역토에서는 농상공부의 도전제賭錢制 지시를 무시하고 사음이 선도전을 선납하고 작인들로부터는 타작을 하려한 경우가 있었다. 이때 작인들은 이 사음의 자의恣意에 의한 타작강제를 저지하고자 항조로써 맞섰다. 일례로 1897년 양주군楊州郡 연서역延署驛에서는 사음 김순팔金順八이 추수를 분반하려 하자 작인들이 이를 거부하고, 100여명이 '농계사원農稧社員'의 이름으로 연명하여 농상공부에 소장을 올려 사음의 분반을 저지하고 도전납을 관철시켰다.[162] 그 이후에도 각 역·둔에서의 사음의 자의에 의한 타작강제는 작인들의 항조를 유발시켰다. 1909년 안변군安邊郡 삭안역朔安驛에서는 사음이 봉세관의 허락을 얻어 타작제를 실시할 것을 작인들과 상약相約하여 일부 답에서는 이미 타작, 적치해 두고 있었는데 김준경金俊景·이경근李景根·강원길姜元吉 등 작인들이

---

160) 같은 책, 10책, 광무 10년 10월, 경남수조관보고서
161) 『訓照』 61책, 광무 9년 4월 7일, 강원도관찰사서리에의 訓令
162) 『驛土所關文牒去案』 2책, 건양 2년 10월 26일, 양주군수에의 훈령

이에 반발하여 유병률劉秉律이란 위인에게는 운동자금을 주어 관찰부에 들어가 도세장정을 얻어 오도록 하고, 한편으로는 난민 수십명을 모아 '일심계一心楔'라 칭하면서 작당하여 백주에 사음 부자를 난타하고, 타작·적치해둔 조곡마저 도로 각자 나누어 가져가버린 일도 있었다.163) 양주楊州와 안변安邊에서의 항조의 경우 특히 작인들의 항조가 집단적으로, 그리고 시위로까지 발전하고 있고, 거기에는 작인들의 상호부조단체가 할 수 있는 「농계農楔」등의 조직이 동원되고 있다는 사실이 주목된다. 이는 후일의 소작쟁의 등에서 볼 수 있는 소작인조합 등과 같은 농민결사의 전신이라 할만한 것이었다.

그리고 농민들의 이러한 조직적인 움직임은 소작료문제에 관련된 항조에서만이 아니라 당시 토지소유권문제와 관련되는 항조에서는 더욱 강하게 나타나고 있었다. 예를 들어 1899년 지평군砥平郡의 장둔壯屯에서는 무토둔에 대한 도조강제에 대항하여 각 동洞의 작인들이 사발통문沙鉢通文을 돌려 도세납부를 거부하였고, 장두狀頭로 지목된 김경실金敬實 등 4인을 관찰부에서 순검을 파견하여 잡아가려 하자 수백명의 작인들이 이를 가로막아 저지하고 이들 4인을 구해내기도 하였다.164) 그런데 농상공부 이래 역·둔토를 관할하는 모든 기관에서는 이러한 작인들의 집단적·조직적인 움직임을 몹시 경계하여 집단적 항조의 경우, 설사 작인들의 요구를 수락하는 경우에도 그 수창자首唱者는 반드시 착치엄징捉致嚴懲하도록 지시하였고, 또 '농계農楔' 등의 농민결사는 반드시 철혁撤革하도록 훈령하고 있었다.

이처럼 평년에는 작인들이 사음의 자의에 의한 타작강제에 대하여 강한 반발을 보였지만, 흉년이 드는 경우에는 오히려 작인들이 타작을 요

---

163) 『訓照』 14책, 광무 4년 12월 20일, 안변군수에의 訓飭
164) 『經理院驛屯土成冊』 2책, 광무 3년 9월 23일, 지평군수보고서
    『各府郡文牒』 3책, 경기관찰사의 내장원경에의 照會

구하면서 건납하는 경우도 있었다. 예를 들어 안산安山 양등대역楊等垈驛의 역토는 전 15석락, 답 21석 9두락으로 1898년에는 파감派監이 도조 91석을 상납하였고, 1899년에는 탁지부에서 파감으로 하여금 분작할 것을 지시하여 그 소수곡수所收穀數가 131석으로 종자와 결가를 제하고 60석을 상납한 바 있었다. 그런데 이제 1900년에는 크게 흉년이 들자 파감이 처음에는 분작하겠다고 하다가 간평看坪한 뒤 분작하지 않고 갑자기 도조 103석을 작인들에게 추독推督하였다. 작인들은 이에 대해 금년소출이 매 두락에 5, 6두에 지나지 않고, 또 도조를 내는 경우 금년에 인상된 결가 2,333량 3전(당시 1석 시가를 20량 정도로 계산하면 110석여)은 작인부담으로 되어 작인들은 추수를 모두 처분해도 결가조차 부담할 수 없는 형편임을 주장하고, 도조를 50석으로 감해줄 것을 요구하였다. 그러나 파감은 군에 요청하여 수작인首作人과 동두민洞頭民을 군옥郡獄에 착수捉囚토록 하였고, 자신은 수십리 밖에 있는 정주사鄭主事 집에 식주인食主人을 정하고 작인들에게 도조를 모두 실어와 봉납할 것을 지시하였다. 이리하여 일부 작인들은 할 수 없이 정주사 집까지 도곡을 실어가 봉납하게 되었는데 이때 파감은 매석에 대두 1두씩을 추가로 받으려 하였고 또 그 하예下隷는 예채전例債錢 700냥을 토색討索하였다. 이에 격분한 작인들은 김소성金小成·강순만姜順萬·목복여睦福汝·신만삼申萬三 등의 지휘 아래 100여명이 모여 정주사 집에 몰려가 그 하예를 무수히 구타하였다. 그런데 군수의 이러한 내용의 보고를 받은 내장원에서는 오히려 한술 더 떠 원도조는 145석이나 이는 너무 헐한 감이 있으므로 금년부터는 매 두락에 1두씩을 가도하여 일일이 수납輸納하고 기뇨起鬧한 장두狀頭 4인은 군옥에 착수捉囚하라고 지시하였다.165)

또 선천군宣川郡 역토에서는 파원이 1900년 겨울 처음에는 타반으로 거두어가다가 흉년의 타반이 가도만 못하다고 판단, 다시 원도元賭 매냥

---

165)『京畿各郡報告』1책, 광무 4년 12월 1일; 2冊, 12월 31일, 안산군수보고서

每兩에 8전 4분씩 가도하여 책봉하였다. 이에 작인들 수백 명은 김기언金基彦·홍치섭洪致涉·호내찬胡乃贊·전태안田泰安·전재병田在丙·호상묵胡尙默   등의 지휘 아래 가도를 거부할 것을 결의하고 파원에게 몰려가 그를 구타하였다. 이에 파원은 유향들을 동원하여 이들 수창자 6인을 착수捉囚하였는데 작인들은 다시 집결하여 옥문을 부수고 이들 수창자를 구해내었다. 이에 군에서는 이들 수창자를 직접 착수·신문訊問하게 되었는데, 그 결과 6인중 김기언·호내찬은 본시 역토작인이 아닌 자로서 이 항조를 주도하였던 것으로 밝혀졌고, 따라서 군에서는 이 2인은 방송放送하려 하였으나 내장원에서는 이들 6인을 모두 압상押上할 것을 명하였다.[166) 여기서 특기할 것은 항조 수창자 중 역토 작인이 아닌 자들이 포함되어 있었다는 사실이다. 이와 같은 예는 1904년 전주군全州郡 균전에서의 균도수봉均賭收捧 시 균민들의 항조를 주도한 김영삼金永三·김낙삼金洛三 등의 경우에서도 볼 수 있다. 그들은 '비균민非均民'으로서 '패류悖類'라 지목되었다.[167)

사음에 의해 평년에는 타작이, 흉년에는 도조가 부과되는 예는 종종 있었다. 양주군楊州郡 평구역平邱驛에서는 사음이 내장원에는 정도로써 보고하고, 타작례로써 매년 추수하여 결전을 작인들에게 책납하는 일이 없더니 1905년 7월에는 사음이 개차改差되어 흉년 황답에 추수가 부실함을 보고 갑자기 도지로써 정례하여 도조와 결전을 작인들에 요구하였다 한다. 작인들은 이같은 "평년에는 타조 반분하고 흉년에는 도조로 옮겨서 받으려 하는" 사음의 횡포에 거납으로써 대항하였다.[168)

이처럼 흉년이 드는 경우 작인들은 타반을 요구하기도 하였지만, 또 한편으로는 기왕에 정해져 있는 도조의 감액을 요구하기도 하였다.

---

166) 『平安南北道各郡報告』 2책, 광무 5년 5월 2일, 평안북도관찰사보고서 ; 5월 22일, 宣川군수보고서
167) 『訓照』 49책, 광무 8년 2월 2일, 내장원경의 元帥府軍務局總長에의 照會
168) 『京畿各郡報告』 4책, 광무 6년 5월 27일, 양주군수보고서
   『訓照』 25책, 광무 6년 11월 19일, 양주군수에의 訓令

1901년 옹진군瓮津郡과 풍천군豊川郡에서는 흉년으로 인해 도조를 다 낼 수 없다면서 작인 수백명이 감관가監官家에 몰려가 감관을 위협, 감액을 요구하기도 하였다.[169] 또 삭녕군朔寧郡 총둔摠屯에서는 둔결 매 부每負에 태太 1두씩을 수도하고 있었는데, 1901년 작인들은 흉년을 칭탁하고 매 부에 태 1승씩을 감해줄 것을 요구하면서 거납하고 있었다.[170] 그런가 하면 함열군咸悅郡에서는 1900년조 도세 미납분을 1901년 하곡夏穀 흉년을 빙자하여 계속 거납하기도 하였고[171] 여주군驪州郡 신진역新津驛·충훈둔忠勳屯에서는 흉년을 빙자하여 작인들이 거납하고 있으나 실제로는 평년작 수준 이상이었다는 수조관의 보고도 있었다.[172]

(2) 농민층분해와 항조주도층

항조가 개인적으로 나타나지 않고, 일정한 동기에 의해 집단적인 양상으로 나타날 때 거기에는 이 항조를 주도하는 주도층이 있게 마련이었다. 이와 같은 주도층은 사회적으로, 그리고 경제적으로 어떠한 위치에 있는 자들이었는가 하는 것을 몇몇 사례를 통하여 살펴보기로 하자.

안성安城 강복역康福驛에서는 1901년 가을 내장원에 의한 가도 조치에 대하여 작인 중 양반 유도식兪道植이 이를 거부하고 김여왕金汝王·유성민兪聖敏 등과 함께 작인들을 주도하여 파원 식주인가食主人家에 몰려가 그를 구타하고 유도식가家의 낭하廊下에 가두는 등 행패를 하였다.[173] 같은 해 청풍군淸風郡 황강黃江·산수역山水驛에서도 작인들이 흉년을 이유로 하여 감도를 요구하였으나 잘 받아들여지지 않자 작인 중 권덕인權德仁이 그 반세班勢를 믿고 권임윤權任允 및 이름을 알 수 없는 심沈·신申·박朴 등과

---

169) 『黃海道各郡報告』 2책, 광무 5년 12월, 풍천·옹진군수보고서
170) 『京畿各郡報告』 4책, 광무 6년 3월 9일, 朔寧郡守보고서
171) 『全羅南北道各郡報告』 3책, 광무 6년 5월 13일, 함열군수보고서
172) 『訓照』 74책, 광무 10년 6월 8일, 여주군수에의 훈령
173) 『京畿各郡報告』 2책, 광무 5년 11월 24일, 안성군수보고서

함께 작인들을 선동하여 수백 명이 사음가에 몰려가 그를 구타하였다. 사음은 이들 호강작인들을 징치할 수 없었고, 결국 관찰부에 그 착수捉 囚·징치를 요청하였다.174) 1904년 가을 평남 중화군中和郡에서는 석호방 石好坊에 거주하는 유명 토호 김정현金定鉉이 공토 추수 시에 리민里民을 선 동하여 봉세관의 수도를 방해하였다.175) 이러한 사례들은 양반작인 혹 은 호세작인들의 주도 하에 항조가 일어난 경우로서, 작인들은 그들의 요구를 집단적인 실력행사로써 관철하려 하고 있음을 볼 수 있다. 이때 의 양반·호세작인들은 어느 정도 부를 축적하고 있으면서 당시 지방사 회에서 유력한 위치에 있던 자들로 추정된다. 단 여기서 그들의 경제적 부의 정확한 실정이나 차경 둔·역토의 정확한 규모는 알 수 없다.

한편 '양반'·'호세' 등의 명칭이 따르지 않는 일반 평민으로 짐작되는 작인들에 의하여 항조가 주도되는 경우도 많았다. 죽산군竹山郡의 좌찬역 佐贊驛의 경우가 그 대표적인 사례였다.

1900년 가을 죽산군竹山郡 분행역分行驛·좌찬역佐贊驛에서는 다른 여타 의 역에서와 마찬가지로 가도加賭 조치가 취해졌다. 이때 가도는 토품上品 의 차이를 전혀 고려치 않은, 원도조元賭租 외에 매 두락 1두식의 도조를 부가한 것이었다. 이에 한문회韓文會는 가도의 철회와 사음의 압상押上을 관찰부에 청원하는 등 사음의 도조 수봉을 갖가지로 방해하였다. 이에 봉세관은 1901년에는 초가을에 위원을 파견하여 정도사업을 다시 시행 하도록 지시하고, 그 토품에 따라서 상납총액을 평균 배정하도록 하였 다. 즉 전년의 가도를 철회한 것이 아니라, 상납총액은 변함없이 전품에 따라 그 인상액 부분을 다시 배정한 것이었다. 이에 대해 작인들은 이 해 12월초 좌찬역 작인 송원여宋元汝·오흥철吳興哲·신용서申用西·김성희金聖 希와 분행역 작인 서치현徐致玄 등을 중심으로 집결하여 '가도'와 '가등加

---

174) 『訓照』 26책, 광무 5년 12월 13일, 청풍군수보고서
175) 『平安南北道各郡報告』 5책, 광무 8년 10월 17일, 평남봉세관보고서

等'의 철회를 요구하면서 이천利川의 위원 사장私庄으로 몰려가 위원을 위협하여 그로부터 그가 다시 실시한 가도배정을 취소한다는 뜻의 수적手蹟을 받아가는 한편, 위원이 이미 수납해 놓은 일부 도곡조차도 도로 가져가 버렸다. 작인들은 이로써 가도부분을 무효화시킬 수 있게 된 것이다. 이러한 전말을 보고받은 내장원에서는 수창자들을 모두 내장원으로 잡아 올리고, 도조는 봉세관이 사정한 실수대로 독납督納할 것을 지시하였다.176)

그러면 이때 항조의 수창자首昌者 5인은 과연 역토를 어느 정도 경작하고 있었을까. 당해년의 추수기秋收記가 남아있다면 이를 보다 정확히 확인할 수 있겠으나 현재 양역 추수기는 전혀 남아 있지 않다. 그런데 항조가 발생한 1901년에 양지아문量地衙門은 죽산군竹山郡에서 양전을 실시하여『죽산군양안竹山郡量案』을 작성하였다. 그리고 이 양안에 원일면遠一面·원삼면遠三面177)에 좌찬역토佐贊驛土가, 북일면北一面·서일면西一面·근일면近一面에 분행역토가 소재하고 있음이 확인되고, 또 역토 각 필지마다 작인들이 기록되어 있어 각 작인들의 역토차경 실태를 파악할 수 있다.178) 뿐만 아니라 민전의 각 필지에도 시주時主·시작時作이 기록되어 역토작인들의 민전소유·차경실태까지도 아울러 파악할 수가 있다. 즉 작인농민들의 농업경영실태를 종합적으로 파악할 수 있는 자료인 것이다. 여기서 파악하고자 하는 것은 역토작인들의 역토차경실태, 그리고 작인

---

176)『訓照』15책, 광무 5년 1월 26일, 죽산군수에의 訓令
　　『京畿各郡報告』2책, 광무 5년 12월 17일, 경기봉세관보고서
177) 遠一面과 遠三面은 1913년 조선총독부의 府·郡·面 통폐합조치에 의해 龍仁郡 遠三面으로 통합되었고(『新舊對照朝鮮全道府郡面里洞名稱一覽』, 87쪽), 현재도 용인시 원삼면이다.
178)『竹山郡量案』의 量田시기는 遠一面의 경우 初査가 1901년 3월 12일~16일, 遠三面의 경우 3월 8일~14일이었고, 兩面 모두 再査는 없었다. 佐贊·分幸驛에서 항조가 발생한 것이 동년 12월이므로 동년 3월에 작성된 이 양안에는 항조 당시의 역토작인들이 기록되었다고 보인다.

가운데 어떠한 위치에 있는 농민들이 항조의 주도층이 되었는가 하는 것들이다. 그리고 이와 같은 것들을 보다 구체적으로 알아보기 위하여 양역 가운데 항조수창자가 1명뿐인 분행역分幸驛의 경우는 분석을 생략하고, 수창자가 4명이었던 좌찬역佐贊驛의 경우를 분석하고자 한다.

원일면遠一面과 원삼면遠三面의 역토 작인은 모두 166명이었다. 그리고 역토 총 결수는 30결 89부 9속이었다. <표 3>은 이들 작인의 역토차경 실태를 보인 것이다.

<표 3> 좌찬역 작인들의 역토차경 실태

차경규모별	借耕者	百分比	借耕驛土	百分比	평균
0-10負	67名	40.4	3結93負0束	12.7	5負9束
10-20	48	28.9	7-07-3	22.9	14-7
20-30	25	15.1	6-21-9	20.1	24-9
30-40	10	6.0	3-50-0	11.3	35-0
40-50	3	1.8	1-38-3	4.5	46-1
50-60	6	3.6	3-29-0	10.7	54-8
60-70	5	3.0	3-22-2	10.4	64-4
:					
80-90	1	0.6	85-0	2.8	85-0
:					
140-150	1	0.6	1-42-2	4.6	1-42-2
합계	166	100.0	30-89-9	100.0	18-6

<표 3>에 의하면 역토차경자 166명 가운데 40.4%를 차지하는 67명이 10부 이하의 역토를 차경하고 있다. 이는 역토 차경자 가운데 약 반수 가량이 극히 영세한 규모의 역토를 차경하고 있음을 뜻하는 것이다. 그리고 50부 이하의 역토를 차경하는 작인은 모두 153명으로 전체 작인 수의 92.2%를 차지하는데 반하여 그들의 차경역토는 모두 71.5%에 그치고 있다. 한편 50부 이상의 역토를 차경하고 있는 작인 13명(전체의 7.8%)은 전체 역토의 28.5%를 차경하고 있다. 이는 그만큼 역토가 일부

상층작인들에게 집중되고 있음을 의미한다.

그러면 앞에서 우리가 보았던 항조 수창자 4인은 어느 정도의 역토를 경작하고 있었을까. 양안상에 기록된 4인의 역토 경작내용을 보면, 김성희金聖希가 57부, 신용서申用西가 30부 3속, 송원여宋元汝가 24부, 오홍철吳興喆이 6부 3속의 역토를 각각 차경하고 있다. 특기할 것은 이들 4인이 모두 역토 이외에는 어떤 민전도 소유·자작하거나, 차경하거나, 대여하지 않고 있다는 점이다. 즉 4인의 농업경영은 오로지 이 역토 위에서만 이루어지고 있었고, 따라서 그들의 역토에 대한 의존도는 그만큼 절대적인 것이 될 수밖에 없었다(이같이 역토만을 차경하는 자는 전체 역토차경자의 약 39%를 차지하는 65명을 헤아린다). 이제 이들 4인의 역토차경이 전全 역토차경자의 역토차경 가운데에서 어떠한 위치를 차지하는가를 <표 3>을 통해서 살펴보자. 김성희는 57부의 역토를 차경함으로써 전 역토작인들 166명 가운데 역토차경 규모로서는 제 8위에 위치하고 있었다(백분위로는 약 5위이므로 상층 5% 안에 속해 있는 셈이다). 그러나 나머지 3인은 모두 역토만 30부 정도 혹은 그 이하를 차경하고 있는 실정이었다. 따라서 이들 3인은 계층으로 보아서는 '빈농'에 속하는 작인들이었다고 할 수 있다. 다만 김성희 1인은 작인 상층에 속하지만 계층성으로 보아서는 빈농의 위치에서 벗어나 이제 막 '중농'으로 성장하려는 위치에 있는 인물로 볼 수 있다.

그러나 이같은 역토차경실태의 분석만으로는 이 역토작인들의 종합적인 농업경영실태를 파악할 수 없다. 역토차경자들도 대부분 민전을 자작, 소작 혹은 대여하고 있기 때문이다. 여기서는 역토차경자 내에서의 계층성을 파악하고자 하는 것이 목적이므로, 그들의 농업경영현황 가운데에서 '농지소유'보다는 '농지보유'에 그 분석의 초점을 맞추고자 한다. 따라서 농지대여의 실태는 여기서의 분석대상에서 제외한다. 그리고 이 때 이 작인 166명 가운데 '지주'로 파악할 수 있는 자가 있다면 이 농민층 내부의 계층분석에서는 마땅히 제외시켜야 할 것이다. 그런데 이 166명 가운데에는 1결 이상의 자기토지 대여자가 1인(尹用山)있으나 그의 대여지 1결 14부 4속보다는 자작지 77부 5속과 역토차경지 54부 3속을 합한 자작·차경지가 보다 넓으므로 농민층으로 간주, 분석에 포함시켰다. <표 4>는 역토차경자의 역토·민전을 모두 포함한 농지보유(민전자경·차경+역토차경) 실태를 나타낸 것이다.

〈표 4〉 역토차경 농민의 농지보유실태

농지규모별	농민	百分比	保有농지	百分比	평균
0-20負	65人	39.2	6結44負5束	11.1	9負9束
20-40	51	30.7	14-68-4	25.3	28-8
40-60	19	11.5	9-15-5	15.8	48-2
60-80	15	9.0	10-17-8	17.5	67-9
80-100	7	4.2	6-07-7	10.5	86-8
100-120	4	2.4	4-31-2	7.4	1-07-8
120-140	2	1.2	2-52-1	4.3	1-26-1
140-160	2	1.2	3-11-9	5.4	1-56-0
160-180	1	0.6	1-60-8	2.8	1-60-8
합계	166	100.0	58-09-9	100.1	35-0

<표 4>에 의하면 역토차경자 166인이 보유하고 있는 농지는 58결 9부 9속으로 차경역토의 2배 가까이 되고 있다. 166명의 평균 보유농지는 35부인데, 20부 이하 소경농지를 가진 농민은 39.2%로서 그들의 보유 농지는 전체의 11.1%에 지나지 않는다. 이에 반하여 1결 이상의 농지를 보유한 농민은 전체의 5.4%로서 전체의 19.9%의 보유농지를 차지하고 있다. 이는 이들 166명의 농민들 간에도 상당한 분화가 진행되어 있음을 말해주는 것이다. 앞 절에서 보았던 장성군長城郡의 청암靑巖·영신역토永申驛土 작인들의 역토차경규모에 있어서의 분화나, 여기서 보는 좌찬역토 차경규모에 있어서의 분화상황은 민전의 보유까지 포함하여 살펴보아도 역시 유사한 양상으로 나타나고 있는 것이다.

〈표 5〉 보유농지를 통해서 본 역토차경 농민의 계층성

보유농지규모별	농 민	百分比	총보유농지	百分比	평균
A. 0~50負	129人	77.7	26結89負6束	46.3	20負8束
B. 50~100負	28	16.9	19-64-3	33.8	70-2
C. 100負 이상	9	5.4	11-56-0	19.9	1-28-4
합 계	166	100.0	58-09-9	100.0	35-0

    <표 5>는 <표 4>를 정리한 것으로 보유농지가 0~50부, 50부~1
결. 1결 이상 되는 층을 각각 나누어 본 것이다. 여기서 50부 이하의 소
경농지를 가진 A그룹을 '빈농', 50부~1결의 소경농지를 가진 B그룹을
'중농', 1결 이상의 소경농지를 가진 C그룹을 '부농'의 범주로서 각각 파
악한다면,[179] 이들 166명의 농민들 가운데에는 부농이 5.4%, 중농이
16.9%, 빈농이 77.7%로 각각 존재하면서, 각각 19.9%, 33.8%, 46.3%의
소경농지를 차지하고 있는 셈이다. 그리고 <표 5>에서 다시 확인되는
것은 김성희 등 항조 수창자 4인이 이 166인의 역토차경에 관여하고 있
는 농민들 가운데 결코 상위계층에 속해 있지 않다는 사실이다. 김성희
는 이제 겨우 빈농을 벗어나 소상품생산자로서 발돋움하려는 중농하층

---

179) 이 당시의 농민계층을 그 분해과정 속에서 부농·중농·빈농의 3계층으로 구분하
　　는 것이 과연 타당한가 하는 것은 이론적으로, 그리고 현실적으로 보다 더 검토
　　되어야 할 문제일 것이다. 그리고 그같은 구분이 가능하다 하더라도 그 구분기
　　준은 보유농지의 규모에서만이 아니라, 그 보유농지의 성격―즉 自作부분이 많
　　은가, 借耕부분이 많은가―과 그에 따른 소득규모 등의 내용이 모두 함께 검토된
　　위에서 설정되어야 할 것이다. 소득규모 등의 내용이 모두 함께 검토된 위에서
　　설정되어야 할 것이다. 여기서는 일단 가설적으로 보유농지의 규모만으로써 50
　　負를 기준으로 빈농과 중농을 나누고, 1結을 기준으로 중농과 부농을 나누었다.
　　이 지역의 斗落數와 결부수의 관계는『各郡秋收記』에 실린 龍仁郡 導村屯과 移
　　川郡 守禦屯에서의 두락―결부수로부터 추정해 볼 수 있다. 용인군의 경우 畓
　　17石 19斗落이 6結 88負에 해당하여 1結은 49.8斗落으로, 이천군의 경우 畓 19
　　石 18斗落이 8結 21負 5束에 해당하여 1結은 48.5斗落으로 각각 환산된다. 즉
　　이 지역에서는 대체로 보아 1結이 약 50斗落에 해당한다. 따라서 중농은 畓
　　25~50斗落, 부농은 畓 50斗落 이상을 각각 경작하는 者가 될 것이다.

에 위치해 있고, 나머지 3인은 완전히 빈농계층에 속해있는 자들이었다.
더욱이 이들 166인의 역토차경자들이 그들의 농업경영(보유면에서만) 가운
데 역토에 의존하고 있는 비율이 53.2%에 그치고 있는데 비하여, 이들
4인은 그들의 소경농지가 전혀 역토에 한정되어 있었고, 특히 김성희는
순전히 이 역토차경을 발판으로 하여 중농계층으로 성장해가려 하는 존
재였다. 이같은 위치에 있던 이들 4인은 1901년 내장원에 의하여 가도
조치가 취해지자 강력히 반발하지 않을 수 없었고, 결국 항조의 수창자
가 된 것이다. 이렇게 볼 때 죽산竹山 좌찬역佐贊驛에서의 항조의 경우 그
주도층을 이루었던 것은, 중농 하층민과 빈농층으로서 역토차경에 크게
의존하고 있는 자들이었다 할 수 있다. 반면에 D그룹에 속하는 부농계
층은 그들의 경제기반이 역토에 크게 의존하고 있지는 않았기 때문에 위
험부담이 큰 민란적인 항조에 수창자로서 나설 필요를 느끼지는 않았을
것이다. <표6>은 이같은 부농들의 경제 기반을 보여주는 것이다.

〈표 6〉 역토차경에 관여하고 있는 부농들의 농업경영실태

姓名	借耕驛土	自作농지	借耕民田	保有농지	貸與농지
①申今萬	1結42負2束	11-5	0	1-53-7	99-1
②申性希	85-0	6-0	23-2	1-14-2	0
③許秀得	67-4	15-0	2-0	1-02-5	18-1
④崔完亥	67-4	30-7	8-7	1-06-8	95-0
⑤尹用山	54-3	77-5	0	1-31-8	1-14-4
⑥徐永水	47-6	19-5	53-2	1-20-3	0
⑦安順今	24-0	5-3	78-4	1-07-7	0
⑧金春一	22-9	17-2	1-18-1	1-58-2	0
⑨李景習	11-2	73-9	5-2	1-60-8	70-5

<표 6>에 의하면 역토를 가장 많이 차지하고 있는 ① 신금만申今萬의
경우 자기대여지가 99부 1속이 있고, 자작지가 11부 5속이 있다. 즉 그
는 자기 대여농지만으로도 지주라고 불릴만한 위치에 있는 자이다. 다음

④ 최완돌崔完乭, ⑤ 윤용산尹用山, ⑨ 이경습李景習의 경우도 역토보다는 자기 토지의 대여와 자작에 더 크게 의존하고 있다. 그리고 ⑥ 서영수徐永水, ⑦ 안순금安順今, ⑧ 김춘일金春一 등은 민전차경이 역토차경보다 월등 큰 비중을 차지하고 있다. 결국 이들 부농의 대부분은 역토보다는 자기 토지의 대여 또는 자작에 보다 크게 의존하고 있거나 민전차경에 보다 열중하고 있는 자들임을 알 수 있다. 이로써 좌찬역에서의 항조의 경우, 역토 이외에 다른 민전의 대여·자작·차경에 보다 열중하고 있던 부농층이 아니라, 역토차경에 보다 크게(실제로는 순전히) 의존하고 있었기 때문에 지대인상에 의해 보다 절박한 위치에 처하게 된 중농 하층과 일부 빈농들에 의하여 주도되었다는 사실을 확인할 수 있다.

이렇게 볼 때 좌찬역에서의 항조는 지주=내장원에 의한 지대인상조치에 의하여 소상품생산자로 성장하는 과정에서 크게 위협을 받게 된 일부 중농, 그리고 전호경제의 자립화마저 크게 위협받게 된 빈농, 특히 전적으로 역토차경에 자기경리를 의지하고 있던 작인들에 의하여 주도된 항조라 할 수 있다. 즉 앞서 살폈던 개별적인 거납사례들이 부농작인들에 의하여 주도되면서 작인들이 능동적인 입장에 서서 농민경제의 자립화, 나아가서는 소상품생산자에로의 성장을 꾀하는 항조였음에 비하여, 좌찬역의 집단적·민란적 항조는 지주측의 지대인상=지주경영의 강화라는 도전에 대응하여 이를 저지시키려는 작인들의 수동적인 입장에서의 항조로서 중농 이하의 작인들에 의하여 주도되었던 것이다. 좌찬역에서의 항조는 이 시기 지주제가 전반적으로 강화되는 새로운 정황 하에서 표출된, 이전 시기의 항조와는 다른 의미를 지니는 항조로서, 이후 일제에 의하여 식민지지주제가 창출되기에 이르기까지 보다 심화되어가는 지주제 강화에 대응하는 항조로서의 성격을 보여주는 것이었다.

3) 중답주의 거납

이 시기 역토·둔토에서의 중답주中畓主란 역토·둔토를 광점廣占하면서
이를 다시 제삼자에게 대여하여 이중소작을 시키는 자를 가리킨다.[180]
이들은 지대율이 저율임을 이용하여 제삼자에게 토지를 전대하여 분반
추수하고, 지주측에는 도조 부분만을 상납함으로써 그 차익을 얻을 수
있었다. 그리고 중답주들은 대개 반민·토호 등으로서, 차익을 노렸을 뿐
만 아니라 나아가서는 아예 지주에의 도조상납을 거부하기까지 하였다.
그 예들을 살펴보면 다음과 같다.

1891년 1월 북청군北靑郡 역토 작인들의 소장訴狀에 의하면, 을미사판
당시 사판관이 내려와서 평민이 경작하고 있던 역토들을 모두 개차改差
하여 구 역민舊驛民 이름 아래 작인으로서 기록하고, 구 역민으로 하여금
이를 전관專管케 하여 원세납元稅納 외에 소위 '중도지中賭地'라 칭하면서
매 1일경에 10여냥씩을 작인들에게 요구하였다 한다.[181] 구역졸舊驛卒,
즉 마호수들이 중답주로 자처하면서 중도지中賭地를 요구하고 있는 예이
다. 이같은 중답주는 구역졸의 경우만은 아니었다. 갑오년의 지방제도
개혁 이후 역토차경에 다수 참여하게 된 전·현직 관속배官屬輩들도 역토
를 광점하면서 타인에게 다시 대여, 전대소작을 시키고 있었고, 또 각
지방의 촌내유력자들도 역토를 광점하여 중답주로서 행세하고 있었다.
촌내 유력자들이 중답주로 나타나는 대표적인 예는 온양溫陽 시흥역時興驛
의 경우였다.

온양 시흥역의 역토는 1900년 이전에는 반민班民들이 7·8석락씩 광점
하고 마치 자기 답처럼 여기며 소민에게 분여하여 분반타작하고 헐한 도

---

180) 여기서 이야기하는 중답주는 역토와 買得地·籍沒屬公地의 둔토에서의 중답주를
　　 가리키며, 折受地나 사실상의 민전인 둔토에서의 私畓主와는 전혀 다른 성격의
　　 존재임을 확인해 둔다.
181) 『驛土所關訴題存檔』, 건양 2년 1월, 北靑居驛田畓作人等等狀

조만을 상납해 왔다. 그런데 1900년 역토가 내장원에 이속된 뒤, 봉세관이 해당 역토에 타작 혹은 3두의 가도를 지시하자 이들 반민 대작인大作人들은 이를 완강히 거절하여 원도조原賭租의 수봉도 어려운 형편이 되었다 한다.182)

진천鎭川 장양역토長楊驛土의 경우 봉세관은 다음과 같이 보고하였다. 장양역토는 송현松峴·노곡老谷 양동兩洞에 소재하고 있는데, 양동은 본래 신씨申氏들의 동족마을로 그들 중 몇몇은 토호의 세력을 의지하여 갑오 이전부터 해당 역토를 경식하면서 전혀 도조를 내지 않는 등 자기 소유처럼 하고 있었다. 갑오 이후에도 여전히 1인이 수數 3석락의 역답을 차지하고 농호農戶에 급여하여 가을에 분식하면서 원정도조原定賭租는 전혀 불납하니 다른 역토작인들도 이를 본받고 완거頑拒하는 자가 많았다. 또 1900년분 도조는 심지어 이미 수봉해서 적치해 놓은 곡식도 마음대로 나누어 먹어 상납이 지체되었으며, 이후에 관에서 별다른 조치가 없어 1904년 1월 현재 1900~1902년 3년분의 미봉분未捧分이 1천여 석에 이르렀고, 또 1903년분 미봉분도 200여 석에 이르렀다는 것이다.183) 즉 신씨들은 역토를 잠매潛買 등을 통하여 자기 소유지로 만들어 분반타작의 지주경영을 하고 있었던 것이다. 그러다가 1895년 이후 전국의 역토를 농상공부에서 사판하게 되었는데 이곳 장양역토의 경우는 신반申班의 위세 때문에 전답의 사검도, 사음의 차정도 하지 못한 채 여전히 그들이 분식하는 사토私土로 남아 있었다. 이후 역토가 내장원에 이속된 1900년 봉세관에 의하여 도조가 책정되고 신씨 중 1인으로 사음이 책정되었지만, 도조의 봉납捧納은 제대로 시행되지 않고, 신창희申昌熙·신덕재申德才·신여성申汝成·신선경申善敬 등이 분식하고 건납한 도조가 195석 10두 6승에 달하

<hr>

182) 『忠淸南北道各郡報告』 2책, 광무 4년 12월 5일, 충남봉세관보고서; 『訓照』 17
　　책, 광무 5년 3월 16일, 온양군수에의 訓令
183) 『各郡照復書類』, 광무 8년 1월 15일, 광무 9년 4월 29일, 충북봉세관보고서

고, 사음 신정현申正鉉이 범용犯用한 도조도 39석 10두에 달하였다. 이듬
해인 1901년에도 각민 미수분各民未收分은 372석에 달했고, 1902년에는
사음의 범용이 340석 4두, 각민 미수분이 204석 17두 5승에 달하고 있
었다.

　한편 1900년에 작성된『충청북도진천군양안忠淸北道鎭川郡量案』(梨谷面)에
서 살펴보면, 위에서 본 도조미납자들은 역토 경작자로서는 거의 보이지
않는다. 또 사음 신정현도 1결 90부 9속의 자기 토지를 남에게 대여하
고, 29부 2속을 경작하고는 있으나, 1필지의 역토도 차경하고 있지 않다.
또 신여성은 1900년분 도조 25석여를 미납하고 있다고 보고되었으나 그
의 당해 연도 역토차경은 겨우 29부 3속에 지나지 않는다(그의 역토 외의
농업경영은 자작지 11부 7속이 있을 뿐이다). 또 위에서 보았던 온양군溫陽郡 시흥역
時興驛의 경우에도 1900년에 작성된『온양군양안溫陽郡量案』(南下面)에서 살
펴보면184) 7·8석락의 역토를, 즉 2석락=1결로 계산할 때 3~4결 정도
의 역토를 차지하고 있는 작인은 하나도 없고, 다만 1결여의 역토를 차
경하는 자가 2인 있을 뿐이다.185) 이상의 사실들을 종합하여 볼 때 양역
兩驛의 경우 중답주中畓主는 광무양안에 기록되지 않았고, 광무양안 상의
역토 시작인時作人은 실제 작인으로 추정된다.

　이같은 유형의 중답주는 둔토에서도 발견된다. 부여군扶餘郡 광둔廣屯
에서는 1899년 원래 비작인非作人으로서 "둔토를 차지하야 다른 이에게
병작을 주고 도곡을 충납充納함으로써 다년득리多年得利한 자"인 민영보閔

---

184)『溫陽郡時興驛田畓秋收成冊』(1901년 11월 작성)의 제2책「南下面」에 기록된
　作人名(奴名없이 姓名기록)과『溫陽郡量案』(1900년 10월 작성)의 제2책「南下面」
　에 기록된 驛田畓 作人名이 일치되는 것이 많은 것으로 보아『溫陽郡量案』의
　기록은 어느 정도 신빙성을 인정할 수 있다.
185) 1結 이상의 역토를 경작하고 있는 자는 南春得과 李大吉인데, 南은 역토 2結 2
　負 6束, 糧餉廳屯土 67負 4束, 民田 7負를 借耕하고 있을 뿐 자경지나 대여지는
　없으며, 또 李도 驛土 1結 71負 3束, 民田 5負 1束을 차경하고 있고, 자작지는
　2負, 대여지는 13負가 확인되었다.

泳輔·남희연南希然·민한경閔漢卿 등이 흉년을 칭하고 도조를 거납하면서 작인들을 부추겨 요송鬧訟을 일으키고 있었다.[186] 즉 당시 역·둔토를 광점하고 있던 자들 가운데 일부는 이를 다시 전대소작轉貸小作시키는 '중답주中畓主'였던 것으로 여겨진다.

5. 맺음말

한말 역·둔토驛·屯土에서의 지주경영의 강화는 크게 두 가지 방향에서 설명될 수 있다.

첫째 각 아문衙門·영문營門, 그리고 각 마호馬戶들에 의하여 분산·관리되어 오던 둔토와 역토가 이제 내장원이라는 왕실재정기구 하에 일률적으로 흡수되어 가는 과정에서, 둔토와 역토에 있어서의 지주제 확립의 의도는 우선 토지에 대한 파악과 작인에 대한 파악을 강화하는 방향으로 표출되었다. 이는 을미사판·광무사검 등의 과정에서 은결隱結의 사출査出, 작인성명성책作人姓名成冊의 작성 등을 통하여 나타났고, 지주측은 이 토지와 작인에 대한 보다 효율적인 통제를 위하여 각 둔토와 역토에 다수의 사음을 차정하는 한편, 각 도에 사검위원·독쇄관·봉세관·수조관 등을 파견하여 사음들을 통제하였고, 그같은 통제가 어려운 상황에서는 도道·군郡 등 지방관아의 관권을 동원하기도 하였다. 이러한 토지와 작인에 대한 중앙으로부터의 일률적인 파악은 토지소유권의 확보와 지대수취에 있어서 필수적인 요건이었고, 이같은 요건의 확보를 위하여 실시된 것이 바로 을미사판과 광무사검 등이었다.

둘째 위와 같은 역·둔토 관리기구의 정비작업 위에서 역·둔토 지주측은, 기왕에 역·둔토 위에서 진행되어 왔던 지대의 역사적인 발전방향을

---

186) 『各道各郡訴狀報告』 12책, 광무 3년 11월 27일, 충청남도부여군광둔둔감보고

역행시키는 방향에서 지대수취를 강화하려 하였다. 지대수취의 강화는 그 형태와 양量의 두 측면에서 이루어졌다. 먼저 그 형태의 측면에서는 도전賭錢의 도조賭租로의 역행, 대전납代錢納의 현물납現物納에로의 역행의 조치가 취해졌다. 이러한 조치들은 '지주 측의 자기 손에 의한 지대의 상품화'라는 의도에서 나온 것으로, 당시의 곡물시장이 해외에까지 확장되고 곡가가 끊임없이 앙등하는 추세 속에서 이같은 지주측의 자기 손에 의한 상품화 기도는 당연한 것이었다. 반면에 이 조치는 역시 같은 여건 속에서 '농민에 의한 잉여생산물의 상품화'를 통하여 소상품생산자에로의 성장을 꾀하고 있던 역·둔토 작인농민들에게는 그같은 성장의 길을 가로막는 하나의 차단기로서 받아들여졌다. 다음 양量의 측면에서는 도조賭租의 인상, 도조의 반타작半打作에로의 역행 등의 조치가 취해졌으며, 이는 곧 '지대의 인상'을 뜻하는 것이었다. 이같은 지대인상은 지주 측에게는 잉여생산물의 보다 많은 확보를 의미하는 것임에 반하여 작인농민들에게는 보다 많은 잉여생산물의 축적가능성을 배제하는 것이었다. 따라서 빈농작인들에게 지대인상 조치는 곧 농민경제의 자립화를 위협하는 것으로 받아들여졌으며, 역·둔토에서의 지대의 저율성低率性을 이용하여 소상품생산자에로의 성장을 꾀하고 있던 일부 중농작인들에게는 그 성장의 길을 근본적으로 차단하는 조치로서 받아들여지지 않을 수 없었다.

역·둔토 지주측에 의한 이같은 지주경영의 강화조치는 필연적으로 농민 측의 항조抗租를 야기시켰다. 이 시기 역·둔토에서의 농민측의 항조는 지주측의 지주경영 강화에 맞서 이를 저지시킴으로써, 기왕에 보유하고 있던 농민경제의 자립화의 기반을 고수하는 한편, 나아가 소상품생산자에로의 성장의 가능성을 고수하려 하였다. 따라서 그 항조는 이전 시기의 항조, 즉 농민측이 능동적으로 그러한 기반·가능성을 확보해 나가던 '개별적인 거납拒納'류의 항조와는 다른 성격을 지니는 것이었다. 그

러한 성격상의 차이는그 양상과 주도층에도 반영되어, 이전 시기의 항조
가 주로 개별적인 모습을 취하면서 부농층에 의하여 그 분위기가 주도되
었음에 반하여, 이 시기의 항조는 집단적인 양상을 띠면서 중농 이하 빈
농층에 의하여 주도되고 있었던 것으로 나타났다.

한편 이 시기의 지주경영의 일반적인 강화와 이에 대한 항조의 만연
은 역·둔토 나아가서는 민전까지도 포함한 농업경영에 있어서의 분해
상황과 밀접한 관련을 가지고 있었다. 조선후기 이래 특히 개항 이후 급
속하게 전개되어 온 토지소유 및 경영 양 측면에서의 농민층 분해가 낳
은 여러 모순들은 급기야 농민전쟁의 근인根因으로서 작용하였고, 농민전
쟁을 통하여 그 모순들은 근본적인 해결을 요구하고 있었다. 그러나 그
근본적인 해결책이라 할 지주-전호제의 철폐와 경자유전의 실현은 농민
전쟁의 패배로 인하여 무산되었고, 대신 지주측의 입장에서의 경영분해
의 억제라는 미봉책만이 취해졌다. 갑오정권은 이를 위해 전국의 역·둔
토에서나마 빈농을 위하여 균분경작의 조치를 취하였고, 이는 역·둔토
를 광점하고 있던 일부 부농층의 빈발을 받으면서 일단 어느 정도나마
빈농들을 토지에 묶어두는 기능을 할 수 있었다. 그러나 이같이 한정된
토지 위에서의 빈농구제책조차 시간이 흐름에 따라 더 이상 실효를 거둘
수 없게 되었는 바, 그것은 부농에 의한 끊임없는 경영확대의 기도가 이
미 저지될 수 없는 대세로서 진행되고 있었기 때문이며, 그같은 빈농차
지 역·둔토의 부농에 의한 탈경奪耕은 지주=내장원측의 지대인상 등 지
주경영의 강화에 의하여 조장된 것이기도 하였다.

그러나 이같은 역·둔토 작인 내부에 있어서의 농민층 분해는 1905년
이후 반타작제半打作制의 점차적인 확장으로 표현되는 지대의 급격한 인
상, 1908년 역·둔토가 국유소작지로 된 이후 민간소작료와 같은 수준으
로의 소작료의 끊임없는 인상, 동척 하에 들어간 일부 역·둔토에서의 반
타작제의 실시 등으로 인하여 새로운 국면을 맞이하게 된다. 새로운 상

황은 부농층의 더 이상의 유지·존속을 불가능하게 하고, 중·빈농층의
성장을 저지시키면서 하향분해를 강요하게 되는 바, 이로써 식민지지주
제 창출의 선도적 역할을 한 역·둔토에서의 지주제확립은 그 역사적 소
임을 다한 셈이었다.

제8장 대한제국기 활빈당의 활동과 지도부

1. 머리말

1876년 개항에서부터 1910년 조선의 식민지화에 이르는 시기는 다시 1894년을 기준으로 하여 크게 이분될 수 있다. 그것은 개항 이후 조선의 세계 자본주의체제 하에서의 종속체계가 1894년을 전후하여 일본 등을 고리로 하여 보다 확고하게 이루어지게 되었을 뿐만 아니라, 조선 후기 특히 19세기 중엽 이후 끈질기게 전개되어 온 반봉건투쟁이 1894년의 농민전쟁을 분수령으로 하여 새로운 차원으로 접어들게 되기 때문이다. 이 시기 민중운동에 부여된 과제는 조선의 사회·경제가 외래 자본주의 체제 하에 예속되는 것을 저지하고, 또 그와 같은 외래 자본주의체제에 종속·변용되면서도 여전히 강고하게 잔존하는 봉건적 사회·경제체제를 변혁시키는 것이었다. 이러한 과제 위에서 전개된 민중운동들 가운데 하나가 1900~1906년경의 이른바 '활빈당' 운동이다.

---

* 이 장은 「활빈당의 활동과 그 성격」이라는 제목으로 『한국학보』 35집(1984)에 실린 글이다. 이 글 이후 활빈당과 관련해서는 朴在赫, 1995, 「한말 활빈당의 활동과 성격의 변화」『부대사학』 19집 ; 趙景達, 1999, 「朝鮮の義賊－活貧黨を中心に－」『東洋文化研究』第1號, 學習院大學 東洋文化研究所, 東京 등이 발표되었다. 위의 글들을 참고한다면 본 논문은 일정 부분 보완이 필요하지만, 본 논문이 활빈당에 대한 첫번째 본격적 논문이었다는 연구사적 의미를 감안하여 대부분 그대로 싣고 부분적인 수정만을 가하였다.

활빈당에 대하여는 지금까지 약간의 논구가 있을 따름이다. 활빈당에
대하여 본격적인 글을 쓴 것은 오세창吳世昌이 처음으로, 그는 활빈당이
1900년 2월경 충청남도 내포內浦지방에서 기의起義하여 충청남북도와 경
기·강원의 중부지방으로부터 영남·호남에 파급되어 1904년경까지 활동
한 무장집단으로 탐관오리와 부정축재한 부호들의 전곡錢穀을 탈취하여
빈한한 양민에게 나누어 주었다고 소개하고, 활빈당의 선언서와 강령을
분석하여 활빈당의 투쟁이 명확한 반봉건反封建 및 반제反帝투쟁이었음에
도 불구하고, 그 반봉건성 내부에는 유가적인 왕도사상도 농후하게 포함
되어 있었다고 보았다. 그러나 활빈당은 동학혁명이 실패로 돌아간 후에
도 그 일관된 혁명적 제 요구를 계승하여 사상과 투쟁과정에서 더 조직
적이며 당면한 슬로건을 내걸고 과감한 투쟁을 전개하였다고 평가하였
다. 또 그는 1905년 이후 활빈당은 의병 대열로 흡수되고 말았다고 보았
다.[1]

다음으로 강재언은 1896년 의병투쟁에 참가하였다가 해산된 무장농
민집단이 그 형태를 바꾸어 각지에서 출몰했던 바(東匪·西學·英學·南學 등),
활빈당은 이러한 다양한 농민집단의 일부로서, 민족적·계급적 요구의
실현을 지향한 농민군집단의 한 형태라고 보았다. 그도 역시 활빈당의
시발지역을 내포지방으로 보고 여기에서 충청남북도·강원도로 만연하
고, 또 경상도 및 전라도의 봉기농민의 정예분자와 종래의 '화적'의 일
부가 이에 합류하여 중부지방에서 남부 일대의 여러 지역에 파급되었다
고 추정하였다. 그는 또 활빈당의 사상적 배경이 허균許筠의 『홍길동전洪
吉童傳』에 나타나는 인간의 자유 평등, 사회적 빈부의 타파, 나라의 혁신
등에 있다고 보았다.[2]

다음으로 정창렬은 활빈당은 농촌사회의 계층분화로 말미암아 토지

---

1) 吳世昌, 1969, 「活貧黨考(1900~1904)」 『史學硏究』 21
2) 姜在彦, 1983, 「활빈당투쟁과 그 사상」 『근대한국사상사연구』, 한울

그 자체에서 축출된 완전실업자층의 폐쇄적인 비밀결사로서, 이와 같은 그들의 구성 면에서의 성격은 활빈당의 경제적 지향의 핵심을 '절대적 평등'에 두게 하였다고 보고 있다. 그러나 그들의 이와 같은 경제적 지향의 진보성에도 불구하고 정치의식은 퇴영적인 것으로서 유가적 정치의식에서 벗어나지 못하고 있었다고 보았다.[3]

그런데 이상에서 살펴본 활빈당에 관한 기존의 연구는 대개 그 근거자료로서 당시의 『황성신문皇城新聞』·『매천야록梅泉野錄』·『속음청사續陰晴史』, 그리고 『주한일본공사관기록駐韓日本公使館記錄』·『한반도韓半島』 등을 활용하였다. 이들 자료들은 모두가 활빈당의 실제 활동상황의 확인 위에서 기록된 것이 아니라, 많은 사람을 거쳐 전문傳聞된 내용들이 기록된 것이었다. 따라서 그 내용들은 부정확하고 단편적인 것들이었으며, 이들 자료 위에 근거한 논급들도 자연히 추상적인 것이 되지 않을 수 없었다. 다만 『한반도』에 실린, 활빈당의 선언문·강령이라 알려진 글들을 통하여 그들의 사상적 추향을 어느 정도 짐작할 수는 있었다.

그런데 1890~1906년 사이 활빈당운동에 직접 간접으로 관련되어 체포된 자들(약 200명)에 관한 재판기록들이 규장각에 소장된 『사법품보司法稟報』 128책 가운데 다수 실려 있다. 그리고 이 공초供招기록들은 활빈당 운동의 모습을 상당 부분 보여준다. 그러나 이 공초기록도 여러 가지 한계성을 지니고 있다. 즉 핵심적인 인물들의 공초가 누락, 혹은 소략하게 되어 있을 뿐만 아니라, 남아 있는 공초도 그 진술의 진실성·정확성 여부 자체가 문제시되는 것이다. 이러한 한계는 그들이 직접 남긴 기록(예 : 「활빈당발영」 등)들이 보다 많이 발견될 수 있을 때 어느 정도 극복될 수 있으리라 생각된다. 본고는 이러한 한계들을 무릅쓰고, 공초기록들을 중심으로 하고 『황성신문』 등의 신문기사를 참고로 하여 활빈당의 활동

---

3) 鄭昌烈, 1982, 「韓末 變革運動의 政治·經濟的 性格」『韓國民族主義論』I, 창작과 비평사

이 어떻게 전개되었으며, 그 주된 참가층은 어떻게 구성되고 있었는지를 분석하여, 활빈당운동의 역사적 성격을 구명하고자 한다.

2. 19세기 후반 화적 발생의 격화

19세기, 특히 그 후반기는 민란의 연속적인 격발과 농민전쟁의 발발로 이어지는 농민투쟁의 시기였다고 해도 과언은 아니다. 이 농민투쟁의 성격은 대개 '반봉건反封建'이라 일컬어지고 있는데, 그와 같은 반봉건 농민투쟁을 가능케 한 사회경제적 배경은 객관적·주체적 양 측면에서 파악된다.

먼저 객관적인 측면에서는 17·8세기 이래 지속되어 온 농업생산력의 발전과 이에 기초한 상품화폐경제의 발달을 한 요인으로 하고, 봉건적 수취체제의 모순 심화와 정치기강의 문란에서 비롯된 이른바 '삼정문란'을 또 하나의 요인으로 하는 '농민층 분화'의 심화를 그 배경으로 지적할 수 있다. 그러나 이때의 농민층 분화는 부농−농업노동자로 양극 분해되는 자본제적 농민층 분해의 가능성을 내포하기는 하지만, 관료·상인·고리대업자의 지주화地主化와 다수 농민층의 몰락이 보다 급속하고 광범위하게 전개되기 때문에 지주−소작빈농이라는 소유 분해의 양상을 보다 강하게 띠게 된다.[4] 그러나 이와 같은 농민층 분화는 그 이전 봉건사회 내부에서 봉건적 권력 혹은 신분 등에 의거한 토지겸병과 그에 따른 다수 농민층의 몰락과는 성격을 달리하는 것이다. 이 시기 농민층 분화는 어디까지나 상품화폐경제의 발달이라는 경제적 요인에 기초하고 있는 것이며, 또 몰락한 농민 중 일부는 농업·수공업·상업 등의 분야에서 자본−임노동 관계에 포섭되기 시작하고 있었다.

---

4) 李世永, 1983, 「18,9세기 穀物市場의 형성과 流通構造의 변동」『韓國史論』9

다음으로 주체적인 측면에서는 중세적 사회질서를 부정하는 민중의 사회의식의 심화, 그리고 농민층 분화의 심화에서 파생된 지주-전호 간, 혹은 부농-빈농·임노동자 간의 계급적 대립의식의 첨예화를 그 배경으로 들 수 있다.

이와 같은 사회경제적 여건은 1876년 개항 이후 보다 가속화되었다. 개항은 조선사회가 폐쇄의 틀을 벗어나 세계 자본주의체제 하에 비로소 편입·종속 되는 계기를 마련해 준 것이었다. 그런데 당시 조선은 본질적으로는 산업자본주의 단계에 있던 세계 자본주의체제에 규정되면서도, 직접적으로는 1870·80년대의 원시적 축적과정을 거쳐 1890년대 이후에야 산업자본의 발전기에 들어가는 일본 자본주의의 후진적 성격에 크게 영향을 받게 되었다. 일본상인을 통하여 유럽·미국의 공산품이 조선에 유입된 것은 유럽·미국의 산업자본의 시장이 확대된 것을 의미했으며, 일본이 조선으로부터 미米·대두大豆·우피牛皮·금金 등을 약탈적으로 수입해 간 것은 진행 중에 있던 일본 자본주의의 원시적 축적기반을 확대시켰다.

일본과의 교역에 있어서 가장 중요한 물품은 미곡이었다. 일본 자본주의는 원시적 축적 과정에서 토지로부터 축출되어 도시로 대량 방출된 노동자층과 도시빈민층을 위한 식량을 마련해야 했고, 또 산업자본주의 발전기에 들어서면서 도시노동자의 존재가 보편화됨에 따라 그 수요는 더욱 확대되었다. 이와 같은 과정 속에서 일본 자본주의는 노동자들의 식량을 조선으로부터 미곡수입을 통하여 해결하고자 한 것이었다.[5]

일본에 의한 곡물시장의 확대라는 반식민지적半植民地的 상황은 기왕의 지주층뿐만 아니라 관료·상인·고리대업자들의 토지집적 요구를 크게 자극시켜 조선후기 이래의 소유분해를 더욱 심화시키고, 또 한편으로 지주층(혹은 일부 부농층)은 직접경영의 확대(일부 부농층은 차지경영을 확대)를 꾀함으

---

5) 吉野誠, 1975, 「朝鮮開國後の穀物輸出について」『朝鮮史研究會論文集』12

로써 다수의 농민들을 토지로부터 축출하는 결과를 가져왔다. 이것은 결국 타 산업부문에 있어서의 자본제적 생산관계의 발전이 억지되고 있는 가운데 농촌사회의 절대적 과잉인구를 낳게 되었다.

이러한 농촌사회의 절대적 과잉인구 가운데 일부는 반식민지적 활황을 보이고 있던 유통부면에 뛰어들어 농촌소상인行商이 되거나, 일부는 농촌에 잔류하면서 반半프롤레타리아화6)한 빈농 혹은 농업노동자로 생계를 유지하고, 일부는 도시·개항장 등에 나가 잡업노동자가 되는가 하면, 이와 같은 생업조차도 전혀 얻을 수 없었던 이들은 무직의 실업자로 남아 있을 수밖에 없었다. 그러나 행상은 영세자본으로는 외국상인과의 경쟁에서 계속 밀리지 않을 수 없는 형편에 놓여 있었고, 빈농·농업노동자·잡업노동자는 그들이 얻을 수 있는 토지 혹은 고용처가 극히 불안정하고 수익 혹은 임금이 극히 열악한 것이었기 때문에 사회경제적 처지에 있어서는 실업자층과 큰 차이가 없었다.

이들은 결국 반식민지적 상황 하의 조선에 있어서 원시적 축적과정의 저지 속에서 나타난 농촌의 절대적 과잉인구로서 '유민遊民'화하였고, 이들 유민 중 일부는 이제 무장집단화하여 부호가와 양반가를 주로 습격하는 이른바 '화적'으로 등장한 것이다.

조선후기 이래 농민층 분화의 심화과정 속에서 토지로부터 유리되어 유민화한 일부 계층이 화적 집단을 형성, 전국 각지에서 출몰하기 시작하더니, 19세기 후반 특히 개항 이후 농민층 분화는 더욱 가속화되어 다수 농민을 토지로부터 구축하여 유민으로 만들어 화적집단이 확대될 수 있는 여건을 조성하였던 것이다. 그리고 그렇게 확대된 화적집단은 전국적인 조직을 정비, 1900년경에는 활빈당운동을 전개하기 시작한다. 즉

---

6) 여기서는 '半프롤레타리아'의 개념을, "① 그와 그의 가족노동이 그의 보유지에서 행하는 농업생산만으로는 그와 그의 가족의 재생산이 기본적으로 유지되지 못하고, ② 따라서 그 재생산은 노동력 판매에 의거하지 않을 수 없는 農民"으로 한정하고자 한다(佐佐木潤之介, 1969, 『幕末社會論』, 塙書房, 東京, 62~63쪽 참조).

1900년경에 등장한 활빈당은 멀리는 조선후기, 가까이는 19세기 후반 이래 크게 발생한 화적집단의 질적 발전형태로 나타난 것이었다. 따라서 이 시기 활빈당의 성격을 이해하기 위해서는 활빈당이 출현하기까지 화적 발생이 특히 격화되는 19세기 후반 화적들의 동태를 파악하는 것이 필요하다.

조선후기 이래 간헐적인 화적의 발생이 계속되어 왔으나, 그것은 대개 일부 지역에 한정된 소규모의 것이었다. 그러나 『左捕廳謄錄좌포청등록』에 의하면 1863·64년경부터는 광역에 걸쳐 화적이 발생하였으며, 그 규모 도 확대되었다고 한다. 『좌포청등록』에 따르면 1863·64년경 이래 화적 발생이 해서海西지역에서 시작되어 기호畿湖지방까지 파급되었고, 1864년 화적 출몰이 확인된 지역은 경기의 양주楊州·시흥始興·용인龍仁·양성楊城, 호서湖西의 청주淸州·충주忠州·천안天安, 해서海西의 재령載寧 등지였다. 이때 체포된 정흥파鄭興巴 등 7명의 공초에 따르면 그들 '무수도당無數徒黨'은 사방에 흩어져 3대隊 혹은 2대로 나누어 각기 활동하여 날짜를 약속하여 다시 만나곤 했다고 한다.[7]

이후 이와 같은 양상의 화적 발생은 계속되어 오다가, 고종 10년대에 들어서면서 더욱 현저하게 나타나게 되었다. 특히 1876년 이후 수년간 은 화적 발생이 더욱 치성하였는데 이는 1876·77 양년의 한재旱災가 크 게 작용한 때문이었다. 1878년에 좌포청에 체포된 당적黨賊 김천순金千順 의 진술에서 보이는 그들의 활동모습은 2, 30명 내지 6, 70명이 경기·강 원지역을 취산·이동하면서 각지의 부호가와 장시를 습격·약탈하는 것이 었다.[8] 또 같은 해 체포된 당적 신준이申俊伊 등도 기호·영동·관북지방을 휩쓸고 다니면서 인명을 살상하고 장시를 겁략하였다고 진술하였다.[9]

---

7) 『左捕廳謄錄』 제12책 甲子十二月 鄕外各鎭營了
   1860년대의 화적 발생에 대해서는 다음 논문을 참고할 것. 배항섭, 1988, 「임술민 란 전후 명화적의 활동과 그 성격」 『한국사연구』 60
8) 『左捕廳謄錄』 제17책 戊寅十月十五日 黨賊 金千順供招

이들의 진술 속에서 우리는 그들의 활동범위가 몇 개 도에 걸칠 정도로
광역적이며, 수십 명이 연결을 가지고 수시로 취산하면서 이동해 부호가
와 장시를 습격·약탈하고 있었음을 확인할 수 있다.

1880년대에 들어와서 화적의 출몰은 더욱 현저해졌다. 예를 들어 강
원도에는 김학金鶴의 당적 30여 명이, 황해도에는 강만성姜萬成·홍귀석洪貴
石의 당적 백여 명이 활동하고 있었다. 특히 황해도의 적당들은 여름에
는 산에 들어가고, 겨울에는 산재하여 각 포구 등지에서 재화를 약탈하
였다 한다.10) 1884년에는 송파장시와 동교東郊 등에 당적 수십 명이 횡
행하는 등 근기近畿 지방에 당적이 나타나더니,11) 4월에는 서울 광통교廣
通橋에서 기교譏校 4명이 적도賊盜 수십 명과 조우, 격투 끝에 부상을 입는
등 경내京內에까지 당적들의 출몰이 빈번하게 되었다.12)

1880년대 후반에 들면서 화적의 활동에는 새로운 양상이 나타나기
시작하였다. 1885년 부호군 김교환副護軍 金敎煥은 소진疏陳을 통해 "근일
화적의 폐가 없는 곳이 없지만 호남이 우심하여, 무리를 불러 모아 타가
살인打家殺人·종화겁재縱火劫財·굴인총묘掘人塚墓·약인부녀掠人婦女하여 도로
가 경색될 지경13)이라고 말하였다. 화적에 의한 방화살인·부녀자 겁탈
등은 예전부터 있어 온 일이었으나, 「굴총적掘塚賊」은 새로이 나타난 형
태였다. 「굴총적」이란 부호가의 선산을 굴총하여 두개골頭蓋骨을 훔쳐낸
다음, 협박문을 부호가에 보내어 다액의 돈과 교환할 것을 요구하는 것
이다. 당시 지배층은 유교적인 윤리관의 입장에서 굴총을 흉패兇悖를 극
한 행위로 규탄하였지만, 당적들이 그러한 굴총도 서슴지 않을 정도의

---

9) 『左捕廳謄錄』 제28책 戊寅七月四月 黨賊 申俊伊供招
   1870, 80년대의 화적에 대해서는 다음의 논문을 참고할 것. 김양식, 1994, 「개항
   이후 화적의 활동과 지향」 『한국사연구』 84
10) 『左捕廳謄錄』 제30책 辛丑二月十六日 統理機務衙門甘結
11) 『左捕廳謄錄』 제18책 甲申五月 左捕廳牒報
12) 『高宗實錄』 高宗 21年 윤 5月 4日條
13) 『日省錄』 高宗 22年 3月 9日條

사회적 분위기가 또한 존재하고 있었던 것이다. 시기적으로 약간 뒤의 사례가 되겠으나, 심지어 1896년경 온양 등지에 출몰하던 굴총 적당의 괴수 인도사印都事·이문옥李文玉·이원일李元日·유대첨兪大添 등은 모두 양반가의 후예로 밝혀지기도 했다.14) 또 1904년 옥천 류경태柳景台의 친산親山을 굴총한 것은 같은 친척 류충옥柳忠玉·류국현柳國玄으로 그들은 모두 자기 토지를 갖지 못하여 농촌노동자 혹은 철도 부역 등으로 연명해야 했던 자들이었다.15) 그리고 그 굴총의 대상이 되었던 것은 처음에는 주로 향곡부호가의 선산이었으나, 나중에는 서울 경재가卿宰家의 선산들까지 그 대상이 되었다. 이러한 화를 당한 이들은 대부분 관에 고변하지 않고 적당의 요구대로 몰래 전량錢兩을 실어다주고 두개골을 찾아오지 않을 수 없는 형편이었다.16)

1880년대 후반에 나타난 또 다른 양상은 이들 당적의 지방관아 습격이었다. 1886년 음성현陰城縣의 적도들은 두 차례에 걸쳐 관아를 습격하고 민호를 불태웠다. 당시의 충청감사는 이 사태에 대하여 "촌려村閭에 횡행하면서 재물을 약탈한 일은 들어 왔으나 관아에 돌입한 일은 전에 없던 변괴"17)라고 보고하였다.

1888·89년의 큰 가뭄은 화적의 발생·횡행을 더욱 격화시켰다. 1892년경 경기도 고양·파주·진위·용인 등지에는 당적이 치만熾蔓하여 도로가 끊기고 장시는 공허할 지경이 되었으며,18) 경상도 안동·금산·봉화·함양 등지에도 화적이 잠복하고 있다고 보고되었다.19) 1896년에는 충청도 천안에서는 박원일당朴元一黨 백여 명이 총쟁銃錚을 들고 상민商民과 청인淸人

---

14) 『司法禀報』(이하 『禀報』로 약칭) 제14책 建陽元年 10月 22日 木川郡守 報告書
15) 『訓指起案』제12책 光武 8年 11月 25日 法部大臣의 忠北裁判所 判事에의 訓令
16) 같은 책. 光武 8年 11月 3日 漢城·十三道·十港·二市·一牧裁判所 判事에의 訓令
17) 『日省錄』高宗 23年 2月 19日條
18) 『備邊司謄錄』高宗 29年 3月 16日條
19) 같은 책. 高宗 29年 5月 6日條

의 물화를 탈취하였으며,20) 1890년대 전반기 충청도지역에서 위세를 떨
치던 적괴賊魁 전도사前都事 홍열주洪烈周는 1896년 체포되어 처형되었
다.21) 또 1898년에는 경기도 고양읍을 김무쇠당金无釗黨 30여 명이 습격
하여 이교가吏校家를 훼파하고 장교將校·이청吏廳에 돌입하여 전錢 기백 냥
을 탈취하였으며,22) 1899년에는 황해도 해주에서 적도 7, 80명이 깃발
을 세우고 총을 들고 해주부에서 10리쯤 떨어진 금산방錦山坊을 약탈하다
가 적괴 정석인鄭錫仁 등이 관군에게 포살砲殺되기도 했다.23)

그러면 1870년대부터 1890년대에 이르기까지 화적의 발생이 갈수록
격화되어 간 것은 어떠한 의미를 가지고 있을까. 물론 중세사회 전성기
에도 일부 지방에 기근이 있을 때마다 끊임없이 화적이 발생하여 지배층
을 곤혹하게 한 일이 있기는 하였다. 또 봉건사회 내부에서 자체모순의
심화로부터 파생된 농민층의 몰락이 심각하게 전개되었을 때, 토지로부
터 이탈되었던 일부 농민층은 화적 집단을 형성해 기존 사회질서를 위협
하기도 하였다. 그러나 그러한 화적은 특수한 경우가 아니면 기근이 끝
난 뒤 혹은 일시 혼란되었던 사회체제가 재정비되었을 때, 귀농하여 양
민으로 되돌아가는 것이 상례였다.

그러나 19세기 말경에 나타난 화적의 양상은 이와는 상당한 차이가
있었다. 우선 그 발생 지역이 전국에 걸치고 있으며, 발생시기도 일시적
인 것이 아니라, 장기적 그리고 항상적인 것이었다. 이것은 그들이 흉년
을 당하여 일시적으로 생계를 마련하기 위하여 적당에 참여하고 있는 것
이 아니며, 또 그들을 토지로부터 분리시킨 농민층 분화도 이전의 '봉건
권력층의 토지겸병과 그에 따른 농민층 몰락'과는 성격을 달리하는 것임
을 뜻하는 것이었다. 상품화폐경제의 발달이라는 경제적 여건 위에서 이

---

20) 『稟報』 제8책 5月 30日 公州府觀察使 報告書
21) 『稟報』 제5책 9月 29日 忠州府觀察使 報告書
22) 『稟報』 제25책 光武 2年 3月 13日 朴順棒供招
23) 『稟報』 제44책 光武 3年 1月 31日 黃海道裁判所判事 報告書

시기 농민층 분화는 진행되고 있었고, 그 여건은 개항을 맞이하여 보다 강화되었다. 그리고 그 분화는 소유·경영의 양 측면에서 빠른 속도로 진행되어 절대다수의 농민층을 빈궁에 빠뜨리고, 나아가서는 그들을 토지로부터 구축하였다. 이 토지로부터 이탈한 농민들은 그들의 노동력을 흡수할 수 있는 다른 사회적 여건이 아직 조성되고 있지 않은 가운데 유민遊民이 되고, 그 유민 중 일부는 화적이 되었던 것이다. 1880·90년대 화적의 발생이 전국적이고 항상적인 양상으로 나타난 것은 바로 그러한 경위에 따른 것이었고, 그와 같은 화적의 광범한 발생 속에서, 삼남지방의 적당들은 상호연결을 가지면서 전국적인 조직을 정비해 나가고 있었으며, 또 그중 일부 적당은 '활빈당'을 통한 새로운 활동방향을 모색하기도 하였다.

3. 활빈당 활동의 전개과정

활빈당이 스스로 '활빈당'이라고 칭하면서 활동을 개시한 것은 1900년이지만, 이때의 활빈당을 주도한 인물들의 활동은 이미 1890년대부터 있어 왔고, 또 '활빈당'이라는 이름이 실제로 일부 화적들에 의하여 표방되었던 것은 이미 1886년의 일이었으므로, 활빈당의 활동개시의 시기도 1880년대 후반부터로 올려 잡아야 할 것이다. 또 활빈당의 활동이 1904년경 종식되었던 것으로 지금까지 알려져 왔으나, 공초供招기록 등에 의하면 1906년경까지 활동하고 있는 것으로 나타나므로 1906년경까지를 활동기간으로 잡아야 할 것이다. 본고에서는 1880년대 후반~1906년에 걸친 활빈당의 활동시기를 그 활동상에 따라 1880년대 후반~1899년의 맹아기, 1900~1905년의 본격활동기, 1906년 이후의 해체기로 나누어 살피고자 한다.

1) 맹아기

'활빈당'이라는 명칭이 공초기록 가운데에서 가장 먼저 나타나는 것은 1886년이다. 1898년에 체포된 적한賊漢 김덕원金德元의 공초에 의하면, 1886년 1월 충청도 음성군 남면 김덕원의 집에서 윤가尹哥(槐山居)·김몽돌金夢乭(丹谷居)·박순길朴順吉(草川居)·오순철吳順喆(丹谷居)·조쇠동趙釗同(槐山邑居) 등 8명이 모여 박순길을 선생으로 정하고 '활빈당'을 결성하였다 한다. 이후 그들은 음성·괴산 등지의 양반가에서 세 차례에 걸쳐 총과 검을 들고 전재錢財를 탈취하였고, 2월에는 다시 김몽돌의 당류 8명이 합세하여 16명이 괴산 김진사가에서 600냥을 탈취하는 등 활동을 계속하다가 6명이 체포되고, 나머지는 각산도주各散逃走함으로써 이때의 활빈당은 사실상 해체되어 버렸다.[24] 그런데 그들 중 김몽돌 등은 1890년대 전국적인 적당조직을 주도한 윤동굴尹同屈의 파당에서 동사同事하고 있으며, 후일 윤동굴의 지휘 하에 있던 적당들이 1900년 활빈당을 다시 결성하게 되는 것을 보면(후술), 결국 1886년의 활빈당은 1900년의 활빈당의 원형原型이 되었다고 생각된다.[25] 1886년의 활빈당이 불과 1개월만에 해체되고만 것은 그들의 세력과 조직이 아직 광범위하고 강고한 것이 되지 못했기 때문이었다. 1886년의 원原활빈당에 참여했던 이들에게 주어진 과제는 전국 각지에서 분산적으로, 그리고 즉자적으로 활동하고 있는 화적의 조직을 전국적으로 결속·정비하고, 나아가 그들의 활동에 어떤 방향성을 제시하는 일이었다. 1890년대 남한지역에서 활동한 화적들의 모습은 바로 그러한 경향을 보여 주고 있다.

---

24) 『禀報』 제31책 光武 2年 2月 金德元供招
25) 『禀報』 제77책 光武 6年 7月 31日 忠淸北道裁判所 判事 質禀書 가운데의 金化先의 공초에 의하면, 金의 黨類로 巨魁 朴相斤(尙州居)을 비롯하여 尹同屈·金乞夢·金在守 등의 이름이 보이는데 金乞夢은 1886年의 金夢乭과 같은 인물로 생각되며, 金在守는 1905·6년경까지 경상좌도 지역에서 활빈당의 중요인물로 활약한 자이다.

1890년대 남한지역의 명화적明火賊 조직을 통일한 자는 윤동굴이었다. 그는 자신이 지휘하는 파당의 근거지를 경상도 서북지방(開慶~金山 부근)에 두고 있으면서 남한지방의 명화적을 통솔, 관으로부터도 '팔로화적도괴수八路火賊都魁首'로 지목되고 있었다.26) 이즈음 그들 조직의 내막을 자세히 알 수는 없으나, 『백범일지白凡逸志』에 나오는 김진사라는 화적의 입을 빌어 어느 정도 추측은 가능하다. 그에 의하면 남한지방의 명화적은 크게 강원도의 '목단설'과 삼남지방의 '추설'로 나뉘어 있었으나, 그 근본은 하나로서 지도자를 노사장老師丈이라 하였다. 목단설과 추설은 1년에 한 차례 전국대회를 가지니 이를 '대장大場을 부른다'고 하였고, 각설은 수시로 대회를 가졌는데 이를 '장을 부른다'고 하였다. 이 '장을 부르는' 장소는 큰 절이나 장거리로서, 모여서 대소 공사를 의논하고 혹은 지시하여 장이 끝난 뒤에는 으레 큰 고을이나 장거리를 쳐서 시위를 하였다 한다.27) 윤동굴은 바로 그러한 전국 화적의 지도자로 추정되는 인물로 직접 '대장大場'을 지휘하기도 하였다.28) 앞에 서술한 것처럼 윤동굴은 개별적으로는 김몽돌과 같은 당을 이루면서 활동을 하고 있었다. 1886년 결성되었다가 곧 해체되어 버린 원原활빈당은 김몽돌－윤동굴金夢乭－尹同屈의 인맥 속에서 윤동굴을 통하여 전국적인 조직으로 확대될 수 있는 가능성을 마련해 가고 있었다고 생각된다. 그러던 중 1897년 윤동굴과 그의 몇 동료들은 금산 부근에서 체포되고 말았고, 그 후 그의 역할은 경기지역을 근거지로 하여 활동하고 있던 민도사閔都事라는 인물에게 계승되었던 것 같다. 1899년 4월 경기 송파장松坡場에서는 '8도도감대민도사八道都監大閔都事'의 지휘 아래 82명이 참가한 대도회大都會가 열렸

---

26) 『稟報』 제28책 光武元年 12月 5日 慶尙北道觀察使 報告書
27) 『白凡逸志』(教文社, 1979), 187~188쪽. 이 진술을 한 김진사에 의하면, 이 大會에는 전원이 출석하기는 불가하므로 각 도와 각 군에서 유사에 의해 지명된 몇 명씩의 대표자가 참석하게 되었다고 한다.
28) 『稟報』 제32책 光武 2年 4月 金祐凡供招

고, 그들은 도회를 마친 후 오미동五味洞 신승지申承旨가에 가서 18,000냥
을 탈취하는 시위를 하였다.

한편 1890년대 남한지역에서 가장 활발한 활동모습을 보인 것은 경기·
충청 일대의 마중군馬中軍이 이끄는 적당이었다. 일명 문학서文學西 혹은 마
학봉馬學奉이라 불리었던 마중군29)의 활동은 공초기록 상에는 1892년경부
터 확인된다. 그는 이즈음부터 10~100여 명의 적당을 이끌고 주로 경기
도의 광주·음죽, 충청도의 충주 등지에서 활동하고 있는데 <표 1>은
1890년대 마중군이 출몰한 지역을 나타낸 것이다.

<표 1> 1890년대 馬中軍의 활동지역

연 월	활동지역
1892.8	忠州
1893.5~11	砥平·竹山·廣州·陰竹
1894.4	廣州
1895.2~5	忠州·稷山
1896.4~10	木川·稷山·陰竹
1897.2~9	忠州·驪州·全州·善山·東萊
1898.1~11	廣州·鎭川·坡州·砥平·洪川·
	廣州·春川·陽智·驪州
1899.2~3	坡州·公州

자료 :『稟報』제32책 沈永基공초, 제31책 申元覺공초, 제23책 車─三공초, 제60책
    金壽福공초

여기에서 보면 그는 주로 경기·충청지역을 중심으로 활동하고 있으
나,30) 1897년에는 전라·경상도지역을 순회했으며, 1898년에는 강원도

---

29) 馬中軍은 원래 강원도 강릉 墨津에 살았으나 1890년대 경기도 竹山으로 옮겨 살
   았다고 한다(『稟報』제32책 光武 2年 3月 14日 沈永基供招).
30) 馬中軍黨은 1898년 11월경에는 당시 安城郡守 尹英烈에게 竹山 五峰山에서 一
   戰을 겨룰 것을 격문으로 제의하는 등 이 지역에서 기세를 떨치고 있었다(『皇城
   新聞』〔이하『皇城』이라 표기〕光武 2年 11月 29日, 12月 2日字).

지역에서도 나타나고 있다. 1890년대 후반 마중군이 이처럼 활동범위를
넓히면서 남한지역을 순회하다시피 한 것은 그가 각지의 적당들과 보다
밀접한 유대관계를 확보해 나가는 작업을 수행 중이었던 것이 아니었나
생각된다. 왜냐하면 1900년 3월 경기·충청지역의 활빈당 결성을 주도한
것이 바로 그였고, 또 그 활빈당 결성은 경기·충청지역만이 아니라 경
상·전라도 등지에서도 거의 동시에 이루어지고 있기 때문이다.

또 실제 마중군은 1890년대 남한지역의 전坐 적당조직과 밀접한 관계
를 맺고 있었을 뿐만 아니라, 그 조직의 주요한 지도급 인물이기도 했다.
즉 마중군은 1890년대 중반 남한 지역 적당의 도괴수都魁首라 일컬어지
던 윤동굴의 지휘체계 하에서[31] 남한지역 여러 적당의 도회에 참여하여
적당들을 이끌고 부호가를 습격하기도 했다. 1895년 2월 충주 장원에서
마중군馬中軍·송종백宋宗白 등 100여 명은 도회를 갖고 양지 송병준宋秉俊
가를 습격하여 2,500원元 등을 탈취했으며, 1897년 2월에는 마중군·송
종백·문쌍동(文双同, 文大根 형제) 등 72명은 충주 대창장시大倉場市에서 도회
를 갖고 여주 사내실沙乃室 윤덕천尹德川가를 습격하여 단속緞屬·은지환銀指
環 다수와 100원을 탈취하였다.[32] 여기서 1895·97 두 해의 충주도회에
서 마중군과 함께 적당을 주도하고 있는 송종백을 기억해 둘 필요가 있
다. 그것은 1900년 이후 전라도 동부·경상도 서부지역에서 주로 활동하
게 되는 활빈당의 일 파당을 이끌게 되는 맹감역이 바로 송종백이기 때
문이다.

한편 마중군은 자신의 독자적인 파당을 이끌고 주로 경기도와 충청도
북부지역에서 활동을 하였는데, 그의 활동내용은 장시의 약탈, 행상의
전재·물화 탈취, 부호가의 습격 등으로, 다른 적당들과 하등 다를 바가

---

31) "右罪人은 與賊魁尹同骨同黨中馬中軍等七人으로 …"에서 馬中軍은 尹同骨(屈)과
   同黨임을 알 수 있다(『禀報』 제30책 光武元年 10月 黃基俊判決宣告).
32) 『禀報』 제31책 光武 2年 3月 申元覺공초

없었다. 다만 그의 적당은 수가 많았기 때문에 장시를 자주 습격·약탈하였는데, 1895년 5월과 1896년 4월 두 차례에 걸쳐 그가 이끄는 적당 130명과 70명이 직산 입장 장시를 습격했던 것이 그 예이다.33)

1890년대 충청도지역에서 주로 활약한 또 하나의 주요인물은 맹사진孟士辰이다. 그는 1896·97년경 공주 북쪽·충주 남쪽의 적괴賊魁 5명 가운데 하나로 꼽히면서 약 100명의 당도黨徒를 거느리고 있는 것으로 알려졌다.34) 그의 적당은 1896년경 예산 백통진白通津(京畿 南門 밖 巨富)가에 굴총을 협박하는 방문을 붙여 400원을 받아냈으며,35) 1897년경에는 그가 이끄는 적도 수십 명이 온양 김청산金靑山가와 예산 이승지李承旨가를 습격하는 등36) 주로 부호가를 습격하고 있었다. 그의 적당은 또 1898년 가을경부터는 충청남도 금강유역으로 이동하여 이 지역을 근거로 활동을 전개하였다.37) 그리고 1900년에 들어서 맹사진孟士辰이 이끄는 이 지역의 적당들은 마중군의 적당과 연합, 활빈당을 결성하게 되는 것이다.

이상에서 살펴보았듯이 1890년대 윤동굴을 중심으로 하는 삼남 일대의 명화적당들은 각기 독자적인 활동을 하면서도 자주 회합을 갖고 전국적인 조직을 정비하는 가운데 점차 동질성을 획득해 나가고 있었는 바, 이것은 1886년의 원활빈당 단계에서의 조직의 국지성과 분산성을 극복해 가는 과정이며, 1900년 이후 활빈당운동의 전국적 전개를 위한 기반

---

33) 『稟報』 제32책 光武 2年 3月 沈永基공초, 제31책 光武 2年 3月 申元覺공초
34) 『議政府請議書存案』 제3책 光武元年 9月 「別巡校及廳使增設에 關한 請議書」중의 安城郡守 尹英烈 보고서
35) 『稟報』 제24책 河仁甲공초
36) 註 34)와 같음.
37) "幾十年來로 忠淸 內浦에는 盜賊이 無ᄒ야 夜不閉戶ᄒ더니 近日에 賊黨百餘名이 鳥銃과 戟을 持ᄒ고 饒民의 家産을 盡奪ᄒᆯ쑨더러 間間婦女를 劫辱 …"(『皇城』 光武 2年 10月 8日字), "靑陽·藍浦·庇仁·舒川·韓山·林川·鴻山·扶餘·定山 等 各郡에 盜賊이 大熾 …"(『皇城』 光武 3年 12月 26日字). 1898년경 孟士辰이 충청도 북부지역에서 내포지역(여기서는 금강유역)으로 남하, 이동한 것은 당시 安城郡守 尹英烈의 강력한 토벌을 피하기 위한 것이었다고 보인다.

을 조성하는 과정이었다고 생각된다. 또 1890년대에는 비록 그 활동양상이 여전히 장시습격·행상물화 탈취를 위주로 하고 부분적으로 부호가를 습격하는 단순 화적단계에 머물러 있었지만, 일부 적당을 중심으로 끊임없이 새로운 활동방향이 모색되고 있었다. 왜냐하면 장시습격과 행상물화 탈취는 곧 그들 자신과 같은 사회계층에 대한 공격이 됨으로써, 결국은 스스로의 활동기반을 스스로 무너뜨리는 셈이 되었고, 또 그들 자신의 행동에 대하여 하등의 정당성도 부여해 주는 것이 되지 못하고 있었기 때문이다. 이와 같은 자기반성이 주어졌을 때 그들 중 일부 적당은 활빈당운동을 제창함으로써 새로운 활동방향을 제시할 수 있었다.

2) 본격활동기

1900년대 3월 활빈당이 어떠한 경위를 통하여 다시 결성되었는지를 보여 주는 기록은 공초·신문기사에는 전혀 나타나지 않는다. 결국 현재로서는 공초·신문기사의 단편적인 기록과 전후의 정황으로써 활빈당의 재결성 과정을 추정하는 수밖에 없다.

1900년 이후의 활빈당의 조직은 그 활동무대에 따라서 크게 세 조직으로 나뉜다. 첫번째 조직은 1900년 3월 충청도 금강유역에서 가장 먼저 활빈당을 주창한 이래 주로 충청·경기지역에 활동하게 되는 파당이며, 두번째 조직은 거의 같은 시기에 경상도지역에서 활빈당을 결성, 8월경부터 청도清道의 운문령雲門嶺을 근거지로 하여 낙동강 동쪽의 경상도지역에서 주로 활동하게 되는 파당이며, 세번째 조직은 소백산맥을 끼고 전라도의 동부지역과 경상도의 서부지역(낙동강 서쪽)에서 주로 활동하게 되는 파당이다.

먼저 첫번째 조직부터 출몰시기와 지역을 중심으로 그 활동내역을 살펴보자. 충청·경기도의 활빈당의 활동이 가장 먼저 확인되는 것은 1900년 3월 2일자 『황성신문』이다. 이 기사에 따르면 "충청남도 홍주·연산

등지에 기마대총騎馬帶銃훈 활빈당이 부민가로부터 전곡을 요색要索ㅎ여
빈민에게 분급ㅎ는데 그 당류가 수천 명"[38]이었다고 한다. 이후 동 신문
의 계속되는 보도에 의하면, 활빈당은 문의·옥천·회덕·진잠·연산 등지
에서 각기 40~50명씩 무리를 지어 총검을 들고 혹은 기마승교騎馬乘轎하
고 다니면서 부민의 재산을 약탈하고 있었다 한다.[39] 즉 금강유역과 충
청남도 연해읍에서 시작된 활빈당의 활동은 이미 3월말에 충청북도 지
방까지 파급되고 있었던 것이다. 또 그들 가운데 일부는 4월에 들어서
경상북도 상주尙州지역까지 옮겨가「활빈당대장의기活貧黨大將義旗」라고 쓴
깃발을 들고 활동을 하는 등 충청북도와 경상북도 접경의 산간지역에서
출몰하고 있다.[40]

그런데 충청도지역의 이들 활빈당은 1900년 겨울 즈음부터는 바다로
까지 진출, 충청·경기 연안에서 수적水賊으로 활동하기 시작한다. 1900
년 12월 통진·부평·인천·홍주 등지에서는 수적이 내왕하는 상선을 약탈
할뿐만 아니라 연해 부민가에 돌입하여 전재를 약탈하고 있었고,[41]
1901년 1월 태안군 안흥도민安興島民들은 수적들이 낮에는 하륙하여 촌려
를 겁략하고, 밤에는 바다에 나가 상선을 약탈하고 있다면서 내부·군부
에 그 대책을 호소하고 있었으며,[42] 남양군에서는 수적 80명이 대선大船
3척을 타고 와 대부도大阜島·영종도永宗島에 수삼일 둔취하면서 부호가를
약탈하였다고 한다.[43] 1901년 5월에는 적선 3척이 당진·서산·태안군의
연안에 출몰하면서 수십 명씩 하륙하여 부근 촌락을 약탈하고 특히 부호
가를 겁략하였는데, 5월 9일밤 당진 대소난지도大小蘭芝島에 내박한 적선

38)『皇城』光武 3年 3月 20日字
39)『皇城』光武 3年 3月 21日, 23日, 24日, 27日, 29日字
40)『皇城』光武 3年 4月 16日字
41)『皇城』光武 4年 12月 18日字
42)『皇城』光武 5年 1月 17日字
43)『皇城』光武 5年 1月 21日字

賊船 3척의 수적 40, 50명은 하륙하여 '활빈당'이라 자칭하고 전곡錢穀·음식을 토색하였다 한다.44)

1901년에 특히 우심하였던 충청도 지역에서의 이들 수적 활빈당의 활동은 1902년 7월 태안군에서의 수적 50여 명 출몰 기사,45) 1903년 3월 비인·남포·태안 등지에서의 해랑적海浪賊 출몰 기사46)에서도 확인된다. 한편 그들의 활동범위는 경기·충청 연안만이 아니라 전라도 연안에까지 미치고 있지 않았을까 생각된다. 즉 1901년 5월 호남지방의 연해 군읍에 수적이 크게 일어나 요민饒民들이 지탱하기 어렵다고 기사는 전하고 있는 것이다.47)

1901년경 충청도의 활빈당 중 일 파당이 수적으로서 활동하고 있는 동안, 이 지역의 또 다른 일파는 경기도 지역에까지 그 세력 범위를 넓혀 가면서 경기·충청 지역에서 수십 명씩 무리를 지어 활동하고 있었다. 1901년 그들의 출몰이 확인되는 지역은 경기도의 양주·고양·시흥·죽산,48) 충청도의 괴산·천안·홍주·옥천·영동·황간·진천 등지49)이다. 1902년에는 경기도의 고양·죽산 등지50)와 충청도의 비인·예산·면천 등지51)에서 화적의 출몰이 확인되는데, 1902년 11월 죽산에서 체포된 당적 6명은 마중군의 적당이었다.52) 또 1902년 12월 충청도 회인의 부자 정인원鄭仁元에게 보내진 「활빈당발영」이 대장소大將所 맹감역孟監役의 이름으로 발령된 것으로 보아,53) 이 시기 활빈당의 주력부대는 충청도에

---

44) 『皇城』 光武 5年 5月 3日字
45) 『皇城』 光武 5年 5月 23日字
46) 『皇城』 光武 7年 3月 27日字
47) 『皇城』 光武 5年 5月 23日字
48) 『皇城』 光武 5年 2月 2日, 4月 20日, 4月 24日, 8月 1日, 10月 19日, 12月 10日字
49) 『皇城』 光武 5年 8月 13日, 9月 13日, 9月 19日, 11月 12日, 11月 20日, 12月 14日字
50) 『皇城』 光武 6年 1月 21日, 10月 24日字
51) 『皇城』 光武 6年 1月 7日, 4月 1日, 5月 27日字
52) 『皇城』 光武 6年 11月 20日字

서 활동 중이었음이 확인된다. 1903년에 들어서도 경기도의 진위·파주·
지평·여주·고양 등지에서 화적이 출몰하고 있었는데,[54] 지평·여주지역
에서 체포된 화적 8명은 맹감역당임이 밝혀졌고 이 당의 와주窩主가 인
근에 산재한다고 보고되었다.[55] 또 충청도에서는 1903년 5월 비인·서
천·임천·홍산·은진·연산지역에서 활빈당이라 칭하는 화적이 크게 일어
나 수백 명이 부민을 겁략하고 장시를 약탈하고 있었으며,[56] 이들 내포
지방에 준동한 화적들은 맹감역·마중군의 당류임이 확인되었는데, 이들
은 아래와 같이 병정 혹은 가난한 행상처럼 가장하고 다니면서 동섬서홀
東閃西忽하고 있었다.

> 　　近來 南來人의 所傳을 聞ᄒᆞ則 忠南內浦等地에 火賊 孟監役·馬中軍의 黨
> 類가 來到ᄒᆞ얏난듸 或鎭隊兵丁의 貌樣을 扮作ᄒᆞ야 洋鎗銃砲를 携帶ᄒᆞ고 巡
> 哨ᄒᆞ난 것과 如히 行ᄒᆞ다가 富饒ᄒᆞ 村落을 當ᄒᆞ면 攔入搶奪ᄒᆞ고, 又一派난
> 負商의 裝束을 扮作ᄒᆞ야 內四郡 丹陽等地로 會集ᄒᆞ야 峽褰孤村에 白晝突入
> ᄒᆞ야 傷命奪財ᄒᆞ난 事가 頗多홈으로 該附近隊兵丁이 詗捉次 出徃ᄒᆞ 則 東
> 閃西忽에 莫可鎭壓이라 하더라.[57]

또 금강유역(내포)에서 준동하고 있던 활빈당 가운데 일부 부대는 가끔
전라북도 북부지방, 즉 충청북도와의 접경지역인 진산·익산·고산지역에
출몰하기도 하였다.[58] 충청·경기도지역의 활빈당의 활동은 1904·5년에
도 조금도 수그러들지 않고 계속되었다. 이상 경기·충청도의 활빈당의

---

53) 「활빈당발영」(건국대 金一根교수 소장)은 1902년 12월경 忠北 懷仁郡 新基洞(현
　　 報恩郡 懷北面 新垈里)에 사는 富者 鄭仁元에게 돈 5천 냥을 가져올 것을 명하는
　　 내용으로 되어 있는 순 한글문(諺榜)으로서, 大將所 孟監役의 이름으로 발령되었다.
54) 『皇城』光武 7年 1月 10日, 1月 19日, 7月 1日, 12月 11日, 12月 21日字
55) 『皇城』光武 7年 7月 1日字
56) 『皇城』光武 7年 3月 19日, 5月 17日字
57) 『皇城』光武 7年 4月 30日字
58) 『皇城』光武 7年 5月 29日, 12月 12日, 光武 8年 1月 20日, 1月 21日字

활동지역을 다시 요약하면 충청남도 금강유역을 중심으로, 충청남도 연해읍, 충청북도 산간지방, 충청·경상도 접경지역, 그리고 경기도의 고양·안성·죽산 등지였다.

다음으로 활빈당의 두번째 조직, 즉 경상남도 청도·언양·경주 접경의 운문령雲門嶺을 근거지로 하면서 낙동강 동쪽의 경상도, 즉 경상좌도지역에서 활동하던 파당에 대해서 살펴보자. 이 지역에서 자칭 '활빈당'의 활동이 가장 먼저 확인되는 것은 1900년 7월이다. 즉 이때 맹감역이 이끄는 활빈당 50여 명은 자인읍慈仁邑 부근에서 출몰했음이 확인되는 것이다.59) 그러나 실제로 이 지역에서 활빈당이 결성되었던 것은 최소한 4월 이전이었다. 왜냐하면 7·8월경 청도·영천지역에서 활동하다 체포된 이용휘李龍輝는 자신이 4월에 활빈당에 입당하였다고 진술하고 있는 것이다.60) 따라서 이 지역 활빈당의 결성 시기는 경기·충청 지역의 활빈당이 결성된 시기(3월)와 거의 일치하는 것으로 보인다. 그런데 이 지역 활빈당의 본격적인 활동이 보도된 것은 8·9월경이었다. 8월 17일 활빈당이 언양 각리와 양산 통도사通度寺를 습격한 사건을 당시 신문은 이렇게 전한다.

彦陽郡守 崔時鳴氏의 公報를 據ᄒᆞᆫ 則 8月 17日 卯時量에 火賊百餘名이 雲門嶺으로 從來ᄒᆞ야 一齊放砲ᄒᆞ고 散入各里ᄒᆞ야 一時放火에 數十家延燒ᄒᆞ고 被傷人民을 姑未計算이기로 本郡守가 躬往通視則 四·五十戶가 延燒ᄒᆞ얏고 幾至死境者五人이오 翌日申時에 本郡相距十里 梁山通度寺에 賊黨數百名이 屯聚ᄒᆞ야 各持銃鎗ᄒᆞ고 白晝公入ᄒᆞ야 庭植활빈당旗ᄒᆞ고 討食索酒ᄒᆞ야 作弊多端ᄒᆞ며 互相會議ᄒᆞ되 轉入彦陽城ᄒᆞ야 奪取錢財ᄒᆞ깃다ᄒᆞ니 派兵剿除ᄒᆞ라ᄒᆞ얏더라.61)

또 9월 15일경에는 맹장군孟將軍·마중군馬中軍이 이끄는 활빈당이 함

---

59) 『稟報』제76책 光武 6年 6月 7日 黃命述공초
60) 『稟報』제70책 光武 5年 7月 14日 李龍輝공초
61) 『皇城』光武 4年 9月 1日字

안·울산·산청 등지에 출몰하고 있고,[62] 또 10월 9일에는 마중군·김원이
金元伊·배공원裵公員이 이끄는 각 파당이 경주지역에 출현하여 활빈당이라
자칭하며 부호가를 겁략하고 있다.[63] 1901·2년에도 맹감역·마중군이
이끄는 이 파당은 혹은 소규모로 혹은 대규모로 집단을 이루어 경주·대
구·영천·양산·청도·밀양·울산·자인·경산·하양 등지에서 계속적으로
활동하였고, 1903년 이후에는 북쪽으로 경상북도 의성·영덕에까지 활동
범위를 넓히기도 하는 등[64] 충청·경기도의 활빈당 못지않게 활발한 활
동을 보이고 있다.

활빈당의 또 하나의 조직은 앞의 두 맹감역과는 또 다른 맹감역이 이
끄는 활빈당으로서, 주로 소백산맥의 줄기를 타고 낙동강 서쪽의 경상도
지역과 전라도의 동부지역에서 활동하던 파당이다. 이미 1900년 봄 전
라도 고산高山지역에서 맹감역의 당 30여 명이 출몰하는 것으로, 그들 당
류의 초기 움직임을 확인할 수 있고, 그들은 이어서 8~12월에 걸쳐 운
봉·삼가·창원·함양·안의·무주·산청·함안 등지에서 출몰하였으며,[65]
1901년에는 창원·진해·의령·삼가 등지에서 나타났다.[66] 1904년 7월에
는 다시 맹감역 등 80여 명이 영산·의령·삼가·합천·성주·금산 등지에
서 출몰하고 있고,[67] 1905년 3월에는 20여 명이 맹감역의 지휘 하에 함
안 관아를 습격하였으며,[68] 11월에는 거창·산청 등지에서 활동하였
다.[69] 활빈당의 3파당 가운데 이 파당의 움직임에 대해서는 공초·신문

---

62) 『皇城』 光武 4年 10月 6日字
63) 『稟報』 제76책 光武 6年 6月 7日 韓永澤·李先伊 공초, 제72책 金云伊공초
64) 『稟報』 제86책 光武 7年 8月 3日 金尙烈공초 ; <규장각古文書 3125-57> 光武
   8年 5月 11日 鄭用文判決宣告書
65) 『稟報』 제70책 光武 5年 6月 2日 韓甲秀공초
66) 『稟報』 제71책 光武 5年 7月 5日 金志連공초
67) 『稟報』 제98책 光武 9年 1月 13日 金奉俊공초, 韓周伯공초
68) 『稟報』 제101책 光武 9年 5月 13日 鄭元吉공초
69) 『稟報』 제114책 光武 10年 3月 21日 姜鳳碩공초

기사에 가장 적은 기록이 남아 있어, 자세한 활동을 파악할 수 없다.

그러면 활빈당의 이와 같은 각지에서의 활동에 대하여 당시 정부당국 자들은 어떻게 대처하고 있었는가. 화적 일반에 대한 정부당국의 대책은 이미 오래 전부터 집도엄칙戰盜嚴飭, 금집령禁戢令과 형벌刑罰 강화, 포적자 捕賊者 포상 등으로 계속되어 왔지만, 별다른 성과 없이 명화적은 갈수록 치성하였다. 이에 정부에서는 포군砲軍의 설치, 군대의 파견 그리고 오가 작통 강화 등의 대책을 세우게 되었다.

포군이 언제부터 포도捕盜에 동원되었는지는 확실치 않으나 1880년 "포군발포砲軍發捕에 대하여는 년 전에 계품啓稟한 바 있다"[70]고 말하고 있는 것으로 보아, 이미 1870년대에 포군의 동원이 화적 대책으로 등장 했었음을 알 수 있다. 그러나 1894년 경장으로 인하여 포군은 모두 해산 되고, 각 읍에는 약간 수의 교졸校卒만이 남게 되어 명화적의 치성에 대 하여 속수무책의 결과가 되었다. 이에 1896년경부터 각 읍은 다시 포군 을 창설하여 명화적에 대한 대책을 세웠다.[71] 그러나 문제는 포군을 고 용하는 경비를 어떻게 조달하느냐 하는 것이었다. 당시의 포군은 사실 농업 혹은 상업 등 나름대로의 생업에 종사하고 있었기 때문에 동원시 월급고전月給雇錢을 주지 않을 수 없었고, 행순로비行巡路費 또한 필요하였 다. 이에 중앙에서는 각 군을 통하여 포군 1인 당 매월 10냥씩을 정급定 給하기도 하였다.[72] 그런데 포군에는 이러한 관포군官砲軍만 있는 것이 아 니고 사포군私砲軍도 있었다. 예를 들어 1904년경 비인군에서는 유회儒會 에서 돈을 내어 집도戢盜를 위한 포군을 두어 수적水賊에 대비하였으며,[73]

---

70) 『日省錄』 高宗 17년 12월 5일
71) 『軍部請議』 제3책 建陽元年 6월 11일 「各地方에 砲手設置ᄒᆞ는 伴」에 따르면 '각 지방에 匪類가 在在蜂起ᄒᆞ야 安靖이 無期'하므로 砲手를 설치하지 않을 수 없다면서 그들 중 우수한 자에게는 身布와 戶布를 견감해 주고 農作者는 10斗落 의 土稅를 면해 주자고 건의하였다.
72) 『議政府請議書存案』 제4책 光武 2年 2월 23일
73) 『訓指起案』 제11책 光武 8年 5월 17일 忠淸南道判決所判事에의 訓令

1904년 1월 고부 인촌仁村의 김진안金鎭安가에서는 방수군防守軍을 사사로이 고용하여 활빈당의 내습을 미리 막기도 했던 것이다.[74]

그러나 활빈당은 이러한 소수의 포군으로 막아낼 수 있는 상대가 아니었다. 이미 1900년 3월 충청도 금강유역에서 활빈당의 발호 소식이 전해지자 정부에서는 부근 지방대로 하여금 토벌토록 지시하였고,[75] 또 8월 "당도 수백 명이 총검을 들고 양산 등지에 둔취하면서 활빈당이라 부르며 착부토재捉富討財"하고 있다는 동래항 경서警署의 전보를 받은 원수부元師府에서는 병력兵力으로써만 이를 진압할 수 있다고 보고 진위대鎭衛隊 제3연대 제2대대 병력 100명을 현지에 급파, 진압토록 하였던 것이다.[76] 그러나 이와 같은 진위대 병력의 파견, 순초巡哨도 취산이 무상한 활빈당의 활동방식 앞에는 무책無策일 수밖에 없었다.[77] 오히려 활빈당의 진압에는 현지의 실정을 보다 자세히 알고 있는 별순검別巡檢·청사廳使 등의 증설이 효과가 있었다. 따라서 1900년 3월에 이미 충청도의 진천·공주·은진지역에는 집도사무를 전담케 하기 위해 별순교 12명, 청사 5명씩이 증설되었다.[78] 그리고 별순교의 증설은 '구영액舊營額 중 형탐詗探에 난숙爛熟 혼 자'로써 택차하도록 지시되었다.[79] 정부에서는 또 활빈당의 활동이 특히 우심했던 충청남도지역 등에 포도위원捕盜委員을 파견하기도 하고, 집포관戢捕官을 두기도 하였다. 그러나 이와 같은 활빈당의 진압을 위하여 파견된 자들은 대부분 집포의 일보다는 요호에 대한 토색에 더 열중하기가 일쑤였고, 그들의 요호에 대한 침학은 화적보다 더 우심하기까지 했다.[80] 이에 활빈당은 부호들에 대하여 "너희가 무슨 까닭으

---

74) 『稟報』 제90책 光武 8年 4月 21日 李石奉공초. 金鎭安은 仁村 金性洙의 祖父인 金堯莢이다.
75) 『皇城』 光武 4年 3月 21日字
76) 『元帥府來去文』 제1책 元帥府軍務局總長의 外部大臣의 照復
77) 『皇城』 光武 5年 3月 22日字
78) 『皇城』 光武 4年 3月 29日字
79) 『皇城』 光武 5年 9月 19日字

로 우리를 화적이라 칭하느냐. 실로 화적은 근일 관찰觀察이네 수령이네 시찰視察이네 대대장이네 집포관이네 위원이네 하는 명색이 다 진화적眞火賊인즉, 너희가 재산을 아무리 쌓아두어도 필경 보존치 못하고 저 진화적의 주머니나 채워주게 될 것이니 차라리 우리 활빈당에게 주어서 기한인飢寒人을 구제함이 상책일 것"81)이라고 성언하고 있었다. 이와 같은 정부의 활빈당 대책의 허술함으로 인하여 1901년경 경상좌도지역 활빈당의 맹감역은 "우리는 나라에서도 잡을 수 없고, 부군에서도 막을 수 없다(吾徒ᄂᆞᆫ 國不能捉ᄒᆞ고 府郡所莫禦也)"82)라고 자신할 수 있었다.

결국 관의 힘만으로 활빈당 혹은 여타 화적들을 진압한다는 것은 불가능하였고, 따라서 관에서는 항상 민간의 협조를 강조하였다. 또 민간에서는 민간대로 대책을 세우게 되었으니 그것은 오가작통과 향약의 강화로 나타났다.83)

오가작통으로써 명화적을 방비하려 한 것은 이미 1880년대부터였다. 1883년부터 논의되어 오던 오가작통법은 1885년 절목으로 확정되어 우선 한성부에서 먼저 실시하고 점차 전국에 확대 실시토록 하였다. 대강의 내용은 다음과 같다. 먼저 5가를 1통으로 하여 통수統首 1인을 두고, 5통마다 다시 동장洞長 1인을 둔다. 통수와 동장은 존위尊位가 택정하는데, 존위는 각 동마다 벼슬이 높고 명망있는 양반호 가운데 택정하여 작통을 감독하도록 한다. 관에서는 방곡을 직접 돌아다니며 가좌家座를 그 성명·직명職名·역명役名과 함께 일일이 조사·기록한다. 이거이래인移去移來人은 반상·노복·고용을 막론하고 근착根着 연후에 통수統首가 보고하여 기록에 올린다. 각 여객주인旅客主人은 무항산유식배無恒産遊食輩의 유숙을

80) 『皇城』 光武 7年 4月 11日字
81) 『皇城』 光武 7年 3月 19日字
82) 『稟報』 光武 5年 7月 5日 田在用공초
83) 1905년 藍浦郡守 李奭宰는 鄕約을 조직할 것을 지시하고, 직접 巡校를 이끌고 매일 戢盜를 위한 巡行을 하였다(『皇城』光武 9年 5月 26日字).

일체 금한다. 적변賊變이 있을 때는 쟁錚을 울려 통수에 급고하며, 일동一
洞의 인정人丁은 요로를 각기 막아 적도賊徒가 빠져나가지 못하도록 한다
는 것 등이다.84)

이와 같은 오가작통은 수시로 그 엄중한 실시가 각 지방에 지시되었
고,85) 일부 지방에서는 효과가 있어 동민들이 합세하여 적당을 체포하
는 사례도 가끔 있었다. 그러나 오가작통의 엄중한 실시에는 많은 어려
움이 있었다. 그것은 혹 오가작통을 엄격히 실시하여 적당을 막는다든가
체포하였을 경우 곧 적당에 의한 인가방화人家放火 등의 보복조치가 뒤따
랐기 때문이다 그 현저한 예는 1902년 1월 창원 신리 동민이 활빈당 당
원과 일장 접전하여 당원 1명을 잡아 죽인 일이 있었는데, 이에 활빈당
은 2월 신리에 방화하여 수십 호의 인가를 불태워버린 일이었다.86) 이와
같은 보복조치들이 잇따랐기 때문에 대부분의 지방에서는 적도들이 촌
리를 횡행하여도 동민들이 이를 포착하지 않고 도리어 술과 음식으로써
접대함이 마치 귀한 손님을 대하는 것과 같았다87)고 할 정도였다.

3) 해체기

1906년 활빈당은 지도부의 상실과 국내 정정政情의 급변으로 인하여
급격히 해체기에 접어들게 된다.

이미 1904년 러·일전쟁 때부터 국내치안은 일본 군사경찰에 의하여
담당되고 있었고, 1906년에는 고문경찰제顧問警察制가 대폭 확대 실시되

---

84) 『日省錄』 高宗 22年 12月 16日
85) 1898·1900년에는 作統규칙을 보다 엄격히 실시하고 士農工商 외의 無恒産之輩
    에 대해 各統에서 엄중 詗察하라는 지시가 내려졌다(『議政府請議書存案』 제5책
    光武 2年 3月 18日 「作統規則申明實施詗察染匪窃盜事請議書」, 『皇城』 光武 4年
    12月 13日字).
86) 『禀報』 光武 6年 6月 李性五공초, 제100책 光武 9年 4月 鄭元吉공초
87) 『慶北各郡廉問記』(奎 No.27737) 제6책

는 가운데 조선인 경찰의 수도 크게 증원되었다. 이와 같은 치안강화는 결국 활빈당의 지도부가 대량 체포되는 결과를 가져온 것이다.

1906년 1월 경상우도의 맹감역宋宗白은 경상북도 인동仁同에서 부호가를 습격하다가 동민들에게 붙잡혀 매사埋死되고 말았다.[88] 또 같은 해 5월 김성숙金成叔(충청도 지역의 孟監役으로 추정됨)은 문의에서 부호의 굴총을 주도하였다가 붙잡히는 몸이 되어 심문 도중에 동료의 배신으로 인하여 그 정체가 탄로나고 말았다.[89] 또 이해 가을 김원성金貝成(1900년 이후 경상좌도 지역에서 孟監役이라 자칭하면서 활동해 온 자, 韓世鳳으로 추정됨)은 울산에서 군대에 의해 체포되었다.[90] 뿐만 아니라 경상좌도지역에서 맹감역의 측근으로 계속 활동해 오던 강이원姜二元·채순명蔡順明·진영달陳永達·이조동李造洞 등이 맹감역孟監役보다 앞서서 속속 체포되고 있었고,[91] 송종백의 측근 강봉석姜鳳碩도 체포됨으로써 활빈당의 지도부에는 커다란 공백이 생기게 되었고, 이를 제대로 메우지 못하는 사이 주변 상황은 급변하여 활빈당의 여당餘黨들은 새로운 행동방향을 모색하지 않으면 안 되었다.

1906년 이래 을사조약에 격분한 각지의 유생 혹은 평민들은 자진 봉기하여 의병을 조직, 대일항쟁에 나서게 되었고, 이와 같은 의병의 봉기는 활빈당 여당들에게도 어떤 선택을 요구하게 되었다. 이때 그들이 선택할 수 있는 길은 두 가지였다. 첫째는 여전히 활빈당의 활동을 계속하는 길이며, 둘째는 의병에 흡수되는 길이었다.

---

88) 『禀報』 제114책 光武 10年 3月 21日 姜鳳碩공초
89) 『禀報』 제128책 光武 10年 8月 25日 金成叔供案. 金成叔은 孟監役·馬中軍·金參奉 등의 賊號를 번갈아 사용했다 한다.
90) 『禀報』 제126책 光武 10年 10月 17日 金昌成供案
91) 李造洞 등은 1906년 5월경까지 慶州·永川 등지에서 활동하다가 6~8월경 모두 체포되고 말았다(『禀報』 제123책 光武 10年 8月 12日 廉仲度供招 등). 1906년 그들의 주요활동을 살펴보면, 2월 大邱 能城 金富者家의 先山을 굴총하여 紙貨 125元을 탈취하였고, 3월 大邱 徐視察家를 습격(白銀 29槐 탈취)했으며, 4월에는 徐視察家를 협박, 금전을 탈취하려 했으나 미수에 그쳤다.

첫번째 길, 즉 활빈당 활동의 지속은 충청도·경상도의 접경지대에 특
히 두드러지게 나타났다. 1906년 7월경 체포되지 않았던 마선달馬先達 등
2, 30명은 이 지역에서 여전히 활동하면서 7월에는 개녕開寧 당리棠里와
금산 남곡동藍谷洞 동민이 목봉을 각기 갖추고 도적을 방비한다는 소식을
듣고 두 마을에 가서 방화·살인을 함으로써 여전히 그 위세를 떨치고
있었다.[92] 황간군수가 1907년경 그들의 모습을 "백주 대촌에 총과 창을
늘어놓고 집집마다 밥을 내라 하고, 창기를 끼고 술을 마시고 있다(白晝大
村에 銃鎗을 森列ᄒᆞ야 排戶供飯ᄒᆞ고 挾娼豪飮하고 있다)"[93]고 표현하고 있는 것으로
보아 그들의 세력은 여전히 상당하였다고 보인다. 다만 그들의 활동양상
이 일면에서는 1890년대 이전의 단순 화적의 모습으로 돌아가고 있지
않나 하는 느낌을 준다.

두번째 모습을 우리는 활빈당 여당餘黨의 이름으로 직접 확인할 수는
없다. 그러나 1908~10년의 전국 각지의 의병장 가운데 무직 혹은 화적
출신이 30명(신분·직업이 분명한 전체 의병장 255명 중)에 달하고 있음을 보면,[94]
활빈당 여당들도 의병에 상당수 가담하였으리라 추정된다. 실제로 일제
측의 자료에 의하면, 이강년 의병 부대에는 활빈당 출신인 김도곡·민명
팔·채현천·김선운 등이 참여하고 있었고, 특히 경기도 가평과 강원도
춘천을 오가며 활동하던 홍종선은 이강년부대의 군량관으로 활동하고
있었다 한다.[95] 또 경주에서 활동하던 맹학조孟鶴祚는 의병소모장이라 칭
하면서 경주 양반 최현식에게 격문을 보냈는데, 그 안에서 "우리가 전에
활빈당으로 칭하였으나 이제 열심히 의義를 모아 간흉을 제거하고 왜추
倭酋를 진멸하여, 위로 국가의 무한한 은혜에 보답하고 아래로 민족의 영

---

92)『稟報』제128책 光武 10年 11月 29日 白卜石判決宣言書
93)『慶尙南北道來去案』제2책 光武 11年 7月 3日 黃磵郡守 報告書
94) 朴成壽, 1968「1907~10年間의 義兵戰爭에 대하여」『韓國史硏究』1, 127쪽
95)『暴徒에 關한 編冊』江警 秘隆 제27호, 융희 2년 12월 24일 (박재혁, 앞의 글,
    504쪽 참조)

원한 복을 만들기로 결의하였다"고 말하고 있다. 그는 최현식에게 군량미 자금으로 2천원을 가져오라고 지시하고, 만약 이를 어길 때에는 조상의 분묘를 파헤치겠다고 협박하고 있었다.[96] 이와 같은 자료들을 통해서 볼 때, 활빈당으로 활동하던 이들 가운데 의병 부대에 들어갔거나 의병부대로 전환한 경우, 또는 의병을 사칭한 경우들이 적지 않았던 것으로 여겨진다. 그런데 의병 가운데 유생의병장 휘하에 들어간 화적 출신 의병들은 유생들과의 사이에 잦은 불화가 없을 수 없었기 때문에,[97] 대부분 독자적으로 의병부대로 전신轉身 재편성되거나, 혹은 평민의병장 휘하에 흡수되는 사례가 더욱 많았으리라 생각된다.

그러면 일부 활빈당 여당들이 의병으로 전신, 혹은 흡수되어 간 것을 어떻게 평가할 수 있을까. 활빈당은 이제 식민지사회로의 전환기, 즉 외적 모순이 내적 모순을 결정적으로 규정해 오는 시기를 맞이하여, 주된 투쟁무대를 그동안의 조선사회에 대한 저항투쟁에서 외세의 침략에 대한 저항투쟁으로 옮겼다고 말할 수 있다. 그리고 이러한 활빈당투쟁의 대일·반침략투쟁으로의 전환은 시대적 상황의 전환에 즉한 질적 비약이었다고 평가할 수 있을 것이다.

4. 활빈당의 지도부와 조직체계

1) 지도부

활빈당의 주요조직은 앞 장에서 살핀 바와 같이 크게 3파로 나누어

---

96) 「布告文」(1909년 12월)『한국독립운동사자료』17(국사편찬위원회편) (박재혁, 앞의 글, 505쪽 참조) 포고문의 원문 내용은 "儕가 前雖以活貧黨으로 名稱이나 수玆에 熱心出義하여 移除奸凶하고 殄滅倭酋하여 上以報國家無彊之恩하고 下以補民族永遠之福하기로 決議"라고 되어 있다.
97) 朴成壽, 앞의 글, 124~125쪽

볼 수 있는데, 그러면 이들 각파의 지도자는 어떠한 인물들이었을까.

먼저 경기·충청도의 활빈당을 지도한 것은 1890년대 이 지역에 근거를 두고 가장 활발한 활동을 벌였던 맹감역孟監役과 마중군馬中軍이다. 마중군은 앞서 살핀 바 있듯이 이미 1892년경부터 수십 명의 적당을 이끌고 주로 경기도와 충청북도 일대를 중심으로 활동을 펴고 있었고, 삼남지방 적당들의 도회에도 수차 참여, 적당들을 이끌기도 했던 삼남지방 적당조직의 지도급 인물이었다. 이 지역에 출몰한 맹감역의 신원에 대하여는 1902년경까지는 이를 밝혀 주는 자료가 없으나, 적한 박재언朴在彦이 1903년 11월 아산지역에서 맹사진孟士辰·마중군·이수원李水原·최가崔哥 등을 만났다고 말하고 있고,[98] 또 다른 적한 김춘봉金春奉은 이해 음력 12월에 천안에서 맹감역·마가馬哥·이가李哥·최가崔哥 등을 만났다고 진술하고 있다.[99] 이는 경기·충청도지역에서 1900년 이후 활빈당을 주도한 맹감역이 바로 1896년 이후 충청도 지역에서 약 100여 명의 당도黨徒를 거느리고 활동하다가 1898년 가을 이후 충청도 금강유역으로 이동, 이 지역에서 주로 활동해 온 맹사진임을 밝혀 주는 기록이다. 이로 미루어 볼 때 그는 1896년경부터 일명 맹감역이라고 자칭하면서 위세를 떨치고 있었다고 생각되고, 이 때문에 이 지역에 일시 출몰하던 다른 소적당小賊黨들까지도 그 위세를 빌기 위해 '맹감역'이라 자칭하는 일이 있었다고 여겨진다.[100] 그리고 1906년 5월 황간에서 체포된 김성숙金成叔이 바로 맹사진인 것으로 보인다.

그러면 이 지역에서 활빈당의 활동이 가장 먼저 본격적으로 일어나게

---

98) 『稟報』 제89책, 光武 8年 2月 朴在彦공초
99) 『稟報』 제97책, 光武 8年 10월 金春奉공초
100) 1897년 봄 公州 恩山場에 나타난 朴海重(그는 1894년 이래 慶州 古音寺에서 중으로 있으면서 火賊에 가담해 온 자였다)은 스스로 '孟監役'이라 가칭하면서 충청도 지역의 적당들과 함께 활동하였다(『稟報』 제67책 光武 5年 2月 26日 李彈日공초).

된 것은 어떠한 이유에서일까. 전술한 바와 같이 1886년 원原활빈당이 결성된 곳은 충청북도 음성·괴산지역이었다. 그런데 이 지역은 1896·97년 맹사진의 주요한 활동무대이기도 했다. 또 1895·97년 마중군 등이 주도하는 삼남지방 적당의 대도회가 열렸던 충주도 바로 그 부근이었다. 따라서 우리는 1886년의 원활빈당에 참여했던 누군가가 삼남지방의 적당에 참여하여 마중군 혹은 맹사진과 일정한 연결을 가지고 있다가, 1900년경 그들이 활빈당을 결성토록 하는 데 결정적인 영향력을 발휘하였을 가능성을 상정할 수 있다. 전술한 바와 같이 실제로 1886년 원 활빈당에 참여한 바 있는 김몽돌金夢乭은 1900년 이후 행적은 확인되지 않으나 1890년대에 삼남 적당의 도괴수 윤동굴尹同屈의 파당에서 같이 일한 바 있으며, 또 마중군은 당시 윤동굴의 영향력 하에 있었던 것이다.

또 하나 가능성은 맹사진이 마중군 등을 설득, 활빈당 결성을 적극적으로 주도하였을 가능성이 있다. 맹사진은 1896·97년경부터 활동을 하고 있지만, 마중군·송종백未宗白 등 삼남지방 적당들의 도회에 가담한 흔적이 전혀 나타나지 않는 것으로 보아 이 시기에는 어느 정도 독자성을 유지하면서 자기 파당을 이끌었을 가능성이 있다. 그리고 이는 그의 파당의 활동 스타일에도 어느 정도 독특한 성격을 부여할 수도 있었다. 곧 그의 적당은 장시의 습격보다는 주로 부호가를 습격, 혹은 굴총하여 부호가의 전재를 탈취하고 있었던 것이다. 그러한 스타일은 활빈당의 활동 스타일로 이어질 수 있는 가능성을 내포하고 있었다. 1890년대 후반 독자적인 파당을 이끌면서 평소에 활빈당의 결성을 꿈꾸던 맹사진은 1900년경 마중군의 당과 연합, 그들을 설득하여 활빈당을 결성하고 본격적인 활동에 들어감으로써 충청·경기지역의 적당賊黨조직을 활빈당으로 질적 비약케 하는 데 주도적인 역할을 수행했을 가능성이 있다. 삼남지방 적당의 지도급 인물이며 보다 세력이 컸던 마중군보다 맹사진이 맹감역으로서 활빈당 도대장都大將이 된 것은 이를 반영한 것이 아닐까.

그런데 한 가지 특기할 사실은 이 지역의 활빈당이 스스로 허균의 『홍길동전洪吉童傳』에 나오는 활빈당을 계승했다고 자처하고 있는 점이다.

  우리난 경기감악○ 이후 오천七빅이혼두명 활빈유라 예날 고릭지풍으로 길동(吉童)션싱 이후로 이칠셩(李七星), 그후로난 밍감역(孟監役)인니 편답팔도 분 아니라 렬국의도 편답ᄒᆞ고 이직(이제) 궁궁(弓弓)의 거하노라 우리도 막비국운(莫非國運)이요 천ᄒᆞ을 어든후의난 허물을 면할 事.101)(괄호 안은 필자)

  즉, 활빈당 도대장 맹감역은 이제 홍길동을 계승하는 인물로 자처하고 있는 것이다. 또 그들은 '이제 궁궁弓弓에 거居'하게 되었다고 스스로 말하고 있는데, 이는 그들이 일정한 지역에 자신들의 근거지를 마련하였음을 의미한다고 보인다. 『홍길동전』에서 길동이 적당의 무리를 처음 만난 곳이 경상도 문경지역이었는데, 이 지역은 맹감역이 이끄는 활빈당의 주요한 활동무대이기도 했다. 즉 활빈당은 이제 그 부근 어딘가에 근거지를 마련하고, 스스로 그 근거지를 '궁궁'의 지역, 곧 안전한 둔피처屯避處로 생각하게 되었던 것이다.

  이러한 내용들은 『홍길동전』이 당시의 활빈당 주창자들에게 얼마나 큰 영향력을 미치고 있었던가 하는 것을 짐작케 해 준다. 또 『홍길동전』의 그와 같은 영향력은 이미 그 이전 1880년대의 일부 화적들에게도 어느 정도 영향력을 미쳐 1886년 충청도지역에서 활빈당이 한때 결성되기도 했던 것이다. 화적의 발생이 만연하는 가운데 일부 적당에서는 『홍길동전』의 활빈당을 모델로 한 활빈당을 결성함으로써, 자신들의 화적행위가 지니고 있는 부정적 성격을 긍정적인 것으로 전환시키는 것을 꿈꾸게 되었을 것이고, 이를 가장 먼저 실천에 옮긴 것이 1886년의 활빈당이었다. 그러나 그것은 일시적·국지적인 움직임에 그치고 말았고, 이제

---

101) 「활빈당발영」 (김일근교수 소장)

1890년대에 들어와 삼남지방 주요적당들이 상호 연결을 가지면서 전국
적인 조직을 갖추게 되었을 때, 이와 같은 조직정비를 주도한, 혹은 그
조직정비 과정을 지켜 본 일부 파당은 이 전국적인 조직을 활빈당으로
질적 전환케 할 것을 기도하여, 이를 실천에 옮김으로써 이제 활빈당은
전국적인 조직을 가지고 활동할 수 있게 된 것이다. 1900년 3월 활빈당
이 비록 경기·충청도의 파당에 의하여 먼저 주창되었지만, 이 파당은 삼
남지방의 다른 적당들과도 일정한 연결을 가지고 있었기 때문에 거의 동
시에 다른 지역에서도 활빈당의 움직임이 시작되었다.

앞서 살핀 바와 같이 경상좌도지역에서 활빈당이 결성된 것은 최소한
1900년 4월 이전이었다. 그런데 이 지역에서 맹감역과 마중군의 이름이
맨 처음 등장하는 것은 1900년 3월이다. 즉 비록 활빈당을 자칭하지는
않았지만, 맹감역은 3월 22일 창녕에서 적당 15명을 이끌고 있고,[102] 마
중군은 3월 22일 경주에서 적당 11명을 이끌고 있다.[103] 이때는 충청도
의 금강유역에서 활빈당이 활동을 개시한 시기와 거의 일치한다. 이는
충청도의 활빈당과 경상우도의 활빈당의 결성이 밀접한 연결 속에서 거
의 동시에 시작되었을 가능성을 높여 주는 증거라 하겠다. 특히 1900년
4월경 경상우도의 활빈당에 입당하였다고 진술한 이용휘李龍輝는 앞서
1899년 4월 송파에서 열렸던 삼남지방 적당의 대도회에 참가한 적이 있
는 인물이었다.[104] 이러한 사실도 경상우도의 활빈당이 충청도의 활빈
당과 밀접한 연결을 가지고 결성되었을 가능성을 뒷받침한다. 물론 경상
우도의 맹감역·마중군은 충청·경기도의 맹감역·마중군과는 전혀 별개
의 인물들이다. 마중군은 끝내 체포되었다는 기록이 없기 때문에 신원을
확인할 수 없으나, 맹감역에 대하여는 1906년 이 지역에서 체포된 김창

---

102) 『票報』 제86책, 光武 7年 8月 3日 姜二元공초
103) 『票報』 제76책, 光武 6年 6月 7日 韓永澤공초
104) 주 60)과 같음.

성金昌成(長鬐郡거주)이라는 적한이 "음력 경자년(1900년 - 필자)에 제가 맹감역을 자칭하고 적당 오일관吳日寬 등 11명을 이끌고 함께 영양군 죽완동에 가니 홀연 백여 명의 적도들이 있어 조총 12자루 환도 5자루를 각기 나누어 들고 이름을 알 수 없는 김가金哥 등으로부터 6백냥을 겁탈하였다"[105]고 말하였던 것으로 보아, 김창성이 곧 맹감역이 아니었을까 추정된다. 또 1900년의 영양 죽완동 집회 이후 그들은 운문령雲門嶺 지역으로 이동하여 근거지를 마련하고, 7·8월경 본격적인 활빈당활동에 들어가지 않았나 생각된다. 그런데 경상우도의 이 맹감역은 한세봉韓世鳳이라는 가명을 사용하면서 활동하기도 했는데,[106] 이는 물론 보안을 위한 조치였을 것이다.

앞서 밝힌 바와 같이 활빈당의 또 다른 주요조직은 소백산맥을 타고 좌우로, 즉 경상도 서부·전라도 동부지역에서 주로 활동한 맹감역이 이끄는 파당이다. 물론 이 맹감역은 앞의 두 맹감역과는 또 다른 인물이다. 그의 신원은 1901년 체포된 김지련金志連의 진술에 의하여 송종백宋鍾伯(또는 宋宗白)임이 밝혀졌는데,[107] 그는 이미 1890년대부터 충주에서 삼남지방 적당의 도회에 참석하여 마중군과 함께 70여 명의 적당을 이끈 바 있는 삼남지방 적당의 주요 인물이었다. 1890년대 후반 그의 주요한 활동무대가 어디였는지는 분명치 않으나, 1900년경부터 그는 주로 전라도 동부·경상도 서부지역에서 맹감역이라는 이름으로 위세를 떨쳤다. 송종백이 1900년 이후 맹감역이라 자칭하며 전개한 활동은 경기·충청지역의 맹감역·마중군과 일정한 연결을 가지고 이루어지고 있었음이 분명하며, 이 점에서도 1890년대 삼남지방의 전국적인 화적조직이 1900년 활빈당 조직의 모태가 되었음을 확인할 수 있다. 그리고 그 모태를 토대로 삼

---

105) 『稟報』 제126책, 光武 10年 10月 17日 金昌成공초
106) 『稟報』 제109책, 光武 9年 11月 25日 權石柱공초
107) 주 66)과 같음.

남·경기지역에 3파당의 활빈당이 성립할 수 있었으며, 각 파당은 상호 횡적인 연결을 가지고 각기 활동을 전개해 나갔다고 생각된다.

그런데 활빈당에는 이들 3파당만 존재한 것은 아니었다. 이들 3파당과는 직접적인 연결을 갖지 않은 채, 또 장기간에 걸쳐 활동을 계속하지 못하고 곧 체포되기는 하였지만, 그러한 독자적인 활빈당은 그 '활빈'의 내용을 보다 충실히 수행하려 하기도 하였다. 1903년경 전라도지역의 활빈당이 바로 그러하였다. 전라도 지역에서의 활빈당사건은 두 차례에 걸쳐 있었다. 첫번째는 1900년 11월~1901년 2월 사이 박을발朴乙發·강학봉姜學奉 등이 맹감역·마중군이라고 각각 자칭하면서 금구 원평 조찬삼曺贊三가를 거점으로 하여 주로 야간에 16차에 걸쳐 행적行賊을 하다가 박을발 등 일당 6명이 체포되고 강학봉 등은 도주한 사건이다.[108] 그런데 그들은 맹감역·마중군의 적호賊號를 사용한 적이 없고, 탈취한 재물을 빈민에게 분급한 사실도 보이지 않는 것으로 보아 일반 화적과 별다름이 없었다 하겠다. 두 번째는 1903년 11월~1905년 1월 사이 서갑순徐甲順 등 18명이 맹감역 등을 자칭하면서 1903년 11월 장흥·보성·능주의 부민들에게 전 2,000냥, 곡식 400석을 능주 예암장禮岩場에 실어오도록 투서하여, 부민들이 실어온 전·곡을 기민飢民들에게 분급하고 연회를 베풀었으며, 이 사실을 관찰부에 보고하여 군사를 동원케 한 능주군수를 방축하기까지 한 사건이다. 이들은 1905년 1월 대부분 체포되었다.[109] 1904년 1월 영광포靈光浦 해상에서 상선으로부터 전 11,000냥을 탈취하여 위도蝟島의 빈민들에게 500냥을 분급하고 연회를 베푼 일도 그들에 의한 것으로 추정된다(후술). 서갑순 등은 모두 전라도인으로서 경상도의 활빈당운동에 호응하여 독자적으로 활빈당활동을 전개하다가 세력의 약세로 체포되고 만 것이다.

---

108) 『稟報』 제67책 光武 5年 2月 28日 朴乙發공초
109) 『稟報』 제100책 光武 9年 4月 10日 徐甲順·李明淑공초

2) 조직체계

그러면 활빈당의 전체적인 조직, 그리고 각 파당의 조직체계는 어떻게 이루어지고 있었을까.

활빈당의 전체적인 조직 내용에 대해서는 거의 알려진 바가 없고, 또 공초문供招文 내에서도 이를 밝혀 주는 기록은 없다. 활빈당조직의 전체적인 내용에 대해서는 상층 지도부의 극소수만이 파악이 가능하였고, 또 그들이 체포된 뒤에도 전혀 이를 발설하지 않았기 때문이었다. 따라서 공초문에 나타나는 그들의 행적과 기타 단편적인 기록 등을 통하여 그 조직을 파악해 보는 수밖에 없다.

먼저 활빈당의 전국적인 조직이 크게 3파로 나뉜다는 것은 앞서 언급한 바 있었다. 그런데 이들 3파간에는 어떤 종적縱的인 지휘체계가 있었던 것 같지는 않고, 상호 횡적인 연계관계를 유지하면서 활동을 해나갔다고 여겨진다. 그리고 각 파는 약 50~100명의 구성원을 가지고 있었던 것으로 추정된다. 특히 경상좌도파의 경우 일시 동원 능력이 80명에 달하는 것을 보면 그 구성원의 숫자는 100명 정도가 아니었을까 생각된다. 물론 이 숫자는 일 시점에서의 숫자이고, 체포된 자·탈락한 자 등을 합하면 연 인원은 그 몇 배에 달할 것이다. 1880년대 후반 이후 활빈당의 조직과 직·간접으로 관련되어 체포된 자의 숫자만 200명 정도이니, 체포되지 않은 숫자까지 감안한다면 그 몇 배에 달할 것이다. 1902년 그들은 「활빈당발령」을 통하여 그들 조직구성원이 5,772명이라고 밝힌 바 있다. 이는 물론 과장된 숫자이나, 그들 당류의 숫자가 상당하였음은 틀림없는 일이다.

그러면 각 조직 내부의 지휘체계는 어떻게 되어 있었을까. 활빈당이 재결성되기 이전인 1893·4년경 화적조직에 가담하였다가 1897년경 체포된 자들에 의하면 화적에 입당할 때에는 '세계世系'를 정하였다 한다. 김술이金述伊와 이갑술李甲述의 공초에 나타난 세계의 내용은 다음과 같다.

金述伊 : 矣身이 本以慶州居生之漢으로 糖商爲業이살더니 癸巳(1893년-필자) 五月分에 盈德場垈松林 近處의 過去터니 忠淸道 堤川居 朴春信, 淸州居 李哲伊, 慶尙道 晋州居 朴萬化 三漢이 矣身을 捉入ᄒ고 含刀結縛 曰爾若不入吾黨이면 殺之云 故로 不得已許入이온바 世系 曰 師長에 堤川居 朴春信이요, 老師長에 淸州居 李哲伊요, 老老師長에 晋州居 朴萬化로 爲定後에 行賊 ‥‥

李甲述 : 矣身이 本以高敞居生之漢으로 農業資生이살더니 去丙申九月分에 金堤場市의 江今里 松下에 當到ᄒ온즉 慶尙道 大邱居 韓甲水, 名不知徐哥와 扶安居 盧泰云, 井邑居 高支順과 全州居 名不知姜哥 五漢等이 矣身을 含刀結縛 ‥‥ 不得已許入이온바 世系 曰 師長에 大邱居韓甲水요, 老師長에 天安居 金學先이요, 老老師長에 尙州居 朴致根으로 爲定後에 行賊 ‥‥110)(윗점은 필자)

위의 예에서 미루어 볼 때 사장師長이란 입당시에 적사賊師가 되는 자를 가리키며, 노사장老師長은 다시 그 사장의 사장이며, 노노사장老老師長은 노사장의 사장을 가리키는 듯하다. 따라서 신참자는 노사장이나 노노사장과는 대면도 하지 못한 채 이름만 들어두는 식이었다. 이와 같은 조직 체계는 횡적인 연결보다는 종적인 지휘체계를 중시한 것이다. 실제로 1890년대의 화적火賊, 1900년대의 활빈당의 움직임을 보면 2~30명 정도의 소규모 부대의 구성원이 자주 바뀌는 모습, 즉 한 구성원이 다른 소규모부대에 자연스럽게 합류하여 활동하는 것을 보게 된다. 즉 각 구성원은 종적으로만 상부와 연결되고 횡적으로는 같은 당이라는 것을 잦은 회합, 혹은 활동 등을 통하여 확인하는데 그치고 있었던 것이다. 이런 경우 그가 알게 되는 조직의 내용은 사장·노사장·노노사장과 기타 자주 같은 당을 이루어 활약하면서 안면을 숙지하고 통성명을 하게 된 몇몇 정도에 그치는 것이다. 그런데 1890년대 후반 이후에는 노사장·노노사장 등의 명칭은 거의 보이지 않고, 입당시에 사장만을 정하는 것이 상례가 된다. 이것은 한편으로는 번거로움을 덜고, 다른 한편으로는 종적인

---

110)『稟報』제23책 建陽 2年 7月 4日 金述伊·李明述공초. 李明述의 師長 韓甲秀는 1900·1901년경 전라도와 경상우도에서 孟監役(宋宗白)과 함께 활동한다.

조직의 보다 철저한 보안을 위한 것이 아니었나 생각된다.

화적이나 그 발전형태인 활빈당을 막론하고 입당 절차는 전통적으로 같은 당의 동료들이 지켜보는 가운데 결박한 뒤 칼을 입에 물고 땅에 엎드려서, 혹은 몽둥이로 몇 대를 맞으면서 잡혔을 때에도 당의 동료들을 토설하지 않는다는 맹세를 하고 사장 등을 정하는 것으로 되어 있다.[111] 어떤 경우에는 이때 적호賊號를 따로 부여받기도 하였다.

이상과 같은 조직에 대한 철저한 보안, 입당시의 맹세, 가명(賊號를 의미)의 사용, 발설시의 보복 등의 조치를 통하여 활빈당조직은 철저히 비밀의 베일에 싸일 수 있었다. 그리고 그와 같은 조직을 이용하여 그들은 양민들 사이에서 거주, 혹은 이동하면서도 그 활동을 지속시켜 나갈 수 있었다.

5. 활빈당의 성격

활빈당이 어떠한 성격의 집단이었는지는 그들의 활동내용, 참가층, 그리고 그들이 발표했다고 전해지는 「대한사민논설大韓士民論說 13조목條目」이라는 강령 등의 분석을 통하여 살펴볼 수 있다.

1) 활동내용 분석

활빈당의 활동내용은 『황성신문』이 전하는 대로 부호요민에 대한 겁략, 관아습격, 장시습격 등으로 크게 요약될 수 있다.[112] 물론 이 중에서 활빈당의 성격을 가장 단적으로 보여 주는 것은 부호가에 대한 습격이다.

활빈당의 부호·양반가에 대한 습격 사례는 그 횟수조차 정확히 파악

---

111) 『左捕廳謄錄』 제28책 戊寅(1878) 7月 4日. 黨賊 金今石공초.『稟報』 제24책 河仁甲공초

112) 『皇城』 光武 8年 1月 21日字

할 수 없을 정도이다. 여기서는 기록에 나타난 주요 사례들만을 들어보
기로 한다.

▫ 1900.9.22 孟監役(韓世鳳)·姜二云 등 40명, 慶州 仁比洪富者家에서 主人
을 결박, 私刑을 가하고 400兩을 탈취.[113]
▫ 1900.12.15 水賊 활빈당 80여 명이 大船 3隻을 타고 大阜島·永宗島·永平
島에 와서 수삼일 머무르면서 大阜島 金先達俊來氏家에 돌입, 家産·什物
등 6만兩 가치를 탈취.[114]
▫ 1901.5.22 馬廷述 등 20명, 大邱 蛛洞 徐警務使宅에서 錢 70兩, 銀指環 등
패물 15점, 환도 4柄, 銃 15柄 탈취.[115]
▫ 1901.9.27 馬中軍 등 60명, 慶州 杞溪 李進士家에 가서 放火殺人하고 500
兩 탈취.[116]
▫ 1903.1. 孟監役·姜二元 등 42명, 安東의 大邱郡守宅에서 安東布 90疋 탈
취.[117]
▫ 1903.4. 李造洞·廉仲度 등 18명, 慶州 牛角洞 李進士家에서 700兩, 同郡
長洞 李參奉家에서 800兩, 慶州 片察訪家에서 1,000兩 탈취.[118]
▫ 1903.4.10 沈參奉 등 11명, 永州 五吉里 曺富者家에서 400兩 탈취.[119]
▫ 1903.8.20 蔡順明·鄭先達·沈哥 등 14명, 永州 五吉里 曺富者家에서 300
兩 탈취.[120]
▫ 1903.12.25 孟監役(韓世鳳) 등 30명, 慶州 牛角洞 李進士家에서 1,000兩
탈취.[121]
▫ 1904.1.20 孟監役·沈參奉 등 31명, 大邱 能城里 金富者家에서 1,900兩 탈
취.[122]
▫ 1904.2. 馬哥·李京化 등 18명, 백주에 泰安 李高敞家에 들어가 1,000兩 탈
취.[123]

---

113) 『稟報』 제86책 光武 7年 2月 3日 姜二元공초
114) 『皇城』 光武 5年 1月 21日字
115) 『稟報』 제76책 光武 6年 6月 7日 黃命述供招
116) 『稟報』 제76책 光武 6年 6月 7日 韓永澤供招
117) 주 53)과 같음.
118) 『稟報』 제127책 光武 10年 10月 17日 李造洞供招
119) 『稟報』 제86책 光武 7年 8月 6日 朴達文供招
120) 『稟報』 제122책 光武 10年 7月 7日 陳永達供招
121) <규장각 古文書 No.5125-57> 光武 8年 8月 10日 崔順業判決宣告書
122) 『稟報』 제91책 光武 8年 4月 10日 許相守供招

▫ 1904.7. 孟監役(宋宗白) 등 활빈당 80여 명, 三嘉 平邱 鄭富者家에서 1,276兩, 陜川 信巨里 沈富者家에서 100兩·馬 1匹, 邑內 朴·鄭家에서 600兩, 星州 朴富者家에서 400兩 탈취.[124]

▫ 1904.7.22 孟監役(韓世鳳) 등 49명, 梁山 金中軍宅에서 錢 1,000兩, 銀環 3件, 六穴砲 3柄, 洋銃 4柄 등을 탈취.[125]

▫ 1904.10.23 孟監役(韓世鳳)·金先伊 등 29명, 義城 山雲 李校里宅에서 1,000兩 탈취.[126]

▫ 1904.11.5 孟監役·金先伊 등 21명, 密陽 蘇台洞 安承旨家에서 紙錢 2,300兩 탈취.[127]

▫ 1904.11.23 馬先達 등 26명, 鳥銃 14柄을 들고 黃䃾 廣坪 徐國甫家에 가서 3,000兩 탈취.[128]

▫ 1905.1. 孟監役(徐甲順)·馬中軍(李明淑)등, 泰仁 丁湖 金富者家에서 1,000兩 탈취.[129]

▫ 1905. 겨울 徐甲順黨의 殘黨 李成敏 등 11명, 金堤 鎌頭村 趙先達家와 金五衛將家에서 각 900兩씩 탈취.[130]

이상에서 살펴본 바와 같은 양반·부호가에 대한 습격은 이미 1890년대 혹은 그 이전부터 화적들에 의하여 있어 온 일이었다. 그러나 이 시기에는 그 양상이 더욱 두드러지게 나타나고 있다. 특히 경상좌도지역에서는 부호가로서 활빈당의 내습을 받지 않은 집이 거의 없을 지경이었고, 그 중에는 활빈당원의 잦은 내습을 받는 부호가들이 적지 않았다.

그런데 중요한 것은 그들이 양반·부호가를 습격하면서 자신들의 행위를 '활빈당'의 이름으로 합리화하고 있다는 점이다. 이것은 자신들의 행동을 이전과 같이 단순한 화적이 아니라 활빈하는 의적활동으로 자처

---

123) 『稟報』 제97책 光武 8年 9月 29日 李京化供招
124) 『稟報』 제98책 光武 9年 1月 13日 金奉俊供招
125) 『稟報』 제110책 光武 9年 12月 22日 李英玉供招
126) 『稟報』 제109책 光武 9年 10月 27日 吳哲伊供招
127) 『稟報』 제108책 光武 9年 11月 30日 金奉春供招
128) 『稟報』 제100책 光武 9年 4月 22日 吳金石供招
129) 『稟報』 제100책 光武 9年 4月 10日 徐甲順·朴乙發供招
130) 『稟報』 제115책 光武 10年 4月 李成敏 供招

하고자 한 것이다. 즉 그들은 활빈당을 표방함으로써 소극적인 화적행위에서 적극적인 의적활동으로서 변신을 꾀하고 있는 것이다. 그와 같은 명실상부한 의적이 되기 위하여 그들은 탈취한 재물 가운데 일부를 빈민·기민飢民들에게 나누어 주기도 하였고, 또 행상을 약탈하는 일은 가능한 한 삼가기도 하였던 것이다. 실제로 경상좌도 활빈당은 그들이 '활빈당'임을 굳이 자처하였던 1900·1901년의 경우 행인이나 행상에 대한 약탈행위는 단 한 건도 발견되지 않았으며(1902년 이후도 극히 소수), 양반·부호가에 대한 약탈로 시종하였다.

양반·부호가에 대한 습격은 대부분 다수 적당들에 의한 습격, 총검에 의한 협박 등의 수단에 의한 것이었지만, 활빈당의 이름으로 협박문을 보내어 토재討財하는 경우도 상당수 있었다. 그들은 평소에는 10~30명 단위로 활동하는 것이 보통이었는데, 그 숫자가 적을 때에는 습격보다는 굴총掘塚을 한 뒤 협박문을 보내어 전재錢財를 탈취하기도 하였다. 앞서 인용한 맹감역의「활빈당발영」에 의하면,

> 우리난 숨가지을 즐한난거지 돈안이주면 집의 불녹키와 유분여 겁탈ᄒ기
> 와 파묘하기을 즐 ᄒᄂᆞᆫ지라.

라고 하면서 양반·부호가를 협박하고 있다.

그러면 여기서 그들의 공격대상이 되고 있는 양반·부호가는 어떤 성격의 집단인가. 그들은 오랜 세월 동안 양반의 신분을 지키면서 향촌사회에서 지배층으로 군림해 온 이들로서(특히 경상도 지방의 양반은 그러하다) 부유한 경제적 기반을 지니고 있거나, 혹은 조선후기 특히 개항 이후의 새로운 사회경제적 여건을 이용하여 신흥 부자로서 성장하고 있는 계층(특히 전라·충청지역의 부호들)이었다. 그런데 이들이 기초하고 있는 경제기반은 모두 본질적으로는 '지주-전호제'라는 생산관계, 혹은 상인-고리대

자본이었다. 따라서 활빈당의 양반·부호가에 대한 공격은 간접적으로는 지주－전호제라는 봉건적 생산관계, 상인－고리대자본과 같은 전기적 자본前期的 資本에 대한 저항투쟁, 즉 '반봉건투쟁'으로서의 성격을 갖는 것이었다고 할 수 있다.

활빈당의 활동 가운데 또 다른 주요한 것은 관아에 대한 습격·약탈이었다. 공초기록과 신문기사에 나타나는 관아 습격은 모두 아홉 차례로서 그 내용은 다음과 같다.

> ▫ 1903.11 孟監役(徐甲順) 등 18명은 長興·寶城·綾州 3郡의 各 富民들에게 錢幾百兩·幾千兩, 正租 幾百石, 白米 幾百石씩을 綾州 禮岩場으로 실어오도록 投書하였더니 각처에서 실어온 錢이 2,000兩, 正租가 400石이 되어 이를 飢民에게 分給하고 며칠 동안 設宴이더니 綾州 郡守가 觀察府에 이 사실을 秘報하여 巡檢·兵丁을 多發하였다는 소식을 듣고 즉시 該郡에 들어가 郡守를 川邊에 들어다 축출하고, 兵丁들과 접전하다가 날이 저문 후에 소나무에 흰 옷을 감아 놓아 병정들을 속이고 도망함.[131]
> ▫ 1904.8.31 활빈당, 玄風에서 모여 昌寧邑을 거쳐 다음날 새벽 5, 60명이 靈山官衙를 습격, 砲軍을 엄습하고 武器를 搜奪하자 官屬은 모두 도주하였으며, 徒黨은 官房을 약탈하고 內衙에 난입하여 衣服·器皿 등을 모두 탈취하고 각 公廳에 진입하여 橫鎖를 부수고 公貨를 꺼내어 '활빈당'이라 스스로 칭하면서 流離乞食者들을 招集하여 혹은 公錢을 散給하고 혹은 貫錢을 던져주기도 하며, 나머지돈은 각자 서로 나눠 가진 뒤 具定山然泰家를 습격하여 衣服·佩物·器皿·錢 800兩을 탈취하였는 바, 그 魁首 孟監役은 宕巾과 戰服을 착용하였고 나머지 徒黨 가운데는 軍人服色을 한 자도 있었으며, 무기는 六穴砲·洋銃·環刀·鐵鞭 등이었다. 그들은 獄門을 부수고 죄수를 풀어 주었으며 당일 午時경 백주 大道에 노래를 부르면서 城을 빠져나가 남쪽 漆原쪽으로 향하였다.[132]
> ▫ 1904.11.26 馬中軍 등 70명, 鳥銃 15柄·環刀 7柄 등을 들고 忠淸道 懷仁 官衙를 습격, 郡守의 白銅錢 5,800兩을 탈취함.[133]
> ▫ 1905.3.3 孟監役(宋宗白)등 17명과 金述伊 등 4명은 咸安 巡校 柳國煥(前

---

131) 주 129)와 같음.
132) 『慶尙南北道各郡報告』 제3책 光武 8年 9月 2日 靈山郡守報告書
133) 『稟報』 제100책 光武 9年 4月 22日 吳用伊供招

日賊黨)이 金述伊의 賊師 鄭元吉을 잡아간 데 대한 복수를 하기 위해 宋宗
白의 지휘 아래 이날 낮 함안 郡衙를 습격(郡守는 不在中), 巡檢廳에서 柳
를 찾았으나 보이지 않자, 대신 巡檢廳의 房壁을 부수니 數千兩錢이 방안
에 가득하여 이를 모두 貧民에게 散給하고 柳國煥家에 放火한 뒤 使令廳
에 가서 죄수를 풀어 주었으며, 날이 저물녘에 該郡 儉岩里 李哥家에 가서
錢 200兩과 六穴砲 1柄 등을 탈취.[134]

▫ 1905.5.8 孟監役・金先伊 등 32명, 新寧邑을 약탈하고, 新寧官衙를 습격하
여 銀粧刀 1件, 佩物一切, 白銅錢 10封을 탈취하고, 將校廳에 들어가 銃刀
등 軍物 다수를 탈취.[135]

▫ 1905.4.18 賊徒 40여 명이 각기 銃刀를 들고 彦陽邑을 습격, 官衙의 각 公
廨의 문을 부수고 櫃子를 파괴하여 所存物件을 탈취함.[136]

▫ 1905.4.21 賊徒 20여 명이 洋銃・六穴砲 등을 들고 大興郡을 습격, 官門에
들어와 의복 등을 탈취하고 春戶錢捧留條 150兩을 搜去하였고, 書記廳의
公文을 소각함.[137]

▫ 1905.4.22 賊漢 數十名이 銃劍을 들고 西海로부터 들어와 泰安邑에 突入,
書記를 구타하고, 軍物 다수와 春戶布所捧錢 527兩여를 탈취함.[138]

▫ 1906.윤 4.26 賊漢 20여 명이 懷仁郡 東軒에 돌입하여 捧稅錢 172兩을 약
탈.[139]

이상의 관아 습격사례 가운데 1905년의 대흥군, 1906년의 태안・회인
군 관아에 대한 습격은 활빈당에 의한 것으로 밝혀져 있지 않으나 해당
지역의 위치나 습격양상으로 보아 활빈당에 의한 것이라 믿어진다. 이들
관아 습격사례 가운데 능주・함안의 경우만 그 동기가 보복을 위한 것으
로 밝혀져 있고, 나머지는 동기가 밝혀져 있지 않으나, 그들은 지방민에
대한 관리의 탐학으로 원부怨府로 화한 관아를 습격하여 관리들을 징치
하고, 또 한편으로는 전재錢財와 무기 등을 약탈하고자 했던 것 같다. 그

---

134) 『稟報』 제101책 光武 9年 5月 13日 金基植供招
135) 주 127)과 같음.
136) 『皇城』 光武 9年 5月 29日字
137) 『皇城』 光武 9年 6月 3日字
138) 『皇城』 光武 10年 5月 16日字
139) 『皇城』 光武 10年 6月 30日字

들은 이미 1900년 「대한사민논설 13조목」[140]이라는 강령을 통하여 악형의 여러 법을 혁파하고 세금 부과를 가볍게 하여 인정을 행할 것을 요구한 바 있었다.

　활빈당의 또 다른 활동은 사찰과 장시의 습격이었다. 특히 잦은 약탈을 당한 사찰은 통도사通度寺·범어사梵魚寺 등 양산·동래의 대사찰이었다. 사찰 습격사례는 다음과 같다.

　　▫ 1900.7 閔都事 등 40여 명, 全羅道 金谷寺에 나타나 討食.[141]
　　▫ 1904.4.15 孟監役 등 48명, 慶州 祇林寺에서 130兩 등 탈취.[142]
　　▫ 1904.10.20 孟監役 등 17명, 東萊 梵魚寺에서 1,000兩 탈취.[143]
　　▫ 1904.11.7 孟監役 등 28명, 東萊 梵魚寺에서 1,200兩 탈취.[144]
　　▫ 1905.4. 孟監役 등 70명, 梁山 通度寺에서 2,000兩 탈취.[145]

　장시場市 약탈의 경우는 보다 다수의 인원, 우수한 무기가 필요하기도 하였지만, 활빈당은 그 성격상 가능한 한 삼가고 있음을 볼 수 있다. 장시 약탈은 결국 그들의 활동기반을 좁히는 것이었기 때문이다. 장시 약탈의 사례는 다음과 같다.

　　▫ 1901.10 竹山 白岩場에 騎馬乘轎한 3·40여 명이 들어와 市人들이 大官行次인줄 알았더니, 그들은 각기 총검을 들고 市人을 위협, 市上物品은 모두 두고 錢財만 奪去해 감.[146]
　　▫ 1903. 洪州 廣川市, 韓山 新市, 恩津 論山 江鏡浦, 大興 光時市와 扶餘 殷山市, 牙山 屯浦市가 각기 4·5차에 걸쳐 賊黨의 刦掠을 당함.[147]

140) 信夫淳平, 『韓半島』, 76~79쪽
141) 『稟報』 제70책 光武 5年 6月 2日 徐相宣供招
142) 『稟報』 제95책 光武 8年 8月 15日 李能用供招
143) 『稟報』 제106책 光武 9年 9月 5日 申述伊供招
144) 註 127)과 같음.
145) 『稟報』 제109책 光武 9年 9月 21日 李鼎順供招
146) 『皇城』光武 5年 10月 19日字
147) 『皇城』光武 8年 1月 22日字

▫ 1904.12.11 馬先達 등 26명, 尙州 公城市 약탈.[148)
▫ 1905.3.25 孟監役·金先伊 등 慶州 扶助市 약탈.[149)
▫ 1905.4.27 孟監役 등 수십명, 彦陽場市 약탈.[150)

끝으로 이 시기 활빈당의 활동 가운데 또 하나 중요한 것은 선전활동으로서의 '탈취재화의 빈민분급'이다. 경상좌도·경상우도·충청도 지역의 활빈당 세 조직은 모두 분급사례를 가지고 있다. 또 전라도지방에서 있었던 1903·4년경의 활빈당사건도 두 차례의 빈민분급 사례를 남겨 놓고 있다. 그 내용은 다음과 같다.

▫ 1903.11 綾州 禮岩場에서의 사례(전술).
▫ 1903.11 孟士辰·馬中軍 등 全義 沙潭 朴參奉家에서 1,000兩 탈취, 柳參領家에서 600兩 탈취, 鄭主事家에서 150兩을 탈취하여 洞民에게 分給.[151)
▫ 1904.1.15 孟監役·韓都事·文參奉·金巡檢 등 19명(그 중 8명은 兵丁服色), 靈光·扶安·高敞·興德 등지의 富家에서 討錢타가 古阜 仁村 金鎭安家의 防守軍과 扶安守城軍의 추격을 받고 배를 타고 바다로 나가 25일 靈光浦 해상에서 商船 1隻을 만나 11,000兩을 탈취, 27일 蝟島에 정박하여 同黨 14명이 蝟島 村中에 들어가 船中 錢 500여 兩을 飢民에게 分給하고 設宴.[152)
▫ 1904.8.31 靈山官衙 습격시 分給사례(전술).
▫ 1905.2.29 吳參奉·徐在元·沈石伊 등 10명, 沃川 良山 冠谷 李富者家에서 白銅錢 3,000兩·葉錢 1,200兩 탈취, 그 중 葉錢 200兩을 洞民에게 分給.[153)
▫ 1905.3.3 咸安官衙 습격 시 分給사례(전술).
▫ 1905.4.28 孟監役 등 慶州 너부洞 金中軍家에서 正租 100石 탈취, 該洞 貧民에게 分給.[154)

---

148) 주 128)과 같음.
149) 주 127)과 같음.
150) 주 145)과 같음.
151) 『稟報』 제89책 光武 8年 2月 朴在彦供招
152) 『稟報』 제90책 光武 8年 4月 21日 李石奉공초
153) 주 128)과 같음.
154) 주 145)과 같음.

이와 같은 빈민에 대한 전재 분급사례 외에도 활빈당은 부호가로부터 얻어 낸 자금을 영세소상인들에게 분급하기도 하였다. 예를 들어 1900년 활빈당 수백 명은 총검을 들고 논산시論山市에 들어와 상인들을 불러 모아 놓고 "우리들은 원래 사람을 상하고 재물을 빼앗는 무리가 아니니 안심하고 생업에 종사하라" 하고, "자본이 없어 상업을 하기 어려운 자는 자본금을 주겠다고 하면서 부근의 부민들을 불러 모아 돈 몇천 냥을 거두어 나누어주고 돌아갔다"고 한다.[155] 영세소상인에 대한 그들의 이와 같은 자본금 분급은 그들도 본시 같은 영세소상인 출신이 아니었을까 생각하게 한다.

활빈당의 이러한 빈민에의 전재분급이 어떠한 효과를 거두고 있었는가 하는 것은 "활빈당이 … 부민에게 전곡을 청구하여 빈민에게 나누어 주어 지나는 곳마다 무뢰배가 더욱 더 모여들어 따르고 있다"[156]고 한 신문기사가 잘 보여 주고 있다. 활빈당의 빈민구제는 그들의 선전활동으로서 당도黨徒를 늘려 그들의 세력기반을 확장케 하는 성과를 거두고 있었던 것이다.

활빈당의 빈민구제활동은 활빈당의 조직에 직접 관련이 없는 여타의 적당들에도 영향을 미쳐 그들로 하여금 맹감역·마중군의 이름을 모칭冒稱하면서 활빈당을 본뜬 활동을 하게 하였다. 또 비록 맹감역·마중군 등의 적호賊號나 활빈당의 당호黨號를 사용하지는 않았지만, 일부 적당들로 하여금 역시 빈민구제의 활동을 하게 하였다. 후자의 예를 들면, 1903년 11월과 1904년 1월 두 차례에 걸쳐 홍덕·정읍에서 조찬삼趙贊三 등은 정조正租 45석을 탈취하여 기민飢民들에게 분급하였으며,[157] 1904년 11월 김홍서金興西 등도 태인에서 정조 150석을 탈취하여 기민들에게 분급하

---

155) 『皇城』 光武 4年 5月 12日字
156) 『皇城』 光武 4年 9月 11日字
157) 『稟報』 제91책 光武 8年 5月 3日 趙贊三供招

였다.158)

활빈당의 움직임 가운데 또 하나 중요한 것은 외국인에 대한 태도이다. 활빈당에 의한 외국인 습격사례는 다음과 같다.

▫ 1900.10.11 外國人 쌧잇싼덤, 醫士쪼쑨妻子가 釜山에서 大邱로 가던 중 密陽邑 근처에서 賊黨 수십명(銃劒을 각기 지니고 있었고, 그 가운데는 兵丁服色을 한 자도 2名 있었다)을 만나 구타를 당하고 六穴砲 2柄과 衣物 등 600元 상당의 재화를 탈취당함.159)

▫ 1901.5.3 孟監役·馬中軍·卞大門·崔見汝·黃仁哲 등, 昌原 北面 日人 銅店에 가서 洋服等物을 탈취하고(錢財는 없었음), 鵲院에서 電信監理兵 1人에게 刺傷을 입히고 銃劒을 탈취함.160)

▫ 1901.6.1 孟監役·馬中軍黨 30명 昌原 九龍山 銅坑을 습격하여 坑主 馬木健三을 곤봉으로 쳐서 중상을 입히고, 다른 日本人 坑夫 2명에게도 곤봉·劒으로 폭행하여 중상을 입히고 1,500元 상당의 金品을 약탈.161)

▫ 1903.8.23 孟監役黨 38명은 永川市에서 密陽 寒泉洞으로 가다가 鐵路點地차 登山設役 중이던 日本人 1명을 구타하고 六穴砲 1柄·衣服 3件을 탈취.162)

▫ 1904.10.21 蘇春和 등 孟監役黨 9명, 大邱 三山洞 酒店에서 유숙 중이던 日本人 2명으로부터 唐木12疋·洋銃 1柄 등을 탈취하고, 쫓아오는 日人 井上俊八郎을 살해.163)

▫ 1905.1.23 馬中軍 등 11명과 李奉守·李墨甫·李景化·吳伊俊(吳參奉) 등 17명은 黃礀 秋風嶺 鐵路 空窟 근처에서 만나 黃礀邑을 약탈하기 위해서는 六穴砲 몇 자루가 필요하다는 데 의견을 모으고 吳伊俊·金在守·朴出伊·李景化 등 6명(吳·金·朴은 日本服色)은 黃礀 廣坪洞 日人 所在家에 가서 六穴砲를 찾았으나 구하지 못하고 돌아옴. 이때 隣家의 日人이 六穴砲를 連放하며 추격하여 同黨 2명이 日人에게 붙잡혀 참살됨.164)

---

158) 『禀報』 제100책 光武 9年 4月 10日 金興西供招

159) 『警部來去案』 제2책 光武 5年 2月 26日 警部大臣의 外部大臣에의 照復

160) 『禀報』 제77책 光武 6年 6月 李性五判決宣言書

161) 『元帥府來去案』 제2책 光武 5年 6月 15日 外部大臣의 元帥府 軍務局總長에의 照會

162) 『禀報』 제92책 光武 8年 5月 金甲八供招.

163) 『禀報』 제106책 光武 9年 9月 5日 申述伊供招, 『各觀察府照會存案』 제1책 光武 8年 12月 25日 東萊監理의 慶尙北道觀察使에의 照會

▫ 1905.1.27 秋風嶺 근처 砲村에서 京釜鐵道工夫 金井佐次郞·小川國治는 火賊 30명에게 습격을 받아 1명이 사망함.[165]

　이상 7차례의 외국인 습격사례 가운데 우연히 외국인과 부딪친 두 차례 외에는 모두 의식적으로 전재錢財·총검 등을 탈취하거나 혹은 보복을 위하여 습격한 것이었다. 특히 일본인들에 대한 그들의 습격은 6차례 가운데 두 차례가 광산 관계자, 세 차례가 철도 부설 관계자, 한 차례가 상인에 대한 것이었다. 이것은 당시 내륙에 들어와서 활동하던 일본인들이 주로 철도·광산 관계자이거나 상인이었던 현실에 따르는 당연한 일이었다 하겠다. 그런데 중요한 것은 활빈당이 외국인 특히 일본인들에 대하여 적대적인 태도를 보였다는 사실이다. 외국인을 습격하면서 그들은 전재·총검만 탈취하는 것이 아니라 반드시 폭행을 가하여 살상을 입혔던 것이다. 활빈당의 외국인에 대한 이와 같은 적대적인 태도는 이미 1900년경 그들이 발표했다고 알려진 「대한사민논설 13조목」가운데에서도 나타나고 있었다.[166] 그들은 타국에의 무곡貿穀을 금지할 것, 시장에 외국상인의 진출을 엄금할 것, 금광의 채굴을 엄금할 것, 국내의 철로부설권을 타국에 양도하지 말 것 등을 주장한 바 있었는데, 이제 활빈당은 이와 같은 주장들을 실천에 옮기고 있는 셈이었다. 이러한 측면에서 활빈당의 활동은 일면 '반외세反外勢'의 성격을 띠고 있었다 할 수 있다.[167]

---

164) 『稟報』 제100책 光武 9年 4月 22日 吳金石·吳伊俊供招
165) 『東萊港牒報』 제10책 東萊監理報告書. 이 보고서에 인용된 大邱의 橫尾勇太郞이라는 日人警部의 보고내용은 다음과 같다. "近來 火賊橫行之說이 各處에 多혼거슨 本官의 深所遺憾處 而就中最凶惡者는 忠淸道 黃磵郡 彌勒附近을 中心혼 一群이 黨徒 約一百四十名이 常에 永同又彌勒邊山間에 潛伏ᄒ야 各種 器具·小銃 又刀劍類를 携帶ᄒ야 乘時出來ᄒ야 掠奪良民하고 或巧通日語ᄒ며 或斷髮·洋銃者有之 …." 여기서 언급되고 있는 黃磵 부근은 바로 孟監役·馬中軍의 근거지였다.
166) 주 140)과 같음.
167) 이는 활빈당의 일본인에 대한 습격이 있을 때마다 외교문제로 비화하여 日本領

지금까지 살펴본 활빈당의 활동을 다시 한 번 요약하면, 양반·부호가 습격, 관아 습격, 사찰과 장시 습격, 탈취재화의 빈민분급, 외국인 습격 등이다. 이 가운데 가장 중요한 것은 양반·부호가 습격이었다. 그리고 그 양반·부호는 봉건지배층, 혹은 반식민지적 상황을 이용한 신흥 지주 부호층으로서, 그들의 부의 기반은 기본적으로는 봉건적 생산관계(지주-전호제), 혹은 상인·고리대와 같은 전기적 자본에 있었다. 따라서 그들의 활동이 가지는 가장 중요한 성격은 '반봉건'이며, 외래 자본주의세력에 대한 '반외세'의 성격은 아직 부차적인 것이었다.

2) 참가층 분석

그러면 활빈당에 참여하게 된 사람들은 어떠한 계층에 속하고 있었을 까. 1880년대 후반 이후 활빈당조직에 직·간접으로 관여하였다가 체포 된 자들 가운데 공초문에 그 전직前職·현직現職이 기록된 142명의 직업을 분류한 것이 <표 3>이다.168)

事 등이 활빈당 토벌을 한국 정부에 강력히 요구해 온 데서도 알 수 있다. "日公 事가 我廷에 照會훈 槪意를 聞훈則 日本 憲兵 二名이 密陽郡 鵲院等地에 過ᄒ 다가 賊黨을 逢着被傷ᄒ얏스니 貴政府에서 兵丁을 派送ᄒ야 火賊을 詗捉ᄒ되 만일 日本人을 保護치 못ᄒ면 日本兵丁을 派送鎭壓ᄒ깃다ᄒ거늘…"(『皇城』 光武 5年 6月 20日字)

168) 한편 체포될 당시의 연령이 밝혀진 149명의 연령별 분포는 <표 2>와 같다.

〈표 2〉 활빈당 참가자의 연령

나이	사람수	백분비
19세이하	7	4.7
20~29	70	46.9
30~39	42	28.2
40~49	21	14.1
50~59	7	4.7
60세 이상	2	1.3
계	149	99.9

<표 3> 활빈당 참가자의 직업

직종	사람수	백분비
농업	15	10.6
상업	56	39.4
雇傭	16	11.3
行乞	14	9.9
行賊	12	8.5
僧	10	7.0
無職	7	4.9
店幕	4	2.8
砲手	3	2.1
訓長	1	0.7
兵丁	1	0.7
官奴	1	0.7
採金	1	0.7
針醫	1	0.7
계	142	100.0

이에 의하면 상업종사자가 40%에 가깝고, 고용노동자는 11.3%, 농업 종사자가 10.6%, 행걸자行乞者가 9.9%, 행적자行賊者가 8.5%를 차지한다.

참가자 가운데 상업종사자가 가장 큰 비중을 차지하고 있는데, 그 상업의 내용은 실제로는 대부분 '행상'이다. 행상에도 여러 가지가 있겠지만 공초에 나타나는 행상은 어상魚商·염상鹽商·망시상網巾商·남초상南草商·유상鍮商·미상米商 등이 있는데, 그들은 모두 소규모자본으로 물건을 구입, 다른 장시에 가서 물건을 팔아 차익을 얻는 농촌소상인이었다. 예를 들어 최삼봉崔三奉은 엽전 4냥을 가지고 무미貿米에 나섰다가 상판商販의 자본을 후히 주겠다는 유혹에 활빈당원을 따라가게 되었다고 진술하였다.[169] 김우범金祐凡은 가세가 빈한하여 혹은 소금을 져서 혹은 고기 몇

이에 의하면 예상대로 20대가 가장 많은 수를 차지한다. 이는 그들이 아직 안정된 가정을 가지지 못하고 流浪하기가 가장 쉬웠기 때문일 것이다.

169) 『稟報』 제89책 光武 7年 11月 10日 崔三奉供招

마리를 사서 환매換賣하여 연명하다가 적당에 가담케 되었다고 진술하였다.[170) 또 김유근金有根은 남의 고용살이를 하다가 고세雇貰 30냥을 자본으로 삼아 행상에 나섰다가 적당에 휩쓸리게 되었다고 한다.[171) 이런 경우들을 보면 행상들은 대부분 본래부터 상업에 종사해 온 전문적인 상인이 아니라, 실제로는 농촌에서 몰락하여 토지로부터 축출되어 소규모자본으로 행상을 하면서 연명하는 자들이었다. 물론 그들은 그들의 노동력을 충분히 구매해 줄만한 사회적 여건이 조성되어 있었다면 그쪽으로 흡수되어야 할 계층이었다. 그러나 이러한 여건이 조성되지 않았던 당시 조선의 실정은 그들로 하여금 영세소상인의 길로 나서게 하였던 것이다. 또 이처럼 토지로부터 구축되어 자유롭게 된 부유浮遊계층인 이들 행상들은 그만큼 쉽게 적당에 휩쓸릴 수 있었다고 보이며, 또 행상으로서 자유로이 이동할 수 있었던 것은 그들이 둔소屯所에 얽매이지 않고서도 자유로이 활동할 수 있는 여건이 되었다. 그들은 2~3차의 활동을 취한 다음에는 해산하여 대부분이 다시 행상으로 돌아가 이동을 하여 다음 약속장소인 장시 등에서 회합을 하여 다시 활동에 들어가는 것이 일반적이었다.

　행상 다음으로는 고용노동자가 다수 참여하고 있다. 공초문에 의하면 그들이 고용되는 노동에는 이전부터 있어 왔던 농촌에서의 농업노동, 도시·포구에서의 잡업노동 등만이 아니라, 새로이 개항장에서의 잡업노동 혹은 하역노동, 그리고 철도부설을 위한 부역赴役노동 등이 나타나고 있었다. 예를 들어 최중동崔中東은 철도부역에 고용되기 위해 부산에 가다가 "고용을 그만두고 나를 따라오면 좋은 일이 있을 것"이라는 활빈당 괴수 최성화崔性化의 유혹에 넘어갔다고 진술하였고,[172) 이용휘李龍輝는 본시 보부상으로 적당에 가담하였다가 일시 동래의 일본인 밑에서 고용

170) 『稟報』 제32책 光武 2年 4月 金祐凡供招
171) 『稟報』 제46책 光武 3年 4月 17日 金有根供招
172) 『稟報』 제84책 光武 7年 4月 19日 崔中東供招

살이를 하기도 하였으나 이내 적당에 복귀, 활빈당에 입당한 자였다.[173] 또 김수복金壽福은 본래 짚신삼는 것을 업으로 하였으나 고용으로써 호구를 보충하여 오던 중 마중군의 적당에 휩쓸리게 되었다.[174] 또 차일삼車一三은 배고프고 추운 것을 참지 못하고 동서에 표박漂泊하면서 걸식 혹은 고용살이를 하다가 적당 강순옥姜順玉이 남초상南草商이라 자처하면서 고가雇價를 주겠다고 꾀는 바람에 그를 따라 나서게 되었다.[175] 활빈당조직에는 관계하지 않았지만 적한 이인백李仁伯은 본래 적한으로서 복역 중 탈옥하여 블라디보스톡에 가서 고용살이를 하다가 1899년 마산포馬山浦로 내려와 모군募軍이 되었다가 다시 목포항木浦港에 가서 일본인가에서 일화日貨를 훔쳤다가 체포되었다.[176] 또 1904년경 경상북도 인동仁同에서 장여행張汝行은 고용살이로 살아오던 중 일할 곳이 없어 생계가 막연하자 자칭 활빈당이라 하고 언문으로 된 방문을 써 붙여 재물을 토색하려 하다가 체포되었다.[177]

이 시기 이러한 고용노동자들은 아직 농촌에서 지주 혹은 부농에게 고용되어 농업노동에 종사하거나, 도시·개항장 등에서 잡업노동에 종사하는 것이 보통이었다. 즉 그들의 노동력을 포섭할 수 있는 자본제적 생산관계는 아직 극히 미숙한 것이어서, 그들이 고용될 수 있는 일자리도 극히 불안정한 것이었다. 따라서 그들은 고용→무직·행걸行乞·유랑→고용의 과정을 아직 반복하지 않으면 안 되는 '초보적 임노동자' 층이었다.

다음 농업종사자 즉 농민은 10% 정도 되는데 이때의 농민층은 기실 빈농층을 가리키는 것이었다. 예를 들어 김두식金斗植은 농사짓는 것을

---

173) 주 60)과 같음.

174) 『稟報』 제60책 光武 4年 7月 金壽福供招

175) 『稟報』 제23책 建陽 2年 6月 29日 車一三供招

176) 『稟報』 제94책 光武 8年 7月 2日 李仁伯供招. 당시 務安港에는 800여 명의 募軍이 있었다 한다(『訓指起案』 제12책 光武 8年 7月 11日 法部大臣의 平理院檢事에의 훈령).

177) 『稟報』 제98책 光武 8年 3月 張汝行供招

업으로 삼았으나 생계를 유지할 길이 없어 적한의 유인을 받아들이지 않을 수 없었고,[178] 박판복朴判卜은 "혹은 남의 농토를 빌어 농사를 짓고, 혹은 남에게 고용살이를 하면서"(或借農土於人而耕稼ᄒ고 或爲傭賃於人而受賴) 간신히 생계를 유지하고 있었다.[179] 또 활빈당 관련자는 아니나 1896년경 함양 부근에서 체포된 당적 정판대丁判大는 본시 농업으로 생계를 유지하다가 유랑하던 중 1896년 1월 진주민란 때 난에 참여한 뒤 도망, 적당에 가담했다가 8월에 전라도 금구 원평에서 일시(두 달 동안) 고용살이를 하여 2냥을 얻어 나와, 10월에 다시 적당에 가담하였다 한다.[180]

결국 활빈당에 참가한 농민층이란, 극히 영세한 토지를 자작 혹은 소작을 하지만, 그것만으로는 생계를 유지하기 어렵기 때문에 자신의 노동력을 판매함으로써 생계의 일부를 보충하지 않으면 안 되는, 이른바 반半프롤레타리아화한 빈농층貧農層이었다.

다음 행걸자行乞者(거지) 가운데는 자력으로 생계를 마련할 수 없는 병자病者, 혹은 불구자들도 상당수 있었지만, 앞서 본 바와 같이 한 조각의 토지, 한 푼의 행상자본, 그리고 어떤 고용처雇傭處도 구하지 못하여 하는 수 없이 행걸行乞에 나선 자도 많았다. 중僧들도 상당수 가담하였는데, 그들은 여러 사찰들을 유리하면서 걸량乞糧에 나섰다가 적당에 휩쓸리는 경우가 많았다. 그들도 불도佛道에 뜻이 있어서라기보다는 '조실부모하고 살아갈 길이 없어' 삭발하게 되었다는 점[181]에서 위의 행걸자들의 처지와 크게 다를 바 없었다. 그 밖에 '농사도 행상도 하지 않는'[182] 무직자들이 있는데 이들이야말로 적당에 가담하기 가장 쉬운 자들이었다. 약

---

178) 『稟報』제109책 光武 9年 11月 25日 金斗植供招
179) 『起案』제2책 光武 3年 7月 4日 朴判卜供招. 朴判卜은 주 6)에서 언급한 이른바 '반프롤레타리아'의 개념과 정확히 일치하는 모습을 보여주고 있다.
180) 『稟報』제17책 建陽元年 12月 27日 丁判大供招
181) 주 141)과 같음.
182) 『稟報』제109책 光武 9年 11月 25日 權石柱供招

200명의 활빈당 관련 체포자 중 직업이 밝혀지지 않은 약 60명은 바로 이들 무직자들일 가능성이 크다. 그렇게 되는 경우 활빈당 관련자 중 가장 큰 비중을 차지하게 되는 것은 이들 무직자들일 것이다. 위의 행걸자·중·무직자 그리고 행적자는 이른바 '룸펜'이라 불릴 수 있는 계층이다. 이들은 비록 토지로부터는 축출되었으나 그들의 노동력을 흡수할 만한 자본주의적 관계가 미숙하였기 때문에 고용처를 구하지 못한 사람들이었다.

이상에서 살펴볼 때 활빈당운동에 참가한 자들은 주로 행상, 무직자, 반프롤레타리아화한 빈농, 초보적 임노동자, 걸인 등이었다고 요약할 수 있다. 즉 개항 이후 경제적 몰락을 거듭해 온 농민층은 이제 행상, 반프롤레타리아(빈농), 초보적 임노동자, 룸펜 등의 계층으로 나타나고, 이들 몰락계층은 활빈당에 중심세력으로 참가하였던 것이다.

활빈당이 이들 계층에 의하여 주도되었기 때문에 그들의 강령으로 알려진 「대한사민논설 13조목」에는 그들 계층의 사회경제적 요구가 여실히 나타나 있다.

먼저 행상, 즉 영세소상인의 입장을 반영한 주장을 살피면, 첫째 개항장 이외의 지역에 외국상인이 진출하는 것을 엄금할 것, 둘째 행상에 대한 징세를 폐지하고 팔도八道의 방임房任을 혁파할 것 등이 있다. 이미 1890년을 전후하여 일본 혹은 청국 상인들이 개항장을 벗어나 내륙 깊숙이까지 진출하여 쌀·콩을 매집하기 시작한, 이른바 내지행상의 진출은 기존의 유통기구를 크게 교란하고 토착소상인의 상권을 크게 위협하는 것이 되고 있었고, 1900년경에는 유통지배를 둘러싼 한·일상인 간의 싸움이 극도로 치열하던 때로서,[183] 첫 번째 주장은 이와 같은 상황을 반영한 것이다. 또 당시 궁내부 내장원(내장원경 李容翊)에서는 전국 각지의 장시·포구를 장악하고 장시세와 포구세를 징수하였던 바, 이들 잡세의

---

183) 吉野誠, 앞의 글.

징수는 그 징세대상이 되는 농촌 소상인(그들은 스스로 '村閭貧商'이라 표현)들에게 많은 부담과 폐해를 안겨 주고 있었다. 또 전국의 주요 장시에는 보부상의 지방조직인 임방이 존재했던바, 어용상인 보부상은 이 임방들을 통하여 전국의 행상권 독점을 기도해 왔다. 따라서 이들 보부상조직에 가입하고 있지 않은 농촌소상인들은 보부상조직과 항상 대립관계에 서서 보부상에 의한 독점권 행사에 저항해 왔다. 두번째 주장은 이러한 상황을 반영한 것으로서, 이는 또 활빈당 구성원 가운데 가장 큰 비중을 차지하는 행상들이 어용상인인 보부상조직과는 하등 연관이 없으며 오히려 그들과 대항관계에 서 있었음을 나타내 주는 것이라 할 수 있다. 그들은 전문적인 보부상이라기보다는 몰락농민이 생계를 위해 농촌장시에 등장한 농촌소상인이었던 것이다.

다음 반프롤레타리아화한 빈농, 농촌·도시노동자들의 입장을 반영한 것은 첫째 농지를 훼파하는 금광의 채굴을 엄금한 것, 둘째 곡가를 올리게 하고 빈한한 민중을 기아상태에 이르게 한 곡물수출을 금지하고, 풍년·흉년의 곡가를 각각 일정하게 정할 것, 셋째 사전私田을 혁파하고 균전均田을 실시할 것 등이다. 이들 주장은 모두 극히 영세한 토지를 보유하고 있거나 토지로부터 완전 축출된 빈농층과 농촌노동자층의 토지획득요구를 반영한 것이며, 또 식량을 구매하지 않을 수 없는 농촌·도시노동자층의 곡가앙등에 대한 저항을 반영한 것이다.

활빈당 관련자들의 이상과 같은 계층성은, 거의 같은 시기인 1899년 전라도지역에서 발생한 영학당英學黨 민란 참가자가 대부분 농민·머슴이었던 것과 대비된다.[184] 즉 활빈당 관련자들은 대부분 생산관계로부터

---

184) 『稟報』 제51책 光武 3年 9月地方隊押來匪類罪人供招, 光武 3年 7月 全羅北道 井邑古阜所捉匪類案의 26명 가운데 직업이 기록된 20명의 직업을 살피면, 농업이 9명, 고용이 4명, 수공업이 3명, 상업이 2명, 店幕이 1명, 行乞이 1명으로 되어 있다. 즉 이 난에 참여한 자들 가운데에는 토착 농민이 가장 많고, 다음으로는 고용이 많다. 여기서 수공업은 모두 '梱屨' 즉 짚신 삼는 것이었고, 그중

어느 정도 소외된 계층, 즉 비생산자非生産者 계층이 주류를 이루고 있는 데 비하여, 영학당 민란 참가자들은 대부분 아직 생산노동에 참여하고 있는 직접생산자 계층이었던 것이다. 이렇게 볼 때 19세기말 농민, 농촌노동자 등 주로 직접생산자층에 의하여 주도되는 반봉건투쟁은 민란 → 농민전쟁으로 발전해 나갔고, 행상·무직자 등 주로 비생산자 계층에 의하여 주도되는 반봉건투쟁은 화적→활빈당으로 발전해 나갔다고 생각된다.

6. 맺음말

조선후기 이래 농민층 분화의 심화과정 속에서 많은 몰락농민이 토지로부터 이탈하게 되고, 그들 중 일부는 화적집단을 형성하여 사회불안을 조성하였다. 화적의 발생은 1860·70년대에 들어오면서 급증하게 되고 1880년대 이후에는 대규모 집단화하면서 그들의 활동양상도 관아를 습격한다든가 굴총을 통하여 양반·부호가를 협박하는 등 새로운 면을 보이게 된다. 이러한 와중에서 충청도 지역의 일부 적당은 '활빈당'을 결성하기도 하였으나, 그 세력의 미약함으로 인하여 곧 해체되고 말았다. 1886년의 원原활빈당은 조직의 국지성·분산성의 극복, 세력의 확대라는 과제를 남겨 놓았고, 이 과제들은 1890년대 남한지역에서 활동한 적당들에 의하여 어느 정도 해결을 보게 된다. 윤동굴尹同屈 등 전국 적당의 지도자들은 잦은 전국집회, 혹은 각 지역집회 등을 통하여 전국적인 화적조직을 결속·정비해 나갔고, 그러한 과정 속에서 그들은 동질적 기반

한 명은 농업을 겸업하고 있었다(여기서 언급한 英學黨사건이란 1899년 4월 崔益西 등 영학당 지도자들에 의해 주도된 농민들이 古阜·興德·茂長郡을 차례로 습격, 점령하고 高敞에서 官軍에게 패한 사건을 가리킨다. 英學黨사건에 대해서는 이영호, 1991, 「대한제국시기 英學黨운동의 성격」『한국민족운동사연구』5 참조.

을 구축하여 갔다. 그리고 이 작업에는 원 활빈당의 잔당이 일부 참여한
것으로 보인다.

전국의 적당조직이 동질적 기반 위에서 그 세력을 어느 정도 형성하
였을 때인 1900년경 충청·경기도지역의 적당들은 활빈당운동을 다시 제
창하게 되고, 이 제창은 큰 호응을 받아 삼남지방 전역에 파급되었다.

삼남지방의 활빈당조직은 ①충청·경기도의 맹감역孟士辰·마중군馬學奉
파, ②경상좌도의 맹감역韓世鳳·마중군파, ③경상도 서부·전라도 동부의
맹감역宋宗白파의 3파당의 연합체로 이루어져 있었다. ②경상좌도파 맹·
마의 1890년대 활동기록은 확인되지 않으나, ①·③의 맹사진·마학봉馬
學奉·송종백宋宗白 등은 이미 1890년대부터 남한지역에서 대규모의 적당
들을 이끌고 있던 자들이다. 따라서 1900년 활빈당은 19세기 후반 이래
의 전국의 화적 조직이 발전된 형태로서 나타난 것이라 생각된다. 그들
은 이제 '활빈당'이라는 새로운 활동방향의 설정을 통하여 단순한 비적
匪賊 집단에서 벗어나 사회성을 보다 강하게 띠는 집단으로 등장하였다.

활빈당의 활동은 1890년대 후반~1890년대의 맹아기, 1900~1905년
의 본격활동기, 1906년 이후의 해체기로 나누어 볼 수 있다. 본격활동기
를 중심으로 그들의 활동양상을 살피면, 양반·부호가의 습격이 압도적
인 비중을 차지하고 있고, 관아·장시·사찰·외국인 등도 습격 대상에 종
종 포함되었다. 당시의 양반·부호가란 구래의 봉건지배층, 혹은 봉건적
생산관계地主制 혹은 전기적 상인·고리대자본에 물적 기초를 두고 있는
계층이었기 때문에, 그들에 대한 공격은 직접적으로는 반봉건反封建의 성
격을 띤다. 그런데 당시의 반식민지적半植民地的 상황에서 외래세력은 한
편으로는 봉건적 생산관계를 변질시키면서도 기본적으로는 계속 유지를
강요하고 있었기 때문에, 양반·부호에 대한 공격은 간접적으로는 반식
민지적 상황에 대한 저항이었다 할 수 있다. 또 그들은 종종 외국인 특
히 일본인들을 습격하였는 바, 이것도 그들 집단의 반외세적 성격을 어

느 정도 보여 주는 것이라 하겠다.

그러면 이와 같은 화적의 발생 → 활빈당운동의 전개는 어떠한 사회
경제적 배경에서 나타난 것이었는가.

조선후기 이래의 상품화폐경제의 발달은 구래의 지주들만이 아니라
관료·상인·고리대업자들의 토지집적을 급격히 진행시켜 다수의 농민을
토지소유로부터 배제시켰다. 또 일부 지주층과 부농층은 직접경영 혹은
차지경영을 확대시켜, 다수 농민을 끝내 토지로부터 축출하였다. 이들
토지로부터 축출된 농민들은 농업노동자, 잡역노동자, 농촌소상인 등으
로 생계를 찾아 변신하기도 했지만, 상당수가 실업자, 즉 '유민遊民'화하
여 끝내는 화적이 되었던 것이다.

개항 이후 그 경향은 더욱 촉진되었다. 개항 이후 조선사회는 점차
반식민지적 상황에 놓여, 자본제적 상품의 대량 유입, 일본에의 대량의
곡물수출 등이 나타나게 되었고, 이 과정을 통하여 농민층 분화는 예전
보다 훨씬 빠른 속도로 진행되었다. 즉 절대다수의 농민이 토지소유로부
터 소외되고, 다수의 농민이 소작지의 차지에서조차 탈락, 끝내는 토지
로부터 축출되고 만 것이다. 그러나 반식민지적 상황은 자본제적 생산관
계의 발전을 억지하는 작용을 하고 있었기 때문에, 토지로부터 축출된
그들은 농촌사회에서 절대적 과잉인구로서 잔류하지 않을 수 없었다. 물
론 그들 중 일부는 반半프롤레타리아화한 빈농 혹은 농업노동자로 농촌
에 잔류하고, 일부는 농촌소상인이 되고, 또 일부는 도시·개항장에 가서
잡역노동자가 되기도 하였지만, 그들의 사회경제적 처지는 극히 불안정
하고 열악한 것이어서 실업자遊民들과 크게 다를 바 없었다. 이와 같은
상황에서 보다 유동성이 강한 농촌소상인·유민이 중심이 되고 일부 반
프롤레타리아화한 빈농, 농촌노동자, 도시의 초보적 노동자층이 참여하
여 화적집단을 대규모로 형성하고, 나아가 활빈당운동을 전개한 것이다.
활빈당 참가층의 직업 구성은 바로 그와 같은 활빈당 출현의 사회경제적

배경을 그대로 반영하고 있으며, 그 계층성은 「대한사민논설 13조목」이라는 그들의 강령에도 잘 나타나 있다.

활빈당은 1906년 이래 지도부의 상실, 전국적인 의병봉기라는 주변 여건의 변화에 따라 새로운 방향을 모색하게 되는데, 일부는 화적의 양태로 활동을 지속하고, 일부는 독자적으로 의병을 조직하든가 혹은 평민 의병장 휘하에 흡수되어 의병활동을 전개하였다. 활빈당 여당들의 의병으로의 변신은 반식민지적 상황에서 식민지적 상황으로의 시대적 전환을 맞이하여 '반봉건'에서 '반외세'로 그 주된 투쟁무대를 옮긴 것을 의미하였다.

찾아보기

ㄴ

ㅅ

○

ㅊ

박 찬 승

1957년 생
서울대 인문대 국사학과 졸업
서울대 대학원 국사학과 문학박사
목포대 역사문화학부, 충남대 국사학과를 거쳐
현재 한양대 사학과 교수로 재직 중

저서 및 논문

『한국근대정치사상사연구』(1992)
『민족주의의 시대-일제하의 한국 민족주의-』(2007)
한국 민족주의, 일제하 민족운동, 근대사상사 등에 관한 논문 다수

근대이행기 민중운동의 사회사　　　　　　　　　　값 25,000원

2008년 2월　1일 초판 인쇄
2008년 2월 11일 초판 발행

저　　　자 : 박 찬 승
발 행 인 : 한 정 희
발 행 처 : 경인문화사
편　　　집 : 신 학 태
서울특별시 마포구 마포동 324·3
전화 : 718·4831～2, 팩스 : 703·9711
이메일 : kyunginp@chol.com
홈페이지 : 한국학서적.kr / www.kyunginp.co.kr
등록번호 : 제10·18호(1973. 11. 8)

ISBN : 978-89-499-0539-6　94910
ⓒ 2008, Kyung-in Publishing Co, Printed in Korea
* 파본 및 훼손된 책은 교환해 드립니다.